파이썬 코딩 도장

개정증보판

남재윤 지음

길벗

KB109162

파이썬 코딩 도장 개정증보판

Learn Python the Right Way, Revised Ed.

초판 1쇄 발행 · 2018년 11월 30일
초판 9쇄 발행 · 2022년 9월 20일
개정증보판 1쇄 발행 · 2023년 1월 30일
개정증보판 2쇄 발행 · 2023년 4월 21일

지은이 · 남재윤
발행인 · 이종원
발행처 · (주)도서출판 길벗
출판사 등록일 · 1990년 12월 24일
주소 · 서울시 마포구 월드컵로 10길 56(서교동)
대표 전화 · 02)332-0931 | **팩스** · 02)323-0586
홈페이지 · www.gilbut.co.kr | **이메일** · gilbut@gilbut.co.kr

기획 및 책임편집 · 한동훈(monaca@gilbut.co.kr) | **디자인** · 박상희 | **제작** · 이준호, 손일순, 이진혁
마케팅 · 박민영, 박성용, 전선하, 지운집, 차명환 | **영업관리** · 김명자 | **독자지원** · 윤정아, 최희창

교정교열 · 박한솔 | **전산편집** · 남은순 | **출력 및 인쇄** · 북솔루션 | **제본** · 북솔루션

ISBN 979-11-407-0242-8 93000

(길벗 도서번호 080360)

정가 30,000원

코딩 도장 · https://dojang.io | **예제소스** · https://github.com/gilbutitbook/006936

독자의 1초를 아껴주는 정성 길벗출판사

길벗 | IT단행본, IT교육서, 교양&실용서, 경제경영서
길벗스쿨 | 어린이학습, 어린이어학

페이스북 · www.facebook.com/gbitbook

기초부터 충실하게 학습할 수 있었습니다

Johnson Yun

파이썬의 기초를 튼튼히 해줄 내용이 가득합니다. 특히, 처음 프로그래밍 언어를 접해보시는 분에게 추천해 드립니다. 아주 기초적인 부분부터 충실하게 배울 수 있습니다. 이미 다른 언어에 익숙하시다면 더욱 빠르게 파이썬의 기초를 습득하실 겁니다.

단원이 순서에 맞게 잘 배치되어 있습니다

서상민

C 언어 학습을 위해 알게 된 사이트인데 파이썬 강좌가 열려 파이썬도 잘 배우고 있습니다. 단원이 순서에 맞게 잘 배치가 되어있으며 각 단원에 있는 심사문제 덕분에 공부한 개념을 실제 코드로 확인해 볼 수 있어서 좋습니다.

도장에서 코딩 연습을 할 수 있어 좋습니다

YIM DH

파이썬 2를 오래전에 공부한 후에 사용하지 않다가, 최근에 개인적인 프로젝트를 하고자 파이썬 3를 알아보게 되었습니다. 그러던 중 파이썬 코딩 도장을 통해서 공부를 시작하게 되었는데, 도장이라는 이름에 걸맞게 매번 연습을 하고 코딩을 하게 되니 공부에 많은 도움이 되었습니다. 특히 기본적인 파이썬 내용뿐만 아니라 async IO 같은 고급 내용도 있어서 더욱 도움이 되었습니다.

퀴즈와 연습문제로 개념이 확실하게 정리됩니다

홍유한

파이썬을 기초부터 체계적으로 공부하고 싶은 분들에게 추천하고 싶습니다. 각 Unit이 끝날 때마다 Quiz와 연습문제가 있어서 학습한 개념이 확실히 정리되었습니다. Q&A의 질문들은 날카롭고 대답은 친절하게 구성되어 매우 흥미로웠습니다.

베타 테스터에 참여해주신 모든 분께 감사드립니다.
이 책을 만드는 동안 베타 테스터 활동을 해주시고 아낌없는 조언과 소중한 의견을 주셨던 분들에게 감사드립니다.

컴퓨터만큼 발전이 **빠른** 분야도 없습니다. 컴퓨터가 만들어지고 불과 70여 년 만에 상상을 초월하는 성능과 기능을 갖추게 되었습니다. 처음 접한 컴퓨터는 8비트 컴퓨터였는데 당시에는 그냥 글자가 화면에 나오는 타자기 수준이었습니다. 그 이전에는 집채만 한 군사용 계산기였죠. 하지만 지금은 현실과 구분되지 않을 정도의 화려한 그래픽으로 된 게임을 즐기고, 컴퓨터는 절대 사람에게 이길 수 없다고 여겨졌던 바둑마저도 사람을 이기는 수준에 이르렀습니다.

전기 전자 기술이 컴퓨터 하드웨어를 고성능으로 발전시켰지만, 사실 컴퓨터의 발전은 소프트웨어의 발전이라 할 수 있습니다. 게임도 알파고도 전부 소프트웨어입니다. 우리가 실제로 컴퓨터를 접하는 대상은 소프트웨어입니다.

현재 우리가 컴퓨터로 접하는 화려한 그래픽의 게임, 인터넷을 둘러보는 웹 브라우저, 스마트폰의 앱은 모두 소프트웨어입니다. 자판기, 지하철 전광판, 자동차 엔진, 엘리베이터, 신호등도 눈에 보이지 않지만, 모두 소프트웨어입니다. 일상생활이 소프트웨어로 시작해서 소프트웨어로 끝난다고 해도 과언이 아닙니다.

시대가 시대인 만큼 소프트웨어는 더욱 많이 사용될 것이고 직업으로서도 전망이 밝다고 생각합니다.

파이썬은 배우기 쉽습니다. 이는 창시자 귀도 반 로섬이 누구나 배울 수 있는 쉬운 프로그래밍 언어를 목표로 했기 때문입니다. 이러한 목표는 모두를 위한 컴퓨터 프로그래밍(Computer Programming for Everybody)이라는 파이썬 공식 문서에서도 확인할 수 있습니다. 그래서 파이썬은 의도적으로 단순한 언어를 목표로 했고, 그 결과 누구나 쉽게 배울 수 있는 언어가 되었습니다. 오늘날 가장 인기 있는 언어 중의 하나가 된 이유이기도 합니다.

파이썬은 단순하지만, 강력합니다. 지루한 작업을 자동화하는 간단한 스크립트 작성부터 웹 애플리케이션이나 GUI 프로그램까지 작성할 수 있습니다. 머신 러닝이나 딥 러닝 같은 인공 지능 분야나 데이터 과학에서 파이썬은 가장 인기 있는 언어가 되었습니다. 방대한 파이썬 라이브러리 덕분에 원하는 일을 빠르게 할 수 있습니다. 이러한 강력함 덕분에 파이썬의 인기는 높아지고 있습니다.

〈파이썬 코딩 도장〉은 프로그래머를 목표로 하는 진지한 분들을 위한 책입니다. 파이썬의 구석구석까지 설명하고, 깊이 있게 이해하고 싶은 분들을 위한 책입니다. 파이썬의 기초 문법에서 객체 지향이나 비동기 처리 같은 깊이 있는 주제까지 다루고 있는 이유이기도 합니다.

프로그래밍 언어는 단순히 공부만 해서 되는 것이 아니라 연습을 하면서 자연스럽게 원리를 익히는 것이 중요합니다. 이 책에서는 입문자가 직접 타이핑하면서 연습할 수 있는 코딩 도장 웹 사이트를 제공합니다. 코딩 도장의 심사 문제를 통해 스스로 생각하며 풀어보는 과정이 프로그래밍에 대한 이해를 깊게 해줄 것입니다.

베타테스트 기간 동안 책 내용에 대한 의견을 주신 분들과 심사 문제를 테스트해주신 모든 분께 감사의 말씀을 드립니다. 아무쪼록 파이썬 학습에 어려움을 겪고 있는 모든 분에게 도움이 되었으면 좋겠습니다.

2018년 11월

남재윤

남재윤

마냥 컴퓨터가 좋아서 프로그래머의 길을 걷고 있다. 뭔가 아이디어가 떠오르면 그 자리에서 만들어보고, 새로운 프로그래밍 언어가 나올 때마다 어디에 어떻게 쓰면 좋을지 생각하며 행복한 고민에 빠진다. 수학과 천문학에도 관심이 많으며 각종 위키에서 관련 정보를 읽는 것이 취미이다.

프로그래밍은 공부가 아닙니다.
연습입니다!

프로그래밍은 연습을 통해 자연스럽게 익히는 것이 중요합니다.

파이썬 코딩 도장(웹 사이트: dojang.io)에는 퀴즈, 연습문제, 심사문제가 준비되어 있습니다. 지금 바로 확인하세요!

모바일에서도 바로 이용하세요!

책이 없어도 이동하는 틈틈이 스마트폰으로 이용할 수 있습니다.

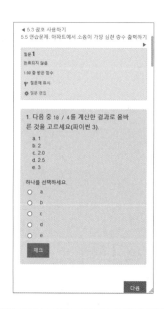

코딩 도장은 제대로 이해할 때까지 연습합니다!

기초 이론 → 퀴즈 → 연습문제 → 심사문제를 통해 완전하게 학습할 때까지 연습합니다.

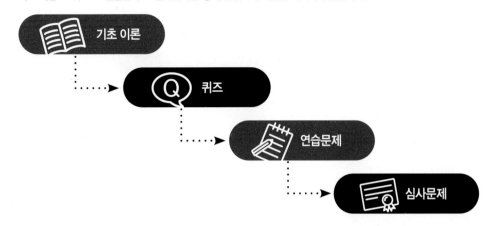

베타테스터 선배들이 먼저 질문한 Q&A가 있습니다!

학습하다 보면 궁금한 내용이 있지 않나요?

베타테스터들이 먼저 질문한 Q&A를 엄선해서 수록했습니다. 이런 질문들은 어떤가요?

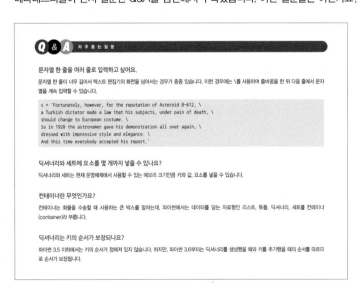

코딩 도장에 스마트폰으로 접속해보세요! ▶

파이썬 코딩 도장의 학습 프로그램은 1년 6개월 동안 베타 테스트를 진행하면서 학습한 분들의 학습 진도를 토대로 마련한 것입니다. 파이썬 코딩 도장은 전문가 수준으로 도약하기 위한 분들을 위한 학습 프로그램으로 기초적인 수준에서 고급 수준까지의 내용이 정리되어 있습니다.

1주차	DAY 1	DAY 2	DAY 3	DAY 4	DAY 5
	UNIT 1 소프트웨어 교육과 파이썬 **UNIT 2** 파이썬 설치하기 **UNIT 3** Hello, world!로 시작하기	**UNIT 4** 기본 문법 알아보기 **UNIT 5** 숫자 계산하기	**UNIT 6** 변수와 입력 사용하기	**UNIT 7** 출력 방법 알아보기	**UNIT 8** 불과 비교, 논리 연산자 알아보기

2주차	DAY 6	DAY 7	DAY 8	DAY 9	DAY 10
	UNIT 9 문자열 사용하기	**UNIT 10** 리스트와 튜플 사용하기	**UNIT 11~11.2** 시퀀스 자료형 활용하기	**UNIT 11.3~11.4** 인덱스와 슬라이스 사용하기	**UNIT 12** 딕셔너리 사용하기

3주차	DAY 11	DAY 12	DAY 13	DAY 14	DAY 15
	UNIT 13 if 조건문으로 특정 조건일 때 코드 실행하기	**UNIT 14** else를 사용하여 두 방향으로 분기하기	**UNIT 15** elif를 사용하여 여러 방향으로 분기하기	**UNIT 16** for 반복문으로 Hello, world! 100번 출력하기	**UNIT 17** while 반복문으로 Hello, world! 100번 출력하기

4주차	DAY 16	DAY 17	DAY 18	DAY 19	DAY 20
	UNIT 18 break, continue로 반복문 제어하기	**UNIT 19** 계단식으로 별 출력하기	**UNIT 20** FizzBuzz 문제	**UNIT 21** 터틀 그래픽스로 그림 그리기	**UNIT 22~22.4** 리스트와 튜플 응용하기

쉬운 부분은 한 번에 여러 개를 학습하게 했지만, 어려운 개념이 나오는 부분은 집중 학습이 필요하므로 한 번에 하나만 학습합니다. 개인 수준에 따라 학습 진도는 차이가 있습니다.
자신의 학습 속도에 맞춰 파이썬 마스터에 도전해보세요.

DAY 21	DAY 22	DAY 23	DAY 24	DAY 25	5주차
UNIT 22.5~22.10 리스트 표현식 사용하기	UNIT 23 2차원 리스트 사용하기	UNIT 24 문자열 응용하기	UNIT 25 딕셔너리 응용하기	UNIT 26 세트 사용하기	

DAY 26	DAY 27	DAY 28	DAY 29	DAY 30	6주차
UNIT 27 파일 사용하기 UNIT 28 회문 판별과 N-gram 만들기	UNIT 29 함수 사용하기	UNIT 30 함수에서 위치 인수와 키워드 인수 사용하기 UNIT 31 함수에서 재귀호출 사용하기	UNIT 32 람다 표현식 사용하기	UNIT 33 클로저 사용하기	

DAY 31	DAY 32	DAY 33	DAY 34	DAY 35	7주차
UNIT 34 클래스 사용하기	UNIT 35 클래스 속성과 정적, 클래스 메서드 사용하기 UNIT 36 클래스 상속 사용하기	UNIT 37 두 점 사이의 거리 구하기 UNIT 38 예외 처리 사용하기	UNIT 39 이터레이터 사용하기 UNIT 40 제너레이터 사용하기	UNIT 41 코루틴 사용하기	

DAY 36	DAY 37	DAY 38	DAY 39	DAY 40	8주차
UNIT 42 데코레이터 사용하기	UNIT 43 정규표현식 사용하기 UNIT 44 모듈과 패키지 사용하기	UNIT 45 모듈과 패키지 만들기	UNIT 46 실전 예제	UNIT 47 부록	

목차

UNIT 1 소프트웨어 교육과 파이썬

스마트폰이 등장하면서 우리의 일상은 크게 바뀌었습니다. SNS를 통해 주변 사람들의 소식을 손쉽게 주고받고, 몇 번의 터치만으로 은행 업무도 볼 수 있게 되었습니다. 그리고 이제는 스마트폰의 지도와 길 찾기 기능만 있으면 어디든지 정확하게 찾아갈 수 있습니다. 모두 소프트웨어가 발전한 덕분입니다.

자동차 또한 단순한 기계를 넘어서서 컴퓨터로 진화하고 있습니다. 이미 자동차 엔진은 ECU(Engine Control Unit, 엔진 제어 장치)라는 컴퓨터가 제어하고, 더 나아가 차선 유지 기능, 앞차와의 충돌 방지 기능은 물론 자율 주행까지 가능한 컴퓨터가 내장되고 있습니다. 게다가 구글은 자율 주행 시스템을 위해 웨이모를 개발했습니다.

▼ 그림 1-1 구글 웨이모

영화 산업도 컴퓨터 그래픽스가 필수입니다. 멋진 영웅들이 등장하는 〈어벤져스〉는 대부분의 장면이 컴퓨터 그래픽으로 제작되었습니다. 또한, 애니메이션 〈겨울왕국〉은 컴퓨터와 3D 모델링 소프트웨어가 없으면 만들 수 없는 작품입니다.

금융 업계도 급속히 소프트웨어 산업으로 바뀌고 있습니다. 오프라인 지점 없이 온라인으로만 영업하는 인터넷 은행은 나오자마자 큰 돌풍을 일으켰습니다. 개인 대출 시장도 인터넷을 통해 대출을 연결해주는 P2P 대출로 발전했습니다. 특히 국가 중앙은행의 통제를 받지 않는 비트코인 같은 암호화폐까지 등장했습니다. 이들 모두 금융과 소프트웨어가 결합한 핀테크(fintech)입니다.

유통 업계는 이미 소프트웨어 업계로 바뀐 지 오래입니다. 미국의 아마존은 인터넷 쇼핑몰을 넘어서서 세계 최대의 클라우드 서비스 업체로 발전했습니다. 물론 국내도 유통 분야에서 인터넷 쇼핑몰이 보편화되었고, 빅데이터를 활용하여 소비자에게 최적화된 상품을 추천해주는 등 소프트웨어를 적극 활용하고 있습니다. 그래서 요즘은 이런 회사들을 유통 업체가 아닌 소프트웨어 업체로 분류하고 있습니다.

생산 분야는 3D 프린터가 도입되어 다품종 소량 생산 및 자동화가 가능해졌고, 의료 업계 중에서도 이미 치과 보철 분야는 3D 프린터를 사용하고 있습니다. 물론 여기서도 3D 모델링 소프트웨어는 필수입니다.

의료 분야는 빅데이터와 인공 지능을 통해 최적화된 치료법을 제공해주고 있습니다. 또한, 일상생활에서도 스마트 워치로 심박수, 혈당 수치 측정, 칼로리 계산까지 가능합니다. 이러한 의료 정보는 모두 소프트웨어로 처리되며 스마트 헬스케어라는 분야로 자리를 잡았습니다.

특히 인공지능은 놀라울 정도로 발전했습니다. 지금까지 인공지능은 사람을 이길 수 없을 것이라 여겨졌던 바둑도 구글 알파고가 나오면서 사람을 압도했습니다. 그리고 일상생활에서는 스마트폰에 내장된 시리와 빅스비 같은 서비스가 활용되고 있습니다.

그리고 빅데이터는 데이터를 기반으로 예측을 하고 과학적으로 의사를 결정하는 분야인데, 대표적인 사례가 서울시 심야버스 노선 최적화입니다. 서울시와 KT는 사람들의 휴대전화 사용 위치, 신용 카드와 교통카드 결제 데이터, 택시 승하차 정보, 휴대전화 청구지 주소 등을 분석하여 실제 유동인구를 파악한 뒤 노선을 최적화하여 심야버스 이용률을 크게 높였습니다.

▼ 그림 1-2 서울시 심야버스 노선 최적화(국토교통부 NS 센터)

 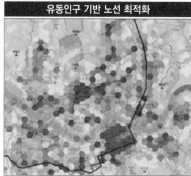 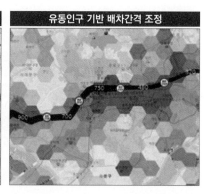

이처럼 일상생활의 모든 분야에 소프트웨어가 적극적으로 활용되면서 예전보다 삶의 질이 눈에 띄게 향상되었습니다. 기업 중에서도 소프트웨어를 적절히 활용한 기업들은 크게 성장했지만 그렇지 않은 기업들은 고전을 면치 못하고 있습니다. 이미 세계 기업 순위는 애플, 구글, 마이크로소프트, IBM 등 소프트웨어 회사가 상위권을 차지하고 있으며 페이스북, 텐센트, 알리바바 등이 새롭게 등장했습니다. 특히 AirBnB, Uber 등 작은 아이디어에서 거대한 소프트웨어 기업으로 성장하는 사례도 흔히 볼 수 있습니다. 하지만 GE, 월마트, 토요타 등은 뒤로 밀려난 지 오래입니다.

따라서 앞으로는 어떤 분야든 소프트웨어 기술은 필수입니다. 소프트웨어 전문가는 늘 부족한 상태입니다.

소프트웨어라는 말은 많이 사용하는데 도대체 소프트웨어는 무엇일까요? 지금까지 설명했던 스마트폰, 전기 자동차, 영화, 핀테크, 인터넷 쇼핑몰, 인공지능 등의 소프트웨어는 지금까지 불편했던 문제들을 해결하기 위해 개발되었습니다.

예를 들어 일반 휴대전화에서는 인터넷이 안 되니 데이터 통신 기능과 웹 브라우저가 내장된 스마트폰이 개발되었고, 인터넷으로 물건을 팔기 위해 인터넷 쇼핑몰이 만들어졌습니다. 그리고 사람이 운전하지 않고 스스로 달리는 자동차를 만들기 위해 자율 주행 시스템이 개발되었습니다.

그럼 이렇게 어렵고 복잡한 문제를 공학자들은 어떻게 해결할까요?

1.1.1 복잡한 문제를 작은 문제로 분해

자율 주행 시스템을 예로 들면 사람의 눈과 귀 역할을 하는 카메라와 센서를 장착해서 주변 상황을 인식하게 하고, 팔과 다리 역할을 하는 각종 제어 장치를 만들어서 사람 없이 움직이게 합니다. 그다음으로 주변 상황 정보, GPS 정보, 지도 정보 등을 이용해서 자동으로 운전하는 소프트웨어를 만듭니다. 즉, 복잡한 문제를 작은 문제로 나누어서 하나씩 접근합니다. 이렇게 작은 문제를 하나씩 해결하다 보면 결국 큰 문제를 해결하게 됩니다.

▼ 그림 1-3 복잡한 문제를 작은 문제로 분해

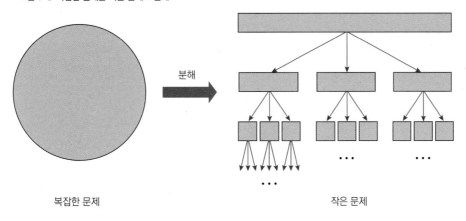

복잡한 문제   분해   작은 문제

1.1.2 날씨 데이터를 그래프로 그리는 문제

이 책에서는 현실에서 벌어지는 복잡한 문제는 아니지만 프로그래밍을 처음 배운 사람이 도전해볼 수 있는 작은 문제를 하나 제시합니다. 바로 기상청 웹 사이트의 날씨 데이터를 그래프로 그리는 문제입니다. 다음과 같이 주요 도시의 기온과 습도를 막대그래프로 나타내는 것이죠.

▼ 그림 1-4 주요 도시의 기온과 습도 그래프

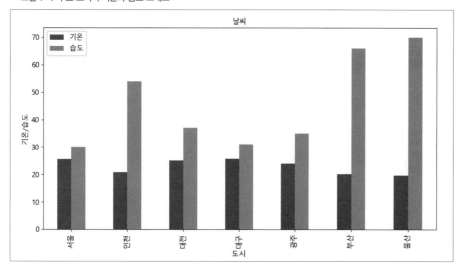

그러면 기상청 웹 사이트의 데이터를 어떻게 그래프로 그릴까요? 한 번에 생각하면 어렵습니다. 그렇다면 작은 문제로 나눠보죠.

우선 기상청 웹 사이트에서 데이터가 어디에 어떻게 표시되는지 알아야 합니다. 보통 웹 사이트는 HTML(HyperText Markup Language)이라는 언어로 글자와 그림을 표시하므로 우리는 HTML을 분석하여 도시 이름, 기온, 습도 값이 저장된 위치를 찾습니다.

그다음에 분석한 정보를 토대로 HTML에서 기온과 습도 정보를 가져와서 정형화된 데이터로 만듭니다. 그리고 데이터 중에서 특별시와 광역시만 추출한 뒤 막대그래프로 그리면 됩니다(자세한 내용은 'Unit 46 실전예제: 웹의 데이터로 그래프 그리기'(606쪽)에서 설명하겠습니다).

지금까지 설명한 작은 문제들을 정리하면 다음과 같습니다.

- HTML123 분석하기
- HTML에서 기온과 습도 가져와서 정형화된 데이터로 만듦12312456789
- 데이터 중에서 주요 도시 추출
- 데이터로 그래프 그리기

이렇게 나눈 작은 문제를 해결하다 보면 기상청 웹 사이트의 데이터를 그래프로 그린다는 큰 문제가 해결됩니다.

1.1.3 컴퓨테이셔널 씽킹

이처럼 현실 세계의 문제를 분석하여 해결책을 찾는 과학적 사고법을 컴퓨테이셔널 씽킹(computational thinking)이라 하며 이렇게 설계한 해결책을 컴퓨터의 명령어로 작성하는 것을 컴퓨터 프로그래밍이라 합니다.

▼ 그림 1-5 해결책을 컴퓨터의 명령어로 작성

문제의 해결책   **컴퓨터의 명령어**

- HTML 분석하기
- HTML에서 기온과 습도를 가져와서
  정형화된 데이터로 만듦
- 데이터 중에서 주요 도시 추출
- 데이터로 그래프 그리기

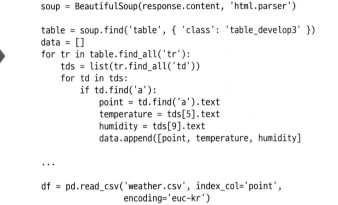

```
...

response = requests.get('https://...')
soup = BeautifulSoup(response.content, 'html.parser')

table = soup.find('table', { 'class': 'table_develop3' })
data = []
for tr in table.find_all('tr'):
    tds = list(tr.find_all('td'))
    for td in tds:
        if td.find('a'):
            point = td.find('a').text
            temperature = tds[5].text
            humidity = tds[9].text
            data.append([point, temperature, humidity]

...

df = pd.read_csv('weather.csv', index_col='point',
                encoding='euc-kr')

city_df = df.loc[['서울', '인천', '대전', '대구',
                 '광주', '부산', '울산']]

ax = city_df.plot(kind='bar', title='날씨', figsize=(12, 4),
                 legend=True, fontsize=12)
..
```

즉, 작은 문제로 분해하고, 문제의 패턴을 발견하고, 어떤 데이터를 이용해야 하는지 결정하고, 문제를 일반화하고 모델링할 수 있는지를 찾는 과정이죠. 다음과 같이 웹 사이트의 데이터를 그래프로 그리는 작업을 패턴, 데이터, 일반화와 모델링으로 구분할 수 있습니다.

- **패턴**: HTML에서 도시, 기온, 습도의 패턴을 파악
- **데이터**: HTML, 도시 이름, 기온, 습도
- **일반화와 모델링**: HTML에서 데이터 가져오기, HTML 분석

> **참고**   처리하고자 하는 작업 또는 문제는 다른 말로 요구사항이라고도 부릅니다. 즉, 프로그램을 작성하는 작업은 요구사항을 만족시키는 일이 됩니다.
> 컴퓨터는 물리적인 기계로 구성되어 있어서 하드웨어라고 하는데 이에 대비되는 개념으로 프로그램은 소프트웨어라고 합니다. 그래서 컴퓨터 프로그래밍은 다른 말로 소프트웨어 개발이라고 합니다.

1.2 알고리즘과 코딩

컴퓨터 분야를 공부하다 보면 알고리즘이라는 말을 자주 듣게 됩니다. 그런데 알고리즘이 도대체 어디에 쓰이고 있을까요? 사실 눈에 잘 띄지 않아 멀게만 느껴집니다. 하지만 우리는 알고리즘의 혜택을 많이 보고 있는데 대표적인 알고리즘이 압축 알고리즘입니다.

1.2.1 압축 알고리즘

휴대폰이나 카메라로 사진을 찍으면 JPG라는 확장자로 저장되는데 이 JPG(JPEG)가 압축 알고리즘을 구현한 포맷입니다. 사진을 그대로 저장하면 용량이 너무 커서 저장 공간이 금방 차버리겠지만 압축을 해서 저장하면 많은 사진을 보관할 수 있습니다. 휴대폰이나 카메라를 가진 사람들은 모두가 이용하는 알고리즘이죠.

압축 알고리즘을 좀 더 간단하게 알아보겠습니다. 예를 들어 'aaaaabbbcccccddddddddd'라는 문자열이 있는데 문자열을 잘 보면 일정한 패턴이 있습니다. 같은 문자가 여러 번 반복되죠.

이걸 다음과 같이 문자 뒤에 반복되는 횟수를 적어주면 원래 데이터보다 길이가 짧아져서 저장 공간을 절약할 수 있습니다. 즉, 압축입니다.

▼ 그림 1-6 문자열 압축

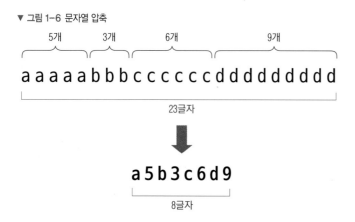

23글자가 8글자로 줄었습니다. 'aaaaabbbcccccddddddddd'를 압축할 때는 반복되는 문자의 횟수를 적어주고, 'a5b3c6d9'의 압축을 해제할 때는 숫자만큼 문자를 반복해주자고 약속하면 됩니다. 생각보다 간단하죠? 컴퓨터에서 쓰이는 압축 알고리즘도 이러한 방법을 사용하고 있습니다(이 방식은 Run-Length Encodig, RLE라고 하며 PCX 그림 파일 포맷에 쓰였습니다. 요즘은 좀 더 다양한 상황에 대응하고 압축 효율을 높이기 위해 훨씬 복잡한 알고리즘을 사용합니다).

1.2.2 문제의 패턴 발견과 해결 절차

이처럼 문제에서 일정한 패턴을 발견하고, 패턴을 토대로 문제를 해결하는 절차가 알고리즘입니다. 그리고 이 알고리즘을 코드로 표현하는 행동을 코딩이라 합니다(알고리즘을 컴퓨터의 명령으로 작성하는 것을 프로그래밍이라고 하며 코딩과 같은 개념입니다).

> **참고** **프로그래밍과 코딩?**
>
> 어떨 때는 프로그래밍이라고 했다가 어떨 때는 코딩이라고 하고 좀 헷갈리죠? 사실 둘 다 같은 작업을 지칭합니다. 프로그래밍은 컴퓨터 명령어로 표현한다는 뜻이라 컴퓨터 쪽에 가깝고, 코딩은 파이썬 등의 프로그래밍 언어로 코드를 작성한다는 뜻이라 언어 쪽에 가까운 표현입니다.

▼ 그림 1-7 패턴을 발견하고 문제를 해결하는 절차를 코드로 작성

패턴

코드

• 같은 문자가 여러 번 반복되는 패턴을 발견

```
data = 'aaaaabbbcccccccddddddddd'
encoded = ''

count = 1
for i in range(1, len(data)):
    if data[i] == data[i - 1]:
        count += 1
    else:
        encoded += data[i - 1] + str(count)
        count = 1

    if i == len(data) - 1:
        encoded += data[i] + str(count)
```

문제를 해결하는 절차(알고리즘)

• 반복되는 패턴을 세는 절차
• 문자가 반복되는 횟수를 적어줌

1.3 파이썬

파이썬(Python)은 네덜란드의 귀도 반 로섬(Guido van Rossum)이 개발한 프로그래밍 언어입니다. 귀도는 1989년 크리스마스가 있던 주에 자신이 출근하던 연구실의 문이 닫혀 있어서 취미삼아 파이썬을 만들었다고 합니다. 이후 개발을 거듭하여 1991년에 파이썬을 외부에 공개하게 됩니다. 파이썬이라는 이름은 귀도가 즐겨 봤던 코미디 프로그램인 〈몬티 파이썬의 날아다니는 써커스(Monty Python's Flying Circus)〉에서 따왔습니다.

참고로 파이썬의 로고 및 아이콘이 뱀 모양인 이유는 python의 원래 뜻이 비단뱀이라서 그렇습니다.

▼ 그림 1-8 파이썬 로고

1.3.1 파이썬의 특징

그럼 파이썬의 특징을 간단히 알아보겠습니다.

• 쉽고 간단한 문법, 배우기 쉬움
• 객체 지향
• 다양한 패키지
• 오픈 소스, 무료

파이썬은 문법이 매우 쉽고 간단해서 초보자에게 추천되는 언어입니다. 요즘은 대학을 비롯해서 초, 중, 고등학교에서도 프로그래밍 교육에 파이썬을 활용하고 있습니다.

IT 업계에서는 파이썬이 문법이 간단한데다 다양한 패키지가 제공되어 생산성이 높고, 유지 보수 비용이 적게 든다는 점 때문에 널리 쓰이는 언어로 자리잡았습니다. 또한, 과학 계산에 특화된 패키지도 준비되어 있어서 과학, 공학 연구 분야에서도 활발히 사용하고 있습니다.

여기서 패키지는 특정 기능을 미리 만들어 놓은 것을 뜻하는데 패키지를 활용하면 각종 기능을 일일이 만들지 않고, 블록을 조립하듯이 간단하게 코드를 작성할 수 있습니다.

특히 파이썬과 파이썬의 패키지는 오픈 소스이며 무료로 제공됩니다. 따라서 비용을 들이지 않고도 실무 및 교육에 활용할 수 있습니다.

1.4 코딩 도장을 학습하는 방법

이제 파이썬 코딩 도장 책으로 공부하는 방법을 알려드리겠습니다. 코딩 도장은 다음과 같이 크게 네 부분으로 나뉘어져 있습니다.

1. **따라하기**: 파이썬의 기능들을 코드로 따라해보면서 학습합니다. 각 기능별 제목으로 구성되어 있습니다.
   예 변수 만들기
2. **퀴즈**: 파이썬의 주요 개념과 문법을 퀴즈로 풀어봅니다.
3. **연습문제**: 앞에서 배운 개념을 이해했는지 스스로 확인하는 연습문제입니다.
4. **심사문제**: 자신이 이해한 내용을 활용하는 단계이며 파이썬을 사용하여 웹 사이트에서 문제를 풀어봅니다(작성한 코드를 제출하면 결과를 알려주도록 구성되어 있습니다). 심사문제는 연습문제와 달리 정답이 없습니다. 따라서 자신이 이해한 방법으로 코드를 작성하면 됩니다. 특히 심사문제는 내용이 다소 어려워서 한 번에 못 풀 수도 있습니다. 초보자라 시행착오를 겪는 건 당연하니 고민하지 말고 반복해서 도전해보세요.

파이썬 코딩 도장은 처음부터 순서대로 학습하도록 구성되어 있습니다. 중간부터 학습하거나 맨 뒤부터 보는 경우 학습에 어려움이 있을 수 있습니다. 이 부분을 참고해주세요.

이 책에 나오는 모든 소스 코드는 GitHub 저장소에 올라가 있습니다.

- https://github.com/namjaeyoon/python.dojang

UNIT 2 파이썬 설치하기

실습하려면 파이썬을 설치해야 합니다. 파이썬은 Windows, 리눅스, macOS에서 설치할 수 있습니다.

2.1.1 Windows에 파이썬 설치하기

웹 브라우저를 실행하고 다음 주소로 이동합니다.

- **파이썬 공식 사이트**
  http://www.python.org/downloads/

웹사이트가 표시되면 **Download Python 3.11.0** 버튼을 클릭하여 설치 파일을 받습니다(버전은 시간이 지나면 계속 바뀌는데 3.으로 시작하는 버전을 받으면 됩니다).

▼ 그림 2-1 파이썬 다운로드

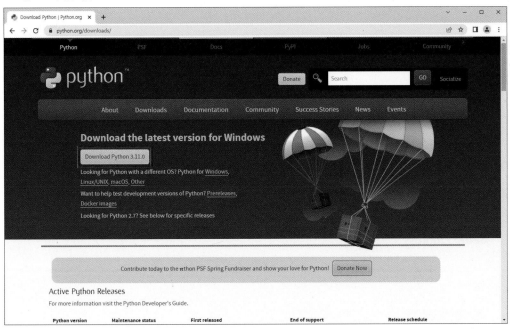

다운로드한 python-3.11.0.exe 파일을 실행하면 설치 화면이 표시됩니다. Add Python 3.11 to PATH에 체크하고 Install Now를 클릭합니다.

▼ 그림 2-2 파이썬 설치 시작

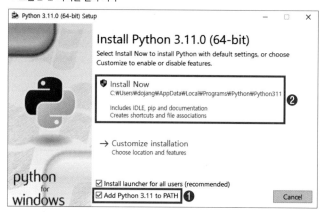

여기서 Add Python 3.11 to PATH는 명령 프롬프트 어디서나 파이썬을 실행할 수 있게 해줍니다. 반드시 체크하세요.

사용자 계정 컨트롤 창이 표시되면 예를 클릭합니다.

▼ 그림 2-3 사용자 계정 컨트롤 창

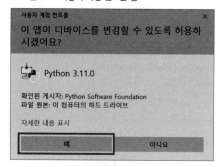

이제 파이썬이 설치됩니다.

▼ 그림 2-4 파이썬 설치 중

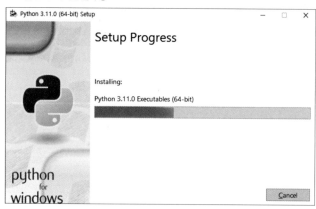

파이썬 설치가 끝났습니다. 여기서 Disable path length limit를 클릭합니다. Windows는 파일 이름과 경로의 길이가 260자로 제한되어 있습니다. 260자를 넘더라도 문제가 발생하지 않도록 길이 제한을 해제합니다.

▼ 그림 2-5 파일 이름 및 경로 길이 제한 해제

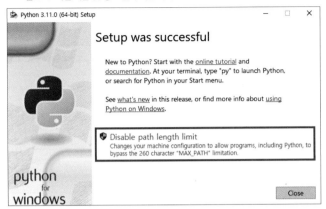

사용자 계정 컨트롤 창이 표시되면 **예**를 클릭합니다.

▼ 그림 2-6 사용자 계정 컨트롤 창

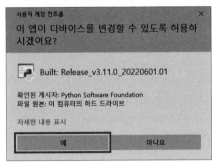

파이썬 설치가 끝났습니다. **Close** 버튼을 클릭하여 설치 창을 닫습니다.

▼ 그림 2-7 파이썬 설치 끝

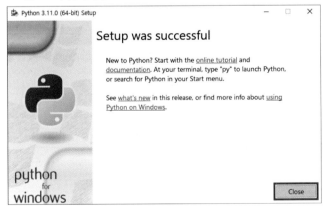

2.1.2 IDLE 실행

이제 파이썬이 정상적으로 설치되었는지 확인하기 위해 IDLE을 실행해보겠습니다. Windows **시작** 버튼을 클릭한 뒤 Python 3.11 > IDLE (Python 3.11 64-bit)을 실행합니다.

 IDLE은 통합 개발 학습 환경(Integrated Development and Learning Environment)의 약어입니다.

▼ 그림 2-8 IDLE

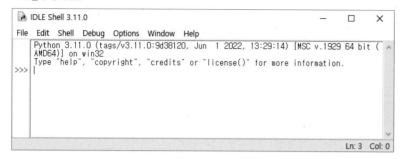

IDLE이 실행되었습니다. >>> 뒤에 커서가 깜빡이면 파이썬이 정상적으로 설치된 것입니다.

2.1.3 프로젝트 폴더 생성

그럼 파이썬 소스 파일(스크립트 파일)을 저장할 폴더 **C:\project**를 생성하겠습니다. 먼저 탐색기를 실행하고 **로컬 디스크 (C:)**로 이동합니다. 그리고 마우스 오른쪽 버튼을 누르면 팝업 메뉴가 나오는데, 여기서 **새로 만들기(W) > 폴더(F)**를 클릭한 뒤 폴더 이름에 project를 입력하여 폴더를 생성합니다.

▼ 그림 2-9 project 폴더 생성

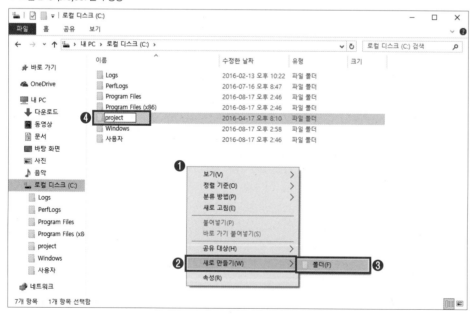

2.1.4 리눅스에 파이썬 설치하기

우분투 리눅스 최신 버전은 파이썬 3가 미리 설치되어 있습니다. 파이썬을 실행하려면 다음과 같이 python3 를 입력합니다.

우분투
```
$ python3
```

 우분투는 배포판의 이름입니다. 리눅스는 오픈 소스이므로 여러 가지 프로그램을 모아 놓은 것을 배포판이라고 합니다. 배포판에는 페도라, CentOS, 우분투, 데비안, 민트 등이 있습니다.

CentOS는 파이썬 3가 아닌 2.7이 설치되어 있을 수도 있습니다. 따라서 파이썬 3를 설치하려면 다음과 같이 명령을 입력하면 됩니다.

CentOS
```
$ sudo yum install -y epel-release
$ sudo yum install -y python3*
```

 epel-release는 최신 버전을 모아 놓은 커뮤니티 저장소입니다.

리눅스 배포판의 패키지 대신 파이썬 소스 코드를 직접 컴파일하여 설치할 수도 있습니다. 먼저 C 컴파일러와 빌드 도구를 설치합니다.

우분투
```
$ sudo apt-get update
$ sudo apt-get install build-essential
```

CentOS
```
$ sudo yum groupinstall 'Development Tools'
```

파이썬 소스 코드를 받아서 컴파일한 뒤 설치합니다.

```
$ curl -O https://www.python.org/ftp/python/3.11.0/Python-3.11.0.tgz
$ tar vxzf Python-3.11.0.tgz
$ cd Python-3.11.0
$ ./configure
$ make
$ sudo make install
```

리눅스에서 IDLE을 사용하려면 TkInter를 설치해야 합니다.

우분투
```
$ sudo apt-get install python3-tk
```

CentOS
```
$ sudo yum install -y epel-release
$ sudo yum install python3*-tkinter
```

2.1.5 macOS에 파이썬 설치하기

macOS는 다음 주소에서 Max OS X 64-bit/32-bit installer를 받아서 설치하면 됩니다.

- **Python Releases for Mac OS X**

   https://www.python.org/downloads/mac-osx/

macOS에서는 설치에 특별한 부분이 없으므로 따로 설명하지 않겠습니다.

> **참고** **파이썬 프로그래밍을 할 수 있는 코드 에디터**
>
> 파이썬은 IDLE 이외에도 각자 취향에 맞는 코드 에디터(텍스트 편집기)를 사용하여 프로그래밍할 수 있습니다.
>
> - **Visual Studio Code**: 마이크로소프트에서 제공하는 오픈 소스 코드 에디터입니다.
>   https://code.visualstudio.com
> - **Sublime Text**: 파이썬 3 기반의 코드 에디터입니다. 다양한 플러그인을 제공하며 플러그인 자체도 파이썬으로 작성할 수 있습니다.
>   https://www.sublimetext.com
> - **PyCharm**: 가장 유명한 파이썬 개발 도구 중 하나입니다. 파이썬 개발에 필요한 다양한 기능을 제공합니다. 자세한 내용은 '부록 47.14 PyCharm 사용하기'(664쪽)를 참조하세요. 회사에서 사용하려면 상업용 버전을 사야 합니다.
>   https://www.jetbrains.com/pycharm
> - **Notepad++**: Windows 기반의 가볍고 빠른 코드 에디터입니다.
>   https://notepad-plus-plus.org
> - **EditPlus**: 소프트웨어 개발 분야에서 오랫동안 사용되고 있는 코드 에디터입니다. 쉐어웨어이며 평가판은 30일간 사용할 수 있습니다.
>   https://www.editplus.com/kr
>
> 각자 취향에 따라 Visual Studio Code, PyCharm 등을 사용해도 됩니다. 하지만, Visual Studio Code, PyCharm은 전문 개발용 도구이므로 기능이 복잡합니다. 파이썬을 처음 배울 때는 IDLE 사용을 권장합니다. 이 책에서는 파이썬의 기본 코드 에디터인 IDLE을 사용하겠습니다.

THE PYTHON PROGRAMMING LANGUAGE

UNIT 3

Hello, world!로 시작하기

파이썬을 설치했으니 이제부터 본격적으로 파이썬을 배워보겠습니다. 먼저 프로그래밍 언어의 첫 관문인 Hello, world! 출력부터 알아보죠. 시작 메뉴에서 **Python 3.11 › IDLE(Python 3.11 64-bit)**를 실행합니다.

3.1 IDLE에서 Hello, world! 출력해보기

IDLE의 >>> 부분에 다음 내용을 입력한 뒤 엔터 키를 누릅니다.

```
>>> print('Hello, world!')
Hello, world!
>>>
```

▼ 그림 3-1 IDLE의 파이썬 셸에서 Hello, world! 출력

```
IDLE Shell 3.11.0                                    —    □    ×
File  Edit  Shell  Debug  Options  Window  Help
     Python 3.11.0 (tags/v3.11.0:9d38120, Jun  1 2022, 13:29:14) [MSC v.1929 64 bit (
     AMD64)] on win32
     Type "help", "copyright", "credits" or "license()" for more information.
>>> print('Hello, world!')
>>> Hello, world!
    |



                                                           Ln: 5   Col: 0
```

Hello, world!가 출력되었죠? 이렇게 파이썬 코드를 입력해서 Hello, world!를 출력합니다. 그럼 조금 응용해서 Hello, Python은 어떻게 출력해야 할까요? 한 번 생각해보세요.

방법은 간단합니다. 이렇게 print() 안에 'Hello, Python'을 넣으면 됩니다.

```
>>> print('Hello, Python')
Hello, Python
>>>
```

Hello, Python이 출력되었습니다.

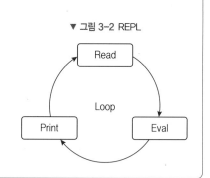

3.2 IDLE에서 소스 파일 실행하기

지금까지 IDLE에서 Hello, world!를 출력해보았습니다. 그런데 파이썬 셸에서 매번 코드를 입력하려니 좀 불편합니다. 그래서 이번에는 print('Hello, world!') 코드를 파일에 저장해서 실행해보겠습니다. 프로그래밍에서 코드를 파일 형태로 저장한 것을 소스 코드 또는 소스 파일이라고 부릅니다.

> 파이썬 코드를 파일로 저장해서 실행하는 방식을 **스크립트 모드**(script mode)라고 합니다.

IDLE은 파이썬 셸을 통해 코드를 실습하고 바로바로 결과를 보는 기능과 소스 파일을 편집하고 실행하는 기능을 함께 제공합니다.

그럼 소스 파일을 만들어보죠. IDLE을 실행하고 메뉴에서 **File** > **New File**을 클릭합니다.

▼ 그림 3-4 IDLE에서 New File 클릭

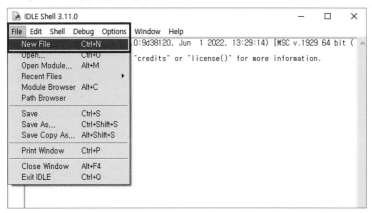

내용이 비어 있는 소스 코드 편집 창이 나옵니다. 다음 내용을 소스 코드 편집 창에 입력하세요.

hello.py

```
print('Hello, world!')
```

▼ 그림 3-5 파이썬 소스 코드 입력

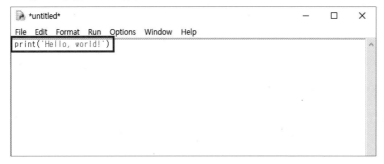

입력한 파이썬 코드를 실행하려면 .py 파일에 저장해야 합니다. 소스 코드 편집 창의 메뉴에서 **File** > **Save**를 클릭하거나 Ctrl + S 를 누릅니다.

▼ 그림 3-6 파이썬 코드를 파일에 저장

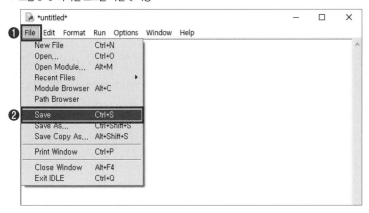

파일 저장 창이 표시되면 C:₩project 폴더로 이동한 뒤 hello.py로 저장합니다.

▼ 그림 3-7 C:₩project에 hello.py로 저장

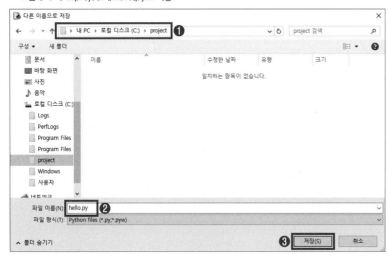

파이썬 코드를 hello.py 파일로 저장했습니다.

이제 소스 코드 편집 창의 메뉴에서 **Run › Run Module**을 클릭하거나 F5 키를 누르면 IDLE의 파이썬 셸 창에 Hello, world!가 출력됩니다.

▼ 그림 3-8 파이썬 소스 파일 실행

이렇게 IDLE의 소스 코드 편집 창에 내용을 입력한 뒤 실행하면 파이썬 셸 창에 결과가 출력됩니다. 각자 print( ) 안의 내용을 바꿔서 실행해보세요.

특히 이렇게 파이썬 코드를 저장한 .py 파일을 파이썬 스크립트(Python script)라고 부릅니다.

3.3 명령 프롬프트에서 Hello, world! 출력하기

이번에는 IDLE을 사용하지 않고 명령 프롬프트에서 파이썬 셸을 실행한 뒤 Hello, world!를 출력해보겠습니다. 그리고 명령 프롬프트에서 스크립트 파일을 실행하는 방법도 알아보겠습니다.

3.3.1 명령 프롬프트에서 파이썬 사용하기

1. ⊞+R을 누른 뒤 **cmd**를 입력하여 명령 프롬프트를 실행합니다.
2. **python**을 입력하여 파이썬 셸을 실행합니다.
3. print('Hello, world!')를 입력한 뒤 엔터 키를 누릅니다.

▼ 그림 3-9 명령 프롬프트에서 Hello, world! 출력

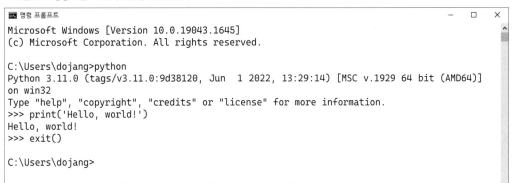

이렇게 명령 프롬프트에서도 파이썬 셸을 실행하여 파이썬을 사용할 수 있습니다. 명령 프롬프트에서 파이썬 셸을 끝내려면 exit( )를 입력하거나 Ctrl+Z를 누릅니다.

> 🏋️ **잠깐만요** **명령 프롬프트에서 파이썬이 실행되지 않을 때**
>
> **'python'은(는) 내부 또는 외부 명령, 실행할 수 있는 프로그램, 또는 배치 파일이 아닙니다.**
> 파이썬이 실행되지 않고 이런 에러가 나온다면 환경 변수의 PATH에 파이썬의 경로가 제대로 설정되지 않아서 그렇습니다. 이때는 파이썬을 삭제한 뒤 다시 설치합니다.
>
> 1. **제어판 › 프로그램 › 프로그램 제거 › Python 3.11.0 (64-bit)**를 클릭합니다(버전과 비트 수는 자신이 설치한 버전과 비트 수에 따라 달라집니다).
> 2. **Uninstall**을 클릭합니다.
> 3. 'Unit 2 파이썬 설치하기'(29쪽)를 참고하여 파이썬을 다시 설치합니다. 단, 설치할 때 반드시 **Add Python 3.11 to PATH**에 체크해야 합니다.

또는 제어판 > 시스템 및 보안 > 시스템 > 고급 시스템 설정 > 환경 변수(N)...에서 〈사용자이름〉에 대한 사용자 변수(U)에서 **Path**를 선택하고 **편집(E)..**를 클릭합니다. 여기서 **새로 만들기(N)**을 클릭한 뒤 다음 두 경로를 추가합니다. 〈사용자이름〉은 자신의 Windows 계정 이름을 넣습니다. 그리고 Python311-32는 파이썬 3.11 32비트를 설치했을 때의 경로입니다. 따라서 각자 설치한 버전과 비트 수에 맞는 경로를 입력해야 합니다.

- **32비트:**
  C:₩Users₩〈사용자이름〉₩AppData₩Local₩Programs₩Python₩Python311-32₩
  C:₩Users₩〈사용자이름〉₩AppData₩Local₩Programs₩Python₩Python311-32₩Scripts₩

- **64비트:**
  C:₩Users₩〈사용자이름〉₩AppData₩Local₩Programs₩Python₩Python311₩
  C:₩Users₩〈사용자이름〉₩AppData₩Local₩Programs₩Python₩Python311₩Scripts₩

참고 **리눅스와 macOS에서 Hello, world! 출력하기**

리눅스와 macOS에서는 보통 콘솔(터미널)에서 python3를 사용합니다.

1. 콘솔에서 **python3**를 입력하여 파이썬 셸을 실행합니다.
2. print('Hello, world!')를 입력한 뒤 엔터 키를 누릅니다.

```
$ python3
Python 3.11.0 (main, Apr 24 2022, 15:46:36) [GCC 7.4.0] on linux
Type "help", "copyright", "credits" or "license" for more information.
>>> print('Hello, world!')
Hello, world!
>>> exit()
```

리눅스, macOS 콘솔에서 파이썬 셸을 끝내려면 exit()를 입력하거나 [Ctrl]+[D]를 누릅니다.

참고 **콘솔의 파이썬 셸에서 이전 코드 사용하기**

파이썬을 콘솔(터미널, 명령 프롬프트)에서 실행했을 때는 [↑] 방향키를 계속 누르면 이전에 입력한 코드가 차례대로 표시됩니다. 만약 입력한 코드에서 에러가 발생했다면 [↑] 방향키를 눌러서 에러가 발생한 코드를 찾은 뒤에 올바르게 수정해서 실행하면 됩니다.

3.3.2 명령 프롬프트에서 스크립트 파일 실행하기

그럼 이번에는 명령 프롬프트에서 hello.py 파일을 실행해보겠습니다(hello.py 파일에는 print('Hello, world!')가 저장되어 있습니다).

1. [⊞]+[R]을 누른 뒤 **cmd**를 입력하여 명령 프롬프트를 실행합니다.
2. **C:₩project** 폴더로 이동합니다.
3. **python hello.py**를 입력하여 스크립트 파일을 실행합니다.

▼ 그림 3-10 명령 프롬프트에서 hello.py 실행

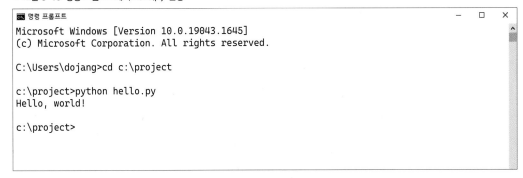

명령 프롬프트에 Hello, world!가 출력됩니다. 간단하죠? 즉, **python 스크립트파일.py** 형식으로 실행하면 됩니다.

참고 **리눅스와 macOS에서 스크립트 파일 실행하기**

리눅스와 macOS에서는 python3를 이용해서 스크립트 파일을 실행합니다(**python3 스크립트파일.py** 형식).

```
$ python3 hello.py
Hello, world!
```

특히 리눅스와 macOS에서는 앞에 python3를 붙이지 않고 .py 파일을 그대로 실행할 수도 있습니다. 먼저 다음 내용을 hello.py로 저장합니다(리눅스 콘솔에서 파일을 저장하려면 nano, vim, emacs 등의 텍스트 편집기를 사용하면 됩니다. 텍스트 편집기 사용 방법은 따로 설명하지 않겠습니다).

hello.py
```
#!/usr/bin/python3

print('Hello, world!')
```

hello.py 파일을 저장했으면 chmod 명령으로 hello.py에 실행 권한을 줍니다(+x 옵션은 실행 권한을 준다는 뜻이며 chmod 755도 같은 기능입니다). 그다음에 ./hello.py를 입력하여 파이썬 파일을 실행합니다(./는 현재 디렉터리에 있는 파일을 실행한다는 뜻입니다).

```
$ chmod +x hello.py
$ ./hello.py
Hello, world!
```

여기서 hello.py 파일의 첫 줄에 있는 #!/usr/bin/python3가 핵심인데 이 부분을 셔뱅(shebang)이라고 합니다. 셔뱅은 현재 파일을 실행해 줄 프로그램을 지정할 때 사용합니다. 즉, 셔뱅에 파이썬 경로를 지정해 놓으면 해당 파이썬으로 .py 파일을 실행합니다.

이처럼 셔뱅을 사용하면 ./hello.py처럼 python3를 붙이지 않아도 파이썬 스크립트 파일을 실행할 수 있습니다.

참고로 파이썬이 설치된 경로는 시스템마다 다를 수 있으므로 보통 다음과 같이 /usr/bin/env를 사용하여 파이썬 경로를 지정합니다(env는 환경 변수에 지정된 경로에서 프로그램을 찾아서 실행합니다).

```
#!/usr/bin/env python3
```

3.4 소스 코드 살펴보기

지금까지 파이썬 소스 코드를 실행하는 방법을 알아보았으니 이제 소스 코드를 살펴보겠습니다.

파이썬을 모르는 상태에서도 얼핏 보면 print가 'Hello, world!'를 출력한다는 것을 알 수 있습니다. 여기서 ' '(작은따옴표)로 묶은 부분을 문자열이라 하고, print는 값을 화면에 출력합니다.

이렇게 print처럼 단어 뒤에 ()(괄호)가 붙은 것을 함수(function)라고 하며 정해진 일을 수행하는 단위입니다.

함수는 print('Hello, world!')와 같이 함수 이름 print를 써주고, 괄호 안에 출력할 내용을 넣으면 함수가 실행됩니다. 함수 실행을 다른 말로는 함수를 호출(call)한다고 말하기도 합니다.

지금까지 파이썬에서 print로 간단한 문자열을 출력해보았습니다. 여기서는 파이썬 셸 사용 방법과 스크립트 파일 실행 방법을 확실히 익혀 두는 것이 좋습니다.

3.5 심사 사이트 사용하기

파이썬 코딩 도장은 책에서 배운 내용을 완전히 익힐 수 있도록 웹 사이트에서 퀴즈와 심사문제를 제공합니다.

- **퀴즈**: 객관식 문제와 짧은 답안을 입력하는 주관식 문제가 있습니다.
- **심사문제**: 문제의 답안을 파이썬으로 작성하여 제출하는 방식입니다. 미완성된 코드에서 일부분만 제출하는 문제와 전체 코드를 제출하는 문제가 있습니다.

웹 브라우저를 실행하고 다음 주소로 이동합니다.

- https://dojang.io

심사 사이트에서 퀴즈를 풀려면 회원 가입과 로그인이 필요합니다(회원 가입을 하지 않아도 강좌는 볼 수 있습니다). 다음 순서대로 회원 가입을 합니다.

1. 화면 오른쪽 위의 **로그인** 링크 클릭합니다.
2. 구글 또는 페이스북 계정이 있으면 **Log in with Google, Log in with Facebook** 버튼을 클릭합니다.
3. 정보 제공을 허가하면 바로 회원 가입과 로그인이 됩니다.

만약 구글 또는 페이스북 계정을 사용하지 않으려면 다음 순서대로 회원 가입을 합니다.

1. 화면 오른쪽 위의 **로그인** 링크를 클릭합니다.
2. 화면 오른쪽의 **회원 가입** 버튼을 클릭합니다.
3. 새 계정 화면에서 회원 가입을 합니다(이메일 인증을 하므로 실제로 사용하는 이메일 주소를 입력해주세요).

4. 이메일 주소의 메일함에 **계정 승인** 메일이 도착해 있을 것입니다. 메일에서 인증 링크를 클릭하면 회원 가입이 완료됩니다.

5. 가입한 계정으로 로그인을 합니다.

로그인을 하면 심사 사이트의 메인 화면이 나옵니다. 여기서 이용할 수 있는 **강좌 > 파이썬 코딩 도장 > 시작하기** 버튼을 클릭합니다.

▼ 그림 3-11 파이썬 코딩 도장 시작하기

퀴즈를 풀려면 먼저 강좌 등록을 해야 합니다. 스크롤을 아래쪽으로 내린 뒤 왼쪽 관리 메뉴에서 **수강 등록** 링크를 클릭합니다.

▼ 그림 3-12 강좌 수강 등록 링크

등록 요청 버튼을 클릭하는 즉시 등록이 완료됩니다.

▼ 그림 3-13 등록 요청

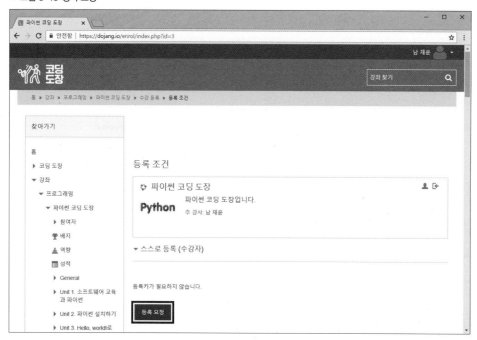

이제 화면을 아래로 스크롤한 뒤 'Unit 3. Hello, world!로 시작하기' 앞의 삼각형을 클릭하여 강좌 목록을 열고 **3.6 퀴즈**'를 클릭합니다. 여기서 퀴즈 **풀기 버튼**을 클릭하면 퀴즈를 풀 수 있습니다.

▼ 그림 3-14 퀴즈 풀기 시작

퀴즈 문제를 읽고 답안을 선택한 뒤 **체크** 버튼을 클릭하면 답안이 채점됩니다. 채점이 끝났으면 **다음** 버튼을 클릭하여 다음 문제로 넘어가면 됩니다.

▼ 그림 3-15 퀴즈 풀기

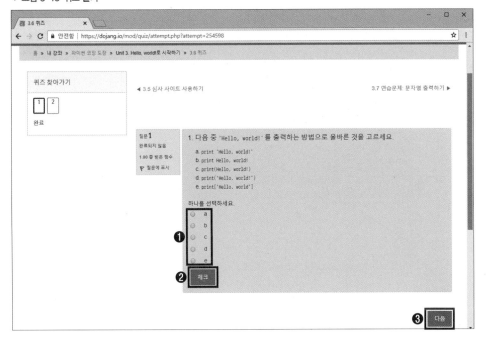

이번에는 심사문제를 푸는 방법입니다. **'3.8 심사문제: 문자열 출력하기'**에서 **퀴즈 풀기** 버튼을 클릭합니다.

▼ 그림 3-16 심사문제 시작

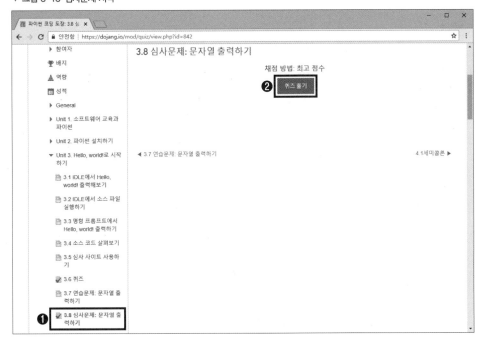

'3.8 심사문제: 문자열 출력하기'는 전체 소스 코드를 작성하는 문제입니다. 코드 아랫부분의 정답 입력 상자에 답안을 입력한 뒤 **다음** 버튼을 클릭합니다.

▼ 그림 3-17 심사문제 풀기

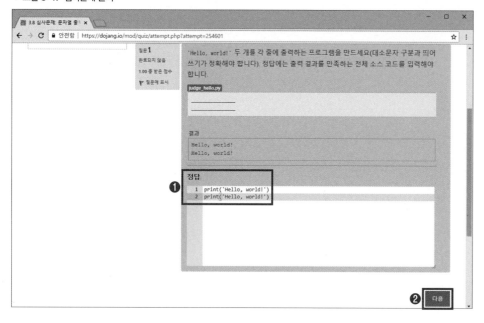

문제 채점 현황과 점수가 표시됩니다. 여기서 **모두 제출하고 끝냄** 버튼을 클릭합니다(만약 답안을 수정하고 싶다면 **시도로 돌아가기** 버튼을 클릭합니다).

▼ 그림 3-18 문제 제출하기

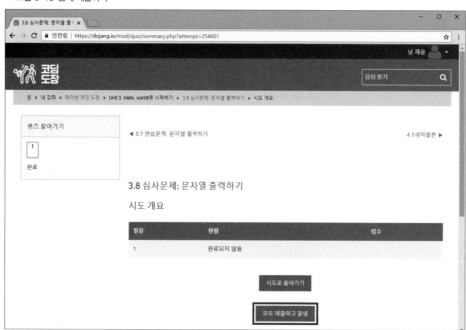

답안을 완전히 제출하기 전에 확정 창이 표시됩니다. **모두 제출하고 끝냄** 버튼을 클릭합니다.

▼ 그림 3-19 제출 확정

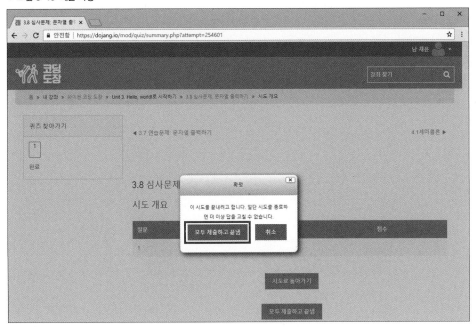

버튼을 클릭하고 잠시 기다리면 채점이 완료되며 화면 아래에 답안의 상태와 문제의 해설이 출력됩니다.

▼ 그림 3-20 채점 화면

검토 마침을 클릭하면 퀴즈에 다시 도전할 수 있습니다(틀렸다고 걱정할 필요 없습니다. 아무리 쉬운 문제라
도 한 번에 통과하는 사람은 그리 많지 않으니까요. 맞을 때까지 계속 도전해보세요).

뭐가 틀렸는지 모르겠어요

분명 print 함수로 'Hello, world!'를 두 번 출력했는데 계속 통과를 못하고 있어요.

▼ 그림 3-21 심사에 통과하지 못한 상황

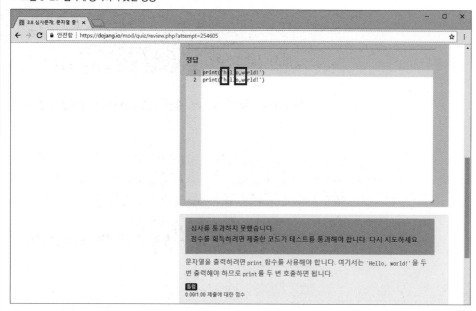

```
print('hello,world!')
print('hello,world!')
```

여기서 'hello,world!'는 대소문자와 띄어쓰기가 틀렸습니다. 심사문제에서 원하는 출력 결과는 'Hello, world!'라서 통과하지 못하는 것이죠.

실행 결과
```
hello,world!
hello,world!
```

이때는 'Hello, world!'처럼 H를 대문자로 입력하고 ,와 w 사이를 한 칸 띄우면 됩니다.

```
print('Hello, world!')
print('Hello, world!')
```

특히 ,(콤마)와 !(느낌표)도 출력 결과에 반드시 있어야 하므로 빠뜨리지 않도록 주의해야 합니다.

3.6 퀴즈

1. 다음 중 `'Hello, world!'`를 출력하는 방법으로 올바른 것을 고르세요.

  a. print 'Hello, world!'

  b. print Hello, world!

  c. print(Hello, world!)

  d. print('Hello, world!')

  e. print['Hello, world']

2. 콘솔(터미널, 명령 프롬프트)에서 파이썬으로 **dojang.py** 파일을 실행하는 방법을 입력하세요.

▶ 정답은 49쪽에 있습니다

3.7 연습문제: 문자열 출력하기

다음 소스 코드를 완성하여 'Hello, world!'와 'Python Programming'이 각 줄에 출력되게 만드세요.

practice_hello.py	실행 결과	정답
print('Hello, world!') print(＿＿＿＿＿＿＿＿＿)	Hello, world! Python Programming	'Python Programming'

해설

print 함수를 두 번 호출하여 'Hello, world!'와 'Python Programming'을 출력해야 합니다. 첫 번째 print 함수에서 'Hello, world!'를 출력하고 있으므로 두 번째 print 함수에 'Python Programming'을 지정해주면 됩니다.

3.8 심사문제: 문자열 출력하기

'Hello, world!' 두 개를 각 줄에 출력하는 프로그램을 만드세요(대소문자 구분과 띄어쓰기가 정확해야 합니다). 정답에는 출력 결과를 만족하는 전체 소스 코드를 입력해야 합니다.

테스트 케이스 예제

표준 출력	judge_hello.py
Hello, world! Hello, world!	

3.6 퀴즈 정답

1 d	print로 'Hello, world!'를 출력할 때는 print에 ( )(괄호)를 붙이고 괄호 안에 문자열 'Hello, world!'를 넣습니다. 이때 문자열은 ' '(작은따옴표)로 묶어줍니다.
2 python dojang.py python3 dojang.py python.exe dojang.py	콘솔(터미널, 명령 프롬프트)에서 스크립트 파일은 **python 스크립트파일.py** 형식으로 실행합니다(리눅스와 macOS에서는 **python3 스크립트파일.py**와 같이 python3를 이용해서 스크립트 파일을 실행합니다).

UNIT 4 기본 문법 알아보기

파이썬으로 간단하게 문자열을 출력해보았으니 이번에는 파이썬의 전체적인 문법에 대해서 알아보겠습니다.

4.1 세미콜론

많은 프로그래밍 언어들은 구문이 끝날 때 ;(세미콜론)을 붙여야 합니다. 하지만 파이썬은 세미콜론을 붙이지 않습니다.

파이썬
```python
print('Hello, world!')
```

단, 세미콜론을 붙여도 문법 에러는 발생하지 않습니다. 보통 한 줄에 여러 문장을 사용할 때 세미콜론으로 구분해줍니다.

파이썬
```python
print('Hello'); print('1234')
```

4.2 주석

파이썬에서 사람만 알아볼 수 있도록 작성하는 부분을 주석(comment)라고 합니다. 즉, 주석은 파이썬 인터프리터가 처리하지 않으므로 프로그램의 실행에는 영향을 주지 않습니다.

보통 주석은 코드에 대한 자세한 설명을 작성하거나, 특정 코드를 임시로 사용하지 않도록 만들 때 사용합니다.

주석은 한 줄 주석과 블록 주석 두 가지가 있습니다.

4.2.1 한 줄 주석

다음은 한 줄 주석으로 코드에 대한 설명을 작성한 모습입니다.

```
# Hello, world! 출력
print('Hello, world!')
```

코드 맨 앞에 #을 사용하면 해당 줄은 모두 주석이 됩니다. 따라서 다음 print 함수는 동작하지 않습니다.

```
#print('Hello, world!')
```

코드 뒤에 #으로 주석을 작성할 수도 있습니다. 이때는 앞에 있는 코드만 정상적으로 동작하며 # 뒤에 있는 코드는 동작하지 않습니다.

```
a = 1 + 2 # 더하기
print('Hello, world!') #printf('1234567890')
```

4.2.2 블록 주석

이번에는 블록 주석입니다. 블록 주석은 각 줄마다 맨 앞에 #을 넣어줍니다.

```
#print('Hello, world!')
#print('1234567890')
```

보통 블록 주석을 작성할 때는 코드를 읽기 쉽도록 # 뒤에 공백을 한 칸 띄웁니다.

```
# 더하기
# a = 1 + 2
# print('Hello, world!')
```

참고 **파이썬에서 한글 주석 사용하기**

파이썬 3에서는 .py 스크립트 파일의 기본 인코딩이 UTF-8입니다. 스크립트 파일을 다른 인코딩(CP949, EUC-KR)으로 저장하면 실행을 했을 때 에러가 발생합니다.

 인코딩(encoding)은 문자를 컴퓨터가 이해할 수 있는 0과 1로 바꾸는 것을 말합니다. 0과 1로 바꾸는 규칙은 여러 가지가 있습니다. 이러한 규칙에는 UTF-8, EUC-KR 등이 있습니다. UTF-8은 전 세계 언어를 표현할 수 있고, EUC-KR, CP949는 한국어만 표현할 수 있습니다.

CP949로 저장된 hello.py

```
print('Hello, world!')      # 한글 주석
```

```
File "hello.py", line 1
SyntaxError: Non-UTF-8 code starting with '\xc7' in file
hello.py on line 1, but no encoding declared; see http://
python.org/dev/peps/pep-0263/ for details
```

이때는 스크립트 파일을 UTF-8로 저장하면 됩니다. 대부분의 텍스트 편집기는 저장할 파일의 인코딩을 설정할 수 있습니다. 메모장에서는 **파일(F)** › **다른 이름으로 저장(A)...** › **인코딩(E)**에서 UTF-8을 선택한 뒤 저장합니다.

4.3 들여쓰기

들여쓰기(indentation)는 코드를 읽기 쉽도록 일정한 간격을 띄워서 작성하는 방법입니다. 특히 파이썬은 들여쓰기 자체가 문법입니다. 예를 들어 `if`의 다음 줄은 항상 들여쓰기를 해야 합니다. 만약 들여쓰기를 하지 않으면 문법 에러이므로 코드가 실행되지 않습니다.

파이썬

```python
if a == 10:
print('10입니다.')     # 들여쓰기 문법 에러(indentation error)
```

실행 결과

```
IndentationError: expected an indented block
```

올바른 코드는 다음과 같이 `if`의 다음 줄은 들여쓰기를 해주어야 합니다.

파이썬

```python
if a == 10:
    print('10입니다.')
```

들여쓰기 공백 4칸

파이썬에서 들여쓰기 방법은 공백(스페이스) 2칸, 4칸, 탭(tab) 등 여러 가지 방법이 있습니다.

▼ 그림 4-1 들여쓰기 방법

공백 2칸

```python
if a == 10:
  print('10입니다.')
```

공백 4칸

```python
if a == 10:
    print('10입니다.')
```

탭 1칸

```python
if a == 10:
	print('10입니다.')
```

파이썬은 공백 2칸, 공백 4칸, 탭 문자 등을 각각 사용해도 동작이 잘 됩니다. 하지만 파이썬 코딩 스타일 가이드(PEP 8)에서는 공백 4칸으로 규정하고 있습니다. 따라서 공백 4칸을 사용하는 것이 좋습니다.

이 책에서는 들여쓰기를 공백 4칸으로 사용하겠습니다.

4.4 코드 블록

코드 블록은 특정한 동작을 위해서 코드가 모여 있는 상태를 뜻하며 파이썬은 들여쓰기를 기준으로 코드 블록을 구성합니다.

파이썬

```
if a == 10:               ← 들여쓰기로 코드 블록을 나타냄
    print('10')
    print('입니다.')
```

단, 같은 블록은 들여쓰기 칸 수가 같아야 하고, 공백과 탭 문자를 섞어 쓰면 안 됩니다.

▼ 그림 4-2 블록의 들여쓰기

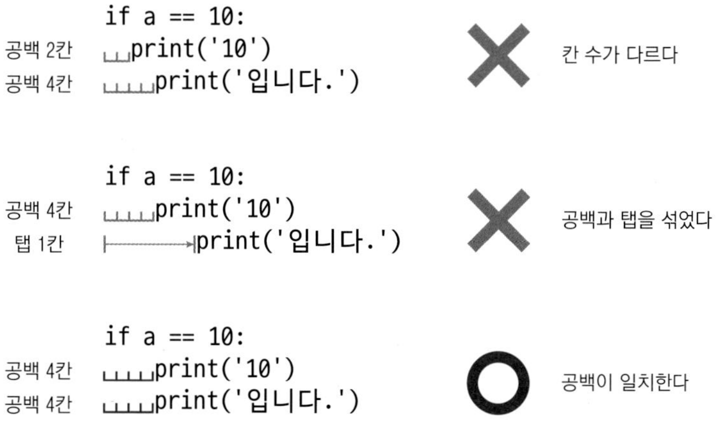

```
            if a == 10:
공백 2칸      print('10')                  ✗   칸 수가 다르다
공백 4칸        print('입니다.')
```

```
            if a == 10:
공백 4칸        print('10')                  ✗   공백과 탭을 섞었다
탭 1칸          print('입니다.')
```

```
            if a == 10:
공백 4칸        print('10')                  ○   공백이 일치한다
공백 4칸        print('입니다.')
```

문자열 출력

print 함수는 화면(표준 출력)에 값을 출력하는 함수입니다.

```
print('Hello, world!')    # Hello, world!
```

파이썬 스크립트 실행

파이썬 코드를 저장한 .py 파일을 파이썬 스크립트 또는 스크립트 파일이라고 부르며 콘솔(터미널, 명령 프롬프트)에서 **python 스크립트파일.py** 형식으로 실행할 수 있습니다(리눅스와 macOS에서는 **python3 스크립트파일.py** 형식).

주석

주석은 소스 코드에 대한 설명을 작성하거나 코드를 임시로 사용하지 않도록 만들 때 사용합니다.

```
# Hello, world! 출력
print('Hello, world!')

# 코드를 사용하지 않음
#print('Hello, world!')

# 여러 줄로 된
# 블록 주석
# print('Hello, world!')
```

Q & A 자 주 묻 는 질 문

컴퓨테이셔널 씽킹과 알고리즘의 차이점은 무엇인가요?

컴퓨테이셔널 씽킹은 4가지로 되어 있습니다.

- **분해**: 복잡한 문제를 작은 문제로 나눕니다.
- **패턴 인식**: 문제 안에서 유사성을 발견합니다.
- **추상화**: 문제의 핵심에만 집중하고 부차적인 것은 제외합니다.
- **알고리즘**: 이렇게 정의한 문제를 해결하는 절차입니다(일반화와 모델링은 여기에 포함됩니다).

복잡한 문제를 해결하는 것은 어렵지만, 작은 문제를 해결하는 것은 비교적 쉽습니다. 작은 문제를 해결하다 보면 복잡한 문제를 해결하게 됩니다. 컴퓨터 공학에서 배우는 알고리즘은 대부분 정형화된 문제에 대해 검증된 해법을 제시하는 과목입니다.

현실에서 컴퓨터로 해결하려는 문제는 정형화된 문제가 아니라 비정형화된 문제가 더 많습니다. 그래서 비정형화된 문제를 컴퓨터로 해결하는 과정, 즉, 문제를 이해하고 분해, 패턴 인식, 추상화, 알고리즘 작성까지를 컴퓨테이셔널 씽킹이라고 합니다.

UNIT 5 숫자 계산하기

파이썬은 파이썬 셸을 통하여 입력한 코드의 결과를 즉시 출력할 수 있었죠? 이번에는 파이썬을 계산기처럼 사용해보겠습니다.

숫자 계산을 하기 전에 먼저 숫자의 자료형(타입)부터 살펴봅시다. 파이썬에서는 숫자의 자료형에 따라 결과가 달라질 수 있으므로 이 부분은 정확하게 구분할 필요가 있습니다. 다음과 같이 파이썬에서는 숫자를 정수, 실수, 복소수로 구분합니다.

▼ 그림 5-1 파이썬의 숫자 자료형

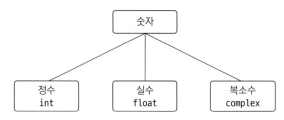

보통 프로그래밍에서는 정수와 실수를 주로 사용하며 복소수는 공학 분야에서 주로 쓰입니다. 이 책에서는 정수와 실수 위주로 설명하겠습니다.

 정수는 영어로 integer이므로 줄여서 int라고 쓰고, 실수는 floating-point(부동소수점)를 줄여서 float라고 쓰고, 복소수는 complex number를 줄여서 complex라고 씁니다.

5.1 정수 계산하기

파이썬 IDLE을 실행하거나 콘솔(터미널, 명령 프롬프트)에서 파이썬을 실행합니다(Windows는 ⊞+R 〉 cmd 입력 〉 python 입력, 리눅스와 macOS는 터미널에서 python3를 입력).

```
C:\Users\dojang>python
Python 3.11.0 (tags/v3.11.0:9d38120, Jun  1 2022, 13:29:14) [MSC v.1929 64 bit (AMD64)] on win32
Type "help", "copyright", "credits" or "license" for more information.
>>>
```

5.1.1 사칙연산

파이썬 프롬프트가 나오면 코드와 계산식을 입력받을 준비가 된 상태입니다. >>>에 1 + 1을 입력한 뒤 엔터 키를 누르면 결괏값 2가 나옵니다.

```
>>> 1 + 1
2
```

덧셈뿐만 아니라 뺄셈, 곱셈도 가능합니다.

```
>>> 1 - 2
-1
>>> 2 * 2
4
```

이번에는 나눗셈입니다. 파이썬을 비롯한 여러 프로그래밍 언어에서 나누기를 ÷ 기호 대신 /를 사용합니다.

```
>>> 5 / 2
2.5
```

5 나누기 2는 2.5가 나왔습니다. 당연한 결과일 수도 있지만 이 부분이 파이썬 2와 파이썬 3의 차이점입니다. 파이썬 2에서 5 / 2는 2.5가 아닌 2가 나오는데, 정수끼리 나눗셈 결과는 정수가 나오도록 정했기 때문입니다. 하지만 파이썬 3는 정수끼리 나눗셈을 해도 실수가 나옵니다.

4 나누기 2를 계산해보면 정말 그런지 확인할 수 있습니다.

```
>>> 4 / 2
2.0
```

4 / 2는 2가 아닌 2.0이 나왔습니다. 이렇게 파이썬 3는 나눗셈이 완전히 나누어떨어져도 실수가 나옵니다.

5.1.2 나눗셈 후 소수점 이하를 버리는 // 연산자

그럼 파이썬 3에서 정수끼리 나눗셈 결과가 정수로 나오도록 만들 수는 없을까요? 이때는 //로 나눗셈을 하면 됩니다.

```
>>> 5 // 2
2
>>> 4 // 2
2
```

//은 버림 나눗셈(floor division)이라고 부르며 나눗셈의 결과에서 소수점 이하는 버립니다.

참고로 실수에 // 연산자를 사용하면 결과는 실수가 나오며 소수점 이하는 버립니다. 따라서 결과는 항상 .0으로 끝납니다.

```
>>> 5.5 // 2
2.0
>>> 4 // 2.0
2.0
>>> 4.1 // 2.1
1.0
```

이런 차이점이 별 것 아닌 것처럼 느껴지지만 코드(알고리즘)를 작성할 때 정수냐 실수냐에 따라 결과가 완전히 달라질 수도 있습니다. 즉, 눈에 잘 띄지 않는 버그가 되므로 이 부분은 꼭 기억해두세요.

5.1.3 나눗셈 후 나머지를 구하는 % 연산자

이번에는 나눗셈 후 나누어떨어지지 않을 때 나머지를 구해보겠습니다.

```
>>> 5 % 2
1
```

5를 2로 나누면 두 번 나눌 수 있고 1이 남습니다. %는 두 수를 나누었을 때 나머지만 구하며 모듈로(modulo) 연산자라고 부릅니다. 참고로 몫은 버림 나눗셈(//)으로 구할 수 있습니다.

5.1.4 거듭제곱을 구하는 ** 연산자

파이썬에서는 거듭제곱도 쉽게 구할 수 있습니다.

```
>>> 2 ** 10
1024
```

**는 거듭제곱 연산자이며 숫자를 특정 횟수만큼 곱합니다. 따라서 2 ** 10은 1024이고 2^{10}을 뜻합니다.

 별표(*)는 영어로 애스터리스크(asterisk)라고 읽습니다. 이중 별표(**)는 더블 애스터리스크라고 읽습니다. 세계 최대 코딩 질문 사이트인 스택오버플로(stackoverflow.com)를 보면 더블 스타라고 읽는 사람도 많습니다.

5.1.5 값을 정수로 만들기

만약 계산 결과가 실수로 나왔을 때 강제로 정수로 만들 수는 없을까요? 이때는 int에 괄호를 붙이고 숫자 또는 계산식을 넣으면 됩니다. 특히 int에 문자열을 넣어도 정수로 만들 수 있습니다. 단, 정수로 된 문자열이라야 합니다.

· int(숫자)   · int(계산식)   · int('문자열')

```
>>> int(3.3)  # 숫자
3
>>> int(5 / 2)  # 계산식
2
>>> int('10')  # 문자열
10
```

int는 정수(integer)를 뜻하며 값을 정수로 만들어 줍니다(소수점 이하는 버림).

5.1.6 객체의 자료형 알아내기

그럼 지금까지 사용한 숫자가 정수가 맞는지 확인해보겠습니다.

- **type(값)**

```
>>> type(10)
<class 'int'>
```

type은 말 그대로 객체의 타입(자료형)을 알아내는 함수입니다. type에 괄호를 붙이고 10을 넣어보면 <class 'int'>라고 나오는데 정수(int) 클래스라는 뜻입니다. 파이썬에서는 숫자도 객체(object)이며, 객체는 클래스(class)로 표현합니다.

참고로 앞에서 사용한 int(3.3)은 실수 **3.3**을 int 클래스로 된 객체로 만든다는 뜻입니다.

참고 **몫과 나머지를 함께 구하기**

몫과 나머지를 함께 구하려면 divmod를 사용하면 됩니다.

```
>>> divmod(5, 2)
(2, 1)
```

5를 2로 나누었을 때 몫은 2, 나머지는 1이며 결과는 (2, 1) 형태로 나옵니다. (2, 1)처럼 파이썬에서 값을 괄호로 묶은 형태를 튜플(tuple)이라고 하며 값 여러 개를 모아서 표현할 때 사용합니다. 튜플은 'Unit 10 리스트와 튜플 사용하기'(102쪽)에서 자세히 설명하겠습니다.

튜플은 변수 여러 개에 저장할 수 있는데 divmod의 결과가 튜플로 나오므로 몫과 나머지는 변수 두 개에 저장할 수 있습니다.

```
>>> quotient, remainder = divmod(5, 2)
>>> print(quotient, remainder)
2 1
```

참고 **2진수, 8진수, 16진수**

정수는 10진수 이외에도 2진수, 8진수, 16진수로도 표현할 수 있습니다.

- **2진수**: 숫자 앞에 0b를 붙이며 0과 1을 사용합니다.
- **8진수**: 숫자 앞에 0o(숫자 0과 소문자 o)를 붙이며 0부터 7까지 사용합니다.
- **16진수**: 숫자 앞에 0x 또는 0X를 붙이며 0부터 9, A부터 F까지 사용합니다 (소문자 a부터 f도 가능).

```
>>> 0b110
6
>>> 0o10
8
>>> 0xF
15
```

실수 계산하기

1.5, 3.333333처럼 소수점이 붙은 수를 실수라고 하죠? 이번에는 실수끼리 계산을 해보겠습니다. >>>에 3.5 + 2.1을 입력해보세요.

```
>>> 3.5 + 2.1
5.6
```

덧셈의 결과인 5.6이 잘 나왔습니다. 이번에는 뺄셈, 곱셈, 나눗셈을 해보죠.

```
>>> 4.3 - 2.7
1.5999999999999996
>>> 1.5 * 3.1
4.65
>>> 5.5 / 3.1
1.7741935483870968
```

그런데 4.3 - 2.7의 결과가 좀 이상합니다. 1.6이 나와야 하는데 1.5999999999999996이 나왔습니다. 왜냐하면 컴퓨터는 실수를 표현할 때 오차가 발생하기 때문입니다.

오차 문제는 다소 어려운 주제이므로 지금은 크게 신경 쓰지 않아도 됩니다. 나중에 실무에서 실수를 다룰 때 오차에 대한 적절한 처리가 필요합니다. 자세한 내용은 '부록 47.7 실숫값의 오차'(641쪽)를 참조하세요.

5.2.1 실수와 정수를 함께 계산하면?

지금까지 실수끼리 계산을 해보았습니다. 실수와 정수를 함께 계산하면 어떻게 될까요?

```
>>> 4.2 + 5
9.2
```

실수인 9.2가 나왔습니다. 실수와 정수를 함께 계산하면 표현 범위가 넓은 실수로 계산됩니다(실수가 정수보다 표현 범위가 넓습니다).

▼ 그림 5-2 표현 범위가 넓은 쪽으로 계산됨

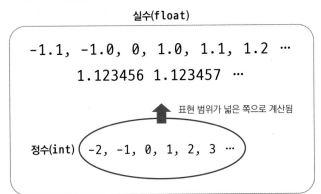

5.2.2 값을 실수로 만들기

그럼 숫자 또는 계산 결과를 강제로 실수로 만들려면 어떻게 해야 할까요? 이때는 float에 괄호를 붙이고 숫자 또는 계산식을 넣으면 됩니다. 특히 float에 문자열을 넣어도 실수로 만들 수 있습니다. 단, 실수 또는 정수로 된 문자열이라야 합니다.

- **float(숫자)**　　　　　　　　　　**float(계산식)**　　　　　　　　　　**float('문자열')**

```
>>> float(5)  # 숫자
5.0
>>> float(1 + 2)  # 계산식
3.0
>>> float('5.3')  # 문자열
5.3
```

float는 부동소수점(**float**ing point)에서 따왔으며 값을 실수로 만들어줍니다. 즉, 실수는 float 자료형이며 type에 실수를 넣어보면 <class 'float'>가 나옵니다.

```
>>> type(3.5)
<class 'float'>
```

참고　**복소수**

파이썬에서는 실수부와 허수부로 이루어진 복소수(complex number)도 사용할 수 있습니다. 이때 허수부는 숫자 뒤에 j를 붙입니다(수학에서는 허수를 i로 표현하지만 공학에서는 j를 사용합니다).

```
>>> 1.2+1.3j
(1.2+1.3j)
```

두 실수를 복소수로 만들 때는 complex를 사용하면 됩니다.

```
>>> complex(1.2, 1.3)
(1.2+1.3j)
```

참고　**스크립트 파일에서 계산 결과가 출력되지 않아요**

스크립트 파일에서 1 + 1처럼 계산식만 넣으면 결과가 출력되지 않습니다.

print_add.py	실행 결과
1 + 1	(아무것도 출력되지 않음)

스크립트 파일에서 계산 결과를 출력하려면 print 함수를 사용해야 합니다.

print_add.py	실행 결과
print(1 + 1)	2

파이썬 셸은 결과를 즉시 보는 용도라서 값 또는 계산식만 넣어도 결과가 출력됩니다. 하지만 스크립트 파일에서 값 또는 계산식의 결과를 출력하려면 반드시 print 함수를 사용해야 한다는 점 기억하세요.

5.3 괄호 사용하기

지금까지 1 + 2처럼 연산자 한 개로만 계산했습니다. 그럼 35 + 1 * 2의 결과는 무엇일까요? 식에서는 덧셈, 곱셈 순으로 나와 있지만 곱셈을 덧셈보다 먼저 계산하므로 72가 아닌 37이 정답입니다. 물론 파이썬에서도 마찬가지입니다.

```
>>> 35 + 1 * 2
37
```

만약 곱셈보다 덧셈을 먼저 계산하고 싶다면 덧셈 부분을 괄호로 묶어주면 됩니다.

```
>>> (35 + 1) * 2
72
```

수학 시간에 배운 내용 그대로입니다. 덧셈, 뺄셈, 곱셈, 나눗셈이 함께 있을 때는 곱셈과 나눗셈부터 계산합니다. 여기서 덧셈과 뺄셈을 먼저 계산하고 싶다면 괄호로 묶어줍니다. 이 부분은 프로그램을 만들 때 자주 사용하니 꼭 기억해두세요.

곱셈과 나눗셈을 먼저 계산하는 것을 연산자 우선순위라고 하는데 이 부분은 '부록 47.2 연산자 우선순위'(631쪽)를 참조하세요.

지금까지 숫자 계산 방법을 알아보았습니다. 실생활에서는 1과 1.0을 구분하지 않지만 컴퓨터는 1과 1.0을 정수와 실수로 구분합니다. 따라서 파이썬에서도 정수와 실수는 구분해서 처리합니다. 나눗셈 연산자 /의 결과는 실수, 버림 나눗셈 //의 결과는 정수라는 점을 꼭 기억해두세요.

5.4 퀴즈

1. 다음 중 10 / 4를 계산한 결과로 올바른 것을 고르세요(파이썬 3).

    a. 1

    b. 2

    c. 2.0

    d. 2.5

    e. 3

2. 다음 중 계산식의 결과를 실수로 만드는 방법으로 올바른 것을 고르세요.

    a. (float)10 - 2

    b. (int)10 - 5

    c. float(10 // 3)

    d. int(10 / 3)

    e. float 10 / 3

3. 7 + (10 - 5) * 2의 계산 결과를 입력하세요.

▶ 정답은 62쪽에 있습니다

5.5 연습문제: 아파트에서 소음이 가장 심한 층수 출력하기

국립환경과학원에서는 아파트에서 소음이 가장 심한 층수를 구하는 계산식을 발표했습니다. 소음이 가장 심한 층은 0.2467 * 도로와의 거리(m) + 4.159입니다. 다음 소스 코드를 완성하여 소음이 가장 심한 층수가 출력되게 만드세요. 단, 층수를 출력할 때는 소수점 이하 자리는 버립니다(정수로 출력).

• 도로와의 거리: 12m

practice_arithmetic.py	실행 결과	정답
print(_____)		int(0.2467 * 12 + 4.159)

해설

소음이 가장 심한 층수를 구하는 계산식은 0.2467 * 도로와의 거리(m) + 4.159라고 했으므로 0.2467에 12를 곱한 뒤 4.159를 더해주면 됩니다. 계산 결과는 7.1194가 나오지만 사용자에게 보여줄 때는 7.1194층보다 7층이 더 좋겠죠? 따라서 int에 계산식을 넣어서 결과를 정수로 만들어줍니다.

5.6 심사문제: 스킬 공격력 출력하기

L이라는 게임에서 "왜곡"이라는 스킬이 AP * 0.6 + 225의 피해를 줍니다. 참고로 이 게임에서 AP(Ability Power, 주문력)는 마법 능력치를 뜻합니다. 다음 소스 코드를 완성하여 스킬의 피해량이 출력되게 만드세요.

• AP: 102

> **참고** **코드 완성 문제**
>
> 미완성 코드가 제시되고 밑줄이 있는 문제는 코드 전체를 입력하면 안 됩니다. 반드시 밑줄에 해당하는 코드만 입력하세요.
> 미완성 코드가 제시되지 않고 프로그램을 만들라고 나오는 경우에만 전체 코드를 입력하면 됩니다.

테스트 케이스 예제

표준 출력	judge_arithmetic.py
286.2	print(102_____)

5.4 퀴즈 정답

1 d 파이썬 3에서는 정수 / 정수의 결과는 실수가 나옵니다. 따라서 10 / 4의 결과는 2.5입니다.

2 c 계산식의 결과를 실수로 만들려면 float(10 // 3)과 같이 float에 괄호를 붙인 뒤 계산식을 넣으면 됩니다.

3 17 7 + (10 - 5) * 2에서 괄호 부분을 가장 먼저 계산합니다. 그리고 덧셈과 곱셈 중에서 곱셈을 먼저 계산해야 하므로 5 * 2를 계산한 뒤 7을 더해줍니다.

UNIT 6 변수와 입력 사용하기

지금까지 파이썬 셸에서 숫자와 연산자를 사용하여 직접 계산을 해보았습니다. 그런데 계산 결과를 바로 출력할 수는 있었지만 결과를 계속 가지고 있을 수는 없었습니다. 이때는 변수를 사용해서 결과를 저장해야 합니다.

이번 유닛에서는 변수(variable)를 만들어 결과를 저장하는 방법을 알아보겠습니다.

6.1 변수 만들기

파이썬에서는 다음 그림과 같은 형식으로 코드를 입력하여 변수를 만듭니다.

▼ 그림 6-1 변수 만들기

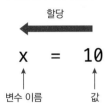

x = 10이라고 입력하면 10이 들어있는 변수 x가 만들어집니다. 즉, **변수이름 = 값** 형식이죠. 이렇게 하면 변수가 생성되는 동시에 값이 할당(저장)됩니다.

변수 이름은 원하는 대로 지으면 되지만 다음과 같은 규칙을 지켜야 합니다.

- 영문 문자와 숫자를 사용할 수 있습니다.
- 대소문자를 구분합니다.
- 문자부터 시작해야 하며 숫자부터 시작하면 안 됩니다.
- _(밑줄 문자)로 시작할 수 있습니다.
- 특수 문자(+, -, *, /, $, @, &, % 등)는 사용할 수 없습니다.
- 파이썬의 키워드(if, for, while, and, or 등)는 사용할 수 없습니다.

그럼 파이썬 셸에서 변수를 만들어보겠습니다. >>>에 다음 코드를 입력하세요.

```
>>> x = 10
>>> x
10
```

변수 x를 만들면서 10을 할당했습니다. 파이썬 셸에서는 변수를 입력한 뒤 엔터 키를 누르면 변수에 저장된 값이 출력됩니다.

변수에는 숫자뿐만 아니라 문자열도 넣을 수 있습니다.

```
>>> y = 'Hello, world!'
>>> y
'Hello, world!
```

''(작은따옴표)로 묶은 문자열 Hello, world!를 변수 y에 할당했습니다.

> **참고** **= 기호는 같다는 뜻 아닌가요?**
>
> 수학에서 =(등호) 기호는 양변이 같다는 뜻이죠? 하지만 프로그래밍 언어에서 =는 변수에 값을 할당(assignment)한다는 의미입니다. 수학의 등호와 같은 역할을 하는 연산자는 ==입니다.

6.1.1 변수의 자료형 알아내기

파이썬에서는 변수의 자료형이 중요합니다. 앞에서 type을 사용해서 10, 5.3과 같은 숫자의 자료형을 알아보았습니다. 마찬가지로 type에 변수를 넣으면 변수(객체)의 자료형이 나옵니다.

- **type(변수)**

```
>>> type(x)
<class 'int'>
>>> type(y)
<class 'str'>
```

x에는 정수 10이 들어있으므로 int, y에는 문자열 Hello, world!가 들어있으므로 str이라고 나옵니다(int는 정수(integer), str은 문자열(string)에서 따왔습니다). 즉, 변수의 자료형은 변수에 들어가는 값에 따라 달라집니다.

파이썬에서 변수를 사용하다 보면 자료형이 맞지 않아 발생하는 문제를 자주 접하게 됩니다. 이런 경우에는 type으로 자료형이 뭔지 알아보면 문제를 쉽게 해결할 수 있습니다.

6.1.2 변수 여러 개를 한 번에 만들기

지금까지 변수를 하나씩 만들었습니다. 파이썬에서는 변수 여러 개를 한 번에 만들 수도 있습니다.

```
>>> x, y, z = 10, 20, 30
>>> x
10
>>> y
20
>>> z
30
```

변수이름1, 변수이름2, 변수이름3 = 값1, 값2, 값3 형식으로 변수를 ,(콤마)로 구분한 뒤 각 변수에 할당될 값을 지정해주면 됩니다. 변수와 값의 개수는 동일하게 맞춰주어야 하며 나열된 순서대로 값이 할당됩니다. 만약 변수와 값의 개수가 맞지 않으면 이렇게 에러가 발생합니다.

```
>>> x, y, z = 10, 20
Traceback (most recent call last):
  File "<pyshell#3>", line 1, in <module>
    x, y, z = 10, 20
ValueError: not enough values to unpack (expected 3, got 2)  ········• 값이 3개 필요한데 2개만 주어짐
```

변수 여러 개를 만들 때 값이 모두 같아도 된다면 다음과 같은 방식도 사용할 수 있습니다.

```
>>> x = y = z = 10
>>> x
10
>>> y
10
>>> z
10
>>>
```

변수 3개를 만들면서 모두 같은 값을 할당했습니다. 이렇게 변수1 = 변수2 = 변수3 = 값 형식으로 변수 여러 개를 =로 연결하고 마지막에 값을 할당해주면 같은 값을 가진 변수 3개가 만들어집니다.

그럼 조금 응용해서 두 변수의 값을 바꾸려면 어떻게 해야 할까요? 다음과 같이 변수를 할당할 때 서로 자리를 바꿔주면 됩니다.

```
>>> x, y = 10, 20
>>> x, y = y, x
>>> x
20
>>> y
10
```

x는 20, y는 10이 나왔습니다. 이처럼 변수1, 변수2 = 변수2, 변수1 형식으로 두 변수의 값을 바꿀 수 있습니다.

> **참고** **변수 삭제하기**

변수 삭제는 del을 사용합니다.

· **del 변수**

```
>>> x = 10
>>> del x
>>> x
Traceback (most recent call last):
  File "<pyshell#2>", line 1, in <module>
    x
NameError: name 'x' is not defined          ·········변수 x가 정의되지 않음
>>>
```

변수 x를 삭제하여 변수가 없어졌으므로 x가 정의되지 않았다는 메시지와 함께 NameError가 발생합니다. 지금은 변수 삭제가 큰 의미가 없지만 나중에 리스트를 사용할 때 del이 유용하게 쓰입니다.

> **참고** **빈 변수 만들기**

변수를 만들 때 x = 10과 같이 할당할 값을 지정해주었습니다. 그럼 값이 들어있지 않는 변수는 만들 수 없을까요? 값이 들어있지 않은 빈 변수를 만들 때는 None을 할당해주면 됩니다.

```
>>> x = None
>>> print(x)
None
>>> x
>>> (아무것도 출력되지 않음)
```

print로 변수 x의 값을 출력해보면 None이 나옵니다. 파이썬에서 None은 아무것도 없는 상태를 나타내는 자료형입니다. 보통 다른 언어에서는 널(null)이라고 표현합니다.

6.2 변수로 계산하기

변수를 만드는 방법을 알아보았으니 이번에는 변수를 활용하여 계산을 해보겠습니다.

```
>>> a = 10
>>> b = 20
>>> c = a + b
>>> c
30
```

변수 a, b에 숫자를 할당한 뒤에 a와 b의 값을 더해서 변수 c에 할당했습니다. 이렇게 변수는 변수끼리 계산할 수 있고, 계산 결과를 다른 변수에 할당할 수 있습니다.

6.2.1 산술 연산 후 할당 연산자 사용하기

그럼 변수 a의 값을 20 증가시키려면 어떻게 해야 할까요? a + 20처럼 20을 더하면 30이 나오지만 a의 값을 다시 출력해보면 10이 나옵니다.

```
>>> a = 10
>>> a + 20
30
>>> a
10
```

a + 20은 a에 20을 더하기만 할 뿐 계산 결과를 유지하지 않습니다. 변수 한 개에서 값의 변화를 계속 유지하려면 계산 결과를 다시 변수에 저장해야 합니다.

```
>>> a = 10
>>> a = a + 20     # a와 20을 더한 후 결과를 다시 a에 저장
>>> a
30
```

이렇게 a = a + 20과 같이 a에 20을 더한 값을 다시 a에 할당해주면 계산 결과가 계속 유지됩니다. 그런데 a를 두 번 입력해야 하니 조금 번거롭죠? 파이썬에서는 변수를 두 번 입력하지 않도록 산술 연산 후 할당 연산자를 제공합니다.

```
>>> a = 10
>>> a += 20     # a와 20을 더한 후 결과를 다시 a에 저장
>>> a
30
```

a에는 10이 들어있고 a += 20을 수행하면 a에는 10과 20을 더한 결과인 30이 들어갑니다. +=처럼 산술 연산자 앞에 =(할당 연산자)를 붙이면 연산 결과를 변수에 저장합니다(+ =처럼 두 연산자를 공백으로 띄우면 안 됩니다). 즉, a += 20은 a = a + 20을 축약한 형태입니다.

여기서는 덧셈(+=)만 해보았는데 뺄셈(-=), 곱셈(*=), 나눗셈(/=, //=), 나머지(%=)도 같은 방식입니다. 똑같이 연산(-, *, /, //) 후 할당(=)한다는 뜻입니다. 직접 연습해보세요.

산술 연산 후 할당 연산자를 사용할 때는 주의할 점이 있습니다. 다음과 같이 만들지 않은 변수 d에 10을 더한 후 다시 할당하면 에러가 발생합니다.

```
>>> d += 10     # d는 만들지 않은 변수
Traceback (most recent call last):
  File "<pyshell#2>", line 1, in <module>
    d += 10
NameError: name 'd' is not defined   ········ 변수 d가 정의되지 않음
```

왜냐하면 계산 결과를 d에 할당하기 전에 d와 10을 더해야 하는데 d라는 변수가 없어서 덧셈이 안 되기 때문입니다. 따라서 연산 후 할당을 하려면 값이 들어있는 변수를 사용해야 합니다.

> **참고** **부호 붙이기**
>
> 계산을 하다 보면 부호를 붙여야 하는 경우도 생깁니다. 이때는 값이나 변수 앞에 양수, 음수 부호를 붙이면 됩니다.
>
> ```
> >>> x = -10
> >>> +x
> -10
> >>> -x
> 10
> ```
>
> 양수, 음수 부호 붙이기는 수학 시간에 배운 내용과 같습니다. -10에 + 부호를 붙이면 부호의 변화가 없고, -10에 - 부호를 붙이면 양수 10이 됩니다.

6.3 입력 값을 변수에 저장하기

지금까지 변수를 만들 때 10, 'Hello, world!' 등의 값을 직접 할당해주었습니다. 하지만 이렇게 하면 고정된 값만 사용할 수 있습니다. 그럼 매번 다른 값을 변수에 할당하려면 어떻게 해야 할까요?

6.3.1 input 함수 사용하기

이때는 input 함수를 사용하면 됩니다.

- input( )

>>>에 input( )을 입력한 뒤 엔터 키를 누르면 다음 줄로 넘어갑니다. 이 상태에서 Hello, world!를 입력한 뒤 엔터 키를 누르세요.

```
>>> input()
Hello, world! (입력)
'Hello, world!'
```

입력한 문자열이 그대로 출력됩니다. 즉, input 함수는 사용자가 입력한 값을 가져오는 함수입니다.

6.3.2 input 함수의 결과를 변수에 할당하기

이제 input 함수의 결과를 변수에 할당해보겠습니다.

- 변수 = input( )

다음과 같이 input 함수의 결과를 변수 x에 할당합니다. 그리고 그다음 줄에서 Hello, world!를 입력한 뒤 엔터 키를 누르세요.

```
>>> x = input()
Hello, world! (입력)
>>>
```

이렇게 하면 변수 x에 입력한 문자열이 저장됩니다. x의 값을 출력해보면 방금 입력한 'Hello, world!'가 나옵니다.

```
>>> x
'Hello, world!'
```

여기서 한 가지 불편한 점은 input 함수가 실행된 다음에는 아무 내용이 없어서 입력을 받는 상태인지 출력이 없는 상태인지 알 수가 없다는 점입니다. 이때는 input의 괄호 안에 문자열을 지정해주면 됩니다.

- **변수 = input('문자열')**

```
>>> x = input('문자열을 입력하세요: ')
문자열을 입력하세요: Hello, world! (입력)
>>> x
'Hello, world!'
```

실행을 해보면 '문자열을 입력하세요: '처럼 안내 문구가 먼저 나옵니다. 여기에 문자열을 입력한 뒤 엔터 키를 누르면 입력한 그대로 출력됩니다. 즉, 이 문자열은 사용자에게 입력받는 값의 용도를 미리 알려줄 때 사용합니다. 다른 말로는 프롬프트(prompt)라고도 부릅니다(파이썬 프롬프트 >>>와 같은 의미입니다).

6.3.3 두 숫자의 합 구하기

그럼 조금 응용해서 숫자 두 개를 입력받은 뒤에 두 숫자의 합을 구해보겠습니다. 다음 내용을 IDLE의 소스 코드 편집 창에 입력하세요.

input_integer.py
```
a = input('첫 번째 숫자를 입력하세요: ')
b = input('두 번째 숫자를 입력하세요: ')

print(a + b)
```

소스 코드를 실행하면 '첫 번째 숫자를 입력하세요: '가 출력됩니다. 여기서 10을 입력하고 엔터 키를 누르세요. 그리고 '두 번째 숫자를 입력하세요: '가 출력되면 20을 입력하고 엔터 키를 누르세요.

```
첫 번째 숫자를 입력하세요: 10 (입력)
두 번째 숫자를 입력하세요: 20 (입력)
1020
```

10 + 20의 결과는 30이 나와야 하는데 1020이 나왔습니다. 왜 이런 결과가 나왔을까요? input에서 입력받은 값은 항상 문자열 형태이기 때문입니다. 즉, 10과 20은 겉보기에는 숫자이지만 실제로는 문자열이므로 10과 20을 +로 연결하여 1020이 나오게 됩니다.

다음과 같이 input의 결과를 변수에 저장한 뒤 type을 사용해보면 input의 결과가 문자열(str)이라는 것을 알 수 있습니다.

```
>>> a = input()
10 (입력)
>>> type(a)
<class 'str'>
```

6.3.4 입력 값을 정수로 변환하기

10 + 20의 결과가 30이 나오게 하려면 input에서 입력받은 문자열을 숫자(정수)로 만들어주어야 합니다.

- 변수 = int(input( ))
- 변수 = int(input('문자열'))

```
input_integer.py
a = int(input('첫 번째 숫자를 입력하세요: '))    # int를 사용하여 입력 값을 정수로 변환
b = int(input('두 번째 숫자를 입력하세요: '))    # int를 사용하여 입력 값을 정수로 변환

print(a + b)
```

```
첫 번째 숫자를 입력하세요: 10 (입력)
두 번째 숫자를 입력하세요: 20 (입력)
30
```

이제 10 + 20의 결과로 30이 나왔죠? 입력받은 값을 숫자(정수)로 만들려면 int에 input( )을 넣어줍니다. int는 정수로 된 문자열도 정수로 만들 수 있으므로 문자열 '10'은 정수 10으로 바뀝니다.

만약 3.5와 2.1처럼 실수를 더하려면 int 대신 float에 input( )을 넣습니다. 각자 소스 코드를 수정하여 실수의 합도 구해보세요.

입력 값을 변수 두 개에 저장하기

지금까지 input 한 번에 값 하나만 입력받았습니다. 그럼 input 한 번에 값을 여러 개 입력받으려면 어떻게 해야 할까요? 이때는 input에서 split을 사용한 변수 여러 개에 저장해주면 됩니다(각 변수는 콤마로 구분해 줍니다).

- 변수1, 변수2 = input( ).split( )
- 변수1, 변수2 = input( ).split('기준문자열')
- 변수1, 변수2 = input('문자열').split( )
- 변수1, 변수2 = input('문자열').split('기준문자열')

먼저 문자열 두 개를 입력받아 보겠습니다. 다음 내용을 IDLE의 소스 코드 편집 창에 입력하세요.

input_split_string.py
```
a, b = input('문자열 두 개를 입력하세요: ').split()      # 입력받은 값을 공백을 기준으로 분리

print(a)
print(b)
```

소스 코드를 실행하면 '문자열 두 개를 입력하세요: '가 출력됩니다. 이 상태에서 Hello Python을 입력하고 엔터 키를 누르세요.

실행 결과
```
문자열 두 개를 입력하세요: Hello Python (입력)
Hello
Python
```

input에 split을 사용하면 입력받은 값을 공백을 기준으로 분리하여 변수에 차례대로 저장합니다(split은 분리하다, 나누다라는 뜻입니다). 여기서는 문자열 'Hello Python'을 공백을 기준으로 분리하여 'Hello'는 첫 번째 변수 a에 'Python'은 두 번째 변수 b에 저장합니다.

```
          'Hello'가 저장됨
a, b = input('문자열 두 개를 입력하세요: ').split()
          'Python'이 저장됨
```

6.4.1 두 숫자의 합 구하기

그럼 숫자 두 개를 입력받아서 두 숫자의 합을 구해보겠습니다.

input_split_int.py
```
a, b = input('숫자 두 개를 입력하세요: ').split()      # 입력받은 값을 공백을 기준으로 분리

print(a + b)
```

```
숫자 두 개를 입력하세요: 10 20 (입력)
1020
```

30이 나와야 하는데 1020이 나왔습니다. 왜냐하면 input에서 입력받은 값은 문자열이고, 이 문자열은 split 으로 분리해도 문자열이기 때문입니다. 여기서는 문자열 '10 20'을 공백을 기준으로 분리하여 a에는 '10', b 에는 '20'이 저장되므로 +로 연결하면 '1020'이 나옵니다.

'10'이 문자열로 저장됨

```
a, b = input('숫자 두 개를 입력하세요: ').split()
```

'20'이 문자열로 저장됨

6.4.2 입력 값을 정수로 변환하기

10 + 20의 결과가 30이 나오게 하려면 변수 a와 b를 정수로 변환해주어야 합니다.

input_split_int.py

```
a, b = input('숫자 두 개를 입력하세요: ').split()    # 입력받은 값을 공백을 기준으로 분리
a = int(a)    # 변수를 정수로 변환한 뒤 다시 저장
b = int(b)    # 변수를 정수로 변환한 뒤 다시 저장

print(a + b)
```

```
숫자 두 개를 입력하세요: 10 20 (입력)
30
```

a = int(a)와 같이 int에 변수를 넣은 뒤 다시 변수에 저장해주면 변수가 정수 자료형으로 변환됩니다. 이때 int(a)처럼 int만 사용하고 결과를 변수에 저장하지 않으면 정수로 변환되지 않습니다. 이 부분을 꼭 기억해 두세요.

물론 print 안에서 int로 변수를 변환하고 바로 더해도 상관없습니다.

```
print(int(a) + int(b))
```

6.4.3 map을 사용하여 정수로 변환하기

split의 결과를 매번 int로 변환해주려니 귀찮습니다. 이때는 map을 함께 사용하면 됩니다. map에 int와 input().split()을 넣으면 split의 결과를 모두 int로 변환해줍니다(실수로 변환할 때는 int 대신 float 를 넣습니다).

- 변수1, 변수2 = map(int, input().split())
- 변수1, 변수2 = map(int, input().split('기준문자열'))
- 변수1, 변수2 = map(int, input('문자열').split())
- 변수1, 변수2 = map(int, input('문자열').split('기준문자열'))

다음 내용을 IDLE의 소스 코드 편집 창에 입력하세요.

map_input_split.py
```
a, b = map(int, input('숫자 두 개를 입력하세요: ').split())

print(a + b)
```

실행 결과
```
숫자 두 개를 입력하세요: 10 20 (입력)
30
```

입력받는 부분과 int로 변환하는 부분이 한 줄로 줄었습니다. 이렇게 input().split()을 사용할 때 map을 사용하면 코드를 짧게 줄일 수 있습니다. map은 '22.6 리스트에 map 사용하기'(264쪽)에서 자세히 설명하겠습니다. 지금은 이렇게 사용하면 된다는 정도만 알아 두면 됩니다.

6.4.4 입력받은 값을 콤마를 기준으로 분리하기

이번에는 split에 기준 문자열을 지정하여 공백이 아닌 다른 문자로 분리해보겠습니다.

map_input_split_comma.py
```
a, b = map(int, input('숫자 두 개를 입력하세요: ').split(',')) # 입력받은 값을
                                                    # 콤마를 기준으로 분리

print(a + b)
```

소스 코드를 실행한 뒤 '숫자 두 개를 입력하세요: '가 출력되면 **10,20**을 입력하고 엔터 키를 누르세요.

실행 결과
```
숫자 두 개를 입력하세요: 10,20 (입력)
30
```

split(',')과 같이 분리할 기준 문자열을 콤마로 지정하였으므로 '10,20'에서 10은 a, 20은 b에 저장됩니다.

지금까지 변수를 만들고 input 함수를 사용해보았습니다. 변수는 값이나 계산 결과를 저장할 때 사용한다는 점, 변수를 만드는 방법, 변수 이름을 짓는 방법만 기억하면 됩니다. 특히 input과 split의 결과가 문자열이라는 점이 중요합니다. 따라서 숫자 계산을 한다면 int, float를 사용해서 결과를 숫자로 변환해주어야 한다는 점 기억하세요. 그리고 split의 결과를 모두 int, float로 변환할 때는 map을 사용하면 편리합니다.

1. 다음 중 변수를 만드는 방법으로 올바른 것을 고르세요.

    a. int x = 10

    b. 10 = x

    c. x = 10

    d. x <- 10

    e. x(10)

2. 다음 중 변수 이름으로 사용할 수 없는 것을 모두 고르세요.

    a. 300

    b. _53A

    c. if

    d. z

    e. H-80

    f. _hello3

    g. 30seconds

    h. 99%

3. 다음 중 변수와 연산자의 사용 방법으로 올바르지 않은 것을 모두 고르세요(파이썬 3).

```
a = 20
b = 30
```

    a. c = -a

    b. b + = a

    c. c = a // b

    d. c -= b

    e. c = a + 10

4. 다음과 같이 값이 두 개 입력됩니다. 입력된 값을 실수로 변환하여 변수 두 개에 저장하는 방법을 고르세요.

```
1.5 2.7
```

    a. a, b = input('실수를 입력하세요: ')

    b. a = input('실수를 입력하세요: ')

       b = input('실수를 입력하세요: ')

    c. a, b = input('실수를 입력하세요: ').split()

    d. a, b = map(float, input('실수를 입력하세요: ').split())

    e. input(a, b, ' ')

▶ 정답은 76쪽에 있습니다

6.6 연습문제: 정수 세 개를 입력받고 합계 출력하기

다음 소스 코드를 완성하여 정수 세 개를 입력받고 합계가 출력되게 만드세요.

practice_input_split.py	실행 결과	정답
  print(a + b + c)	-10 20 30 (입력) 40	a, b, c = map(int, input().split())

해설

정수를 세 개 입력받으려면 input에서 split을 사용한 뒤 변수 세 개에 저장해주면 됩니다. 이때 input(). split()의 결과는 문자열이므로 map에 int를 사용하여 정수로 변환해줍니다.

6.7 심사문제: 변수 만들기

다음 소스 코드를 완성하여 50, 100, None이 각 줄에 출력되게 만드세요.

테스트 케이스 예제

표준 출력	judge_variable.py
50 100 None	 print(a) print(b) print(c)

6.8 심사문제: 평균 점수 구하기

표준 입력으로 국어, 영어, 수학, 과학 점수가 입력됩니다. 평균 점수를 출력하는 프로그램을 만드세요(input에서 안내 문자열은 출력하지 않아야 합니다). 단, 평균 점수를 출력할 때는 소수점 이하 자리는 버립니다(정수로 출력).

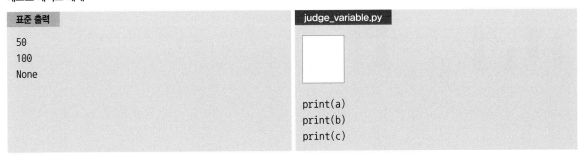

> **참고** **심사문제에서 안내 문자열은?**
>
> input에 문자열을 지정하면 입력을 받기 전에 안내 문자열을 출력할 수 있습니다. 하지만 심사문제에서는 입력을 받을 때 안내 문자열을 출력하면 안 됩니다.
>
> ```
> a = int(input('숫자를 입력하세요: '))       # X 심사문제를 통과할 수 없음
> a = int(input())                          # O 올바른 코드
>
> a, b = map(int, input('숫자 두 개를 입력하세요: ').split())   # X 심사문제를 통과할 수 없음
> a, b = map(int, input().split())                           # O 올바른 코드
> ```
>
> 따라서 input()과 같이 안내 문자열이 없는 형태로 사용해주세요.

테스트 케이스 예제

표준 입력	표준 출력
83 92 87 90	88

테스트 케이스 예제

표준 입력	표준 출력
32 53 22 95	50

judge_average.py

```

```

6.5 퀴즈 정답

1 c 변수는 **변수이름 = 값** 형식으로 만듭니다.

2 a, c, e, g, h 변수 이름은 영문과 밑줄 문자로 시작할 수 있지만 숫자로 시작할 수 없습니다. 또한, 파이썬의 키워드는 변수 이름으로 사용할 수 없고, 특수 문자도 사용할 수 없습니다.

3 b, d 덧셈 후 할당 연산자는 +=처럼 붙여서 사용해야 합니다. b항처럼 +와 = 사이에 공백이 있으면 문법 에러가 발생합니다. d항 c -= b는 c = c - b이며 변수 c가 사용된 적이 없으므로 변수 c가 없고, 값이 들어있지 않습니다. 이 상태에서는 -= 연산자를 사용할 수 없습니다. IDLE에서 c항을 실습한 후에 d항을 실습하면 변수 c가 이미 생성되었으므로 에러가 발생하지 않습니다. del c로 변수 c를 삭제하고 에러를 재현해보세요. del 키워드는 Unit 6.1.2에 설명되어 있습니다.

4 d 값이 여러 개 입력되므로 input에 split을 사용해야 합니다. 이때 값을 모두 실수로 변환해야 하므로 map에 float를 사용하여 실수로 변환해줍니다.

THE PYTHON PROGRAMMING LANGUAGE

UNIT 7 출력 방법 알아보기

지금까지 print로 간단하게 값을 출력했습니다. 이번에는 print 하나로 여러 개의 값을 출력하는 방법과 출력 형태를 설정하는 방법을 알아보겠습니다.

7.1 값을 여러 개 출력하기

print에는 변수나 값 여러 개를 ,(콤마)로 구분하여 넣을 수 있습니다.

- print(값1, 값2, 값3)
- print(변수1, 변수2, 변수3)

```
>>> print(1, 2, 3)
1 2 3
>>> print('Hello', 'Python')
Hello Python
```

print에 변수나 값을 콤마로 구분해서 넣으면 각 값이 공백으로 띄워져서 한 줄로 출력됩니다. 이제 값을 여러 개 출력할 때 print 함수를 여러 번 쓰지 않아도 됩니다.

7.1.1 sep로 값 사이에 문자 넣기

그런데 값 사이에 공백이 아닌 다른 문자를 넣고 싶어질 수도 있습니다. 이때는 다음과 같이 print의 sep에 문자 또는 문자열을 지정해주면 됩니다(sep는 구분자라는 뜻의 **sep**arator에서 따왔습니다).

- print(값1, 값2, sep='문자 또는 문자열')
- print(변수1, 변수2, sep='문자 또는 문자열')

```
>>> print(1, 2, 3, sep=', ')     # sep에 콤마와 공백을 지정
1, 2, 3
>>> print(4, 5, 6, sep=',')      # sep에 콤마만 지정
4,5,6
>>> print('Hello', 'Python', sep='')     # sep에 빈 문자열을 지정
HelloPython
>>> print(1920, 1080, sep='x')     # sep에 x를 지정
1920x1080
```

sep=', '처럼 콤마와 공백을 넣어주면 1, 2, 3과 같은 형태로 출력됩니다. 물론 공백 없이 콤마만 지정해도 됩니다. 또한, sep=''처럼 빈 문자열을 지정하면 각각의 값은 서로 붙어서 출력됩니다. 특히 sep에는 'x'와 같은 일반적인 문자도 넣을 수 있습니다.

7.2 줄바꿈 활용하기

이번에는 줄바꿈(개행)을 활용해보겠습니다. 먼저 다음과 같이 print에 값을 여러 개 지정하면 한 줄에 모든 값이 출력됩니다.

```
>>> print(1, 2, 3)
1 2 3
```

그럼 print 한 번으로 값을 여러 줄에 출력할 수는 없을까요? 방법은 간단합니다. print의 sep에 개행 문자(\n)라는 특별한 문자를 지정하면 값을 한 줄에 하나씩 출력할 수 있습니다.

```
>>> print(1, 2, 3, sep='\n')
1
2
3
```

\n은 값을 다음 줄에 출력하게 만드는 제어 문자입니다. 따라서 sep에 \n을 지정하면 1 2 3 사이에 \n이 들어가므로 1을 출력한 뒤 다음 줄에 2를 출력하고 다시 다음 줄에 3을 출력하게 됩니다. 단, \n 자체는 제어 문자이므로 화면에 출력되지 않습니다.

참고로 \n도 문자이므로 print에 바로 넣어서 사용할 수도 있습니다. 다음과 같이 문자열 안에 \n를 넣으면 1 2 3은 세 줄로 출력되겠죠? print(1, 2, 3, sep='\n')와 결과가 같습니다.

```
>>> print('1\n2\n3')    # 문자열 안에 \n을 사용하여 줄바꿈
1
2
3
```

'1\n2\n3'과 같이 \n은 옆에 다른 문자나 숫자와 붙여서 씁니다. 만약 \n 양옆에 공백을 넣어버리면 공백이 그대로 출력되므로 주의해야 합니다.

7.2.1 end 사용하기

print는 기본적으로 출력하는 값 끝에 \n을 붙입니다. 그래서 print를 여러 번 사용하면 값이 여러 줄에 출력됩니다. 다음 내용을 IDLE의 소스 코드 편집 창에 입력한 뒤 실행해보세요.

print_multiple.py	실행 결과
``` print(1) print(2) print(3) ```	1 2 3

그러면 print를 여러 번 사용해서 print(1, 2, 3)처럼 한 줄에 여러 개의 값을 출력할 수는 없을까요? 이때는 print의 end에 빈 문자열을 지정해주면 됩니다.

- **print(값, end='문자 또는 문자열')**
- **print(변수, end='문자 또는 문자열')**

print_multiple_end.py	실행 결과

``
print(1, end='')   # end에 빈 문자열을 지정하면 다음번 출력이 바로 뒤에 오게 됨
print(2, end='')
print(3)
``
	123

end=''와 같이 end에 빈 문자열을 지정하면 1, 2, 3이 세 줄로 출력되지 않고 한 줄로 붙어서 출력됩니다. 기본적으로 print의 end에 \n이 지정된 상태인데 빈 문자열을 지정하면 강제로 \n을 지워주기 때문입니다.

즉, end는 현재 print가 끝난 뒤 그다음에 오는 print 함수에 영향을 줍니다. 만약 1 2 3 사이를 띄워주고 싶다면 end에 공백 한 칸을 지정하면 됩니다.

	실행 결과

``
print(1, end=' ')   # end에 공백 한 칸 지정
print(2, end=' ')
print(3)
``
	1 2 3

이처럼 print의 sep, end에 제어 문자, 공백 문자 등을 조합하면 다양한 형태로 값을 출력할 수 있습니다. 자신의 상황에 맞게 선택해서 사용하면 됩니다.

지금까지 print의 다양한 사용 방법을 알아보았습니다. 여기서는 제어 문자 \n과 print에서 sep, end의 활용 방법을 익혀두는 것이 좋습니다.

1. 다음 중 3.1 Python 100을 한 줄에 출력하는 방법으로 올바른 것을 고르세요.

    a. print(3.1 Python 100)

    b. print(3.1)

       print('Python')

       print(100)

    c. print(3.1, Python, 100)

    d. print(3.1, 'Python', 100)

    e. print(3.1; 'Python'; 100)

2. 다음 중 16:9를 출력하는 방법으로 올바른 것을 고르세요.

    a. print(16:9)

    b. print(16, 9)

    c. print(16, 9, sep=':')

    d. print(16, 9, end=':')

    e. print(16, :, 9)

3. 다음 중 `'Hello'`와 `'Python'`을 두 줄로 출력하는 방법으로 올바른 것을 모두 고르세요.

```
Hello
Python
```

    a. print('Hello', 'Python')

    b. print('Hello\nPython')

    c. print('Hello', 'Python', end='\n')

    d. print('Hello', 'Python', sep='\n')

    e. print('Hello', '\n', 'Python', sep='')

▶ 정답은 81쪽에 있습니다

7.4 연습문제: 날짜와 시간 출력하기

다음 소스 코드를 완성하여 날짜와 시간이 출력되게 만드세요.

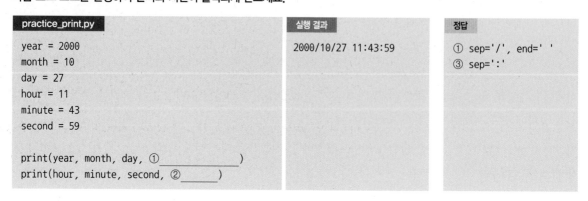

practice_print.py
```
year = 2000
month = 10
day = 27
hour = 11
minute = 43
second = 59

print(year, month, day, ①_____)
print(hour, minute, second, ②_____)
```

실행 결과
```
2000/10/27 11:43:59
```

정답

① sep='/', end=' '
③ sep=':'

해설

날짜와 시간이 한 줄로 출력되고 있고, 날짜와 시간 사이에는 공백이 들어있습니다. 먼저 날짜는 /로 구분하고 있으므로 sep에 '/'를 지정합니다. 그리고 공백이 출력되면서 그다음에 오는 print의 결과가 한 줄로 출력될 수 있도록 end에 ' '를 지정합니다. 시간은 :로 구분하고 있으므로 sep에 ':'를 지정하면 됩니다.

7.5 심사문제: 날짜와 시간 출력하기

표준 입력으로 년, 월, 일, 시, 분, 초가 입력됩니다. 다음 소스 코드를 완성하여 입력된 날짜와 시간을 년-월-일T시:분:초 형식으로 출력되게 만드세요.

테스트 케이스 예제

표준 입력	표준 출력
1999 12 31 10 37 21	1999-12-31T10:37:21

테스트 케이스 예제

표준 입력	표준 출력
2017 10 27 11 43 59	2017-10-27T11:43:59

judge_print.py

```
year, month, day, hour, minute, second = input().split()

[                                      ]

print(hour, minute, second, sep=':')
```

7.3 퀴즈 정답

1 d print에서 값 여러 개를 출력할 때는 값을 콤마로 구분해서 넣어줍니다. 그리고 문자열은 ' '(작은따옴표)로 묶어야 합니다.

2 c print에서 값 사이에 문자를 출력하려면 값을 콤마로 구분해서 넣고 sep에 ':'를 지정하면 됩니다.

3 b, d, e print로 'Hello'와 'Python'을 두 줄로 출력하려면 문자열 사이에 \n을 넣거나 sep에 \n을 지정합니다. 또는 print에 'Hello', '\n', 'Python'을 콤마로 구분해서 넣고 sep에 빈 문자열을 지정해도 됩니다.

숫자 계산하기

숫자의 덧셈은 +, 뺄셈은 -, 곱셈은 *, 나눗셈은 / 연산자를 사용합니다. 특히 파이썬 셸은 숫자의 계산 결과를 바로 출력할 수 있습니다.

```
>>> 1 + 1
2
>>> 1 - 2
-1
>>> 2 * 2
4
>>> 5 / 2
2.5
```

계산 결과를 정수, 실수로 만들기

int에 ( )괄호를 붙이고 값 또는 계산식을 넣으면 결과를 정수로 만들며, float에 넣으면 실수로 만듭니다.

```
>>> int(5 / 2)        # 실수 2.5를 정수 2로 만듦
2
>>> float(1 + 2)      # 정수 3을 실수 3.0으로 만듦
3.0
```

괄호 사용하기

식에서 덧셈, 뺄셈, 곱셈, 나눗셈이 함께 있을 때는 곱셈과 나눗셈부터 계산합니다. 만약 곱셈보다 덧셈을 먼저 계산하고 싶다면 덧셈 부분을 ( )(괄호)로 묶어줍니다.

```
>>> 35 + 1 * 2
37
>>> (35 + 1) * 2
72
```

변수 만들기

변수는 **변수이름 = 값** 형식으로 만듭니다.

```
x = 10
```

변수 삭제하기

변수를 삭제할 때는 del 변수 형식으로 삭제합니다.

```
>>> x = 10
>>> del x
```

변수 여러 개 만들기

변수 여러 개를 한 번에 만들 때는 **변수이름1, 변수이름2, 변수이름3 = 값1, 값2, 값3**과 같이 변수를 ,(콤마)로 구분한 뒤 각 변수에 할당될 값을 지정해주면 됩니다.

```
a, b, c = 10, 20, 30
```

또는, **변수1** = **변수2** = **변수3** = **값**과 같이 변수 여러 개를 =로 연결하고 마지막에 값을 할당해주면 같은 값을 가진 변수 여러 개가 만들어집니다.

```
x = y = z = 10
```

산술 연산 후 할당 연산자 사용하기

산술 연산자 앞에 =(할당 연산자)를 붙이면 연산 결과를 변수에 저장합니다. 단, 이때는 미리 변수를 만들고 값을 할당해 두어야 합니다.

```
>>> a = 10
>>> a += 20
>>> a
30
```

a += 20은 a = a + 20을 축약한 형태입니다.

객체의 자료형 알아내기

객체(변수)가 어떤 타입(자료형)인지 알고 싶을 때는 type 함수를 사용합니다.

```
>>> type(3.3)
<class 'float'>
>>> x = 10
>>> type(x)
<class 'int'>
```

파이썬에서는 숫자도 객체(object)이며, 객체는 클래스(class)로 표현합니다.

입력 값을 변수에 저장하기

입력 값을 변수에 저장할 때는 input 함수를 사용합니다. 여기서 input을 그대로 사용하면 문자열로 저장되고 input을 int에 넣어주면 정수, float에 넣어주면 실수로 저장합니다.

```
s = input()          # 입력값을 문자열로 저장
a = int(input())     # 입력값을 정수로 저장
b = float(input())   # 입력값을 실수로 저장
```

한 번에 여러 개 입력받기

input 함수로 값을 여러 개 입력받으려면 input에서 split을 사용하면 됩니다. 만약 split의 결과를 정수 또는 실수로 변환하려면 map에 int 또는 float를 지정해줍니다.

```
a, b = input().split()              # 값 두 개를 입력받아 변수 두 개에 문자열로 저장
a, b = map(int, input().split())    # 값 두 개를 입력받아 변수 두 개에 정수로 저장
a, b = map(float, input().split())  # 값 두 개를 입력받아 변수 두 개에 실수로 저장
```

값을 여러 개 출력하기

print 함수로 값을 여러 개 출력하려면 변수나 값을 ,(콤마)로 구분해서 넣어줍니다.

```
>>> print(1, 2, 3)
1 2 3
```

print 함수의 출력 방식 제어하기

print 함수의 sep에 문자(문자열)를 지정하면 값 사이에 문자(문자열)를 넣어줍니다.

```
>>> print(1, 2, 3, sep=', ')     # 값 사이에 ,와 공백 출력
1, 2, 3
```

print 함수의 end에 문자(문자열)를 지정하면 출력하는 값 끝에 해당 문자(문자열)를 넣어줍니다.

```
print(1, end=' ')     # 1을 출력한 뒤 공백 출력
print(2)              # 2가 이어서 출력됨
```

실행 결과

```
1 2
```

개행 문자(줄바꿈 문자)

문자열에서 제어 문자 \n을 사용하면 다음 줄로 넘어갑니다.

```
>>> print('1\n2\n3')     # \n을 사용하면 다음 줄로 넘어감
1
2
3
```

산술 연산자

▼ 표 7-1 파이썬 산술 연산자

연산자	기능	문법	설명
+	덧셈	a + b	두 값을 더함
-	뺄셈	a - b	a에서 b를 뺌
*	곱셈	a * b	두 값을 곱함
/	나눗셈	a / b	a에서 b를 나누며 결과는 실수
//	버림 나눗셈(floor division)	a // b	a에서 b를 나누며 소수점 이하는 버림
%	나머지	a % b	a에서 b를 나누었을 때 나머지를 구함
**	거듭제곱	a ** b	a를 b번 곱함
@	행렬 곱셈	a @ b	행렬 a와 b를 곱함
+	양수 부호	+a	a에 양수 부호를 붙임
-	음수 부호	-a	a에 음수 부호를 붙임
+=	덧셈 후 할당	a += b	a와 b를 더한 후 결과를 a에 할당
-=	뺄셈 후 할당	a -= b	a에서 b를 뺀 후 결과를 a에 할당
*=	곱셈 후 할당	a *= b	a와 b를 곱한 후 결과를 a에 할당
/=	나눗셈 후 할당	a /= b	a에서 b를 나눈 후 결과를 a에 할당(결과는 실수)
//=	버림 나눗셈 후 할당	a //= b	a에서 b를 나눈 후 결과를 a에 할당(소수점 이하는 버림)
%=	나머지 연산 후 할당	a %= b	a에서 b를 나누었을 때 나머지를 구하여 a에 할당
**=	거듭제곱 후 할당	a **= b	a를 b번 곱한 후 결과를 a에 할당
@=	행렬 곱셈 후 할당	a @= b	행렬 a와 b를 곱한 후 결과를 a에 할당

변수 이름을 한글로 지어도 되나요?

파이썬은 변수 이름을 한글로 지어도 잘 동작합니다. 하지만 파이썬에서 제공하는 변수, 함수, 클래스와 각종 문법은 모두 영문으로 되어 있으므로 일관성 있게 영문으로 짓는 것이 좋습니다. 또한, 일반적인 프로그래밍에서도 변수, 함수, 클래스의 이름을 한글로 짓는 경우는 거의 없으며 모두 영문으로 짓습니다.

숫자를 콤마로 구분해서 표현할 수는 없나요?

보통 가격이나 큰 숫자는 10,000,000처럼 세 자리마다 ,(콤마)로 구분해서 표현합니다. 파이썬에서는 이런 경우에, 대신 _(밑줄 문자)를 사용합니다.

```
>>> 10000000
10000000
>>> 10_000_000
10000000
```

만약 숫자에 ,를 사용하면 파이썬의 튜플 자료형이 되므로 주의해야 합니다.

```
>>> 10,000,000
(10, 0, 0)
```

변수에 값이 어떻게 저장되나요?

파이썬은 값 자체도 객체입니다. 그래서 변수에 값을 그대로 저장하지 않고 객체를 가리키는 방식을 사용합니다. 예를 들어서 다음과 같이 x와 y에 1000을 할당했다면 x와 y는 단지 1000이라는 객체를 가리킬 뿐입니다.

```
>>> x = 1000
>>> y = 1000
```

정말 그런지 확인해보겠습니다. sys.getrefcount 함수를 사용하면 현재 객체가 몇 번 사용되었는지 확인할 수 있습니다(객체를 사용(참조)한 횟수를 레퍼런스 카운트(reference count)라고 부릅니다). 다음 내용을 스크립트 파일로 만들어서 실행해보세요(파이썬 셀에서 한 줄 한 줄 입력하면 안 됩니다).

```
refcount.py
import sys
print(sys.getrefcount(1000))    # 2: Windows에서 처음 레퍼런스 카운트는 2
                                # 3: 리눅스에서 처음 레퍼런스 카운트는 3
x = 1000                        # x에 1000을 저장
print(sys.getrefcount(1000))    # 3: 1000을 한 번 사용하여 레퍼런스 카운트 1 증가(Windows)
                                # 4: 리눅스
y = 1000                        # y에 1000을 저장
print(sys.getrefcount(1000))    # 4: 1000을 한 번 사용하여 레퍼런스 카운트 1 증가(Windows)
                                # 5: 리눅스
print(x is y)    # True: x와 y가 같은 객체를 가리키고 있으므로 True가 나옴
```

변수를 만들어 1000을 사용할 때마다 sys.getrefcount의 결과가 1씩 증가합니다. 여기서 맨 처음에 sys.getrefcount(1000)를 실행했을 때 0이 아닌 2가 나오는 이유는 sys.getrefcount를 호출하면서 내부적으로 1000을 두 번 사용했기 때문입니다. 1, 2처럼 흔한 숫자를 넣어보면

훨씬 많은 값이 나옵니다. 왜냐하면 파이썬 내부에서도 1, 2를 사용하고 있기 때문입니다.

그리고 객체가 같은지 판단하는 연산자인 is를 사용해보면 True가 나옵니다. 즉, x와 y는 같은 객체를 가리키고 있습니다.

Windows와 리눅스의 결과가 다른 이유는 내부 구현이 조금 다르기 때문입니다. 이 부분은 실제 사용에 영향을 주지 않으므로 신경 쓰지 않아도 됩니다.

줄바꿈 방식은 \n 말고도 \r, \r\n이 있던데 차이점이 뭔가요?

\r은 캐리지 리턴(Carriage Return, CR), \n은 라인 피드(Line Feed, LF)라고 부릅니다. 사실 이 둘은 타자기에서 나온 용어입니다. 타자기에서 줄바꿈을 하려면 종이를 오른쪽으로 쭉 밀고, 다시 종이를 한 줄 만큼 위로 올립니다. 이렇게 종이를 오른쪽으로 밀어서 처음으로 오게 하는 행동을 복귀(Carriage Return)라고 하고, 종이를 위로 올리는 행동을 개행(Line Feed)이라고 합니다. 이제 타자기는 사라지고 컴퓨터와 키보드로 대체되었지만 타자기의 흔적이 완전히 사라지지 않고 남은 것이 CR(\r)과 LF(\n)입니다. 컴퓨터에서 CR, LF는 둘 다 새 줄, 줄바꿈으로 사용되고 있으며 운영체제별로 조금씩 차이가 있습니다. 다음은 텍스트 파일을 저장할 때 줄바꿈 규칙입니다.

- **Windows**: CR LF(\r\n)
- **유닉스, 리눅스, macOS**: LF(\n)
- **Mac OS 9(클래식)**: CR(\r)

파이썬에서는 줄바꿈을 할 때 운영체제에 상관없이 \n만 사용하면 됩니다.

행렬 곱셈 연산자는 어떻게 사용하나요?

행렬 곱셈 연산자는 파이썬 3.5 이상부터 사용할 수 있으며 numpy 모듈을 설치해야 합니다(pip install numpy).

```
>>> import numpy as np      # numpy 모듈을 가져옴
>>> a = np.array([[1, 2, 3], [4, 5, 6], [7, 8, 9]])    # 3x3 행렬 생성
>>> b = np.array([[1, 2, 3], [4, 5, 6], [7, 8, 9]])    # 3x3 행렬 생성
>>> a @ b    # 행렬 곱셈
array([[ 30,  36,  42],
       [ 66,  81,  96],
       [102, 126, 150]])
```

파이썬 셀에서 직전에 실행된 결과를 다시 가져올 수 있나요?

파이썬 셀에서 코드를 실행했을 때 결과는 _(밑줄 문자) 변수에 저장됩니다. 따라서 _를 사용하면 직전에 실행된 결과를 다시 가져올 수 있습니다.

```
>>> 1 + 1
2
>>> _
2
```

에러가 발생했을 때는 어떻게 해야 하나요?

에러에 나오는 영어 문장은 크게 어렵지 않습니다. 정 이해가 안 된다면 에러 메시지를 복사해서 python IndentationError: expected an indented block처럼 python과 에러 메시지를 구글에서 검색해보세요. 대부분의 에러는 구글 검색으로 해결할 수 있습니다.

불과 비교, 논리 연산자 알아보기

프로그래밍을 하다 보면 참, 거짓을 판단해야 할 때가 많습니다. 참은 무엇인가가 맞다, 거짓은 틀리다(아니다)를 표현합니다.

이번에는 참(True), 거짓(False)을 나타내는 불(boolean)을 알아보겠습니다. 그리고 두 값의 관계를 판단하는 비교 연산자와 두 값의 논릿값을 판단하는 논리 연산자도 함께 알아보겠습니다.

 불 논리(Boolean logic)는 영국의 수학자 조지 불(George Boole)이 만들었습니다. 형용사형으로 만든 Boolean 때문에 '불리언'이라고 읽지만, '불의 논리'라는 뜻입니다. Boolean operator는 '불 연산자'라는 뜻입니다.

여기서 비교, 논리 연산자는 프로그래밍에서 매우 광범위하게 쓰입니다. 특히 앞으로 배울 if, while 구문을 작성할 때 비교, 논리 연산자를 자주 사용합니다.

8.1 불과 비교 연산자 사용하기

불은 True, False로 표현하며 1, 3.6, 'Python' 처럼 값의 일종입니다.

```
>>> True
True
>>> False
False
```

8.1.1 비교 연산자의 판단 결과

파이썬에서는 비교 연산자와 논리 연산자의 판단 결과로 True, False를 사용합니다. 즉, 비교 결과가 맞으면 True 아니면 False입니다.

```
>>> 3 > 1
True
```

부등호 >로 두 숫자를 비교했습니다. 3이 1보다 크니까 맞는 식이죠? 그래서 결과는 참이고 True가 나옵니다.

8.1.2 숫자가 같은지 다른지 비교하기

이제 두 숫자가 같은지 또는 다른지 비교해보겠습니다. 두 숫자가 같은지 비교할 때는 ==(equal), 다른지 비교할 때는 !=(not equal)을 사용합니다.

```
>>> 10 == 10    # 10과 10이 같은지 비교
True
>>> 10 != 5     # 10과 5가 다른지 비교
True
```

10과 10은 같으므로 True, 10과 5는 다르므로 True가 나옵니다. 파이썬에서 두 값이 같은지 비교할 때는 =이 아닌 ==을 사용합니다. 왜냐하면 =은 할당 연산자로 이미 사용되고 있기 때문입니다.

8.1.3 문자열이 같은지 다른지 비교하기

숫자뿐만 아니라 문자열도 ==와 != 연산자로 비교할 수 있습니다. 이때 문자열은 비교할 때 대소문자를 구분합니다. 다음과 같이 단어가 같아도 대소문자가 다르면 다른 문자열로 판단합니다.

```
>>> 'Python' == 'Python'
True
>>> 'Python' == 'python'
False
>>> 'Python' != 'python'
True
```

8.1.4 부등호 사용하기

부등호는 수학 시간에 배운 내용과 같습니다. 큰지, 작은지, 크거나 같은지, 작거나 같은지를 판단해봅니다.

```
>>> 10 > 20     # 10이 20보다 큰지 비교
False
>>> 10 < 20     # 10이 20보다 작은지 비교
True
>>> 10 >= 10    # 10이 10보다 크거나 같은지 비교
True
>>> 10 <= 10    # 10이 10보다 작거나 같은지 비교
True
```

여기서 비교 기준은 첫 번째 값입니다. 따라서 첫 번째 값보다 큰지, 작은지처럼 읽습니다. 항상 이점을 기억해 두세요.

특히 부등호를 말로 설명할 때 >은 초과, <은 미만, >=은 이상, <=은 이하라고도 합니다. 그리고 >, <은 비교할 값과 같으면 무조건 거짓입니다. 하지만 >=, <=은 비교할 값과 같으면 참입니다. 따라서 이상, 이하는 비교할

값도 포함된다는 점이 중요합니다.

8.1.5 객체가 같은지 다른지 비교하기

이번에는 is와 is not입니다. 같다는 ==, 다르다는 !=이 이미 있는데 왜 is, is not을 만들었을까요? is, is not도 같다, 다르다지만 ==, !=는 값 자체를 비교하고, is, is not은 객체(object)를 비교합니다(객체에 대해서는 'Unit 34 클래스 사용하기'(432쪽)에서 자세히 설명하겠습니다).

```
>>> 1 == 1.0
True
>>> 1 is 1.0
False
>>> 1 is not 1.0
True
```

1과 1.0은 정수와 실수라는 차이점이 있지만 값은 같습니다. 따라서 ==로 비교해보면 True가 나옵니다. 하지만 1과 1.0을 is로 비교해보면 False가 나옵니다. 왜냐하면 1은 정수 객체, 1.0은 실수 객체이므로 두 객체는 서로 다르기 때문입니다. 물론 1과 1.0을 is not으로 비교하면 True가 나오겠죠?

> **참고** **정수 객체와 실수 객체가 서로 다른 것은 어떻게 확인하나요?**
>
> 정수 객체와 실수 객체가 서로 다른지 확인하려면 id 함수를 사용하면 됩니다. id는 객체의 고유한 값(메모리 주소)을 구합니다(이 값은 파이썬을 실행하는 동안에는 계속 유지되며 다시 실행하면 달라집니다).
>
> ```
> >>> id(1)
> 1714767504
> >>> id(1.0)
> 55320032
> ```
>
> 두 객체의 고유한 값이 다르므로 서로 다른 객체입니다. 그래서 1과 1.0을 is로 비교하면 False가 나옵니다. is, is not은 클래스로 객체를 만든 뒤에 객체가 서로 같은지 비교할 때 주로 사용합니다.
> 여기에 나오는 객체의 고유한 값(메모리 주소)에 대해서는 신경 쓸 필요 없습니다. ==, !=와 is, is not의 동작 방식이 다르다는 정도만 알아두면 됩니다.

> **참고** **값 비교에 is를 쓰지 않기**
>
> 값을 비교할 때는 is를 사용하면 안 됩니다. 다음과 같이 변수 a에 –5를 할당한 뒤 a is –5를 실행하면 True가 나오지만 다시 –6을 할당한 뒤 a is –6을 실행하면 False가 나옵니다.
>
> ```
> >>> a = -5
> >>> a is -5
> True
> >>> a = -6
> >>> a is -6
> False
> ```
>
> 왜냐하면 변수 a가 있는 상태에서 다른 값을 할당하면 메모리 주소가 달라질 수 있기 때문입니다. 따라서 다른 객체가 되므로 값이 같더라도 is로 비교하면 False가 나옵니다. 값(숫자)를 비교할 때는 is가 아닌 비교 연산자를 사용해야 합니다.

8.2 논리 연산자 사용하기

이번에는 논리 연산자를 사용해보겠습니다. 논리 연산자는 and, or, not이 있는데 먼저 and입니다.

- **a and b**

```
>>> True and True
True
>>> True and False
False
>>> False and True
False
>>> False and False
False
>>>
```

and는 두 값이 모두 True라야 True입니다. 하나라도 False이면 False가 나옵니다.

이번에는 or입니다.

- **a or b**

```
>>> True or True
True
>>> True or False
True
>>> False or True
True
>>> False or False
False
```

or는 두 값 중 하나라도 True이면 True입니다. 두 값이 모두 False라야 False가 되죠.

마지막으로 not입니다.

- **not x**

```
>>> not True
False
>>> not False
True
```

not은 논릿값을 뒤집습니다. 그래서 not True는 False가 되고, not False는 True가 됩니다.

여기서 and, or, not 논리 연산자가 식 하나에 들어있으면 not, and, or 순으로 판단합니다.

```
>>> not True and False or not False
True
```

식이 꼬여 있어서 상당히 헷갈리죠? 가장 먼저 not True와 not False를 판단하여 False and False or True가 됩니다.

그다음에 False and False를 판단하여 False가 나와서 False or True가 되므로 최종 결과는 True가 됩니다.

```
not True and False or not False
False and False or True
False or True
True
```

이 식을 괄호로 표현하면 다음과 같은 모양이 됩니다.

```
>>> ((not True) and False) or (not False)
True
```

순서가 헷갈릴 때는 괄호로 판단 순서를 명확히 나타내 주는 것이 좋습니다.

8.2.1 논리 연산자와 비교 연산자를 함께 사용하기

그럼 조금 응용해서 논리 연산자와 비교 연산자를 함께 사용해보겠습니다.

```
>>> 10 == 10 and 10 != 5    # True and True
True
>>> 10 > 5 or 10 < 3        # True or False
True
>>> not 10 > 5             # not True
False
>>> not 1 is 1.0           # not False
True
```

비교 연산자로 비교한 결과를 논리 연산자로 다시 판단했습니다. 이때는 비교 연산자(is, is not, ==, !=, <, >, <=, >=)를 먼저 판단하고 논리 연산자(not, and, or)를 판단하게 됩니다(각 연산자의 판단 순서는 '부록 47.2 연산자 우선순위'(631쪽) 참조).

이처럼 파이썬은 영어 문장과 흡사한 구조로 되어 있어서 코드가 읽기 쉬운 것이 장점입니다(우리는 크게 와 닿지 않지만 아무래도 영어가 모국어인 사람들에게는 큰 장점이겠죠?).

지금까지 비교 연산자와 논리 연산자에 대해 알아보았습니다. 이들 연산자는 if, while 등의 조건식을 만들 때 자주 사용하므로 의미를 정확히 익혀 두는 것이 좋습니다.

or 연산자도 마찬가지로 마지막으로 단락 평가를 실시한 값이 반환됩니다. 다음은 or 연산자에서 첫 번째 값만으로 결과가 결정되므로 첫 번째 값이 반환됩니다.

```
>>> True or 'Python'
True
>>> 'Python' or True
'Python'
```

만약 두 번째 값까지 판단해야 한다면 두 번째 값이 반환됩니다.

```
>>> False or 'Python'
'Python'
>>> 0 or False
False
```

8.3 퀴즈

1. 다음 중 "x는 5와 같다"라는 뜻으로 올바른 것을 고르세요.

    a. x = 5

    b. x <= 5

    c. x == 5

    d. x != 5

    e. x & 5

2. 다음 중 비교 연산자의 결과로 올바르지 않은 것을 고르세요.

    a. >>> 6 == 2 * 3

       True

    b. >>> 4 != 2 + 2

       False

    c. >>> 2 * 3 is 3 + 3

       True

    d. >>> 8 is 4 * 2.0

       True

    e. >>> 5 is 6 - 1.1

       False

3. 다음 중 비교 연산자와 논리 연산자의 결과로 올바른 것을 모두 고르세요.

```
a = 10
b = 20
```

    a. >>> a == 10 or b == 10

       False

b. >>> a >= 10 and b < 30

　　True

c. >>> not a == 10

　　False

d. >>> b != 20 or a != 10

　　True

e. >>> not b != 20 and a > 5

　　False

4. 다음 중 논리 연산의 결과를 뒤집는 연산자로 올바른 것을 고르세요.

　　a. !=

　　b. or

　　c. is not

　　d. not

　　e. and

▶ 정답은 95쪽에 있습니다

8.4 연습문제: 합격 여부 출력하기

국어, 영어, 수학, 과학 점수가 있을 때 한 과목이라도 50점 미만이면 불합격이라고 정했습니다. 다음 소스 코드를 완성하여 합격이면 **True**, 불합격이면 **False**가 출력되게 만드세요.

practice_comparison_logical_operator.py

```
korean = 92
english = 47
mathematics = 86
science = 81

print(_____)
```

실행 결과

```
False
```

정답

```
korean >= 50 and english >= 50 and mathematics >= 50 and science >= 50
```

해설

한 과목이라도 50점 미만이라면 불합격인데 먼저 50점 이상이면 합격(True)이고, 50점 미만이면 불합격(False)이 되도록 비교 연산자를 사용해야 합니다. 따라서 과목 >= 50과 같이 50보다 크거나 같을 때(이상) 참이 되도록 만듭니다. 그리고 한 과목이라도 점수가 낮으면 불합격이므로 모든 비교 연산자의 결과를 and 연산자로 판단해주면 됩니다(and는 모든 값이 참이라야 참).

8.5 심사문제: 합격 여부 출력하기

표준 입력으로 국어, 영어, 수학, 과학 점수가 입력됩니다. 국어는 90점 이상, 영어는 80점 초과, 수학은 85점 초과, 과학은 80점 이상일 때 합격이라고 정했습니다(한 과목이라도 조건에 만족하지 않으면 불합격). 다음 소스 코드를 완성하여 합격이면 **True**, 불합격이면 **False**가 출력되게 만드세요(**input**에서 안내 문자열은 출력하지 않아야 합니다).

테스트 케이스 예제

표준 입력	표준 출력
90 81 86 80	True

테스트 케이스 예제

표준 입력	표준 출력
90 80 85 80	False

judge_comparison_logical_operator.py

```


```

8.3 퀴즈 정답

1 c 같다는 == 연산자를 사용합니다.

2 d is는 객체가 같은지 비교합니다. 8 is 4 * 2.0에서 4 * 2.0의 결과는 실수 8.0이 나옵니다. 따라서 정수 8과 실수 8.0은 다른 객체이므로 False가 나옵니다.

3 b, c 비교 연산자로 먼저 비교해서 True, False가 나오면 True, False를 논리 연산자로 판단합니다.

4 d 논리 연산의 결과를 뒤집는 연산자는 not입니다.

9 문자열 사용하기

'Unit 3 Hello, world!로 시작하기'(35쪽)에서 문자열을 출력해본 것 기억나시죠? 문자열에는 생각보다 다양한 기능이 숨어 있습니다. 이번에는 문자열에 대해 좀 더 자세히 알아보겠습니다.

9.1 문자열 사용하기

먼저 간단하게 파이썬 프롬프트에서 문자열 'Hello, world!'를 출력해보겠습니다.

```
>>> hello = 'Hello, world!'
>>> hello
'Hello, world!'
```

Hello, world!를 ''(작은따옴표)로 묶어서 문자열로 만들었습니다. 문자열은 영문 문자열뿐만 아니라 한글 문자열도 사용할 수 있습니다.

```
>>> hello = '안녕하세요'
>>> hello
'안녕하세요'
```

특히 파이썬에서는 작은따옴표로 묶는 방법 이외에도 문자열을 만드는 여러 가지 방법이 있습니다. 먼저 ""(큰따옴표)로 묶는 방법입니다.

```
>>> hello = "Hello, world!"
>>> hello
'Hello, world!'
```

그리고 '''(작은따옴표 3개)로 묶거나 """(큰따옴표 3개)로 묶을 수도 있습니다.

```
>>> hello = '''Hello, Python!'''
>>> hello
'Hello, Python!'
>>> python = """Python Programming"""
>>> python
'Python Programming'
```

9.1.1 여러 줄로 된 문자열 사용하기

이번에는 여러 줄로 된 문자열(multiline string)을 사용해보겠습니다. 다음과 같이 '''(작은따옴표 3개)로 시작하고 Hello, world!를 입력한 다음에 엔터 키를 누르면 다음 줄로 이동합니다. 이런 방식으로 문자열을 계속 입력하고 마지막 줄에서 '''로 닫은 뒤 엔터 키를 누르면 >>> 프롬프트로 돌아옵니다.

```
>>> hello = '''Hello, world!
안녕하세요.
Python입니다.'''
>>> print(hello)
Hello, world!
안녕하세요.
Python입니다.
```

print 함수로 hello의 내용을 출력해보면 입력한 문자열 3줄이 출력됩니다. 사실 파이썬 셸에서는 여러 줄로 된 문자열을 사용할 일이 많지 않습니다. 여러 줄로 된 문자열은 주로 .py 스크립트 파일에서 사용합니다.

이처럼 여러 줄로 된 문자열은 '''(작은따옴표 3개)로 시작하여 '''로 끝납니다. 물론 """(큰따옴표 3개)로 시작하여 """로 끝내도 됩니다.

그런데 문자열을 표현할 때 작은따옴표와 큰따옴표 중 한 가지로 통일하지 않고 여러 가지 방식을 사용할까요? 왜 그런지 알아봅시다.

9.1.2 문자열 안에 작은따옴표나 큰따옴표 포함하기

문자열을 사용하다 보면 문자열 안에 작은따옴표나 큰따옴표를 넣어야 할 경우가 생깁니다. 이때는 작은따옴표와 큰따옴표를 사용하는 규칙이 달라집니다.

먼저 문자열 안에 '(작은따옴표)를 넣고 싶다면 문자열을 "(큰따옴표)로 묶어줍니다. 이렇게 하면 문자열 안에 '를 그대로 사용할 수 있습니다.

```
>>> s = "Python isn't difficult"
>>> s
"Python isn't difficult"
```

반대로 문자열 안에 "(큰따옴표)를 넣고 싶다면 문자열을 '(작은따옴표)로 묶어줍니다.

```
>>> s = 'He said "Python is easy"'
>>> s
'He said "Python is easy"'
```

하지만 작은따옴표 안에 작은따옴표를 넣거나 큰따옴표 안에 큰따옴표를 넣을 수는 없습니다.

```
>>> s = 'Python isn't difficult'
SyntaxError: invalid syntax
>>> s = "He said "Python is easy""
SyntaxError: invalid syntax
```

실행을 해보면 구문 에러(SyntaxError)가 발생합니다.

하지만 여러 줄로 된 문자열은 작은따옴표 안에 작은따옴표와 큰따옴표를 둘 다 넣을 수 있습니다. 또한, 큰따옴표 안에도 작은따옴표와 큰따옴표를 넣을 수 있습니다. 이번에는 스크립트 파일로 만들고 실행해봅니다.

string_multiline_quote.py	실행 결과
| ```
single_quote = '''"안녕하세요."
'파이썬'입니다.'''

double_quote1 = """"Hello"
'Python'"""

double_quote2 = """Hello, 'Python'"""      # 한 줄로 작성

print(single_quote)
print(double_quote1)
print(double_quote2)
``` | ```
"안녕하세요."
'파이썬'입니다.
"Hello"
'Python'
Hello, 'Python'
``` |

지금까지 문자열의 다양한 사용 방법을 알아보았습니다. 문자열은 '(작은따옴표)로 묶어도 되고 "(큰따옴표)로 묶어도 된다는 점과 여러 줄로 된 문자열은 '''(작은따옴표 3개) 또는 """(큰따옴표 3개)를 사용한다는 점만 기억하면 됩니다. 문자열 안에 작은따옴표나 큰따옴표를 넣는 방법은 가끔 사용하므로 필요할 때 다시 돌아와서 찾아보면 됩니다.

참고 **문자열에 따옴표를 포함하는 다른 방법**

작은따옴표 안에 작은따옴표를 넣을 수는 없을까요? 방법이 있습니다. 다음과 같이 작은따옴표 앞에 \(역슬래시)를 붙이면 됩니다.

```
>>> 'Python isn\'t difficult'
"Python isn't difficult"
```

물론 큰따옴표도 "He said \"Python is easy\""처럼 큰따옴표 앞에 \를 붙이면 됩니다.
이처럼 문자열 안에 ', " 등의 특수 문자를 포함하기 위해 앞에 \를 붙이는 방법을 이스케이프(escape)라고 부릅니다. 자세한 내용은 '부록 47.6 이스케이프 시퀀스'(640쪽)를 참조하세요.

> **참고** 따옴표 세 개로 묶지 않고 여러 줄로 된 문자열 사용하기

문자열 안에 개행 문자(\n)을 넣으면 따옴표 세 개로 묶지 않아도 여러 줄로 된 문자열을 사용할 수 있습니다.

```
>>> print('Hello\nPython')
Hello
Python
```

사실 따옴표 세 개로 묶어서 여러 줄로 된 문자열을 만들면 줄바꿈이 되는 부분에 \n이 들어있습니다. print 없이 출력해보면 \n이 그대로 나옵니다.

```
>>> '''Hello
Python'''
'Hello\nPython'
```

> **참고** 한글 문자열 출력이 안 될 때

파이썬 스크립트 파일에 한글 문자열을 넣었을 때 에러가 나는 경우가 있습니다.

```
C:\project>python string_multiline_quote.py
  File "string_multiline_quote.py", line 1
SyntaxError: Non-UTF-8 code starting with '\xbe' in file string_multiline_quote.py on line 1, but no encoding
declared; see http://python.org/dev/peps/pep-0263/ for details
```

에러가 나는 이유는 .py 파일을 UTF-8이 아닌 CP949로 저장했기 때문입니다. 이때는 스크립트 파일을 UTF-8로 저장하면 됩니다. 보통 메모장을 사용하면 기본 인코딩이 CP949라서 이런 문제가 종종 생깁니다. 메모장에서 UTF-8로 저장하려면 **파일(F)** › **다른 이름으로 저장 (A)...** › **인코딩(E)**에서 UTF-8을 선택한 뒤 저장하면 됩니다. 인코딩 문제를 예방하려면 파이썬 IDLE, PyCharm 등 파이썬 전용 편집기나 개발 도구를 사용하면 됩니다. 이들 편집기, 개발 도구는 기본 인코딩이 UTF-8입니다.

> **참고** 파이썬 셀과 스크립트 파일의 결과가 다른데요?

파이썬 셀의 >>>에서 문자열을 그대로 출력하면 작은따옴표도 함께 출력됩니다(변수에 넣은 뒤 변수로 출력해도 마찬가지).

```
>>> 'Hello, world!'
'Hello, world!'
```

파이썬 셀에서는 문자열이나 변수를 그대로 입력하면 출력 결과가 문자열이라는 것을 정확하게 표현하기 위해 작은따옴표로 묶인 문자열이 출력됩니다.
스크립트 파일에서는 문자열이나 변수만으로 출력을 할 수 없으므로 print를 사용합니다.

hello.py	실행 결과
`print('Hello, world!')`	`Hello, world!`

이렇게 스크립트 파일에서 print로 문자열을 출력해보면 작은따옴표 없이 문자열만 출력됩니다. 스크립트 파일뿐만 아니라 파이썬 셀에서도 print를 사용하면 작은따옴표 없이 출력됩니다.

```
>>> print('Hello, world!')
Hello, world!
```

1. 다음 중 문자열을 표현하는 방법으로 올바른 것을 모두 고르세요.

    a. Hello, world!

    b. "Hello, world!"

    c. \`Hello, world!\`

    d. 'Hello, world!'

    e. [Hello, world!]

2. 다음 중 문자열을 여러 줄로 표현하는 방법으로 올바른 것을 모두 고르세요.

    a. '''안녕하세요.

       파이썬입니다.'''

    b. \`\`\`안녕하세요.

       파이썬입니다.\`\`\`

    c. """안녕하세요.

       파이썬입니다."""

    d. 안녕하세요.

       파이썬입니다.

    e. # 안녕하세요.

       # 파이썬입니다.

3. 다음 중 문자열 안에 '(작은따옴표)나 "(큰따옴표)를 넣는 방법으로 올바른 것을 모두 고르세요.

    a. 'Hello, \'Python\''

    b. 'Hello, 'Python''

    c. "Hello, 'Python'"

    d. """"Hello", Python"""

    e. ""Hello", Python"

▶ 정답은 101쪽에 있습니다

9.3 연습문제: 여러 줄로 된 문자열 사용하기

다음 소스 코드를 완성하여 실행 결과대로 문자열이 출력되게 만드세요.

```
practice_multiline_string.py
s = _____
    _____
    _____

print(s)
```

```
Python is a programming language that lets you work quickly
and
integrate systems more effectively.
```

```
'''Python is a programming language that lets you work quickly
and
integrate systems more effectively.'''
또는
"""Python is a programming language that lets you work quickly
and
integrate systems more effectively."""
```

해설

여러 줄로 된 문자열을 만드는 문제입니다. 문자열 Python is a programming language that lets you work quickly and integrate systems more effectively.를 실행 결과에 맞게 엔터키로 줄바꿈을 해줍니다. 그리고 이 문자열을 '''(작은따옴표 3개) 또는 """(큰따옴표 3개)로 묶어주면 됩니다.

9.4 심사문제: 여러 줄로 된 문자열 사용하기

다음 소스 코드를 완성하여 실행 결과대로 문자열이 출력되게 만드세요.

테스트 케이스 예제

```
'Python' is a "programming language"
that lets you work quickly
and
integrate systems more effectively.
```

judge_multiline_string.py

```

print(s)
```

9.2 퀴즈 정답

1 b, d   문자열을 표현할 때는 ''(작은따옴표) 또는 ""(큰따옴표)로 묶어줍니다.

2 a, c   여러 줄로 된 문자열은 ''' '''(작은따옴표 3개) 또는 """ """(큰따옴표 3개)로 묶어줍니다.

3 a, c, d   문자열 안에 '(작은따옴표)를 넣고 싶다면 "(큰따옴표)로 묶어주고, "(큰따옴표)를 넣고 싶다면 '(작은따옴표)로 묶어주면 됩니다. 또는, 작은따옴표나 큰따옴표 앞에 \를 붙이거나 여러 줄로 된 문자열을 만들 때 사용하는 '''(작은따옴표 3개), """(큰따옴표 3개)로 묶어주어도 됩니다.

리스트와 튜플 사용하기

지금까지 변수에는 값을 한 개씩만 저장했습니다.

```
a = 10
b = 20
```

그럼 값을 30개 저장하려면 어떻게 해야 할까요? 다음과 같이 변수 30개에 값 30개를 저장하면 됩니다.

```
a1 = 10
a2 = 20
# ... (생략)
a29 = 60
a30 = 40
```

변수 30개를 일일이 타이핑하기는 쉽지 않습니다. 만약 저장할 값이 3,000개라면 정말 끔찍하죠? 이때는 리스트를 사용하면 편리합니다. 리스트(list)는 말 그대로 목록이라는 뜻이며 값을 일렬로 늘어놓은 형태입니다(보통 리스트의 값은 코드로 생성하는 경우가 많아서 타이핑할 일이 거의 없습니다).

이번 유닛부터 리스트를 만드는 방법과 기본 사용 방법을 알아보겠습니다.

10.1 리스트 만들기

변수에 값을 저장할 때 [ ](대괄호)로 묶어주면 리스트가 되며 각 값은 ,(콤마)로 구분해줍니다.

- **리스트 = [값, 값, 값]**

그럼 숫자가 5개 들어있는 리스트를 만들어보겠습니다.

```
>>> a = [38, 21, 53, 62, 19]
>>> a
[38, 21, 53, 62, 19]
```

a = [38, 21, 53, 62, 19]와 같이 변수에 [ ]로 값을 저장하여 리스트를 만들었습니다. 특히 리스트에 저장된 각 값을 요소(element)라고 부릅니다. 이 단어를 잘 기억해두세요.

10.1.1 리스트에 여러 가지 자료형 저장하기

리스트는 문자열, 정수, 실수, 불 등 모든 자료형을 저장할 수 있으며 자료형을 섞어서 저장해도 됩니다(불 자료형은 'Unit 8 불과 비교, 논리 연산자 알아보기'(87쪽)에서 설명하겠습니다).

```
>>> person = ['james', 17, 175.3, True]
>>> person
['james', 17, 175.3, True]
```

이처럼 리스트에 여러 가지 자료형을 사용하면 관련 정보를 하나로 묶기 좋습니다.

 잠깐만요

· SyntaxError: invalid syntax: [ ]의 짝이 맞지 않거나 각 값을 구분할 때 ,를 넣지 않아서 발생하는 구문 에러입니다. [ ]의 짝이 맞는지, ,를 빠뜨리지 않았는지 확인해주세요.

10.1.2 빈 리스트 만들기

빈 리스트를 만들 때는 [ ]만 지정하거나 list를 사용하면 됩니다.

· **리스트 = []**   · **리스트 = list( )**

```
>>> a = []
>>> a
[]
>>> b = list()
>>> b
[]
```

빈 리스트는 쓸모가 없을 것 같지만, 보통 빈 리스트를 만들어 놓은 뒤에 새 값을 추가하는 방식으로 사용합니다. 리스트에 값을 추가하는 방법은 'Unit 22 리스트와 튜플 응용하기'(244쪽)에서 자세히 설명하겠습니다.

10.1.3 range를 사용하여 리스트 만들기

이번에는 range를 사용하여 리스트를 만들어보겠습니다. range는 연속된 숫자를 생성하는데 range에 10을 지정하면 0부터 9까지 숫자를 생성합니다. 즉, 지정한 횟수 숫자는 생성되는 숫자에 포함되지 않습니다.

· **range(횟수)**

```
>>> range(10)
range(0, 10)
```

range(0, 10)이라고 나와서 10까지 생성될 것 같지만 10은 포함되지 않습니다. 다음과 같이 list에 range(10)을 넣어보면 0부터 9까지 들어있는 리스트가 생성됩니다.

- **리스트 = list(range(횟수))**

```
>>> a = list(range(10))
>>> a
[0, 1, 2, 3, 4, 5, 6, 7, 8, 9]
```

range는 시작하는 숫자와 끝나는 숫자를 지정할 수도 있습니다. 이때도 끝나는 숫자는 생성되는 숫자에 포함되지 않습니다. 즉, list에 range(5, 12)를 넣으면 5부터 11까지 들어있는 리스트가 생성됩니다.

- **리스트 = list(range(시작, 끝))**

```
>>> b = list(range(5, 12))
>>> b
[5, 6, 7, 8, 9, 10, 11]
```

이번에는 증가폭을 사용하는 방법입니다. range에 증가폭을 지정하면 해당 값만큼 증가하면서 숫자를 생성합니다.

- **리스트 = list(range(시작, 끝, 증가폭))**

```
>>> c = list(range(-4, 10, 2))
>>> c
[-4, -2, 0, 2, 4, 6, 8]
```

range(-4, 10, 2)는 -4부터 8까지 2씩 증가합니다. 여기서 끝나는 값은 10이므로 10까지 증가하지 않고 8까지 생성됩니다.

만약 증가폭을 음수로 지정하면 해당 값만큼 숫자가 감소합니다.

```
>>> d = list(range(10, 0, -1))
>>> d
[10, 9, 8, 7, 6, 5, 4, 3, 2, 1]
```

range(10, 0, -1)은 10부터 1씩 감소하며 0은 포함되지 않으므로 1까지 생성됩니다.

10.2 튜플 사용하기

지금까지 리스트를 사용해보았는데 파이썬에서는 튜플이라는 자료형도 제공합니다. 튜플(tuple)은 리스트처럼 요소를 일렬로 저장하지만, 안에 저장된 요소를 변경, 추가, 삭제를 할 수 없습니다. 간단하게 읽기 전용 리스트라고 할 수 있죠(이 부분은 'Unit 11 시퀀스 자료형 활용하기'(111쪽)에서 설명하겠습니다).

 tuple은 '~개 요소로 된 집합'이라는 뜻의 접미어로 쓰입니다. n-tuple은 n조, n개라는 뜻입니다.

변수에 값을 저장할 때 ( )(괄호)로 묶어주면 튜플이 되며 각 값은 ,(콤마)로 구분해줍니다. 또는, 괄호로 묶지 않고 값만 콤마로 구분해도 튜플이 됩니다.

- 튜플 = (값, 값, 값)
- 튜플 = 값, 값, 값

그럼 숫자가 5개 들어있는 튜플을 만들어보겠습니다.

```
>>> a = (38, 21, 53, 62, 19)
>>> a
(38, 21, 53, 62, 19)
```

a = (38, 21, 53, 62, 19)와 같이 값을 괄호로 묶은 뒤 변수에 저장하여 튜플을 만들었습니다. 물론 a = 38, 21, 53, 62, 19와 같이 괄호를 사용하지 않아도 튜플을 만들 수 있습니다.

```
>>> a = 38, 21, 53, 62, 19
>>> a
(38, 21, 53, 62, 19)
```

튜플도 리스트처럼 여러 자료형을 섞어서 저장해도 됩니다.

```
>>> person = ('james', 17, 175.3, True)
>>> person
('james', 17, 175.3, True)
```

그런데 저장된 요소를 변경, 추가, 삭제할 수도 없는 튜플을 왜 만들어 놓았을까요? 이유는 간단합니다. 파이썬 프로그래밍에서 튜플을 사용하는 쪽이 더 유리한 때도 있기 때문입니다. 보통 튜플은 요소가 절대 변경되지 않고 유지되어야 할 때 사용합니다.

튜플을 만든 상태에서 요소를 변경하게 되면 에러가 발생하게 됩니다. 따라서 요소를 실수로 변경하는 상황을 방지할 수 있습니다(이 부분은 'Unit 11 시퀀스 자료형 활용하기'(111쪽)에서 자세히 설명하겠습니다).

반면 요소를 자주 변경해야 할 때는 리스트를 사용합니다. 보통 실무에서는 요소를 변경하는 경우가 많으므로 튜플보다 리스트를 더 자주 사용하는 편입니다.

10.2.1 요소가 한 개 들어있는 튜플 만들기

지금까지 요소가 여러 개 들어있는 튜플을 만들었습니다. 그럼 요소가 한 개 들어있는 튜플은 어떻게 만들까요? 다음과 같이 값 한 개를 괄호로 묶으면 튜플이 아니라 그냥 값이 됩니다.

```
>>> (38)
38
```

요소가 한 개인 튜플을 만들 때는 ( )(괄호) 안에 값 한 개를 넣고 ,(콤마)를 붙입니다. 또는, 괄호로 묶지 않고 값 한 개에 ,를 붙여도 됩니다.

- **튜플 = (값,)**
- **튜플 = 값,**

```
>>> (38, )
(38,)
>>> 38,
(38,)
```

튜플은 요소를 변경, 추가, 삭제할 수도 없는데 값 한 개짜리 튜플은 왜 필요할까요? 함수(클래스)를 사용하다 보면 값이 아닌 튜플을 넣어야 할 경우가 생깁니다. 이때 값은 한 개지만 튜플을 넣어야 할 때 **(값,)**과 같은 형식을 사용해야 합니다. 실무에서는 가끔 이 문법을 사용하게 되는데, 그냥 튜플 형태를 유지하기 위한 문법이라고 생각하면 됩니다.

10.2.2 range를 사용하여 튜플 만들기

이번에는 range를 사용하여 튜플을 만드는 방법입니다. 다음과 같이 tuple 안에 range를 넣으면 튜플이 생성됩니다.

- **튜플 = tuple(range(횟수))**

```
>>> a = tuple(range(10))
>>> a
(0, 1, 2, 3, 4, 5, 6, 7, 8, 9)
```

range에 시작하는 숫자와 끝나는 숫자를 지정해서 튜플을 만들 수도 있겠죠? 다음은 5부터 11까지 들어있는 튜플을 만듭니다.

- **튜플 = tuple(range(시작, 끝))**

```
>>> b = tuple(range(5, 12))
>>> b
(5, 6, 7, 8, 9, 10, 11)
```

물론 range에 증가폭을 지정하는 방법도 가능합니다.

- **튜플 = tuple(range(시작, 끝, 증가폭))**

```
>>> c = tuple(range(-4, 10, 2))
>>> c
(-4, -2, 0, 2, 4, 6, 8)
```

range(-4, 10, 2)는 -4부터 2씩 증가하며 10은 포함되지 않으므로 8까지 들어있는 튜플을 만듭니다.

10.2.3 튜플을 리스트로 만들고 리스트를 튜플로 만들기

튜플과 리스트는 요소를 변경, 추가, 삭제할 수 있는지 없는지만 다를 뿐 기능과 형태는 같습니다. 따라서 튜플을 리스트로 만들거나 리스트를 튜플로 만들 수도 있습니다.

다음과 같이 tuple 안에 리스트를 넣으면 새 튜플이 생깁니다.

```
>>> a = [1, 2, 3]
>>> tuple(a)
(1, 2, 3)
```

반대로 list 안에 튜플을 넣으면 새 리스트가 생성됩니다.

```
>>> b = (4, 5, 6)
>>> list(b)
[4, 5, 6]
```

지금까지 리스트와 튜플의 사용 방법에 대해 알아보았습니다. 리스트를 생성할 때는 [ ](대괄호)를 사용하고, 튜플을 생성할 때는 ( )(괄호)를 사용한다는 점이 중요합니다. 특히, 튜플은 안에 저장된 요소를 변경, 추가, 삭제할 수 없으므로 요소가 그대로 유지되어야 할 때 사용한다는 점도 기억해두세요.

> **참고** **list와 tuple 안에 문자열을 넣으면?**
>
> 다음과 같이 list와 tuple에 문자열을 넣으면 문자 리스트, 문자 튜플이 생성됩니다.
>
> ```
> >>> list('Hello')
> ['H', 'e', 'l', 'l', 'o']
> >>> tuple('Hello')
> ('H', 'e', 'l', 'l', 'o')
> ```
>
> 즉, 문자열 'Hello'를 list에 넣으면 문자 하나하나가 리스트의 요소로 들어가서 리스트 ['H', 'e', 'l', 'l', 'o']가 만들어집니다. 마찬가지로 문자열 'Hello'를 tuple에 넣으면 튜플 ('H', 'e', 'l', 'l', 'o')가 만들어집니다.

리스트와 튜플로 변수 만들기

리스트와 튜플을 사용하면 변수 여러 개를 한 번에 만들 수 있습니다. 이때 변수의 개수와 리스트(튜플)의 요소 개수는 같아야 합니다.

```
>>> a, b, c = [1, 2, 3]
>>> print(a, b, c)
1 2 3
>>> d, e, f = (4, 5, 6)
>>> print(d, e, f)
4 5 6
```

리스트와 튜플 변수로도 변수 여러 개를 만들 수 있습니다. 다음과 같이 리스트와 튜플의 요소를 변수 여러 개에 할당하는 것을 리스트 언패킹 (list unpacking), 튜플 언패킹(tuple unpacking)이라고 합니다.

```
>>> x = [1, 2, 3]
>>> a, b, c = x
>>> print(a, b, c)
1 2 3
>>> y = (4, 5, 6)
>>> d, e, f = y
>>> print(d, e, f)
4 5 6
```

사실 '6.4 입력 값을 변수 두 개에 저장하기'(71쪽)에서 사용한 input().split()은 리스트를 반환합니다. 그래서 리스트 언패킹 형식으로 입력 값을 변수 여러 개에 저장할 수 있었습니다.

```
>>> input().split()
10 20
['10', '20']
>>> x = input().split()
10 20
>>> a, b = x          # a, b = input().split()과 같음
>>> print(a, b)
10 20
```

그리고 리스트 패킹(list packing)과 튜플 패킹(tuple packing)은 변수에 리스트 또는 튜플을 할당하는 과정을 뜻합니다.

```
a = [1, 2, 3]     # 리스트 패킹
b = (1, 2, 3)     # 튜플 패킹
c = 1, 2, 3       # 튜플 패킹
```

10.3 퀴즈

1. 다음 중 리스트를 만드는 방법으로 올바른 것을 모두 고르세요.

   a. a = []

   b. a = ()

   c. a = [10, 20, 30]

   d. a = list(range(10, 31, 10))

   e. a = 10, 20, 30

2. 다음 중 튜플을 만드는 방법으로 올바른 것을 모두 고르세요.

    a. a = [10, 20, 30]

    b. a = 10, 20, 30, False, 'Hello'

    c. a = (False, 'Python')

    d. a = []

    e. a = tuple([10, 20, 30])

3. 다음 중 튜플 (-10, -7, -4, -1, 2, 5, 8)을 만드는 방법으로 올바른 것을 고르세요.

    a. a = range(-10, 10, 3)

    b. a = list(range(-10, 10, 3))

    c. a = tuple(-10, 10, 3)

    d. a = tuple(range(-10, 10, 3))

    e. a = -10, 10, 3

▶ 정답은 110쪽에 있습니다

10.4 연습문제: range로 리스트 만들기

다음 소스 코드를 완성하여 리스트 [5, 3, 1, -1, -3, -5, -7, -9]가 출력되게 만드세요. 리스트를 만들 때는 **range**를 사용해야 합니다.

practice_list.py

```
_____ range _____

print(a)
```

실행 결과

```
[5, 3, 1, -1, -3, -5, -7, -9]
```

정답

```
a = list(range(5, -10, -2))
또는
a = list(range(5, -11, -2))
```

해설

리스트 [5, 3, 1, -1, -3, -5, -7, -9]를 보면 5부터 시작해서 -9까지 숫자가 줄어듭니다. 특히, 5, 3, 1, -1, -3, -5, -7, -9를 보면 숫자가 2씩 감소하는 것을 알 수 있습니다. 따라서 list에 range(5, -10, -2)와 같이 숫자를 생성하는 range를 넣고 변수 a에 할당해주면 됩니다.

range(5, -10, -2)에서 -10은 포함되지 않으므로 -9 다음 숫자 -11은 들어가지 않습니다. 특히 range(5, -11, -2)처럼 끝나는 숫자를 -11로 지정해도 -11은 포함되지 않으므로 [5, 3, 1, -1, -3, -5, -7, -9]를 만들 수 있습니다.

심사문제: range로 튜플 만들기

표준 입력으로 정수가 입력됩니다. range의 시작하는 숫자는 −10, 끝나는 숫자는 10이며 입력된 정수만큼 증가하는 숫자가 들어가도록 튜플을 만들고, 해당 튜플을 출력하는 프로그램을 만드세요(input에서 안내 문자열은 출력하지 않아야 합니다).

테스트 케이스 예제

표준 입력	표준 출력
2	(-10, -8, -6, -4, -2, 0, 2, 4, 6, 8)

테스트 케이스 예제

표준 입력	표준 출력
3	(-10, -7, -4, -1, 2, 5, 8)

judge_tuple.py

```
```

10.3 퀴즈 정답

1 a, c, d 리스트를 만들 때는 [ ](대괄호)만 지정하거나 대괄호 안에 값을 넣어서 변수에 할당합니다. 그리고 list에 range를 넣어서 리스트를 만들 수도 있습니다. ( )(괄호)를 사용하는 방법과 괄호를 생략하는 방법은 튜플을 만드는 방법입니다.

2 b, c, e 튜플을 만들 때는 값을 콤마로 구분한 뒤 ( )(괄호)로 묶어주거나, 괄호를 생략한 뒤 변수에 할당합니다. 또는, tuple을 사용할 수도 있습니다. [ ](대괄호)를 사용하는 방법은 리스트를 만드는 방법입니다.

3 d 튜플 (-10, -7, -4, -1, 2, 5, 8)을 만들려면 range(-10, 10, 3)과 같이 시작하는 숫자를 -10, 끝나는 숫자를 10, 증가폭을 3으로 지정한 range를 만들어서 tuple에 넣어주면 됩니다.

UNIT 11 시퀀스 자료형 활용하기

우리가 지금까지 사용했던 리스트, 튜플, range, 문자열을 잘 보면 공통점이 있습니다. 이들 모두 값이 연속적 (sequence)으로 이어져 있다는 점입니다.

▼ 그림 11-1 값이 연속적으로 이어진 자료형

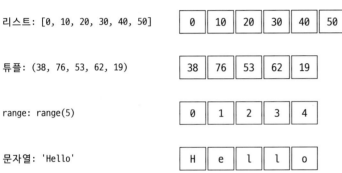

파이썬에서는 리스트, 튜플, range, 문자열처럼 값이 연속적으로 이어진 자료형을 시퀀스 자료형(sequence types)이라고 부릅니다.

▼ 그림 11-2 시퀀스 자료형

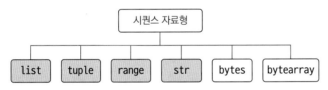

이 시퀀스 자료형 중에서 list, tuple, range, str을 주로 사용하며 bytes, bytearray라는 자료형도 있습니다(bytes, bytearray는 여기서 따로 설명하지 않겠습니다. 자세한 내용은 '부록 47.3 bytes, bytearray 사용하기'(631쪽)를 참조해주세요).

이번 유닛에서는 시퀀스 자료형의 공통 기능을 알아보겠습니다.

11.1 시퀀스 자료형의 공통 기능 사용하기

시퀀스 자료형의 가장 큰 특징은 공통 동작과 기능을 제공한다는 점입니다. 따라서 시퀀스 자료형의 기본 사용 방법을 익혀 두면 나중에 어떠한 시퀀스 자료형을 접하게 되더라도 큰 어려움 없이 바로 사용할 수 있습니다.

시퀀스 자료형으로 만든 객체를 시퀀스 객체라고 하며, 시퀀스 객체에 들어있는 각 값을 요소(element)라고 부릅니다.

▼ 그림 11-3 시퀀스 객체와 요소

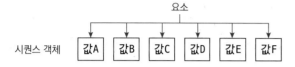

11.1.1 특정 값이 있는지 확인하기

먼저 시퀀스 객체 안에 특정 값이 있는지 확인하는 방법부터 알아보겠습니다. 다음은 리스트 a에서 30과 100이 있는지 확인합니다.

· **값 in 시퀀스객체**

```
>>> a = [0, 10, 20, 30, 40, 50, 60, 70, 80, 90]
>>> 30 in a
True
>>> 100 in a
False
```

시퀀스 객체에 in 연산자를 사용했을 때 특정 값이 있으면 True, 없으면 False가 나옵니다. 따라서 리스트 a에 30이 있으므로 True, 100이 없으므로 False가 나옵니다.

반대로 in 앞에 not을 붙이면 특정 값이 없는지 확인합니다.

· **값 not in 시퀀스객체**

```
>>> a = [0, 10, 20, 30, 40, 50, 60, 70, 80, 90]
>>> 100 not in a
True
>>> 30 not in a
False
```

이렇게 not in은 특정 값이 없으면 True, 있으면 False가 나옵니다.

물론 튜플, range, 문자열도 같은 방법으로 활용할 수 있습니다.

```
>>> 43 in (38, 76, 43, 62, 19)
True
>>> 1 in range(10)
True
>>> 'P' in 'Hello, Python'
True
```

11.1.2 시퀀스 객체 연결하기

시퀀스 객체는 + 연산자를 사용하여 객체를 서로 연결하여 새 객체를 만들 수 있습니다.

- **시퀀스객체1 + 시퀀스객체2**

```
>>> a = [0, 10, 20, 30]
>>> b = [9, 8, 7, 6]
>>> a + b
[0, 10, 20, 30, 9, 8, 7, 6]
```

리스트 a와 b를 더하니 두 리스트가 연결되었습니다. 물론 변수를 만들지 않고 리스트 여러 개를 직접 연결해도 상관없습니다.

▼ 그림 11-4 시퀀스 객체 연결하기

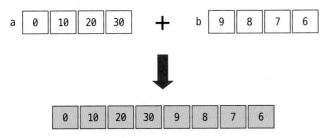

단, 시퀀스 자료형 중에서 range는 + 연산자로 객체를 연결할 수 없습니다.

```
>>> range(0, 10) + range(10, 20)
Traceback (most recent call last):
  File "<pyshell#1>", line 1, in <module>
    range(0, 10) + range(10, 20)
TypeError: unsupported operand type(s) for +: 'range' and 'range'
```
•+는 range와 range의 연결을 지원하지 않음

이때는 range를 리스트 또는 튜플로 만들어서 연결하면 됩니다.

```
>>> list(range(0, 10)) + list(range(10, 20))
[0, 1, 2, 3, 4, 5, 6, 7, 8, 9, 10, 11, 12, 13, 14, 15, 16, 17, 18, 19]
>>> tuple(range(0, 10)) + tuple(range(10, 20))
(0, 1, 2, 3, 4, 5, 6, 7, 8, 9, 10, 11, 12, 13, 14, 15, 16, 17, 18, 19)
```

문자열은 + 연산자로 여러 문자열을 연결할 수 있습니다.

```
>>> 'Hello, ' + 'world!'
'Hello, world!'
```

따옴표로 묶은 문자열 'Hello, '와 'world!'를 연결하여 'Hello, world!'가 나왔습니다. 파이썬에서 문자열 연결은 여러 가지 결과를 묶어서 한 번에 출력할 때 자주 사용합니다.

참고 **문자열에 숫자 연결하기**

앞에서 + 연산자를 사용하여 문자열끼리 서로 연결했습니다. 그러면 문자열에 숫자를 연결할 수는 없을까요? 다음과 같이 'Hello, '에 10을 연결해봅니다.

```
>>> 'Hello, ' + 10
Traceback (most recent call last):
  File "<pyshell#2>", line 1, in <module>
    'Hello, ' + 10
TypeError: Can't convert 'int' object to str implicitly    ········ •정수를 문자열로 변환할 수 없음
```

문자열에 정수를 연결하려고 하면 에러가 발생합니다(정수를 문자열로 변환할 수 없어서 TypeError가 발생합니다). 이 문제를 해결하려면 str을 사용하여 숫자(정수, 실수)를 문자열로 변환하면 됩니다.

- **'문자열' + str(정수)**
- **'문자열' + str(실수)**

```
>>> 'Hello, ' + str(10)      # str을 사용하여 정수를 문자열로 변환
'Hello, 10'
>>> 'Hello, ' + str(1.5)     # str을 사용하여 실수를 문자열로 변환
'Hello, 1.5'
```

'Hello, ' + str(10)과 같이 str을 사용하여 10을 문자열로 변환한 뒤 'Hello, '와 연결했습니다. 즉, 문자열에 +를 사용할 때는 어떤 형태의 값이든 str을 사용해서 문자열로 맞춰주면 됩니다. 특히 이 방식은 파이썬에서 자주 사용하는 방식인데요. 문자열과 숫자를 간단하게 조합할 수 있어서 계산 결과와 설명을 함께 출력할 때 편리합니다.

11.1.3 시퀀스 객체 반복하기

이번에는 시퀀스 객체를 반복하는 방법입니다. * 연산자는 시퀀스 객체를 특정 횟수만큼 반복하여 새 시퀀스 객체를 만듭니다(0 또는 음수를 곱하면 빈 객체가 나오며 실수는 곱할 수 없습니다).

- **시퀀스객체 * 정수**
- **정수 * 시퀀스객체**

```
>>> [0, 10, 20, 30] * 3
[0, 10, 20, 30, 0, 10, 20, 30, 0, 10, 20, 30]
```

요소 0, 10, 20, 30이 들어있는 리스트를 3번 반복해서 새 리스트를 만들었습니다.

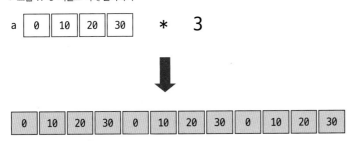

앞에서 range는 + 연산자로 객체를 연결할 수 없었죠? 마찬가지로 range는 * 연산자를 사용하여 반복할 수 없습니다.

```
>>> range(0, 5, 2) * 3
Traceback (most recent call last):
  File "<pyshell#3>", line 1, in <module>
    range(0, 5, 2) * 3
TypeError: unsupported operand type(s) for *: 'range' and 'int'
```
┄┄► *는 range와 int의 연산을 지원하지 않음

이때는 range를 리스트 또는 튜플로 만들어서 반복하면 됩니다.

```
>>> list(range(0, 5, 2)) * 3
[0, 2, 4, 0, 2, 4, 0, 2, 4]
>>> tuple(range(0, 5, 2)) * 3
(0, 2, 4, 0, 2, 4, 0, 2, 4)
```

문자열은 * 연산자를 사용하여 반복할 수 있습니다.

```
>>> 'Hello, ' * 3
'Hello, Hello, Hello, '
```

11.2 시퀀스 객체의 요소 개수 구하기

시퀀스 객체에는 요소가 여러 개 들어있죠? 이 요소의 개수(길이)를 구할 때는 len 함수를 사용합니다(len은 길이를 뜻하는 length에서 따왔습니다).

- len(시퀀스객체)

11.2.1 리스트와 튜플의 요소 개수 구하기

먼저 리스트의 요소 개수부터 구해보겠습니다. 리스트 a에는 요소가 10개 들어있으므로 len(a)는 10이 나옵니다.

```
>>> a = [0, 10, 20, 30, 40, 50, 60, 70, 80, 90]
>>> len(a)
10
```

▼ 그림 11-6 리스트의 요소 개수 구하기

a = [0, 10, 20, 30, 40, 50, 60, 70, 80, 90]

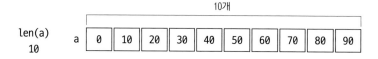

다음 튜플 b에는 요소가 5개 들어있으므로 len(b)는 5가 나옵니다.

```
>>> b = (38, 76, 43, 62, 19)
>>> len(b)
5
```

▼ 그림 11-7 튜플의 요소 개수 구하기

b = (38, 76, 43, 62, 19)

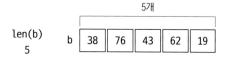

11.2.2 range의 숫자 생성 개수 구하기

range에 len 함수를 사용하면 숫자가 생성되는 개수를 구합니다.

```
>>> len(range(0, 10, 2))
5
```

range(0, 10, 2)는 0부터 10까지 2씩 증가하므로 0, 2, 4, 6, 8입니다. 따라서 5가 나옵니다.

▼ 그림 11-8 range의 숫자 생성 개수 구하기

5개 생성

len(range(0, 10, 2))
5   range(0, 10, 2) | 0 | 2 | 4 | 6 | 8 |

지금까지 리스트(튜플)의 값을 직접 타이핑해서 요소의 개수를 알기 쉬웠습니다. 하지만 실무에서는 range 등을 사용하여 리스트(튜플)를 생성하거나, 다양한 방법으로 요소를 추가, 삭제, 반복하므로 요소의 개수가 한눈에 보이지 않습니다. 그래서 요소의 개수를 구하는 len 함수를 자주 활용하게 됩니다.

11.2.3 문자열의 길이 구하기

이번에는 문자열의 길이(문자의 개수)를 구해보겠습니다. 문자열도 시퀀스 자료형이므로 len 함수를 사용하면 됩니다.

```
>>> hello = 'Hello, world!'
>>> len(hello)
13
```

len으로 'Hello, world!' 문자열이 들어있는 hello의 길이를 구해보면 13이 나옵니다.

▼ 그림 11-9 문자열의 길이 구하기

hello = 'Hello, world!'

여기서 문자열의 길이는 공백까지 포함합니다. 단, 문자열을 묶은 따옴표는 제외합니다. 이 따옴표는 문자열을 표현하는 문법일 뿐 문자열 길이에는 포함되지 않습니다(문자열 안에 포함된 작은따옴표, 큰따옴표는 포함됨).

한글 문자열의 길이도 len으로 구하면 됩니다.

```
>>> hello = '안녕하세요'
>>> len(hello)
5
```

'안녕하세요'가 5글자이므로 길이는 5가 나옵니다.

> **참고** **UTF-8 문자열의 바이트 수 구하기**
>
> 한글, 한자, 일본어 등은 UTF-8 인코딩으로 저장하는데 문자열이 차지하는 실제 바이트 수를 구하는 방법은 다음과 같습니다.
>
> ```
> >>> hello = '안녕하세요'
> >>> len(hello.encode('utf-8'))
> 15
> ```
>
> UTF-8에서 한글 글자 하나는 3바이트로 표현하므로 '안녕하세요'가 차지하는 실제 바이트 수는 15바이트입니다.
> 참고로 파이썬 3에서 len은 문자의 개수를 구해주지만 파이썬 2.7에서는 실제 바이트 수를 구해주는 차이점이 있습니다. 즉, 한글 문자열의 길이를 구할 때 파이썬 버전에 따라 결과가 달라지므로 주의해야 합니다.

이번에는 시퀀스 객체에 들어있는 요소에 접근하는 방법을 알아보겠습니다. 시퀀스 객체의 각 요소는 순서가 정해져 있으며, 이 순서를 인덱스라고 부릅니다.

다음과 같이 시퀀스 객체에 [ ](대괄호)를 붙이고 [ ] 안에 각 요소의 인덱스를 지정하면 해당 요소에 접근할 수 있습니다.

- **시퀀스객체[인덱스]**

간단하게 리스트를 만든 뒤 요소를 출력해보겠습니다.

```
>>> a = [38, 21, 53, 62, 19]
>>> a[0]      # 리스트의 첫 번째(인덱스 0) 요소 출력
38
>>> a[2]      # 리스트의 세 번째(인덱스 2) 요소 출력
53
>>> a[4]      # 리스트의 다섯 번째(인덱스 4) 요소 출력
19
```

인덱스(index, 색인)는 위칫값을 뜻하는데 국어사전 옆면에 ㄱ, ㄴ, ㄷ으로 표시해 놓은 것과 비슷합니다. 여기서 주의할 점은 **시퀀스 객체의 인덱스는 항상 0부터 시작**한다는 점입니다(대다수의 프로그래밍 언어는 인덱스가 0부터 시작합니다). 따라서 리스트 a의 첫 번째 요소는 a[0]이 됩니다. 꼭 기억해두세요.

▼ 그림 11–10 인덱스로 리스트의 요소에 접근

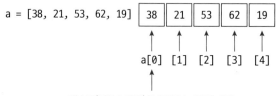

튜플, range, 문자열도 [ ]에 인덱스를 지정하면 해당 요소를 가져올 수 있습니다.

다음은 튜플 b의 첫 번째(인덱스 0) 요소를 출력합니다.

```
>>> b = (38, 21, 53, 62, 19)
>>> b[0]          # 튜플의 첫 번째(인덱스 0) 요소 출력
38
```

▼ 그림 11–11 인덱스로 튜플의 첫 번째 요소에 접근

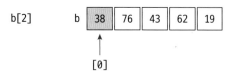

range도 인덱스로 접근할 수 있습니다. 다음은 range의 세 번째(인덱스 2) 요소를 출력합니다.

```
>>> r = range(0, 10, 2)
>>> r[2]        # range의 세 번째(인덱스 2) 요소 출력
4
```

▼ 그림 11-12 인덱스로 range 객체의 세 번째 요소에 접근

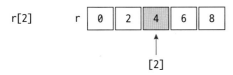

문자열은 요소가 문자이므로 인덱스로 접근하면 문자가 나옵니다. 다음은 문자열 hello의 여덟 번째 요소를 출력합니다.

```
>>> hello = 'Hello, world!'
>>> hello[7]    # 문자열의 여덟 번째(인덱스 7) 요소 출력
'w'
```

▼ 그림 11-13 인덱스로 문자열의 요소에 접근

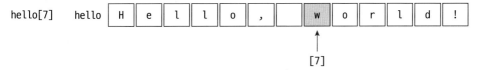

참고 **시퀀스 객체에 인덱스를 지정하지 않으면?**

시퀀스 객체에 인덱스를 지정하지 않은 상태는 해당 객체 전체를 뜻합니다. 따라서 다음과 같이 리스트 a를 출력하면 [ ]를 포함하여 리스트 전체가 출력됩니다.

```
>>> a = [38, 21, 53, 62, 19]
>>> a      # 시퀀스 객체에 인덱스를 지정하지 않으면 시퀀스 객체 전체를 뜻함
[38, 21, 53, 62, 19]
```

참고 **__getitem__ 메서드**

시퀀스 객체에서 [ ](대괄호)를 사용하면 실제로는 __getitem__ 메서드를 호출하여 요소를 가져옵니다. 따라서 다음과 같이 __getitem__ 메서드를 직접 호출하여 요소를 가져올 수도 있습니다.

• **시퀀스객체.__getitem__(인덱스)**

```
>>> a = [38, 21, 53, 62, 19]
>>> a.__getitem__(1)
21
```

__getitem__ 메서드는 '39.3 인덱스로 접근할 수 있는 이터레이터 만들기'(504쪽)에서 설명하겠습니다.

11.3.1 음수 인덱스 지정하기

지금까지 시퀀스 객체에 인덱스를 양수만 지정했습니다. 그러면 인덱스를 음수로 지정하면 어떻게 될까요?

```
>>> a = [38, 21, 53, 62, 19]
>>> a[-1]    # 리스트의 뒤에서 첫 번째(인덱스 -1) 요소 출력
19
>>> a[-5]    # 리스트의 뒤에서 다섯 번째(인덱스 -5) 요소 출력
38
```

시퀀스 객체에 인덱스를 음수로 지정하면 뒤에서부터 요소에 접근하게 됩니다. 즉, -1은 뒤에서 첫 번째, -5는 뒤에서 다섯 번째 요소입니다. 따라서 a[-1]은 뒤에서 첫 번째 요소인 19, a[-5]는 뒤에서 다섯 번째 요소인 38이 나옵니다.

리스트 a의 양수 인덱스와 음수 인덱스를 그림으로 표현하면 다음과 같은 모양이 됩니다.

▼ 그림 11-14 리스트의 양수 인덱스와 음수 인덱스

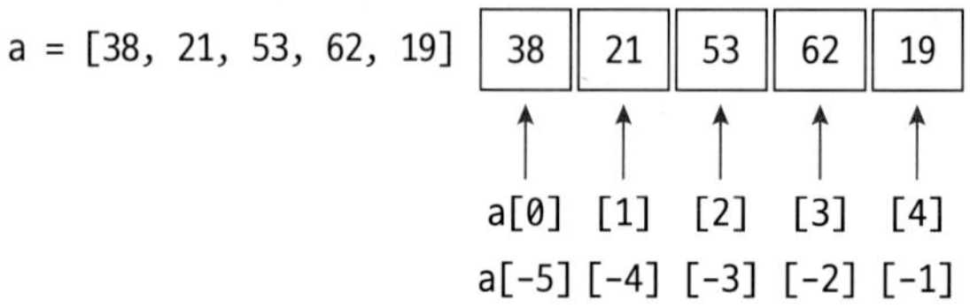

튜플, range, 문자열도 음수 인덱스를 지정하면 뒤에서부터 요소에 접근합니다.

다음은 튜플 b의 뒤에서 첫 번째(인덱스 -1) 요소를 출력합니다.

```
>>> b = (38, 21, 53, 62, 19)
>>> b[-1]         # 튜플의 뒤에서 첫 번째(인덱스 -1) 요소 출력
19
```

▼ 그림 11-15 음수 인덱스로 튜플의 요소에 접근하기

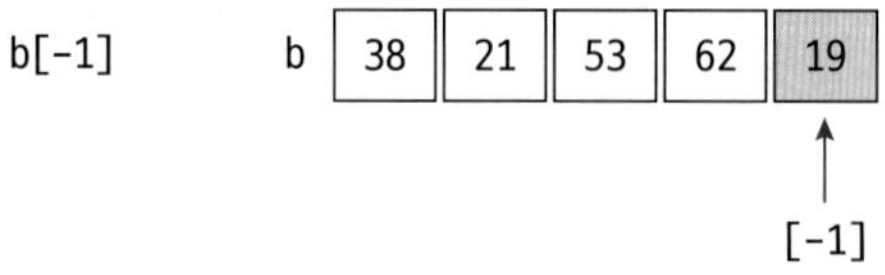

물론 range도 음수 인덱스로 접근할 수 있습니다. 다음은 range의 뒤에서 세 번째(인덱스 -3) 요소를 출력합니다.

```
>>> r = range(0, 10, 2)
>>> r[-3]         # range의 뒤에서 세 번째(인덱스 -3) 요소 출력
4
```

▼ 그림 11-16 음수 인덱스로 range 객체의 요소에 접근하기

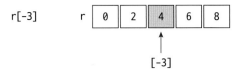

문자열도 음수 인덱스를 지정할 수 있습니다. 다음은 문자열 hello의 뒤에서 네 번째(인덱스 -4) 요소를 출력합니다.

```
>>> hello = 'Hello, world!'
>>> hello[-4]    # 문자열의 뒤에서 네 번째(인덱스 -4) 요소 출력
'r'
```

▼ 그림 11-17 음수 인덱스로 문자열의 요소에 접근하기

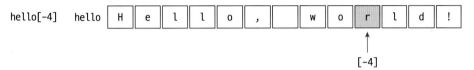

11.3.2 인덱스의 범위를 벗어나면?

시퀀스 객체를 만들면 요소의 개수는 정해져 있죠? 다음과 같이 리스트를 만든 뒤 범위를 벗어난 인덱스에 접근하면 어떻게 될까요?

```
>>> a = [38, 21, 53, 62, 19]
>>> a[5]    # 인덱스 5는 범위를 벗어났으므로 에러
Traceback (most recent call last):
  File "<pyshell#1>", line 1, in <module>
    a[5]
IndexError: list index out of range  ········· 리스트의 인덱스가 범위를 벗어나서 에러 발생
```

실행을 해보면 리스트의 인덱스가 범위를 벗어났다는 IndexError가 발생합니다.

리스트 a의 요소 개수는 5개인데 a[5]와 같이 지정하면 리스트의 범위를 벗어나게 되므로 에러가 발생합니다. 왜냐하면 인덱스는 0부터 시작하므로 마지막 요소의 인덱스는 4이기 때문이죠. 즉, 마지막 요소의 인덱스는 시퀀스 객체의 요소 개수보다 1 작습니다. 이 부분은 시퀀스 객체를 사용할 때 자주 틀리는 부분이므로 꼭 기억해두세요.

마찬가지로 튜플, range, 문자열도 범위를 벗어난 인덱스를 지정하면 IndexError가 발생합니다.

11.3.3 마지막 요소에 접근하기

앞에서 시퀀스 객체에 인덱스를 –1로 지정하면 뒤에서 첫 번째 요소에 접근한다고 했죠? 바로 시퀀스 객체의 마지막 요소입니다.

그러면 시퀀스 객체의 마지막 요소에 접근하는 다른 방법은 없을까요? 다음과 같이 len 함수로 리스트의 길이를 구한 뒤 이 길이를 인덱스로 지정해보면 에러가 발생합니다.

```
>>> a = [38, 21, 53, 62, 19]
>>> len(a)      # 리스트의 길이를 구함
5
>>> a[5]        # 리스트의 길이를 인덱스로 지정
Traceback (most recent call last):
  File "<pyshell#2>", line 1, in <module>
    a[5]
IndexError: list index out of range ········•리스트의 인덱스가 범위를 벗어나서 에러 발생
```

리스트 a의 인덱스는 0부터 4까지이므로 인덱스에 a의 길이 5를 지정하면 인덱스의 범위를 벗어나게 됩니다. 따라서 5가 아닌 4를 지정해야 마지막 문자가 나옵니다.

```
>>> a[4]
19
```

그럼 조금 응용해서 인덱스에 len을 조합해보겠습니다. 다음과 같이 인덱스에 len(a)를 넣어봅니다.

```
>>> a[len(a)]
Traceback (most recent call last):
  File "<pyshell#3>", line 1, in <module>
    a[len(a)]
IndexError: list index out of range ········•리스트의 인덱스가 범위를 벗어나서 에러 발생
```

len(a)는 5이므로 인덱스가 범위를 벗어납니다. 이때는 len(a)에서 1을 빼주어야 인덱스가 범위를 벗어나지 않습니다.

```
>>> a[len(a) - 1]      # 마지막 요소(인덱스 4) 출력
19
```

마지막 요소 19가 나왔습니다. 즉, len(a) - 1은 4이므로 마지막 문자가 나옵니다. 이 방법은 시퀀스 객체의 마지막 인덱스를 구할 때 종종 사용하는 방법입니다.

11.3.4 요소에 값 할당하기

이제 시퀀스 객체의 요소에 값을 할당하는 방법을 알아보겠습니다. 시퀀스 객체는 [ ]로 요소에 접근한 뒤 =로 값을 할당합니다.

- **시퀀스객체[인덱스] = 값**

먼저 리스트부터 요소에 값을 할당해보겠습니다.

```
>>> a = [0, 0, 0, 0, 0]      # 0이 5개 들어있는 리스트
>>> a[0] = 38
>>> a[1] = 21
>>> a[2] = 53
>>> a[3] = 62
>>> a[4] = 19
>>> a
[38, 21, 53, 62, 19]
>>> a[0]
38
>>> a[4]
19
```

a[0] = 38처럼 [ ]에 인덱스를 지정한 뒤 값을 할당하면 됩니다. 단, 이때도 범위를 벗어난 인덱스는 지정할 수는 없습니다.

```
>>> a[5] = 90
Traceback (most recent call last):
  File "<pyshell#4>", line 1, in <module>
    a[5] = 90
IndexError: list assignment index out of range ········•범위를 벗어난 인덱스에 값을 할당하여 에러 발생
```

'10.2 튜플 사용하기'(105쪽)에서 튜플은 안에 저장된 요소를 변경할 수 없다고 했죠? 다음과 같이 튜플의 [ ]에 인덱스를 지정한 뒤 값을 할당하면 에러가 발생합니다.

```
>>> b = (0, 0, 0, 0, 0)
>>> b[0] = 38
Traceback (most recent call last):
  File "<pyshell#5>", line 1, in <module>
    b[0] = 38
TypeError: 'tuple' object does not support item assignment ·······•tuple 객체는 값 할당을 지원하지 않음
```

마찬가지로 range와 문자열도 안에 저장된 요소를 변경할 수 없습니다.

```
>>> r = range(0, 10, 2)
>>> r[0] = 3
Traceback (most recent call last):
  File "<pyshell#6>", line 1, in <module>
    r[0] = 3
TypeError: 'range' object does not support item assignment  ·········•range 객체는 값 할당을 지원하지 않음
>>> hello = 'Hello, world!'
>>> hello[0] = 'A'
Traceback (most recent call last):
  File "<pyshell#7>", line 1, in <module>
    hello[0] = 'A'
TypeError: 'str' object does not support item assignment  ·········•str 객체는 값 할당을 지원하지 않음
```

즉, 시퀀스 자료형 중에서 튜플, range, 문자열은 읽기 전용입니다.

11.3.5 del로 요소 삭제하기

이번에는 del로 시퀀스 객체의 요소를 삭제해보겠습니다. 요소 삭제는 다음과 같이 del 뒤에 삭제할 요소를
지정해주면 됩니다.

- **del 시퀀스객체[인덱스]**

먼저 리스트를 만들고 세 번째 요소(인덱스 2)를 삭제해보겠습니다.

```
>>> a = [38, 21, 53, 62, 19]
>>> del a[2]
>>> a
[38, 21, 62, 19]
```

del a[2]와 같이 사용하면 리스트 a의 세 번째 요소(인덱스 2)인 53을 삭제합니다.

리스트와는 달리 튜플은 요소를 삭제할 수 없습니다.

```
>>> b = (38, 21, 53, 62, 19)
>>> del b[2]
Traceback (most recent call last):
  File "<pyshell#7>", line 1, in <module>
    del b[2]
TypeError: 'tuple' object doesn't support item deletion  ·········•tuple 객체는 값 삭제를 지원하지 않음
```

마찬가지로 range와 문자열도 안에 저장된 요소를 삭제할 수 없습니다.

```
>>> r = range(0, 10, 2)
>>> del r[2]
Traceback (most recent call last):
  File "<pyshell#8>", line 1, in <module>
    del r[2]
TypeError: 'range' object doesn't support item deletion    ·····•range 객체는 값 삭제를 지원하지 않음
>>> hello = 'Hello, world!'
>>> del hello[2]
Traceback (most recent call last):
  File "<pyshell#9>", line 1, in <module>
    del hello[2]
TypeError: 'str' object doesn't support item deletion    ·····•str 객체는 값 삭제를 지원하지 않음
```

11.4 슬라이스 사용하기

시퀀스 자료형은 슬라이스라는 기능을 자주 사용합니다. 슬라이스(slice)는 무엇인가의 일부를 잘라낸다는 뜻으로 시퀀스 슬라이스도 말 그대로 시퀀스 객체의 일부를 잘라냅니다.

- **시퀀스객체[시작인덱스:끝인덱스]**

다음은 리스트의 일부를 잘라서 새 리스트를 만듭니다.

```
>>> a = [0, 10, 20, 30, 40, 50, 60, 70, 80, 90]
>>> a[0:4]      # 인덱스 0부터 3까지 잘라서 새 리스트를 만듦
[0, 10, 20, 30]
```

[ ] 안에 시작 인덱스와 끝 인덱스를 지정하면 해당 범위의 리스트를 잘라서 가져올 수 있습니다. 여기서 주의할 점이 있는데, 끝 인덱스는 가져오려는 범위에 포함되지 않습니다. 따라서 끝 인덱스는 실제로 가져오려는 인덱스보다 1을 더 크게 지정해야 합니다.

▼ 그림 11-18 리스트 슬라이스

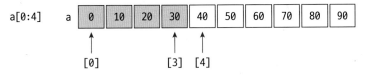

예를 들어 요소가 10개 들어있는 리스트를 처음부터 끝까지 가져오려면 [0:9]가 아닌 [0:10]이라야 합니다 (끝 인덱스는 범위를 벗어난 인덱스를 지정할 수 있습니다).

```
>>> a[0:10]      # 인덱스 0부터 9까지 잘라서 새 리스트를 만듦
[0, 10, 20, 30, 40, 50, 60, 70, 80, 90]
```

▼ 그림 11-19 리스트를 처음부터 끝까지 가져오기

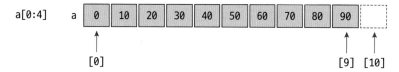

다음과 같이 실행해보면 쉽게 이해할 수 있습니다. a[1:1]처럼 시작 인덱스와 끝 인덱스를 같은 숫자로 지정하면 아무것도 가져오지 않습니다. a[1:2]처럼 끝 인덱스에 1을 더 크게 지정해야 요소 하나를 가져옵니다.

```
>>> a = [0, 10, 20, 30, 40, 50, 60, 70, 80, 90]
>>> a[1:1]    # 인덱스 1부터 0까지 잘라서 새 리스트를 만듦
[]
>>> a[1:2]    # 인덱스 1부터 1까지 잘라서 새 리스트를 만듦
[10]
```

▼ 그림 11-20 시작 인덱스와 끝 인덱스가 같을 때, 끝 인덱스에 1을 더 크게 지정했을 때

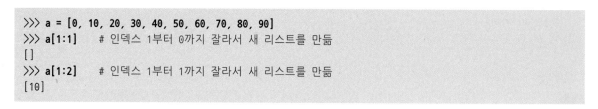

정리하자면 슬라이스를 했을 때 실제로 가져오는 요소는 **시작 인덱스**부터 **끝 인덱스 − 1**까지입니다.

11.4.1 리스트의 중간 부분 가져오기

그럼 리스트의 중간 부분을 가져오는 방법을 자세히 알아보겠습니다.

```
>>> a = [0, 10, 20, 30, 40, 50, 60, 70, 80, 90]
>>> a[4:7]    # 인덱스 4부터 6까지 요소 3개를 가져옴
[40, 50, 60]
```

a[4:7]은 리스트 a 중간에 있는 인덱스 4부터 6까지 요소 3개를 가져옵니다.

▼ 그림 11-21 리스트의 중간 부분 가져오기

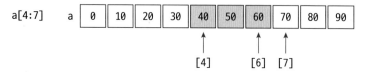

특히 슬라이스는 a[4:-1]과 같이 음수를 인덱스로 지정할 수도 있습니다.

```
>>> a[4:-1]    # 인덱스 4부터 -2까지 요소 5개를 가져옴
[40, 50, 60, 70, 80]
```

인덱스에서 -1은 뒤에서 첫 번째 요소를 뜻한다고 했죠? 끝 인덱스는 가져오려는 인덱스보다 1을 더 크게 지정한다고 했으므로 실제로는 뒤에서 두 번째(인덱스 -2) 요소인 80까지만 가져옵니다(음수는 숫자가 작을수록 큰 수입니다. 그래서 -1은 -2보다 1이 더 큽니다).

▼ 그림 11-22 음수 인덱스를 지정하여 리스트의 중간 부분 가져오기

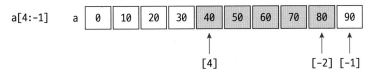

11.4.2 인덱스 증가폭 사용하기

지금까지 지정된 범위의 요소를 모두 가져왔죠? 슬라이스는 인덱스의 증가폭을 지정하여 범위 내에서 인덱스를 건너뛰며 요소를 가져올 수 있습니다.

다음은 인덱스를 3씩 증가시키면서 요소를 가져옵니다. 여기서 주의할 점은 인덱스의 증가폭이지 요소의 값 증가폭이 아니라는 점입니다.

- **시퀀스객체[시작인덱스:끝인덱스:인덱스증가폭]**

```
>>> a = [0, 10, 20, 30, 40, 50, 60, 70, 80, 90]
>>> a[2:8:3]    # 인덱스 2부터 3씩 증가시키면서 인덱스 7까지 가져옴
[20, 50]
```

a[2:8:3]을 실행하니 [20, 50]이 나왔죠? 왜 이런 결과가 나왔을까요? 먼저 시작 인덱스가 2이므로 20부터 가져옵니다. 그리고 인덱스 증가폭을 3으로 지정했으므로 인덱스 5의 50, 인덱스 8의 80을 가져올 수 있습니다. 하지만, 끝 인덱스를 8로 지정했으므로 인덱스 7까지만 가져옵니다. 따라서 20과 50만 가져와서 [20, 50]이 나옵니다.

▼ 그림 11-23 인덱스 증가폭 사용하기

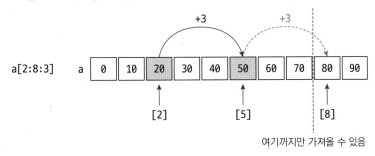

인덱스 증가폭을 지정하더라도 가져오려는 인덱스(끝 인덱스 − 1)를 넘어설 수 없다는 점을 꼭 기억해두세요.

만약 끝 인덱스 − 1과 증가한 인덱스가 일치한다면 해당 요소까지 가져올 수 있습니다. 다음은 끝 인덱스를 9로 지정하여 인덱스 8의 80까지 가져옵니다. 따라서 [20, 50, 80]이 나옵니다.

```
>>> a[2:9:3]     # 인덱스 2부터 3씩 증가시키면서 인덱스 8까지 가져옴
[20, 50, 80]
```

▼ 그림 11-24 끝 인덱스 − 1과 증가한 인덱스가 일치하는 경우

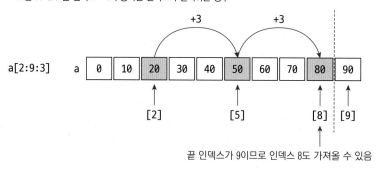

11.4.3 인덱스 생략하기

슬라이스를 사용할 때 시작 인덱스와 끝 인덱스를 생략할 수도 있습니다. 인덱스를 생략하는 방법은 시퀀스 객체의 길이를 몰라도 되기 때문에 자주 쓰이는 방식입니다. 주로 시퀀스 객체의 마지막 일부분만 출력할 때 사용합니다.

리스트 a에서 a[:7]과 같이 시작 인덱스를 생략하면 리스트의 처음부터 끝 인덱스 − 1(인덱스 6)까지 가져옵니다.

- 시퀀스객체[:끝인덱스]

```
>>> a = [0, 10, 20, 30, 40, 50, 60, 70, 80, 90]
>>> a[:7]     # 리스트 처음부터 인덱스 6까지 가져옴
[0, 10, 20, 30, 40, 50, 60]
```

▼ 그림 11-25 시작 인덱스 생략하기

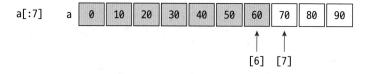

그리고 a[7:]과 같이 끝 인덱스를 생략하면 시작 인덱스(인덱스 7)부터 마지막 요소까지 가져옵니다.

- **시퀀스객체[시작인덱스:]**

```
>>> a[7:]    # 인덱스 7부터 마지막 요소까지 가져옴
[70, 80, 90]
```

▼ 그림 11-26 끝 인덱스 생략하기

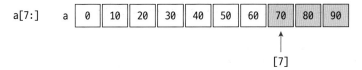

또는, a[:]와 같이 시작 인덱스와 끝 인덱스를 둘 다 생략하면 리스트 전체를 가져옵니다.

- **시퀀스객체[:]**

```
>>> a[:]     # 리스트 전체를 가져옴
[0, 10, 20, 30, 40, 50, 60, 70, 80, 90]
```

▼ 그림 11-27 시작 인덱스와 끝 인덱스 둘 다 생략하기

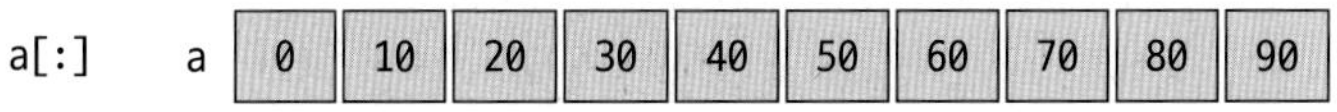

a[:]   a | 0 | 10 | 20 | 30 | 40 | 50 | 60 | 70 | 80 | 90 |

11.4.4 인덱스를 생략하면서 증가폭 사용하기

여기서 시작 인덱스 또는 끝 인덱스를 생략하면서 인덱스 증가폭을 지정하면 어떻게 될까요?

리스트 a에서 a[:7:2]와 같이 시작 인덱스를 생략하면서 인덱스 증가폭을 2로 지정하면 리스트의 처음부터 인덱스를 2씩 증가시키면서 끝 인덱스 − 1(인덱스 6)까지 요소를 가져옵니다.

- **시퀀스객체[:끝인덱스:증가폭]**

```
>>> a = [0, 10, 20, 30, 40, 50, 60, 70, 80, 90]
>>> a[:7:2]    # 리스트의 처음부터 인덱스를 2씩 증가시키면서 인덱스 6까지 가져옴
[0, 20, 40, 60]
```

▼ 그림 11-28 시작 인덱스를 생략하면서 인덱스 증가폭 지정하기

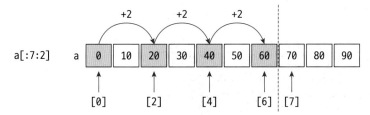

그리고 a[7::2]와 같이 끝 인덱스를 생략하면서 인덱스 증가폭을 2로 지정하면 시작 인덱스(인덱스 7)부터 인덱스를 2씩 증가시키면서 리스트의 마지막 요소까지 가져옵니다.

- **시퀀스객체[시작인덱스::증가폭]**

```
>>> a[7::2]     # 인덱스 7부터 2씩 증가시키면서 리스트의 마지막 요소까지 가져옴
[70, 90]
```

▼ 그림 11-29 끝 인덱스를 생략하면서 인덱스 증가폭 지정하기

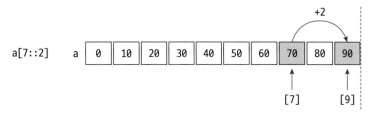

또는, a[::2]와 같이 시작 인덱스와 끝 인덱스를 둘 다 생략하면서 인덱스 증가폭을 2로 지정하면 리스트 전체에서 인덱스 0부터 2씩 증가하면서 요소를 가져옵니다.

- **시퀀스객체[::증가폭]**

```
>>> a[::2]     # 리스트 전체에서 인덱스 0부터 2씩 증가시키면서 요소를 가져옴
[0, 20, 40, 60, 80]
```

▼ 그림 11-30 시작 인덱스와 끝 인덱스를 둘 다 생략하면서 인덱스 증가폭 지정하기

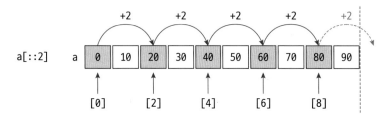

a[:7:2]와 a[7::2]는 2씩 증가한 인덱스와 끝 인덱스 – 1이 일치하여 지정된 범위에 맞게 요소를 가져왔습니다. 하지만, a[::2]는 끝 인덱스가 9이므로 인덱스가 2씩 증가하더라도 8까지만 증가할 수 있습니다. 따라서 인덱스 0, 2, 4, 6, 8의 요소를 가져옵니다.

만약 시작 인덱스, 끝 인덱스, 인덱스 증가폭을 모두 생략하면 어떻게 될까요?

- **시퀀스객체[::]**

```
>>> a[::]     # 리스트 전체를 가져옴
[0, 10, 20, 30, 40, 50, 60, 70, 80, 90]
```

그냥 리스트 전체를 가져옵니다. 즉, a[:]와 a[: :]는 결과가 같습니다.

> **참고** **슬라이스의 인덱스 증가폭을 음수로 지정하면?**
>
> 슬라이스를 사용할 때 인덱스 증가폭을 음수로 지정하면 요소를 뒤에서부터 가져올 수 있습니다. 다음은 리스트 a에서 인덱스 5부터 2까지 1씩 감소시키면서 요소를 가져옵니다.
>
> ```
> >>> a = [0, 10, 20, 30, 40, 50, 60, 70, 80, 90]
> >>> a[5:1:-1]
> [50, 40, 30, 20]
> ```
>
> 여기서 주의할 점은 인덱스가 감소하므로 끝 인덱스보다 시작 인덱스를 더 크게 지정해야 한다는 점입니다. 즉, a[5:1:-1]과 같이 시작 인덱스부터 끝 인덱스까지 감소하도록 지정합니다. 그리고 끝 인덱스는 가져오려는 범위에 포함되지 않습니다.
>
> 특히 다음과 같이 시작 인덱스와 끝 인덱스를 생략하면서 인덱스 증가폭을 −1로 지정하면 어떻게 될까요? 이때는 리스트 전체에서 인덱스를 1씩 감소시키면서 요소를 가져오므로 리스트를 반대로 뒤집습니다.
>
> ```
> >>> a[::-1]
> [90, 80, 70, 60, 50, 40, 30, 20, 10, 0]
> ```
>
> 물론 이 방법은 리스트뿐만 아니라 모든 시퀀스 객체에 사용할 수 있습니다.

11.4.5 len 응용하기

이번에는 len을 응용하여 리스트 전체를 가져와 보겠습니다.

```
>>> a = [0, 10, 20, 30, 40, 50, 60, 70, 80, 90]
>>> a[0:len(a)]    # 시작 인덱스에 0, 끝 인덱스에 len(a) 지정하여 리스트 전체를 가져옴
[0, 10, 20, 30, 40, 50, 60, 70, 80, 90]
>>> a[:len(a)]     # 시작 인덱스 생략, 끝 인덱스에 len(a) 지정하여 리스트 전체를 가져옴
[0, 10, 20, 30, 40, 50, 60, 70, 80, 90]
```

리스트 a의 요소는 10개입니다. 따라서 len(a)는 10이고, a[0:10]과 같습니다. 여기서 끝 인덱스는 가져오려는 인덱스보다 1을 더 크게 지정한다고 했으므로 len(a)에서 1을 빼지 않아야 합니다. 즉, 길이가 10인 리스트는 [0:10]이라야 리스트 전체를 가져옵니다.

▼ 그림 11-31 len으로 리스트 전체를 가져오기

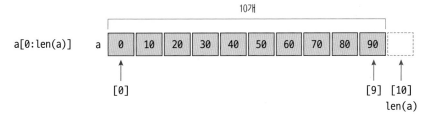

11.4.6 튜플, range, 문자열에 슬라이스 사용하기

지금까지 리스트에서 슬라이스를 사용해봤습니다. 파이썬에서는 튜플, range, 문자열도 시퀀스 자료형이므로 리스트와 같은 방식으로 슬라이스를 사용할 수 있습니다.

먼저 튜플부터 잘라보겠습니다. 다음은 지정된 범위만큼 튜플을 잘라서 새 튜플을 만듭니다.

- **튜플[시작인덱스:끝인덱스]**
- **튜플[시작인덱스:끝인덱스:인덱스증가폭]**

```
>>> b = (0, 10, 20, 30, 40, 50, 60, 70, 80, 90)
>>> b[4:7]      # 인덱스 4부터 6까지 요소 3개를 가져옴
(40, 50, 60)
>>> b[4:]       # 인덱스 4부터 마지막 요소까지 가져옴
(40, 50, 60, 70, 80, 90)
>>> b[:7:2]     # 튜플의 처음부터 인덱스를 2씩 증가시키면서 인덱스 6까지 가져옴
(0, 20, 40, 60)
```

▼ 그림 11-32 튜플에 슬라이스 사용하기

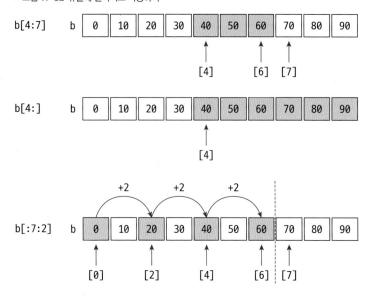

'10.1 리스트 만들기'(102쪽)에서 range는 연속된 숫자를 생성한다고 했죠? range에 슬라이스를 사용하면 지정된 범위의 숫자를 생성하는 range 객체를 새로 만듭니다.

- **range객체[시작인덱스:끝인덱스]**
- **range객체[시작인덱스:끝인덱스:인덱스증가폭]**

```
>>> r = range(10)
>>> r
range(0, 10)
```

```
>>> r[4:7]       # 인덱스 4부터 6까지 숫자 3개를 생성하는 range 객체를 만듦
range(4, 7)
>>> r[4:]        # 인덱스 4부터 9까지 숫자 6개를 생성하는 range 객체를 만듦
range(4, 10)
>>> r[:7:2]      # 인덱스 0부터 2씩 증가시키면서 인덱스 6까지 숫자 4개를 생성하는
range(0, 7, 2)                                              # range 객체를 만듦
```

▼ 그림 11-33 range에 슬라이스 사용하기

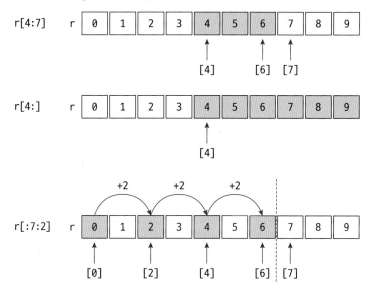

range는 리스트, 튜플과는 달리 요소가 모두 표시되지 않고 생성 범위만 표시됩니다. 이렇게 잘라낸 range 객체를 리스트로 만들려면 list에 넣으면 되겠죠?

```
>>> list(r[:7:2])
[0, 2, 4, 6]
```

문자열도 시퀀스 자료형이므로 슬라이스를 사용할 수 있습니다. 특히 문자열은 문자 하나가 요소이므로 문자 단위로 잘라서 새 문자열을 만듭니다.

- **문자열[시작인덱스:끝인덱스]**
- **문자열[시작인덱스:끝인덱스:인덱스증가폭]**

```
>>> hello = 'Hello, world!'
>>> hello[2:9]    # 인덱스 2부터 인덱스 8까지 잘라서 문자열을 만듦
'llo, wo'
>>> hello[2:]     # 인덱스 2부터 마지막 요소까지 잘라서 문자열을 만듦
'llo, world!'
>>> hello[:9:2]   # 문자열의 처음부터 인덱스를 2씩 증가시키면서 인덱스 8까지 잘라서
'Hlo o'                                                      # 문자열을 만듦
```

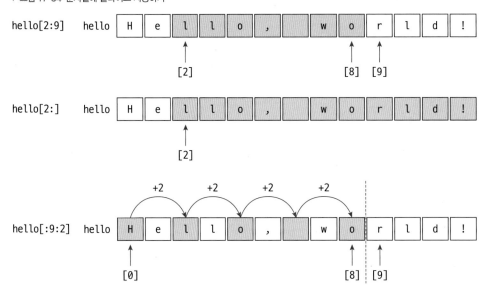

▼ 그림 11-34 문자열에 슬라이스 사용하기

간단하죠? 이렇게 모든 시퀀스 자료형은 같은 방식으로 슬라이스를 사용해서 일부를 잘라낼 수 있습니다.

참고 **slice 객체 사용하기**

파이썬에서는 slice 객체를 사용하여 시퀀스 객체(시퀀스 자료형으로 만든 변수)를 잘라낼 수도 있습니다.

- 슬라이스객체 = slice(끝인덱스)
- 슬라이스객체 = slice(시작인덱스, 끝인덱스)
- 슬라이스객체 = slice(시작인덱스, 끝인덱스, 인덱스증가폭)
- 시퀀스객체[슬라이스객체]
- 시퀀스객체.__getitem__(슬라이스객체)

다음과 같이 시퀀스 객체의 [ ](대괄호) 또는 __getitem__ 메서드에 slice 객체를 넣어주면 지정된 범위만큼 잘라서 새 객체를 만듭니다.

```
>>> range(10)[slice(4, 7, 2)]
range(4, 7, 2)
>>> range(10).__getitem__(slice(4, 7, 2))
range(4, 7, 2)
```

물론 slice 객체를 하나만 만든 뒤 여러 시퀀스 객체에 사용하는 방법도 가능합니다.

```
>>> a = [0, 10, 20, 30, 40, 50, 60, 70, 80, 90]
>>> s = slice(4, 7)    # 인덱스 4부터 6까지 자르는 slice 객체 생성
>>> a[s]
[40, 50, 60]
>>> r = range(10)
>>> r[s]
range(4, 7)
>>> hello = 'Hello, world!'
>>> hello[s]
'o, '
```

11.4.7 슬라이스에 요소 할당하기

'11.3 인덱스 사용하기'(118쪽)에서 리스트에 인덱스로 접근하여 요소에 값을 할당해봤죠? 마찬가지로 시퀀스 객체는 슬라이스로 범위를 지정하여 여러 요소에 값을 할당할 수 있습니다.

- **시퀀스객체[시작인덱스:끝인덱스] = 시퀀스객체**

먼저 리스트를 만든 뒤 특정 범위의 요소에 값을 할당해보겠습니다.

```
>>> a = [0, 10, 20, 30, 40, 50, 60, 70, 80, 90]
>>> a[2:5] = ['a', 'b', 'c']    # 인덱스 2부터 4까지 값 할당
>>> a
[0, 10, 'a', 'b', 'c', 50, 60, 70, 80, 90]
```

a[2:5] = ['a', 'b', 'c']와 같이 리스트에 범위를 지정하고 다른 리스트를 할당했습니다. 이렇게 하면 인덱스 2부터 4까지 문자 'a', 'b', 'c'가 들어갑니다. 특히 이렇게 범위를 지정해서 요소를 할당했을 때는 원래 있던 리스트가 변경되며 새 리스트는 생성되지 않습니다.

▼ 그림 11-35 특정 범위에 요소 할당하기

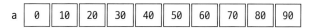

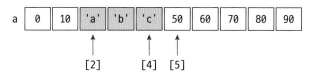

a[2:5] = ['a', 'b', 'c']는 슬라이스 범위와 할당할 리스트의 요소 개수를 정확히 맞추었지만, 사실 개수를 맞추지 않아도 상관없습니다.

다음과 같이 요소 개수를 맞추지 않아도 알아서 할당됩니다. 만약 할당할 요소 개수가 적으면 그만큼 리스트의 요소 개수도 줄어듭니다.

```
>>> a = [0, 10, 20, 30, 40, 50, 60, 70, 80, 90]
>>> a[2:5] = ['a']    # 인덱스 2부터 4까지에 값 1개를 할당하여 요소의 개수가 줄어듦
>>> a
[0, 10, 'a', 50, 60, 70, 80, 90]
```

▼ 그림 11-36 슬라이스 범위보다 할당할 요소 개수가 적을 때

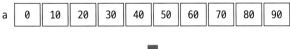

a[2:5] = ['a']

반면 할당할 요소 개수가 많으면 그만큼 리스트의 요소 개수도 늘어납니다.

```
>>> a = [0, 10, 20, 30, 40, 50, 60, 70, 80, 90]
>>> a[2:5] = ['a', 'b', 'c', 'd', 'e']    # 인덱스 2부터 4까지 값 5개를 할당하여
>>> a                                      # 요소의 개수가 늘어남
[0, 10, 'a', 'b', 'c', 'd', 'e', 50, 60, 70, 80, 90]
```

▼ 그림 11-37 슬라이스 범위와 할당할 요소의 개수가 다를 때

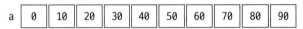

a[2:5] = ['a', 'b', 'c', 'd', 'e']

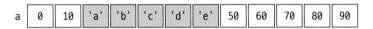

슬라이스는 인덱스 증가폭을 지정할 수 있었죠? 이번에는 인덱스 증가폭을 지정하여 인덱스를 건너뛰면서 할당해보겠습니다.

- **시퀀스객체[시작인덱스:끝인덱스:인덱스증가폭] = 시퀀스객체**

```
>>> a = [0, 10, 20, 30, 40, 50, 60, 70, 80, 90]
>>> a[2:8:2] = ['a', 'b', 'c']    # 인덱스 2부터 2씩 증가시키면서 인덱스 7까지 값 할당
>>> a
[0, 10, 'a', 30, 'b', 50, 'c', 70, 80, 90]
```

a[2:8:2] = ['a', 'b', 'c']와 같이 인덱스 2부터 2씩 증가시키면서 7까지 'a', 'b', 'c'를 할당합니다.

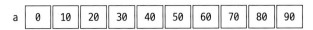

▼ 그림 11-38 인덱스 증가폭을 지정하여 요소 할당하기

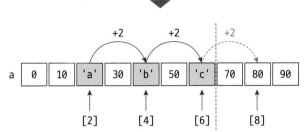

단, 인덱스 증가폭을 지정했을 때는 슬라이스 범위의 요소 개수와 할당할 요소 개수가 정확히 일치해야 합니다.

```
>>> a = [0, 10, 20, 30, 40, 50, 60, 70, 80, 90]
>>> a[2:8:2] = ['a', 'b']
Traceback (most recent call last):
  File "<pyshell#1>", line 1, in <module>
    a[2:8:2] = ['a', 'b']
ValueError: attempt to assign sequence of size 2 to extended slice of size 3
```
크기가 다른 슬라이스에 할당을 시도해서 에러 발생

튜플, range, 문자열은 슬라이스 범위를 지정하더라도 요소를 할당할 수 없습니다.

```
>>> b = (0, 10, 20, 30, 40, 50, 60, 70, 80, 90)
>>> b[2:5] = ('a', 'b', 'c')
Traceback (most recent call last):
  File "<pyshell#2>", line 1, in <module>
    b[2:5] = ('a', 'b', 'c')
TypeError: 'tuple' object does not support item assignment
```
tuple 객체는 값 할당을 지원하지 않음
```
>>> r = range(10)
>>> r[2:5] = range(0, 3)
Traceback (most recent call last):
  File "<pyshell#4>", line 1, in <module>
    r[2:5] = range(0, 3)
TypeError: 'range' object does not support item assignment
```
range 객체는 값 할당을 지원하지 않음
```
>>> hello = 'Hello, world!'
>>> hello[7:13] = 'Python'
Traceback (most recent call last):
  File "<pyshell#6>", line 1, in <module>
    hello[7:13] = 'Python'
TypeError: 'str' object does not support item assignment
```
str 객체는 값 할당을 지원하지 않음

11.4.8 del로 슬라이스 삭제하기

이번에는 시퀀스 객체의 슬라이스를 삭제해보겠습니다. 슬라이스 삭제는 다음과 같이 del 뒤에 삭제할 범위를 지정해주면 됩니다.

- **del 시퀀스객체[시작인덱스:끝인덱스]**

다음은 리스트의 인덱스 2부터 4까지 요소를 삭제합니다.

```
>>> a = [0, 10, 20, 30, 40, 50, 60, 70, 80, 90]
>>> del a[2:5]    # 인덱스 2부터 4까지 요소를 삭제
>>> a
[0, 10, 50, 60, 70, 80, 90]
```

리스트 a에서 인덱스 2, 3, 4인 요소 20, 30, 40이 삭제되었습니다. 특히 del로 요소를 삭제하면 원래 있던 리스트가 변경되며 새 리스트는 생성되지 않습니다.

▼ 그림 11-39 슬라이스 삭제하기

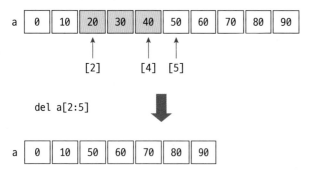

인덱스 증가폭을 지정하면 인덱스를 건너뛰면서 삭제하겠죠? 다음은 인덱스 2부터 2씩 증가시키면서 인덱스 6까지 삭제합니다.

```
>>> a = [0, 10, 20, 30, 40, 50, 60, 70, 80, 90]
>>> del a[2:8:2]    # 인덱스 2부터 2씩 증가시키면서 인덱스 6까지 삭제
>>> a
[0, 10, 30, 50, 70, 80, 90]
```

인덱스 2, 4, 6인 요소 20, 40, 60이 삭제되었습니다.

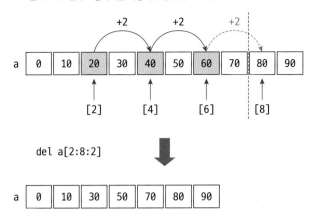

물론 튜플, range, 문자열은 del로 슬라이스를 삭제할 수 없습니다.

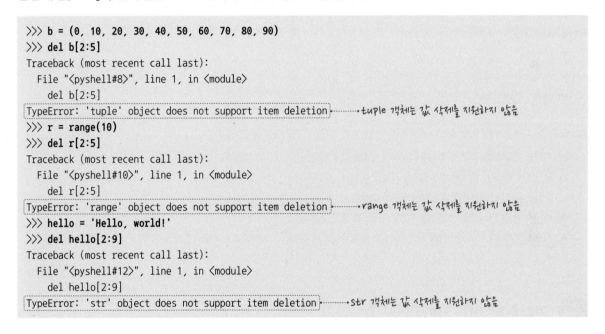

지금까지 시퀀스 자료형의 사용 방법을 알아보았습니다. 내용이 상당히 길었지만, 대부분 공통되면서 반복되는 내용입니다. 여기서는 시퀀스 자료형의 인덱스가 0부터 시작한다는 점이 가장 중요합니다. 그리고 슬라이스를 처음 접했을 때는 조금 헷갈릴 수 있습니다. 이 부분은 당장 이해하지 않아도 상관없습니다. 나중에 필요할 때 다시 돌아와서 학습하면 됩니다.

11.5 퀴즈

1. 다음 중 시퀀스 자료형에 대한 설명으로 잘못된 것을 모두 고르세요.
   a. in 연산자는 시퀀스 객체 안에 특정 값이 없는지 확인한다.
   b. range는 * 연산자로 반복할 수 없다.

c. 문자열 str은 시퀀스 자료형이다.

d. + 연산자로 두 시퀀스 객체를 연결하면 첫 번째 객체 안에 두 번째 객체가 들어간다.

e. len 함수는 시퀀스 객체에 들어있는 요소 개수를 구한다.

2. 리스트 a = [10, 20, 30, 40, 50, 60]에서 인덱스로 요소를 가져왔을 때 값이 올바르지 않은 것을 모두 고르세요.

a. a[0]은 10

b. a[1]은 10

c. a[3]은 40

d. a[-1]은 50

e. a[-1]은 60

3. 튜플 a = (11, 22, 33, 44, 55, 66, 77, 88, 99)에서 (11, 55, 99)을 가져오는 방법으로 올바른 것을 모두 고르세요.

a. a[0:9]

b. a[0:9:3]

c. a[::4]

d. a[0:6:2]

e. a[0:len(a):4]

4. 다음 중 시퀀스 자료형의 슬라이스에 대한 설명으로 잘못된 것을 모두 고르세요.

a. 시퀀스 객체에 슬라이스로 범위를 지정하여 요소에 값을 할당하면 새 객체가 생성된다.

b. 문자열은 슬라이스를 사용하여 일부를 가져올 수 있다.

c. 튜플은 슬라이스를 사용하여 일부를 가져올 수 없다.

d. range 객체는 슬라이스로 범위를 지정하여 요소를 할당할 수 없다.

e. 시퀀스 객체에 인덱스 증가폭을 지정하여 요소를 할당할 때는 슬라이스 범위의 요소 개수와 할당할 요소 개수가 정확히 일치해야 한다.

▶ 정답은 142쪽에 있습니다

11.6 연습문제: 최근 3년간 인구 출력하기

리스트 year에 연도, population에 서울시 인구수가 저장되어 있습니다. 다음 소스 코드를 완성하여 최근 3년간 연도와 인구수가 리스트로 출력되게 만드세요.

practice_slice.py

```
year = [2011, 2012, 2013, 2014, 2015, 2016, 2017, 2018]
population = [10249679, 10195318, 10143645, 10103233,
             10022181, 9930616, 9857426, 9838892]

print(_____)
print(_____)
```

실행 결과

```
[2016, 2017, 2018]
[9930616, 9857426, 9838892]
```

정답

```
year[-3:]
population[-3:]
```

해설

최근 3년간 연도와 인구수를 출력하라고 했으므로 리스트의 마지막 요소 3개를 잘라서 출력하는 문제입니다.

먼저 시퀀스 객체는 인덱스에 음수를 지정하면 뒤에서부터 요소에 접근한다고 했습니다. 따라서 인덱스에 -3을 지정하면 뒤에서 3번째 요소에 접근할 수 있습니다. 그리고 슬라이스를 사용하여 시작 인덱스를 -3으로 지정하고, 끝 인덱스를 생략하면 리스트의 마지막 요소 3개를 잘라서 가져옵니다.

물론 year[len(year) - 3:]처럼 len 함수로 리스트의 길이를 구한 뒤 3을 빼서 시작 인덱스에 지정하는 방법도 가능하지만, 그냥 -3을 지정하는 방법이 더 간단합니다. 마찬가지로 year[-3:len(year)]처럼 끝 인덱스에도 len 함수로 리스트의 길이를 구해서 넣어도 되지만, 마지막 요소들을 출력할 때는 끝 인덱스를 생략하는 방법을 주로 사용합니다.

11.7 연습문제: 인덱스가 홀수인 요소 출력하기

다음 소스 코드를 완성하여 튜플 n에서 인덱스가 홀수인 요소들이 출력되게 만드세요.

practice_odd_index.py	실행 결과	정답
| ```
n = -32, 75, 97, -10, 9, 32, 4, -15, 0, 76, 14, 2

print(_____)
``` | (75, -10, 32, -15, 76, 2) | n[1::2]<br>또는<br>n[1:12:2]<br>또는<br>n[1:len(n):2] |

해설

홀수는 1부터 시작하고 2씩 증가합니다. 따라서 시작 인덱스는 1, 인덱스 증가폭은 2가 되어야 합니다. 그리고 튜플 전체에서 인덱스가 홀수인 요소들을 구해야 하므로 끝 인덱스는 생략합니다.

또는, 길이가 12인 튜플 n의 마지막 요소(인덱스 11)까지 구하도록 len(n)을 지정하거나 12를 넣어도 상관없습니다.

11.8 심사문제: 리스트의 마지막 부분 삭제하기

표준 입력으로 숫자 또는 문자열 여러 개가 입력되어 리스트 x에 저장됩니다(입력되는 숫자 또는 문자열의 개수는 정해져 있지 않음). 다음 소스 코드를 완성하여 리스트 x의 마지막 요소 5개를 삭제한 뒤 튜플로 출력되게 만드세요.

테스트 케이스 예제

표준 입력	표준 출력
1 2 3 4 5 6 7 8 9 10	('1', '2', '3', '4', '5')
```

테스트 케이스 예제

oven bat pony total leak wreck curl crop space navy loss knee

표준 출력

('oven', 'bat', 'pony', 'total', 'leak', 'wreck', 'curl')

judge_del_slice.py

```
x = input().split()
```

11.9 심사문제: 문자열에서 인덱스가 홀수인 문자와 짝수인 문자 연결하기

표준 입력으로 문자열 두 개가 각 줄에 입력됩니다(문자열의 길이는 정해져 있지 않음). 첫 번째 문자열에서 인덱스가 홀수인 문자와 두 번째 문자열에서 인덱스가 짝수인 문자를 연결하여 출력하는 프로그램을 만드세요(input에서 안내 문자열은 출력하지 않아야 합니다). 연결 순서는 첫 번째 문자열, 두 번째 문자열 순입니다. 그리고 0은 짝수로 처리합니다.

테스트 케이스 예제

표준 입력	표준 출력
python python	yhnpto

테스트 케이스 예제

표준 입력	표준 출력	judge_slice_concatenation.py
apple strawberry	plsrwer	

11.5 퀴즈 정답

1 a, d in 연산자는 시퀀스 객체 안에 특정 값이 있는지 확인합니다. 그리고 + 연산자로 시퀀스 객체를 연결하면 새 시퀀스 객체가 생성됩니다.

2 b, d a[1]은 리스트의 두 번째 요소이므로 20입니다. 그리고 a[-1]은 뒤에서 첫 번째 요소이므로 60입니다.

3 c, e (11, 22, 33, 44, 55, 66, 77, 88, 99)에서 (11, 55, 99)는 인덱스 0, 4, 8이므로 인덱스 0부터 4씩 증가시키면서 인덱스 8까지 가져온 것입니다. 따라서 a[::4]와 같이 시작 인덱스와 끝 인덱스를 생략하여 튜플 전체에서 인덱스 0부터 2씩 증가하면서 요소를 가져오거나, a[0:len(a):4]와 같이 시작 인덱스에 0, 끝 인덱스에 튜플의 길이를 지정하여 튜플 전체에서 인덱스 0부터 2씩 증가하면서 요소를 가져오면 됩니다.

4 a, c 시퀀스 객체에 슬라이스로 범위를 지정하여 요소에 값을 할당하면 원래 있던 객체가 변경되며 새 객체는 생성되지 않습니다. 그리고 튜플은 슬라이스를 사용하여 일부를 가져올 수 있습니다.

UNIT 12 딕셔너리 사용하기

지금까지 살펴봤던 리스트와 튜플은 값 여러 개를 일렬로 저장할 뿐 값끼리 연관 관계가 없었습니다. 예를 들어 게임 캐릭터의 능력치를 리스트에 저장해보겠습니다.

```
lux = [490, 334, 550, 18.72]
```

리스트 lux에서 인덱스 0은 체력, 인덱스 1은 마나, 인덱스 2는 사거리, 인덱스 3은 방어력이라고 했을 때 리스트만 봐서는 각 값이 어떤 능력치인지 쉽게 알기가 힘듭니다.

파이썬에서는 연관된 값을 묶어서 저장하는 용도로 딕셔너리라는 자료형을 제공합니다. 그럼 게임 캐릭터의 능력치를 딕셔너리에 저장해보겠습니다.

```
lux = {'health': 490, 'mana': 334, 'melee': 550, 'armor': 18.72}
```

이제 딕셔너리만 봐도 lux라는 캐릭터의 체력(health)은 490, 마나(mana)는 334, 사거리(melee)는 550, 방어력(armor)은 18.72라는 것을 쉽게 알 수 있습니다. 이처럼 딕셔너리는 값마다 이름을 붙여서 저장하는 방식입니다.

즉, 사전(dictionary)에서 단어를 찾듯이 값을 가져올 수 있다고 하여 딕셔너리라고 부릅니다.

이번 유닛부터 딕셔너리를 만드는 방법과 기본 사용 방법을 알아보겠습니다.

12.1 딕셔너리 만들기

딕셔너리는 { }(중괄호) 안에 **키: 값** 형식으로 저장하며 각 키와 값은 , (콤마)로 구분해줍니다.

- **딕셔너리 = {키1: 값1, 키2: 값2}**

그럼 키와 값이 4개씩 들어있는 딕셔너리를 만들어보겠습니다.

```
>>> lux = {'health': 490, 'mana': 334, 'melee': 550, 'armor': 18.72}
>>> lux
{'health': 490, 'mana': 334, 'melee': 550, 'armor': 18.72}
```

딕셔너리는 키를 먼저 지정하고 :(콜론)을 붙여서 값을 표현합니다. 특히 키에는 값을 하나만 지정할 수 있으며 이런 특성을 따서 키-값 쌍(key-value pair)이라 부릅니다(키-값은 1:1 대응).

12.1.1 키 이름이 중복되면?

그럼 딕셔너리를 만들 때 키 이름이 중복되면 어떻게 될까요? (파이썬 3.6 기준)

```
>>> lux = {'health': 490, 'health': 800, 'mana': 334, 'melee': 550, 'armor': 18.72}
>>> lux['health']     # 키가 중복되면 가장 뒤에 있는 값만 사용함
800
>>> lux     # 중복되는 키는 저장되지 않음
{'health': 800, 'mana': 334, 'melee': 550, 'armor': 18.72}
```

딕셔너리 lux를 만들 때 'health': 490이 있고 그 뒤에 'health': 800을 넣었습니다. 즉, 키 'health'가 중복됩니다. 이 상태에서 lux['health']를 출력해보면 800이 나옵니다. 즉, 딕셔너리에 키와 값을 저장할 때 키가 중복되면 가장 뒤에 있는 값만 사용합니다. 따라서 중복되는 키는 저장되지 않습니다.

12.1.2 딕셔너리 키의 자료형

딕셔너리의 키는 문자열뿐만 아니라 정수, 실수, 불도 사용할 수 있으며 자료형을 섞어서 사용해도 됩니다. 그리고 값에는 리스트, 딕셔너리 등을 포함하여 모든 자료형을 사용할 수 있습니다.

```
>>> x = {100: 'hundred', False: 0, 3.5: [3.5, 3.5]}
>>> x
{100: 'hundred', False: 0, 3.5: [3.5, 3.5]}
```

단, 키에는 리스트와 딕셔너리를 사용할 수 없습니다.

```
>>> x = {[10, 20]: 100}
Traceback (most recent call last):
  File "<pyshell#3>", line 1, in <module>
    x = {[10, 20]: 100}
TypeError: unhashable type: 'list'
>>> x = {{'a': 10}: 100}
Traceback (most recent call last):
  File "<pyshell#4>", line 1, in <module>
    x = {{'a': 10}: 100}
TypeError: unhashable type: 'dict'
```

12.1.3 빈 딕셔너리 만들기

빈 딕셔너리를 만들 때는 { }만 지정하거나 dict를 사용하면 됩니다. 보통은 { }를 주로 사용합니다.

- 딕셔너리 = {}
- 딕셔너리 = dict()

```
>>> x = {}
>>> x
{}
>>> y = dict()
>>> y
{}
```

12.1.4 dict로 딕셔너리 만들기

dict는 다음과 같이 키와 값을 연결하거나, 리스트, 튜플, 딕셔너리로 딕셔너리를 만들 때 사용합니다.

- 딕셔너리 = dict(키1=값1, 키2=값2)
- 딕셔너리 = dict(zip([키1, 키2], [값1, 값2]))
- 딕셔너리 = dict([(키1, 값1), (키2, 값2)])
- 딕셔너리 = dict({키1: 값1, 키2: 값2})

먼저 다음과 같이 dict에서 **키=값** 형식으로 딕셔너리를 만들 수 있습니다. 이때는 키에 ' '(작은따옴표)나 ""(큰따옴표)를 사용하지 않아야 합니다. 키는 딕셔너리를 만들고 나면 문자열로 바뀝니다.

```
>>> lux1 = dict(health=490, mana=334, melee=550, armor=18.72)    # 키=값 형식으로
>>> lux1                                                         # 딕셔너리를 만듦
{'health': 490, 'mana': 334, 'melee': 550, 'armor': 18.72}
```

두 번째 방법은 dict에서 zip 함수를 이용하는 방법입니다. 다음과 같이 키가 들어있는 리스트와 값이 들어있는 리스트를 차례대로 zip에 넣은 뒤 다시 dict에 넣어주면 됩니다(zip은 '부록 47.5 내장 함수'(638쪽)를 참조해주세요).

```
>>> lux2 = dict(zip(['health', 'mana', 'melee', 'armor'], [490, 334, 550, 18.72]))
>>> lux2                 # zip 함수로 키 리스트와 값 리스트를 묶음
{'health': 490, 'mana': 334, 'melee': 550, 'armor': 18.72}
```

물론 키와 값을 리스트가 아닌 튜플에 저장해서 zip에 넣어도 됩니다.

세 번째 방법은 리스트 안에 **(키, 값)** 형식의 튜플을 나열하는 방법입니다.

```
>>> lux3 = dict([('health', 490), ('mana', 334), ('melee', 550), ('armor', 18.72)])
>>> lux3                  # (키, 값) 형식의 튜플로 딕셔너리를 만듦
{'health': 490, 'mana': 334, 'melee': 550, 'armor': 18.72}
```

네 번째 방법은 dict 안에서 중괄호로 딕셔너리를 생성하는 방법입니다.

```
>>> lux4 = dict({'health': 490, 'mana': 334, 'melee': 550, 'armor': 18.72})
>>> lux4                    # dict 안에서 중괄호로 딕셔너리를 만듦
{'health': 490, 'mana': 334, 'melee': 550, 'armor': 18.72}
```

이처럼 딕셔너리는 키를 통해서 값의 의미를 파악하기 쉽습니다. 특히 딕셔너리는 예제의 게임 캐릭터 능력치처럼 특정 주제에 대해 연관된 값들을 모아둘 때 주로 사용합니다.

12.2 딕셔너리의 키에 접근하고 값 할당하기

딕셔너리의 키에 접근할 때는 딕셔너리 뒤에 [ ](대괄호)를 사용하며 [ ] 안에 키를 지정해주면 됩니다.

- 딕셔너리[키]

```
>>> lux = {'health': 490, 'mana': 334, 'melee': 550, 'armor': 18.72}
>>> lux['health']
490
>>> lux['armor']
18.72
```

> **참고** **딕셔너리에 키를 지정하지 않으면?**
>
> 딕셔너리에 키를 지정하지 않은 상태는 해당 딕셔너리 전체를 뜻합니다. 따라서 다음과 같이 딕셔너리 lux를 출력하면 { }를 포함하여 딕셔너리 전체가 출력됩니다.
>
> ```
> >>> lux = {'health': 490, 'mana': 334, 'melee': 550, 'armor': 18.72}
> >>> lux    # 딕셔너리에 키를 지정하지 않으면 딕셔너리 전체를 뜻함
> {'health': 490, 'mana': 334, 'melee': 550, 'armor': 18.72}
> ```

12.2.1 딕셔너리의 키에 값 할당하기

이제 딕셔너리의 키에 값을 할당해보겠습니다. 딕셔너리는 [ ]로 키에 접근한 뒤 값을 할당합니다.

- 딕셔너리[키] = 값

```
>>> lux = {'health': 490, 'mana': 334, 'melee': 550, 'armor': 18.72}
>>> lux['health'] = 2037     # 키 'health'의 값을 2037로 변경
>>> lux['mana'] = 1184       # 키 'mana'의 값을 1184로 변경
>>> lux
{'health': 2037, 'mana': 1184, 'melee': 550, 'armor': 18.72}
```

딕셔너리에서 키의 값을 출력할 때와 마찬가지로 [ ]에 키를 지정한 뒤 값을 할당하면 됩니다. 특히 딕셔너리는 없는 키에 값을 할당하면 해당 키가 추가되고 값이 할당됩니다.

```
>>> lux['mana_regen'] = 3.28    # 키 'mana_regen'을 추가하고 값 3.28 할당
>>> lux
{'health': 2037, 'mana': 1184, 'melee': 550, 'armor': 18.72, 'mana_regen': 3.28}
```

그럼 없는 키에서 값을 가져오려고 하면 어떻게 될까요?

```
>>> lux = {'health': 490, 'mana': 334, 'melee': 550, 'armor': 18.72}
>>> lux['attack_speed']    # lux에는 'attack_speed' 키가 없음
Traceback (most recent call last):
  File "<pyshell#3>", line 1, in <module>
    lux['attack_speed']
KeyError: 'attack_speed'
```

딕셔너리는 없는 키에서 값을 가져오려고 하면 에러가 발생합니다.

12.2.2 딕셔너리에 키가 있는지 확인하기

딕셔너리에서 키가 있는지 확인하고 싶다면 in 연산자를 사용하면 됩니다.

- **키 in 딕셔너리**

```
>>> lux = {'health': 490, 'mana': 334, 'melee': 550, 'armor': 18.72}
>>> 'health' in lux
True
>>> 'attack_speed' in lux
False
```

이처럼 딕셔너리에 특정 키가 있으면 True 없으면 False가 나옵니다. 딕셔너리 lux에 키 'health'가 있으므로 True, 'attack_speed'가 없으므로 False가 나왔습니다.

반대로 in 앞에 not을 붙이면 특정 키가 없는지 확인합니다.

- **키 not in 딕셔너리**

```
>>> 'attack_speed' not in lux
True
>>> 'health' not in lux
False
```

이렇게 not in은 특정 키가 없으면 True 있으면 False가 나옵니다.

12.2.3 딕셔너리의 키 개수 구하기

딕셔너리를 사용하다 보면 딕셔너리의 키 개수(길이)를 구할 필요가 있습니다. 딕셔너리의 키와 값을 직접 타이핑할 때는 키의 개수를 알기가 쉽습니다. 하지만 실무에서는 함수 등을 사용해서 딕셔너리를 생성하거나 키를 추가하기 때문에 키의 개수가 눈에 보이지 않습니다. 따라서 다음과 같이 키의 개수는 len 함수를 사용하여 구합니다(키와 값은 1:1 관계이므로 키의 개수는 곧 값의 개수입니다).

· **len(딕셔너리)**

```
>>> lux = {'health': 490, 'mana': 334, 'melee': 550, 'armor': 18.72}
>>> len(lux)
4
>>> len({'health': 490, 'mana': 334, 'melee': 550, 'armor': 18.72})
4
```

len(lux)와 같이 len에 딕셔너리 변수를 넣어서 키의 개수를 구해도 되고, len에 딕셔너리를 그대로 넣어도 됩니다.

지금까지 딕셔너리의 사용 방법에 대해 알아보았습니다. 딕셔너리를 생성할 때는 {}(중괄호)를 사용하고, 키와 값을 1:1 관계로 저장한다는 점이 중요합니다. 특히 딕셔너리는 특정 주제에 대해 연관된 값을 저장할 때 사용한다는 점도 꼭 기억해두세요. 이 부분이 리스트, 튜플과 딕셔너리의 차이점입니다.

12.3 퀴즈

1. 다음 중 딕셔너리를 만드는 방법으로 올바르지 않은 것을 고르세요.

    a. x = {'a': 10, 'b': 20}

    b. x = {'a'=10, 'b'=20}

    c. x = dict()

    d. x = dict(a=10, b=20)

    e. x = dict({'a': 10, 'b': 20})

2. 딕셔너리 x = {10: 'Hello', 'world': 30}에서 키 10의 값을 출력하는 방법으로 올바른 것을 고르세요.

    a. print(x.Hello)

    b. print(x('Hello'))

    c. print(x[Hello])

d. `print(x['Hello'])`

e. `print(x[10])`

3. 다음 코드를 실행했을 때 출력 결과로 올바른 것을 고르세요.

```
fruits = {'apple': 1500, 'pear': 3000, 'grape': 1400}
fruits['orange'] = 2000
print(fruits['apple'], fruits['orange'])
```

a. `1200 2000`

b. `1500 0`

c. `1500 2000`

d. `1200 1500`

e. `1200 3000`

4. 다음 중 `print(len({10:0, 20:1, 30:2, 40:3, 50:4, 60:7}))`의 출력 결과로 올바른 것을 고르세요.

a. `12`

b. `0`

c. `{10:0, 20:1, 30:2, 40:3, 50:4, 60:7}`

d. `6`

e. `7`

▶ 정답은 150쪽에 있습니다

12.4 **연습문제: 딕셔너리에 게임 캐릭터 능력치 저장하기**

다음 소스 코드를 완성하여 게임 캐릭터의 체력(health)과 이동 속도(movement speed)가 출력되게 만드세요.

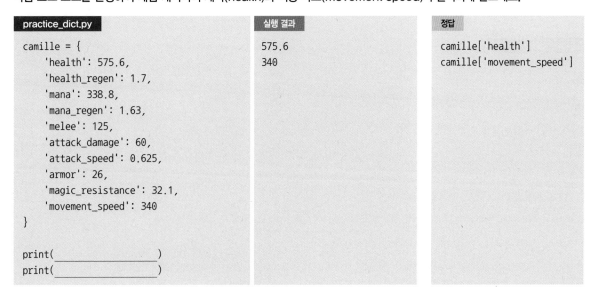

practice_dict.py	실행 결과	정답

`camille = {`
    `'health': 575.6,`
    `'health_regen': 1.7,`
    `'mana': 338.8,`
    `'mana_regen': 1.63,`
    `'melee': 125,`
    `'attack_damage': 60,`
    `'attack_speed': 0.625,`
    `'armor': 26,`
    `'magic_resistance': 32.1,`
    `'movement_speed': 340`
`}`
 	
`print(_____)`
`print(_____)`
	`575.6`
	`340`
		`camille['health']`
		`camille['movement_speed']`

해설

딕셔너리 camille에 게임 캐릭터의 능력치가 들어있습니다. 이 딕셔너리에서 값을 출력하려면 딕셔너리에 키를 지정해야 합니다. 따라서 체력은 camille['health'], 이동 속도는 camille['movement_speed']와 같이 키를 지정하면 됩니다.

12.5 심사문제: 딕셔너리에 게임 캐릭터 능력치 저장하기

표준 입력으로 문자열 여러 개와 숫자(실수) 여러 개가 두 줄로 입력됩니다. 입력된 첫 번째 줄은 키, 두 번째 줄은 값으로 하여 딕셔너리를 생성한 뒤 딕셔너리를 출력하는 프로그램을 만드세요. input().split()의 결과를 변수 한 개에 저장하면 리스트로 저장됩니다.

테스트 케이스 예제

표준 입력

```
health health_regen mana mana_regen
575.6 1.7 338.8 1.63
```

표준 출력

```
{'health': 575.6, 'health_regen': 1.7, 'mana': 338.8, 'mana_regen': 1.63}
```

테스트 케이스 예제

표준 입력

```
health mana melee attack_speed magic_resistance
573.6 308.8 600 0.625 35.7
```

표준 출력

```
{'health': 573.6, 'mana': 308.8, 'melee': 600.0, 'attack_speed': 0.625, 'magic_resistance': 35.7}
```

judge_dict.py

12.3 퀴즈 정답

1 b   딕셔너리는 **딕셔너리 = {키1: 값1, 키2: 값2}** 형식으로 만듭니다. 이때는 키와 값 사이에 =은 넣을 수 없습니다.

2 e   딕셔너리의 키에 접근할 때는 **딕셔너리[키]** 형식으로 사용합니다.

3 c   {'apple': 1200, 'pear': 3000, 'grape': 1400}에서 키 'apple'의 값은 15000이므로 15000이 출력되고, fruits['orange'] = 2000으로 키 'orange'를 추가하면서 값을 2000으로 저장했으므로 2000이 출력됩니다.

4 d   ({10:0, 20:1, 30:2, 40:3, 50:4, 60:7})에는 키가 6개 있으므로 len으로 길이를 구하면 6이 나옵니다.

핵심 정리

불

불은 True, False로 표현합니다. 특히 비교 연산자, 논리 연산자의 판단 결과로 True, False를 사용합니다.

비교 연산자

▼ 표 12-1 파이썬 비교 연산자

연산자	문법	설명
==	a == b	같음
!=	a != b	같지 않음, 다름
>	a > b	큼, 초과
<	a < b	작음, 미만
>=	a >= b	크거나 같음, 이상
<=	a <= b	작거나 같음, 이하
is	a is b	같음(객체 비교)
is not	a is not b	같지 않음, 다름(객체 비교)

논리 연산자

▼ 표 12-2 파이썬 논리 연산자

연산자	문법	설명
and	a and b	AND(논리곱), 양쪽 모두 참일 때 참
or	a or b	OR(논리합), 양쪽 중 한쪽만 참이라도 참
not	not x	NOT(논리 부정), 참과 거짓을 뒤집음

문자열

문자열은 ' '(작은따옴표) 또는 " "(큰따옴표)로 묶어서 표현합니다.

```
'Hello, world!'
"Hello, world!"
```

여러 줄로 된 문자열

여러 줄로 된 문자열은 ' ' '(작은따옴표 3개)로 시작해서 ' ' '로 닫거나 """(큰따옴표 3개)로 시작해서 """로 닫아서 표현합니다.

```
'''Hello, world!
안녕하세요.
Python입니다.'''

"""Hello, world!
안녕하세요.
Python입니다."""
```

리스트

리스트는 여러 개의 값(요소)을 일렬로 늘어놓은 형태입니다. 변수에 값을 저장할 때 [ ](대괄호)로 묶어주면 리스트가 되며 각 값은 ,(콤마)로 구분합니다. 리스트에 저장된 요소에 접근할 때는 [ ] 안에 인덱스를 지정해줍니다. 특히 리스트의 인덱스는 0부터 시작합니다.

```
리스트 = [값, 값, 값]          # 리스트 만들기
리스트 = []                  # 빈 리스트 만들기
리스트 = list()             # 빈 리스트 만들기
리스트 = list(range(횟수))    # range로 리스트 만들기

리스트[인덱스]               # 리스트의 요소에 접근
리스트[0]                   # 리스트의 인덱스는 0부터 시작하므로 첫 번째 요소
리스트[인덱스] = 값           # 리스트의 요소에 값 저장
```

range

range는 연속된 숫자를 생성합니다. 이때 지정한 횟수는 생성되는 숫자에 포함되지 않습니다. 그리고 시작하는 숫자와 끝나는 숫자를 지정했을 때 끝나는 숫자는 생성되는 숫자에 포함되지 않습니다.

```
range(횟수)
range(시작, 끝)
range(시작, 끝, 증가폭)
```

튜플

튜플은 여러 개의 값(요소)을 일렬로 늘어놓은 형태입니다. 단, 요소의 값을 변경하거나 추가할 수 없습니다(읽기 전용). 변수에 값을 저장할 때 ( )(괄호)로 묶어주면 튜플이 되며 각 값은 콤마로 구분합니다. 또는, 괄호로 묶지 않고 값만 콤마로 구분해도 튜플이 됩니다. 튜플에 저장된 요소에 접근할 때는 [ ]안에 인덱스를 지정해줍니다. 그리고 리스트와 마찬가지로 튜플의 인덱스도 0부터 시작합니다.

```
튜플 = (값, 값, 값)          # 튜플 만들기
튜플 = 값, 값, 값            # 괄호 없이 튜플 만들기
튜플 = ()                  # 빈 튜플 만들기
튜플 = tuple()             # 빈 튜플 만들기
튜플 = tuple(list())        # tuple에 list()를 넣어서 빈 튜플 만들기
튜플 = tuple(리스트)         # tuple에 리스트를 넣어서 튜플 만들기
튜플 = tuple(range(횟수))    # range로 튜플 만들기

튜플[인덱스]                # 튜플의 요소에 접근
튜플[0]                   # 튜플의 인덱스는 0부터 시작하므로 첫 번째 요소

튜플 = (값, )              # 요소가 한 개인 튜플 만들기
튜플 = 값,                 # 요소가 한 개인 튜플 만들기
```

시퀀스 자료형

파이썬에서 리스트(list), 튜플(tuple), range, 문자열(str)과 같이 값이 연속적으로 이어진 자료형을 시퀀스 자료형(sequence types)이라고 합니다. 그리고 시퀀스 자료형으로 만든 객체를 시퀀스 객체라고 하며, 시퀀스 객체에 들어있는 각 값을 요소(element)라고 부릅니다.

핵 심 정 리

시퀀스 자료형의 공통 기능

파이썬의 시퀀스 자료형은 공통된 동작과 기능을 제공합니다. 따라서 리스트, 튜플, range, 문자열 등의 시퀀스 자료형은 같은 문법을 사용합니다.

```
값 in 시퀀스객체              # 시퀀스 객체에 특정 값이 있는지 확인
값 not in 시퀀스객체          # 시퀀스 객체에 특정 값이 없는지 확인

시퀀스객체1 + 시퀀스객체2      # 시퀀스 객체를 서로 연결하여 새 시퀀스 객체를 만듦
시퀀스객체 * 정수             # 시퀀스 객체를 특정 횟수만큼 반복하여 새 시퀀스 객체를 만듦
정수 * 시퀀스객체             # 시퀀스 객체를 특정 횟수만큼 반복하여 새 시퀀스 객체를 만듦

len(시퀀스객체)              # 시퀀스 객체의 요소 개수(길이) 구하기

시퀀스객체[인덱스]            # 시퀀스 객체의 요소에 접근
시퀀스객체[0]                # 시퀀스 객체의 인덱스는 0부터 시작하므로 첫 번째 요소
시퀀스객체[-음수]             # 인덱스를 음수로 지정하면 뒤에서부터 요소에 접근, -1은 뒤에서 첫 번째
시퀀스객체[인덱스] = 값        # 시퀀스 객체의 요소에 값 저장

del 시퀀스객체[인덱스]        # 시퀀스 객체의 요소를 삭제
```

시퀀스 자료형의 슬라이스

시퀀스 자료형은 시퀀스 객체의 일부를 잘라내서 가져오는 슬라이스(slice)를 사용할 수 있습니다. [ ](대괄호) 안에 시작 인덱스와 끝 인덱스를 지정하면 해당 범위의 요소를 잘라서 새 시퀀스 객체를 만듭니다. 단, 끝 인덱스는 가져오려는 범위에 포함되지 않습니다.

```
시퀀스객체[시작인덱스:끝인덱스]              # 지정된 범위의 요소를 잘라서 새 시퀀스 객체를 만듦
시퀀스객체[시작인덱스:끝인덱스:인덱스증가폭]   # 인덱스 증가폭을 지정하면 해당 값만큼
                                          # 인덱스를 증가시키면서 요소를 가져옴

시퀀스객체[:끝인덱스]          # 시작 인덱스를 생략하여 객체의 처음부터 끝 인덱스 - 1까지 가져옴
시퀀스객체[시작인덱스:]        # 끝 인덱스를 생략하여 시작 인덱스부터 마지막 요소까지 가져옴
시퀀스객체[:]                # 시작 인덱스와 끝 인덱스를 생략하여 객체 전체를 가져옴

시퀀스객체[0:len(시퀀스객체)]  # len을 응용하여 객체 전체를 가져옴
시퀀스객체[:len(시퀀스객체)]   # 시작 인덱스 생략, len을 응용하여 객체 전체를 가져옴

시퀀스객체[:끝인덱스:증가폭]    # 객체의 처음부터 증가폭만큼 인덱스를 증가시키면서
                            # 끝 인덱스 - 1까지 요소를 가져옴
시퀀스객체[시작인덱스::증가폭]  # 시작 인덱스부터 증가폭만큼 인덱스를 증가시키면서
                            # 마지막 요소까지 가져옴
시퀀스객체[::증가폭]          # 객체 전체에서 증가폭만큼 인덱스를 증가시키면서 요소를 가져옴

시퀀스객체[::]               # 객체 전체를 가져옴, 시퀀스객체[:]와 같음

시퀀스객체[시작인덱스:끝인덱스] = 시퀀스객체            # 범위를 지정하여 여러 요소에 값 할당
시퀀스객체[시작인덱스:끝인덱스:인덱스증가폭] = 시퀀스객체  # 증가폭만큼 인덱스를 건너뛰면서 할당

del 시퀀스객체[시작인덱스:끝인덱스]    # 특정 범위의 요소를 삭제(원본 객체가 변경됨)
```

딕셔너리

딕셔너리는 연관된 값을 묶어서 저장하는 자료형입니다. { }(중괄호) 안에 **키: 값** 형식으로 저장하며 각 키와 값은 ,(콤마)로 구분합니다. 딕셔너리에 저장된 값에 접근할 때는 [ ](대괄호) 안에 키를 지정해줍니다.

```
딕셔너리 = {키1: 값1, 키2: 값2}    # 딕셔너리 만들기
딕셔너리 = {}                      # 빈 딕셔너리 만들기
딕셔너리 = dict()                  # 빈 딕셔너리 만들기

딕셔너리[키]                       # 딕셔너리에서 키로 값에 접근
딕셔너리[키] = 값                  # 딕셔너리에서 키에 값 할당

키 in 딕셔너리                     # 딕셔너리에 특정 키가 있는지 확인
키 not in 딕셔너리                 # 딕셔너리에 특정 키가 없는지 확인

len(딕셔너리)                      # 딕셔너리의 키 개수(길이) 구하기
```

Q & A   자 주 묻 는 질 문

문자열 한 줄을 여러 줄로 입력하고 싶어요.

문자열 한 줄이 너무 길어서 텍스트 편집기의 화면을 넘어서는 경우가 종종 있습니다. 이런 경우에는 \를 사용하여 줄바꿈을 한 뒤 다음 줄에서 문자열을 계속 입력할 수 있습니다.

```
s = 'Fortunately, however, for the reputation of Asteroid B-612, \
a Turkish dictator made a law that his subjects, under pain of death, \
should change to European costume. \
So in 1920 the astronomer gave his demonstration all over again, \
dressed with impressive style and elegance. \
And this time everybody accepted his report.'
```

딕셔너리와 세트에 요소를 몇 개까지 넣을 수 있나요?

딕셔너리와 세트는 현재 운영체제에서 사용할 수 있는 메모리 크기만큼 키와 값, 요소를 넣을 수 있습니다.

컨테이너란 무엇인가요?

컨테이너는 화물을 수송할 때 사용하는 큰 박스를 말하는데, 파이썬에서는 데이터를 담는 자료형인 리스트, 튜플, 딕셔너리, 세트를 컨테이너(container)라 부릅니다.

딕셔너리는 키의 순서가 보장되나요?

파이썬 3.5 이하에서는 키의 순서가 정해져 있지 않습니다. 하지만, 파이썬 3.6부터는 딕셔너리를 생성했을 때와 키를 추가했을 때의 순서를 따르므로 순서가 보장됩니다.

다음과 같이 파이썬 3.6 이상에서 딕셔너리를 만들어보면 키의 순서가 바뀌지 않고 계속 유지됩니다.

파이썬 3.6

```
>>> lux = {'health': 490, 'health': 800, 'mana': 334, 'melee': 550, 'armor': 18.72}
>>> lux
{'health': 800, 'mana': 334, 'melee': 550, 'armor': 18.72}
```

파이썬 3.5와 그 이하 버전에서는 키의 순서가 보장되지 않습니다.

파이썬 3.5

```
>>> lux = {'health': 490, 'health': 800, 'mana': 334, 'melee': 550, 'armor': 18.72}
>>> lux
{'armor': 18.72, 'health': 800, 'mana': 334, 'melee': 550}
```

만약 파이썬 3.5 이하에서 키의 순서가 보장되도록 만들려면 collections 모듈의 OrderedDict를 사용하면 됩니다.

- OrderedDict(딕셔너리)

```
>>> from collections import OrderedDict
>>> lux = OrderedDict({'health': 490, 'health': 800, 'mana': 334, 'melee': 550, 'armor': 18.72})
>>> lux
OrderedDict([('health', 800), ('mana', 334), ('melee', 550), ('armor', 18.72)])
```

사실 OrderedDict는 키의 순서를 보장하기 위해 사용하는 것이 아니라, 딕셔너리를 키로 정렬하고 싶을 때 사용합니다. 그래서 파이썬 3.6에도 여전히 OrderedDict가 남아있습니다.

UNIT 13

if 조건문으로 특정 조건일 때 코드 실행하기

조건문은 특정 조건일 때 코드를 실행하는 문법입니다. 프로그램을 만들다 보면 여러 가지 상황을 처리해야 하는 경우가 생기죠. 이때 조건문은 다양한 상황에 대처할 때 사용합니다.

먼저 실생활의 예를 들어보겠습니다. 만약 세탁기에 빨래를 넣고 돌렸다면 다음과 같은 조건문을 만들 수 있겠죠?

```
if 세탁 완료 소리가 울리면:
    빨래를 꺼내서 말린다.
```

다음과 같이 날씨에 따라 행동할 수도 있습니다.

```
if 비가 온다면:
    우산을 가지고 나간다.

if 날씨가 춥다면:
    코트를 입고 나간다.

if 날씨가 덥다면:
    반소매에 얇은 옷을 입고 나간다.
```

즉, 조건문을 사용하면 조건에 따라 다른 코드를 실행할 수 있습니다. 이번 유닛부터는 if 조건문의 다양한 사용 방법을 알아보겠습니다.

> **참고** **의사 코드**
>
> 프로그래밍이나 컴퓨터 이론을 공부하다 보면 의사 코드(pseudo code)라는 말을 접하게 됩니다. 의사 코드는 실제 프로그래밍 언어가 아닌 사람의 언어로 프로그래밍 언어를 표현한 것입니다. 보통 특정 프로그래밍 언어를 사용하지 않고 알고리즘이나 컴퓨터 명령을 기술할 때 사용합니다.
>
> ```
> x = 10      # 파이썬 코드
> 변수 x에 10 할당      # 한글로 표현한 의사 코드
> ```
>
> 앞에서 if 조건문을 설명할 때 "if 비가 온다면", "우산을 가지고 나간다."도 일종의 의사 코드입니다.

if 조건문은 if에 조건식을 지정하고 :(콜론)을 붙이며 다음 줄에 실행할 코드가 옵니다. 이때 실행할 코드는 반드시 들여쓰기를 해야 합니다.

```
 if 조건식:
┌┄┄┄┐코드
└┄┄┄┘
      └┄┄┄·들여쓰기 4칸
```

먼저 IDLE의 파이썬 셸에서 if 조건문을 사용해보겠습니다.

```
>>> x = 10
>>> if x == 10:          ┄┄·들여쓰기 4칸
...     print('10입니다.')
...                      ┄┄·빈 줄에서 엔터 키를 누름
10입니다.
```

만약 if 다음 줄에서 들여쓰기를 하지 않으면 들여쓰기 에러가 발생합니다. 이 항상 이 부분을 주의해주세요.

```
>>> x = 10
>>> if x == 10:
... print('10입니다.')         ┄┄·들여쓰기를 하지 않음
  File "<stdin>", line 2
    print('10입니다.')
    ^
IndentationError: expected an indented block    ┄┄·들여쓰기를 하지 않으면 에러가 발생함
```

참고로 IDLE의 파이썬 셸에서는 자동으로 들여쓰기가 되지만, 콘솔(터미널, 명령 프롬프트)에서 실행한 파이썬 셸에서는 자동으로 들여쓰기가 되지 않으므로 반드시 들여쓰기를 해줍니다.

13.1.1 if 조건문의 기본 형태와 실행 흐름 알아보기

이제 if 조건문을 자세히 알아보겠습니다. 파이썬에서 if 조건문은 if **조건식:** 형식으로 사용하며 그다음 줄에는 들여쓰기를 한 뒤 조건식이 만족할 때 실행할 코드를 넣습니다. 특히 이 조건식이 만족할 때 실행할 코드를 if 본문(if body)이라고 부릅니다.

▼ 그림 13-1 if 조건문의 기본 형태

```
                조건식
                  ↓
if x == 10:   ⬅ 콜론
┌┄┄┄┄┄┐print('10입니다.')   ⬅  조건식이 만족할 때 실행할 코드
└┄┄┄┄┄┘                         (if 본문)
     ↖
       들여쓰기 4칸
```

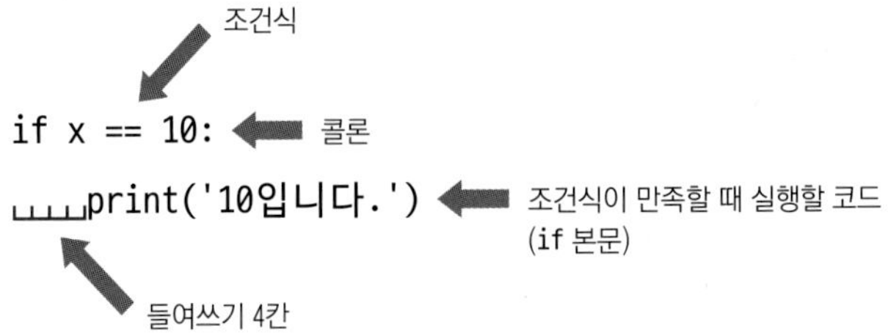

여기서는 변수 x에 10을 할당한 뒤 if 조건문으로 x가 10과 같은지 검사하였습니다. 조건식은 x == 10과 같은 형식으로 지정해주는데 ==은 두 값이 "같을 때"라는 뜻입니다.

즉, if x == 10:은 x가 10과 같은지 비교한 뒤 같으면 다음에 오는 코드를 실행하라는 뜻이 됩니다. 따라서 x는 10이고 조건식을 만족하므로 그다음 줄의 print가 실행되어 '10입니다.'가 출력됩니다.

if 조건문의 실행 흐름을 그림으로 표현하면 다음과 같은 모양이 됩니다. 코드와 실행 흐름을 비교해보세요.

▼ 그림 13-2 if 조건문의 실행 흐름

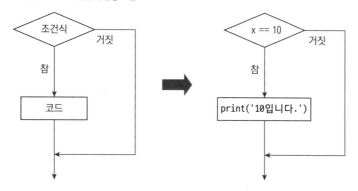

보통 if의 조건식이 만족하면 참(True), 만족하지 않으면 거짓(False)이라고 부릅니다.

13.1.2 if 조건문을 사용할 때 주의할 점

if 조건문을 사용할 때 주의할 점이 있는데 파이썬에서는 =을 할당으로 사용하고 있으므로 값을 비교할 때는 =을 두 개 붙여서 ==로 사용해야 합니다. **자주 틀리는 부분이니 if 안에서 ==을 사용했는지 반드시 확인하세요.** 다음과 같이 if에 =을 사용하면 문법 에러가 발생합니다.

```
>>> if x = 10:          ·········· if에 =을 사용하면
  File "<stdin>", line 1
    if x = 10:
         ^
SyntaxError: invalid syntax  ·········· 문법 에러가 발생함
```

조건식 끝에 :을 빠뜨리는 실수를 자주 하니 :도 확인해주세요. 다음은 조건식 끝에 :을 빠뜨렸을 때의 모습입니다.

```
>>> if x == 10          ·········· 조건식 뒤에 :을 빠뜨림
  File "<stdin>", line 1
    if x == 10
             ^
SyntaxError: invalid syntax  ·········· 문법 에러가 발생함
```

문법 에러가 발생하면 콘솔에서는 잘못된 코드 아래에 ^이 표시되고, IDLE에서는 빨간색으로 표시되므로 자신이 실수한 부분을 쉽게 찾을 수 있습니다.

13.1.3 if 조건문에서 코드를 생략하기

이번에는 if 조건문에 조건식만 작성하고 코드를 생략하는 방법을 알아보겠습니다.

```
>>> x = 10
>>> if x == 10:
...     pass
...
>>>
```

if 다음 줄에 pass라는 특별한 키워드를 넣었습니다. 여기서 pass는 아무 일도 하지 않고 그냥 넘어간다는 뜻입니다. 파이썬에서는 if 다음 줄에 아무 코드도 넣지 않으면 에러가 발생하므로 if 조건문의 형태를 유지하기 위해 pass를 사용합니다.

pass는 아무 일도 하지 않는 코드라서 의미가 없을 것 같지만 나중에 작성해야 할 코드를 표시할 때 사용할 수 있습니다. 즉, 다음과 같이 pass만 넣고 나중에 할 일은 주석으로 남겨놓는 방식입니다.

```
if x == 10:
    pass    # TODO: x가 10일 때 처리가 필요함
```

> **참고** **TODO**
>
> TODO는 해야 할 일이라는 뜻으로 보통 주석에 넣습니다. 이렇게 TODO를 넣어 두면 검색으로 쉽게 찾을 수 있죠. 그래서 프로그래머들은 주석에 TODO 이외에도 FIXME, BUG, NOTE 등과 같이 코드는 아니지만 일관된 주석을 사용합니다.

13.2 if 조건문과 들여쓰기

지금까지 들여쓰기는 크게 신경을 쓰지 않았죠? 파이썬은 들여쓰기도 문법으로 정해져 있으며 if 조건문도 들여쓰기가 중요합니다.

다음 내용을 IDLE의 소스 코드 편집 창에 입력한 뒤 실행해보세요.

if_indent_error.py
```
x = 10
                ┌─ 들여쓰기 4칸
if x == 10:
    print('x에 들어있는 숫자는')
        print('10입니다.')    # unexpected indent 에러 발생
        └─ 들여쓰기 8칸
```

실행을 해보면 두 번째 print 부분에서 unexpected indent 에러가 발생합니다.

그럼 올바른 코드로 고쳐 볼까요? 다음과 같이 두 번째 print도 들여쓰기 4칸으로 만들어줍니다.

이제 실행이 잘 됩니다. 즉, if 다음에 오는 코드들은 반드시 들여쓰기 깊이가 같아야 합니다.

만약 첫 번째 print만 들여쓰기를 하고, 두 번째 print는 들여쓰기를 하지 않으면 의도치 않은 동작이 됩니다.

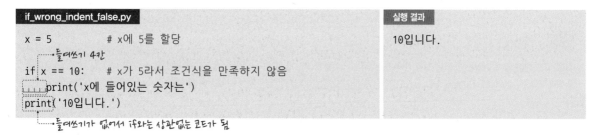

print 두 개가 모두 실행되었습니다. 하지만 다음과 같이 x가 5라면 어떻게 될까요?

```
if_wrong_indent_false.py
x = 5          # x에 5를 할당
                들여쓰기 4칸
if x == 10:    # x가 5라서 조건식을 만족하지 않음
    print('x에 들어있는 숫자는')
print('10입니다.')
            들여쓰기가 없어서 if와는 상관없는 코드가 됨
```

실행 결과
```
10입니다.
```

x가 5라서 if의 조건식을 만족하지 않으므로 다음에 오는 print('x에 들어있는 숫자는')는 실행이 되지 않습니다. 그런데 print('10입니다.')는 실행이 되었죠? 왜냐하면 들여쓰기가 없어서 if와는 상관없는 코드가 되었기 때문입니다.

즉, if 다음 줄에 들여쓰기가 된 코드는 if의 영향을 받아서 조건식에 따라 실행이 결정되지만 들여쓰기가 되지 않은 코드는 항상 실행됩니다. 들여쓰기 하나 때문에 의도치 않은 동작이 되었는데(x가 5일 때는 '10입니다.'가 출력되지 않아야 하는데 출력됨) **이런 코드는 일단 실행이 되기 때문에 잘못된 부분을 찾기가 쉽지 않습니다.** 자신이 의도한 부분과 코드의 들여쓰기가 일치하는지 항상 확인해주세요.

다음과 같이 print를 한 줄 띄워보면 왜 그런지 알 수 있습니다.

```
x = 5

if x == 10:    # x가 5라서 조건식이 만족하지 않음
    print('x에 들어있는 숫자는')

print('10입니다.')    # 위의 if와는 상관없는 코드
```

파이썬에서 :이 나오면 그다음 줄부터는 무조건 들여쓰기를 한다는 점만 기억하면 됩니다.

> **참고** **if와 들여쓰기 칸 수**
>
> if에서 처음부터 들여쓰기를 4칸으로 했다면 계속 4칸으로 유지하고, 2칸으로 했다면 계속 2칸으로 유지합니다. 어떨 땐 4칸 어떨 땐 2칸 이렇게는 안 됩니다.
>
> ```
> x = 10
>     ┈┈┈┈▶ 들여쓰기 2칸
> if x == 10:
>   print('x에 들어있는 숫자는')
>   print('10입니다.')
>     ┈┈┈┈▶ 들여쓰기 2칸
> ```
>
> 들여쓰기를 공백 4칸에서 2칸으로 수정해서 실행해보면 에러 없이 잘 실행됩니다. 들여쓰기 칸 수 자체는 문법으로 정해져 있지 않으며 오직 들여쓰기 깊이로만 판단합니다. 하지만 파이썬 코딩 스타일 가이드(PEP 8)에서는 공백 4칸으로 규정하고 있으므로 4칸을 권장합니다.

(13.3) 중첩 if 조건문 사용하기

지금까지 if를 한 번만 사용하는 단순한 조건문을 사용했습니다. 하지만 프로그래밍을 하다 보면 if를 여러 번 사용하는 복잡한 조건도 자주 나옵니다. 이번에는 if를 여러 번 사용하는 중첩 if 조건문을 사용해보겠습니다. 다음은 변수의 값이 10 이상이면 '10 이상입니다.'를 출력한 뒤 15이면 '15입니다.', 20이면 '20입니다.'를 출력합니다.

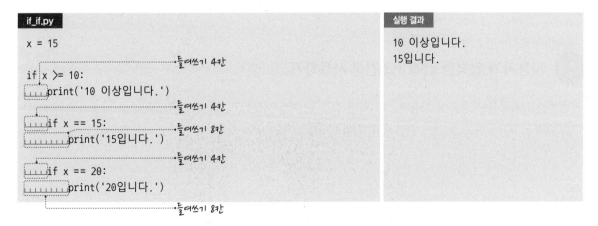

if_if.py
```
x = 15
                        ┈┈┈┈▶ 들여쓰기 4칸
if x >= 10:
    print('10 이상입니다.')
                        ┈┈┈┈▶ 들여쓰기 4칸
    if x == 15:
                        ┈┈┈┈▶ 들여쓰기 8칸
        print('15입니다.')
                        ┈┈┈┈▶ 들여쓰기 4칸
    if x == 20:
        print('20입니다.')
                        ┈┈┈┈▶ 들여쓰기 8칸
```

실행 결과
```
10 이상입니다.
15입니다.
```

이번에도 들여쓰기에 주목해주세요. 먼저 x가 10 이상일 때 '10 이상입니다.'를 출력하는 코드입니다.

```
if x >= 10:
    print('10 이상입니다.')
```

if의 조건식에 따라 코드를 실행해야 하므로 print는 들여쓰기를 했습니다. 이제 if 안쪽의 if를 보면 들여쓰기가 되어 있습니다.

```
if x >= 10:
    print('10 이상입니다.')

    if x == 15:
        print('15입니다.')

    if x == 20:
        print('20입니다.')
```
`들여쓰기된 if`
`if x >= 10:에 속한 코드`

이렇게 들여쓰기가 된 if x == 15:와 if x == 20:은 처음에 나온 if x >= 10:에 속한 코드입니다. 즉, if x >= 10:의 조건식이 만족해야만 실행되는 코드죠.

다시 안쪽의 if에 속한 print는 들여쓰기를 한 번 더 해줍니다.

```
if x >= 10:
    print('10 이상입니다.')

    if x == 15:
        print('15입니다.')

    if x == 20:
        print('20입니다.')
```
`if x == 15:에 속한 코드`
`if x == 20:에 속한 코드`

즉, if에서 실행할 코드는 현재 상태에서 들여쓰기를 한 번 더 해줍니다. 간단한 규칙이죠?

13.4 사용자가 입력한 값에 if 조건문 사용하기

이번에는 input을 사용하여 사용자가 입력한 값을 변수에 저장하고, if 조건문으로 값을 비교해보겠습니다. 다음 내용을 IDLE의 소스 코드 편집 창에 입력하세요.

```
if_input.py
x = int(input())            # 입력받은 값을 변수에 저장

if x == 10:                 # x가 10이면
    print('10입니다.')       # '10입니다.'를 출력

if x == 20:                 # x가 20이면
    print('20입니다.')       # '20입니다.'를 출력
```

스크립트 파일을 실행한 뒤 10을 입력하고 엔터 키를 누르세요.

실행 결과

10 (입력)
10입니다.

입력 값이 x에 저장되고, if로 x가 10인지 비교하였습니다. 여기서는 10을 입력했으므로 '10입니다.'가 출력됩니다. 여러분들은 20과 다른 값을 입력하여 if가 동작하는 모습을 살펴보세요.

지금까지 if 조건문에 대해 알아보았습니다. if 조건문은 조건식이 만족했을 때 코드를 실행한다는 점이 중요합니다. 특히 if 조건문은 들여쓰기에 따라 문법 에러가 발생하거나, 의도치 않은 동작이 나올 수 있으므로 들여쓰기 규칙을 정확히 익혀 두세요.

13.5 퀴즈

1. 다음 중 if 조건문의 사용 방법으로 올바른 것을 고르세요.

a.
```
if (x == 10)
    print('10입니다.')
```

b.
```
if x == 10
    print('10입니다.')
```

c.
```
if x == 10:
    print('10입니다.')
```

d.
```
if x == 10:
print('10입니다')
```

e.
```
if x = 10:
    print('10입니다')
```

2. 다음은 코드에서 잘못된 부분을 모두 고르세요.

```
a. x = -20
b.
c. if x < 0
d.     print('0미만입니다.')
e.
f.     if x == -10:
g.         print('-10입니다.')
h.
i.     if x == -20:
j.     print('-20입니다.')
```

3. 다음 중 잘못된 if 조건문을 고르세요(**a**와 **b**는 변수).

a. if a = b:

b. if a > b:

c. if a is b:

d. if not a:

e. if a != 10:

▶ 정답은 165쪽에 있습니다

13.6 **연습문제: if 조건문 사용하기**

다음 소스 코드를 완성하여 x의 값이 10이 아닐 때 '**ok**'가 출력되게 만드세요.

practice_if.py
```
x = 5

if _____ :
    print('ok')
```

실행 결과
```
ok
```

정답
```
x != 10
```

해설

값이 다를 때를 판단하려면 비교 연산자의 !=을 사용하면 됩니다. 여기서는 x가 정수 10과 값이 다른지 비교하므로 !=를 사용했습니다. 만약 객체를 비교해야 한다면 if 조건문에서 is, is not 연산자를 사용해도 됩니다.

심사문제: 온라인 할인 쿠폰 시스템 만들기

표준 입력으로 가격(정수)과 쿠폰 이름이 각 줄에 입력됩니다. Cash3000 쿠폰은 3,000원, Cash5000 쿠폰은 5,000원을 할인합니다. 쿠폰에 따라 할인된 가격을 출력하는 프로그램을 만드세요(input에서 안내 문자열은 출력하지 않아야 합니다).

테스트 케이스 예제

표준 입력	표준 출력
27000 Cash3000	24000

테스트 케이스 예제

표준 입력	표준 출력
72000 Cash5000	67000

judge_if.py

13.5 퀴즈 정답

1 c if 조건문은 if 조건식: 형식으로 사용하며 그다음 줄은 4칸 들여쓰기를 해줍니다. a와 b는 조건식 끝에 :을 빠뜨렸습니다. d는 들여쓰기를 해야 하고, e는 조건식에 ==을 사용해야 하는데 =을 사용했습니다.

2 c, j if의 맨 끝에는 :(콜론)을 붙여야 합니다. 그리고 if 조건문에 속한 코드가 되려면 들여쓰기를 해야 합니다.

3 a if 조건문의 조건식에는 =(할당 연산자)을 사용할 수 없습니다. 나머지 >, is, not, != 연산자는 사용할 수 있습니다.

UNIT 14 else를 사용하여 두 방향으로 분기하기

if 조건문은 분기(branch)를 위한 문법입니다. 즉, 분기는 "둘 이상으로 갈라지다"라는 뜻으로 프로그램의 흐름을 둘 이상으로 나누는 것을 말합니다. 이는 마치 도로의 분기점과 같죠.

▼ 그림 14-1 도로 이정표

지금까지 if 조건문으로 조건식에 맞는 코드만 실행했습니다. if에 else를 사용하면 조건식이 만족할 때와 만족하지 않을 때 각각 다른 코드를 실행할 수 있습니다. 즉, 프로그램이 두 방향으로 분기하는 것이죠.

실생활에서 전화가 왔을 때의 예를 들면 다음과 같은 모양이 됩니다.

```
if 광고 전화인가?:
    전화를 끊고, 차단 목록에 등록한다.
else:
    계속 통화한다.
```

14.1 else 사용하기

else는 if 조건문 뒤에 오며 단독으로 사용할 수 없습니다. 그리고 if와 마찬가지로 else도 :(콜론)을 붙이며 다음 줄에 실행할 코드가 옵니다.

```
            ┌── 들여쓰기 4칸
if 조건식:
    코드1
else:
    코드2
        └── 들여쓰기 4칸
```

그럼 다음과 같이 들여쓰기를 맞춰서 파이썬 셸에 코드를 입력해보세요.

```
>>> x = 5
>>> if x == 10:          들여쓰기 4칸
...     print('10입니다.')
... else:                들여쓰기 4칸
...     print('10이 아닙니다.')
...                      빈 줄에서 엔터 키를 누름
10이 아닙니다.
```

14.1.1 if와 else의 기본 형태와 실행 흐름 알아보기

else는 if의 조건식이 만족하지 않을 때 코드를 실행합니다. 여기서는 x에 5가 들어있어서 x == 10을 만족하지 않으므로 else의 print가 실행되어 '10이 아닙니다.'가 출력됩니다.

▼ 그림 14-2 if와 else

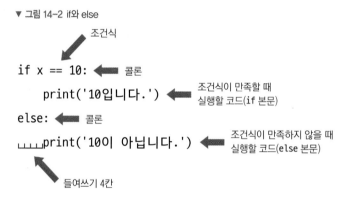

즉, 조건식이 참(True)이면 if의 코드(if 본문)가 실행되고, 거짓(False)이면 else의 코드(else 본문)가 실행됩니다. 코드와 실행 흐름을 비교해보세요.

▼ 그림 14-3 if와 else의 실행 흐름

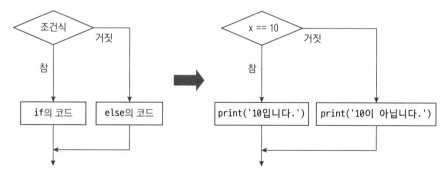

14.2 else와 들여쓰기

else는 if와 들여쓰기 규칙이 같습니다. 다음은 들여쓰기가 잘못된 코드입니다.

```
else_indent_error.py

x = 5

if x == 10:
    print('10입니다.')                          ·······•if 본문
else:
print('x에 들어있는 숫자는')    # unexpected indent 에러 발생   ·······•잘못된 코드
    print('10이 아닙니다.')
```

else도 코드가 여러 줄일 때는 들여쓰기 깊이가 같게 만들어주어야 합니다.

```
if x == 10:
    print('10입니다.')                          ·······•if 본문
else:
    print('x에 들어있는 숫자는')
    print('10이 아닙니다.')                       ·······•else 본문
```

마찬가지로 else가 여러 줄일 때는 마지막 줄의 들여쓰기를 하지 않으면 의도치 않은 동작이 됩니다.

```
else_wrong_indent.py
x = 10

if x == 10:      # x가 10이라 조건식이 참
    print('10입니다.')     # 출력
else:       들여쓰기 4칸
    print('x에 들어있는 숫자는')
print('10이 아닙니다.')     # 출력되지 않아야 하는데 출력됨
```
들여쓰기가 없어서 else와는 상관없는 코드가 됨. else 본문이 아님

실행 결과
```
10입니다.
10이 아닙니다.
```

x가 10이라 조건식이 참이므로 '10입니다.'가 출력됩니다. 하지만 else의 '10이 아닙니다.'도 함께 출력되어버렸죠? 왜냐하면 print('10이 아닙니다.')는 들여쓰기가 없어서 else와는 상관없는 코드가 되었기 때문입니다.

print를 한 줄 띄워보면 왜 잘못되었는지 알 수 있습니다.

```
x = 10

if x == 10:      # x가 10이라 조건식이 참
    print('10입니다.')
else:
    print('x에 들어있는 숫자는')

print('10이 아닙니다.')
```

14.3 if 조건문의 동작 방식 알아보기

이번에는 조건식이 아닌 값으로 if와 else의 코드를 동작시켜 보겠습니다. 다음 내용을 IDLE의 소스 코드 편집 창에 입력한 뒤 실행해보세요.

```
if_else_boolean_none.py
if True:
    print('참')      # True는 참
else:
    print('거짓')

if False:
    print('참')
else:
    print('거짓')      # False는 거짓

if None:
    print('참')
else:
    print('거짓')      # None은 거짓
```

실행 결과
```
참
거짓
거짓
```

당연히 True는 if의 코드가 실행되고, False는 else의 코드가 실행됩니다. 특히 None은 False로 취급되므로 else의 코드가 실행됩니다. 실제 코드를 작성할 때 변수에 들어있는 값이나 함수의 결과가 None인 경우가 많으므로 이 부분은 꼭 기억해두세요.

14.3.1 if 조건문에 숫자 지정하기

숫자는 정수(2진수, 10진수, 16진수), 실수와 관계없이 0이면 거짓, 0이 아닌 수는 참입니다.

if_else_number.py	실행 결과
| ```python
if 0:
    print('참')
else:
    print('거짓')    # 0은 거짓

if 1:
    print('참')    # 1은 참
else:
    print('거짓')

if 0x1F:    # 16진수
    print('참')    # 0x1F는 참
else:
    print('거짓')

if 0b1000:    # 2진수
    print('참')    # 0b1000은 참
else:
    print('거짓')

if 13.5:    # 실수
    print('참')    # 13.5는 참
else:
    print('거짓')
``` | 거짓<br>참<br>참<br>참<br>참 |

14.3.2 if 조건문에 문자열 지정하기

문자열은 내용이 있을 때 참, 빈 문자열은 거짓입니다.

if_else_string.py	실행 결과
| ```python
if 'Hello':    # 문자열
    print('참')    # 문자열은 참
else:
    print('거짓')

if '':    # 빈 문자열
    print('참')
else:
    print('거짓')    # 빈 문자열은 거짓
``` | 참<br>거짓 |

지금까지 불값 True와 True로 취급하는 10진수, 16진수, 2진수, 실수, 문자열로 if를 동작시켰습니다. 즉, 값 자체가 있으면 if는 동작합니다. 반대로 0, None, ''은 False로 취급하므로 else가 동작합니다.

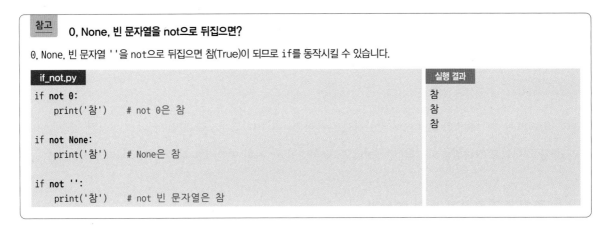

참고 0, None, 빈 문자열을 not으로 뒤집으면?

0, None, 빈 문자열 ''을 not으로 뒤집으면 참(True)이 되므로 if를 동작시킬 수 있습니다.

if_not.py
```
if not 0:
    print('참')    # not 0은 참

if not None:
    print('참')    # None은 참

if not '':
    print('참')    # not 빈 문자열은 참
```

실행 결과
```
참
참
참
```

참고 True, False로 취급하는 것들

다음은 파이썬 문법 중에서 False로 취급하는 것들입니다.

- None
- False
- 0인 숫자들: 0, 0.0, 0j
- 비어 있는 문자열, 리스트, 튜플, 딕셔너리, 세트: '', "", [ ], ( ), { }, set( )
- 클래스 인스턴스의 __bool__( ), __len__( ) 메서드가 0 또는 False를 반환할 때

앞에서 나열한 것들을 제외한 모든 요소는 True로 취급합니다. 세트는 뒤에서 자세히 설명하겠습니다.

14.4 조건식을 여러 개 지정하기

지금까지 if에 조건식을 하나만 지정했습니다. 만약 조건이 복잡할 때는 어떻게 해야 할까요?

예를 들어 인터넷 포털의 중고나라에 글을 올리려면 먼저 포털 사이트의 회원이면서 중고나라 카페의 회원이라야 합니다. 이 조건을 if 조건문으로 나타내면 다음과 같은 모양이 됩니다.

```
if 포털 사이트 회원인지? 그리고 중고나라 회원인지?:
    글쓰기 화면 표시
else:
    포털 사이트 또는 중고나라 회원이 아니므로 글을 쓸 수 없다는 경고 문구 표시
```

if 조건문에는 논리 연산자를 사용하여 조건식을 여러 개 지정할 수 있습니다. 다음 내용을 IDLE의 소스 코드 편집 창에 입력한 뒤 실행해보세요.

```
x = 10
y = 20

if x == 10 and y == 20:        # x가 10이면서 y가 20일 때
    print('참')
else:
    print('거짓')
```

```
참
```

x == 10 and y == 20처럼 and 논리 연산자를 사용하면 x가 10이면서 y가 20일 때 if의 코드가 실행됩니다. 만약 둘 중 하나라도 만족했을 때 '참'이 출력되도록 하려면 or 논리 연산자를 사용하면 됩니다.

14.4.1 중첩 if 조건문과 논리 연산자

그럼 이런 논리 연산자를 어디에 사용할까요? 보통 여러 조건을 판단할 때 if를 계속 나열해서 중첩 if 조건 문으로 만드는 경우가 많습니다. 예를 들어 x가 양수이면서 20보다 작은지 판단하려고 합니다.

```
if x > 0:
    if x < 20:
        print('20보다 작은 양수입니다.')
```

if로 x가 0보다 큰지 검사하고(0보다 크면 양수), 다시 if로 20보다 작은지 검사했습니다. 이런 중첩 if 조건 문은 and 논리 연산자를 사용해서 if 하나로 줄일 수 있습니다.

```
if x > 0 and x < 20:
    print('20보다 작은 양수입니다.')
```

x가 0보다 크면서 20보다 작을 때처럼 and 논리 연산자를 사용해서 두 조건을 모두 만족하면 '20보다 작은 양수입니다.'를 출력하도록 만들었습니다. 특히 파이썬에서는 이 조건식을 더 간단하게 만들 수 있습니다.

```
if 0 < x < 20:
    print('20보다 작은 양수입니다.')
```

0 < x < 20처럼 부등호를 연달아서 사용했습니다. 조건식이 알아보기 쉬워졌죠? 단, 여기서는 0이 앞에 왔으므로 0보다 큰지 판단하는 부등호는 방향이 반대로 바뀌었습니다. 이처럼 조건식을 만들 때는 부등호의 방향과는 관계없이 조건의 뜻만 만족하면 됩니다. 즉, x > 0과 0 < x의 뜻은 같습니다.

지금까지 if와 else의 동작 방식을 알아보았습니다. if의 조건식이 참일 때는 if의 코드를 실행하고, 거짓일 때는 else의 코드를 실행한다는 점이 중요합니다. 그리고 조건식이 여러 개일 때는 논리 연산자를 활용한다는 점도 기억해두세요.

1. 다음 중 if 조건문에 대한 설명으로 올바른 것을 고르세요.

    a. if의 코드는 조건식이 만족하지 않을 때 실행된다.

    b. else의 코드는 조건문이 참일 때 실행된다.

    c. else는 단독으로 사용할 수 없다.

    d. else에서 실행되는 코드는 다음 줄에서 들여쓰기를 하지 않아야 한다.

    e. if는 항상 else가 있어야 한다.

2. 다음 if, else 조건문에서 잘못된 부분을 모두 고르세요.

```
a. if x >= 10:
b. print('x에 들어있는 값은')
c.     print('10 이상입니다.')
d. else
e.     print('x에 들어있는 값은')
f.     print('10 미만입니다.')
```

3. 다음 코드의 출력 결과를 입력하세요.

```
if not '':
    print(True)
else:
    print(False)
```

4. 다음 중 if에서 조건식을 여러 개 지정하는 방법으로 올바른 것을 모두 고르세요(x와 y는 변수).

    a. if x == 10 & y == 20:

    b. if x == 10 or y == 20:

    c. if x == 10 not y == 20:

    d. if x == 10 | y == 20:

    e. if x and y:

5. 다음 소스 코드를 실행했을 때 출력 결과로 올바른 것을 고르세요.

```
x = 5

if x % 2 == 0:
    print('짝수')
else:
    print('홀수')
```

    a. 홀수

    b. 짝수

    c. 2

    d. 4

    e. 아무것도 출력되지 않는다.

▶ 정답은 175쪽에 있습니다

A 기업의 입사 시험은 필기시험 점수가 80점 이상이면서 코딩 시험을 통과해야 합격이라고 정했습니다(코딩 시험 통과 여부는 **True, False**로 구분). 다음 소스 코드를 완성하여 '**합격**', '**불합격**'이 출력되게 만드세요.

practice_if_else_multiple_cond_exp.py	실행 결과
| ```python
written_test = 75
coding_test = True

①  written_test          coding_test          :
    print('합격')
else:
    print('불합격')
``` | 불합격 |

정답

① if written_test >= 80 and coding_test == True:

해설

합격 조건이 필기시험 점수가 80점 이상이면서 코딩 시험을 통과해야 한다고 했으므로 두 조건이 모두 만족해야 합니다. 따라서 if 조건문을 만들고 written_test >= 80 and coding_test == True와 같이 필기시험 점수가 80점 이상인지 검사하는 조건식과 코딩 시험이 통과했는지 판단하는 조건식을 만듭니다. 여기서 필기시험 점수, 코딩 시험 통과 여부가 모두 만족해야 하므로 and 연산자로 연결해줍니다.

14.7 **심사문제: 합격 여부 판단하기**

표준 입력으로 국어, 영어, 수학, 과학 점수가 입력됩니다. 여기서 네 과목의 평균 점수가 80점 이상일 때 합격이라고 정했습니다. 평균 점수에 따라 '**합격**', '**불합격**'을 출력하는 프로그램을 만드세요(input에서 안내 문자열은 출력하지 않아야 합니다). 단, 점수는 0점부터 100점까지만 입력받을 수 있으며 범위를 벗어났다면 '**잘못된 점수**'를 출력하고 합격, 불합격 여부는 출력하지 않아야 합니다.

테스트 케이스 예제

표준 입력	표준 출력
89 72 93 82	합격

테스트 케이스 예제

표준 입력	표준 출력
100 79 68 71	불합격
```

테스트 케이스 예제

표준 입력	표준 출력
99 85 101 90	잘못된 점수

judge_if_else.py

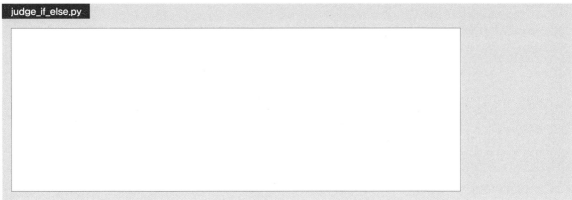

UNIT 15 elif를 사용하여 여러 방향으로 분기하기

프로그램을 만들다 보면 참, 거짓으로만 분기하는 것은 한계가 있습니다. 실제로는 두 가지 이상의 다양한 상황이 발생하죠.

여러 가지 상황을 처리하는 대표적인 예로 음료수 자판기가 있습니다.

▼ 그림 15-1 음료수 자판기

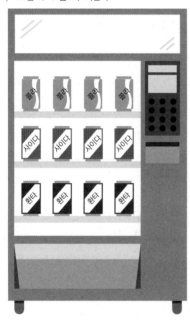

자판기 안에는 각각 다른 종류의 음료수가 들어있고, 버튼을 누르면 해당 버튼에 해당하는 음료수가 나옵니다. 이걸 elif로 만들면 다음과 같은 모양이 됩니다.

```
if 콜라 버튼을 눌렀다면:
    콜라를 내보냄
elif 사이다 버튼을 눌렀다면:
    사이다를 내보냄
elif 환타 버튼을 눌렀다면:
    환타를 내보냄:
else:
    제공하지 않는 메뉴
```

즉, elif는 조건식을 여러 개 지정하여 각 조건마다 다른 코드를 실행할 수 있습니다.

15.1 elif 사용하기

elif는 else인 상태에서 조건식을 지정할 때 사용하며 else if라는 뜻입니다. 물론 if, else와 마찬가지로 조건식 끝에 :(콜론)을 붙여야 하고, elif 단독으로 사용할 수 없습니다.

```
                           들여쓰기 4칸
if 조건식:
    코드1
elif 조건식:
    코드2
                           들여쓰기 4칸
```

그럼 다음과 같이 들여쓰기를 맞춰서 파이썬 셸에 코드를 입력해보세요.

```
>>> x = 20
>>> if x == 10:            들여쓰기 4칸
...     print('10입니다.')
... elif x == 20:         들여쓰기 4칸
...     print('20입니다.')
...                        빈 줄에서 엔터 키를 누름
20입니다.
```

이렇게 하면 처음 if에서 x가 10인지 검사한 뒤 참이면 '10입니다.'를 출력하고, 거짓이면 그다음에 오는 elif에서 x가 20인지 검사합니다. 만약 elif의 조건식이 참이면 '20입니다.'를 출력하고, 거짓이면 아무것도 출력하지 않습니다. 여기서는 x가 20이라 elif의 조건식에 만족하므로 '20입니다'가 출력됩니다.

그러면 x가 10도 아니고 20도 아니라면 나머지는 어떻게 처리할까요? 이때는 if, elif, else를 모두 사용하면 됩니다.

15.1.1 if, elif, else를 모두 사용하기

elif와 else는 단독으로 사용할 수 없으며 if, else 형태로 사용하거나, if, elif, else 형태로 사용합니다. 이번에는 if, elif, else를 모두 사용해보겠습니다.

```
if 조건식:
    코드1
elif 조건식:
    코드2
else:
    코드3
```

다음 내용을 IDLE의 소스 코드 편집 창에 입력한 뒤 실행해보세요(파이썬 셸에서 사용하는 방법은 많이 해보았으니 생략하겠습니다).

if_elif_else.py

```
x = 30

if x == 10:              # x가 10일 때
    print('10입니다.')
elif x == 20:            # x가 20일 때
    print('20입니다.')
else:                    # 앞의 조건식에 모두 만족하지 않을 때
    print('10도 20도 아닙니다.')
```

실행 결과

```
10도 20도 아닙니다.
```

이렇게 하면 if, elif의 조건식이 모두 거짓일 때만 else의 코드가 실행됩니다. 여기서는 x가 30이라 if, elif의 조건식에 모두 만족하지 않습니다. 따라서 마지막 else의 '10도 20도 아닙니다.'가 출력됩니다.

참고로 if와 else는 한 번만 사용할 수 있지만, elif는 여러 번 사용할 수 있습니다. 그리고 elif의 들여쓰기 규칙은 if, else와 같으므로 따로 설명하지 않겠습니다.

만약 elif 앞에 else가 오면 잘못된 문법이므로 주의해야 합니다.

```
if x == 10:
    print('10입니다.')
else:
    print('10도 20도 아닙니다.')
elif x == 20:    # elif 앞에 else가 오면 잘못된 문법
    print('20입니다.')
```

15.1.2 음료수 자판기 만들기

이제 음료수 자판기를 만들어봅시다. 버튼 1번은 '콜라', 2번은 '사이다', 3번은 '환타'이고 각 버튼에 따라 음료수 이름을 출력한다고 하죠(1, 2, 3이외의 숫자는 '제공하지 않는 메뉴' 출력). 코드를 보기 전에 어떻게 만들면 될지 머릿속으로 한 번 생각해보세요.

vending_machine.py

```
button = int(input())

if button == 1:
    print('콜라')
elif button == 2:
    print('사이다')
elif button == 3:
    print('환타')
else:
    print('제공하지 않는 메뉴')
```

실행 결과

```
1 (입력)
콜라
```

실제 자판기에서는 버튼 개수가 정해져 있어서 1, 2, 3번 이외의 버튼이 입력될 가능성이 거의 없습니다. 하지만 프로그램에서는 예상치 못한 값이 입력되는 경우가 자주 있습니다(예를 들어 숫자만 입력하라고 했는데 사용자가 문자열을 입력한다든지…). 따라서 잘못된 값에 대한 처리는 꼭 해주는 것이 좋습니다.

지금까지 if, elif, else로 조건에 따라 분기하는 방법을 배웠습니다. 여기서는 if, elif, else 끝에 :(콜론)을 붙인다는 점과 다음 줄에서는 반드시 들여쓰기를 한다는 점이 중요합니다.

15.2 퀴즈

1. 다음 중 if 조건문에 대한 설명으로 잘못된 것을 모두 고르세요.

   a. elif는 여러 번 사용할 수 있다.

   b. else는 elif 앞에 올 수 없다.

   c. elif는 조건식을 지정할 수 있다.

   d. elif는 단독으로 사용할 수 있다.

   e. elif는 항상 else가 있어야 한다.

2. 다음 if 조건문을 실행했을 때 출력되는 결과를 고르세요.

```
x = 0

if x == 4:
    print('A')
elif x == 3:
    print('B')
elif x == 2:
    print('C')
elif x == 1:
    print('D')
else:
    print('E')
```

   a. A

   b. B

   c. C

   d. D

   e. E

▶ 정답은 181쪽에 있습니다

연습문제: if, elif, else 모두 사용하기

다음 소스 코드를 완성하여 변수 x가 11과 20 사이면 '11~20', 21과 30 사이면 '21~30', 아무것도 해당하지 않으면 '아무것도 해당하지 않음'이 출력되게 만드세요.

practice_if_elif_else.py

```
x = int(input())

_____

_____

_____

_____

_____
```

실행 결과

5 (입력)
아무것도 해당하지 않음

정답

```
if 11 <= x <= 20:
    print('11~20')
elif 21 <= x <= 30:
    print('21~30')
else:
    print('아무것도 해당하지 않음')
```

해설

변수 x가 11과 20 사이일 때는 if 11 <= x <= 20:과 같이 if 조건문을 작성한 뒤 print로 '11~20'을 출력합니다. 그다음에 21과 30 사이일 때는 elif 21 <= x <= 30:과 같이 elif를 작성한 뒤 print로 '21~30'을 출력합니다. 마지막으로 아무것도 해당하지 않을 때는 else:에서 print로 '아무것도 해당하지 않음'을 출력하면 됩니다.

참고로 조건식을 만들 때는 x >= 11 and x <= 20과 x >= 21 and x <= 30처럼 두 조건식을 and 연산자로 판단해도 됩니다.

심사문제: 교통카드 시스템 만들기

표준 입력으로 나이(만 나이)가 입력됩니다(입력 값은 7 이상 입력됨). 교통카드 시스템에서 시내버스 요금은 다음과 같으며 각 나이에 맞게 요금을 차감한 뒤 잔액이 출력되게 만드세요(if, elif 사용). 현재 교통카드에는 9,000원이 들어있습니다.

- 어린이(초등학생, 만 7세 이상 12세 이하): 650원
- 청소년(중 · 고등학생, 만 13세 이상 18세 이하): 1,050원
- 어른(일반, 만 19세 이상): 1,250원

테스트 케이스 예제

표준 입력	표준 출력
17	7950

테스트 케이스 예제

표준 입력	표준 출력
12	8350

judge_if_elif.py

```
age = int(input())
balance = 9000    # 교통카드 잔액




print(balance)
```

15.2 퀴즈 정답

1 d, e 조건문은 if, elif, else 형태로 사용할 수 있습니다. elif는 여러 번 사용할 수 있으며 조건식을 지정할 수 있습니다. 그리고 else는 elif 앞에 올 수 없습니다. 또한, elif는 단독으로 사용할 수 없으며 else가 없어도 됩니다.

2 e x는 0이므로 if, elif에 지정된 조건식에 모두 만족하지 않습니다. 따라서 else의 코드가 실행되어 E가 출력됩니다.

특정 조건일 때 코드를 실행하기

if 조건문에 조건식을 지정하면 해당 조건을 만족할 때 코드를 실행할 수 있습니다.

```
if 조건식:
    코드    # 조건식을 만족할 때 코드 실행
```

두 방향으로 분기하기

if와 else를 사용하면 조건식을 만족할 때와 만족하지 않을 때 각각 다른 코드를 실행할 수 있습니다.

```
if 조건식:
    코드1    # 조건식을 만족할 때 코드 실행
else:
    코드2    # 조건식을 만족하지 않을 때 코드 실행
```

여러 방향으로 분기하기

elif는 여러 개의 조건식을 지정하여 각각 다른 코드를 실행할 수 있습니다.

```
if 조건식1:
    코드1    # 조건식1을 만족할 때 코드 실행
elif 조건식2:
    코드2    # 조건식2를 만족할 때 코드 실행
elif 조건식3:
    코드3    # 조건식3을 만족할 때 코드 실행
else:
    코드4    # 어떤 조건도 만족하지 않을 때 코드 실행
```

if 조건문과 들여쓰기

if 다음에 오는 코드는 반드시 들여쓰기를 해야 하고, 깊이가 같아야 합니다.

```
if x == 10:
    print(x)    # 올바른 코드
```

```
if x == 10:
    print(x)     # 올바른 코드
    print(10)    # 올바른 코드
```

```
if x == 10:
print(x)        # 잘못된 코드
```

```
if x == 10:
    print(x)         # 잘못된 코드
        print(10)    # 잘못된 코드
```

조건식과 == 연산자

조건식을 작성할 때 == 연산자 대신 = 연산자를 사용하는 실수를 하지 않도록 주의합니다.

```
if x == 1:    # 올바른 조건식
    print(x)
```

```
if x == 10:
    print(x)     # 올바른 코드
    print(10)    # 올바른 코드
```

```
if x = 1:     # 잘못된 조건식
    print(x)
```

```
if x == 10:
    print(x)         # 잘못된 코드
        print(10)    # 잘못된 코드
```

참과 거짓

파이썬에서 참은 True, 거짓은 False를 사용하지만 다음 값들도 True 또는 False로 취급되므로 조건식을 작성할 때 주의해야 합니다.

- **True로 취급**: 0이 아닌 숫자, 내용이 있는 문자열, 리스트, 튜플, 딕셔너리, 세트
- **False로 취급**: 0, None, 비어 있는 문자열, 리스트, 튜플, 딕셔너리, 세트

Q & A 자 주 묻 는 질 문

None과 False는 같은가요?

None이 False로 취급되긴 하지만 None과 False는 같지 않습니다. None은 아무것도 없다는 뜻이며 False는 거짓을 나타냅니다. 다음과 같이 is 연산자로 None과 False가 같은지 확인해보면 False가 나오므로 둘은 서로 다릅니다.

```
>>> None == False
False
>>> None is False
False
```

if 조건문만 사용할 때와 elif를 사용할 때의 차이점은 무엇인가요?

다음과 같이 if 조건문만 사용하면 모든 if 조건문의 조건식을 검사한 뒤 코드를 실행합니다.

코드	실행 결과
``python‎
a, b, c = 10, 20, 30

if a == 10:   # 조건식이 참
    print('10')   # 출력
if b == 20:   # 조건식이 참
    print('20')   # 출력
if c == 30:   # 조건식이 참
    print('30')   # 출력
``` | 10
20
30 |

세 if 조건문의 조건식이 모두 만족하므로 10, 20, 30이 출력됩니다. 만약 두 번째, 세 번째 if가 elif라면 실행 결과가 달라집니다.

코드	실행 결과
``python‎
a, b, c = 10, 20, 30

if a == 10:   # 조건식이 참
    print('10')   # 출력
elif b == 20:   # 조건식을 검사하지 않고 건너뜀
    print('20')
elif c == 30:   # 조건식을 검사하지 않고 건너뜀
    print('30')
``` | 10 |

if 조건문 뒤에 elif가 연결되어 있을 때는 첫 번째 if의 조건식이 만족하면 뒤에 오는 elif의 조건식은 검사하지 않고 그냥 건너뜁니다. 예제에서는 실제로 세 조건식이 모두 만족하지만 처음에 오는 if의 코드만 실행하고, 나머지 조건식은 검사하지 않고 건너뛰었으므로 10만 출력됩니다.

만약, 다음과 같이 첫 번째 if의 조건식이 만족하지 않았다면 두 번째 elif의 코드만 실행하고, 세 번째 elif는 건너뜁니다. 즉, 가장 처음 만족하는 if 또는 elif의 코드만 실행합니다.

```
a, b, c = 5, 20, 30

if a == 10:         # 조건식이 거짓
    print('10')
elif b == 20:       # 조건식이 참
    print('20')     # 출력
elif c == 30:       # 조건식을 검사하지 않고 건너뜀
    print('30')
```

실행 결과
```
20
```

if, elif는 여러 코드 중에서 하나만 실행할 때 사용합니다.

UNIT 16
for 반복문으로 Hello, world! 100번 출력하기

'Hello, world!' 문자열을 100번 출력하려면 어떻게 해야 할까요? 가장 간단한 방법은 print를 100번 사용해서 출력하는 것입니다.

```
# print 100번 사용
print('Hello, world!')
print('Hello, world!')
print('Hello, world!')
print('Hello, world!')
# ... (생략)
print('Hello, world!')
print('Hello, world!')
print('Hello, world!')
print('Hello, world!')
```

복사, 붙여넣기로 print('Hello, world!')를 100번 붙여넣으면 어렵지 않게 완성할 수 있습니다. 하지만 1,000번 또는 10,000번을 출력한다면 어떻게 될까요? 코드를 붙여넣는 데 시간이 너무 오래 걸리기도 하고 프로그래밍 측면에서도 비효율적입니다. 그래서 대부분의 프로그래밍 언어에서는 반복되는 작업을 간단하게 처리하기 위해 반복문이라는 기능을 제공해줍니다. 반복문은 반복 횟수, 반복 및 정지 조건을 자유자재로 제어할 수 있습니다.

16.1 for와 range 사용하기

파이썬의 for 반복문은 다양한 사용 방법이 있지만, 먼저 range와 함께 사용하는 방법부터 알아보겠습니다. 다음과 같이 for 반복문은 range에 반복할 횟수를 지정하고 앞에 in과 변수를 입력합니다. 그리고 끝에 :(콜론)을 붙인 뒤 다음 줄에 반복할 코드를 넣습니다.

```
for 변수 in range(횟수):
    반복할 코드
        들여쓰기 4칸
```

for 다음 줄에 오는 코드는 반드시 들여쓰기를 해줍니다(들여쓰기 규칙은 if, elif, else와 같습니다).

이제 for 반복문으로 'Hello, world!'를 100번 출력해볼까요?

```
                      들여쓰기 4칸
>>> for i in range(100):
...     print('Hello, world!')
...          빈 줄에서 엔터 키를 누름
Hello, world!
... (생략)
Hello, world!
Hello, world!
Hello, world!
```

잠깐만요

- SyntaxError: invalid syntax: for 반복문의 형식을 지키지 않았을 때 발생하는 구문 에러입니다. for 반복문의 형식에 맞는지 확인해주세요. 특히 for 끝에 :(콜론)을 빠뜨리지 않았는지 확인해주세요.
- SyntaxError: expected an indented block: for 다음 줄에 오는 반복할 코드의 들여쓰기가 맞지 않아서 발생하는 구문 에러입니다. 반복할 코드에서 들여쓰기 4칸을 했는지 확인해주세요.

간단하게 'Hello, world!'를 100번 출력하였습니다.

'10.1 리스트 만들기'(102쪽)에서 range는 연속된 숫자 생성한다고 했죠? 파이썬의 for 반복문은 range에서 in으로 숫자를 하나하나 꺼내서 반복하는 방식입니다. 그리고 for는 숫자를 꺼낼 때마다 코드를 실행합니다.

▼ 그림 16-1 for와 range

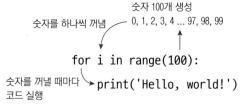

range(100)과 같이 지정하면 0부터 99까지 숫자 100개를 생성합니다. 그리고 for는 in으로 숫자를 하나씩 꺼내서 변수 i에 저장하고 print를 실행합니다. 즉, range(100)에서 숫자를 100번 꺼내면서 print를 실행하므로 'Hello, world!'가 100번 출력되는 것이죠.

이처럼 for 반복문은 반복 횟수가 정해져 있을 때 주로 사용합니다.

지금까지 알아본 for 반복문의 동작 과정 그림으로 표현하면 오른쪽과 같습니다.

for 변수 in range(횟수) → 반복할 코드로 순환하는 것을 루프(loop)라고 부릅니다.

▼ 그림 16-2 for와 range의 동작 과정

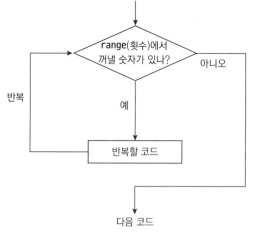

16.1.1 반복문에서 변수의 변화 알아보기

앞에서 단순히 'Hello, world!' 문자열만 여러 번 출력했는데 이번에는 range에서 꺼낸 숫자를 눈으로 확인해보겠습니다.

```
>>> for i in range(100):
...     print('Hello, world!', i)
...
Hello, world! 0
Hello, world! 1
Hello, world! 2
... (생략)
Hello, world! 98
Hello, world! 99
```

'Hello, world!'에 0부터 99까지 출력되었죠? 즉, range에서 꺼낸 숫자는 변수 i에 저장되며 반복할 코드에서 사용할 수 있습니다.

> **참고** **반복문의 변수 i**
>
> 변수 i를 루프 인덱스라고도 부르며 index의 첫머리 글자를 따서 i를 주로 사용합니다.

> **참고** **버전별 range의 차이점**
>
> 파이썬 2.7과 파이썬 3에서 range는 결과가 조금 다릅니다. 파이썬 2.7에서는 range를 사용하면 실제로 연속된 숫자가 들어있는 리스트를 만들어내지만 파이썬 3에서는 range 객체(반복 가능한 객체)를 만들어냅니다.
>
> | 파이썬 2.7 | 파이썬 3 |
> |---|---|
> | ```>>> range(10)```
```[0, 1, 2, 3, 4, 5, 6, 7, 8, 9]``` | ```>>> range(10)```
```range(0, 10)```
```>>> list(range(10))   # range 객체를 리스트로 만듦```
```[0, 1, 2, 3, 4, 5, 6, 7, 8, 9]``` |
>
> 파이썬 2.7의 range는 리스트를 만들어내므로 아주 큰 숫자를 지정하면 메모리를 많이 사용하게 됩니다. 그래서 보통 파이썬 2.7에서 리스트 대신 객체를 생성할 때는 xrange를 사용합니다. 특히 파이썬 3에서는 range가 객체를 생성하는 방식으로 바뀌었습니다.

16.2 for와 range 응용하기

'10.1 리스트 만들기'(102쪽)에서 range에 시작하는 숫자와 끝나는 숫자를 지정하거나, 증가폭을 지정하는 방법을 배웠죠? 이번에는 range의 다양한 기능을 활용하여 for 반복문을 사용해보겠습니다.

16.2.1 시작하는 숫자와 끝나는 숫자 지정하기

range에 횟수만 지정하면 숫자가 0부터 시작하지만, 다음과 같이 시작하는 숫자와 끝나는 숫자를 지정해서 반복할 수도 있습니다.

- for 변수 in range(시작, 끝):

```
>>> for i in range(5, 12):    # 5부터 11까지 반복
...     print('Hello, world!', i)
...
Hello, world! 5
Hello, world! 6
Hello, world! 7
Hello, world! 8
Hello, world! 9
Hello, world! 10
Hello, world! 11
```

5부터 11까지 출력되었죠? for i in range(5, 12):와 같이 지정하면 5부터 11까지 5, 6, 7, 8, 9, 10, 11 이 나오고 7번 반복합니다. 즉, 마지막 숫자는 range의 끝나는 숫자보다 1이 작습니다(끝나는 숫자는 생성된 숫자에 포함되지 않음).

16.2.2 증가폭 사용하기

range는 증가폭을 지정해서 해당 값만큼 숫자를 증가시킬 수 있죠? 이번에는 0부터 9까지의 숫자 중에서 짝수만 출력해보겠습니다.

- for 변수 in range(시작, 끝, 증가폭):

```
>>> for i in range(0, 10, 2):    # 0부터 8까지 2씩 증가
...     print('Hello, world!', i)
...
Hello, world! 0
Hello, world! 2
Hello, world! 4
Hello, world! 6
Hello, world! 8
```

for i in range(0, 10, 2):와 같이 range에 0, 10, 2를 넣으면 0부터 8까지 2씩 증가합니다. 따라서 숫자는 0, 2, 4, 6, 8이 나오고 5번 반복하죠. 여기서는 증가폭이 2이므로 8 다음에는 10이 나와야 하지만, range에 끝나는 숫자를 10으로 지정했으므로 10은 포함되지 않고 8에서 멈춥니다.

16.2.3 숫자를 감소시키기

for와 range는 숫자가 증가하면서 반복했습니다. 그럼 숫자를 감소시킬 수는 없을까요?

```
>>> for i in range(10, 0):      # range(10, 0)은 동작하지 않음
...     print('Hello, world!', i)
...
```

range(10, 0)과 같이 시작하는 숫자를 큰 숫자로 지정하고 끝나는 숫자를 작은 숫자로 지정하면 숫자가 감소할 것 같은데, 실행을 해보면 아무것도 출력되지 않습니다. 왜냐하면 range는 숫자가 증가하는 기본값이 양수 1이기 때문입니다.

'10.1 리스트 만들기'(102쪽)에서 range에 증가폭을 음수로 지정하면 숫자가 감소한다고 했죠? 다음과 같이 증가폭을 음수로 지정해서 반복해봅니다.

```
>>> for i in range(10, 0, -1):   # 10에서 1까지 1씩 감소
...     print('Hello, world!', i)
...
Hello, world! 10
Hello, world! 9
Hello, world! 8
... (생략)
Hello, world! 2
Hello, world! 1
```

range(10, 0, -1)은 10부터 1까지 -1씩 증가하는 숫자를 생성합니다. 따라서 10부터 1까지 1씩 감소하면서 반복합니다. 특히 range의 끝나는 숫자 0은 생성되는 숫자에 포함되지 않으므로 1까지만 감소합니다. range는 그냥 증가, 감소에 상관없이 끝나는 숫자는 생성되는 숫자에 포함되지 않는다는 점만 기억하면 됩니다.

증가폭을 음수로 지정하는 방법 말고도 reversed를 사용하면 숫자의 순서를 반대로 뒤집을 수 있습니다.

- for 변수 in reversed(range(횟수))
- for 변수 in reversed(range(시작, 끝))
- for 변수 in reversed(range(시작, 끝, 증가폭))

```
>>> for i in reversed(range(10)):   # reversed를 사용하여 숫자의 순서를 반대로 뒤집음
...     print('Hello, world!', i)    # 9부터 0까지 10번 반복
...
Hello, world! 9
Hello, world! 8
Hello, world! 7
... (생략)
Hello, world! 1
Hello, world! 0
```

range(10)으로 0부터 9까지 숫자를 생성한 뒤 reversed를 사용하여 숫자의 순서를 반대로 뒤집었습니다. 따라서 9부터 0까지 10번 반복합니다.

> **참고** **반복문의 변수 i를 변경할 수 있을까?**
>
> 다음과 같이 for와 range로 반복하면서 변수 i를 변경하면 어떻게 될까요?
>
> ```
> >>> for i in range(10):
> ...     print(i, end=' ')
> ...     i = 10 ················· 반복문의 변수 i를 변경
> ...
> 0 1 2 3 4 5 6 7 8 9
> ```
>
> 반복할 코드에서 변수 i에 10을 할당하여 10이 출력될 것 같은데, 0부터 9까지 출력되었습니다. 왜냐하면 변수 i는 반복할 때마다 다음 값으로 덮어써지기 때문에 값을 할당해도 변수에 영향을 주지 못합니다.

16.2.4 입력한 횟수대로 반복하기

이번에는 입력한 횟수대로 반복을 해보겠습니다. 다음 내용을 IDLE의 소스 코드 편집 창에 입력하세요.

for_range_input.py

```python
count = int(input('반복할 횟수를 입력하세요: '))

for i in range(count):
    print('Hello, world!', i)
```

소스 코드를 실행하면 '반복할 횟수를 입력하세요: '가 출력됩니다. 여기서 3을 입력하고 엔터 키를 누르세요.

실행 결과

```
반복할 횟수를 입력하세요: 3 (입력)
Hello, world! 0
Hello, world! 1
Hello, world! 2
```

3을 입력했으므로 'Hello, world!'가 3번 출력됩니다.

먼저 input으로 입력 값을 받아서 count 변수에 저장합니다(이때 반드시 int를 사용하여 input에서 나온 문자열을 정수로 변환해줍니다). 그리고 반복문에서는 for i in range(count):와 같이 range에 count를 넣어주면 입력받은 숫자만큼 반복됩니다.

16.3 시퀀스 객체로 반복하기

지금까지 for에 range를 사용하면서 눈치챘겠지만, for에 range 대신 시퀀스 객체를 넣어도 될 것 같죠? 맞습니다. for는 리스트, 튜플, 문자열 등 시퀀스 객체로 반복할 수 있습니다.

다음과 같이 for에 range 대신 리스트를 넣으면 리스트의 요소를 꺼내면서 반복합니다.

```
>>> a = [10, 20, 30, 40, 50]
>>> for i in a:
...     print(i)
...
10
20
30
40
50
```

물론 튜플도 마찬가지로 튜플의 요소를 꺼내면서 반복합니다.

```
>>> fruits = ('apple', 'orange', 'grape')
>>> for fruit in fruits:
...     print(fruit)
...
apple
orange
grape
```

참고로 여기서는 for 반복문의 변수를 i 대신 fruit로 사용했습니다. for에서 변수 i는 다른 이름으로 만들어도 상관없습니다.

문자열도 시퀀스 객체라고 했죠? for에 문자열을 지정하면 문자를 하나씩 꺼내면서 반복합니다.

```
>>> for letter in 'Python':
...     print(letter, end=' ')
...
P y t h o n
```

문자열 'Python'의 문자가 하나씩 분리되어 출력되었습니다. 여기서는 print에 end=' '을 지정했으므로 줄바꿈이 되지 않고, 각 문자가 공백으로 띄워져서 출력됩니다.

그럼 문자열 'Python'을 뒤집어서 문자를 출력할 수는 없을까요? 이때는 앞에서 배운 reversed를 활용하면 됩니다.

· reversed(시퀀스객체)

```
>>> for letter in reversed('Python'):
...     print(letter, end=' ')
...
n o h t y P
```

문자열 'Python'에서 문자 n부터 P까지 출력되었습니다. reversed는 시퀀스 객체를 넣으면 시퀀스 객체를 뒤집어 줍니다(원본 객체 자체는 바뀌지 않으며 뒤집어서 꺼내줌).

지금까지 for 반복문에 대해서 배웠습니다. for 반복문은 반복 개수가 정해져 있을 때 주로 사용합니다. 여기서는 range의 다양한 사용 방법을 익혀 두기 바랍니다. 그리고 for 반복문은 range 이외에도 시퀀스 객체를 사용할 수 있다는 점이 중요합니다.

16.4 퀴즈

1. 다음 중 for로 10번 반복하는 방법으로 올바른 것을 모두 고르세요.

a. for i in range(10):

b. for i in range(5, 16):

c. for i in range(10, 0):

d. for i in range(20, 40, 2):

e. for i in range(1, 10, 1):

2. 다음 중 20부터 10까지 출력하는 방법으로 올바른 것을 모두 고르세요.

a. for i in range(20, 10):
     print(i)

b. for i in range(20, 10, 1):
     print(i)

c. for i in range(20, 9, -1):
     print(i)

d. for i in reversed(range(10, 21)):
     print(i)

e. for i in reversed(range(10, 20)):
     print(i)

3. 다음 소스 코드에서 잘못된 부분을 모두 고르세요.

```
a. count = input()
b.
c. for i in range(count)
d.     print('i의 값은', end=' ')
e.     print(i)
```

4. 다음 for 반복문을 실행했을 때의 출력 결과를 고르세요.

```
for i in reversed('Python'):
    print(i, end='.')
```

a. Python
b. P y t h o n
c. n o h t y p
d. n.o.h.t.y.P.
e. nohtyp

▶ 정답은 194쪽에 있습니다

16.5 연습문제: 리스트의 요소에 10을 곱해서 출력하기

다음 소스 코드를 완성하여 리스트 x에 들어있는 각 숫자(요소)에 10을 곱한 값이 출력되게 만드세요. 모든 숫자는 공백으로 구분하여 한 줄로 출력되어야 합니다.

practice_for.py

```
x = [49, -17, 25, 102, 8, 62, 21]
_____
_____
```

실행 결과

```
490 -170 250 1020 80 620 210
```

정답

```
for i in x:
    print(i * 10, end=' ')
```

해설

for에 리스트를 지정하면 각 요소를 꺼내면서 반복할 수 있습니다. 따라서 for i in x:와 같이 반복문을 만듭니다. 그리고 다음 줄에서 숫자를 꺼낸 변수 i에 10을 곱해서 print로 출력해주면 됩니다.

이때 모든 숫자는 공백으로 구분하여 한 줄로 출력하라고 했으므로 print(i * 10, end=' ')처럼 end=' '을 지정하여 줄바꿈 대신 공백이 들어가도록 만들어 줍니다.

16.6 심사문제: 구구단 출력하기

표준 입력으로 정수가 입력됩니다. 입력된 정수의 구구단을 출력하는 프로그램을 만드세요(input에서 안내 문자열은 출력하지 않아야 합니다). 출력 형식은 숫자 * 숫자 = 숫자처럼 만들고 숫자와 *, = 사이는 공백을 한 칸 띄웁니다.

테스트 케이스 예제

표준 입력	표준 출력
2	2 * 1 = 2
	2 * 2 = 4
	2 * 3 = 6
	2 * 4 = 8
	2 * 5 = 10
	2 * 6 = 12
	2 * 7 = 14
	2 * 8 = 16
	2 * 9 = 18

테스트 케이스 예제

표준 입력	표준 출력
7	7 * 1 = 7
	7 * 2 = 14
	7 * 3 = 21
	7 * 4 = 28
	7 * 5 = 35
	7 * 6 = 42
	7 * 7 = 49
	7 * 8 = 56
	7 * 9 = 63

judge_for_range_multiplication_table.py

```


```

16.4 퀴즈 정답

1 a, d for에 range(10)을 지정하면 0부터 9까지 10번 반복하고, range(20, 40, 2)를 지정하면 20부터 38까지 2씩 증가하면서 10번 반복합니다.

2 c, d for에 range(20, 9, -1)을 지정하면 20부터 10까지 1씩 감소하면서 10번 반복하고, reversed(range(10, 21))을 지정하면 10부터 20까지 숫자를 생성한 뒤 reversed로 뒤집어서 20부터 10까지 반복합니다.

3 a, c input으로 입력받은 값은 문자열입니다. 따라서 int를 사용하여 정수로 변환해주어야 합니다. 그리고 for 반복문은 끝에 :(콜론)을 붙여야 합니다.

4 d 문자열 'Python'을 reversed에 넣었으므로 뒤집어서 문자를 꺼냅니다. 그리고 print에 end='.'을 지정했으므로 줄바꿈이 되지 않고 각 문자에 .(점)이 붙어서 출력됩니다.

THE PYTHON PROGRAMMING LANGUAGE

while 반복문으로 Hello, world! 100번 출력하기

지금까지 for 반복문을 사용하여 'Hello, world!'를 100번 출력해보았습니다. 이번에는 while 반복문에 대해 알아보겠습니다.

while 반복문은 조건식으로만 동작하며 반복할 코드 안에 조건식에 영향을 주는 변화식이 들어갑니다.

```
i = 0                          # 초기식
while i < 100:                 # while 조건식
    print('Hello, world!')     # 반복할 코드
    i += 1                     # 변화식
```
들여쓰기 4칸

다음은 while 반복문의 실행 과정입니다. 먼저 초기식부터 시작하여 조건식을 판별합니다. 이때 조건식이 참(True)이면 반복할 코드와 변화식을 함께 수행합니다. 그리고 다시 조건식을 판별하여 참(True)이면 코드를 계속 반복하고, 거짓(False)이면 반복문을 끝낸 뒤 다음 코드를 실행합니다.

▼ 그림 17-1 while 반복문의 동작 과정

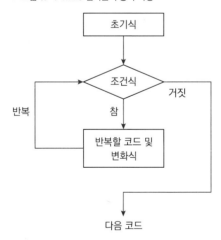

여기서는 조건식 → 반복할 코드 및 변화식 → 조건식으로 순환하는 부분이 루프(loop)입니다.

while 반복문 사용하기

다음과 같이 while 반복문은 조건식을 지정하고 끝에 :(콜론)을 붙인 뒤 다음 줄에 반복할 코드와 변화식을 넣습니다. 초기식은 특별한 것이 없고 보통 변수에 값을 저장하는 코드입니다.

```
초기식
while 조건식:
    반복할 코드
    변화식
         들여쓰기 4칸
```

while 다음 줄에 오는 코드는 반드시 들여쓰기를 해줍니다.

이제 while 반복문으로 'Hello, world!'를 100번 출력해보겠습니다.

```
            들여쓰기 4칸
>>> i = 0
>>> while i < 100:
...     print('Hello, world!')
...     i += 1
...              빈 줄에서 엔터 키를 누름
Hello, world!
... (생략)
Hello, world!
Hello, world!
Hello, world!
```

> **잠깐만요**
>
> - SyntaxError: invalid syntax: while 반복문의 형식을 지키지 않았을 때 발생하는 구문 에러입니다. while 끝에 :(콜론)을 빠뜨리지 않았는지 확인해주세요.
> - SyntaxError: expected an indented block: while 다음 줄에 오는 반복할 코드의 들여쓰기가 맞지 않아서 발생하는 구문 에러입니다. 반복할 코드와 변화식에서 들여쓰기 4칸을 했는지 확인해주세요.

먼저 while 반복문에 사용할 변수 i에 0을 할당합니다. 그리고 while에는 조건식만 지정하면 됩니다. 특히 while 반복문은 반복할 코드 안에 변화식을 지정해야 합니다. 만약 조건식만 지정하고 변화식을 생략하면 반복이 끝나지 않고 계속 실행(무한 루프)되므로 주의해야 합니다.

▼ 그림 17-2 while 반복문의 기본 형태

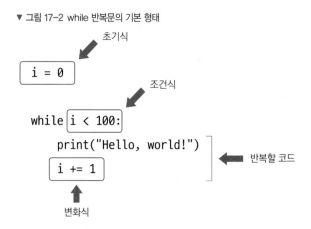

i < 100과 같이 조건식을 지정하여 i가 100 미만일 때만 반복하고, i가 100이 되면 반복을 끝내도록 만들었습니다. 그리고 반복할 코드의 변화식에는 i += 1로 i를 1씩 증가시켰으므로 i가 0부터 99까지 증가하면서 100번 반복하게 됩니다. 물론 변화식 i += 1을 풀어서 i = i + 1로 만들어도 동작은 같습니다.

17.1.1 초깃값을 1부터 시작하기

이번에는 i에 0이 아닌 1을 할당하여 'Hello, world!'를 100번 출력해보겠습니다.

```
>>> i = 1
>>> while i <= 100:
...     print('Hello, world!', i)
...     i += 1
...
Hello, world! 1
Hello, world! 2
Hello, world! 3
... (생략)
Hello, world! 99
Hello, world! 100
```

i에 1을 넣었으므로 while의 조건식은 i <= 100과 같이 지정합니다. 따라서 i가 1부터 100까지 증가하므로 100번 반복하게 됩니다. 만약 i가 101이 되면 i <= 100은 거짓(False)이므로 반복문을 끝냅니다.

17.1.2 초깃값을 감소시키기

지금까지 초깃값을 증가시키면서 루프를 실행했습니다. 반대로 초깃값을 크게 주고, 변수를 감소시키면서 반복할 수도 있습니다. 다음은 100부터 1까지 100번 반복합니다.

```
>>> i = 100
>>> while i > 0:
...     print('Hello, world!', i)
...     i -= 1
...
Hello, world! 100
Hello, world! 99
Hello, world! 98
... (생략)
Hello, world! 2
Hello, world! 1
```

100부터 1까지 반복해야 하므로 먼저 i에 100을 할당합니다. 그다음에 while의 조건식은 i > 0과 같이 지정하여 1까지만 반복하도록 만듭니다. 또한, 변화식을 i -= 1로 지정하여 변수의 값을 감소시킵니다. 이렇게 하면 i가 100부터 1까지 감소하면서 반복합니다. 만약 i가 0이 되면 i > 0은 거짓(False)이므로 반복문을 끝냅니다.

17.1.3 입력한 횟수대로 반복하기

이번에는 입력한 횟수대로 반복을 해보겠습니다. 다음 내용을 IDLE의 소스 코드 편집 창에 입력하세요.

```
while_input_increment.py

count = int(input('반복할 횟수를 입력하세요: '))

i = 0
while i < count:        # i가 count보다 작을 때 반복
    print('Hello, world!', i)
    i += 1
```

소스 코드를 실행하면 '반복할 횟수를 입력하세요: '가 출력됩니다. 여기서 3을 입력하고 엔터 키를 누르세요.

```
실행 결과

반복할 횟수를 입력하세요: 3 (입력)
Hello, world! 0
Hello, world! 1
Hello, world! 2
```

input으로 입력 값을 받아서 count 변수에 저장했습니다. 그리고 i에는 0을 할당하고, while 반복문의 조건식에서 i < count와 같이 지정하여 count에 들어있는 값만큼 반복하도록 만들었습니다. 여기서는 3을 입력했으므로 'Hello, world!'는 3번만 출력됩니다.

이번에는 초깃값을 받은 뒤 초깃값만큼 출력해보겠습니다.

```
while_input_decrement.py

count = int(input('반복할 횟수를 입력하세요: '))

while count > 0:        # count가 0보다 클 때 반복
    print('Hello, world!', count)
    count -= 1          # count를 1씩 감소시킴
```

```
실행 결과

반복할 횟수를 입력하세요: 3 (입력)
Hello, world! 3
Hello, world! 2
Hello, world! 1
```

input으로 입력 값을 받아서 count 변수에 저장했습니다. 그리고 조건식에서 count > 0과 같이 지정하여 count에 들어있는 값만큼 반복하도록 만들었습니다. 여기서는 변수 i 대신 count를 바로 사용하므로 변화식을 count -= 1로 지정하여 반복할 때마다 count를 감소시키고 count가 0이 되면 반복문을 끝냅니다.

17.2 반복 횟수가 정해지지 않은 경우

지금까지 조건식에서 반복 횟수를 정한 뒤 변수 i를 증가시키거나 감소시켜서 while 반복문을 사용했습니다. 하지만 while 반복문은 반복 횟수가 정해지지 않았을 때 주로 사용합니다.

이번에는 난수를 생성해서 숫자에 따라 반복을 끝내 보겠습니다. 난수(random number)란 특정 주기로 반복되

지 않으며 규칙 없이 무작위로 나열되는 숫자를 뜻합니다. 현실에서 쉽게 접할 수 있는 난수가 바로 주사위를 굴려서 나온 숫자입니다.

▼ 그림 17-3 주사위

파이썬에서 난수를 생성하려면 random 모듈이 필요합니다. 모듈은 다음과 같이 import 키워드를 사용하여 가져올 수 있습니다(모듈은 'Unit 44 모듈과 패키지 사용하기'(573쪽)에서 자세히 설명하겠습니다).

· import 모듈

```
import random    # random 모듈을 가져옴
```

이제 random.random( )으로 random 모듈의 random 함수를 호출해봅니다.

```
>>> random.random()
0.002383731799935007
>>> random.random()
0.3297914484498006
>>> random.random()
0.6923390064955324
```

random.random( )을 실행할 때마다 계속 다른 실수가 출력되죠? 바로 이 숫자가 난수입니다.

우리는 숫자를 좀 더 알아보기 쉽도록 정수를 생성하는 random 모듈의 randint 함수를 사용해보겠습니다. 다음과 같이 randint 함수는 난수를 생성할 범위를 지정하며, 범위에 지정한 숫자도 난수에 포함됩니다.

· random.randint(a, b)

그럼 randint 함수로 주사위를 만들어보겠습니다. 보통 정육면체 주사위는 1부터 6까지 숫자가 있죠? 따라서 random.randint(1, 6)처럼 1과 6을 넣으면 1과 6 사이의 난수가 생성됩니다.

```
>>> random.randint(1, 6)
4
>>> random.randint(1, 6)
1
>>> random.randint(1, 6)
5
```

random.randint(1, 6)을 실행할 때마다 다른 숫자가 나옵니다. 이제 이 함수를 while 반복문에 사용해보겠습니다.

다음은 1과 6 사이의 난수를 생성한 뒤 3이 나오면 반복을 끝냅니다. 그냥 3이 나올 때까지 주사위를 계속 던지는 행동과 같습니다.

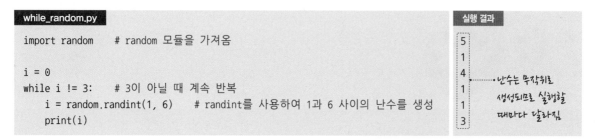

while_random.py

```
import random    # random 모듈을 가져옴

i = 0
while i != 3:     # 3이 아닐 때 계속 반복
    i = random.randint(1, 6)     # randint를 사용하여 1과 6 사이의 난수를 생성
    print(i)
```

실행 결과
```
5
1
4
1
1
3
```
난수는 무작위로 생성되므로 실행할 때마다 달라짐

while 반복문에서 i != 3과 같이 조건식을 지정하여 3이 아닐 때 계속 반복하도록 만듭니다. 그리고 반복할 코드에서 i = random.randint(1, 6)과 같이 1과 6 사이의 난수를 생성하여 변수 i에 저장합니다.

이제 이 코드를 여러 번 실행해봅니다. 실행 결과를 보면 정수가 무작위로 생성되어 실행할 때마다 반복 횟수가 달라지는 것을 볼 수 있습니다. 이처럼 **while 반복문은 반복 횟수가 정해져 있지 않을 때 유용합니다.**

> 참고   random.choice
>
> random.choice 함수를 사용하면 시퀀스 객체에서 요소를 무작위로 선택할 수 있습니다. 다음은 1, 2, 3, 4, 5, 6이 들어있는 리스트에서 무작위로 숫자를 선택합니다.
>
> · random.choice(시퀀스객체)
>
> ```
> >>> dice = [1, 2, 3, 4, 5, 6]
> >>> random.choice(dice)
> 1
> >>> random.choice(dice)
> 4
> >>> random.choice(dice)
> 3
> ```
>
> 물론 random.choice 함수는 시퀀스 객체를 받으므로 리스트뿐만 아니라 튜플, range, 문자열 등을 넣어도 됩니다.

17.3 while 반복문으로 무한 루프 만들기

이번에는 while 반복문으로 무한 루프를 만들어보겠습니다.

while_infinite_loop.py

```
while True:    # while에 True를 지정하면 무한 루프
    print('Hello, world!')
```

실행 결과
```
... (생략)
Hello, world!
Hello, world!
Hello, world!
Hello, world!
... (계속 반복)
```

while에 조건식 대신 True를 지정하면 무한히 반복하는 무한 루프가 만들어집니다. 따라서 조건식이 항상 참 (True)이므로 변화식도 필요 없습니다.

이 스크립트 파일을 실행한 상태로 두면 'Hello, world!'는 끝나지 않고 계속 출력됩니다. 따라서 IDLE이나 콘솔(터미널, 명령 프롬프트)에서 Ctrl+C를 입력하여 무한 루프를 끝냅니다.

while에 True 대신 True로 취급하는 값을 사용해도 무한 루프로 동작합니다.

```
while 1:    # 0이 아닌 숫자는 True로 취급하여 무한 루프로 동작
    print('Hello, world!')
```

```
while 'Hello':    # 내용이 있는 문자열은 True로 취급하여 무한 루프로 동작
    print('Hello, world!')
```

지금까지 while 반복문에 대해 알아보았습니다. while 반복문은 조건식이 참(True)일 때 반복하고 거짓 (False)일 때 반복을 끝냅니다. 특히 while 반복문은 반복 횟수가 정해져 있지 않을 때 자주 사용하므로 이 부분을 꼭 기억해두세요. 반면 for 반복문은 반복 횟수가 정해져 있을 때 자주 사용합니다. 그러므로 for와 while의 차이점을 정확히 익혀 두고 적절한 곳에 사용하는 것이 좋습니다.

17.4 퀴즈

1. 다음 중 while 반복문에 대한 설명으로 잘못된 것을 모두 고르세요.

    a. while 반복문에는 조건식 또는 값을 지정하면 된다.

    b. while 반복문은 조건식의 결과가 True이면 반복을 끝낸다.

    c. while 반복문은 반복 횟수가 정해져 있을 때만 사용할 수 있다.

    d. while 반복문의 다음 줄은 반드시 들여쓰기를 해야 한다.

    e. while 반복문의 조건식에 True를 지정하면 무한 루프가 된다.

2. 다음 while 반복문을 실행했을 때 출력 결과를 고르세요.

```
i = 10

while i < 19:
    print(i, end=' ')
    i += 2
```

a. 10 11 12 13 14 15 16 17 18 19

b. 10 11 12 13 14 15 16 17 18

c. 10 12 14 16 18 19

d. 10 12 14 16 18

e. 10 12 14 16

3. while 반복문으로 'Hello, world!'를 10번 출력한다고 했을 때 잘못된 부분을 고르세요.

```
a. i = 0
b.
c. while i > 20:
d.     print('Hello, world!')
e.     i = i + 2
```

4. 다음 while 반복문 중 무한 루프를 모두 고르세요.

a. while '':

b. while 1.1:

c. while None:

d. while False:

e. while not 0:

▶ 정답은 203쪽에 있습니다

17.5 연습문제: 변수 두 개를 다르게 반복하기

다음 소스 코드를 완성하여 정수 2 5, 4 4, 8 3, 16 2, 32 1이 각 줄에 출력되게 만드세요. while에 조건식은 두 개 지정하고, 두 변수를 모두 변화시켜야 합니다.

practice_while.py	실행 결과	정답

`i = 2`
`j = 5`
 	
`① _____ or _____`
`    print(i, j)`
`        ② _____`
`        ③ _____`
	2 5
	4 4
	8 3
	16 2
	32 1
		① while i <= 32 or j >= 1:
		② i *= 2
		③ j -= 1

해설

출력된 숫자의 규칙을 살펴보면 첫 번째 숫자는 2부터 크기가 두 배씩 늘어나서 32까지 출력되고, 두 번째 숫자는 5부터 1씩 줄어들어서 1까지 출력됩니다. 따라서 while 반복문 안에서 반복할 때마다 변수 i는 2배씩 만들고, j는 1씩 감소시킵니다.

먼저 i는 32까지 출력하고, j는 1까지 출력해야 하므로 while에 조건식을 i <= 32 or j >= 1과 같이 지정합니다. 사실 여기서는 i와 j 모두 다섯 번씩 반복하므로 i <= 32만 지정하거나 j >= 1만 지정해도 상관없

202   파이썬 코딩 도장

습니다. 또는, `i <= 32 and j >= 1`과 같이 and 연산자를 사용해도 결과는 같습니다. 이런 조건식은 각 상황에 맞게 지정해주면 됩니다.

그리고 반복문 안에서는 `i *= 2`로 i가 두 배씩 늘어나도록 만들고, `j -= 1`로 j가 1씩 줄어들게 만들면 됩니다.

17.6 심사문제: 교통카드 잔액 출력하기

표준 입력으로 금액(정수)이 입력됩니다. 1회당 요금은 1,350원으로 교통카드를 사용할 때마다 각 줄에 잔액을 출력하는 프로그램을 만드세요(input에서 안내 문자열은 출력하지 않아야 합니다). 단, 최초 금액은 출력하지 않아야 합니다. 그리고 잔액은 음수가 될 수 없으며 잔액이 부족하면 출력을 끝냅니다.

테스트 케이스 예제

표준 입력	표준 출력
10000	8650
	7300
	5950
	4600
	3250
	1900
	550

테스트 케이스 예제

표준 입력	표준 출력	judge_while.py
13500	12150	
	10800	
	9450	
	8100	
	6750	
	5400	
	4050	
	2700	
	1350	
	0	

17.4 퀴즈 정답

1 b, c while 반복문은 조건식의 결과가 True이면 계속 반복하고 False이면 반복을 끝냅니다. 그리고 while 반복문은 반복 횟수가 정해져 있지 않을 때도 사용할 수 있습니다.

2 d i가 10이고 while에서는 i가 19보다 작을 때 반복합니다. 이때 변화식에서 `i += 2`와 같이 i가 2씩 증가하므로 10 12 14 16 18이 출력됩니다.

3 c 초깃값이 0인데 조건식을 `i > 20`과 같이 만들면 처음부터 거짓이므로 반복을 하지 않습니다. 따라서 조건식을 `i < 20`과 같이 만들어야 합니다.

4 b, e while 반복문에 True를 지정하면 무한 루프가 됩니다. 여기서 1.1은 True로 취급하므로 무한 루프가 되고, False로 취급하는 0을 not으로 뒤집었으므로 무한 루프가 됩니다.

THE PYTHON PROGRAMMING LANGUAGE

UNIT 18

break, continue로 반복문 제어하기

이번에는 break와 continue를 사용하여 반복문을 제어하는 방법을 알아보겠습니다.

break는 for와 while 문법에서 제어 흐름을 벗어나기 위해 사용합니다. 즉, 루프를 완전히 중단하죠. continue는 break와 비슷하지만 약간 다른 점이 있습니다. break는 제어 흐름을 중단하고 빠져나오지만, continue는 제어 흐름(반복)을 유지한 상태에서 코드의 실행만 건너뛰는 역할을 합니다. 마치 카드 게임을 할 때 패가 안 좋으면 판을 포기하고 다음 기회를 노리는 것과 비슷합니다.

- **break: 제어 흐름 중단**
- **continue: 제어 흐름 유지, 코드 실행만 건너뜀**

이제 실제 코드에서 break와 continue를 사용해봅시다.

18.1 break로 반복문 끝내기

먼저 break로 반복문을 끝내는 방법입니다.

18.1.1 while에서 break로 반복문 끝내기

그럼 while 무한 루프에서 숫자를 증가시키다가 변수 i가 100일 때 반복문을 끝내도록 만들어보겠습니다. 다음 내용을 IDLE의 소스 코드 편집 창에 입력한 뒤 실행해보세요.

break_while.py	실행 결과
| ```python
i = 0
while True:       # 무한 루프
    print(i)
    i += 1        # i를 1씩 증가시킴
    if i == 100:  # i가 100일 때
        break     # 반복문을 끝냄. while의 제어 흐름을 벗어남
``` | 0<br>1<br>2<br>... (생략)<br>97<br>98<br>99 |

 잠깐만요

- SyntaxError: invalid syntax: break에는 :(콜론)을 붙이지 않습니다. :을 붙였는지 확인해주세요.
```

먼저 while에 True를 지정하여 무한 루프를 만들고, 그 안에서 i를 1씩 증가시킵니다. 그리고 if를 사용하여 i가 100이 될 때 break를 실행합니다. 이렇게 하면 무한 루프라도 0부터 99까지만 화면에 출력합니다. 즉, 반복문 안에서 break를 실행하면 반복문은 바로 끝납니다.

이 과정을 그림으로 표현하면 오른쪽과 같은 모양이 됩니다.

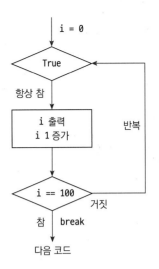

▼ 그림 18-1 while에서 break로 반복문 끝내기

18.1.2 for에서 break로 반복문 끝내기

while뿐만 아니라 for에서도 break의 동작은 같습니다.

```
break_for.py
for i in range(10000):    # 0부터 9999까지 반복
    print(i)
    if i == 100:          # i가 100일 때
        break             # 반복문을 끝냄. for의 제어 흐름을 벗어남
```

실행 결과
```
0
1
2
... (생략)
98
99
100
```

for에 range(10000)을 지정했으므로 0부터 9999까지 반복합니다. 하지만 i가 100일 때 break를 실행하므로 0부터 100까지만 출력하고 반복문을 끝냅니다.

이 과정을 그림으로 나타내면 오른쪽과 같은 모양이 됩니다.

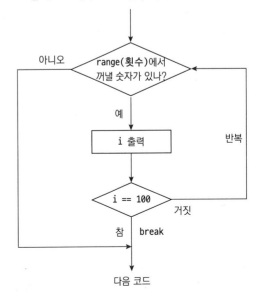

▼ 그림 18-2 for에서 break로 반복문 끝내기

continue로 코드 실행 건너뛰기

이번에는 continue를 사용하여 일부 코드를 실행하지 않고 건너뛰어 보겠습니다.

18.2.1 for에서 continue로 코드 실행 건너뛰기

다음은 for로 0부터 99까지 반복하면서 홀수만 출력합니다.

continue_for.py	실행 결과
```for i in range(100): # 0부터 99까지 증가하면서 100번 반복 if i % 2 == 0: # i를 2로 나누었을 때 나머지가 0면 짝수 continue # 아래 코드를 실행하지 않고 건너뜀 print(i)```	1 3 5 ... (생략) 95 97 99

> **잠깐만요**
>
> • SyntaxError: invalid syntax: continue에는 :(콜론)을 붙이지 않습니다. :을 붙였는지 확인해주세요.

먼저 for를 사용하여 0부터 99까지 반복합니다. 그리고 if를 사용하여 i가 짝수이면 continue를 실행합니다 (i를 2로 나누었을 때 나머지가 0이면 짝수, 0이 아니면 홀수입니다). 마지막으로 print를 사용하여 i의 값을 출력합니다.

이제 i가 짝수이면 continue를 실행하여 print를 건너뛰고, 홀수이면 print로 숫자를 출력합니다. 즉, 반복문 안에서 continue를 실행하면 continue 아래의 코드는 실행하지 않고 건너뛴 뒤 다음 반복을 시작합니다.

▼ 그림 18-3 continue로 코드 실행 건너뛰기

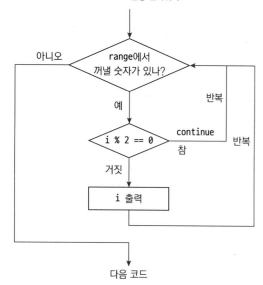

18.2.2 while 반복문에서 continue로 코드 실행 건너뛰기

for뿐만 아니라 while에서도 continue의 동작은 같습니다.

```
continue_while.py
i = 0
while i < 100:          # i가 100보다 작을 때 반복. 0부터 99까지 증가하면서 100번 반복
    i += 1              # i를 1씩 증가시킴
    if i % 2 == 0:      # i를 2로 나누었을 때 나머지가 0이면 짝수
        continue        # 아래 코드를 실행하지 않고 건너뜀
    print(i)
```

```
실행 결과
1
3
5
... (생략)
95
97
99
```

while i < 100:으로 0부터 99까지 반복하도록 만듭니다. 그리고 i를 1씩 증가시킨 뒤 if를 사용하여 i가 짝수이면 continue를 실행합니다. 마지막으로 print를 사용하여 i의 값을 출력합니다.

이렇게 하면 i의 값에 따라 continue 아래에 있는 print를 건너뜁니다.

코드의 동작을 그림으로 나타내면 다음과 같은 모양이 됩니다.

▼ 그림 18-4 continue로 코드 실행 건너뛰기

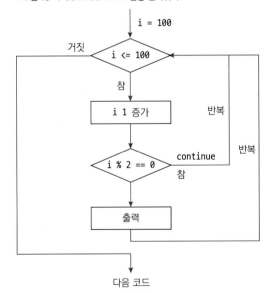

여기서는 while i < 100:과 같이 반복 횟수를 정한 뒤 continue를 사용했습니다. 만약 무한 루프에서 continue를 사용하면 홀수만 계속 출력될 뿐 반복문은 끝나지 않습니다. while에서 continue를 사용할 때는 이 부분을 주의해주세요.

> **참고** **반복문과 pass**
>
> for, while의 반복할 코드에서 아무 일도 하지 않지만, 반복문의 형태를 유지하고 싶다면 pass를 사용하면 됩니다.
>
> ```
> for i in range(10):    # 10번 반복
>     pass               # 아무 일도 하지 않음
> ```
>
> ```
> while True:    # 무한 루프
>     pass       # 아무 일도 하지 않음
> ```
>
> pass에 대한 내용은 '13.1 if 조건문 사용하기'(157쪽)를 참조해주세요.

18.3 입력한 횟수대로 반복하기

이번에는 입력한 횟수대로 반복을 해보겠습니다. 다음 내용을 IDLE의 소스 코드 편집 창에 입력하세요.

break_input.py
```
count = int(input('반복할 횟수를 입력하세요: '))

i = 0
while True:    # 무한 루프
    print(i)
    i += 1
    if i == count:    # i가 입력받은 값과 같을 때
        break         # 반복문을 끝냄
```

소스 코드를 실행하면 '반복할 횟수를 입력하세요: '가 출력됩니다. 여기서 3을 입력하고 엔터 키를 누르세요.

실행 결과
```
반복할 횟수를 입력하세요: 3 (입력)
0
1
2
```

먼저 input으로 입력 값을 받아서 count 변수에 저장했습니다(이때 반드시 int를 사용하여 input에서 나온 문자열을 정수로 변환해줍니다). 그다음에 i에는 0을 할당하고, while에 True를 지정하여 무한 루프로 만듭니다.

반복문 안에서는 i의 값을 출력하고, 변화식에서는 i를 1씩 증가시킵니다. 그리고 i가 count의 값과 같으면 break를 실행합니다.

여기서는 3을 입력했으므로 0부터 2까지 출력된 뒤 i의 값 3과 count의 값 3이 같으므로 반복문은 끝납니다.

18.3.1 입력한 숫자까지 홀수 출력하기

이번에는 입력한 숫자까지 해당하는 홀수를 출력해보겠습니다.

```
continue_input.py

count = int(input('반복할 횟수를 입력하세요: '))

for i in range(count + 1):        # 0부터 증가하면서 count까지 반복(count + 1)
    if i % 2 == 0:                # i를 2로 나누었을 때 나머지가 0이면 짝수
        continue                  # 아래 코드를 실행하지 않고 건너뜀
    print(i)
```

소스 코드를 실행하면 '반복할 횟수를 입력하세요: '가 출력됩니다. 여기서 9를 입력하고 엔터 키를 누르세요.

```
실행 결과

반복할 횟수를 입력하세요: 9 (입력)
1
3
5
7
9
```

input으로 입력 값을 받아서 count 변수에 저장했습니다(이때 반드시 int를 사용하여 input에서 나온 문자열을 정수로 변환해줍니다). 그리고 for의 range에 count + 1을 지정하여 count에 들어있는 값만큼 반복하도록 만들었습니다. 왜냐하면 range(count)는 0부터 시작하므로 count의 값은 반복에 포함되지 않기 때문입니다. 따라서 count에 1을 더해서 count의 값도 반복에 포함되도록 만들어줍니다.

반복문 안에서는 if를 사용하여 i가 짝수이면 continue를 실행합니다. 그다음에 print를 사용하여 i의 값을 출력합니다.

여기서는 9를 입력했으므로 0부터 9까지 반복하면서 i가 짝수이면 print를 실행하지 않고 건너뛰며 i가 홀수이면 print를 사용하여 숫자를 출력합니다. 따라서 1 3 5 7 9가 출력됩니다.

지금까지 break와 continue에 대해 알아보았습니다. 어렵게 생각할 것 없이 break는 반복문을 끝내고, continue는 그 아래에 오는 코드를 건너뛴 뒤 계속 반복한다는 점만 기억하면 됩니다.

1. 다음 중 break와 continue에 대한 설명으로 올바른 것을 모두 고르세요.

   a. break는 if 조건문을 끝낸다.

   b. break는 while 반복문을 끝낸다.

   c. break는 for range 반복문에 사용할 수 없다.

   d. continue는 코드를 실행하지 않고 건너뛰며 루프를 중단하지 않는다.

   e. continue는 코드를 실행하지 않고 건너뛴 뒤 루프를 중단한다.

2. 다음 코드로 1부터 10까지 출력하면서 3의 배수는 제외하려고 할 때 밑줄 부분에 들어가야 할 코드를 고르세요.

```
for i in range(1, 11):
    _____
      _____
    print(i)
```

   a.
```
if i % 3 == 0:
    break
```
   b.
```
if i % 3 == 0:
    continue
```
   c.
```
if i % 3 != 0:
    break
```
   d.
```
if i % 3 != 0:
    continue
```
   e.
```
if i % 3 == 1:
    print(i)
```

3. 다음 코드로 30부터 10까지 출력할 때 밑줄 부분에 들어가야 할 코드를 고르세요.

```
i = 30

while True:
    print(i)
    _____
      _____
    i -= 1
```

   a.
```
if i != 10:
    break
```
   b.
```
if i != 10:
    continue
```
   c.
```
if i == 10:
    break
```

d. `if i == 10:`
       `continue`

e. `if i <= 30:`
       `continue`

▶ 정답은 212쪽에 있습니다

18.5 연습문제: 3으로 끝나는 숫자만 출력하기

다음 소스 코드를 완성하여 0과 73 사이의 숫자 중 3으로 끝나는 숫자만 출력되게 만드세요.

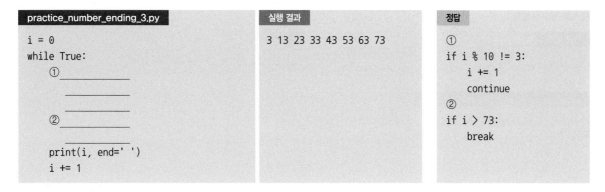

practice_number_ending_3.py
```
i = 0
while True:
    ①_____
        _____
        _____
    ②_____
        _____
    print(i, end=' ')
    i += 1
```

실행 결과
```
3 13 23 33 43 53 63 73
```

정답
```
①
if i % 10 != 3:
    i += 1
    continue
②
if i > 73:
    break
```

해설

while 반복문에서 print로 i의 값을 출력한 뒤 i를 1씩 증가시키고 있습니다. 따라서 print 함수 윗부분의 코드를 완성하여 3으로 끝나는 숫자를 출력해야 합니다.

먼저 3으로 끝나는 숫자를 구하려면 i를 10으로 나눈 뒤 나머지가 3인지 검사하면 됩니다. 하지만 if i % 10 == 3:에서 i를 출력하더라도 그 아래에 있는 print에서도 i를 출력하므로 원하는 결과가 나오지 않게 됩니다. 따라서 아래에 있는 print에서 i가 출력되지 않도록 continue로 코드를 건너뛰어야 합니다.

3으로 끝나는 숫자만 출력되도록 하려면 if i % 10 != 3:과 같이 if 조건문을 만들어서 3으로 끝나지 않는 숫자일 때 continue로 건너뜁니다. 이렇게 하면 그 아래에 있는 print에서 3으로 끝나는 숫자만 출력할 수 있습니다. 그리고 continue로 코드를 건너뛰면 아래에 있는 i += 1까지 건너뛰게 되므로 continue 위에 i += 1을 넣어주어야 합니다.

그리고 while 반복문에 True가 지정되어 있으므로 무한 루프입니다. 따라서 if 조건문을 사용하여 i가 73보다 클 때 break로 루프를 중단해줍니다. 여기서는 숫자를 출력하는 print가 아래에 있으므로 i가 73과 같을 때 break로 중단해버리면 73은 출력되지 않습니다(73을 출력하기 전에 break로 루프가 중단됨). 그러므로 73까지 출력하려면 i가 73일 때는 그냥 넘어가고 루프를 한 번 더 실행하여 i가 73보다 클 때 루프를 중단하는 것입니다.

18.6 심사문제: 두 수 사이의 숫자 중 3으로 끝나지 않는 숫자 출력하기

표준 입력으로 정수 두 개가 입력됩니다(첫 번째 입력 값의 범위는 1~200, 두 번째 입력 값의 범위는 10~200이며 첫 번째 입력 값은 두 번째 입력 값보다 항상 작습니다). 다음 소스 코드를 완성하여 첫 번째 정수와 두 번째 정수 사이의 숫자 중 3으로 끝나지 않는 숫자가 출력되게 만드세요. 정답에 코드를 작성할 때는 while True:에 맞춰서 들여쓰기를 해주세요.

테스트 케이스 예제

표준 입력	표준 출력
1 20	1 2 4 5 6 7 8 9 10 11 12 14 15 16 17 18 19 20

테스트 케이스 예제

표준 입력	표준 출력
21 33	21 22 24 25 26 27 28 29 30 31 32

judge_exclude_number_ending_3.py

```
start, stop = map(int, input().split())

i = start

while True:



    print(i, end=' ')
    i += 1
```

18.4 퀴즈 정답

1 b, d   break는 if 조건문에 영향을 미치지 않습니다. 그리고 for range 반복문에 break를 사용할 수 있습니다. continue는 코드를 실행하지 않고 건너뛰며 루프를 중단하지 않습니다.

2 b   3의 배수는 i % 3 == 0과 같이 3으로 나누었을 때 0인지 검사하면 됩니다. 그리고 그다음 줄에 있는 print에서 숫자를 출력하지 않으려면 continue로 코드를 건너뛰어야 합니다.

3 c   i가 30이고 무한 루프에서 30부터 10까지 출력하려면 i가 10일 때 break로 반복문을 끝내면 됩니다.

UNIT 19 계단식으로 별 출력하기

이번에는 지금까지 배운 for 반복문과 if 조건문을 사용하여 계단식으로 별(*)을 출력해보겠습니다.

```
*
**
***
****
*****
```

19.1 중첩 루프 사용하기

콘솔(터미널, 명령 프롬프트)은 2차원 평면이므로 별을 일정한 모양으로 출력하려면 반복문을 두 개 사용하는 것이 편리합니다.

다음과 같이 반복문 안에 반복문이 들어가는 형태를 중첩 루프(다중 루프)라고 합니다. 그리고 반복문의 루프 인덱스 변수는 index의 첫 글자를 따서 i를 사용하는데, 반복문 안에 반복문이 들어갈 때는 변수 이름을 i, j, k처럼 i부터 알파벳 순서대로 짓습니다. 여기서는 반복문이 두 개이므로 i와 j를 사용합니다(변수 이름을 i와 j로 짓는 것은 강제된 사항은 아니지만 오래전부터 관례로 사용하고 있습니다. 특히 이미 만들어진 소스 코드에서 많이 볼 수 있으므로 눈에 익혀 두는 것이 좋습니다).

▼ 그림 19-1 중첩 루프

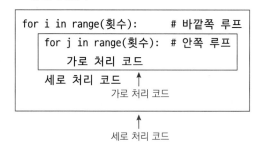

i를 사용하는 바깥쪽 루프는 세로 방향을 처리하고, j를 사용하는 안쪽 루프는 가로 방향을 처리합니다. 다음 내용을 IDLE의 소스 코드 편집 창에 입력한 뒤 실행해보세요.

```
multiple_loop.py
for i in range(5):              # 5번 반복. 바깥쪽 루프는 세로 방향
    for j in range(5):          # 5번 반복. 안쪽 루프는 가로 방향
        print('j:', j, sep='', end=' ')      # j값 출력
                                # end에 ' '를 지정하여 줄바꿈 대신 한 칸 띄움
    print('i:', i, '\\n', sep='') # i값 출력, 개행 문자 모양도 출력
                                # 가로 방향으로 숫자를 모두 출력한 뒤 다음 줄로 넘어감
                                # (print는 기본적으로 출력 후 다음 줄로 넘어감)
```

소스 코드를 실행하면 다음과 같은 모양으로 출력됩니다.

▼ 그림 19-2 중첩 루프 실행 결과

```
        안쪽 루프
           ↓
┌─────────────────────┐┌──────┐
│j:0 j:1 j:2 j:3 j:4  ││i:0\n │
│j:0 j:1 j:2 j:3 j:4  ││i:1\n │
│j:0 j:1 j:2 j:3 j:4  ││i:2\n │ ← 바깥쪽 루프
│j:0 j:1 j:2 j:3 j:4  ││i:3\n │
│j:0 j:1 j:2 j:3 j:4  ││i:4\n │
└─────────────────────┘└──────┘
```

출력 결과가 좀 복잡해 보이지만 간단한 내용입니다. 먼저 바깥쪽 루프로 시작하여 안쪽 루프가 가로 방향으로 j값을 출력합니다. end에는 줄바꿈을 하지 않기 위해서 ' '을 지정했습니다. 여기서는 각 값이 붙어서 출력되지 않도록 ''대신 ' '을 지정하여 공백 한 칸을 띄워주었습니다.

그리고 가로 방향이 출력이 끝나면 바깥쪽 루프에서 i값과 개행 문자를 출력하여 세로 방향을 처리하게 됩니다. 여기서는 \n을 화면에 직접 보여주기 위해 \\n으로 출력했습니다.

이처럼 중첩 루프는 2차원 평면을 다룰 수 있으므로 이미지 처리, 영상 처리, 좌표계 처리 등에 주로 쓰입니다.

19.2 사각형으로 별 출력하기

이제 중첩된 반복문을 사용하여 5×5 사각형 형태로 별을 그려보겠습니다. 다음 내용을 IDLE의 소스 코드 편집 창에 입력한 뒤 실행해보세요.

```
star_square.py                                              실행 결과
for i in range(5):              # 5번 반복. 바깥쪽 루프는 세로 방향    *****
    for j in range(5):          # 5번 반복. 안쪽 루프는 가로 방향      *****
        print('*', end='')      # 별 출력. end에 ''를 지정하여 줄바꿈을 하지 않음  *****
    print()    # 가로 방향으로 별을 다 그린 뒤 다음 줄로 넘어감        *****
               # (print는 출력 후 기본적으로 다음 줄로 넘어감)         *****
```

먼저 안쪽의 for j in range(5): 반복문에서 print로 별을 그리면 다음과 같이 가로 방향으로 별이 나열됩니다.

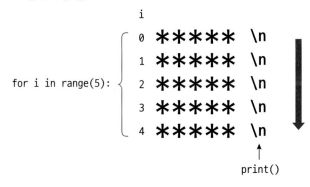

```
for j in range(5):
    print('*', end='')
```

이 방식은 print에 end=''를 지정했을 때 줄바꿈이 되지 않고 오른쪽 방향으로 문자가 계속 붙는 특성을 이용한 것입니다.

바깥쪽의 for i in range(5): 반복문은 안쪽 for j in range(5): 반복문을 실행하면서 별을 5개씩 그립니다. 그리고 print()를 사용하여 줄바꿈을 한 뒤 다시 별 5개씩 그립니다(print는 기본적으로 end='\n' 상태이므로 아무것도 지정하지 않아도 \n은 출력됨). 이렇게 반복하면서 별을 5개씩 5줄 쌓아 나갑니다.

▼ 그림 19-4 반복문 i

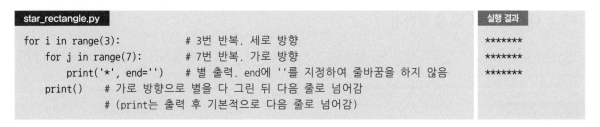

IDLE 및 콘솔에서는 위에서 아래로 출력되기 때문에 별을 그릴 때도 아래 방향으로 그리게 됩니다.

19.2.1 사각형 모양 바꾸기

이제 for 반복문의 조건식을 수정하여 사각형의 모양을 바꿔보겠습니다.

star_rectangle.py

```
for i in range(3):              # 3번 반복. 세로 방향
    for j in range(7):          # 7번 반복. 가로 방향
        print('*', end='')      # 별 출력. end에 ''를 지정하여 줄바꿈을 하지 않음
    print()     # 가로 방향으로 별을 다 그린 뒤 다음 줄로 넘어감
                # (print는 출력 후 기본적으로 다음 줄로 넘어감)
```

실행 결과

```
*******
*******
*******
```

안쪽 반복문은 7번 반복하고, 바깥쪽 반복문은 3번 반복하도록 수정하였습니다. 즉, 7×3 크기의 사각형을 그립니다. 각자 반복문 조건식의 숫자를 바꿔서 다양한 크기로 출력해보세요.

계단식으로 별 출력하기

계단식으로 별이 하나씩 증가하게 출력하려면 어떻게 해야 할까요?

앞에서 사각형으로 별을 출력할 때는 사각형에 꽉 채워서 별을 출력했지만, 계단식으로 출력할 때는 별을 출력하지 않는 부분이 있으므로 if 조건문으로 print를 제어해야 합니다.

다음 내용을 IDLE의 소스 코드 편집 창에 입력한 뒤 실행해보세요.

star_triangle.py

```
for i in range(5):          # 0부터 4까지 5번 반복. 세로 방향
    for j in range(5):      # 0부터 4까지 5번 반복. 가로 방향
        if j <= i:          # 세로 방향 변수 i만큼
            print('*', end='')  # 별 출력. end에 ''를 지정하여 줄바꿈을 하지 않음
    print()    # 가로 방향으로 별을 다 그린 뒤 다음 줄로 넘어감
               # (print는 출력 후 기본적으로 다음 줄로 넘어감)
```

실행 결과
```
*
**
***
****
*****
```

첫 번째 줄에는 별이 한 개, 두 번째 줄에는 별이 두 개, 세 번째 줄에는 별이 세 개, 네 번째 줄에는 별이 네 개, 다섯 번째 줄에는 별이 다섯 개입니다.

즉, 별의 개수는 세로 방향인 줄의 위치에 비례하므로 조건식도 세로 방향 변수 i에 맞추어 작성해야 합니다.

별 출력을 제어하기 위한 if 조건문
```
if j <= i:                  # 세로 방향 변수 i만큼
    print('*', end='')      # 별 출력. end에 ''를 지정하여 줄바꿈을 하지 않음
```

이렇게 if 조건문을 if j <= i:와 같이 작성하여 가로 방향(j)으로 별을 출력할 때는 세로 방향(i)의 변수만큼 출력하도록 만들었습니다. 따라서 i가 증가하면 i만큼 별이 늘어나게 됩니다.

i가 0일 때 j는 0부터 4까지 반복하지만, j <= i를 만족하는 경우는 j가 0일 때뿐이므로 별이 1번만 출력됩니다. 다시 i가 1일 때는 j <= i를 만족하는 경우는 j가 0, 1일 때이므로 별이 2번 출력됩니다. 이런 식으로 반복하면서 마지막 5번째에서 별이 5번 출력됩니다.

19.3.1 대각선으로 별 출력하기

이번에는 출력 부분을 수정하여 별을 대각선으로 그려보겠습니다. 다음 내용을 IDLE의 소스 코드 편집 창에 입력한 뒤 실행해보세요.

star_diagonal.py

```
for i in range(5):          # 0부터 4까지 5번 반복. 세로 방향
    for j in range(5):      # 0부터 4까지 5번 반복. 가로 방향
        if j == i:          # 세로 방향 변수와 같을 때
            print('*', end='')  # 별 출력. end에 ''를 지정하여 줄바꿈을 하지 않음
    print()    # 가로 방향으로 별을 다 그린 뒤 다음 줄로 넘어감
               # (print는 출력 후 기본적으로 다음 줄로 넘어감)
```

`if j == i:`처럼 가로 방향 변수와 세로 방향 변수가 같을 때만 별을 출력하면 왼쪽 위에서 오른쪽 아래 방향으로 별이 출력될 것입니다.

```
*
*
*
*
*
```

하지만 별을 출력해보면 그냥 세로로 출력됩니다. 왜 이렇게 출력되는 것일까요?

IDLE이나 콘솔에서는 문자 출력을 하지 않으면, 다음 문자는 현재 위치에 출력되므로 모두 왼쪽으로 몰리게 됩니다. 따라서 별을 출력하지 않는 부분에서는 print로 공백을 출력해주어야 별이 원하는 위치에 오게 됩니다.

star_diagonal.py

```
for i in range(5):          # 0부터 4까지 5번 반복. 세로 방향
    for j in range(5):      # 0부터 4까지 5번 반복. 가로 방향
        if j == i:                  # 세로 방향 변수와 같을 때
            print('*', end='')      # 별 출력. end에 ''를 지정하여 줄바꿈을 하지 않음
        else:                       # 세로 방향 변수와 다를 때
            print(' ', end='')      # 공백 출력. end에 ''를 지정하여 줄바꿈을 하지 않음
    print()     # 가로 방향으로 별을 다 그린 뒤 다음 줄로 넘어감
                # (print는 출력 후 기본적으로 다음 줄로 넘어감)
```

```
*
 *
  *
   *
    *
```

별이 왼쪽 위에서 오른쪽 아래 방향인 대각선 모양으로 그려졌습니다. 가로 방향과 세로 방향의 변숫값이 같을 때 별을 출력하고, 같지 않을 때는 공백을 출력했습니다.

지금까지 중첩 루프와 조건문을 활용하는 방법을 배웠는데 내용이 조금 어렵고 복잡했습니다. 사실 머릿속으로 상상해서 조건식을 만들어 내기는 쉽지 않습니다. 실제로는 조건식에서 <, >, <=, =>를 번갈아 넣어보며 결과를 확인하는 경우가 많으므로 이해가 되지 않는다고 해서 걱정할 필요는 없습니다. 여기서는 바깥쪽 루프가 세로 방향, 안쪽 루프가 가로 방향을 처리한다는 점만 기억하면 됩니다.

19.4 퀴즈

1. 다음 코드에 대한 설명으로 잘못된 것을 모두 고르세요.

```
for i in range(5):
    for j in range(5):
        print('*', end='')
    print()
```

a. 정사각형 모양으로 별이 출력된다.

b. 반복문 안에 반복문이 들어있는 중첩 루프이다.

c. i가 있는 반복문은 가로 방향을 처리한다.

d. j가 있는 반복문은 가로 방향을 처리한다.

e. print()처럼 아무것도 지정하지 않으면 print는 줄바꿈을 하지 않는다.

2. 다음과 같은 모양으로 별을 출력할 때 밑줄 부분에 들어가야 할 조건식을 고르세요.

```
for i in range(5):
    for j in range(5):
        if_____ :
            print('*', end='')
    print()
```

실행 결과

```
*
**
***
****
*****
```

a. i <= j

b. i < j

c. j <= i

d. j < i

e. j == i

▶ 정답은 219쪽에 있습니다

19.5 연습문제: 역삼각형 모양으로 별 출력하기

다음 소스 코드를 완성하여 역삼각형 모양으로 별이 출력되게 만드세요.

practice_star_inverted_triangle.py

```
for i in range(5):
    for j in range(5):
        _____
        ...
        _____
    print()
```

실행 결과

```
*****
****
***
**
*
```

정답

```
if j < i:
    print(' ', end='')
else:
    print('*', end='')
```

해설

먼저 별을 출력하는 조건문을 만들려면 출력된 모양을 분석해야 합니다. 윗부분이 넓고 아래로 갈수록 좁아지는 삼각형 모양인데 공백 부분이 하나씩 늘어나고 있습니다.

공백 부분은 세로 방향인 줄의 위치에 비례하므로 조건식도 세로 방향 변수 i에 맞추어 작성합니다. 단, 여기서는 i보다 j가 1이 작은 상황입니다. 따라서 if 조건문은 if j < i:와 같이 작성하여 가로 방향으로 공백을 출력할 때는 세로 방향의 변수 i보다 작을 때까지 출력하고, 반대되는 조건에서는 별을 출력하면 됩니다.

19.6 심사문제: 산 모양으로 별 출력하기

표준 입력으로 삼각형의 높이가 입력됩니다. 입력된 높이만큼 산 모양으로 별을 출력하는 프로그램을 만드세요(input에서 안내 문자열은 출력하지 않아야 합니다). 이때 출력 결과는 예제와 정확히 일치해야 합니다. 모양이 같더라도 공백이나 빈 줄이 더 들어가면 틀린 것으로 처리됩니다.

테스트 케이스 예제

표준 입력	표준 출력
| 3 | ```
  *
 ***
*****
``` |

테스트 케이스 예제

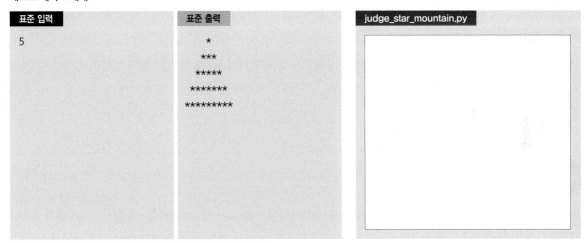

표준 입력	표준 출력	judge_star_mountain.py
| 5 | ```
    *
   ***
  *****
 *******
*********
``` | |

UNIT 20 FizzBuzz 문제

FizzBuzz는 매우 간단한 프로그래밍 문제이며 규칙은 다음과 같습니다.

1. 1에서 100까지 출력
2. 3의 배수는 Fizz 출력
3. 5의 배수는 Buzz 출력
4. 3과 5의 공배수는 FizzBuzz 출력

즉, 1부터 100까지 숫자를 출력하면서 3의 배수는 숫자 대신 'Fizz', 5의 배수는 숫자 대신 'Buzz', 3과 5의 공배수는 숫자 대신 'FizzBuzz'를 출력하면 됩니다.

설명을 보면서 따라 하기 전에 스스로 이 문제를 풀어보는 것이 좋습니다. 문제를 풀지 못해도 고민한 만큼 기억에 오래 남습니다.

특히 FizzBuzz 문제는 프로그래밍 면접에 자주 등장하는 문제입니다. 문제 조건을 꼼꼼히 따지지 않으면 경력자도 실수하기 쉽고, 면접에서 탈락하기도 합니다. 그만큼 기초실력을 가늠하는 문제이기 때문에 잘 알아 두면 좋습니다.

20.1 1부터 100까지 숫자 출력하기

FizzBuzz 문제는 반복문, 조건문, 나머지 연산자, 비교 연산자를 모두 동원해야 풀 수 있습니다. 먼저 1부터 100까지 숫자를 출력해보겠습니다. 다음 내용을 IDLE의 소스 코드 편집 창에 입력한 뒤 실행해보세요.

print_1_to_100.py	실행 결과

```
for i in range(1, 101):    # 1부터 100까지 100번 반복
    print(i)
```

```
1
2
3
... (생략)
98
99
100
```

for와 range로 1부터 100까지 100번 반복하면서 print로 변수의 값을 출력하면 됩니다. range에서 반복되는 마지막 숫자는 끝나는 숫자보다 1이 더 작으므로 101을 지정해야 되겠죠?

20.2 3의 배수일 때와 5의 배수일 때 처리하기

이제 3의 배수와 5의 배수일 때 숫자 대신 'Fizz', 'Buzz'를 출력해보겠습니다.

multiple_of_3_5.py
```
for i in range(1, 101):      # 1부터 100까지 100번 반복
    if i % 3 == 0:           # 3의 배수일 때
        print('Fizz')        # Fizz 출력
    elif i % 5 == 0:         # 5의 배수일 때
        print('Buzz')        # Buzz 출력
    else:
        print(i)             # 아무것도 해당되지 않을 때 숫자 출력
```

실행 결과
```
1
2
Fizz
... (생략)
97
98
Fizz
Buzz
```

for 반복문에서 i를 3으로 나눴을 때 나머지가 0이면 3의 배수, 5로 나눴을 때 나머지가 0이면 5의 배수입니다. 따라서 if로 3의 배수일 때 'Fizz'를 출력해주고, elif로 5의 배수일 때 'Buzz'를 출력합니다. 그리고 'Fizz'와 'Buzz'에 해당되지 않을 때는 숫자를 출력하도록 else에서 i의 값을 출력해줍니다.

20.3 3과 5의 공배수 처리하기

3의 배수와 5의 배수는 출력했지만 3과 5의 공배수를 출력하지는 못했습니다. 3과 5의 공배수는 어떻게 출력해야 할까요? 공배수는 다음과 같이 논리 연산자 and를 사용하면 됩니다.

fizzbuzz.py
```
for i in range(1, 101):          # 1부터 100까지 100번 반복
    if i % 3 == 0 and i % 5 == 0:  # 3과 5의 공배수일 때
        print('FizzBuzz')        # FizzBuzz 출력
    elif i % 3 == 0:             # 3의 배수일 때
        print('Fizz')            # Fizz 출력
    elif i % 5 == 0:             # 5의 배수일 때
        print('Buzz')            # Buzz 출력
    else:
        print(i)                 # 아무것도 해당되지 않을 때 숫자 출력
```

실행 결과
```
1
2
Fizz
... (생략)
FizzBuzz
91
92
Fizz
94
Buzz
Fizz
97
98
Fizz
Buzz
```

i % 3 == 0 and i % 5 == 0처럼 i를 3으로 나눴을 때 나머지가 0이면서 5로 나눴을 때도 나머지가 0이면 3과 5의 공배수입니다. 그러므로 이때는 print로 'FizzBuzz'를 출력해줍니다.

만약 i가 30인데 if에서 3의 배수를 먼저 검사하면 3과 5의 공배수는 검사를 하지 않고 그냥 넘어가 버리므로 주의해야 합니다. 따라서 3과 5의 공배수를 먼저 검사한 뒤 elif로 3의 배수, 5의 배수를 검사해야 합니다.

```python
if i % 3 == 0:                          # i가 30이면
    print('Fizz')                       # Fizz를 출력하고 그냥 넘어가 버림
elif i % 5 == 0:
    print('Buzz')
elif i % 3 == 0 and i % 5 == 0:         # 3과 5의 공배수는 검사하지 못함
    print('FizzBuzz')
else:
    print(i)
```

20.4 논리 연산자를 사용하지 않고 3과 5의 공배수 처리하기

논리 연산자 and를 사용하지 않고 3과 5의 공배수를 검사하려면 어떻게 해야 할까요? 3 * 5 = 15는 3과 5의 최소공배수이므로 15로 나눴을 때 나머지가 0인 값들은 3과 5의 공배수입니다.

fizzbuzz_without_logical_operator.py	실행 결과
| ```python
for i in range(1, 101):              # 1부터 100까지 100번 반복
    if i % 15 == 0:                  # 15의 배수(3과 5의 공배수)일 때
        print('FizzBuzz')            # FizzBuzz 출력
    elif i % 3 == 0:                 # 3의 배수일 때
        print('Fizz')                # Fizz 출력
    elif i % 5 == 0:                 # 5의 배수일 때
        print('Buzz')                # Buzz 출력
    else:
        print(i)                     # 아무것도 해당되지 않을 때 숫자 출력
``` | 1<br>2<br>Fizz<br>... (생략)<br>FizzBuzz<br>91<br>92<br>Fizz<br>94<br>Buzz<br>Fizz<br>97<br>98<br>Fizz<br>Buzz |

i를 15로 나눴을 때 나머지를 구하여 3과 5의 공배수를 구했습니다. 이때는 15라는 숫자 안에 3과 5의 최소공배수라는 뜻이 숨어 있습니다. 따라서 주석에 적절한 설명이 없다면 코드를 읽는 사람이 15의 속뜻을 알아내야 합니다.

FizzBuzz는 문제가 간단해서 15가 3과 5의 최소공배수라는 것을 쉽게 알 수 있습니다. 하지만 실무에서는 i % 3 == 0 and i % 5 == 0처럼 의미를 명확하게 드러내는 것이 좋습니다.

요즘은 프로그래밍 언어의 성능도 좋아졌고, CPU도 매우 빨라졌으므로 사소한 부분에 신경 쓰기 보다는 가독성을 높이는 쪽으로 코드를 작성합니다.
```

20.5 코드 단축하기

이번에는 코드를 매우 단축하여 FizzBuzz 문제를 풀어보겠습니다.

fizzbuzz_code_golf.py

```python
for i in range(1, 101):
    print('Fizz' * (i % 3 == 0) + 'Buzz' * (i % 5 == 0) or i)
    # 문자열 곱셈과 덧셈을 이용하여 print 안에서 처리
```

실행 결과

```
1
2
Fizz
... (생략)
FizzBuzz
91
92
Fizz
94
Buzz
Fizz
97
98
Fizz
Buzz
```

이번 예제는 코드 골프 방식으로 작성해보았습니다. 코드 골프란 골프에서 따온 말인데, 실제 골프 경기는 더 적은 타수로 승부를 겨룹니다. 마찬가지로 코드 골프도 소스 코드의 문자 수를 최대한 줄여서 작성하는 놀이입니다(코드의 문자 수를 얼마나 줄일 수 있는지 겨루는 놀이일 뿐 실무에서 이런 방식으로 작성하면 나중에 작성자 본인을 포함해서 여러 사람이 고생하게 됩니다).

먼저 파이썬은 문자열을 곱하거나 더할 수 있죠? 문자열을 곱하면 문자열이 반복되고, 문자열을 더하면 두 문자열이 연결됩니다. 특히 문자열에 True를 곱하면 문자열이 그대로 나오고, False를 곱하면 문자열이 출력되지 않습니다(True는 1, False는 0으로 연산).

```
>>> 'Fizz' + 'Buzz'
'FizzBuzz'
>>> 'Fizz' * True
'Fizz'
>>> 'Fizz' * False
''
```

다음과 같이 문자열 곱셈을 이용하여 3의 배수일 때 'Fizz'를 출력합니다. i가 3의 배수이면 i % 3 == 0은 True이므로 'Fizz'가 출력되고, 3의 배수가 아니면 False이므로 'Fizz'가 출력되지 않습니다.

```
'Fizz' * (i % 3 == 0)
```

마찬가지로 'Buzz'도 문자열 곱셈을 이용하여 5의 배수일 때 출력합니다.

```
'Buzz' * (i % 5 == 0)
```

3과 5의 공배수일 때는 'FizzBuzz'를 출력해야 하는데 이때는 문자열 덧셈을 이용합니다. 즉, 3과 5의 공배수이면 'Fizz' * True + 'Buzz' * True가 되므로 'Fizz' + 'Buzz'로 'FizzBuzz'를 출력합니다. 만약 한 쪽이 만족하지 않으면 덧셈할 문자열이 없으므로 'Fizz'나 'Buzz'만 출력됩니다.

```
'Fizz' * (i % 3 == 0) + 'Buzz' * (i % 5 == 0)
```

3 또는 5의 배수가 아닐 때는 'Fizz' * False + 'Buzz' * False가 되고 결과는 빈 문자열 ''이 되는데, 이때는 or 연산자를 사용합니다. 빈 문자열은 False로 취급하고, i는 항상 1 이상의 숫자이므로 or로 연산하면 i만 남게 되어 숫자가 그대로 출력됩니다.

```
print('Fizz' * (i % 3 == 0) + 'Buzz' * (i % 5 == 0) or i)
```

이처럼 파이썬에서 연산자의 특성을 활용하면 코드의 길이를 짧게 줄일 수 있습니다. 하지만 코드가 읽기 어려워진다면 이해하기 쉽도록 풀어서 작성하는 것이 좋습니다.

지금까지 반복문, 조건문, 논리 연산자, 나머지 연산자를 사용하여 FizzBuzz 문제를 풀어보았는데 간단하면서도 내용이 조금 까다로웠습니다. FizzBuzz 문제는 회사 면접 문제로 자주 사용된다고 했는데, 의외로 경력이 꽤 되는 프로그래머가 문제를 틀립니다. 보통 "이런 간단한 문제를 내다니"하면서 쉽게 보다가 3과 5의 공배수 처리 부분에서 실수를 하게 됩니다. 사실 FizzBuzz 문제는 프로그래밍 실력을 보는 것이 아니라 이해력을 보는 문제이기 때문입니다. 프로그래밍 실력보다 중요한 것이 요구 사항에 대한 이해력이라는 점을 잊지 마세요.

20.6 퀴즈

1. 다음 중 변수 i가 6의 배수인지 확인하는 방법으로 올바른 것을 고르세요.

   a. i / 6 == 0

   b. i & 6 == 0

   c. i | 6 == 0

   d. i % 6 == 0

   e. i // 6 == 0

2. 다음 중 변수 i가 5와 10의 공배수인지 확인하는 방법으로 올바른 것을 모두 고르세요.

   a. `i // 5 == 0 or i // 10 == 0`

   b. `i ¦ 5 == 0 and i ¦ 10 == 0`

   c. `i % 5 == 0 or i % 10 == 0`

   d. `i % 5 == 0 and i % 10 == 0`

   e. `i % 10 == 0`

▶ 정답은 226쪽에 있습니다

20.7 연습문제: 2와 11의 배수, 공배수 처리하기

다음 소스 코드를 완성하여 1부터 100까지의 숫자를 출력하면서 2의 배수일 때는 `'Fizz'`, 11의 배수일 때는 `'Buzz'`, 2와 11의 공배수일 때는 `'FizzBuzz'`가 출력되게 만드세요.

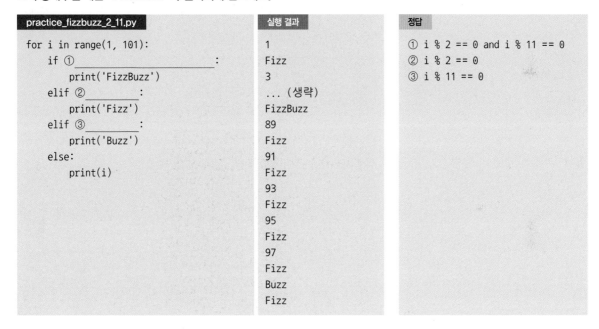

practice_fizzbuzz_2_11.py

```
for i in range(1, 101):
    if ①_____:
        print('FizzBuzz')
    elif ②_____:
        print('Fizz')
    elif ③_____:
        print('Buzz')
    else:
        print(i)
```

실행 결과

```
1
Fizz
3
... (생략)
FizzBuzz
89
Fizz
91
Fizz
93
Fizz
95
Fizz
97
Fizz
Buzz
Fizz
```

정답

```
① i % 2 == 0 and i % 11 == 0
② i % 2 == 0
③ i % 11 == 0
```

해설

2의 배수는 i를 2로 나눴을 때 0이 나오면 되므로 `i % 2 == 0`과 같이 작성하면 되고, 11의 배수는 i를 11로 나눴을 때 0이 나오면 되므로 `i % 11 == 0`과 같이 작성하면 됩니다.

2와 11의 공배수는 `i % 2 == 0 and i % 7 == 0`과 같이 논리 연산자 and로 구해도 되고, 2와 11의 최소공배수인 22를 직접 사용하여 `i % 22 == 0`과 같이 구해도 됩니다.

심사문제: 5와 7의 배수, 공배수 처리하기

표준 입력으로 정수 두 개가 입력됩니다(첫 번째 입력 값의 범위는 1~1000, 두 번째 입력 값의 범위는 10~1000이며 첫 번째 입력 값은 두 번째 입력 값보다 항상 작습니다). 첫 번째 정수부터 두 번째 정수까지 숫자를 출력하면서 5의 배수일 때는 'Fizz', 7의 배수일 때는 'Buzz', 5와 7의 공배수일 때는 'FizzBuzz'를 출력하는 프로그램을 만드세요(input에서 안내 문자열은 출력하지 않아야 합니다).

테스트 케이스 예제

표준 입력	표준 출력	judge_fizzbuzz_5_7.py
35 40	FizzBuzz 36 37 38 39 Fizz	

20.6 퀴즈 정답

1 d i가 6의 배수인지 확인하려면 % 연산자를 사용하여 6으로 나누었을 때 나머지가 0인지 확인하면 됩니다.

2 d, e i가 5와 10의 공배수인지 확인할 때는 % 연산자와 and 연산자를 사용하여 5로 나누었을 때 나머지가 0이면서 10으로 나누었을 때 나머지가 0인지 판단하면 됩니다. 그리고 10은 5의 배수이므로 i % 10의 결과만 판단해도 5와 10의 공배수인지 확인할 수 있습니다.

UNIT 21

터틀 그래픽스로 그림 그리기

지금까지 파이썬 셸에서 글자만 출력해서 조금 지겨웠죠? 이번에는 터틀 그래픽스(Turtle graphics) 모듈을 사용해서 간단한 그림을 그려보겠습니다. 터틀은 어린이와 초보자가 파이썬을 쉽게 배울 수 있도록 만든 모듈로 거북이가 기어가는 모양대로 그림을 그린다고 해서 터틀이라고 합니다.

터틀은 그림을 그리는 모듈이므로 Windows, 리눅스, macOS 그래픽 환경에서만 동작합니다. 콘솔(터미널)만 있는 환경에서는 사용할 수 없습니다.

21.1 사각형 그리기

이제 간단하게 사각형을 그려보겠습니다. IDLE을 실행하고 파이썬 셸에서 다음과 같이 입력하세요.

```
>>> import turtle as t
>>> t.shape('turtle')
```

> **잠깐만요**
>
> - ModuleNotFoundError: No module named ... : 모듈 이름을 잘못 입력했을 때 발생하는 에러입니다. turtle의 철자가 맞는지 확인해주세요.
> - TurtleGraphicsError: There is no shape named ... : 거북이의 모양을 잘못 지정해서 발생하는 에러입니다. t.shape에 'turtle'로 입력했는지 확인해주세요.

t.shape('turtle')까지 입력하면 파이썬 터틀 그래픽스(Python Turtle Graphics) 창이 표시되고 오른쪽을 바라보는 거북이가 나옵니다. t.shape는 거북이의 모양을 설정하며 아무것도 지정하지 않으면 화살표 모양이 나옵니다.

▼ 그림 21-1 파이썬 터틀 그래픽스 창과 거북이

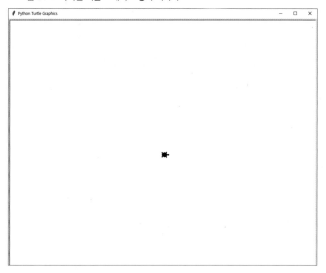

파이썬 터틀 그래픽스 창을 끄지 않은 상태에서 IDLE의 파이썬 셸 창에 다음과 같이 입력합니다.

```
>>> t.forward(100)
```

 잠깐만요

- AttributeError: module 'turtle' has no attribute ...: 모듈의 변수나 함수 이름을 잘못 입력했을 때 발생하는 에러입니다(함수는 뒤에서 자세히 설명하겠습니다). t.forward의 철자가 맞는지 확인해주세요.

t.forward(100)은 거북이를 100픽셀만큼 앞으로(forward) 이동시킵니다. 화면을 보면 거북이가 오른쪽으로 이동하고 검은색 선이 그려졌습니다.

▼ 그림 21-2 거북이를 100픽셀만큼 앞으로 이동

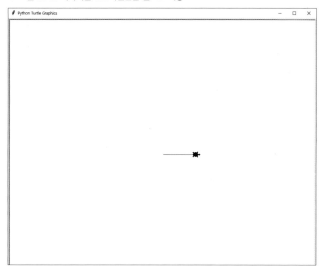

이번에는 거북이의 방향을 바꿔보겠습니다.

```
>>> t.right(90)
```

t.right(90)은 거북이의 방향을 오른쪽(right)으로 90도 회전시킵니다. 여기서는 90을 지정했으므로 90도가 되는데 다른 각도를 입력하면 해당 각도만큼 방향이 바뀝니다.

▼ 그림 21-3 거북이 방향을 바꿈

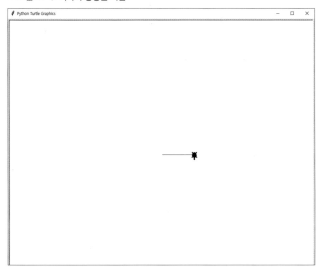

다시 거북이를 앞으로 100픽셀 이동시킵니다.

```
>>> t.forward(100)
```

기역(ㄱ)자 모양이 그려졌습니다.

▼ 그림 21-4 거북이를 앞으로 이동시킴

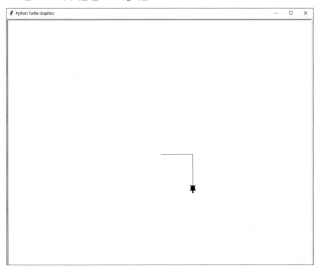

지금까지 했던 것처럼 오른쪽으로 90도 바꾸기, 앞으로 100픽셀 이동을 사각형이 될 때까지 반복합니다.

```
>>> t.right(90)
>>> t.forward(100)
>>> t.right(90)
>>> t.forward(100)
```

드디어 사각형이 만들어졌습니다. 이렇게 거북이를 조종해서 그림을 그릴 수 있습니다.

▼ 그림 21-5 거북이로 사각형 그리기

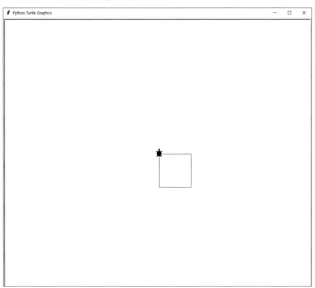

터틀 모듈에서 앞으로 이동, 오른쪽 회전 이외에 다른 기능도 있겠죠? backward는 뒤로 이동, left는 왼쪽으로 회전입니다. 특히 forward, backward 등은 짧게 줄여서 입력할 수도 있습니다.

- **앞으로 이동**: forward, fd
- **뒤로 이동**: backward, bk, back
- **왼쪽으로 회전**: left, lt
- **오른쪽으로 회전**: right, rt

각자 fd, bk, lt, rt 등을 사용해서 자유롭게 그림을 그려 보세요. 지금까지 그린 사각형을 fd와 rt로 만들어 보면 다음과 같은 코드가 됩니다.

```
import turtle as t

t.shape('turtle')

t.fd(100)
t.rt(90)
t.fd(100)
t.rt(90)
t.fd(100)
t.rt(90)
t.fd(100)
```

21.2 다각형 그리기

forward, right 등을 일일이 입력해서 그림을 그리려고 하니 좀 귀찮습니다. 이번에는 반복문을 사용해서 사각형을 그려보겠습니다.

```
square.py
import turtle as t

t.shape('turtle')
for i in range(4):      # 사각형이므로 4번 반복
    t.forward(100)
    t.right(90)
```

소스 코드를 실행해보면 이렇게 사각형이 그려집니다. 간단하죠?

▼ 그림 21-6 for 반복문으로 사각형 그리기

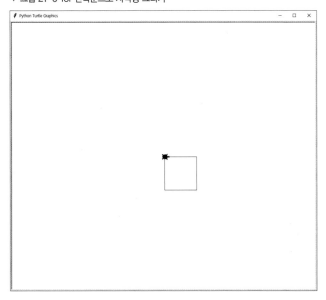

21.2.1 오각형 그리기

그럼 오각형은 어떻게 그릴까요? 잠시 수학 시간에 배운 내용을 떠올려봅시다. 다각형에서 외각의 합은 항상 360도입니다. 그래서 사각형은 90도가 4개 들어있습니다(90 * 4 = 360). 오각형은 360을 5로 나누면 외각을 구할 수 있습니다.

```
pentagon.py

import turtle as t

t.shape('turtle')
for i in range(5):      # 오각형이므로 5번 반복
    t.forward(100)
    t.right(360 / 5)    # 360을 5로 나누어서 외각을 구함
```

소스 코드를 실행해보면 이렇게 오각형이 그려집니다.

▼ 그림 21-7 for 반복문으로 오각형 그리기

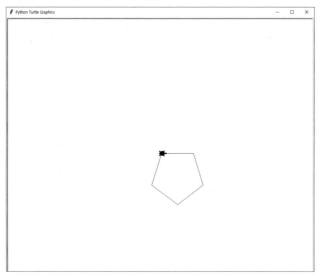

21.2.2 다각형 그리기

그럼 이 소스 코드를 응용해서 사용자가 숫자를 입력하면 해당 숫자에 해당하는 다각형을 그려보겠습니다.

```
polygon.py

import turtle as t

n = int(input())        # 사용자의 입력을 받음
t.shape('turtle')
for i in range(n):      # n번 반복
    t.forward(100)
    t.right(360 / n)    # 360을 n으로 나누어서 외각을 구함
```

소스 코드를 실행한 뒤 6을 입력하고 엔터 키를 누르세요.

6 (입력)

6을 입력했으므로 육각형이 그려졌습니다. 각자 다양한 숫자를 입력해서 다각형을 그려보세요(단, 일각형과 이각형은 도형이 아니므로 그릴 수 없습니다).

▼ 그림 21-8 입력한 숫자에 해당하는 다각형 그리기

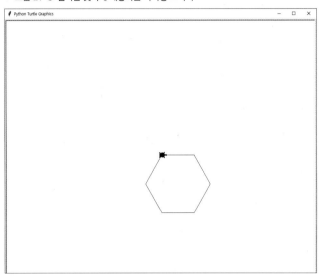

프로그래밍은 이런 방식으로 소스 코드를 일반화해 나가는 과정입니다. 처음에는 `for i in range(4):`와 `t.right(360 / 4)`처럼 숫자 4를 지정해서 사각형을 그렸습니다. 이때는 사각형만 그릴 수 있었습니다. 그 다음에는 4를 5로 바꿔서 오각형을 그렸습니다. 마지막에는 숫자 대신 n을 사용하여 원하는 모양의 다각형을 그릴 수 있었습니다. 즉, 공통 부분을 일반화해서 원하는 결과를 얻어내는 과정이 프로그래밍이며 컴퓨테이셔널 씽킹입니다.

21.2.3 다각형에 색칠하기

지금까지 검은색으로만 그림을 그렸습니다. 이번에는 다각형에 색을 칠해보겠습니다. 여기서는 숫자 입력 과정은 생략하고 n에 6을 지정하여 육각형으로 만들겠습니다.

```
red_hexagon.py

import turtle as t

n = 6     # 육각형
t.shape('turtle')
t.color('red')          # 펜의 색을 빨간색으로 설정
t.begin_fill()          # 색칠할 영역 시작
```

```
for i in range(n):          # n번 반복
    t.forward(100)
    t.right(360 / n)        # 360을 n으로 나누어서 외각을 구함
t.end_fill()                # 색칠할 영역 끝
```

소스 코드를 실행해보면 빨간색 육각형이 나옵니다. 먼저 color는 펜의 색을 설정합니다. 여기서는 'red'를 지정하여 빨간색으로 만들었습니다. 그리고 도형을 그리기 전에 t.begin_fill()로 색칠할 준비를 합니다. 그다음에 for 반복문으로 도형을 그린 뒤에 t.end_fill()을 사용하면 도형에 현재 펜 색이 칠해집니다.

▼ 그림 21-9 빨간색 육각형 그리기

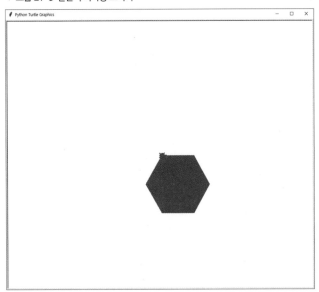

참고 **color에 색깔 지정하기**

color에 색깔을 지정할 때 'red', 'green', 'blue', 'yellow', 'purple', 'brown', 'gray' 등 영어로 색이름을 지정합니다. 하지만 색이름만으로는 다양한 색상을 표현하기가 힘듭니다. 이때는 웹 색상(web color)을 사용하면 됩니다.
웹 색상은 #으로 시작하며 빨강(R), 초록(G), 파랑(B)에 해당하는 두 자리 16진수 세 쌍으로 구성되어 있습니다.

- #000000: 검정
- #FF0000: 빨강
- #00FF00: 초록
- #0000FF: 파랑

색상의 범위는 00부터 FF까지 사용할 수 있으며 빨강, 초록, 파랑을 조합해서 색상을 만듭니다.

```
t.color('#FF69B4')    # 핫핑크(hotpink)
```

웹 색상에 대한 자세한 내용과 색상을 생성하는 방법은 다음 URL을 참조하세요.

- **웹 색상:** https://ko.wikipedia.org/wiki/웹_색상
- **HTML Color Picker:** https://www.w3schools.com/colors/colors_picker.asp

21.3 복잡한 도형 그리기

이번에는 원을 그려보겠습니다. 터틀에서 원을 그릴 때는 circle을 사용합니다.

```
>>> import turtle as t
>>> t.shape('turtle')
>>> t.circle(120)
```

t.circle에 120을 지정하여 반지름이 120인 원을 그렸습니다.

▼ 그림 21-10 원 그리기

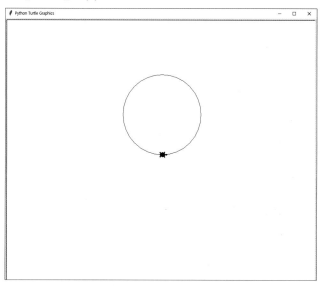

21.3.1 원을 반복해서 그리기

그럼 for를 사용해서 원을 반복해서 그려보겠습니다.

circles.py

```
import turtle as t

n = 60    # 원을 60번 그림
t.shape('turtle')
t.speed('fastest')       # 거북이 속도를 가장 빠르게 설정
for i in range(n):
    t.circle(120)        # 반지름이 120인 원을 그림
    t.right(360 / n)     # 오른쪽으로 6도 회전
```

소스 코드를 실행해보면 그물망 모양이 나옵니다. 360 / 60을 계산하면 6인데 오른쪽으로 6도씩 회전하면서 원을 그리면 이렇게 원이 겹쳐서 나옵니다. 각자 원의 개수, 반지름, 각도를 조금씩 바꿔보면서 그려보세요.

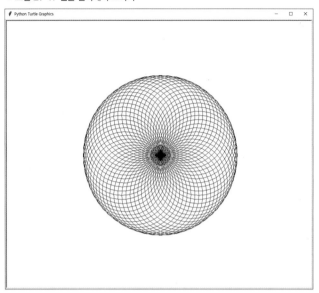

speed는 거북이의 속도를 설정합니다. 속도는 다음과 같이 문자열 또는 숫자로 설정할 수 있습니다(숫자는 0.5부터 10까지 설정할 수 있습니다). 여기서는 'fastest'를 지정해서 가장 빠른 속도로 그렸습니다.

- 'fastest': 0
- 'fast': 10
- 'normal': 6
- 'slow': 3
- 'slowest': 1

21.3.2 선으로 복잡한 무늬 그리기

이번에는 선을 이용해서 복잡한 무늬를 그려보겠습니다.

vortex.py

```
import turtle as t

t.shape('turtle')
t.speed('fastest')        # 거북이 속도를 가장 빠르게 설정
for i in range(300):      # 300번 반복
    t.forward(i)          # i만큼 앞으로 이동. 반복할 때마다 선이 길어짐
    t.right(91)           # 오른쪽으로 91도 회전
```

소스 코드를 실행해보면 복잡한 무늬가 그려집니다. 먼저 for로 i가 0부터 299까지 반복하는데 forward로 i만큼 앞으로 이동하도록 만들었습니다. 즉, 반복할 때마다 선이 길어집니다. 그리고 right로 91도 회전했습니다. 이렇게 하면 미세하게 틀어진 사각형이 그려지면서 바깥으로 퍼져 나가게 됩니다. 각자 반복 횟수, 선의 길이, 각도를 조금씩 바꿔가면서 그려보세요.

▼ 그림 21-12 선으로 복잡한 무늬 그리기

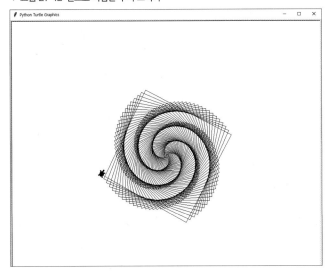

참고 **터틀 모양 설정하기**

터틀의 shape에는 'arrow', 'turtle', 'circle', 'square', 'triangle', 'classic' 등을 지정하여 여러 가지 터틀 모양을 사용할 수 있습니다. 특히, t.shape()와 같이 shape를 그대로 호출하면 현재 모양을 알아낼 수 있습니다.

```
>>> import turtle as t
>>> t.shape('arrow')    # 화살표 모양 사용
>>> t.shape()           # 현재 모양 알아내기
'arrow'
```

21.4 **퀴즈**

1. `import turtle as t`로 터틀 모듈을 가져왔습니다. 다음 중 설명이 잘못된 것을 고르세요.

   a. t.fd는 앞으로 이동

   b. t.bk는 뒤로 이동

   c. t.speed는 거북이 속도 설정

   d. t.lt는 오른쪽으로 회전

   e. t.color는 펜의 색상 설정

2. `import turtle as t`로 터틀 모듈을 가져왔습니다. 다음 중 반지름이 30인 초록색 원 한 개를 그리는 방법으로 올바른 것을 고르세요.

   a.
```
t.color('green')
t.begin_fill()
for i in range(10):
    t.forward(30)
    t.right(360 / 10)
t.end_fill()
```

b. `t.circle(30)`

c. `t.begin_fill()`
  `t.circle(30)`
  `t.end_fill()`

d. `t.color('green')`
  `t.begin_fill()`
  `t.circle(30)`
  `t.end_fill()`

e. `t.color('red')`
  `t.begin_fill()`
  `t.circle(30)`
  `t.end_fill()`

▶ 정답은 240쪽에 있습니다

21.5 연습문제: 오각별 그리기

다음 소스 코드를 완성하여 오각별이 그려지게 만드세요.

- 각 변의 길이는 100
- 별의 꼭짓점은 72도를 두 번 회전해서 144도 회전
- 별의 다음 꼭짓점을 그릴 때는 72도 회전

▼ 그림 21-13 오각별에서 각 변의 길이와 각도

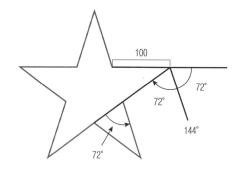

practice_pentagram.py

```
import turtle as t

n = 5
t.shape('turtle')
for i in range(n):
    _____
    _____
    _____
    _____
```

▼ 그림 21-14 오각별 실행 결과

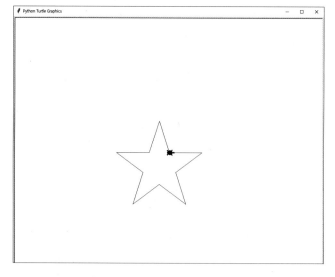

```
    t.forward(100)
    t.right((360 / n) * 2)
    t.forward(100)
    t.left(360 / n)
```

해설

오각형을 그릴 때는 72도(360 / 5)를 회전합니다. 이때 별의 꼭짓점은 72도를 한 번 더 회전해서 144도입니다. 따라서 t.forward(100)으로 선을 한 번 그리고 t.right((360 / n) * 2)으로 오른쪽으로 144도 회전한 뒤 t.forward(100)으로 선을 그립니다.

그리고 별의 꼭짓점을 그린 뒤 다음 꼭짓점을 그릴 때는 t.left(360 / n)으로 왼쪽으로 72도 회전합니다. 이렇게 5번 반복하면 오각별을 그릴 수 있습니다.

▼ 그림 21-15 오각별 그리기

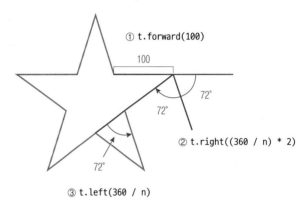

① t.forward(100)

② t.right((360 / n) * 2)

③ t.left(360 / n)

21.6 심사문제: 별 그리기

표준 입력으로 꼭짓점 개수(정수)와 선의 길이(정수)가 입력됩니다(꼭짓점 개수의 입력 범위는 5~10, 선의 길이 입력 범위는 50~150입니다). 다음 소스 코드를 완성하여 꼭짓점 개수와 선의 길이에 맞는 별이 그려지게 만드세요. 별을 그릴 때는 현재 위치부터 오른쪽으로 이동해서 시작해야 하며 시계 방향으로 그려야 합니다.

테스트 케이스 예제

표준 입력
5 150

▼ 그림 21-16 꼭짓점 개수 5, 선의 길이가 150인 별

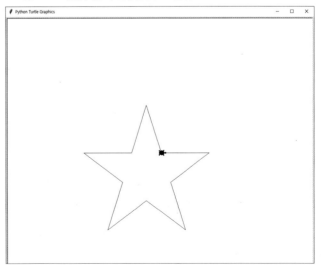

테스트 케이스 예제

```
6 100
```

▼ 그림 21-17 꼭짓점 개수 6, 선의 길이가 100인 별

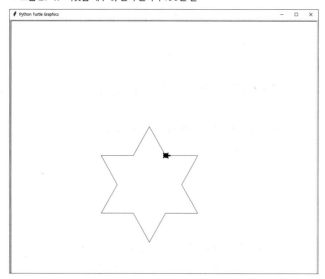

judge_polygon.py

```
import turtle as t

n, line = map(int, input().split())
t.shape('turtle')
t.speed('fastest')



```

21.4 퀴즈 정답

1 d t.lt는 t.left를 줄인 것이며 왼쪽으로 회전입니다.

2 d 도형에 색을 칠할 때는 먼저 t.color('green')으로 펜 색을 초록색으로 설정합니다. 그리고 t.begin_fill()을 사용한 뒤 t.circle(30) 으로 반지름이 30인 원을 그립니다. 마지막으로 t.end_fill()을 사용하면 원에 초록색이 칠해집니다.

반복할 횟수를 지정하여 반복하기

for 반복문은 반복할 횟수를 지정하여 반복할 수 있습니다. range에 반복할 횟수를 지정하고 앞에 in과 변수를 지정합니다.

```
for 변수 in range(횟수):
    반복할 코드
```

반복할 횟수가 정해져 있지 않을 때 반복하기

while 반복문은 반복 횟수가 정해져 있지 않을 때, 논리 조건에 따라 반복 여부를 결정할 때 사용합니다. 조건식이 만족하면 계속 반복하고, 만족하지 않으면 반복을 끝냅니다(예를 들어 데이터를 다 읽을 때까지 반복하는 경우).

```
초기식
while 조건식:
    반복할 코드
    조건식의 결과에 영향을 주는 코드(변화식)
```

반복문 끝내기

반복문에서 break를 사용하면 반복문을 끝낼 수 있습니다.

```
while 조건식1:
    if 조건식2:
        break    # 반복문을 끝냄
```

반복문의 코드 건너뛰기

반복문에서 continue를 사용하면 반복문의 일부 코드를 건너뛸 수 있습니다. 단, 반복문을 끝내지 않고 계속 반복합니다.

```
while 조건식1:
    if 조건식2:
        continue    # 아래 코드를 건너뛴 뒤 계속 반복함
    코드
```

중첩 루프

반복문 안에 반복문이 들어 있는 형태를 중첩 루프라고 하며 루프 인덱스 변수는 i부터 순서대로 짓습니다.

- 예) i, j, k

중첩 루프는 주로 가로×세로 형태로 된 2차원 평면을 다룰 때 사용합니다.

```
for i in range(10):       # 바깥쪽 루프
    for j in range(10):   # 안쪽 루프
        pass
```

반복문과 들여쓰기

for, while 다음에 오는 코드는 반드시 들여쓰기를 해야 하고, 깊이가 같아야 합니다.

```
for i in range(10):
    print(i)    # 올바른 코드
```

```
while i < 10:
    print(i)    # 올바른 코드
    i += 1      # 올바른 코드
```

```
for i in range(10):
print(i)        # 잘못된 코드
```

```
while i < 10:
    print(i)            # 잘못된 코드
        i += 1          # 잘못된 코드
```

FizzBuzz 문제의 의도

FizzBuzz 문제는 겉으로 보기에는 if 조건문과 나머지 연산자를 사용하는 방법을 묻는 것 같지만 실제로는 요구사항을 정확히 파악하여 구현했는지를 평가하는 문제입니다.

가장 많이 실수하는 부분은 3과 5의 공배수인데도 3의 배수로만 처리한다거나 5의 배수로만 처리하고 넘어가는 것입니다. 제시된 요구사항을 순서대로 if, elif, else로 만들다 보면 이런 실수를 하게 되죠. 따라서 문제의 요구사항을 정확히 파악하여 중요한 내용이 무엇인지 확인하고, 놓친 부분은 없는지 살펴봐야 합니다(여기서는 공배수 처리 부분이겠죠?).

터틀 그래픽스

turtle 모듈은 펜으로 그림을 그리는 모듈입니다.

▼ 표 21-1 터틀 메서드

메서드	설명	메서드	설명
shape('모양')	터틀 모양 지정(arrow, turtle, circle, square, triangle, classic)	mainloop()	터틀 창 유지
shape()	현재 모양 확인		
forward(거리) fd(거리)	앞으로 이동	backward(거리) bk(거리) back(거리)	뒤로 이동
left(각도) lt(각도)	왼쪽으로 회전	right(각도) rt(각도)	오른쪽으로 회전
color('색')	팬의 색 지정	circle(반지름)	원 그리기
begin_fill()	색칠할 영역 시작	end_fill()	색칠할 영역 끝
speed('속도') speed()	거북이 속도 설정 거북이 속도 확인		

Q & A 자 주 묻 는 질 문

어떤 수의 약수는 어떻게 구하나요?

배수는 나머지 연산자로 간단하게 구할 수 있었습니다.

```
x = 10
if x % 5 == 0:
    print('x는 5의 배수입니다.')
```

실행 결과

x는 5의 배수입니다.

마찬가지로 약수도 나머지 연산자로 구할 수 있습니다. 이때는 1부터 어떤 수까지 반복한 값으로 어떤 수를 나눴을 때 나머지가 0인 숫자를 찾으면
약수입니다.

```
x = 9
for i in range(1, x + 1):    # 1부터 어떤 수까지 반복
    if x % i == 0:           # 어떤 수를 i로 나누었을 때 나머지가 0이면 약수
        print(i, '은(는) x의 약수입니다.', sep='')
```

실행 결과

1은(는) x의 약수입니다.
3은(는) x의 약수입니다.
9은(는) x의 약수입니다.

22 리스트와 튜플 응용하기

'Unit 10 리스트와 튜플 사용하기'(102쪽)에서 리스트의 기본 사용 방법을 알아보았습니다. 파이썬의 리스트는 생각보다 기능이 많은데, 요소를 추가/삭제하거나, 정보를 조회하는 메서드(함수)도 제공합니다. 특히 for 반복문과 결합하면 연속적이고 반복되는 값을 손쉽게 처리할 수 있습니다.

22.1 리스트 조작하기

먼저 리스트를 조작하는 메서드(method)입니다(메서드는 객체에 속한 함수를 뜻하는데, 자세한 내용은 '34.1 클래스와 메서드 만들기'(433쪽)에서 설명하겠습니다). 파이썬에서 제공하는 리스트 메서드는 여러 가지가 있지만 여기서는 자주 쓰는 메서드를 다루겠습니다.

22.1.1 리스트에 요소 추가하기

리스트의 대표적인 기능이 바로 요소 추가입니다. 다음과 같이 리스트에 요소를 추가하는 메서드는 3가지가 있습니다.

- **append**: 요소 하나를 추가
- **extend**: 리스트를 연결하여 확장
- **insert**: 특정 인덱스에 요소 추가

22.1.2 리스트에 요소 하나 추가하기

append(요소)는 리스트 끝에 **요소 하나**를 추가합니다. 다음은 리스트 [10, 20, 30]에 500을 추가하여 리스트는 [10, 20, 30, 500]이 됩니다(메서드를 호출한 리스트가 변경되며 새 리스트는 생성되지 않음).

```
>>> a = [10, 20, 30]
>>> a.append(500)
>>> a
[10, 20, 30, 500]
>>> len(a)
4
```

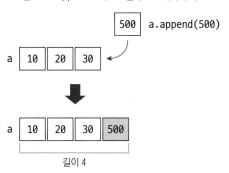

물론 빈 리스트에 값을 추가할 수도 있습니다.

```
>>> a = []
>>> a.append(10)
>>> a
[10]
```

22.1.3 리스트 안에 리스트 추가하기

append는 **append(리스트)**처럼 리스트를 넣으면 리스트 안에 리스트가 들어갑니다. 다음은 리스트 a 안에 [500, 600]이 들어가서 중첩 리스트가 됩니다.

```
>>> a = [10, 20, 30]
>>> a.append([500, 600])
>>> a
[10, 20, 30, [500, 600]]
>>> len(a)
4
```

a.append([500, 600])은 [500, 600]이라는 **요소 하나**를 리스트 a 끝에 추가합니다. 따라서 리스트 a를 len으로 길이를 구해보면 5가 아닌 4가 나옵니다.

▼ 그림 22-2 append로 리스트 안에 리스트 추가하기

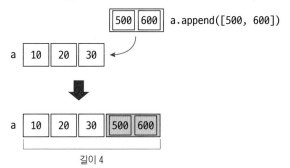

즉, append는 항상 리스트의 길이가 1씩 증가합니다.

22.1.4 리스트 확장하기

그러면 리스트에 요소를 여러 개 추가하려면 어떻게 해야 할까요? append를 여러 번 사용하는 방법도 있지만, 추가할 요소가 많은 경우에는 상당히 번거롭습니다. 이때는 extend를 사용합니다.

extend(리스트)는 리스트 끝에 다른 리스트를 연결하여 리스트를 확장합니다. 다음은 리스트 [10, 20, 30]에 다른 리스트 [500, 600]을 연결하여 [10, 20, 30, 500, 600]이 됩니다(메서드를 호출한 리스트가 변경되며 새 리스트는 생성되지 않음).

```
>>> a = [10, 20, 30]
>>> a.extend([500, 600])
>>> a
[10, 20, 30, 500, 600]
>>> len(a)
5
```

extend를 사용하면 리스트의 길이는 extend에 전달된 리스트의 길이만큼 증가합니다. 따라서 길이가 3인 리스트 [10, 20, 30]에 길이가 2인 [500, 600]을 연결했으므로 길이는 5가 나옵니다.

▼ 그림 22-3 extend로 리스트 확장하기

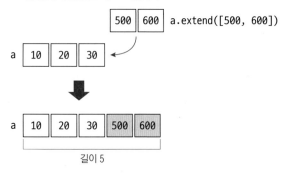

extend의 동작을 좀 더 정확하게 이야기하면 extend에 전달된 [500, 600]의 요소를 반복하면서 각 요소를 리스트 a에 추가하는 것입니다. 따라서 리스트와 리스트를 연결한 모양이 됩니다.

22.1.5 리스트의 특정 인덱스에 요소 추가하기

append, extend는 리스트 끝에 요소를 추가합니다. 그러면 원하는 위치에 요소를 추가하는 방법은 없을까요? 이때는 insert를 사용합니다.

insert(인덱스, 요소)는 리스트의 특정 인덱스에 **요소 하나**를 추가합니다. 다음은 리스트 [10, 20, 30]의 인덱스 2에 500을 추가하여 [10, 20, 500, 30]이 됩니다.

```
>>> a = [10, 20, 30]
>>> a.insert(2, 500)
>>> a
[10, 20, 500, 30]
>>> len(a)
4
```

▼ 그림 22-4 insert로 특정 인덱스에 요소 추가

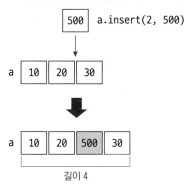

insert에서 자주 사용하는 패턴은 다음 두 가지입니다.

- **insert(0, 요소)**: 리스트의 맨 처음에 요소를 추가
- **insert(len(리스트), 요소)**: 리스트 끝에 요소를 추가

다음은 리스트 [10, 20, 30]의 맨 처음에 500을 추가합니다.

```
>>> a = [10, 20, 30]
>>> a.insert(0, 500)
>>> a
[500, 10, 20, 30]
```

그리고 insert에 마지막 인덱스보다 큰 값을 지정하면 리스트 끝에 요소 하나를 추가할 수 있습니다. 다음은 리스트 [10, 20, 30] 끝에 500을 추가합니다.

```
>>> a = [10, 20, 30]
>>> a.insert(len(a), 500)
>>> a
[10, 20, 30, 500]
```

len(리스트)는 마지막 인덱스보다 1이 더 크기 때문에 리스트 끝에 값을 추가할 때 자주 활용합니다. 사실 이 방법은 a.append(500)과 같습니다.

특히 insert는 요소 하나를 추가하므로 insert에 리스트를 넣으면 append처럼 리스트 안에 리스트가 들어갑니다. 다음은 리스트 [10, 20, 30]의 인덱스 1에 리스트 [500, 600]을 추가하여 중첩 리스트가 됩니다.

```
>>> a = [10, 20, 30]
>>> a.insert(1, [500, 600])
>>> a
[10, [500, 600], 20, 30]
```

만약 리스트 중간에 요소 여러 개를 추가하고 싶다면 '11.4 슬라이스 사용하기'(125쪽)에서 배운 슬라이스에 요소 할당하기를 활용하면 됩니다. 다음은 리스트 [10, 20, 30]의 인덱스 1부터 500, 600을 추가하여 [10, 500, 600, 20, 30]이 됩니다.

```
>>> a = [10, 20, 30]
>>> a[1:1] = [500, 600]
>>> a
[10, 500, 600, 20, 30]
```

a[1:1] = [500, 600]과 같이 시작 인덱스와 끝 인덱스를 같게 지정하면 해당 인덱스의 요소를 덮어쓰지 않으면서 요소 여러 개를 중간에 추가할 수 있습니다.

22.1.6 리스트에서 요소 삭제하기

이번에는 리스트에서 요소를 삭제하는 방법입니다. 다음과 같이 요소를 삭제하는 메서드는 두 가지가 있습니다.

· **pop**: 마지막 요소 또는 특정 인덱스의 요소를 삭제   · **remove**: 특정 값을 찾아서 삭제

22.1.7 리스트에서 특정 인덱스의 요소를 삭제하기

pop()은 리스트의 마지막 요소를 삭제한 뒤 삭제한 요소를 반환합니다. 다음은 리스트 [10, 20, 30]에서 pop으로 마지막 요소를 삭제한 뒤 30을 반환합니다. 따라서 리스트는 [10, 20]이 됩니다.

```
>>> a = [10, 20, 30]
>>> a.pop()
30
>>> a
[10, 20]
```

▼ 그림 22-5 pop으로 리스트의 마지막 요소 삭제

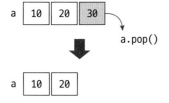

그러면 원하는 인덱스의 요소를 삭제할 수는 없을까요? 이때는 pop에 인덱스를 지정하면 됩니다.

pop(인덱스)는 해당 인덱스의 요소를 삭제한 뒤 삭제한 요소를 반환합니다. 다음은 리스트 [10, 20, 30]에서 인덱스 1을 삭제합니다.

```
>>> a = [10, 20, 30]
>>> a.pop(1)
20
>>> a
[10, 30]
```

사실 pop 대신 del을 사용해도 상관없습니다.

```
>>> a = [10, 20, 30]
>>> del a[1]
>>> a
[10, 30]
```

22.1.8 리스트에서 특정 값을 찾아서 삭제하기

pop이나 del은 인덱스로 요소를 삭제했는데, 리스트에서 원하는 값을 찾아서 삭제하고 싶을 수도 있습니다. 이런 경우에는 remove를 사용합니다.

remove(값)은 리스트에서 특정 값을 찾아서 삭제합니다. 다음은 리스트 [10, 20, 30]에서 20을 삭제하여 [10, 30]이 됩니다.

```
>>> a = [10, 20, 30]
>>> a.remove(20)
>>> a
[10, 30]
```

만약 리스트에 같은 값이 여러 개 있을 경우 처음 찾은 값을 삭제합니다.

```
>>> a = [10, 20, 30, 20]
>>> a.remove(20)
>>> a
[10, 30, 20]
```

리스트 a에 20이 2개 있지만 가장 처음 찾은 인덱스 1의 20만 삭제합니다.

▼ 그림 22-6 remove로 특정 값을 찾아서 삭제

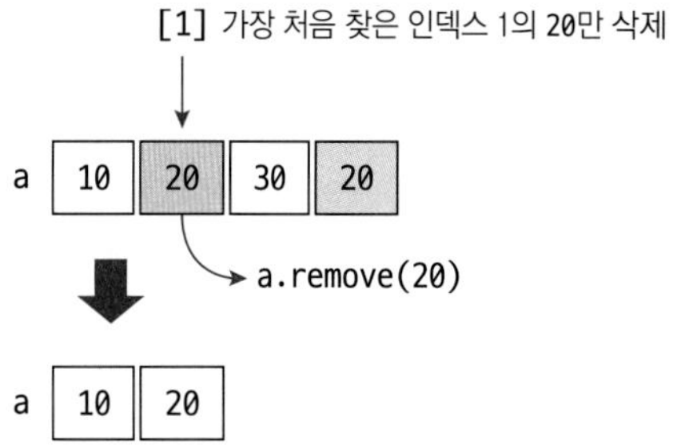

[1] 가장 처음 찾은 인덱스 1의 20만 삭제

a | 10 | 20 | 30 | 20 |

a.remove(20)

a | 10 | 20 |

참고　**리스트로 스택과 큐 만들기**

지금까지 알아본 리스트의 메서드로 스택(stack)과 큐(queue)를 만들 수 있습니다. 다음과 같이 append와 pop을 호출하는 그림을 90도 돌리면 스택의 모습이 됩니다.

▼ 그림 22-7 리스트로 스택 만들기

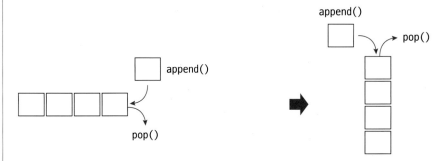

여기서 pop( ) 대신 pop(0)을 사용하면 큐가 됩니다.

▼ 그림 22-8 리스트로 큐 만들기

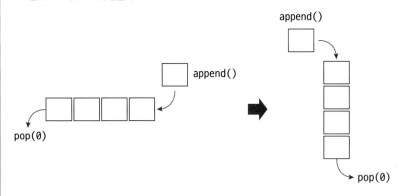

물론 append( ), pop(0)이 아닌 insert(0, 요소), pop( )을 사용해서 추가/삭제 방향을 반대로 해도 큐가 됩니다.

파이썬에서 스택은 리스트를 그대로 활용해도 되지만, 큐는 좀 더 효율적으로 사용할 수 있도록 덱(deque, **d**ouble **e**nded **que**ue)이라는 자료형을 제공합니다. 덱은 양쪽 끝에서 추가/삭제가 가능한 자료 구조입니다.

· **deque(반복가능한객체)**

```
>>> from collections import deque    # collections 모듈에서 deque를 가져옴
>>> a = deque([10, 20, 30])
>>> a
deque([10, 20, 30])
>>> a.append(500)      # 덱의 오른쪽에 500 추가
>>> a
deque([10, 20, 30, 500])
>>> a.popleft()        # 덱의 왼쪽 요소 하나 삭제
10
>>> a
deque([20, 30, 500])
```

deque의 append는 덱의 오른쪽에 요소를 추가하고, popleft는 덱의 왼쪽 요소를 삭제합니다. 반대로 appendleft는 덱의 왼쪽에 요소를 추가하고, pop으로 덱의 오른쪽 요소를 삭제할 수도 있습니다.

22.1.9 리스트에서 특정 값의 인덱스 구하기

index(값)은 리스트에서 특정 값의 인덱스를 구합니다. 이때 같은 값이 여러 개일 경우 처음 찾은 인덱스를 구합니다(가장 작은 인덱스). 다음은 20이 두 번째에 있으므로 인덱스 1이 나옵니다.

```
>>> a = [10, 20, 30, 15, 20, 40]
>>> a.index(20)
1
```

▼ 그림 22-9 index로 특정 값의 인덱스 구하기

```
      a.index(20)

          [1] 가장 처음 찾은 20의 인덱스를 구함
           │
           ▼
  a │ 10 │ 20 │ 30 │ 15 │ 20 │ 40 │
```

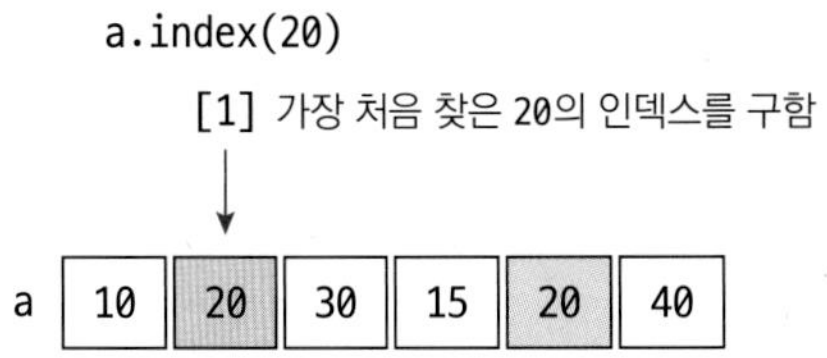

22.1.10 특정 값의 개수 구하기

count(값)은 리스트에서 특정 값의 개수를 구합니다. 다음은 리스트 [10, 20, 30, 15, 20, 40]에서 20의 개수를 구합니다.

```
>>> a = [10, 20, 30, 15, 20, 40]
>>> a.count(20)
2
```

리스트 a에는 20이 2개 들어있으므로 2가 나옵니다.

▼ 그림 22-10 count로 특정 값의 개수 구하기

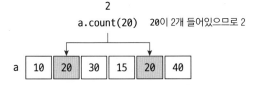

22.1.11 리스트의 순서를 뒤집기

reverse()는 리스트에서 요소의 순서를 반대로 뒤집습니다. 다음은 리스트 [10, 20, 30, 15, 20, 40]의 순서를 반대로 뒤집어서 [40, 20, 15, 30, 20, 10]이 됩니다.

```
>>> a = [10, 20, 30, 15, 20, 40]
>>> a.reverse()
>>> a
[40, 20, 15, 30, 20, 10]
```

22.1.12 리스트의 요소를 정렬하기

sort()는 리스트의 요소를 작은 순서대로 정렬합니다(오름차순). 다음은 리스트 [10, 20, 30, 15, 20, 40]의 값을 작은 순서대로 정렬하여 [10, 15, 20, 20, 30, 40]이 됩니다.

- **sort() 또는 sort(reverse=False)**: 리스트의 값을 작은 순서대로 정렬(오름차순)
- **sort(reverse=True)**: 리스트의 값을 큰 순서대로 정렬(내림차순)

```
>>> a = [10, 20, 30, 15, 20, 40]
>>> a.sort()
>>> a
[10, 15, 20, 20, 30, 40]
```

> **참고** **sort 메서드와 sorted 함수**
>
> 파이썬은 리스트의 sort 메서드뿐만 아니라 내장 함수 sorted도 제공합니다. sort와 sorted 모두 정렬을 해주는 함수지만, 약간의 차이점이 있습니다. sort는 메서드를 사용한 리스트를 변경하지만, sorted 함수는 정렬된 새 리스트를 생성합니다.
>
> ```
> >>> a = [10, 20, 30, 15, 20, 40]
> >>> a.sort()    # a의 내용을 변경하여 정렬
> >>> a
> [10, 15, 20, 20, 30, 40]
> >>> b = [10, 20, 30, 15, 20, 40]
> >>> sorted(b)    # 정렬된 새 리스트를 생성
> [10, 15, 20, 20, 30, 40]
> ```

22.1.13 리스트의 모든 요소를 삭제하기

clear()는 리스트의 모든 요소를 삭제합니다. 다음은 리스트 [10, 20, 30]의 모든 요소를 삭제하여 빈 리스트 []가 됩니다.

```
>>> a = [10, 20, 30]
>>> a.clear()
>>> a
[]
```

clear 대신 del a[:]와 같이 시작, 끝 인덱스를 생략하여 리스트의 모든 요소를 삭제할 수도 있습니다.

```
>>> a = [10, 20, 30]
>>> del a[:]
>>> a
[]
```

22.1.14 리스트를 슬라이스로 조작하기

리스트는 메서드를 사용하지 않고, 슬라이스로 조작할 수도 있습니다. 다음은 리스트 끝에 값이 한 개 들어있는 리스트를 추가합니다.

```
>>> a = [10, 20, 30]
>>> a[len(a):] = [500]
>>> a
[10, 20, 30, 500]
```

a[len(a):]는 시작 인덱스를 len(a)로 지정해서 리스트의 마지막 인덱스보다 1이 더 큰 상태입니다. 즉, 그림과 같이 리스트 끝에서부터 시작하겠다는 뜻입니다(이때는 리스트의 범위를 벗어난 인덱스를 사용할 수 있습니다).

▼ 그림 22-11 a[len(a):]의 뜻

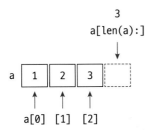

a[len(a):] = [500]과 같이 값이 한 개 들어있는 리스트를 할당하면 리스트 a 끝에 값을 한 개 추가하며 a.append(500)과 같습니다.

그리고 a[len(a):] = [500, 600]과 같이 요소가 여러 개 들어있는 리스트를 할당하면 리스트 a 끝에 다른 리스트를 연결하며 a.extend([500, 600])과 같습니다.

```
>>> a = [10, 20, 30]
>>> a[len(a):] = [500, 600]
>>> a
[10, 20, 30, 500, 600]
```

참고 리스트가 비어 있는지 확인하기

리스트(시퀀스 객체)가 비어 있는지 확인하려면 어떻게 해야 할까요? 방법은 간단합니다. 리스트는 len 함수로 길이를 구할 수 있죠? 이걸 if 조건문으로 판단하면 리스트가 비어 있는지 확인할 수 있습니다.

```
if not len(seq):    # 리스트가 비어 있으면 True
if len(seq):        # 리스트에 요소가 있으면 True
```

하지만 파이썬에서는 이 방법보다 리스트(시퀀스 객체)를 바로 if 조건문으로 판단하는 방법을 권장합니다(PEP 8).

```
if not seq:     # 리스트가 비어 있으면 True
if seq:         # 리스트에 내용이 있으면 True
```

특히 리스트가 비어 있는지 확인하는 방법은 리스트의 마지막 요소에 접근할 때 유용하게 사용할 수 있습니다. 리스트의 마지막 요소에 접근할 때는 인덱스를 −1로 지정하면 되죠?

```
>>> seq = [10, 20, 30]
>>> seq[-1]
30
```

만약 리스트가 비어 있을 경우에는 인덱스를 −1로 지정하면 에러가 발생합니다.

```
>>> a = []
>>> a[-1]
Traceback (most recent call last):
  File "<pyshell#3>", line 1, in <module>
    a[-1]
IndexError: list index out of range
```

이때는 if 조건문을 활용하여 리스트에 요소가 있을 때만 마지막 요소를 가져오면 됩니다.

```
seq = []
if seq:                  # 리스트에 요소가 있는지 확인
    print(seq[-1])       # 요소가 있을 때만 마지막 요소를 가져옴
```

22.2 리스트의 할당과 복사 알아보기

이번에는 리스트의 할당과 복사에 대해 알아보겠습니다. 할당과 복사는 비슷한 것 같지만 큰 차이점이 있습니다. 먼저 다음과 같이 리스트를 만든 뒤 다른 변수에 할당합니다.

```
>>> a = [0, 0, 0, 0, 0]
>>> b = a
```

b = a와 같이 리스트를 다른 변수에 할당하면 리스트는 두 개가 될 것 같지만 실제로는 리스트가 한 개입니다.

▼ 그림 22-12 리스트를 다른 변수에 할당했을 때

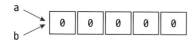

a와 b를 is 연산자로 비교해보면 True가 나옵니다. 즉, 변수 이름만 다를 뿐 리스트 a와 b는 같은 객체입니다.

```
>>> a is b
True
```

a와 b는 같으므로 b[2] = 99와 같이 리스트 b의 요소를 변경하면 리스트 a와 b에 모두 반영됩니다.

```
>>> b[2] = 99
>>> a
[0, 0, 99, 0, 0]
>>> b
[0, 0, 99, 0, 0]
```

▼ 그림 22-13 리스트를 할당한 뒤 b의 요소를 변경했을 때

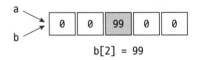

리스트 a와 b를 완전히 두 개로 만들려면 copy 메서드로 모든 요소를 복사해야 합니다.

```
>>> a = [0, 0, 0, 0, 0]
>>> b = a.copy()
```

b = a.copy()와 같이 copy를 사용한 뒤 b에 할당해주면 리스트 a의 요소가 모두 b에 복사됩니다.

▼ 그림 22-14 리스트를 복사했을 때

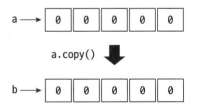

a와 b를 is 연산자로 비교해보면 False가 나옵니다. 즉, 두 리스트는 다른 객체입니다. 그러나 복사된 요소는 모두 같으므로 ==로 비교하면 True가 나옵니다.

```
>>> a is b
False
>>> a == b
True
```

이제 리스트 a와 b는 별개이므로 한쪽의 값을 변경해도 다른 리스트에 영향을 미치지 않습니다. 다음과 같이 리스트 b의 요소를 변경하면 리스트 a는 그대로이고 리스트 b만 바뀝니다.

```
>>> b[2] = 99
>>> a
[0, 0, 0, 0, 0]
>>> b
[0, 0, 99, 0, 0]
```

▼ 그림 22-15 리스트를 복사한 뒤 b의 요소를 변경했을 때

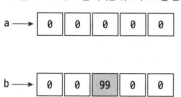

22.3 반복문으로 리스트의 요소를 모두 출력하기

리스트에 인덱스를 지정하여 요소를 한 개씩 출력하기는 상당히 귀찮죠? 이번에는 리스트와 반복문을 사용하여 간단하게 모든 요소를 출력해보겠습니다.

22.3.1 for 반복문으로 요소 출력하기

for 반복문은 그냥 in 뒤에 리스트를 지정하면 됩니다.

```
for 변수 in 리스트:
    반복할 코드
    └─── 들여쓰기 4칸
```

다음은 for로 리스트 a의 모든 요소를 출력합니다.

```
>>> a = [38, 21, 53, 62, 19]
>>> for i in a:
...     print(i)
...
38
21
53
62
19
```

for i in a:는 리스트 a에서 요소를 꺼내서 i에 저장하고, 꺼낼 때마다 코드를 반복합니다. 따라서 print로 i를 출력하면 모든 요소를 순서대로 출력할 수 있습니다.

물론 in 다음에 리스트를 직접 지정해도 상관없습니다.

```
for i in [38, 21, 53, 62, 19]:
    print(i)
```

22.3.2 인덱스와 요소를 함께 출력하기

그럼 for 반복문으로 요소를 출력할 때 인덱스도 함께 출력하려면 어떻게 해야 할까요? 이때는 enumerate를 사용합니다.

• for 인덱스, 요소 in enumerate(리스트):

```
>>> a = [38, 21, 53, 62, 19]
>>> for index, value in enumerate(a):
...     print(index, value)
...
0 38
1 21
2 53
3 62
4 19
```

for index, value in enumerate(a):와 같이 enumerate에 리스트를 넣으면 for 반복문에서 인덱스와 요소를 동시에 꺼내 올 수 있습니다.

앞의 코드는 인덱스를 0부터 출력하는데 1부터 출력하고 싶을 수도 있습니다. 다음과 같이 그냥 index + 1을 출력하면 되겠죠?

```
>>> for index, value in enumerate(a):
...     print(index + 1, value)
...
1 38
2 21
3 53
4 62
5 19
```

하지만 좀 더 파이썬 다운 방법이 있습니다. 다음과 같이 enumerate에 start를 지정해주면 됩니다.

• for 인덱스, 요소 in enumerate(리스트, start=숫자):

```
>>> for index, value in enumerate(a, start=1):
...     print(index, value)
...
1 38
2 21
3 53
4 62
5 19
```

enumerate(a, start=1)처럼 start에 1을 지정하여 인덱스가 1부터 시작하도록 만들었습니다. 이 코드는 enumerate(a, 1)과 같이 줄여 쓸 수도 있습니다.

> **참고** **for 반복문에서 인덱스로 요소를 출력하기**
>
> for에 리스트를 지정하면 요소를 바로 가져와서 편리한데, for에서 인덱스를 지정하여 요소를 가져올 수는 없을까요? 이때는 range에 len 으로 리스트의 길이(요소 개수)를 구해서 넣어주면 인덱스를 순서대로 만들어줍니다. 따라서 a[i]와 같이 리스트에 인덱스를 지정하여 값을 가져올 수 있습니다.
>
> ```
> >>> a = [38, 21, 53, 62, 19]
> >>> for i in range(len(a)):
> ...     print(a[i])
> ...
> 38
> 21
> 53
> 62
> 19
> ```
>
> 즉, for i in range(len(a))를 실행하면 i에는 요소가 아닌 0부터 마지막 인덱스까지 인덱스가 들어갑니다.

22.3.3 while 반복문으로 요소 출력하기

이번에는 while 반복문으로 리스트의 요소를 출력해보겠습니다.

```
>>> a = [38, 21, 53, 62, 19]
>>> i = 0
>>> while i < len(a):
...     print(a[i])
...     i += 1
...
38
21
53
62
19
```

while 반복문으로 리스트의 요소를 출력할 때는 변수 i를 인덱스로 활용합니다. 먼저 변수 i를 0으로 만들어주고, i < len(a)처럼 i가 리스트의 길이(요소 개수) 직전까지만 반복하도록 만듭니다.

즉, 리스트의 인덱스는 0부터 시작하고 마지막 인덱스는 리스트의 길이보다 1이 작으므로 <를 사용합니다. 만약 i <= len(a)처럼 <=을 사용하면 리스트의 범위를 벗어나게 되므로 주의해야 합니다.

```
>>> a = [38, 21, 53, 62, 19]
>>> i = 0
>>> while i <= len(a):
...     print(a[i])
...     i += 1
...
38
21
53
62
19
Traceback (most recent call last):
  File "<stdin>", line 2, in <module>
IndexError: list index out of range
```

while 반복문 안에서 요소를 출력할 때는 print(a[i])와 같이 리스트의 인덱스 부분에 i를 지정하여 출력합니다. 그다음에는 i가 1씩 증가하도록 만들면 됩니다.

```
while i < len(a):
    print(a[i])
    i += 1
```

22.4 리스트의 가장 작은 수, 가장 큰 수, 합계 구하기

이번에는 리스트(튜플)에 저장된 값 중에서 가장 작은 수, 가장 큰 수, 요소의 합계 구해보겠습니다.

22.4.1 가장 작은 수와 가장 큰 수 구하기

먼저 가장 작은 수와 가장 큰 수는 어떻게 구할까요? 앞에서 반복문을 배웠으니 요소를 모두 반복하면서 숫자를 찾아내 보겠습니다.

```
>>> a = [38, 21, 53, 62, 19]
>>> smallest = a[0]
>>> for i in a:
...     if i < smallest:
...         smallest = i
...
>>> smallest
19
```

먼저 리스트 a의 첫 번째 요소 a[0]를 변수 smallest에 저장합니다. 그리고 for로 리스트의 요소를 모두 반복하면서 i가 smallest보다 작으면 smallest에 i를 할당합니다. 즉, 숫자를 계속 비교해서 숫자가 작으면 smallest를 바꾸는 방식입니다.

가장 큰 수는 부등호를 반대로 만들면 되겠죠?

```
>>> a = [38, 21, 53, 62, 19]
>>> largest = a[0]
>>> for i in a:
...     if i > largest:
...         largest = i
...
>>> largest
62
```

리스트의 숫자를 계속 비교해서 숫자가 크면 largest를 바꾸는 방식입니다. 그런데 이렇게 for와 if를 사용해서 가장 작은 수와 가장 큰 수를 찾으려니 좀 번거롭습니다. 다른 방법이 없을까요?

앞에서 리스트를 정렬하는 sort 메서드를 배웠습니다. 리스트를 작은 순서대로 정렬(오름차순)하면 첫 번째 요소가 가장 작은 수입니다. 반대로 큰 순서대로 정렬(내림차순)하면 첫 번째 요소가 가장 큰 수가 되겠죠?

```
>>> a = [38, 21, 53, 62, 19]
>>> a.sort()
>>> a[0]
19
>>> a.sort(reverse=True)
>>> a[0]
62
```

더 간단한 방법이 있습니다. 파이썬에서 제공하는 min, max 함수를 사용하면 됩니다.

```
>>> a = [38, 21, 53, 62, 19]
>>> min(a)
19
>>> max(a)
62
```

min은 리스트에서 가장 작은 값을 구하고, max는 가장 큰 값을 구합니다.

22.4.2 요소의 합계 구하기

이번에는 리스트에서 요소의 합계를 구해보겠습니다. 합계를 구할 때도 반복문을 사용할 수 있겠죠?

```
>>> a = [10, 10, 10, 10, 10]
>>> x = 0
>>> for i in a:
...     x += i
...
>>> x
50
```

변수 x에 0을 할당하고, for 반복문으로 리스트의 요소를 모두 반복하면서 요소를 x에 계속 더해주면 됩니다. 이때 x에는 반드시 0을 할당해야 합니다. 그렇지 않으면 없는 변수에 값을 더하게 되므로 에러가 발생합니다. 또한, 0부터 시작해서 숫자를 더해야 제대로 된 합계가 구해지겠죠?

사실 이 방법도 좀 번거롭습니다. 그래서 파이썬에서는 합계를 구하는 sum 함수를 제공합니다.

```
>>> a = [10, 10, 10, 10, 10]
>>> sum(a)
50
```

이처럼 sum에 리스트를 넣어서 간단하게 요소의 합계를 구할 수 있습니다.

여기서 설명한 min, max, sum에는 리스트뿐만 아니라 모든 반복 가능한 객체(iterable)를 넣을 수 있습니다. 반복 가능한 객체는 리스트, 튜플, 딕셔너리, 세트, range 등 여러 가지가 있으며 이 부분은 '39.1 반복 가능한 객체 알아보기'(499쪽)에서 자세히 설명하겠습니다.

22.5 리스트 표현식 사용하기

파이썬의 리스트가 특이한 점은 리스트 안에 for 반복문과 if 조건문을 사용할 수 있다는 점입니다. 이렇게 리스트 안에 식, for 반복문, if 조건문 등을 지정하여 리스트를 생성하는 것을 리스트 컴프리헨션(list comprehension)이라고 합니다.

리스트 컴프리헨션이라고 하니 언뜻 이해가 잘 안 되죠? 책이나 인터넷에서도 리스트 내포, 리스트 내장, 리스트 축약, 리스트 해석 등으로 씁니다. 컴프리헨션은 능력, 이해력, 시험 등의 뜻도 있지만, 어떤 것을 잡아서 담아둔다는 뜻이 있습니다. 즉, 식으로 지정해서 생성된 것을 리스트로 잡아두는 것이 리스트 컴프리헨션입니다. 개념적으로 보면 "리스트 표현식"이라고 할 수 있으니 이 책에서는 간단하게 리스트 표현식이라고 쓰겠습니다.

리스트 표현식은 다음과 같이 리스트 안에 식, for 반복문을 지정합니다. 문법이 다소 복잡해 보이지만 여러 줄의 코드를 한 줄로 줄일 수 있고 익숙해지면 크게 어렵지 않습니다.

- [식 for 변수 in 리스트]
- list(식 for 변수 in 리스트)

```
>>> a = [i for i in range(10)]        # 0부터 9까지 숫자를 생성하여 리스트 생성
>>> a
[0, 1, 2, 3, 4, 5, 6, 7, 8, 9]
>>> b = list(i for i in range(10))    # 0부터 9까지 숫자를 생성하여 리스트 생성
>>> b
[0, 1, 2, 3, 4, 5, 6, 7, 8, 9]
```

리스트 안에 식, for, 변수, in, 리스트 순서로 들어있지만 뒤에서 앞으로 읽으면 간단합니다. 즉, range(10)으로 0부터 9까지 생성하여 변수 i에 숫자를 꺼내고, 최종적으로 i를 이용하여 리스트를 만든다는 뜻입니다.

▼ 그림 22-16 리스트 표현식의 동작 순서

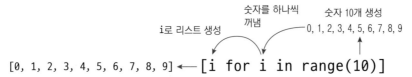

[i for i in range(10)]는 변수 i를 그대로 사용하지만, 다음과 같이 식 부분에서 i를 다른 값과 연산하면 각 연산의 결과를 리스트로 생성합니다.

```
>>> c = [i + 5 for i in range(10)]    # 0부터 9까지 숫자를 생성하면서 값에 5를 더하여
>>> c                                 # 리스트 생성
[5, 6, 7, 8, 9, 10, 11, 12, 13, 14]
>>> d = [i * 2 for i in range(10)]    # 0부터 9까지 숫자를 생성하면서 값에 2를 곱하여
>>> d                                 # 리스트 생성
[0, 2, 4, 6, 8, 10, 12, 14, 16, 18]
```

식을 [i + 5 for i in range(10)]과 같이 i에 5를 더하면 0부터 9까지의 숫자에 5를 더한 값으로 리스트를 생성합니다. 마찬가지로 [i * 2 for i in range(10)]는 0부터 9까지의 숫자에 2를 곱한 값으로 리스트를 생성합니다.

> **참고** **대괄호와 list() 리스트 표현식**
>
> 리스트 표현식은 [식 for 변수 in 리스트]처럼 [ ](대괄호)로 만들 수도 있고, list(식 for 변수 in 리스트)처럼 list로 만들 수도 있습니다. 둘 중에 성능은 대괄호 방식이 더 좋습니다. 특히 list 방식은 C 언어 스타일이라 대괄호 방식이 파이썬 다운 코드입니다. 따라서 리스트 표현식은 대괄호 방식을 사용하는 것이 좋습니다. list는 리스트 표현식을 만들 수 있다는 정도만 알아 두면 됩니다.

22.5.1 리스트 표현식에서 if 조건문 사용하기

이번에는 리스트 표현식에서 if 조건문을 사용해보겠습니다. 다음과 같이 if 조건문은 for 반복문 뒤에 지정합니다.

- [식 for 변수 in 리스트 if 조건식]
- list(식 for 변수 in 리스트 if 조건식)

```
>>> a = [i for i in range(10) if i % 2 == 0]    # 0~9 숫자 중 2의 배수인 숫자(짝수)로
>>> a                                           # 리스트 생성
[0, 2, 4, 6, 8]
```

[i for i in range(10) if i % 2 == 0]는 0부터 9까지 숫자를 생성하여 2의 배수인 숫자(짝수)로만 리스트를 생성합니다. 즉, 다음과 같이 for 반복문 뒤에 if 조건문을 지정하면 숫자를 생성한 뒤 if 조건문에서 특정 숫자만 뽑아내서 리스트를 생성합니다.

▼ 그림 22-17 리스트 표현식에서 if 조건문 사용하기

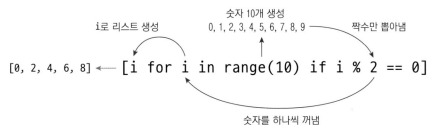

물론 다음과 같이 i를 다른 값과 연산해서 리스트를 만들어도 됩니다.

```
>>> b = [i + 5 for i in range(10) if i % 2 == 1]    # 0~9 숫자 중 홀수에 5를 더하여
>>> b                                               # 리스트 생성
[6, 8, 10, 12, 14]
```

22.5.2 for 반복문과 if 조건문을 여러 번 사용하기

리스트 표현식은 for와 if를 여러 번 사용할 수도 있습니다.

```
[식 for 변수1 in 리스트1 if 조건식1
    for 변수2 in 리스트2 if 조건식2
    ...
    for 변수n in 리스트n if 조건식n]

list(식 for 변수1 in 리스트1 if 조건식1
        for 변수2 in 리스트2 if 조건식2
        ...
        for 변수n in 리스트n if 조건식n)
```

다음은 2단부터 9단까지 구구단을 리스트 생성합니다.

```
>>> a = [i * j for j in range(2, 10) for i in range(1, 10)]
>>> a
[2, 4, 6, 8, 10, 12, 14, 16, 18, 3, 6, 9, 12, 15, 18, 21, 24, 27, 4, 8, 12, 16, 20, 24, 28, 32, 36, 5,
10, 15, 20, 25, 30, 35, 40, 45, 6, 12, 18, 24, 30, 36, 42, 48, 54, 7, 14, 21, 28, 35, 42, 49, 56, 63,
8, 16, 24, 32, 40, 48, 56, 64, 72, 9, 18, 27, 36, 45, 54, 63, 72, 81]
```

여기서는 코드를 한 줄로 입력했지만 다음과 같이 여러 줄로 입력해도 됩니다. 이때 들여쓰기는 해도 되고 하지 않아도 됩니다. 하지만 가독성을 위해 들여쓰기를 해주는 것이 좋습니다.

```
a = [i * j for j in range(2, 10)
            for i in range(1, 10)]
```

리스트 표현식에 for가 여러 개일 때 처리 순서는 뒤에서 앞으로 순입니다.

▼ 그림 22-18 리스트 표현식에 for가 여러 개일 때 처리 순서

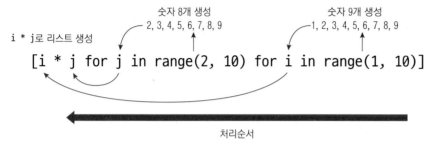

22.6 리스트에 map 사용하기

이번에는 리스트에 map을 사용해보겠습니다. map은 리스트의 요소를 지정된 함수로 처리해주는 함수입니다 (map은 원본 리스트를 변경하지 않고 새 리스트를 생성합니다).

- list(map(함수, 리스트))
- tuple(map(함수, 튜플))

예를 들어 실수가 저장된 리스트가 있을 때 이 리스트의 모든 요소를 정수로 변환하려면 어떻게 해야 할까요? 먼저 for 반복문을 사용해서 변환해보겠습니다.

```
>>> a = [1.2, 2.5, 3.7, 4.6]
>>> for i in range(len(a)):
...     a[i] = int(a[i])
...
>>> a
[1, 2, 3, 4]
```

for에 range(len(a))를 사용해서 인덱스를 가져왔습니다. 그리고 가져온 인덱스로 요소 하나하나에 접근한 뒤 int로 변환하여 다시 저장했습니다.

매번 for 반복문으로 반복하면서 요소를 변환하려니 조금 번거롭습니다. 이때는 map을 사용하면 편리합니다.

```
>>> a = [1.2, 2.5, 3.7, 4.6]
>>> a = list(map(int, a))
>>> a
[1, 2, 3, 4]
```

a = list(map(int, a)) 한 줄로 변환이 끝났습니다. map에 int와 리스트를 넣으면 리스트의 모든 요소를 int를 사용해서 변환합니다. 그다음에 list를 사용해서 map의 결과를 다시 리스트로 만들어줍니다.

▼ 그림 22-19 리스트에 map 함수 사용

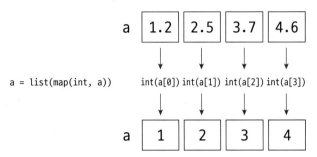

사실 map에는 리스트뿐만 아니라 모든 반복 가능한 객체를 넣을 수 있습니다('39.1 반복 가능한 객체 알아보기'(499쪽) 참조). 이번에는 range를 사용해서 숫자를 만든 뒤 숫자를 문자열로 변환해보겠습니다.

```
>>> a = list(map(str, range(10)))
>>> a
['0', '1', '2', '3', '4', '5', '6', '7', '8', '9']
```

range로 0부터 9까지 숫자를 만들고, str을 이용해서 모두 문자열로 변환했습니다. 리스트를 출력해보면 각 요소가 ' '(작은따옴표)로 묶인 것을 볼 수 있습니다.

22.6.1 input().split()과 map

지금까지 input().split()으로 값을 여러 개 입력받고 정수, 실수로 변환할 때도 map을 사용했었죠? 사실 input().split()의 결과가 문자열 리스트라서 map을 사용할 수 있었습니다.

다음과 같이 input().split()을 사용한 뒤에 변수 한 개에 저장해보면 리스트인지 확인할 수 있습니다.

```
>>> a = input().split()
10 20 (입력)
>>> a
['10', '20']
```

10 20을 입력하면 ['10', '20']처럼 문자열 두 개가 들어있는 리스트가 만들어집니다.

이제 map을 사용해서 정수로 변환해봅니다.

```
>>> a = map(int, input().split())
10 20 (입력)
>>> a
<map object at 0x03DFB0D0>
>>> list(a)
[10, 20]
```

다시 10 20을 입력하면 맵 객체(map object)가 만들어집니다. 이 상태로는 안에 들어있는 값을 볼 수 없으므로 list를 사용해서 리스트로 출력했습니다. 리스트를 보면 [10, 20]처럼 정수 두 개가 들어있습니다.

이 리스트 [10, 20]을 변수 두 개에 저장하면 지금까지 사용한 a, b = map(int, input().split())와 같은 동작이 됩니다.

```
>>> a, b = [10, 20]
>>> a
10
>>> b
20
```

사실 map이 반환하는 맵 객체는 이터레이터라서 변수 여러 개에 저장하는 언패킹(unpacking)이 가능합니다. 그래서 a, b = map(int, input().split())처럼 list를 생략한 것입니다('39.2 이터레이터 만들기'(502쪽) 참조).

a, b = map(int, input().split())을 풀어서 쓰면 다음과 같은 코드가 됩니다.

```
x = input().split()      # input().split()의 결과는 문자열 리스트
m = map(int, x)          # 리스트의 요소를 int로 변환, 결과는 맵 객체
a, b = m                 # 맵 객체는 변수 여러 개에 저장할 수 있음
```

내용이 조금 어렵죠? 이처럼 파이썬은 여러 가지 함수와 객체를 조합해서 결과를 만들어냅니다. 파이썬을 처음 접할 때는 이해하기가 쉽지 않은 부분이니 이런 것도 있구나 하고 넘어가도 됩니다.

22.7 튜플 응용하기

이번에는 튜플의 메서드와 다양한 사용 방법을 알아보겠습니다.

튜플은 리스트와는 달리 내용을 변경할 수 없습니다(불변(immutable)). 따라서 내용을 변경하는 append 같은 메서드는 사용할 수 없고, 요소의 정보를 구하는 메서드만 사용할 수 있습니다.

22.7.1 튜플에서 특정 값의 인덱스 구하기

index(값)은 튜플에서 특정 값의 인덱스를 구합니다. 이때 같은 값이 여러 개일 경우 처음 찾은 인덱스를 구합니다(가장 작은 인덱스). 다음은 53이 세 번째에 있으므로 인덱스 2가 나옵니다.

```
>>> a = (38, 21, 53, 62, 19, 53)
>>> a.index(53)
2
```

▼ 그림 22-20 index로 특정 값의 인덱스 구하기

```
        a.index(53)

            [2] 가장 처음 찾은 53의 인덱스를 구함
                ↓
a   38   21   53   62   19   53
```

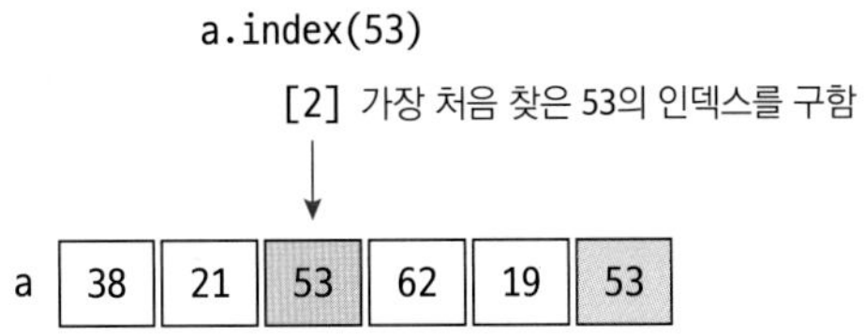

22.7.2 특정 값의 개수 구하기

count(값)은 튜플에서 특정 값의 개수를 구합니다. 다음은 튜플 (10, 20, 30, 15, 20, 40)에서 20의 개수를 구합니다. 여기서는 20이 2개 들어있으므로 2가 나옵니다.

```
>>> a = (10, 20, 30, 15, 20, 40)
>>> a.count(20)
2
```

▼ 그림 22-21 count로 특정 값의 개수 구하기

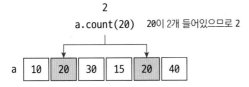

```
                    2
        a.count(20)    20이 2개 들어있으므로 2

a   10   20   30   15   20   40
```

22.7.3 for 반복문으로 요소 출력하기

for 반복문으로 요소를 출력하는 방법은 리스트와 같습니다.

```
>>> a = (38, 21, 53, 62, 19)
>>> for i in a:
...     print(i, end=' ')
...
38 21 53 62 19
```

22.7.4 튜플 표현식 사용하기

튜플을 리스트 표현식처럼 생성할 때는 다음과 같이 tuple 안에 for 반복문과 if 조건문을 지정합니다.

- **tuple(식 for 변수 in 리스트 if 조건식)**

```
>>> a = tuple(i for i in range(10) if i % 2 == 0)
>>> a
(0, 2, 4, 6, 8)
```

참고로 ( )(괄호) 안에 표현식을 넣으면 튜플이 아니라 제너레이터 표현식이 됩니다(제너레이터는 'Unit 40 제너레이터 사용하기'(511쪽)에서 설명하겠습니다).

```
>>> (i for i in range(10) if i % 2 == 0)
<generator object <genexpr> at 0x050FE420>
```

22.7.5 tuple에 map 사용하기

튜플에 map을 사용 방법도 리스트와 같습니다.

```
>>> a = (1.2, 2.5, 3.7, 4.6)
>>> a = tuple(map(int, a))
>>> a
(1, 2, 3, 4)
```

22.7.6 튜플에서 가장 작은 수, 가장 큰 수, 합계 구하기

물론 튜플도 min, max 함수로 가장 작은 수와 가장 큰 수를 구하고, sum 함수로 요소의 합계를 구할 수 있습니다.

```
>>> a = (38, 21, 53, 62, 19)
>>> min(a)
19
>>> max(a)
62
>>> sum(a)
193
```

지금까지 리스트의 다양한 메서드와 응용 방법을 배웠는데, 내용이 조금 어려웠습니다. 리스트 메서드는 모두 외우지 않아도 되며 파이썬을 사용하다 보면 자연스럽게 익히게 됩니다. 여기서는 리스트와 반복문을 사용하는 방법이 중요합니다. 특히 파이썬에서는 리스트 표현식을 자주 사용하므로 이 부분을 반복 학습하여 정확하게 익히는 것이 좋습니다.

1. 리스트 a가 있을 때 다음 중 리스트 **a.append(40)**과 동작이 같은 것을 모두 고르세요.

    a. a.insert(len(a), 40)

    b. a[0:] = 40

    c. a[len(a):] = 40

    d. a[len(a):] = [40]

    e. a[-1:] = [40]

2. 다음 중 리스트의 모든 요소를 삭제하는 메서드를 고르세요.

    a. clean

    b. remove

    c. reverse

    d. pop

    e. clear

3. 다음 중 리스트 a의 모든 요소를 출력하는 방법으로 올바른 것을 모두 고르세요.

    a.
```
for i in range(len(a)):
    print(a[i])
```

    b.
```
for i in a:
    print(a[i])
```

    c.
```
i = 0
while i <= len(a):
    print(a[i])
    i += 1
```

    d.
```
i = 0
while i < len(a):
    print(a[i])
    i += 1
```

    e.
```
for i in a:
    print(i)
```

4. 다음 중 튜플 a에 사용할 수 없는 코드를 고르세요.

    a. print(a[:])

    b. a.pop()

    c. sum(a)

    d. a.count(10)

    e. min(a)

5. 리스트 [0, 1, 2, 3, 17, 18, 19]를 만드는 방법으로 올바른 것을 고르세요.

    a. [i for i in range(20)]

    b. [i for i in range(30) if i < 3 or i > 17]

    c. [if i <= 3 or i >= 17 for i in range(20)]

    d. [i for i in range(20) if i <= 3 or i >= 17]

    e. [i for i if i < 3 or i > 17 in range(20)]

6. 다음 중 실수가 들어있는 리스트 [4.7, 3.5, 2.9]의 요소를 문자열로 변환하는 방법으로 올바른 것을 고르세요. a는 리스트가 되어야 합니다.

    a. a = str([4.7, 3.5, 2.9])

    b. a = map(str, [4.7, 3.5, 2.9])

    c. a = list(map(str, [4.7, 3.5, 2.9]))

    d. a = list(str, [4.7, 3.5, 2.9])

    e. a = map(int, [4.7, 3.5, 2.9])

▶ 정답은 271쪽에 있습니다

22.9 연습문제: 리스트에서 특정 요소만 뽑아내기

다음 소스 코드를 완성하여 리스트 a에 들어있는 문자열 중에서 길이가 5인 것들만 리스트 형태로 출력되게 만드세요(리스트 표현식 사용).

practice_list_comprehension.py

```
a = ['alpha', 'bravo', 'charlie', 'delta', 'echo', 'foxtrot', 'golf', 'hotel', 'india']
b = [_____]

print(b)
```

실행 결과

```
['alpha', 'bravo', 'delta', 'hotel', 'india']
```

정답

```
[i for i in a if len(i) == 5]
```

해설

리스트 a에서 길이가 5인 문자열만 리스트 b에 저장해야 합니다. 여기서는 b = [ ]와 같이 되어 있으므로 리스트 표현식으로 b를 만듭니다. 따라서 [ ](대괄호) 안에 i for i in a if len(i) == 5를 넣어서 a에 들어있는 문자열을 모두 꺼낸 뒤 if 조건문으로 길이가 5인 문자열만 뽑아내면 됩니다. 이처럼 리스트 표현식은 숫자뿐만 아니라 문자열 등 다양한 요소를 처리할 수 있습니다.

22.10 심사문제: 2의 거듭제곱 리스트 생성하기

표준 입력으로 정수 두 개가 입력됩니다(첫 번째 입력 값의 범위는 1~20, 두 번째 입력 값의 범위는 10~30이며 첫 번째 입력 값은 두 번째 입력 값보다 항상 작습니다). 첫 번째 정수부터 두 번째 정수까지를 지수로 하는 2의 거듭제곱 리스트를 출력하는 프로그램을 만드세요(input에서 안내 문자열은 출력하지 않아야 합니다). 단, 리스트의 두 번째 요소와 뒤에서 두 번째 요소는 삭제한 뒤 출력하세요. 출력 결과는 리스트 형태라야 합니다.

테스트 케이스 예제

표준 입력	표준 출력
1 10	[2, 8, 16, 32, 64, 128, 256, 1024]

테스트 케이스 예제

표준 입력	표준 출력
10 20	[1024, 4096, 8192, 16384, 32768, 65536, 131072, 262144, 1048576]

judge_list_comprehension.py

```
```

22.8 퀴즈 정답

1 a, d   a.insert(len(a), 40)은 리스트 끝에 40을 추가합니다. a[len(a):]은 리스트 끝에서부터 시작하겠다는 뜻이며 [40]과 같이 새 리스트를 할당하면 a.append(40)과 동작이 같습니다.

2 e   리스트의 모든 요소를 삭제하는 메서드는 clear입니다.

3 a, d, e   for로 리스트의 모든 요소를 출력할 때는 for i in a:로 반복하고 print(i)로 출력하거나, for i in range(len(a)):로 반복하고 print(a[i])로 출력합니다. while은 조건식을 i < len(a)처럼 지정하고 print(a[i])로 출력합니다.

4 b   튜플은 요소를 변경할 수 없으므로 pop 메서드는 사용할 수 없습니다.

5 d   [0, 1, 2, 3, 17, 18, 19]는 1부터 19까지 숫자 중 3보다 작거나 같은 숫자 또는 17보다 크거나 같은 숫자입니다. 따라서 [i for i in range(20) if i <= 3 or i >= 17]로 만들 수 있습니다.

6 c   map을 사용해서 리스트의 요소를 문자열로 변환할 때는 map에 str과 리스트를 넣어줍니다. 그리고 list를 사용해서 결과를 리스트로 만들어줍니다.

23 2차원 리스트 사용하기

리스트를 사용할 때 한 줄로 늘어선 1차원 리스트를 사용했는데 이번에는 평면 구조의 2차원 리스트를 사용해 보겠습니다.

2차원 리스트는 다음과 같이 가로×세로 형태로 이루어져 있으며 행(row)과 열(column) 모두 0부터 시작합니다.

▼ 그림 23-1 2차원 리스트

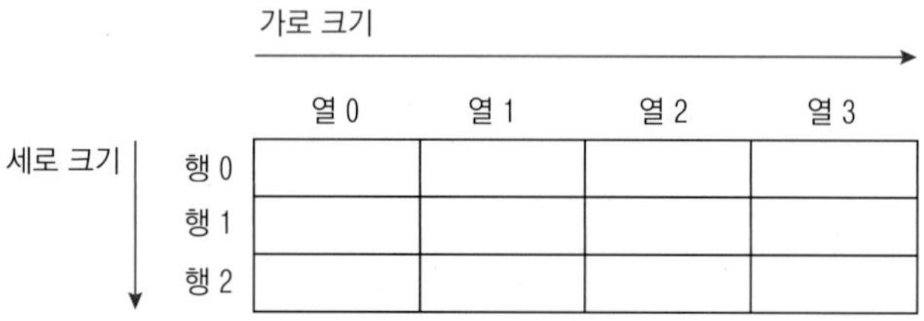

		열 0	열 1	열 2	열 3
	행 0				
세로 크기	행 1				
	행 2				

가로 크기 →

세로 크기 ↓

23.1 2차원 리스트를 만들고 요소에 접근하기

2차원 리스트는 리스트 안에 리스트를 넣어서 만들 수 있으며 안쪽의 각 리스트는 ,(콤마)로 구분합니다.

• 리스트 = [[값, 값], [값, 값], [값, 값]]

그럼 숫자 2개씩 3묶음으로 리스트를 만들어보겠습니다.

```
>>> a = [[10, 20], [30, 40], [50, 60]]
>>> a
[[10, 20], [30, 40], [50, 60]]
```

가로 2, 세로 3의 2차원 리스트가 만들어졌습니다. 여기서는 리스트를 한 줄로 입력했지만 가로, 세로를 알아보기 쉽게 세 줄로 입력해도 됩니다.

```
a = [[10, 20],
     [30, 40],      ┄┄┄● 세로 3줄
     [50, 60]]
```

23.1.1 2차원 리스트의 요소에 접근하기

2차원 리스트의 요소에 접근하거나 값을 할당할 때는 리스트 뒤에 [ ](대괄호)를 두 번 사용하며 [ ] 안에 세로 (row) 인덱스와 가로(column) 인덱스를 지정해주면 됩니다.

- **리스트[세로인덱스][가로인덱스]**
- **리스트[세로인덱스][가로인덱스] = 값**

```
                  •세로 인덱스
>>> a = [[10, 20], [30, 40], [50, 60]]
>>> a[0][0]            # 세로 인덱스 0, 가로 인덱스 0인 요소 출력
10          •가로 인덱스
>>> a[1][1]            # 세로 인덱스 1, 가로 인덱스 1인 요소 출력
40
>>> a[2][1]            # 세로 인덱스 2, 가로 인덱스 0인 요소 출력
60
>>> a[0][1] = 1000    # 세로 인덱스 0, 가로 인덱스 1인 요소에 값 할당
>>> a[0][1]
1000
```

2차원 리스트도 인덱스는 0부터 시작합니다. 따라서 리스트의 가로 첫 번째, 세로 첫 번째 요소는 a[0][0]이 됩니다.

▼ 그림 23-2 인덱스로 2차원 리스트의 요소에 접근

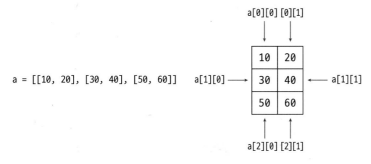

참고 **톱니형 리스트**

2차원 리스트 [[10, 20], [30, 40], [50, 60]]은 가로 크기가 일정한 사각형 리스트입니다. 특히 파이썬에서는 가로 크기가 불규칙한 톱니형 리스트(jagged list)도 만들 수 있습니다.

```
a = [[10, 20],
     [500, 600, 700],
     [9],
     [30, 40],
     [8],
     [800, 900, 1000]]
```

리스트 a는 가로 크기(행의 요소 개수)가 제각각입니다. 이런 리스트는 요소가 배치된 모양이 톱니처럼 생겼다고 하여 톱니형 리스트라고 부릅니다.

톱니형 리스트는 다음과 같이 append 메서드 등을 사용하여 동적으로 생성할 수도 있습니다.

```
>>> a = []
>>> a.append([])
>>> a[0].append(10)
>>> a[0].append(20)
>>> a.append([])
>>> a[1].append(500)
>>> a[1].append(600)
>>> a[1].append(700)
>>> a
[[10, 20], [500, 600, 700]]
```

참고   2차원 튜플

2차원 리스트가 있으면 2차원 튜플도 있겠죠? 다음과 같이 튜플 안에 튜플을 넣는 방식, 튜플 안에 리스트를 넣는 방식, 리스트 안에 튜플을 넣는 방식 등이 가능합니다.

- **튜플 = ((값, 값), (값, 값), (값, 값))**
- **튜플 = ([값, 값], [값, 값], [값, 값])**
- **리스트 = [(값, 값), (값, 값), (값, 값)]**

```
a = ((10, 20), (30, 40), (50, 60))    # 튜플 안에 튜플을 넣은 2차원 튜플
b = ([10, 20], [30, 40], [50, 60])    # 튜플 안에 리스트를 넣음
c = [(10, 20), (30, 40), (50, 60)]    # 리스트 안에 튜플을 넣음
```

튜플은 내용을 변경할 수 없으므로 a는 안쪽과 바깥쪽 모두 요소를 변경할 수 없습니다. b는 안쪽 리스트만 요소를 변경할 수 있고, c는 바깥쪽 리스트만 요소를 변경할 수 있습니다.

```
a[0][0] = 500       # 안쪽 튜플은 변경할 수 없음. TypeError 발생
a[0] = (500, 600)   # 바깥쪽 튜플은 변경할 수 없음. TypeError 발생
b[0][0] = 500       # 안쪽 리스트는 변경할 수 있음
b[0] = (500, 600)   # 바깥쪽 튜플은 변경할 수 없음. TypeError 발생
c[0][0] = 500       # 안쪽 튜플은 변경할 수 없음. TypeError 발생
c[0] = (500, 600)   # 바깥쪽 리스트는 변경할 수 있음
```

참고   사람이 알아보기 쉽게 출력하기

2차원 리스트를 출력하면 한 줄로 쭉 붙어서 출력됩니다.

```
>>> a = [[10, 20], [30, 40], [50, 60]]
>>> a
[[10, 20], [30, 40], [50, 60]]
```

만약 2차원 리스트의 사각형 구조를 유지하도록 출력하려면 pprint 모듈의 pprint 함수를 사용합니다.

```
>>> from pprint import pprint
>>> pprint(a, indent=4, width=20)
[   [10, 20],
    [30, 40],
    [50, 60]]
```

indent는 들여쓰기 칸 수, width는 가로 폭입니다. 각자 상황에 맞게 들여쓰기 칸 수와 가로 폭을 조절해서 사용해보세요.

이제 반복문을 사용하여 2차원 리스트의 요소를 모두 출력하는 방법을 알아보겠습니다.

23.2.1 for 반복문을 한 번만 사용하기

먼저 for 반복문을 한 번만 사용하는 방식입니다.

```
>>> a = [[10, 20], [30, 40], [50, 60]]
>>> for x, y in a:      # 리스트의 가로 한 줄(안쪽 리스트)에서 요소 두 개를 꺼냄
...     print(x, y)
...
10 20
30 40
50 60
```

2차원 리스트에 for를 사용하면 가로 한 줄씩 반복하게 됩니다. 전체 리스트를 기준으로 보면 안쪽 리스트가 통째로 반복됩니다. 이때 for x, y in a:와 같이 in 앞에 변수를 두 개 지정해주면 가로 한 줄(안쪽 리스트)에서 요소 두 개를 꺼내 옵니다.

▼ 그림 23-3 2차원 리스트에서 for 반복문을 한 번만 사용

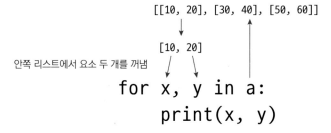

당연히 in 앞에 변수의 개수는 2차원 리스트에서 가로 크기(안쪽 리스트의 요소 개수)와 일치해야 합니다. 특히 for 반복문을 한 번만 사용하는 방식은 2차원 리스트의 가로 크기가 크지 않을 때 유용합니다.

23.2.2 for 반복문을 두 번 사용하기

이번에는 for 반복문을 두 번 사용해서 2차원 리스트의 요소를 출력해보겠습니다. 다음 내용을 IDLE의 소스 코드 편집 창에 입력한 뒤 실행해보세요.

two_dimensional_list_for_for.py	실행 결과

`a = [[10, 20], [30, 40], [50, 60]]`
 	
`for i in a:        # a에서 안쪽 리스트를 꺼냄`
`    for j in i:     # 안쪽 리스트에서 요소를 하나씩 꺼냄`
`        print(j, end=' ')`
`    print()`
	`10 20`
	`30 40`
	`50 60`

먼저 for i in a:는 전체 리스트에서 가로 한 줄씩 꺼내 옵니다(안쪽 리스트를 통째로 꺼내 옴). 다시 for j in i:와 같이 가로 한 줄(안쪽 리스트) i에서 요소를 하나씩 꺼내면 됩니다.

▼ 그림 23-4 2차원 리스트에서 for 반복문을 두 번 사용

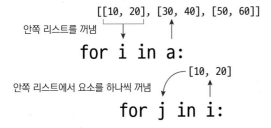

23.2.3 for와 range 사용하기

그럼 이번에는 for range에 세로 크기와 가로 크기를 지정해서 2차원 리스트의 요소를 인덱스로 접근해보겠습니다.

two_dimensional_list_for_for_range.py	실행 결과
``a = [[10, 20], [30, 40], [50, 60]]

for i in range(len(a)):   # 세로 크기
    for j in range(len(a[i])):   # 가로 크기
        print(a[i][j], end=' ')
    print()``` | ```10 20
30 40
50 60``` |

for range에 세로 크기와 가로 크기를 넣으면 인덱스로 사용할 수 있습니다. 여기서 주의할 점은 len으로 2차원 리스트 a의 크기를 구하면 리스트 안에 들어있는 모든 요소의 개수가 아니라 안쪽 리스트의 개수(세로 크기)가 나온다는 점입니다. 즉, len(a)는 6이 아니라 3입니다. 그리고 len으로 안쪽 리스트 a[i]의 크기를 구해야 안쪽 리스트에 들어있는 요소의 개수(가로 크기)가 나옵니다. 즉, len(a[i])는 2입니다.

```
for i in range(len(a)):          # 세로 크기
    for j in range(len(a[i])):   # 가로 크기
```

for i in range(len(a)):는 세로 크기 3만큼 반복하고, for j in range(len(a[i])):는 가로 크기 2만큼 반복합니다.

요소에 접근할 때는 **리스트[세로인덱스][가로인덱스]** 형식으로 접근합니다. 따라서 세로 인덱스에 변수 i를, 가로 인덱스에 변수 j를 지정해줍니다.

```
print(a[i][j], end=' ')
```

23.2.4 while 반복문을 한 번 사용하기

이번에는 while 반복문을 사용하여 2차원 리스트의 요소를 출력해보겠습니다.

```
two_dimensional_list_while.py
a = [[10, 20], [30, 40], [50, 60]]

i = 0
while i < len(a):       # 반복할 때 리스트의 크기 활용(세로 크기)
    x, y = a[i]         # 요소 두 개를 한꺼번에 가져오기
    print(x, y)
    i += 1              # 인덱스를 1 증가시킴
```

```
실행 결과
10 20
30 40
50 60
```

while 반복문을 사용할 때도 리스트의 크기를 활용하면 편리합니다. 여기서도 len(a)처럼 2차원 리스트의 크기를 구했으니 안쪽 리스트의 개수(세로 크기)가 나오겠죠? 따라서 6이 아닌 3이 나옵니다.

```
i = 0
while i < len(a):       # 반복할 때 리스트의 크기 활용(세로 크기)
```

리스트에 인덱스를 지정하여 값을 꺼내 올 때는 다음과 같이 변수 두 개를 지정해주면 가로 한 줄(안쪽 리스트)에서 요소 두 개를 한꺼번에 가져올 수 있습니다.

```
x, y = a[i]
```

요소를 가져왔으면 반드시 i += 1과 같이 인덱스를 1 증가시켜 줍니다.

23.2.5 while 반복문을 두 번 사용하기

그럼 while 반복문을 두 번 사용할 수도 있겠죠?

```
two_dimensional_list_while_while.py
a = [[10, 20], [30, 40], [50, 60]]

i = 0
while i < len(a):           # 세로 크기
    j = 0
    while j < len(a[i]):    # 가로 크기
        print(a[i][j], end=' ')
        j += 1              # 가로 인덱스를 1 증가시킴
    print()
    i += 1                  # 세로 인덱스를 1 증가시킴
```

```
실행 결과
10 20
30 40
50 60
```

먼저 while i < len(a):와 같이 세로 크기만큼 반복하면서 while j < len(a[i]):와 같이 가로 크기(안쪽 리스트의 요소 개수)만큼 반복하면 됩니다. 가로 크기는 len(a[i])와 같이 안쪽 리스트의 크기를 구하면 되겠죠?

```
i = 0
while i < len(a):           # 세로 크기
    j = 0
    while j < len(a[i]):    # 가로 크기
```

요소에 접근할 때는 **리스트[세로인덱스][가로인덱스]** 형식으로 접근합니다. 따라서 세로 인덱스에 변수 i를, 가로 인덱스에 변수 j를 지정해줍니다.

```
print(a[i][j], end=' ')
```

요소를 가져왔으면 반드시 j += 1과 같이 가로 인덱스를 1 증가시켜 줍니다. 마찬가지로 바깥쪽 while에서 는 i += 1과 같이 세로 인덱스를 1 증가시켜 줍니다. 이때 i += 1을 안쪽 while에서 수행하면 반복이 제대 로 되지 않으므로 주의해야 합니다.

```
i = 0
while i < len(a):
    j = 0
    while j < len(a[i]):
        print(a[i][j], end=' ')
        j += 1
        i += 1      # 안쪽 while에서 i를 증가시키면 안 됨. 잘못된 방법
    print()
```

23.3 반복문으로 리스트 만들기

이번에는 for 반복문과 append를 활용하여 리스트를 만드는 방법을 알아보겠습니다.

23.3.1 for 반복문으로 1차원 리스트 만들기

먼저 요소 10개가 일렬로 늘어서 있는 1차원 리스트부터 만들어보겠습니다. 1차원 리스트라고 해서 특별한 것은 없습니다. 지금까지 사용했던 일반적인 리스트입니다.

list_create.py

```
a = []    # 빈 리스트 생성

for i in range(10):
    a.append(0)    # append로 요소 추가

print(a)
```

실행 결과

```
[0, 0, 0, 0, 0, 0, 0, 0, 0, 0]
```

방법은 간단합니다. for 반복문으로 10번 반복하면서 append로 요소를 추가하면 1차원 리스트를 만들 수 있습니다.

23.3.2 for 반복문으로 2차원 리스트 만들기

이번에는 for 반복문을 사용하여 2차원 리스트를 만들어보겠습니다.

```
two_dimensional_list_create.py
a = []      # 빈 리스트 생성

for i in range(3):
    line = []               # 안쪽 리스트로 사용할 빈 리스트 생성
    for j in range(2):
        line.append(0)      # 안쪽 리스트에 0 추가
    a.append(line)          # 전체 리스트에 안쪽 리스트를 추가

print(a)
```

실행 결과
```
[[0, 0], [0, 0], [0, 0]]
```

먼저 세로 크기만큼 반복하면서 안쪽 리스트로 사용할 빈 리스트 line을 만듭니다.

```
for i in range(3):
    line = []               # 안쪽 리스트로 사용할 빈 리스트 생성
```

그다음에 가로 크기만큼 반복하면서 line에 append로 0을 추가합니다. 바깥쪽 반복문에서는 다시 append로 전체 리스트 a에 안쪽 리스트 line을 추가하면 됩니다.

```
    for j in range(2):
        line.append(0)      # 안쪽 리스트에 0 추가
    a.append(line)          # 전체 리스트에 안쪽 리스트를 추가
```

여기서는 append에 리스트를 넣으면 리스트 안에 리스트가 들어가는 특성을 이용했습니다.

23.3.3 리스트 표현식으로 2차원 리스트 만들기

for 반복문을 두 번 사용하니 코드가 좀 길어졌죠? 리스트 표현식을 활용하면 코드 한 줄로 2차원 리스트를 만들 수 있습니다.

```
>>> a = [[0 for j in range(2)] for i in range(3)]
>>> a
[[0, 0], [0, 0], [0, 0]]
```

리스트 표현식 안에서 리스트 표현식을 사용했습니다. 먼저 [0 for j in range(2)]로 0을 2번 반복하여 [0, 0]으로 만들고 다시 for i in range(3)로 [0, 0]을 3번 반복하여 [[0, 0], [0, 0], [0, 0]]으로 만듭니다.

만약 for 반복문을 한 번만 사용하고 싶다면 다음과 같이 식 부분에서 리스트 자체를 곱해주면 됩니다.

```
>>> a = [[0] * 2 for i in range(3)]
>>> a
[[0, 0], [0, 0], [0, 0]]
```

즉, 0이 1개 들어있는 리스트 [0]에 2를 곱하면 [0, 0]이 되는데, 이걸 for i in range(3)로 3번 반복해 주면 [[0, 0], [0, 0], [0, 0]]이 됩니다.

23.3.4 톱니형 리스트 만들기

지금까지 만든 2차원 리스트는 사각형 리스트였습니다. 그럼 가로 크기가 불규칙한 톱니형 리스트(jagged list)는 어떻게 만들면 될까요? 여기서는 가로 크기를 알고 있다고 가정하고, 리스트를 만들어보겠습니다.

jagged_list_create.py

```
a = [3, 1, 3, 2, 5]     # 가로 크기를 저장한 리스트
b = []     # 빈 리스트 생성

for i in a:          # 가로 크기를 저장한 리스트로 반복
    line = []        # 안쪽 리스트로 사용할 빈 리스트 생성
    for j in range(i):    # 리스트 a에 저장된 가로 크기만큼 반복
        line.append(0)
    b.append(line)         # 리스트 b에 안쪽 리스트를 추가

print(b)
```

실행 결과

```
[[0, 0, 0], [0], [0, 0, 0], [0, 0], [0, 0, 0, 0, 0]]
```

먼저 리스트 a에 톱니형 리스트의 가로 크기를 미리 저장해 놓았습니다. 이 리스트 a를 for로 반복하면 가로 크기를 꺼내면서 5번 반복하겠죠? for 반복문 안에서 다시 for로 꺼낸 가로 크기 i만큼 반복하면서 append로 요소를 추가해줍니다. 그리고 바깥쪽 반복문에서 리스트 b에 안쪽 리스트 line을 추가하면 됩니다.

사실 이것도 그냥 리스트 표현식을 활용하면 간단하게 만들 수 있습니다.

```
>>> a = [[0] * i for i in [3, 1, 3, 2, 5]]
>>> a
[[0, 0, 0], [0], [0, 0, 0], [0, 0], [0, 0, 0, 0, 0]]
```

가로 크기가 들어있는 리스트 [3, 1, 3, 2, 5]에서 꺼낸 숫자만큼 리스트 [0]을 곱해서 톱니형 리스트를 만들었습니다.

이처럼 리스트 표현식은 다양한 방식으로 응용할 수 있으므로 눈에 익혀 두는 것이 좋습니다.

2차원 리스트를 정렬할 때는 sorted 함수를 사용합니다.

- **sorted(반복가능한객체, key=정렬함수, reverse=True 또는 False)**

다음은 학생 정보가 저장된 2차원 리스트를 정렬합니다.

```
students = [
    ['john', 'C', 19],
    ['maria', 'A', 25],
    ['andrew', 'B', 7]
]

print(sorted(students, key=lambda student: student[1]))  # 안쪽 리스트의 인덱스 1을 기준으로 정렬
print(sorted(students, key=lambda student: student[2]))  # 안쪽 리스트의 인덱스 2를 기준으로 정렬
```

실행 결과

```
[['maria', 'A', 25], ['andrew', 'B', 7], ['john', 'C', 19]]
[['andrew', 'B', 7], ['john', 'C', 19], ['maria', 'A', 25]]
```

sorted의 key에 정렬 함수를 지정하여 안쪽 리스트의 요소를 기준으로 정렬했습니다. student[1]은 안쪽 리스트의 인덱스 1을 뜻하며 'A', 'B', 'C' 순으로 정렬합니다. 마찬가지로 student[2]는 안쪽 리스트의 인덱스 2를 뜻하며 7, 19, 25 순으로 정렬합니다. 여기서는 정렬 함수를 람다 표현식으로 작성했는데 람다 표현식은 'Unit 32 람다 표현식 사용하기'(410쪽)에서 자세히 설명하겠습니다.

23.4 2차원 리스트의 할당과 복사 알아보기

이번에는 2차원 리스트의 할당과 복사에 대해 알아보겠습니다. '22.2 리스트의 할당과 복사 알아보기'(254쪽)에서 리스트를 다른 변수에 할당해도 변수 이름만 달라질 뿐 같은 리스트(객체)라고 했죠? 2차원 리스트도 마찬가지입니다.

다음과 같이 2차원 리스트를 만든 뒤 다른 변수에 할당하고, 요소를 변경해보면 두 리스트에 모두 반영됩니다.

```
>>> a = [[10, 20], [30, 40]]
>>> b = a
>>> b[0][0] = 500
>>> a
[[500, 20], [30, 40]]
>>> b
[[500, 20], [30, 40]]
```

그런데 리스트 a를 copy 메서드로 b에 복사한 뒤 b의 요소를 변경해보면 리스트 a와 b에 모두 반영됩니다.

```
>>> a = [[10, 20], [30, 40]]
>>> b = a.copy()
>>> b[0][0] = 500
>>> a
[[500, 20], [30, 40]]
>>> b
[[500, 20], [30, 40]]
```

2차원 이상의 다차원 리스트는 리스트를 완전히 복사하려면 copy 메서드 대신 copy 모듈의 deepcopy 함수를 사용해야 합니다.

```
>>> a = [[10, 20], [30, 40]]
>>> import copy                    # copy 모듈을 가져옴
>>> b = copy.deepcopy(a)           # copy.deepcopy 함수를 사용하여 깊은 복사
>>> b[0][0] = 500
>>> a
[[10, 20], [30, 40]]
>>> b
[[500, 20], [30, 40]]
```

이제 리스트 b의 요소를 변경해도 리스트 a에는 영향을 미치지 않습니다. copy.deepcopy 함수는 중첩된 리스트(튜플)에 들어있는 모든 리스트(튜플)를 복사하는 깊은 복사(deep copy)를 해줍니다.

지금까지 2차원 리스트에 대해 배웠는데 문법이 조금 복잡했습니다. 다차원 리스트는 어려운 주제이므로 당장 이해가 되지 않는다면 그냥 넘어가도 됩니다. 일단 2차원 리스트는 세로, 가로 순으로 접근한다는 점만 기억하면 됩니다.

23.5 퀴즈

1. 다음 중 가로 2, 세로 2 크기의 2차원 리스트를 만드는 방법으로 올바른 것을 고르세요.

    a. a = [[10, 20]], [[30, 40]]

    b. a = [[10, 20], [30, 40]]

    c. a = [[10, 20], [30, 40], [50, 60]]

    d. a = [10, 20, 30, 40]

    e. a = [[10, 20, 30, 40]]

2. 다음 중 리스트 a = [[10, 20], [30, 40, 50], [60]]에서 60을 출력하는 방법으로 올바른 것을 고르세요.

    a. print(a[0][1])

    b. print(a[0][2])

    c. print(a[1][2])

    d. print(a[2][0])

    e. print(a[2][1])

3. 다음 중 for 반복문을 사용하여 2차원 리스트 a의 모든 요소를 출력하는 방법으로 올바른 것을 고르세요.

    a. for i, j in a:
           print(i)

    b. for i in a:
           for j in a:
                print(j)

```
c. for i, j in a:
       for i, j in a:
           print(i, j)
d. for i in a:
       for j in i:
           print(j)
e. for i in a:
       for j in i:
           print(a[i][j])
```

4. while 반복문을 사용하여 2차원 리스트의 모든 요소를 출력할 때 밑줄 부분에 들어가야 할 코드를 고르세요.

```
a = [[10, 20], [30, 40], [50, 60]]

i = 0
while i < len(a):
    j = 0
    _____
        print(a[i][j], end=' ')
        j += 1
    print()
    i+= 1
```

a. while j < len(a):
b. while j < len(a[i]):
c. while j < len(a[j]):
d. while j < len(a[i][j]):
e. while j < len(i):

5. 다음 중 리스트 [[0, 0, 0], [0, 0, 0], [0, 0, 0]]를 만드는 방법으로 올바른 것을 모두 고르세요.

a. [[0 for j in range(3)] for i in range(3)]
b. [0 for i in range(3)]
c. [[0, 0, 0] for i in range(3)]
d. [[0, 0, 0] * 3]
e. [[[0] for j in range(3)] for i in range(3)]

▶ 정답은 286쪽에 있습니다

다음 소스 코드를 완성하여 높이 2, 세로 크기 4, 가로 크기 3인 3차원 리스트를 만드세요(리스트 표현식 사용).

practice_three_dimensional_list.py

```
a = [_____]

print(a)
```

실행 결과

```
[[[0, 0, 0], [0, 0, 0], [0, 0, 0], [0, 0, 0]], [[0, 0, 0], [0, 0, 0], [0, 0, 0], [0, 0, 0]]]
```

정답

```
[[[0 for col in range(3)] for row in range(4)] for depth in range(2)]
```

해설

3차원 리스트는 다음과 같이 높이×가로×세로 형태로 이루어져 있습니다.

- **리스트 = [[[값, 값], [값, 값]], [[값, 값], [값, 값]], [[값, 값], [값, 값]]]**
- **리스트[높이인덱스][세로인덱스][가로인덱스]**
- **리스트[높이인덱스][세로인덱스][가로인덱스] = 값**

▼ 그림 23-5 3차원 리스트

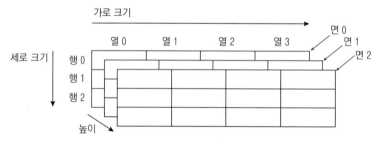

즉, 가로×세로 평면(2차원 리스트)이 여러 겹 있는 모양입니다. 따라서 한 면을 완성한 뒤 다른 면을 완성하는 방식으로 작성해야 합니다.

먼저 리스트 표현식으로 세로 4, 가로 3인 2차원 리스트를 만드는 방법은 다음과 같습니다.

```
[[0 for col in range(3)] for row in range(4)]
```

이렇게 만든 2차원 리스트를 여러 번 반복해주면 3차원 리스트가 됩니다. 여기서는 높이가 2라고 했으므로 for depth in range(2)와 같이 반복합니다. 이때 2차원 리스트가 다시 안쪽 리스트가 될 수 있도록 [ ]로 묶어주어야 합니다.

```
[[[0 for col in range(3)] for row in range(4)] for depth in range(2)]
```

23.7 심사문제: 지뢰찾기

표준 입력으로 2차원 리스트의 가로(col)와 세로(row)가 입력되고 그다음 줄부터 리스트의 요소로 들어갈 문자가 입력됩니다. 이때 2차원 리스트 안에서 *는 지뢰이고 .은 지뢰가 아닙니다. 지뢰가 아닌 요소에는 인접한 지뢰의 개수를 출력하는 프로그램을 만드세요(input에서 안내 문자열은 출력하지 않아야 합니다).

여러 줄을 입력받으려면 다음과 같이 for 반복문에서 input을 호출한 뒤 append로 각 줄을 추가하면 됩니다(list 안에 문자열을 넣으면 문자열이 문자 리스트로 변환됩니다).

```
matrix = []
for i in range(row):
    matrix.append(list(input()))
```

이 문제는 지금까지 심사문제 중에서 가장 어렵습니다. 처음 풀어보는 경우 대략 두 시간은 걸립니다. 시간을 두고 천천히 고민해서 풀어보세요. 지금까지 학습한 내용을 모두 동원해야 풀 수 있으며 막힐 때는 지금까지 학습한 내용을 다시 복습하면서 힌트를 찾아보세요.

테스트 케이스 예제

표준 입력	표준 출력
3 3	2**
.**	*43
*..	2*1
.*.	

테스트 케이스 예제

표준 입력	표준 출력
5 5	01*21
..*..	123*1
...*.	2*532
.*...	3***1
.***.	*4*31
...	

judge_minesweeper.py

23.5 퀴즈 정답

1 b 가로 2, 세로 2 크기의 2차원 리스트는 **리스트 = [[값, 값], [값, 값]]** 형식으로 만듭니다.

2 d 리스트 [[10, 20], [30, 40, 50], [60]]에서 60은 세로 인덱스 2, 가로 인덱스 0에 있으므로 print(a[2][0])으로 출력하면 됩니다.

3 d for로 2차원 리스트 a의 모든 요소를 출력할 때는 for i in a:와 같이 전체 리스트에서 가로 한 줄씩 꺼내 옵니다. 다시 for j in i:와 같이 가로 한 줄 i에서 요소를 하나씩 꺼내면 됩니다.

4 b while i < len(a):와 같이 세로 크기만큼 반복했을 때는 while j < len(a[i]):와 같이 가로 크기만큼 반복하면 됩니다. 가로 크기는 len(a[i])와 같이 리스트에 세로 인덱스를 지정하여 len으로 구합니다.

5 a, c 리스트 표현식으로 2차원 리스트를 만들 때는 먼저 [0 for j in range(3)]와 같이 0을 3번 반복하여 [0, 0, 0]으로 만들고 다시 for i in range(3)로 [0, 0, 0]을 3번 반복하여 [[0, 0, 0], [0, 0, 0], [0, 0, 0]]으로 만듭니다. 또는, [0, 0, 0] for i in range(3)와 같이 리스트 자체를 3번 반복해도 됩니다.

UNIT 24 문자열 응용하기

지금까지 리스트 사용 방법을 알아보았습니다. 리스트는 요소 여러 개가 연속적으로 이어져 있죠? 마찬가지로 문자열도 문자 여러 개가 연속적으로 이어져 있는 시퀀스 자료형이라 리스트와 비슷한 점이 많습니다.

이번에는 문자열 메서드 사용 방법과 문자열 포매팅에 대해 알아보겠습니다.

24.1 문자열 조작하기

문자열은 문자열을 조작하거나 정보를 얻는 다양한 메서드(method)를 제공합니다(메서드는 '34.1 클래스와 메서드 만들기'(433쪽)에서 설명하겠습니다). 파이썬에서 제공하는 문자열 메서드는 여러 가지가 있지만 여기서는 자주 쓰는 메서드를 다루겠습니다.

24.1.1 문자열 바꾸기

replace('바꿀문자열', '새문자열')은 문자열 안의 문자열을 다른 문자열로 바꿉니다(문자열 자체는 변경하지 않으며 바뀐 결과를 반환합니다). 다음은 문자열 'Hello, world!'에서 'world'를 'Python'으로 바꾼 뒤 결과를 반환합니다.

```
>>> 'Hello, world!'.replace('world', 'Python')
'Hello, Python!'
```

만약 바뀐 결과를 유지하고 싶다면 문자열이 저장된 변수에 replace를 사용한 뒤 다시 변수에 할당해주면 됩니다.

```
>>> s = 'Hello, world!'
>>> s = s.replace('world!', 'Python')
>>> s
'Hello, Python'
```

24.1.2 문자 바꾸기

replace는 문자열을 바꿨는데 문자를 바꾸는 방법도 있겠죠?

translate는 문자열 안의 문자를 다른 문자로 바꿉니다. 먼저 str.maketrans('바꿀문자', '새문자')로 변환 테이블을 만듭니다. 그다음에 translate(테이블)을 사용하면 문자를 바꾼 뒤 결과를 반환합니다. 다음은 문자열 'apple'에서 a를 1, e를 2, i를 3, o를 4, u를 5로 바꿉니다.

```
>>> table = str.maketrans('aeiou', '12345')
>>> 'apple'.translate(table)
'1ppl2'
```

24.1.3 문자열 분리하기

이제 문자열을 분리하는 방법입니다.

split()은 공백을 기준으로 문자열을 분리하여 리스트로 만듭니다. 지금까지 input으로 문자열을 입력받은 뒤 리스트로 만든 메서드가 바로 이 split입니다.

```
>>> 'apple pear grape pineapple orange'.split()
['apple', 'pear', 'grape', 'pineapple', 'orange']
```

split('기준문자열')과 같이 기준 문자열을 지정하면 기준 문자열로 문자열을 분리합니다. 즉, 문자열에서 각 단어가 ,(콤마)와 공백으로 구분되어 있을 때 ', '으로 문자열을 분리하면 단어만 리스트로 만듭니다.

```
>>> 'apple, pear, grape, pineapple, orange'.split(', ')
['apple', 'pear', 'grape', 'pineapple', 'orange']
```

24.1.4 구분자 문자열과 문자열 리스트 연결하기

문자열을 분리하여 리스트로 만들었으니 다시 연결하는 방법도 있겠죠?

join(리스트)는 구분자 문자열과 문자열 리스트의 요소를 연결하여 문자열로 만듭니다. 다음은 공백 ' '에 join을 사용하여 각 문자열 사이에 공백이 들어가도록 만듭니다.

```
>>> ' '.join(['apple', 'pear', 'grape', 'pineapple', 'orange'])
'apple pear grape pineapple orange'
```

마이너스 '-'에 join을 사용하면 각 문자열 사이에 마이너스가 들어가겠죠?

```
>>> '-'.join(['apple', 'pear', 'grape', 'pineapple', 'orange'])
'apple-pear-grape-pineapple-orange'
```

24.1.5 소문자를 대문자로 바꾸기

이번에는 문자열의 문자를 대소문자로 바꾸는 방법입니다.

upper()는 문자열의 문자를 모두 대문자로 바꿉니다. 만약 문자열 안에 대문자가 있다면 그대로 유지됩니다.

```
>>> 'python'.upper()
'PYTHON'
```

24.1.6 대문자를 소문자로 바꾸기

lower()는 문자열의 문자를 모두 소문자로 바꿉니다. 만약 문자열 안에 소문자가 있다면 그대로 유지됩니다.

```
>>> 'PYTHON'.lower()
'python'
```

24.1.7 왼쪽 공백 삭제하기

문자열을 사용하다 보면 공백을 삭제해야 할 경우가 생깁니다. 이때는 lstrip, rstrip, strip 메서드를 사용합니다.

lstrip()은 문자열에서 왼쪽에 있는 연속된 모든 공백을 삭제합니다(l은 왼쪽(left)을 의미).

```
>>> '   Python   '.lstrip()
'Python   '
```

24.1.8 오른쪽 공백 삭제하기

rstrip()은 문자열에서 오른쪽에 있는 연속된 모든 공백을 삭제합니다(r은 오른쪽(right)을 의미).

```
>>> '   Python   '.rstrip()
'   Python'
```

24.1.9 양쪽 공백 삭제하기

strip()은 문자열에서 양쪽에 있는 연속된 모든 공백을 삭제합니다.

```
>>> '   Python   '.strip()
'Python'
```

24.1.10 왼쪽의 특정 문자 삭제하기

지금까지 lstrip, rstrip, strip으로 공백을 삭제했죠? 이번에는 문자열에서 특정 문자를 삭제해보겠습니다.

lstrip('삭제할문자들')과 같이 삭제할 문자들을 문자열 형태로 넣어주면 문자열 왼쪽에 있는 해당 문자를 삭제합니다. 다음은 문자열 왼쪽의 ,(콤마)와 .(점)을 삭제합니다. 단, 여기서는 공백을 넣지 않았으므로 공백은 그대로 둡니다.

```
>>> ', python.'.lstrip(',.')
' python.'
```

24.1.11 오른쪽의 특정 문자 삭제하기

rstrip('삭제할문자들')과 같이 삭제할 문자들을 문자열 형태로 넣어주면 문자열 오른쪽에 있는 해당 문자를 삭제합니다. 다음은 문자열 오른쪽의 ,(콤마)와 .(점)을 삭제합니다. 마찬가지로 공백을 넣지 않았으므로 공백은 그대로 둡니다.

```
>>> ', python.'.rstrip(',.')
', python'
```

24.1.12 양쪽의 특정 문자 삭제하기

strip('삭제할문자들')과 같이 삭제할 문자들을 문자열 형태로 넣어주면 문자열 양쪽에 있는 해당 문자를 삭제합니다. 다음은 문자열 양쪽의 ,(콤마)와 .(점)을 삭제합니다. 여기서도 공백을 넣지 않았으므로 공백은 그대로 둡니다.

```
>>> ', python.'.strip(',.')
' python'
```

> **참고** 구두점을 간단하게 삭제하기
>
> string 모듈의 punctuation에는 모든 구두점이 들어있습니다. 다음과 같이 strip 메서드에 string.punctuation을 넣으면 문자열 양쪽의 모든 구두점을 간단하게 삭제할 수 있습니다.
>
> ```
> >>> import string
> >>> ', python.'.strip(string.punctuation)
> ' python'
> >>> string.punctuation
> '!"#$%&\'()*+,-./:;<=>?@[\\]^_`{|}~'
> ```
>
> 만약 공백까지 삭제하고 싶다면 string.punctuation에 공백 ' '을 연결해서 넣어주면 되겠죠?
>
> ```
> >>> ', python.'.strip(string.punctuation + ' ')
> 'python'
> ```

물론 메서드 체이닝을 활용해도 됩니다.

```
>>> ', python.'.strip(string.punctuation).strip()
'python'
```

24.1.13 문자열을 왼쪽 정렬하기

이번에는 문자열에 공백을 넣어서 원하는 위치에 정렬하는 방법을 알아보겠습니다.

ljust(길이)는 문자열을 지정된 길이로 만든 뒤 왼쪽으로 정렬하며 남는 공간을 공백으로 채웁니다(l은 왼쪽 (left)을 의미). 다음은 문자열 'python'의 길이를 10으로 만든 뒤 왼쪽으로 정렬하고 남는 공간을 공백 4칸으로 채웁니다.

```
>>> 'python'.ljust(10)
'python    '
```

▼ 그림 24-1 ljust로 왼쪽 정렬

24.1.14 문자열을 오른쪽 정렬하기

rjust(길이)는 문자열을 지정된 길이로 만든 뒤 오른쪽으로 정렬하며 남는 공간을 공백으로 채웁니다(r은 오른 쪽(right)을 의미). 다음은 문자열 'python'의 길이를 10으로 만든 뒤 오른쪽으로 정렬하고 남는 공간을 공백 4칸으로 채웁니다.

```
>>> 'python'.rjust(10)
'    python'
```

▼ 그림 24-2 rjust로 오른쪽 정렬

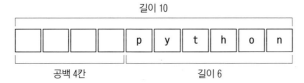

24.1.15 문자열을 가운데 정렬하기

center(길이)는 문자열을 지정된 길이로 만든 뒤 가운데로 정렬하며 남는 공간을 공백으로 채웁니다. 다음은 문자열 'python'의 길이를 10으로 만든 뒤 가운데로 정렬하고 양옆의 남는 공간을 공백 2칸씩 채웁니다.

```
>>> 'python'.center(10)
'  python  '
```

▼ 그림 24-3 center로 가운데 정렬

만약 가운데로 정렬했을 때 전체 길이와 남는 공간이 모두 홀수가 된다면 왼쪽에 공백이 한 칸 더 들어갑니다. 예를 들어 길이가 6인 'python'을 11로 가운데 정렬하면 5가 남아서 왼쪽에 공백 3칸, 오른쪽에 공백 2칸이 들어갑니다.

```
>>> 'python'.center(11)
'   python  '
```

24.1.16 메서드 체이닝

이렇게 문자열 메서드는 처리한 결과를 반환하도록 만들어져 있습니다. 따라서 메서드를 계속 연결해서 호출하는 메서드 체이닝이 가능합니다. 메서드 체이닝은 메서드를 줄줄이 연결한다고 해서 메서드 체이닝(method chaining)이라 부릅니다.

다음은 문자열을 오른쪽으로 정렬한 뒤 대문자로 바꿉니다.

```
>>> 'python'.rjust(10).upper()
'    PYTHON'
```

사실 문자열을 입력받을 때 자주 사용했던 input().split()도 input()이 반환한 문자열에 split을 호출하는 메서드 체이닝입니다.

24.1.17 문자열 왼쪽에 0 채우기

지금까지 문자열을 정렬하면서 남는 공간에 공백을 채웠죠? 파이썬을 사용하다 보면 문자열 왼쪽에 0을 채워야 할 경우가 생깁니다.

zfill(길이)는 지정된 길이에 맞춰서 문자열의 왼쪽에 0을 채웁니다(**zero fill**을 의미). 단, 문자열의 길이보다 지정된 길이가 짧다면 아무것도 채우지 않습니다. 보통 zfill은 숫자를 일정 자릿수로 맞추고 앞자리는 0으로 채울 때 사용합니다.

```
>>> '35'.zfill(4)        # 숫자 앞에 0을 채움
'0035'
>>> '3.5'.zfill(6)       # 숫자 앞에 0을 채움
'0003.5'
>>> 'hello'.zfill(10)    # 문자열 앞에 0을 채울 수도 있음
'00000hello'
```

24.1.18 문자열 위치 찾기

이번에는 문자열의 위치를 찾는 방법을 알아보겠습니다.

find('찾을문자열')은 문자열에서 특정 문자열을 찾아서 인덱스를 반환하고, 문자열이 없으면 −1을 반환합니다. find는 왼쪽에서부터 문자열을 찾는데, 같은 문자열이 여러 개일 경우 처음 찾은 문자열의 인덱스를 반환합니다. 여기서는 'pl'이 2개 있지만 왼쪽에서 처음 찾은 'pl'의 인덱스 2를 반환합니다.

```
>>> 'apple pineapple'.find('pl')
2
>>> 'apple pineapple'.find('xy')
-1
```

24.1.19 오른쪽에서부터 문자열 위치 찾기

rfind('찾을문자열')은 오른쪽에서부터 특정 문자열을 찾아서 인덱스를 반환하고, 문자열이 없으면 −1을 반환합니다(r은 오른쪽(right)을 의미). 같은 문자열이 여러 개일 경우 처음 찾은 문자열의 인덱스를 반환합니다. 여기서는 'pl'이 2개 있지만 오른쪽에서 처음 찾은 'pl'의 인덱스 12를 반환합니다.

```
>>> 'apple pineapple'.rfind('pl')
12
>>> 'apple pineapple'.rfind('xy')
-1
```

24.1.20 문자열 위치 찾기

find, rfind 이외에도 index, rindex로 문자열의 위치를 찾을 수 있습니다.

index('찾을문자열')은 왼쪽에서부터 특정 문자열을 찾아서 인덱스를 반환합니다. 단, 문자열이 없으면 에러를 발생시킵니다. index도 같은 문자열이 여러 개일 경우 처음 찾은 문자열의 인덱스를 반환합니다.

```
>>> 'apple pineapple'.index('pl')
2
```

24.1.21 오른쪽에서부터 문자열 위치 찾기

rindex('찾을문자열')은 오른쪽에서부터 특정 문자열을 찾아서 인덱스를 반환합니다(r은 오른쪽(right)을 의미).
마찬가지로 문자열이 없으면 에러를 발생시키며 같은 문자열이 여러 개일 경우 처음 찾은 문자열의 인덱스를
반환합니다.

```
>>> 'apple pineapple'.rindex('pl')
12
```

24.1.22 문자열 개수 세기

count('문자열')은 현재 문자열에서 특정 문자열이 몇 번 나오는지 알아냅니다. 여기서는 'pl'이 2번 나오므로
2가 반환됩니다.

```
>>> 'apple pineapple'.count('pl')
2
```

24.2 문자열 서식 지정자와 포매팅 사용하기

파이썬은 다양한 방법으로 문자열을 만들 수 있습니다. 그중에서 서식 지정자(format specifier)로 문자열을 만
드는 방법과 format 메서드로 문자열을 만드는 문자열 포매팅(string formatting)에 대해 알아보겠습니다.

예를 들어 학생의 이름과 평균 점수를 출력한다고 하죠.

제임스의 평균 점수는 85.3점입니다.

만약 학생이 바뀐다면 이름과 점수 부분도 바뀌겠죠?

마리아의 평균 점수는 98.7점입니다.

두 문자열에서 '의 평균 점수는', '점입니다.'는 같지만 이름과 점수가 다릅니다. 이렇게 문자열 안에서 특정
부분을 원하는 값으로 바꿀 때 서식 지정자 또는 문자열 포매팅을 사용합니다.

24.2.1 서식 지정자로 문자열 넣기

그럼 서식 지정자(format specifier)로 문자열 중간에 다른 문자열을 넣어보겠습니다.

- '%s' % '문자열'

```
>>> 'I am %s.' % 'james'
'I am james.'
```

서식 지정자는 %로 시작하고 자료형을 뜻하는 문자가 붙습니다. %s는 문자열이라는 뜻이며 string의 s입니다. 이처럼 문자열 안에 %s를 넣고 그 뒤에 %를 붙인 뒤 'james'를 지정해주면 %s 부분이 'james'로 바뀝니다('I am %s.'와 'james' 사이의 %는 따옴표로 묶지 않고 그대로 입력해야 합니다).

물론 문자열을 바로 지정하지 않고 변수를 지정할 수도 있습니다.

```
>>> name = 'maria'
>>> 'I am %s.' % name
'I am maria.'
```

24.2.2 서식 지정자로 숫자 넣기

그럼 문자열 안에 숫자는 어떻게 넣을까요?

- '%d' % 숫자

```
>>> 'I am %d years old.' % 20
'I am 20 years old.'
```

숫자는 %d를 넣고 % 뒤에 숫자를 지정하면 됩니다. %d는 10진 정수 decimal integer의 d입니다.

24.2.3 서식 지정자로 소수점 표현하기

숫자 중에 소수점으로 된 실수를 넣어야 할 경우도 있습니다.

- '%f' % 숫자

```
>>> '%f' % 2.3
'2.300000'
```

실수를 넣을 때는 %f를 사용하며 고정 소수점 fixed point의 f입니다. %f는 기본적으로 소수점 이하 6자리까지 표시하므로 2.3은 2.300000으로 표시됩니다.

소수점 이하 자릿수를 지정하고 싶다면 다음과 같이 f 앞에 .(점)과 자릿수를 지정해주면 됩니다.

- '%.자릿수f' % 숫자

```
>>> '%.2f' % 2.3
'2.30'
>>> '%.3f' % 2.3
'2.300'
```

24.2.4 서식 지정자로 문자열 정렬하기

이번에는 서식 지정자와 숫자를 조합하여 문자열을 정렬하는 방법을 알아보겠습니다. 다음과 같이 % 뒤에 숫자를 붙이면 문자열을 지정된 길이로 만든 뒤 오른쪽으로 정렬하고 남는 공간을 공백으로 채웁니다.

- %길이s

```
>>> '%10s' % 'python'
'    python'
```

%10s는 문자열의 길이를 10으로 만든 뒤 지정된 문자열을 넣고 오른쪽으로 정렬합니다. 따라서 문자열 'python'은 길이가 6이므로 왼쪽 공간을 공백 4칸으로 채웁니다.

▼ 그림 24-4 문자열 오른쪽 정렬

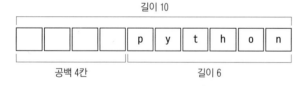

참고 **자릿수가 다른 숫자 출력하기**

문자열 오른쪽 정렬은 자릿수가 다른 숫자를 출력할 때 유용합니다. %d와 %f도 숫자와 조합하여 오른쪽으로 정렬할 수 있습니다.

- %길이d

```
>>> '%10d' % 150
'       150'
>>> '%10d' % 15000
'     15000'
```

실수는 다음과 같이 .(점) 앞에 정렬할 길이를 지정하고, 점 뒤에 소수점 이하 자릿수를 지정합니다.

- %길이.자릿수f

```
>>> '%10.2f' % 2.3
'      2.30'
>>> '%10.2f' % 2000.3
'   2000.30'
```

그럼 왼쪽 정렬은 어떻게 할까요? 왼쪽 정렬은 문자열 길이에 -를 붙여주면 됩니다.

- **%-길이s**

```
>>> '%-10s' % 'python'
'python    '
```

%-10s는 문자열의 길이를 10으로 만든 뒤 지정된 문자열을 넣고 왼쪽으로 정렬합니다. 따라서 문자열 'python'은 길이가 6이므로 오른쪽 공간을 공백 4칸으로 채웁니다.

▼ 그림 24-5 문자열 왼쪽 정렬

24.2.5 서식 지정자로 문자열 안에 값 여러 개 넣기

지금까지 문자열 안에 값을 한 개만 넣었는데, 값을 여러 개 넣으려면 어떻게 해야 할까요?

문자열 안에 값을 두 개 이상 넣으려면 %를 붙이고, 괄호 안에 값(변수)을 콤마로 구분해서 넣어주면 됩니다. 특히 값을 괄호로 묶지 않으면 에러가 발생하므로 주의해야 합니다.

- **'%d %s' % (숫자, '문자열')**

```
>>> 'Today is %d %s.' % (3, 'April')
'Today is 3 April.'
```

여기서는 서식 지정자가 두 개이므로 값도 두 개 넣었습니다. 이처럼 서식 지정자가 여러 개면 괄호 안의 값(변수) 개수도 서식 지정자 개수와 똑같이 맞춰주어야 합니다.

지금까지 서식 지정자 사이를 공백으로 띄웠습니다. 만약 서식 지정자를 서로 붙이면 결과도 붙어서 나오므로 주의해야 합니다. 다음은 3과 'April'이 붙어서 3April로 나옵니다.

```
>>> 'Today is %d%s.' % (3, 'April')
'Today is 3April.'
```

24.2.6 format 메서드 사용하기

파이썬은 문자열을 만들 때 서식 지정자 방식보다 더 간단한 문자열 포매팅(string formatting)을 제공합니다. 문자열 포매팅은 { }(중괄호) 안에 포매팅을 지정하고 format 메서드로 값을 넣습니다.

- '{인덱스}'.format(값)

```
>>> 'Hello, {0}'.format('world!')
'Hello, world!'
>>> 'Hello, {0}'.format(100)
'Hello, 100'
```

이렇게 문자열 안에 {}를 넣고 인덱스를 지정합니다. 그리고 format에는 {} 부분에 넣을 값을 지정하면 됩니다.

24.2.7 format 메서드로 값을 여러 개 넣기

이번에는 값을 여러 개 넣어보겠습니다. 인덱스의 순서와 format에 지정된 값의 순서를 주목해주세요.

```
>>> 'Hello, {0} {2} {1}'.format('Python', 'Script', 3.6)
'Hello, Python 3.6 Script'
```

{}에 인덱스를 지정한 뒤 format에는 인덱스가 증가하는 순서대로 값을 넣으면 됩니다. 여기서는 {0} {2} {1}처럼 인덱스 순서를 섞었고 format에는 'Python', 'Script', 3.6 순으로 넣었습니다. 따라서 문자열에는 인덱스 숫자에 해당하는 값이 들어가서 'Hello, Python 3.6 Script'가 나옵니다.

▼ 그림 24-6 format과 인덱스

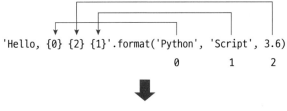

24.2.8 format 메서드로 같은 값을 여러 개 넣기

특히 같은 인덱스가 지정된 {}를 여러 개 넣으면 같은 값이 여러 개 들어갑니다. 다음은 문자열에 'Python'이 두 개, 'Script'가 두 개 들어갑니다.

```
>>> '{0} {0} {1} {1}'.format('Python', 'Script')
'Python Python Script Script'
```

24.2.9 format 메서드에서 인덱스 생략하기

만약 {}에서 인덱스를 생략하면 format에 지정한 순서대로 값이 들어갑니다.

```
>>> 'Hello, {} {} {}'.format('Python', 'Script', 3.6)
'Hello, Python Script 3.6'
```

24.2.10 format 메서드에서 인덱스 대신 이름 지정하기

{}에 인덱스로 순서를 지정하려니 조금 헷갈리죠? {}에 인덱스 대신 이름을 지정할 수도 있습니다.

```
>>> 'Hello, {language} {version}'.format(language='Python', version=3.6)
'Hello, Python 3.6'
```

{language}와 {version}처럼 {}에 이름을 지정했습니다. format에는 format(language= 'Python', version=3.6)과 같이 이름에 해당하는 값을 지정해주면 됩니다.

24.2.11 문자열 포매팅에 변수를 그대로 사용하기

파이썬 3.6부터는 문자열을 만드는 더 간단한 방법을 제공합니다. 다음과 같이 변수에 값을 넣고 {}에 변수 이름을 지정하면 됩니다. 이때는 문자열 앞에 포매팅(formatting)이라는 뜻으로 f를 붙입니다.

```
>>> language = 'Python'
>>> version = 3.6
>>> f'Hello, {language} {version}'
'Hello, Python 3.6'
```

> **참고** **중괄호 출력하기**
>
> {} 중괄호 자체를 출력할 때는 {{, }}처럼 중괄호를 두 번 사용하면 됩니다.
>
> ```
> >>> '{{ {0} }}'.format('Python')
> '{ Python }'
> ```

24.2.12 format 메서드로 문자열 정렬하기

지금까지 문자열의 서식 지정자나 ljust, rjust, center로 정렬을 했죠? 문자열 포매팅도 문자열을 정렬할 수 있습니다. 다음과 같이 인덱스 뒤에 :(콜론)을 붙이고 정렬할 방향과 길이를 지정해주면 됩니다.

- '{인덱스:〈길이}'.format(값)

```
>>> '{0:<10}'.format('python')
'python    '
```

'{0:<10}'은 부등호 방향이 왼쪽을 가리키고 있죠? 그래서 문자열을 지정된 길이로 만든 뒤 왼쪽으로 정렬하고 남는 공간을 공백으로 채웁니다.

▼ 그림 24-7 format으로 왼쪽 정렬

다음과 같이 >을 넣어서 오른쪽을 가리키도록 만들면 문자열을 지정된 길이로 만든 뒤 오른쪽으로 정렬하고 남는 공간을 공백으로 채웁니다.

- '{인덱스:>길이}'.format(값)

```
>>> '{0:>10}'.format('python')
'    python'
```

▼ 그림 24-8 format으로 오른쪽 정렬

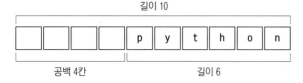

참고로 인덱스를 사용하지 않는다면 :(콜론)과 정렬 방법만 지정해도 됩니다.

```
>>> '{:>10}'.format('python')
'    python'
```

24.2.13 숫자 개수 맞추기

그럼 이번에는 정수와 실수 앞에 0을 넣어서 숫자 개수를 맞추는 방법을 알아보겠습니다.

%d는 다음과 같이 %와 d 사이에 0과 숫자 개수를 넣어주면 자릿수에 맞춰서 앞에 0이 들어갑니다. 즉, %03d로 지정하면 1은 '001', 35는 '035'가 됩니다. {}를 사용할 때는 인덱스나 이름 뒤에 :(콜론)을 붙이고 03d처럼 0과 숫자 개수를 지정하면 됩니다.

- '%0개수d' % 숫자   - '{인덱스:0개수d}'.format(숫자)

```
>>> '%03d' % 1
'001'
>>> '{0:03d}'.format(35)
'035'
```

물론 실수도 숫자 개수를 맞출 수 있습니다. 특히 소수점 이하 자릿수를 지정하고 싶으면 %08.2f처럼 .(점) 뒤에 자릿수를 지정해줍니다.

- '%0개수.자릿수f' % 숫자
- '{인덱스:0개수.자릿수f}'.format(숫자)

```
>>> '%08.2f' % 3.6
'00003.60'
>>> '{0:08.2f}'.format(150.37)
'00150.37'
```

여기서 주의할 점은 '%08.2f' % 3.6을 출력했을 때 '00003.60'이 나온다는 점입니다. 잘 보면 3 앞에 0이 7개가 아니라 4개만 붙어 있습니다. 실수는 숫자 개수에 정수 부분, 소수점, 소수점 이하 자릿수가 모두 포함됩니다. 따라서 '00003' 5개, '.' 1개, '60' 2개 총 8개입니다.

▼ 그림 24-9 실수는 정수, 소수점, 소수점 이하 자릿수가 모두 포함됨

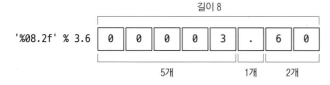

24.2.14 채우기와 정렬을 조합해서 사용하기

문자열 포매팅은 채우기와 정렬을 조합해서 사용할 수 있습니다. 다음과 같이 { }에 인덱스, 채우기, 정렬, 길이, 자릿수, 자료형 순으로 지정해줍니다.

- '{인덱스:[[채우기]정렬][길이][.자릿수][자료형]}'

그럼 길이를 10으로 만든 뒤 왼쪽, 오른쪽으로 정렬하고 남는 공간은 0으로 채워보겠습니다.

```
>>> '{0:0<10}'.format(15)      # 길이 10, 왼쪽으로 정렬하고 남는 공간은 0으로 채움
'1500000000'
>>> '{0:0>10}'.format(15)      # 길이 10, 오른쪽으로 정렬하고 남는 공간은 0으로 채움
'0000000015'
```

물론 실수로 만들고 싶다면 다음과 같이 소수점 자릿수와 실수 자료형 f를 지정해주면 됩니다.

```
>>> '{0:0>10.2f}'.format(15)      # 길이 10, 오른쪽으로 정렬하고 소수점 자릿수는 2자리
'0000015.00'
```

특히 채우기 부분에 0이 아닌 다른 문자를 넣어도 됩니다. 공백을 넣어도 되고, 문자를 넣어도 됩니다. 만약 채우기 부분을 생략하면 공백이 들어갑니다.

```
>>> '{0: >10}'.format(15)       # 남는 공간을 공백으로 채움
'        15'
>>> '{0:>10}'.format(15)        # 채우기 부분을 생략하면 공백이 들어감
'        15'
>>> '{0:x>10}'.format(15)       # 남는 공간을 문자 x로 채움
'xxxxxxxx15'
```

문자열 메서드와 서식 지정자, 문자열 포매팅은 분량이 많지만 필요한 부분만 익혀서 사용하면 되고 모두 외우지 않아도 됩니다. 이 부분은 파이썬을 사용하다 보면 자연스럽게 익히게 됩니다.

참고 **금액에서 천단위로 콤마 넣기**

숫자 중에서 금액은 천단위로 ,(콤마)를 넣죠? 파이썬에서는 간단하게 천단위로 콤마를 넣을 수 있습니다.
먼저 format 내장 함수를 사용하는 방법입니다. 다음과 같이 format 함수에 숫자와 ' , '를 넣어줍니다.

- format(숫자, ',')

```
>>> format(1493500, ',')
'1,493,500'
```

format 함수는 서식 지정자와 함께 사용할 수 있습니다. 다음은 콤마를 넣은 숫자를 오른쪽 정렬합니다.

```
>>> '%20s' % format(1493500, ',')     # 길이 20, 오른쪽으로 정렬
'           1,493,500'
```

포매팅에서 콤마를 넣으려면 다음과 같이 :(콜론)뒤에 ,(콤마)를 지정하면 됩니다.

```
>>> '{0:,}'.format(1493500)
'1,493,500'
```

만약 정렬을 하고 싶다면 정렬 방향과 길이 뒤에 콤마를 지정해줍니다.

```
>>> '{0:>20,}'.format(1493500)        # 길이 20, 오른쪽으로 정렬
'           1,493,500'
>>> '{0:0>20,}'.format(1493500)       # 길이 20, 오른쪽으로 정렬하고 남는 공간은 0으로 채움
'000000000001,493,500'
```

24.3 퀴즈

1. 다음 중 문자열 메서드에 대한 설명으로 잘못된 것을 모두 고르세요.

    a. count는 문자열의 전체 문자 개수를 구한다.

    b. find는 문자열에서 왼쪽부터 문자열을 찾아서 인덱스를 반환한다.

    c. replace는 문자열 안의 문자열을 다른 문자열로 바꾼다.

    d. split은 문자열을 공백 또는 기준 문자열을 기준으로 분리한다.

    e. index는 문자열의 오른쪽에서부터 문자열을 찾아서 인덱스를 반환한다.

2. 다음 코드를 실행했을 때 출력 결과를 고르세요.

```
print('Python'.lower().replace('on', 'ON').ljust(10))
```

   a. '   Python'

   b. 'python   '

   c. 'PythON   '

   d. 'pythON   '

   e. '   PYTHON'

3. 다음 중 문자열 `'Hello, Python 3.6'`을 만드는 방법으로 올바른 것을 모두 고르세요.

   a. `'Hello, %d 3.6' % 'Python'`

   b. `'%s, %s 3.6' % ('Hello', 'Python')`

   c. `'{0}, Python {1}'.format('Hello')`

   d. `'{hello}, {language} 3.6'.format(hello='Hello', language='Python')`

   e. `'%s%s%s' % ('Hello,', 'Python', '3.6')`

4. 다음 중 문자열 `'   1675.3000'`을 만드는 방법으로 올바른 것을 모두 고르세요. 이 문자열의 길이는 12이고 소수점 이하 자릿수는 4자리입니다. 또한, 오른쪽으로 정렬되어 있고 남은 공간은 공백으로 채워져 있습니다.

   a. `'{0:>12.2f}'.format(1675.3)`

   b. `'{0:>12}'.format(1675.3)`

   c. `'{0:>12.4f}'.format(1675.3)`

   d. `'{: >12.4f}'.format(1675.3)`

   e. `'{:0>12.4f}'.format(1675.3)`

▶ 정답은 306쪽에 있습니다

24.4 **연습문제: 파일 경로에서 파일명만 가져오기**

다음 소스 코드를 완성하여 파일 경로에서 파일명만 출력되게 만드세요. 단, 경로에서 폴더의 깊이가 달라지더라도 파일명만 출력할 수 있어야 합니다.

practice_string_path.py

```
path = 'C:\\Users\\dojang\\AppData\\Local\\Programs\\Python\\Python36-32\\python.exe'

_____

...

_____

print(filename)
```

실행 결과

```
python.exe
```

```
x = path.split('\\')
filename = x[-1]
또는
x = path.split('\\')
x.reverse()
filename = x[0]
또는
filename = path[path.rfind('\\') + 1:]
```

해설

파일 경로 path에서 파일명만 출력해야 하는데 경로에서 폴더의 깊이는 달라질 수 있다고 했습니다. 그래서 다음과 같이 path.split('\\')를 사용해서 path를 '\\' 기준으로 분리한 뒤 리스트에서 마지막 요소를 직접 가져오면 폴더의 깊이가 달라졌을 때 파일명을 가져올 수 없습니다.

```
x = path.split('\\')
filename = x[8]      # 폴더의 깊이가 달라졌을 파일명을 가져올 수 없음
```

이때는 filename = x[-1]과 같이 인덱스를 -1로 지정해서 마지막 요소를 가져오면 됩니다.

또는, reverse로 리스트의 순서를 뒤집어준 뒤 filename = x[0]처럼 첫 번째 요소를 가져오면 파일명을 가져올 수 있습니다. 파일 경로에서 항상 마지막은 파일명이므로 리스트의 순서를 뒤집으면 첫 번째 요소가 파일명이 됩니다. 이렇게 하면 폴더의 깊이가 달라지더라도 파일명을 가져올 수 있습니다.

이 방법 이외에도 rfind를 사용해서 파일명을 구할 수 있습니다. 파일 경로에서 파일명은 항상 마지막에 있으므로 path.rfind('\\')와 같이 rfind를 사용하여 오른쪽에서부터 '\\'의 인덱스를 찾습니다. 그리고 path[path.rfind('\\') + 1:]과 같이 찾은 인덱스 + 1부터 문자열의 마지막까지 가져오면 파일명을 가져올 수 있습니다. 즉, path.rfind('\\')로 찾은 인덱스는 '\\'의 인덱스이므로 '\\' 다음에 있는 파일명만 구하기 위해서 1을 더해줍니다.

그리고 \는 제어 문자를 위한 이스케이프입니다. 따라서 \ 문자 자체를 찾을 때는 \를 두 번 써야 합니다.

참고 **raw 문자열 사용하기**

문자열 앞에 r 또는 R을 붙이면 raw 문자열이 됩니다. 이 raw 문자열은 이스케이프 시퀀스를 그대로 저장할 때 사용합니다. 즉, 다음과 같이 \를 \\로 두 번 쓰지 않고 한 번만 써도 됩니다.

```
>>> print(r'C:\Users\dojang\AppData\Local\Programs\Python\Python36-32\python.exe')
C:\Users\dojang\AppData\Local\Programs\Python\Python36-32\python.exe
```

raw는 가공되지 않고 있는 그대로라는 뜻입니다. 따라서 이스케이프 시퀀스를 문자 그대로 표현합니다. 다음과 같이 raw 문자열에 제어 문자를 입력해보면 제어 문자가 동작하지 않는 것을 볼 수 있습니다.

```
>>> print(r'1\n2\n3\n')
1\n2\n3\n
```

24.5 심사문제: 특정 단어 개수 세기

표준 입력으로 문자열이 입력됩니다. 입력된 문자열에서 'the'의 개수를 출력하는 프로그램을 만드세요(input에서 안내 문자열은 출력하지 않아야 합니다). 단, 모든 문자가 소문자인 'the'만 찾으면 되며 'them', 'there', 'their' 등은 포함하지 않아야 합니다.

테스트 케이스 예제

표준 입력

the grown-ups' response, this time, was to advise me to lay aside my drawings of boa constrictors, whether from the inside or the outside, and devote myself instead to geography, history, arithmetic, and grammar. That is why, at the, age of six, I gave up what might have been a magnificent career as a painter. I had been disheartened by the failure of my Drawing Number One and my Drawing Number Two. Grown-ups never understand anything by themselves, and it is tiresome for children to be always and forever explaining things to the.

표준 출력

6

judge_string_count.py

24.6 심사문제: 높은 가격순으로 출력하기

표준 입력으로 물품 가격 여러 개가 문자열 한 줄로 입력되고, 각 가격은 ;(세미콜론)으로 구분되어 있습니다. 입력된 가격을 높은 가격순으로 출력하는 프로그램을 만드세요(input에서 안내 문자열은 출력하지 않아야 합니다). 이때 가격은 길이를 9로 만든 뒤 오른쪽으로 정렬하고 천단위로 ,(콤마)를 넣으세요.

테스트 케이스 예제

표준 입력

51900;83000;158000;367500;250000;59200;128500;1304000

표준 출력

```
1,304,000
  367,500
  250,000
  158,000
  128,500
   83,000
   59,200
   51,900
```

judge_string_alignment.py

```

```

24.3 퀴즈 정답

1 a, e count는 문자열에서 특정 문자열의 개수를 구합니다. index는 문자열의 왼쪽에서부터 문자열을 찾아서 인덱스를 반환합니다.

2 d 먼저 문자열 'Python'에 lower 메서드를 호출하면 모든 문자가 소문자로 바뀌어 'python'이 나옵니다. 이 문자열에서 replace('on', 'ON')을 호출하면 'on'이 'ON'으로 바뀌어서 'pythON'이 나옵니다. 다시 이 문자열에 ljust(10)을 호출하면 문자열의 길이를 10으로 만든 뒤 왼쪽으로 정렬하여 'pythON   '이 나옵니다.

3 b, d 'Hello, %d 3.6' % 'Python'에서 'Python'은 문자열이므로 %s를 사용해야 합니다. '{0}, Python {1}'은 {}가 두 개 있으므로 format에도 값을 두 개 넣어야 합니다. '%s%s%s'는 %s가 공백 없이 붙어 있으므로 각 문자열이 모두 붙어서 나옵니다.

4 c, d 문자열의 길이는 12이고 소수점 이하 자릿수는 4자리라고 했으므로 {}(중괄호) 안에는 12.4f를 지정해야 합니다. 이때 오른쪽으로 정렬되어 있고 남은 공간은 공백으로 채워져 있다고 했으므로 {0: >12.4f}와 같이 만들어주면 됩니다. 또는, {:>12.4f}와 같이 채우기 부분을 생략해도 공백이 들어갑니다. 그리고 여기서는 값이 한 개이므로 인덱스는 생략해도 됩니다. 단, '{:0>12.4f}'는 남는 공간을 0으로 채우므로 정답이 아닙니다.

핵 심 정 리

리스트 메서드

▼ 표 24-1 리스트 메서드

메서드	설명
append(값)	리스트 끝에 값을 추가, 리스트[len(리스트):] = [값]과 같음
append(리스트)	리스트를 넣으면 리스트 안에 리스트가 들어감
extend(리스트)	리스트 끝에 다른 리스트 연결, 리스트[len(리스트):] = [값, 값]과 같음
insert(인덱스, 값)	리스트의 특정 인덱스에 값을 추가
pop() pop(인덱스)	리스트의 마지막 값을 삭제한 뒤 삭제한 값을 반환 인덱스를 지정하면 해당 인덱스의 값을 삭제한 뒤 삭제한 값을 반환, del 리스트[인덱스]와 같음
remove(값)	리스트에서 특정 값을 삭제
index(값)	리스트에서 특정 값의 인덱스를 구함
count(값)	리스트에서 특정 값의 개수를 구함
reverse()	리스트에서 값의 순서를 반대로 뒤집음
sort() sort(reverse=True)	리스트의 값을 작은 순서대로 정렬(오름차순) reverse=True는 큰 순서대로 정렬(내림차순)
clear()	리스트의 모든 값을 삭제, del a[:]와 같음
copy()	리스트를 복사하여 새 리스트 생성

튜플은 값의 정보를 구하는 index, count 메서드만 사용할 수 있습니다.

인덱스로 범위를 지정하여 리스트 조작하기

리스트는 메서드를 사용하지 않고 인덱스로 범위를 지정하여 조작할 수 있습니다.

```
리스트[len(리스트):] = [값]        # 리스트 끝에 값이 한 개 들어있는 리스트 추가
                                # 리스트.append(값)과 같음
리스트[len(리스트):] = [값, 값]    # 리스트 끝에 다른 리스트 연결
                                # 리스트.extend([값, 값])과 같음
del 리스트[인덱스]    # 특정 인덱스의 값 삭제, 리스트.pop(인덱스)와 같음
del 리스트[:]    # 시작 인덱스와 끝 인덱스를 생략하여 리스트의 모든 값을 삭제, 리스트.clear()와 같음
```

리스트(튜플)와 반복문

for 변수 in 뒤에 리스트(튜플)를 지정하면 반복하면서 모든 요소를 꺼내옵니다. 특히 enumerate(리스트)를 지정하면 인덱스와 요소를 동시에 꺼내올 수 있습니다.

```
for 변수 in 리스트:    # 반복하면서 요소를 꺼내옴
    반복할 코드

for 인덱스, 요소 in enumerate(리스트):    # 반복하면서 인덱스와 요소를 꺼내옴
    반복할 코드
```

```
for 인덱스 in range(len(리스트)):    # 리스트의 길이로 반복
    리스트[인덱스]                    # 인덱스로 요소에 접근

while 인덱스 < len(리스트):          # 리스트의 길이로 반복
    리스트[인덱스]                    # 인덱스로 요소에 접근
    인덱스 += 1
```

min, max, sum 함수

min은 리스트(튜플)에서 가장 작은 값, max는 가장 큰 값, sum은 요소의 합계를 구합니다.

리스트(튜플) 표현식

리스트(튜플) 표현식은 리스트 안에 식, for 반복문, if 조건문 등을 지정하여 리스트(튜플)를 생성합니다.

```
# 리스트 표현식
[식 for 변수 in 리스트]
[i for i in range(10)]
list(식 for 변수 in 리스트)

# 튜플 표현식
tuple(식 for 변수 in 리스트 if 조건식)

# if 조건문 사용
[식 for 변수 in 리스트 if 조건식]
[i for i in range(10) if i % 2 == 0]
list(식 for 변수 in 리스트 if 조건식)
```

```
# for와 if를 여러 번 사용
[식 for 변수1 in 리스트1 if 조건식1
    for 변수2 in 리스트2 if 조건식2
    ...
    for 변수n in 리스트n if 조건식n]
[i * j for j in range(2, 10) for i in range(1, 10)]

list(식 for 변수1 in 리스트1 if 조건식1
    for 변수2 in 리스트2 if 조건식2
    ...
    for 변수n in 리스트n if 조건식n)
```

리스트(튜플)에 map 함수 사용

map은 리스트(튜플)의 요소를 지정된 함수로 처리해주는 함수입니다.

```
리스트 = list(map(함수, 리스트))
a = list(map(int, a))
튜플 = tuple(map(함수, 튜플))

변수1, 변수2 = list(map(함수, 리스트))    # 언패킹 사용
a, b = list(map(str, range(2)))

변수1, 변수2 = map(함수, 리스트)          # 언패킹 사용
a, b = map(int, input().split())
```

2차원 리스트

2차원 리스트는 가로×세로의 평면 구조로 이루어져 있습니다. 2차원 리스트는 리스트 안에 리스트를 넣어서 만들 수 있으며 안쪽의 각 리스트는 ,(콤마)로 구분해줍니다. 2차원 리스트의 요소에 접근하거나 할당할 때는 리스트에 [ ](대괄호)를 두 번 사용하며 [ ] 안에 세로 인덱스와 가로 인덱스를 지정해줍니다. 일반적으로 2차원 공간은 가로×세로로 표기하지만 리스트로 만들 때는 세로×가로로 표기합니다.

```
리스트 = [[값, 값], [값, 값], [값, 값]]    # 2차원 리스트 만들기

리스트[세로인덱스][가로인덱스]          # 2차원 리스트의 요소에 접근
리스트[세로인덱스][가로인덱스] = 값      # 2차원 리스트의 요소에 값 저장

리스트 = [(값, 값), (값, 값), (값, 값)]    # 리스트 안에 튜플을 넣음
튜플 = ([값, 값], [값, 값], [값, 값])      # 튜플 안에 리스트를 넣음
튜플 = ((값, 값), (값, 값), (값, 값))      # 튜플 안에 튜플을 넣음
```

3차원 리스트

3차원 리스트는 높이×세로×가로 형태로 이루어져 있습니다. 3차원 공간은 가로×세로×높이로 표기하지만 리스트로 만들 때는 높이×세로×가로로 표기합니다.

```
리스트 = [[[값, 값], [값, 값]], [[값, 값], [값, 값]], [[값, 값], [값, 값]]]    # 3차원 리스트 만들기

리스트[높이인덱스][세로인덱스][가로인덱스]          # 3차원 리스트의 요소에 접근
리스트[높이인덱스][세로인덱스][가로인덱스] = 값      # 3차원 리스트의 요소에 값 저장
```

문자열 메서드

▼ 표 24-2 문자열 메서드

메서드	설명
replace('바꿀문자열', '새문자열')	문자열 안의 문자열을 다른 문자열로 바꿈
translate(테이블)	문자열 안의 문자를 다른 문자로 바꿈, str.maketrans('바꿀문자', '새문자')로 변환 테이블을 만들어야 함
split() split('기준문자열')	공백을 기준으로 문자열을 분리하여 리스트로 만듦 기준 문자열을 지정하면 기준 문자열로 문자열을 분리
join(리스트)	구분자 문자열과 문자열 리스트(튜플)의 요소를 연결하여 문자열로 만듦
upper() lower()	upper는 문자열의 문자를 대문자로 바꾸고, lower는 소문자로 바꿈
lstrip(), rstrip(), strip() lstrip('삭제할문자들') rstrip('삭제할문자들') strip('삭제할문자들')	lstrip은 문자열에서 왼쪽 공백을 삭제, rstrip은 오른쪽 공백을 삭제, strip은 양쪽 공백을 삭제, 삭제할 문자들을 지정하면 해당 문자들을 삭제
ljust(길이), rjust(길이), center(길이)	문자열을 지정된 길이로 만든 뒤 왼쪽(ljust), 오른쪽(rjust), 가운데(center)로 정렬하며 남는 공간은 공백으로 채움
zfill()	지정된 길이에 맞춰서 문자열의 왼쪽에 0을 채움
find('찾을문자열') rfind('찾을문자열')	find는 왼쪽에서부터, rfind는 오른쪽에서부터 특정 문자열을 찾아서 인덱스 반환, 문자열이 없으면 -1을 반환
index('찾을문자열') rindex('찾을문자열')	index는 왼쪽에서부터, rindex는 오른쪽에서부터 특정 문자열을 찾아서 인덱스를 반환, 문자열이 없으면 에러 발생
count('문자열')	현재 문자열에서 특정 문자열이 몇 번 나오는지 알아냄

문자열 서식 지정자

문자열은 서식 지정자를 조합하여 문자열을 만들 수 있습니다. 서식 지정자는 %로 시작하며 자료형을 뜻하는 문자가 붙습니다. 서식 지정자를 사용한 뒤 % 다음에 문자열을 지정해주면 이 문자열이 서식 지정자에 들어갑니다. 서식 지정자가 여러 개일 때는 값 여러 개를 튜플로 만들어서 지정해줍니다.

- **%s**: 문자열
- **%d**: 정수
- **%f**: 실수

```
'%서식지정자' % 값                # 서식 지정자 한 개 사용
'I am %s.' % 'maria'            # 'I am maria.'

'%서식지정자1, %서식지정자2' % (값1, 값2)   # 서식 지정자 여러 개 사용
'Today is %d %s.' % (3, 'April')       # 'Today is 3 April.'
```

소수점 이하 자릿수를 지정하고 싶다면 f 앞에 .(점)과 자릿수를 지정합니다.

```
'%.자릿수f' % 숫자      # 소수점 이하 자릿수 지정하기
'%.3f' % 2.3           # '2.300'
```

%뒤에 숫자를 붙이면 문자열을 지정된 길이로 만든 뒤 오른쪽으로 정렬하고 남는 공간을 공백으로 채웁니다. 길이를 음수로 지정하면 왼쪽으로 정렬합니다.

```
%길이s      # 문자열을 지정된 길이로 만든 뒤 오른쪽으로 정렬하고 남는 공간을 공백으로 채움
'%10s' % 'python'    # '    python'

%-길이s     # 문자열을 지정된 길이로 만든 뒤 왼쪽으로 정렬하고 남는 공간을 공백으로 채움
'%-10s' % 'python'   # 'python    '
```

%와 d사이에 0과 숫자 개수를 넣으면 자릿수에 맞춰서 앞에 0이 들어갑니다.

```
'%0개수d' % 숫자      # 자릿수에 맞춰서 0이 들어감
'%03d' % 1           # '001'

'%0개수.자릿수f' % 숫자   # 실수의 소수점 이하 자릿수 지정
'%08.2f' % 3.6           # '00003.60'
```

문자열 포매팅

문자열 포매팅을 사용할 때는 { }(중괄호) 안에 인덱스를 지정하고, format에는 { } 부분에 들어갈 값을 지정해줍니다.

```
'{0}'.format(값)                    # 값을 한 개 넣음
'{0} {1}'.format(값1, 값2)          # 값을 두 개 넣음
'{0} {0} {1} {1}'.format(값1, 값2)   # 같은 인덱스에는 같은 값이 들어감
'{} {} {}'.format(값1, 값2, 값3)     # 인덱스를 생략하면 format에 지정한 순서대로 값이 들어감
'{name1} {name2}'.format(name1=값1, name2=값2)   # { }에 이름을 지정
```

파이썬 3.6부터는 변수에 값을 넣고 { } 안에 변수 이름을 지정하면 됩니다. 이때는 문자열 앞에 f를 붙입니다.

```
변수1, 변수2 = 값1, 값2
f'{변수1} {변수2}'
```

문자열 포매팅에서 <은 문자열을 지정된 길이로 만든 뒤 왼쪽으로 정렬하고 남는 공간을 공백으로 채웁니다. >은 오른쪽으로 정렬합니다.

```
'{인덱스:<길이}'.format(값) # 문자열을 지정된 길이로 만든 뒤 왼쪽 정렬, 남는 공간을 공백으로 채움
'{인덱스:>길이}'.format(값) # 문자열을 지정된 길이로 만든 뒤 오른쪽 정렬, 남는 공간을 공백으로 채움
```

문자열 포매팅에서 인덱스나 이름 뒤에 :(콜론)을 붙이고 0과 숫자 개수를 지정하면 자릿수에 맞춰서 0이 들어갑니다.

```
'{인덱스:0개수d'}'.format(숫자)        # 자릿수에 맞춰서 0이 들어감
'{인덱스:0개수.자릿수f'}'.format(숫자)   # 실수의 소수점 이하 자릿수 지정
```

문자열 포매팅은 채우기, 정렬, 길이, 자릿수, 자료형을 조합하여 사용할 수 있습니다.

```
'{인덱스:[[채우기]정렬][길이][.자릿수][자료형]}'

'{0:0<10}'.format(15)    # '1500000000': 길이 10, 왼쪽으로 정렬하고 남는 공간은 0으로 채움
'{0:0>10.2f}'.format(15) # '0000015.00': 길이 10, 오른쪽으로 정렬하고 소수점 이하 자릿수는 2자리

'{0: >10}'.format(15)  # '        15': 남는 공간을 공백으로 채움
'{0:>10}'.format(15)   # '        15': 채우기 부분을 생략하면 공백이 들어감
'{0:x>10}'.format(15)  # 'xxxxxxxx15': 남는 공간을 문자 x로 채움
```

서식 지정자 자료형

▼ 표 24-3 서식 지정자 자료형

자료형	설명
s	문자열
b	2진수
c	문자
d	10진 정수
o	8진 정수, 예) '%o' % 8은 '10'
x	16진 정수, 0~9, a~f, 예) '%x' % 254는 'fe'
X	16진 정수, 0~9, A~F, 예) '%X' % 254는 'FE'
e	실수 지수 표기법, 예) '%e' % 2.3은 '2.300000e+00'
E	실수 지수 표기법, 예) '%E' % 2.3은 '2.300000E+00'
f	실수 소수점 표기
F	실수 소수점 표기, f와 같음, nan은 NAN, inf는 INF로 표시(nan은 숫자가 아니라는 뜻, inf는 무한대)
g	실수 일반 형식, 예) '%g' % 2.3e-10은 '2.3e-10'
G	실수 일반 형식, 예) '%G' % 2.3e-10은 '2.3E-10'
%	% 문자 표시

Q & A 자 주 묻 는 질 문

리스트에 요소를 몇 개까지 넣을 수 있나요?

파이썬 인터프리터 소스 코드(C 언어)에는 리스트의 최대 크기가 PY_SSIZE_T_MAX / sizeof(PyObject*)로 정의되어 있고, PY_SSIZE_T_MAX는 ((size_t)-1)>>1 또는 SSIZE_MAX, INTPTR_MAX로 정의되어 있습니다(sizeof(PyObject*)는 32비트에서 4, 64비트에서 8). 따라서 32비트 파이썬에서는 2147483647 / 4가 되므로 536,870,911개, 64비트 파이썬에서는 9223372036854775807 / 8이 되므로 1,152,921,504,606,846,975개까지 넣을 수 있습니다.

변경이 불가능한 튜플은 왜 사용하나요?

리스트는 언제든지 요소를 추가하기 위해 실제 데이터보다 더 큰 메모리를 사용합니다. 하지만 튜플은 요소를 변경하지 않으므로 고정된 메모리 공간을 사용합니다. 또한, 튜플이 리스트보다 구조가 간단하므로 속도가 훨씬 빠릅니다. 따라서 요소가 변경되지 않는 곳에는 튜플을 사용하면 메모리를 아낄 수 있고 성능도 높일 수 있습니다.

딕셔너리 응용하기

'Unit 12 딕셔너리 사용하기'(143쪽)에서 딕셔너리의 기본 사용 방법을 배웠습니다. 이번에는 딕셔너리의 키-값 쌍을 조작하는 메서드와 정보를 조회하는 메서드를 사용해보겠습니다. 그리고 for 반복문을 사용하여 키와 값에 접근하는 방법, 딕셔너리 표현식, 중첩 딕셔너리도 함께 알아보겠습니다.

25.1 딕셔너리 조작하기

그럼 딕셔너리를 조작하는 메서드와 정보를 얻는 메서드부터 알아보겠습니다. 파이썬에서 제공하는 딕셔너리 메서드는 여러 가지가 있지만 여기서는 자주 쓰는 메서드를 설명하겠습니다.

25.1.1 딕셔너리에 키-값 쌍 추가하기

딕셔너리의 중요한 기능 중 하나가 바로 키-값 쌍 추가입니다. 다음과 같이 딕셔너리에 키-값 쌍을 추가하는 메서드는 두 가지가 있습니다.

- **setdefault**: 키-값 쌍 추가
- **update**: 키의 값 수정, 키가 없으면 키-값 쌍 추가

25.1.2 딕셔너리에 키와 기본값 저장하기

setdefault(키)는 딕셔너리에 키-값 쌍을 추가합니다. setdefault에 키만 지정하면 값에 None을 저장합니다. 다음은 키 'e'를 추가하고 값에 None을 저장합니다.

```
>>> x = {'a': 10, 'b': 20, 'c': 30, 'd': 40}
>>> x.setdefault('e')
>>> x
{'a': 10, 'b': 20, 'c': 30, 'd': 40, 'e': None}
```

setdefault(키, 기본값)처럼 키와 기본값을 지정하면 값에 기본값을 저장한 뒤 해당 값을 반환합니다. 다음은 키 'f'를 추가하고 값에 100을 저장한 뒤 100을 반환합니다.

```
>>> x.setdefault('f', 100)
100
>>> x
{'a': 10, 'b': 20, 'c': 30, 'd': 40, 'e': None, 'f': 100}
```

25.1.3 딕셔너리에서 키의 값 수정하기

키-값 쌍을 추가했으면 값을 수정하고 싶을 수도 있겠죠? 이때는 update 메서드를 사용합니다.

update(키=값)은 이름 그대로 딕셔너리에서 키의 값을 수정합니다. 예를 들어 딕셔너리가 x = {'a': 10}이라면 x.update(a=90)과 같이 키에서 작은따옴표 또는 큰따옴표를 빼고 키 이름과 값을 지정합니다.

그럼 키 'a'의 값을 90으로 수정해보겠습니다.

```
>>> x = {'a': 10, 'b': 20, 'c': 30, 'd': 40}
>>> x.update(a=90)
>>> x
{'a': 90, 'b': 20, 'c': 30, 'd': 40}
```

만약 딕셔너리에 키가 없으면 키-값 쌍을 추가합니다. 딕셔너리 x에는 키 'e'가 없으므로 x.update(e=50)을 실행하면 'e': 50을 추가합니다.

```
>>> x.update(e=50)
>>> x
{'a': 90, 'b': 20, 'c': 30, 'd': 40, 'e': 50}
```

update는 키-값 쌍 여러 개를 콤마로 구분해서 넣어주면 값을 한꺼번에 수정할 수 있습니다. 이때도 키가 있으면 해당 키의 값을 수정하고 없으면 키-값 쌍을 추가합니다. 다음은 키 'a'의 값을 900으로 수정하고, 'f': 60을 추가합니다.

```
>>> x.update(a=900, f=60)
>>> x
{'a': 900, 'b': 20, 'c': 30, 'd': 40, 'e': 50, 'f': 60}
```

update(키=값)은 키가 문자열일 때만 사용할 수 있습니다. 만약 키가 숫자일 경우에는 **update(딕셔너리)**처럼 딕셔너리를 넣어서 값을 수정할 수 있습니다.

```
>>> y = {1: 'one', 2: 'two'}
>>> y.update({1: 'ONE', 3: 'THREE'})
>>> y
{1: 'ONE', 2: 'two', 3: 'THREE'}
```

다른 방법으로는 리스트와 튜플을 이용하는 방법도 있습니다. update(리스트), update(튜플)은 리스트와 튜플로 값을 수정합니다. 여기서 리스트는 [[키1, 값1], [키2, 값2]] 형식으로 키와 값을 리스트로 만들고 이 리스트를 다시 리스트 안에 넣어서 키-값 쌍을 나열해줍니다(튜플도 같은 형식).

```
>>> y.update([[2, 'TWO'], [4, 'FOUR']])
>>> y
{1: 'ONE', 2: 'TWO', 3: 'THREE', 4: 'FOUR'}
```

특히 update(반복가능한객체)는 키-값 쌍으로 된 반복 가능한 객체로 값을 수정합니다. 즉, 다음과 같이 키 리스트와 값 리스트를 묶은 zip 객체로 값을 수정할 수 있습니다.

```
>>> y.update(zip([1, 2], ['one', 'two']))
>>> y
{1: 'one', 2: 'two', 3: 'THREE', 4: 'FOUR'}
```

> **참고** **setdefault와 update의 차이**
>
> setdefault는 키-값 쌍 추가만 할 수 있고, 이미 들어있는 키의 값은 수정할 수 없습니다. 하지만 update는 키-값 쌍 추가와 값 수정이 모두 가능합니다. 다음과 같이 setdefault로 이미 들어있는 키 'a'를 90으로 저장해도 'a'의 값은 바뀌지 않습니다.
>
> ```
> >>> x = {'a': 10, 'b': 20, 'c': 30, 'd': 40}
> >>> x.setdefault('a', 90)
> 10
> >>> x
> {'a': 10, 'b': 20, 'c': 30, 'd': 40}
> ```

25.1.4 딕셔너리에서 키-값 쌍 삭제하기

이번에는 딕셔너리에서 키-값 쌍을 삭제하는 메서드를 사용해보겠습니다.

pop(키)는 딕셔너리에서 특정 키-값 쌍을 삭제한 뒤 삭제한 값을 반환합니다. 다음은 딕셔너리 x에서 키 'a'를 삭제한 뒤 10을 반환합니다.

```
>>> x = {'a': 10, 'b': 20, 'c': 30, 'd': 40}
>>> x.pop('a')
10
>>> x
{'b': 20, 'c': 30, 'd': 40}
```

pop(키, 기본값)처럼 기본값을 지정하면 딕셔너리에 키가 있을 때는 해당 키-값 쌍을 삭제한 뒤 삭제한 값을 반환하지만 키가 없을 때는 기본값만 반환합니다. 딕셔너리 x에는 키 'z'가 없으므로 기본값으로 지정한 0을 반환합니다.

```
>>> x.pop('z', 0)
0
```

pop 대신 del로 특정 키-값 쌍을 삭제할 수도 있습니다. 이때는 [ ]에 키를 지정하여 del을 사용합니다. 다음은 딕셔너리 x의 키 'a'를 삭제합니다.

```
>>> x = {'a': 10, 'b': 20, 'c': 30, 'd': 40}
>>> del x['a']
>>> x
{'b': 20, 'c': 30, 'd': 40}
```

25.1.5 딕셔너리에서 임의의 키-값 쌍 삭제하기

popitem()은 딕셔너리에서 임의의 키-값 쌍을 삭제한 뒤 삭제한 키-값 쌍을 튜플로 반환합니다. 이 메서드는 파이썬 버전에 따라 동작이 달라지는데, 파이썬 3.6 이상에서는 마지막 키-값 쌍을 삭제하며 3.5 이하에서는 임의의 키-값 쌍을 삭제합니다.

이 책에서는 파이썬 3.6 이상을 기준으로 설명하겠습니다. 다음은 딕셔너리 x에서 마지막 키-값 쌍인 'd': 40을 삭제합니다.

파이썬 3.6
```
>>> x = {'a': 10, 'b': 20, 'c': 30, 'd': 40}
>>> x.popitem()
('d', 40)
>>> x
{'a': 10, 'b': 20, 'c': 30}
```

참고로 파이썬 3.5와 그 이하 버전에서 popitem 메서드를 사용하면 임의의 키-값을 삭제하므로 매번 삭제하는 키-값 쌍이 달라집니다.

파이썬 3.5
```
>>> x = {'a': 10, 'b': 20, 'c': 30, 'd': 40}
>>> x.popitem()     # 파이썬 3.5 이하에서는 매번 삭제하는 키-값 쌍이 달라짐
('a', 10)
>>> x
{'b': 20, 'c': 30, 'd': 40}
```

25.1.6 딕셔너리의 모든 키-값 쌍을 삭제하기

clear()는 딕셔너리의 모든 키-값 쌍을 삭제합니다. 다음은 딕셔너리 x의 모든 키-값 쌍을 삭제하여 빈 딕셔너리 {}가 됩니다.

```
>>> x = {'a': 10, 'b': 20, 'c': 30, 'd': 40}
>>> x.clear()
>>> x
{}
```

25.1.7 딕셔너리에서 키의 값을 가져오기

이번에는 딕셔너리에서 키의 값을 가져오거나 저장하는 메서드를 사용해보겠습니다.

get(키)는 딕셔너리에서 특정 키의 값을 가져옵니다. 다음은 딕셔너리 x에서 키 'a'의 값을 가져옵니다.

```
>>> x = {'a': 10, 'b': 20, 'c': 30, 'd': 40}
>>> x.get('a')
10
```

get(키, 기본값)처럼 기본값을 지정하면 딕셔너리에 키가 있을 때는 해당 키의 값을 반환하지만 키가 없을 때는 기본값을 반환합니다. 딕셔너리 x에는 키 'z'가 없으므로 기본값으로 지정한 0을 반환합니다.

```
>>> x.get('z', 0)
0
```

25.1.8 딕셔너리에서 키-값 쌍을 모두 가져오기

딕셔너리는 키와 값을 가져오는 다양한 메서드를 제공합니다.

- **items**: 키-값 쌍을 모두 가져옴
- **keys**: 키를 모두 가져옴
- **values**: 값을 모두 가져옴

다음과 같이 items()는 딕셔너리의 키-값 쌍을 모두 가져옵니다.

```
>>> x = {'a': 10, 'b': 20, 'c': 30, 'd': 40}
>>> x.items()
dict_items([('a', 10), ('b', 20), ('c', 30), ('d', 40)])
```

keys()는 키를 모두 가져옵니다.

```
>>> x.keys()
dict_keys(['a', 'b', 'c', 'd'])
```

values()는 값을 모두 가져옵니다.

```
>>> x.values()
dict_values([10, 20, 30, 40])
```

이 메서드들은 보통 for 반복문과 조합해서 사용하는데 자세한 내용은 뒤에서 설명하겠습니다.

25.1.9 리스트와 튜플로 딕셔너리 만들기

이번에는 리스트(튜플)로 딕셔너리를 만들어보겠습니다.

먼저 keys = ['a', 'b', 'c', 'd']처럼 키가 들어있는 리스트를 준비합니다(튜플도 됩니다). 그리고 dict.fromkeys에 키가 들어있는 리스트를 넣으면 딕셔너리를 생성합니다.

dict.fromkeys(키리스트)는 키 리스트로 딕셔너리를 생성하며 값은 모두 None으로 저장합니다.

```
>>> keys = ['a', 'b', 'c', 'd']
>>> x = dict.fromkeys(keys)
>>> x
{'a': None, 'b': None, 'c': None, 'd': None}
```

dict.fromkeys(키리스트, 값)처럼 키 리스트와 값을 지정하면 해당 값이 키의 값으로 저장됩니다.

```
>>> y = dict.fromkeys(keys, 100)
>>> y
{'a': 100, 'b': 100, 'c': 100, 'd': 100}
```

참고   **defaultdict 사용하기**

지금까지 사용한 딕셔너리(dict)는 없는 키에 접근했을 경우 에러가 발생합니다.

```
>>> x = {'a': 0, 'b': 0, 'c': 0, 'd': 0}
>>> x['z']      # 키 'z'는 없음
Traceback (most recent call last):
  File "<pyshell#5>", line 1, in <module>
    x['z']
KeyError: 'z'
```

그러면 에러가 발생하지 않게 하려면 어떻게 해야 할까요? 이때는 defaultdict를 사용합니다.

defaultdict는 없는 키에 접근하더라도 에러가 발생하지 않으며 기본값을 반환합니다. defaultdict는 collections 모듈에 들어있으며 기본값 생성 함수를 넣습니다.

- **defaultdict(기본값생성함수)**

다음은 기본값이 0인 defaultdict 딕셔너리를 만듭니다.

```
>>> from collections import defaultdict    # collections 모듈에서 defaultdict를 가져옴
>>> y = defaultdict(int)    # int로 기본값 생성
```

딕셔너리 y에는 키 'z'가 없지만 y['z']와 같이 키의 값을 가져와 보면 0이 나옵니다. 왜냐하면 기본값을 0으로 설정했기 때문입니다.

```
>>> y['z']
0
```

defaultdict(int)처럼 int를 넣었는데 기본값이 왜 0인지 의문이 생길 수도 있습니다. int는 실수나 문자열을 정수로 변환하지만, 다음과 같이 int에 아무것도 넣지 않고 호출하면 0을 반환합니다.

```
>>> int()
0
```

defaultdict에는 특정 값을 반환하는 함수를 넣어주면 되는데, defaultdict(int)는 기본값 생성 함수로 int를 지정하여 0이 나오도록 만든 것입니다.

0이 아닌 다른 값을 기본값으로 설정하고 싶다면 다음과 같이 기본값 생성 함수를 만들어서 넣어주면 됩니다.

```
>>> z = defaultdict(lambda: 'python')
>>> z['a']
'python'
>>> z[0]
'python'
```

여기서는 문자열 'python'을 반환하는 lambda: 'python'을 넣어서 'python'이 기본값이 되도록 설정했습니다. lambda는 'Unit 32 람다 표현식 사용하기'(410쪽)에서 자세히 설명하겠습니다.

25.2 반복문으로 딕셔너리의 키-값 쌍을 모두 출력하기

이번에는 딕셔너리와 for 반복문을 사용하여 간단하게 모든 키-값 쌍을 출력해보겠습니다.

```
>>> x = {'a': 10, 'b': 20, 'c': 30, 'd': 40}
>>> for i in x:
...     print(i, end=' ')
...
a b c d
```

for i in x:처럼 for 반복문에 딕셔너리를 지정한 뒤에 print로 변수 i를 출력해보면 값은 출력되지 않고 키만 출력됩니다. 그럼 키와 값을 모두 출력하려면 어떻게 해야 할까요?

이때는 for in 뒤에 딕셔너리를 지정하고 items를 사용해야 합니다.

```
for 키, 값 in 딕셔너리.items():
    반복할 코드
```
들여쓰기 4칸

다음은 for로 리스트 a의 모든 키와 값을 출력합니다.

```
>>> x = {'a': 10, 'b': 20, 'c': 30, 'd': 40}
>>> for key, value in x.items():
...     print(key, value)
...
a 10
b 20
c 30
d 40
```

for key, value in x.items():는 딕셔너리 x에서 키-값 쌍을 꺼내서 키는 key에 값은 value에 저장하고, 꺼낼 때마다 코드를 반복합니다. 따라서 print로 key와 value를 출력하면 키-값 쌍을 모두 출력할 수 있습니다.

물론 in 다음에 딕셔너리를 직접 지정하고 items를 사용해도 상관없습니다.

```
for key, value in {'a': 10, 'b': 20, 'c': 30, 'd': 40}.items():
    print(key, value)
```

25.2.1 딕셔너리의 키만 출력하기

지금까지 items로 키와 값을 함께 가져왔는데, 키만 가져오거나 값만 가져오면서 반복할 수도 있습니다.

- **items**: 키-값 쌍을 모두 가져옴
- **keys**: 키를 모두 가져옴
- **values**: 값을 모두 가져옴

먼저 for 반복문에서 keys로 키를 가져오면서 반복해보겠습니다.

```
>>> x = {'a': 10, 'b': 20, 'c': 30, 'd': 40}
>>> for key in x.keys():
...     print(key, end=' ')
...
a b c d
```

딕셔너리의 키만 출력되었죠?

25.2.2 딕셔너리의 값만 출력하기

for 반복문에서 values를 사용하면 값만 가져오면서 반복할 수 있습니다.

```
>>> x = {'a': 10, 'b': 20, 'c': 30, 'd': 40}
>>> for value in x.values():
...     print(value, end=' ')
...
10 20 30 40
```

이처럼 for 반복문에서 keys를 사용하면 키만 꺼내오면서 반복하고, values를 사용하면 값만 꺼내오면서 반복합니다.

25.3 딕셔너리 표현식 사용하기

리스트와 마찬가지로 딕셔너리도 for 반복문과 if 조건문을 사용하여 딕셔너리를 생성할 수 있습니다. 다음과 같이 딕셔너리 안에 키와 값, for 반복문을 지정하면 됩니다.

- {키: 값 for 키, 값 in 딕셔너리}
- dict({키: 값 for 키, 값 in 딕셔너리})

```
>>> keys = ['a', 'b', 'c', 'd']
>>> x = {key: value for key, value in dict.fromkeys(keys).items()}
>>> x
{'a': None, 'b': None, 'c': None, 'd': None}
```

딕셔너리 표현식을 사용할 때는 for in 다음에 딕셔너리를 지정하고 items를 사용합니다. 그리고 키, 값을 가져온 뒤에는 **키: 값** 형식으로 변수나 값을 배치하여 딕셔너리를 생성하면 됩니다.

```
x = {key: value for key, value in dict.fromkeys(keys).items()}
```

즉, dict.fromkeys(keys).items()로 키-값 쌍을 구한 뒤 키는 변수 key, 값은 변수 value에 꺼내고 최종적으로 key와 value를 이용하여 딕셔너리를 만듭니다.

▼ 그림 25-1 딕셔너리 표현식의 동작 순서

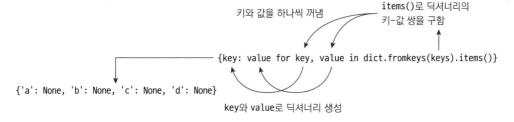

물론 다음과 같이 keys로 키만 가져온 뒤 특정 값을 넣거나, values로 값을 가져온 뒤 값을 키로 사용할 수도 있습니다.

```
>>> {key: 0 for key in dict.fromkeys(['a', 'b', 'c', 'd']).keys()}    # 키만 가져옴
{'a': 0, 'b': 0, 'c': 0, 'd': 0}
>>> {value: 0 for value in {'a': 10, 'b': 20, 'c': 30, 'd': 40}.values()}    # 값을 키로
{10: 0, 20: 0, 30: 0, 40: 0}                                          # 사용
```

또는, 키와 값의 자리를 바꾸는 등 여러 가지로 응용할 수 있습니다.

```
>>> {value: key for key, value in {'a': 10, 'b': 20, 'c': 30, 'd': 40}.items()}
{10: 'a', 20: 'b', 30: 'c', 40: 'd'}                    # 키-값 자리를 바꿈
```

25.3.1 딕셔너리 표현식에서 if 조건문 사용하기

그런데 딕셔너리 표현식을 사용해보면 복잡하기만 하고 dict.fromkeys 함수만 사용한 결과와 큰 차이점이 없습니다. 대신 딕셔너리 표현식은 딕셔너리에서 특정 값을 찾아서 삭제할 때 유용합니다.

딕셔너리는 특정 키를 삭제하는 pop 메서드만 제공할 뿐 특정 값을 삭제하는 메서드는 제공하지 않습니다. 그러면 특정 값을 찾아서 키-값 쌍을 삭제하려면 어떻게 해야 할까요? 간단하게 for 반복문으로 반복하면서 del 로 삭제하는 방식을 떠올릴 수 있습니다.

dict_del_by_value_error.py

```
x = {'a': 10, 'b': 20, 'c': 30, 'd': 40}

for key, value in x.items():
    if value == 20:      # 값이 20이면
        del x[key]       # 키-값 쌍 삭제

print(x)
```

실행 결과

```
Traceback (most recent call last):
  File "C:\project\dict_del_by_value_error.py", line 3, in <module>
    for key, value in x.items():
RuntimeError: dictionary changed size during iteration    반복 중에 딕셔너리 크기가 바뀜
```

별문제 없이 잘 삭제될 것 같지만 반복 도중에 딕셔너리의 크기가 바뀌었다는 에러가 발생합니다. 즉, 딕셔너리는 for 반복문으로 반복하면서 키-값 쌍을 삭제하면 안 됩니다.

이때는 딕셔너리 표현식에서 if 조건문을 사용하여 삭제할 값을 제외하면 됩니다.

- {키: 값 for 키, 값 in 딕셔너리 if 조건식}
- dict({키: 값 for 키, 값 in 딕셔너리 if 조건식})

```
>>> x = {'a': 10, 'b': 20, 'c': 30, 'd': 40}
>>> x = {key: value for key, value in x.items() if value != 20}
>>> x
{'a': 10, 'c': 30, 'd': 40}
```

딕셔너리 표현식에서 if value != 20과 같이 if 조건문을 지정하면 값이 20이 아닌 키-값 쌍으로 다시 딕셔너리를 만듭니다. 직접 키-값 쌍을 삭제하는 방식이 아니라 삭제할 키-값 쌍을 제외하고 남은 키-값 쌍으로 딕셔너리를 새로 만드는 것이죠.

▼ 그림 25-2 딕셔너리 표현식에서 if 조건문 사용하기

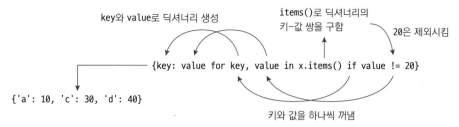

key와 value로 딕셔너리 생성

items()로 딕셔너리의
키-값 쌍을 구함

20은 제외시킴

{key: value for key, value in x.items() if value != 20}

{'a': 10, 'c': 30, 'd': 40}

키와 값을 하나씩 꺼냄

25.4 딕셔너리 안에서 딕셔너리 사용하기

이번에는 딕셔너리 안에서 딕셔너리를 사용하는 중첩 딕셔너리를 알아보겠습니다. 다음과 같이 딕셔너리는 값 부분에 다시 딕셔너리가 계속 들어갈 수 있습니다.

- 딕셔너리 = {키1: {키A: 값A}, 키2: {키B: 값B}}

예를 들어 지구형 행성의 반지름, 질량, 공전주기를 딕셔너리로 표현해보겠습니다.

```python
dict_dict.py

terrestrial_planet = {
    'Mercury': {
        'mean_radius': 2439.7,
        'mass': 3.3022E+23,
        'orbital_period': 87.969
    },
    'Venus': {
        'mean_radius': 6051.8,
        'mass': 4.8676E+24,
        'orbital_period': 224.70069,
    },
    'Earth': {
        'mean_radius': 6371.0,
        'mass': 5.97219E+24,
        'orbital_period': 365.25641,
    },
    'Mars': {
        'mean_radius': 3389.5,
        'mass': 6.4185E+23,
        'orbital_period': 686.9600,
    }
}

print(terrestrial_planet['Venus']['mean_radius'])    # 6051.8
```

실행 결과

```
6051.8
```

딕셔너리 terrestrial_planet에 키 'Mercury', 'Venus', 'Earth', 'Mars'가 들어있고, 이 키들은 다시 값 부분에 딕셔너리를 가지고 있습니다. 즉, 중첩 딕셔너리는 계층형 데이터를 저장할 때 유용합니다.

딕셔너리 안에 들어있는 딕셔너리에 접근하려면 딕셔너리 뒤에 [ ](대괄호)를 단계만큼 붙이고 키를 지정해주면 됩니다.

- **딕셔너리[키][키]**
- **딕셔너리[키][키] = 값**

여기서는 딕셔너리가 두 단계로 구성되어 있으므로 대괄호를 두 번 사용합니다. 그래서 금성(Venus)의 반지름(mean radius)을 출력하려면 다음과 같이 먼저 'Venus'를 찾아가고 다시 'mean_radius'의 값을 가져오면 됩니다.

```
print(terrestrial_planet['Venus']['mean_radius'])    # 6051.8
```

25.5 딕셔너리의 할당과 복사

리스트와 마찬가지로 딕셔너리도 할당과 복사는 큰 차이점이 있습니다. 먼저 딕셔너리를 만든 뒤 다른 변수에 할당합니다.

```
>>> x = {'a': 0, 'b': 0, 'c': 0, 'd': 0}
>>> y = x
```

y = x와 같이 딕셔너리를 다른 변수에 할당하면 딕셔너리는 두 개가 될 것 같지만 실제로는 딕셔너리가 한 개입니다.

x와 y를 is 연산자로 비교해보면 True가 나옵니다. 즉, 변수 이름만 다를 뿐 딕셔너리 x와 y는 같은 객체입니다.

```
>>> x is y
True
```

x와 y는 같으므로 y['a'] = 99와 같이 키 'a'의 값을 변경하면 딕셔너리 x와 y에 모두 반영됩니다.

```
>>> y['a'] = 99
>>> x
{'a': 99, 'b': 0, 'c': 0, 'd': 0}
>>> y
{'a': 99, 'b': 0, 'c': 0, 'd': 0}
```

딕셔너리 x와 y를 완전히 두 개로 만들려면 copy 메서드로 모든 키-값 쌍을 복사해야 합니다.

```
>>> x = {'a': 0, 'b': 0, 'c': 0, 'd': 0}
>>> y = x.copy()
```

이제 x와 y를 is 연산자로 비교해보면 False가 나옵니다. 즉, 두 딕셔너리는 다른 객체입니다. 그러나 복사한 키-값 쌍은 같으므로 ==로 비교하면 True가 나옵니다.

```
>>> x is y
False
>>> x == y
True
```

딕셔너리 x와 y는 별개이므로 한쪽의 값을 변경해도 다른 딕셔너리에 영향을 미치지 않습니다. 다음과 같이 딕셔너리 y에서 키 'a'의 값을 변경하면 딕셔너리 x는 그대로이고 딕셔너리 y만 바뀝니다.

```
>>> y['a'] = 99
>>> x
{'a': 0, 'b': 0, 'c': 0, 'd': 0}
>>> y
{'a': 99, 'b': 0, 'c': 0, 'd': 0}
```

25.5.1 중첩 딕셔너리의 할당과 복사 알아보기

그럼 딕셔너리 안에 딕셔너리가 들어있는 중첩 딕셔너리도 copy 메서드로 복사하면 될까요? 다음과 같이 중첩 딕셔너리를 만든 뒤 copy 메서드로 복사합니다.

```
>>> x = {'a': {'python': '2.7'}, 'b': {'python': '3.6'}}
>>> y = x.copy()
```

이제 y['a']['python'] = '2.7.15'와 같이 y의 값을 변경해보면 x와 y에 모두 반영됩니다.

```
>>> y['a']['python'] = '2.7.15'
>>> x
{'a': {'python': '2.7.15'}, 'b': {'python': '3.6'}}
>>> y
{'a': {'python': '2.7.15'}, 'b': {'python': '3.6'}}
```

중첩 딕셔너리를 완전히 복사하려면 copy 메서드 대신 copy 모듈의 deepcopy 함수를 사용해야 합니다.

```
>>> x = {'a': {'python': '2.7'}, 'b': {'python': '3.6'}}
>>> import copy              # copy 모듈을 가져옴
>>> y = copy.deepcopy(x)     # copy.deepcopy 함수를 사용하여 깊은 복사
>>> y['a']['python'] = '2.7.15'
>>> x
{'a': {'python': '2.7'}, 'b': {'python': '3.6'}}
>>> y
{'a': {'python': '2.7.15'}, 'b': {'python': '3.6'}}
```

이제 딕셔너리 y의 값을 변경해도 딕셔너리 x에는 영향을 미치지 않습니다. copy.deepcopy 함수는 중첩된 딕셔너리에 들어있는 모든 딕셔너리를 복사하는 깊은 복사(deep copy)를 해줍니다.

지금까지 딕셔너리의 다양한 메서드와 응용 방법을 배웠는데, 내용이 다소 어려웠습니다. 딕셔너리의 메서드는 모두 외우지 않아도 되며 파이썬을 사용하다 보면 자연스럽게 익히게 됩니다. 여기서는 딕셔너리에 반복문을 사용하는 방법이 중요합니다. 다른 부분은 필요할 때 다시 돌아와서 찾아보세요.

25.6 퀴즈

1. 다음 중 딕셔너리 x에서 키 **'Python'**과 해당 값을 삭제하는 방법으로 올바른 것을 모두 고르세요.

    a. x.pop()

    b. x.popitem()

    c. x.pop('Python', 100)

    d. x.remove('Python')

    e. del x['Python']

2. 다음 중 딕셔너리의 메서드에 대한 설명으로 올바르지 않은 것을 모두 고르세요.

    a. setdefault는 딕셔너리에 키-값 쌍을 추가한다.

    b. setdefault는 키만 지정하면 값은 0으로 저장한다.

    c. keys는 딕셔너리의 키-값 쌍을 모두 가져온다.

    d. clear는 딕셔너리의 모든 키-값 쌍을 삭제한다.

    e. update는 딕셔너리에서 키의 값을 수정한다.

3. 다음 중 반복문으로 딕셔너리 x의 모든 키를 출력하는 방법으로 올바른 것을 모두 고르세요.

    a. for key, value in x:

            print(key)

    b. for key in x:

            print(key)

    c. for key in x.keys():

            print(key)

    d. for value in x.values():

            print(value)

    e. for key, value in x.items():

            print(key)

4. 다음 중 딕셔너리 x = {'a': 10, 'b': 20, 'c': 30, 'd': 40}에서 값이 40인 키-값 쌍을 삭제하는 방법으로 올바른 것을 고르세요.

    a. for key, value in x.items():

            if value == 40:

                del x[key]

b. `del x[40]`

c. `x = {key: value for key, value in x.items()}`

d. `x = {key: value for key, value in x.items() if value != 40}`

e. `x = {key: value for key, value in x.items() if value == 40}`

5. 다음 코드에서 딕셔너리 **terrestrial_planet**의 키 **'satellites'**에 접근하는 방법으로 올바른 것을 고르세요.

```
terrestrial_planet = {
    'Earth': {
        'physical_characteristics': {
            'mean_radius': 6371.0,
            'mass': 5.97219E+24
        },
        'orbital_characteristics': {
            'orbital_period': 365.25641,
            'satellites': 1
        }
    },
    'Mars': {
        'physical_characteristics': {
            'mean_radius': 3389.5,
            'mass': 6.4185E+23
        },
        'orbital_characteristics': {
            'orbital_period': 686.9600,
            'satellites': 2
        }
    }
}
```

a. `terrestrial_planet('Earth')('orbital_characteristics')('satellites')`

b. `terrestrial_planet['satellites']`

c. `terrestrial_planet['Earth']['satellites']`

d. `terrestrial_planet['Earth']['orbital_characteristics']['satellites']`

e. `terrestrial_planet['Mars']['physical_characteristics']['mass']`

6. 다음 코드의 실행 결과로 올바른 것을 고르세요.

```
import copy
x = {'python': {'version': '2.7'}, 'script': {'name': 'hello.py'}}
a = x
b = x.copy()
c = copy.deepcopy(x)
x['python']['version'] = '3.6'
print(a['python']['version'], b['python']['version'], c['python']['version'])
```

a. 2.7 2.7 2.7

b. 3.6 2.7 2.7

c. 3.6 3.6 2.7

d. 3.6 3.6 3.6

e. 2.7 3.6 3.6

▶ 정답은 329쪽에 있습니다

 25.7 **연습문제: 평균 점수 구하기**

다음 소스 코드를 완성하여 평균 점수가 출력되게 만드세요.

practice_dict_average.py

```
maria = {'korean': 94, 'english': 91, 'mathematics': 89, 'science': 83}


_____

print(average)
```

실행 결과

```
89.25
```

정답

```
average = sum(maria.values()) / len(maria)
```

해설

딕셔너리 maria의 키는 과목 이름, 값은 점수입니다. 여기서 평균 점수를 구하려면 딕셔너리의 값을 모두 더한 뒤 딕셔너리의 키 개수로 나눠주어야 합니다.

딕셔너리에서 값을 모두 더하려면 sum(maria.values())와 같이 values로 값을 모두 가져온 뒤 sum 함수를 사용하면 됩니다. 그리고 키의 개수는 len(maria)처럼 len으로 구할 수 있고, sum으로 구한 값을 len(maria)로 나눠주면 평균을 구할 수 있습니다.

25.8 **심사문제: 딕셔너리에서 특정 값 삭제하기**

표준 입력으로 문자열 여러 개와 숫자 여러 개가 두 줄로 입력되고 첫 번째 줄은 키, 두 번째 줄은 값으로 하여 딕셔너리를 생성합니다. 다음 코드를 완성하여 딕셔너리에서 키가 **'delta'**인 키–값 쌍과 값이 **30**인 키–값 쌍을 삭제하도록 만드세요.

테스트 케이스 예제

표준 입력	표준 출력
alpha bravo charlie delta 10 20 30 40	{'alpha': 10, 'bravo': 20}

테스트 케이스 예제

```
alpha bravo charlie delta echo foxtrot golf
30 40 50 60 70 80 90
```

```
{'bravo': 40, 'charlie': 50, 'echo': 70, 'foxtrot': 80, 'golf': 90}
```

judge_dict_del.py

```
keys = input().split()
values = map(int, input().split())

x = dict(zip(keys, values))



print(x)
```

25.6 퀴즈 정답

1 c, e 딕셔너리에서 키와 값을 삭제할 때는 pop에 키를 지정하면 됩니다. 또는, 딕셔너리에 [ ]를 사용하여 키에 접근한 뒤 del로 삭제해도 됩니다.

2 b, c setdefault는 키만 지정하면 값은 None으로 저장합니다. keys는 딕셔너리의 키만 가져옵니다.

3 b, c, e for key in x:처럼 for 반복문에 딕셔너리만 지정하면 키만 꺼내옵니다. 그리고 for key in x.keys():는 딕셔너리의 모든 키를 꺼내온 뒤 하나씩 반복합니다. for key, value in x.items():는 딕셔너리의 모든 키-값 쌍을 꺼내온 뒤 하나씩 반복합니다. 이때는 key만 출력하면 키를 출력할 수 있습니다.

4 d 딕셔너리에서 특정 값을 삭제할 때는 딕셔너리 표현식을 사용해야 합니다. if value != 40과 같이 값이 40인 키-값 쌍만 제외한 뒤 남은 값으로 딕셔너리를 다시 만들어주면 됩니다. 단, a처럼 for 반복문으로 반복하면서 키-값 쌍을 삭제하면 안 됩니다. 딕셔너리는 반복 중에 크기가 바뀌면 에러가 발생합니다.

5 d 딕셔너리 안에 딕셔너리가 들어 있을 때는 [ ]를 사용하여 계층적으로 접근해야 합니다. 여기서는 키 'satellites'에 접근하려면 ['Earth']['orbital_characteristics']['satellites'] 순서로 접근하면 됩니다.

6 c 딕셔너리 x를 a에는 바로 할당했고, b에는 copy 메서드로 복사, c에는 copy.deepcopy로 깊은 복사를 했습니다. 이 상태로 x의 값을 변경하면 딕셔너리를 바로 할당한 a에도 바뀐 값이 반영됩니다. 특히 x는 중첩 딕셔너리이므로 copy 메서드로 복사해도 딕셔너리가 완전히 복사되지 않으므로 x를 바꾸면 b에도 바뀐 값이 반영됩니다. 하지만 copy.deepcopy로 복사하면 딕셔너리가 완전히 복사되므로 바뀐 값이 반영되지 않습니다. 따라서 3.6 3.6 2.7이 나옵니다.

UNIT 26 세트 사용하기

파이썬은 집합을 표현하는 세트(set)라는 자료형을 제공합니다. 집합을 영어로 하면 세트인데 수학에서 배우는 그 집합이 맞습니다. 따라서 세트는 합집합, 교집합, 차집합 등의 연산이 가능합니다.

이번 유닛에서는 세트를 만드는 방법과 세트 메서드 사용 방법을 알아보겠습니다.

26.1 세트 만들기

세트는 { }(중괄호) 안에 값을 저장하며 각 값은 ,(콤마)로 구분해줍니다.

- 세트 = {값1, 값2, 값3}

간단하게 과일이 들어있는 세트를 만들어보겠습니다.

```
>>> fruits = {'strawberry', 'grape', 'orange', 'pineapple', 'cherry'}
>>> fruits
{'pineapple', 'orange', 'grape', 'strawberry', 'cherry'}
```

> **잠깐만요**
>
> - SyntaxError: invalid syntax: { }의 짝이 맞지 않을 때, 문자열의 ' ' 짝이 맞지 않을 때, 각 요소를 구분할 때 ,를 넣지 않아서 발생하는 구문 에러입니다. { }, ' ' 짝이 맞는지 ,를 빠뜨리지 않았는지 확인해주세요.

세트는 요소의 순서가 정해져 있지 않습니다(unordered). 따라서 세트를 출력해보면 매번 요소의 순서가 다르게 나옵니다.

또한, 세트에 들어가는 요소는 중복될 수 없습니다. 다음과 같이 세트에 'orange'를 두 개 넣어도 실제로는 한 개만 들어갑니다.

```
>>> fruits = {'orange', 'orange', 'cherry'}
>>> fruits
{'cherry', 'orange'}
```

특히 세트는 리스트, 튜플, 딕셔너리와는 달리 [ ](대괄호)로 특정 요소만 출력할 수는 없습니다.

```
>>> fruits = {'strawberry', 'grape', 'orange', 'pineapple', 'cherry'}
>>> print(fruits[0])
Traceback (most recent call last):
  File "<pyshell#42>", line 1, in <module>
    print(fruits[0])
TypeError: 'set' object does not support indexing
>>> fruits['strawberry']
Traceback (most recent call last):
  File "<pyshell#43>", line 1, in <module>
    fruits['strawberry']
TypeError: 'set' object is not subscriptable
```

26.1.1 세트에 특정 값이 있는지 확인하기

그럼 세트에 특정 값이 있는지 확인하려며 어떻게 해야 할까요? 지금까지 리스트, 튜플, 딕셔너리에 사용했던 in 연산자를 사용하면 됩니다.

· **값 in 세트**

```
>>> fruits = {'strawberry', 'grape', 'orange', 'pineapple', 'cherry'}
>>> 'orange' in fruits
True
>>> 'peach' in fruits
False
```

이처럼 세트에 특정 값이 있으면 True, 없으면 False가 나옵니다. 세트 fruits에 'orange'가 있으므로 True, 'peach'가 없으므로 False가 나왔습니다.

반대로 in 앞에 not을 붙이면 특정 값이 없는지 확인합니다.

· **값 not in 세트**

```
>>> 'peach' not in fruits
True
>>> 'orange' not in fruits
False
```

이렇게 not in은 특정 값이 없으면 True 있으면 False가 나옵니다.

26.1.2 set를 사용하여 세트 만들기

이번에는 set를 사용하여 세트를 만들어보겠습니다.

· **set(반복가능한객체)**

set에는 반복 가능한 객체(iterable)를 넣습니다(반복 가능한 객체는 '39.1 반복 가능한 객체 알아보기'(499쪽)에서 설명). 여기서는 간단하게 문자열과 range로 세트를 만들어보겠습니다.

set('apple')과 같이 영문 문자열을 세트로 만들면 'apple'에서 유일한 문자인 'a', 'p', 'l', 'e'만 세트로 만들어집니다. 즉, 중복된 문자는 포함되지 않습니다.

```
>>> a = set('apple')      # 유일한 문자만 세트로 만듦
>>> a
{'e', 'l', 'a', 'p'}
```

그리고 set(range(5))와 같이 숫자를 만들어내는 range를 사용하면 0부터 4까지 숫자를 가진 세트를 만들 수 있습니다.

```
>>> b = set(range(5))
>>> b
{0, 1, 2, 3, 4}
```

빈 세트는 c = set()과 같이 set에 아무것도 지정하지 않으면 됩니다.

```
>>> c = set()
>>> c
set()
```

단, 세트가 {}를 사용한다고 해서 c = {}와 같이 만들면 빈 딕셔너리가 만들어지므로 주의해야 합니다. 다음과 같이 type을 사용하면 자료형의 종류를 알 수 있습니다.

• **type(객체)**

```
>>> c = {}
>>> type(c)
<class 'dict'>
>>> c = set()
>>> type(c)
<class 'set'>
```

> **참고** **한글 문자열을 세트로 만들기**
>
> set를 사용하여 한글 문자열을 세트로 만들면 다음과 같이 음절 단위로 세트가 만들어집니다.
>
> ```
> >>> set('안녕하세요')
> {'녕', '요', '안', '세', '하'}
> ```

참고 **세트 안에 세트 넣기**

세트는 리스트, 딕셔너리와 달리 세트 안에 세트를 넣을 수 없습니다.

```
>>> a = {{1, 2}, {3, 4}}
Traceback (most recent call last):
  File "<pyshell#3>", line 1, in <module>
    a = {{1, 2}, {3, 4}}
TypeError: unhashable type: 'set'
```

참고 **프로즌 세트**

파이썬은 내용을 변경할 수 없는 세트도 제공합니다.

· **프로즌세트 = frozenset(반복가능한객체)**

```
>>> a = frozenset(range(10))
>>> a
frozenset({0, 1, 2, 3, 4, 5, 6, 7, 8, 9})
```

이름 그대로 얼어 있는(frozen) 세트입니다. frozenset는 뒤에서 설명할 집합 연산과 메서드에서 요소를 추가하거나 삭제하는 연산, 메서드는 사용할 수 없습니다. 즉, 다음과 같이 frozenset의 요소를 변경하려고 하면 에러가 발생합니다.

```
>>> a = frozenset(range(10))
>>> a |= 10
Traceback (most recent call last):
  File "<pyshell#4>", line 1, in <module>
    a |= 10
TypeError: unsupported operand type(s) for |=: 'frozenset' and 'int'
>>> a.update({10})
Traceback (most recent call last):
  File "<pyshell#5>", line 1, in <module>
    a.update({10})
AttributeError: 'frozenset' object has no attribute 'update'
```

그런데 요소를 변경할 수 없는 frozenset는 왜 사용할까요? frozenset는 세트 안에 세트를 넣고 싶을 때 사용합니다. 다음과 같이 frozenset는 frozenset를 중첩해서 넣을 수 있습니다. 단, frozenset만 넣을 수 있고, 일반 set는 넣을 수 없습니다.

```
>>> frozenset({frozenset({1, 2}), frozenset({3, 4})})
frozenset({frozenset({1, 2}), frozenset({3, 4})})
```

26.2 집합 연산 사용하기

이제 세트에서 집합 연산과 이에 대응하는 메서드를 사용해보겠습니다. 집합 연산은 파이썬의 산술 연산자와 논리 연산자를 활용합니다.

| 연산자는 합집합(union)을 구하며 OR 연산자 |를 사용합니다. set.union 메서드와 동작이 같습니다. 다음은 세트 {1, 2, 3, 4}와 {3, 4, 5, 6}을 모두 포함하므로 {1, 2, 3, 4, 5, 6}이 나옵니다.

· 세트1 | 세트2
· set.union(세트1, 세트2)

```
>>> a = {1, 2, 3, 4}
>>> b = {3, 4, 5, 6}
>>> a | b
{1, 2, 3, 4, 5, 6}
>>> set.union(a, b)
{1, 2, 3, 4, 5, 6}
```

▼ 그림 26-1 세트의 합집합 연산

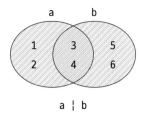

　　set.union(a, b)

& 연산자는 교집합(intersection)을 구하며 AND 연산자 &를 사용합니다. set.intersection 메서드와 동작이 같습니다. 다음은 세트 {1, 2, 3, 4}와 {3, 4, 5, 6} 중에서 겹치는 부분을 구하므로 {3, 4}가 나옵니다.

- 세트1 & 세트2
- set.intersection(세트1, 세트2)

```
>>> a & b
{3, 4}
>>> set.intersection(a, b)
{3, 4}
```

▼ 그림 26-2 세트의 교집합 연산

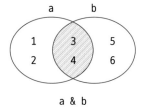

　　set.intersection(a, b)

- 연산자는 차집합(difference)을 구하며 뺄셈 연산자 -를 사용합니다. set.difference 메서드와 동작이 같습니다. 다음은 {1, 2, 3, 4}에서 {3, 4, 5, 6}과 겹치는 3과 4를 뺐으므로 {1, 2}가 나옵니다.

- 세트1 - 세트2
- set.difference(세트1, 세트2)

```
>>> a - b
{1, 2}
>>> set.difference(a, b)
{1, 2}
```

▼ 그림 26-3 세트의 차집합 연산

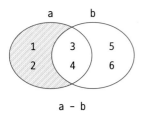

set.difference(a, b)

^ 연산자는 대칭차집합(symmetric difference)을 구하며 XOR 연산자 ^을 사용합니다. `set.symmetric_difference` 메서드와 동작이 같습니다.

대칭차집합은 XOR 연산자의 특성을 그대로 따르는데 XOR은 서로 다르면 참입니다. 따라서 집합에서는 두 집합 중 겹치지 않는 요소만 포함합니다. 다음은 세트 {1, 2, 3, 4}와 {3, 4, 5, 6} 중에서 같은 값 3과 4를 제외한 다른 모든 요소를 구하므로 {1, 2, 5, 6}이 나옵니다.

- 세트1 ^ 세트2
- set.symmetric_difference(세트1, 세트2)

```
>>> a ^ b
{1, 2, 5, 6}
>>> set.symmetric_difference(a, b)
{1, 2, 5, 6}
```

▼ 그림 26-4 세트의 대칭차집합 연산

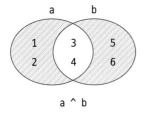

set.symmetric_difference(a, b)

26.2.1 집합 연산 후 할당 연산자 사용하기

이번에는 세트 자료형에 집합 연산 후 할당 연산자와 이에 대응하는 메서드를 사용해보겠습니다. 세트 자료형에 |, &, -, ^ 연산자와 할당 연산자 =을 함께 사용하면 집합 연산의 결과를 변수에 다시 저장(할당)합니다.

|=은 현재 세트에 다른 세트를 더하며 update 메서드와 같습니다. 다음은 세트 {1, 2, 3, 4}에 {5}를 더하므로 {1, 2, 3, 4, 5}가 나옵니다.

- 세트1 |= 세트2
- 세트1.update(세트2)

```
>>> a = {1, 2, 3, 4}
>>> a |= {5}
>>> a
{1, 2, 3, 4, 5}
>>> a = {1, 2, 3, 4}
>>> a.update({5})
>>> a
{1, 2, 3, 4, 5}
```

&=은 현재 세트와 다른 세트 중에서 겹치는 요소만 현재 세트에 저장하며 intersection_update 메서드와 같습니다. 다음은 세트 {1, 2, 3, 4}와 {0, 1, 2, 3, 4} 중에서 겹치는 요소만 a에 저장하므로 {1, 2, 3, 4}가 나옵니다.

- 세트1 &= 세트2
- 세트1.intersection_update(세트2)

```
>>> a = {1, 2, 3, 4}
>>> a &= {0, 1, 2, 3, 4}
>>> a
{1, 2, 3, 4}
>>> a = {1, 2, 3, 4}
>>> a.intersection_update({0, 1, 2, 3, 4})
>>> a
{1, 2, 3, 4}
```

-=은 현재 세트에서 다른 세트를 빼며 difference_update 메서드와 같습니다. 다음은 세트 {1, 2, 3, 4}에서 {3}을 빼므로 {1, 2, 4}가 나옵니다.

- 세트1 -= 세트2
- 세트1.difference_update(세트2)

```
>>> a = {1, 2, 3, 4}
>>> a -= {3}
>>> a
{1, 2, 4}
>>> a = {1, 2, 3, 4}
>>> a.difference_update({3})
>>> a
{1, 2, 4}
```

^=은 현재 세트와 다른 세트 중에서 겹치지 않는 요소만 현재 세트에 저장하며 symmetric_difference_
update 메서드와 같습니다. 다음은 세트 {1, 2, 3, 4}와 {3, 4, 5, 6} 중에서 겹치지 않는 요소만 a에 저
장하므로 {1, 3}이 나옵니다.

- 세트1 ^= 세트2
- 세트1.symmetric_difference_update(세트2)

```
>>> a = {1, 2, 3, 4}
>>> a ^= {3, 4, 5, 6}
>>> a
{1, 2, 5, 6}
>>> a = {1, 2, 3, 4}
>>> a.symmetric_difference_update({3, 4, 5, 6})
>>> a
{1, 2, 5, 6}
```

26.2.2 부분집합과 상위집합 확인하기

세트는 부분집합, 진부분집합, 상위집합, 진상위집합과 같이 속하는 관계를 표현할 수도 있습니다. 현재 세트
가 다른 세트의 (진)부분집합 또는 (진)상위집합인지 확인할 때는 세트 자료형에 부등호와 등호를 사용합니다.

<=은 현재 세트가 다른 세트의 부분집합(subset)인지 확인하며 issubset 메서드와 같습니다. 다음은 세트 {1,
2, 3, 4}가 {1, 2, 3, 4}의 부분집합이므로 참입니다(등호가 있으므로 두 세트가 같을 때도 참입니다).

- 현재세트 <= 다른세트
- 현재세트.issubset(다른세트)

```
>>> a = {1, 2, 3, 4}
>>> a <= {1, 2, 3, 4}
True
>>> a.issubset({1, 2, 3, 4, 5})
True
```

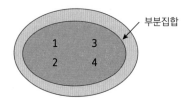

```
    {1, 2, 3, 4} <= {1, 2, 3, 4}
```

```
{1, 2, 3, 4}.issubset({1, 2, 3, 4, 5})
```

<은 현재 세트가 다른 세트의 진부분집합(proper subset)인지 확인하며 메서드는 없습니다. 다음은 세트 {1, 2, 3, 4}가 {1, 2, 3, 4, 5}의 진부분집합이므로 참입니다. 즉, 부분집합이지만 같지는 않을 때 참입니다.

- **현재세트 〈 다른세트**

```
>>> a = {1, 2, 3, 4}
>>> a < {1, 2, 3, 4, 5}
True
```

▼ 그림 26-6 세트가 진부분집합인지 확인

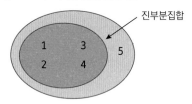

```
{1, 2, 3, 4} <= {1, 2, 3, 4, 5}
```

>=은 현재 세트가 다른 세트의 상위집합(superset)인지 확인하며 issuperset 메서드와 같습니다. 다음은 세트 {1, 2, 3, 4}가 {1, 2, 3, 4}의 상위집합이므로 참입니다(등호가 있으므로 두 세트가 같을 때도 참입니다).

- **현재세트 〉= 다른세트**
- **현재세트.issuperset(다른세트)**

```
>>> a = {1, 2, 3, 4}
>>> a >= {1, 2, 3, 4}
True
>>> a.issuperset({1, 2, 3, 4})
True
```

▼ 그림 26-7 세트가 상위집합인지 확인

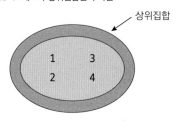

상위집합

{1, 2, 3, 4} >= {1, 2, 3, 4}

{1, 2, 3, 4}.issuperset({1, 2, 3, 4})

>은 현재 세트가 다른 세트의 진상위집합(proper superset)인지 확인하며 메서드는 없습니다. 다음은 세트 {1, 2, 3, 4}가 {1, 2, 3}의 진상위집합이므로 참입니다. 즉, 상위집합이지만 같지는 않을 때 참입니다.

- **현재세트 > 다른세트**

```
>>> a = {1, 2, 3, 4}
>>> a > {1, 2, 3}
True
```

▼ 그림 26-8 세트가 진상위집합인지 확인

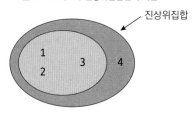

진상위집합

{1, 2, 3, 4} > {1, 2, 3}

26.2.3 세트가 같은지 다른지 확인하기

세트는 == 연산자를 사용하여 서로 같은지 확인할 수 있습니다.

```
>>> a = {1, 2, 3, 4}
>>> a == {1, 2, 3, 4}
True
>>> a == {4, 2, 1, 3}
True
```

세트는 요소의 순서가 정해져 있지 않으므로 ==로 비교했을 때 각 요소만 같으면 참입니다.

!= 연산자는 세트가 다른지 확인합니다.

```
>>> a = {1, 2, 3, 4}
>>> a != {1, 2, 3}
True
```

26.2.4 세트가 겹치지 않는지 확인하기

disjoint는 현재 세트가 다른 세트와 겹치지 않는지 확인합니다. 겹치는 요소가 없으면 True, 있으면 False 입니다.

- **현재세트.isdisjoint(다른세트)**

```
>>> a = {1, 2, 3, 4}
>>> a.isdisjoint({5, 6, 7, 8})      # 겹치는 요소가 없음
True
>>> a.isdisjoint({3, 4, 5, 6})      # a와 3, 4가 겹침
False
```

26.3 세트 조작하기

이번에는 세트를 조작하는 메서드와 세트의 길이(요소 개수)를 구하는 방법을 알아보겠습니다.

26.3.1 세트에 요소를 추가하기

add(요소)는 세트에 요소를 추가합니다.

```
>>> a = {1, 2, 3, 4}
>>> a.add(5)
>>> a
{1, 2, 3, 4, 5}
```

26.3.2 세트에서 특정 요소를 삭제하기

remove(요소)는 세트에서 특정 요소를 삭제하고 요소가 없으면 에러를 발생시킵니다.

```
>>> a.remove(3)
>>> a
{1, 2, 4, 5}
```

discard(요소)는 세트에서 특정 요소를 삭제하고 요소가 없으면 그냥 넘어갑니다. 다음은 세트 a에 2가 있으므로 2를 삭제하고, 3은 없으므로 그냥 넘어갑니다.

```
>>> a.discard(2)
>>> a
{1, 4, 5}
>>> a.discard(3)
>>> a
{1, 4, 5}
```

26.3.3 세트에서 임의의 요소를 삭제하기

pop()은 세트에서 임의의 요소를 삭제하고 해당 요소를 반환합니다. 만약 요소가 없으면 에러를 발생시킵니다.

```
>>> a = {1, 2, 3, 4}
>>> a.pop()
1
>>> a
{2, 3, 4}
```

26.3.4 세트의 모든 요소를 삭제하기

clear()는 세트에서 모든 요소를 삭제합니다.

```
>>> a.clear()
>>> a
set()
```

26.3.5 세트의 요소 개수 구하기

지금까지 리스트, 튜플, 문자열, range, 딕셔너리의 요소 개수를 구할 때 len 함수를 사용했죠?

마찬가지로 len(세트)는 세트의 요소 개수(길이)를 구합니다.

```
>>> a = {1, 2, 3, 4}
>>> len(a)
4
```

26.4 세트의 할당과 복사

세트도 리스트, 딕셔너리처럼 할당과 복사의 차이점이 있습니다. 먼저 세트를 만든 뒤 다른 변수에 할당합니다.

```
>>> a = {1, 2, 3, 4}
>>> b = a
```

b = a와 같이 세트를 다른 변수에 할당하면 세트는 두 개가 될 것 같지만 실제로는 세트가 한 개입니다.

a와 b를 is 연산자로 비교해보면 True가 나옵니다. 즉, 변수 이름만 다를 뿐 세트 a와 b는 같은 객체입니다.

```
>>> a is b
True
```

a와 b는 같으므로 b에 요소를 추가하면 세트 a와 b에 모두 반영됩니다.

```
>>> b.add(5)
>>> a
{1, 2, 3, 4, 5}
>>> b
{1, 2, 3, 4, 5}
```

세트 a와 b를 완전히 두 개로 만들려면 copy 메서드로 모든 요소를 복사해야 합니다.

```
>>> a = {1, 2, 3, 4}
>>> b = a.copy()
```

이제 a와 b를 is 연산자로 비교해보면 False가 나옵니다. 즉, 두 세트는 다른 객체입니다. 그러나 복사한 요소는 같으므로 ==로 비교하면 True가 나옵니다.

```
>>> a is b
False
>>> a == b
True
```

세트 a와 b는 별개이므로 한쪽의 값을 변경해도 다른 세트에 영향을 미치지 않습니다. 다음과 같이 세트 b에 요소를 추가하면 세트 a는 그대로이고 세트 b만 바뀝니다.

```
>>> a = {1, 2, 3, 4}
>>> b = a.copy()
>>> b.add(5)
>>> a
{1, 2, 3, 4}
>>> b
{1, 2, 3, 4, 5}
```

26.5 반복문으로 세트의 요소를 모두 출력하기

이번에는 세트와 for 반복문을 사용하여 요소를 출력해보겠습니다. 간단하게 for in 뒤에 세트만 지정하면 됩니다.

```
for 변수 in 세트:
    반복할 코드
        들여쓰기 4칸
```

다음은 for로 세트 a의 요소를 출력합니다.

```
>>> a = {1, 2, 3, 4}
>>> for i in a:
...     print(i)
...
1
2
3
4
```

for i in a:는 세트 a에서 요소를 꺼내서 i에 저장하고, 꺼낼 때마다 코드를 반복합니다. 따라서 print로 i를 출력하면 요소를 모두 출력할 수 있습니다. 단, 세트의 요소는 순서가 없으므로 출력할 때마다 순서가 달라집니다(숫자로만 이루어진 세트는 순서대로 출력됨).

물론 in 다음에 세트를 직접 지정해도 상관없습니다.

```
for i in {1, 2, 3, 4}:
    print(i)
```

26.6 세트 표현식 사용하기

세트는 for 반복문과 if 조건문을 사용하여 세트를 생성할 수 있습니다. 다음과 같이 세트 안에 식과 for 반복문을 지정하면 됩니다.

- {식 for 변수 in 반복가능한객체}
- set(식 for 변수 in 반복가능한객체)

```
>>> a = {i for i in 'apple'}
>>> a
{'l', 'p', 'e', 'a'}
```

{ } 또는 set( ) 안에 식, for, 변수, in, 반복 가능한 객체를 지정하여 세트를 생성합니다. 여기서는 반복 가능한 객체로 문자열 'apple'을 지정했습니다.

다음과 같이 문자열 'apple'에서 유일한 문자인 'a', 'p', 'l', 'e'만 변수 i에서 꺼내고 최종적으로 i로 세트를 만듭니다. 즉, 문자열에서 중복된 문자는 세트에 포함되지 않습니다.

▼ 그림 26-9 세트 표현식의 동작 순서

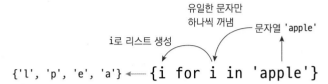

26.6.1 세트 표현식에 if 조건문 사용하기

이번에는 세트 표현식에서 if 조건문을 사용해보겠습니다. 다음과 같이 if 조건문은 for 반복문 뒤에 지정합니다.

- {식 for 변수 in 세트 if 조건식}
- set(식 for 변수 in 세트 if 조건식)

```
>>> a = {i for i in 'pineapple' if i not in 'apl'}
>>> a
{'e', 'i', 'n'}
```

{i for i in 'pineapple' if i not in 'apl'}은 문자열 'pineapple'에서 'a', 'p', 'l'을 제외한 문자들로 세트를 생성합니다. 즉, 다음과 같이 for 반복문 뒤에 if 조건문을 지정하면 if 조건문에서 특정 요소를 제외한 뒤 세트를 생성합니다.

▼ 그림 26-10 세트 표현식에서 if 조건문 사용하기

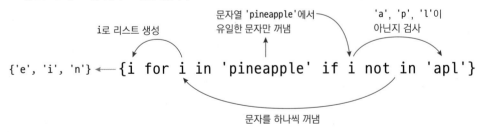

if i not in 'apl'은 {i for i in 'pineapple' if i != 'a' and i != 'p' and i != 'l'}과 같이 문자를 하나씩 비교하고 and로 연결하는 if 조건문과 같습니다.

지금까지 세트의 사용 방법에 대해 알아보았습니다. 아무래도 세트는 리스트와 딕셔너리보다 사용 빈도가 낮습니다. 여기서는 세트가 수학의 집합을 자료형으로 만든 것이라는 정도만 알아두면 됩니다. 나중에 세트가 필요할 때 다시 돌아와서 찾아보세요.

26.7 퀴즈

1. 다음 중 세트를 만드는 방법으로 올바르지 않은 것을 고르세요.

    a. a = {1, 2, 3, 4, 5}

    b. a = {}

    c. a = set('hello')

    d. a = set(range(10))

    e. a = set()

2. 세트 a = {1, 2, 3} 그리고 b = {3, 4, 5}가 있을 때 집합 연산의 결과로 잘못된 것을 모두 고르세요.

    a. set.union(a, b)는 {1, 2, 3, 4, 5}

    b. a ^ b는 {1, 3, 5}

    c. a - b는 {1, 2}

    d. a & b는 {3}

    e. set.difference(b, a)는 {4}

3. 다음 중 부분집합, 상위집합에 대한 설명으로 잘못된 것을 모두 고르세요.

    a. 부분집합은 <=와 issubset로 구할 수 있고, 두 세트가 같을 때 참이다.

    b. 진부분집합은 <와 issubset로 구할 수 있고, 두 세트가 다를 때 참이다.

    c. 상위집합은 >=와 issuperset로 구할 수 있고, 두 세트가 같을 때 참이다.

    d. 진상위집합은 >로 구할 수 있고, 두 세트가 같을 때 참이다.

    e. 진부분집합과 진상위집합을 구하는 메서드는 없다.

4. 다음 중 세트 메서드에 대한 설명으로 올바른 것을 모두 고르세요.

    a. intersection_update는 현재 세트와 다른 세트 중에서 겹치는 요소만 현재 세트에 저장한다.

    b. set.symmetric_difference는 두 세트의 대칭차집합을 구한다.

    c. isdisjoint는 현재 세트가 다른 세트와 겹치지 않는지 확인한다.

    d. discard는 현재 세트에서 특정 요소를 삭제하고 요소가 없으면 에러를 발생시킨다.

    e. pop은 현재 세트에서 지정된 요소를 삭제하고 요소가 없으면 에러를 발생시킨다.

5. 다음 중 메서드와 연산자의 기능이 잘못 짝지어진 것을 고르세요.

    a. set.intersection은 &와 같다.

    b. set.update는 |=와 같다.

    c. symmetric_difference_update는 -=와 같다.

d. issuperset은 >와 같다.

e. set.union은 |와 같다.

6. 다음 중 세트 {0, 1, 3, 4, 5, 6, 8, 9}을 만드는 방법으로 올바른 것을 고르세요.

a. {i for i in range(10) if i != 2 and i != 7}

b. {i for i in range(10) if i != 2 or i != 7}

c. {i for i in range(10) if i is not 2 and i is not 7}

d. {i for i in range(10) if i is not 2 or i is not 7}

e. {i for i in range(10) if i is 2 or i is 7}

▶ 정답은 347쪽에 있습니다

26.8 연습문제: 공배수 구하기

다음 소스 코드를 완성하여 1부터 100까지 숫자 중 3과 5의 공배수를 세트 형태로 출력되게 만드세요.

practice_set.py
```
a = ①_____
b = ②_____

print(a & b)
```

실행 결과
```
{75, 45, 15, 90, 60, 30}
```

정답

① {i for i in range(1, 101) if i % 3 == 0}
② {i for i in range(1, 101) if i % 5 == 0}

해설

세트 두 개로 3과 5의 공배수를 구하려면 3의 배수가 들어있는 세트와 5의 배수가 들어있는 세트의 교집합을 구하면 됩니다. 먼저 {i for i in range(1, 101) if i % 3 == 0}과 같이 세트 표현식을 사용하여 1부터 100까지 숫자 중 3의 배수 세트를 만듭니다. 그리고 {i for i in range(1, 101) if i % 5 == 0}과 같이 1부터 100까지 숫자 중 5의 배수 세트를 만들면 a & b로 공배수를 구할 수 있습니다.

26.9 심사문제: 공약수 구하기

표준 입력으로 양의 정수 두 개가 입력됩니다. 다음 소스 코드를 완성하여 두 숫자의 공약수를 세트 형태로 구하도록 만드세요. 단, 최종 결과는 공약수의 합으로 판단합니다.

테스트 케이스 예제

표준 입력	표준 출력
10 20	18

테스트 케이스 예제

표준 입력	표준 출력
100 200	217

```
judge_set_intersection.py




```

```
divisor = a & b

result = 0
if type(divisor) == set:
    result = sum(divisor)

print(result)
```

26.7 퀴즈 정답

1 **b**   a = {}는 빈 딕셔너리를 만드는 방법입니다.

2 **b, e**   a ^ b는 겹치지 않는 요소만 포함하므로 {1, 2, 4, 5}가 나옵니다. 그리고 set.difference(b, a)는 차집합이므로 {4, 5}가 나옵니다.

3 **b, d**   진부분집합을 구하는 메서드는 없습니다. 그리고 진상위집합은 두 세트가 다를 때 참입니다.

4 **a, b, c**   discard는 특정 요소를 삭제하며 세트에서 요소가 없으면 그냥 넘어갑니다. pop은 임의의 요소를 삭제합니다.

5 **c, d**   symmetric_difference_update는 ^=과 같습니다. issuperset은 >=와 같습니다.

6 **a**   {0, 1, 3, 4, 5, 6, 8, 9}는 0부터 9까지 숫자인데 2와 7이 없습니다. 따라서 세트 표현식으로 세트를 만들 때 if i != 2 and i != 7처럼 2와 7을 제외한 뒤 세트를 만들면 됩니다(단, 값은 is, is not으로 비교하면 안 됩니다).

딕셔너리 메서드

▼ 표 26-1 딕셔너리 메서드

메서드	설명
setdefault(키, 기본값)	딕셔너리에 키-값 쌍을 추가, 키만 지정하면 값에 None을 저장
update(키=값) update(딕셔너리) update(리스트) update(튜플) update(반복가능한객체)	딕셔너리에서 키의 값을 수정, 딕셔너리에 키가 없으면 키-값 쌍을 추가
pop(키) pop(키, 기본값)	딕셔너리에서 특정 키-값 쌍을 삭제한 뒤 값을 반환, del 딕셔너리[키]와 같음 기본값을 지정하면 키가 없을 때 기본값을 반환
popitem()	딕셔너리에서 임의의 키-값 쌍을 삭제하고 해당 키-값 쌍을 튜플로 반환
clear()	딕셔너리의 모든 키-값 쌍을 삭제
get(키) get(키, 기본값)	딕셔너리에서 특정 키의 값을 가져옴 기본값을 지정하면 키가 없을 때 기본값을 반환
items() keys() values()	items는 딕셔너리의 키-값 쌍을 모두 가져옴 keys는 딕셔너리의 키를 모두 가져옴 values는 딕셔너리의 값을 모두 가져옴
copy()	딕셔너리를 복사하여 새 딕셔너리 생성
dict.fromkeys(키리스트) dict.fromkeys(키리스트, 값)	리스트(튜플)로 딕셔너리를 만듦, 키 리스트만 지정하면 값은 모두 None이 저장됨 키 리스트와 값을 지정하면 해당 값이 딕셔너리의 값으로 저장됨

딕셔너리와 반복문

for 변수 in 뒤에 딕셔너리를 지정하면 키만 꺼내옵니다. 그리고 for in 뒤에 딕셔너리를 지정하고 items를 사용하면 반복하면서 모든 키와 값을 꺼내오고, keys는 키, values는 값만 꺼내옵니다.

```
for 변수 in 딕셔너리:            # 모든 키를 꺼내옴
    반복할 코드

for 키, 값 in 딕셔너리.items():   # 모든 키와 값을 꺼내옴
    반복할 코드

for 키 in 딕셔너리.keys():       # 모든 키를 꺼내옴
    반복할 코드

for 값 in 딕셔너리.values():      # 모든 값을 꺼내옴
    반복할 코드
```

딕셔너리 표현식

딕셔너리 표현식은 딕셔너리 안에 식, for 반복문, if 조건문 등을 지정하여 딕셔너리를 생성합니다.

```
{키: 값 for 키, 값 in 딕셔너리}
{key: value for key, value in dict.fromkeys(['a', 'b', 'c', 'd']).items()}
dict({키: 값 for 키, 값 in 딕셔너리})

{키: 값 for 키, 값 in 딕셔너리 if 조건식}
{key: value for key, value in {'a': 10, 'b': 20, 'c': 30, 'd': 40}.items() if value != 20}
dict({키: 값 for 키, 값 in 딕셔너리 if 조건식})
```

딕셔너리 안에 딕셔너리 사용하기

딕셔너리는 값 부분에 딕셔너리를 넣을 수 있습니다. 딕셔너리 안에 들어있는 딕셔너리에 접근하려면 [ ](대괄호)를 단계만큼 붙이고 키를 지정해줍니다.

```
딕셔너리 = {키1: {키A: 값A}, 키2: {키B: 값B}}   # 딕셔너리 안에 딕셔너리 넣기

딕셔너리[키][키]        # 딕셔너리 안에 있는 딕셔너리에서 값에 접근
딕셔너리[키][키] = 값    # 딕셔너리 안에 있는 딕셔너리에서 키에 값 할당
```

세트

세트는 집합 형태의 자료형입니다. { }(중괄호) 안에 값을 저장하며 각 값은 ,(콤마)로 구분해줍니다. 단, 세트는 [ ](대괄호)로 특정 요소를 출력할 수 없습니다.

```
세트 = {값1, 값2, 값3}    # 세트 만들기
세트 = set(반복가능한객체)   # 세트 만들기

값 in 세트     # 세트에 특정 값이 있는지 확인
값 not in 세트    # 세트에 특정 값이 없는지 확인

len(세트)   # 세트의 요소 개수(길이) 구하기
```

세트의 메서드와 집합 연산

▼ 표 26-2 세트의 메서드와 집합 연산

메서드	집합 연산자	설명
set.union(세트1, 세트2)	|	두 세트의 합집합
set.intersection(세트1, 세트2)	&	두 세트의 교집합
set.difference(세트1, 세트2)	-	두 세트의 차집합
set.symmetric_difference(세트1, 세트2)	^	두 세트의 대칭차집합
update(다른세트)	|=	현재 세트에 다른 세트를 더함
intersection_update(다른세트)	&=	현재 세트와 다른 세트 중에서 겹치는 요소만 현재 세트에 저장
difference_update(다른세트)	-=	현재 세트에서 다른 세트를 뺌
symmetric_difference_update(다른세트)	^=	현재 세트와 다른 세트 중에서 겹치지 않는 요소만 현재 세트에 저장

메서드	집합 연산자	설명
issubset(다른세트)	<=	현재 세트가 다른 세트의 부분집합인지 확인
	<	현재 세트가 다른 세트의 진부분집합인지 확인
issuperset(다른세트)	>=	현재 세트가 다른 세트의 상위집합인지 확인
	>	현재 세트가 다른 세트의 진상위집합인지 확인
isdisjoint(다른세트)		현재 세트가 다른 세트와 겹치지 않는지 확인
add(요소)		세트에 요소를 추가
remove(요소)		세트에서 특정 요소를 삭제, 없으면 에러 발생
discard(요소)		세트에서 특정 요소를 삭제, 요소가 없으면 그냥 넘어감
pop()		세트에서 임의의 요소를 삭제하고 해당 요소를 반환
clear()		세트에서 모든 요소를 삭제
copy()		세트를 복사하여 새로운 세트 생성

세트와 반복문

for 변수 in 뒤에 세트를 지정하면 반복하면서 모든 요소를 꺼내옵니다.

```
for 변수 in 세트:
    반복할 코드
```

세트 표현식

세트 표현식은 세트 안에 식, for 반복문, if 조건문 등을 지정하여 세트를 생성합니다.

```
{식 for 변수 in 반복가능한값}
{i for i in 'apple'}
set(식 for 변수 in 반복가능한값)
```

```
{식 for 변수 in 세트 if 조건식}
{i for i in 'pineapple' if i not in 'apl'}
set(식 for 변수 in 세트 if 조건식)
```

Q & A 자 주 묻 는 질 문

딕셔너리를 더하려면 어떻게 해야 하나요?

딕셔너리는 + 연산자로 더할 수 없지만 update 메서드를 사용하면 +로 더한 것과 같은 효과를 낼 수 있습니다. 즉, update에 딕셔너리를 넣을 수 있고 키가 없으면 키를 추가하는 특성을 이용한 것입니다.

```
>>> x = {'a': 1, 'b': 2}
>>> y = {'c': 3, 'd': 4}
>>> x.update(y)
>>> x
{'a': 1, 'b': 2, 'c': 3, 'd': 4}
```

파이썬 3.5 이상부터는 딕셔너리 언패킹을 이용한 병합을 지원합니다.

- **{**딕셔너리, **딕셔너리}**

```
>>> {**x, **y}
{'a': 1, 'b': 2, 'c': 3, 'd': 4}
```

딕셔너리와 세트는 while로 반복할 수 있나요?

딕셔너리와 세트를 while로 반복하려면 조금 복잡합니다. 다음과 같이 딕셔너리와 세트에서 이터레이터를 얻은 뒤에 next로 요소를 차례대로 꺼내면 됩니다. 이터레이터는 'Unit 39 이터레이터 사용하기'(499쪽), 예외 처리는 'Unit 38 예외 처리 사용하기'(486쪽)에서 설명하겠습니다.

```
x = {'a': 10, 'b': 20, 'c': 30, 'd': 40, 'e': 50}          # 딕셔너리
#x = {'strawberry', 'grape', 'orange', 'pineapple', 'cherry'}    # 세트
it = iter(x)              # 이터레이터를 얻음
while True:
    try:
        print(x[next(it)])    # 딕셔너리에 키를 지정해서 값 출력
        #print(next(it))      # 세트의 요소 출력
    except StopIteration:
        break
```

27 파일 사용하기

프로그래밍에서 중요한 축을 차지하는 부분이 파일 처리입니다. 이번에는 파일에서 문자열을 읽고 쓰는 방법과 파이썬 객체를 파일에 읽고 쓰는 방법을 알아보겠습니다.

27.1 파일에 문자열 쓰기, 읽기

이제부터 파일에 문자열을 써서 파일을 만든 뒤에 만든 파일을 읽는 순서로 진행하겠습니다.

27.1.1 파일에 문자열 쓰기

파일에 문자열을 쓸 때는 open 함수로 파일을 열어서 파일 객체(file object)를 얻은 뒤에 write 메서드를 사용합니다.

- **파일객체 = open(파일이름, 파일모드)**
- **파일객체.write('문자열')**
- **파일객체.close( )**

다음 내용을 IDLE의 소스 코드 편집 창에 입력한 뒤 실행해보세요.

```
file_write_string.py
file = open('hello.txt', 'w')      # hello.txt 파일을 쓰기 모드(w)로 열기. 파일 객체 반환
file.write('Hello, world!')        # 파일에 문자열 저장
file.close()                       # 파일 객체 닫기
```

소스 코드를 실행하면 .py 파일이 있는 폴더에 hello.txt 파일이 생성됩니다. 메모장이나 기타 텍스트 편집기를 사용하여 hello.txt 파일을 열어보면 다음과 같이 'Hello, world!' 문자열이 저장된 것을 볼 수 있습니다.

```
hello.txt
Hello, world!
```

파일을 사용하기 위해서는 먼저 open 함수로 파일을 열어서 파일 객체를 얻어야 합니다. 다음과 같이 파일 이름은 'hello.txt'로 지정하고, 파일에 내용을 쓸 것이므로 파일 모드를 'w'로 지정해줍니다. 여기서 'w'는 쓰다(write)의 w입니다.

```
file = open('hello.txt', 'w')     # hello.txt 파일을 쓰기 모드(w)로 열기. 파일 객체 반환
```
파일 객체 ┄┄ file
파일 모드 ┄┄ 'w'
파일 이름 또는 파일 경로 ┄┄ 'hello.txt'

이제 파일 객체를 얻었으니 write로 파일에 문자열을 씁니다.

```
file.write('Hello, world!')       # 파일에 문자열 저장
```

파일 쓰기가 끝났으면 반드시 close로 파일 객체를 닫아줍니다.

```
file.close()                      # 파일 객체 닫기
```

파일에 문자열을 쓰는 과정은 다음과 같습니다.

▼ 그림 27-1 파일에 문자열 쓰기

`file = open()`   파일 열기

`file.write()`   파일 쓰기

`file.close()`   파일 닫기

27.1.2 파일에서 문자열 읽기

이번에는 앞에서 만든 hello.txt 파일의 문자열을 읽어보겠습니다. 파일을 읽을 때도 open 함수로 파일을 열어서 파일 객체를 얻은 뒤 read 메서드로 파일의 내용을 읽습니다. 단, 이때는 파일 모드를 읽기 모드 'r'로 지정합니다.

· **변수 = 파일객체.read( )**

다음 내용을 IDLE의 소스 코드 편집 창에 입력한 뒤 실행해보세요.

file_read_string.py
```
file = open('hello.txt', 'r')     # hello.txt 파일을 읽기 모드(r)로 열기. 파일 객체 반환
s = file.read()                   # 파일에서 문자열 읽기
print(s)                          # Hello, world!
file.close()                      # 파일 객체 닫기
```

실행 결과
```
Hello, world!
```

먼저 open을 사용하여 hello.txt 파일을 읽기 모드 'r'로 엽니다. 여기서 'r'은 읽다(read)의 r입니다.

```
file = open('hello.txt', 'r')    # hello.txt 파일을 읽기 모드(r)로 열기. 파일 객체 반환
```

이제 read의 반환값을 변수에 저장해주면 파일의 내용을 읽을 수 있습니다. 그리고 print로 변수의 값을 출력해보면 'Hello, world!'가 출력됩니다.

```
s = file.read()            # 파일에서 문자열 읽기
print(s)                   # Hello, world!
```

마찬가지로 파일 읽기 작업이 끝났다면 close로 파일 객체를 닫아줍니다.

```
file.close()               # 파일 객체 닫기
```

파일에서 문자열을 읽는 과정은 다음과 같습니다.

▼ 그림 27-2 파일에서 문자열 읽기

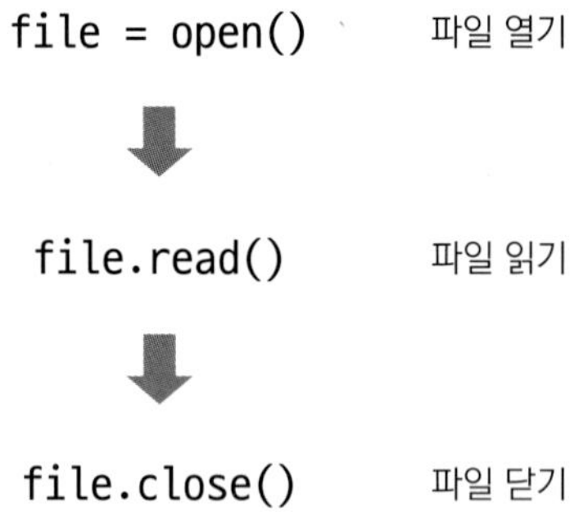

```
file = open()      파일 열기
```

⬇

```
file.read()      파일 읽기
```

⬇

```
file.close()      파일 닫기
```

27.1.3 자동으로 파일 객체 닫기

파일을 열 때마다 매번 close로 닫으려니 좀 귀찮습니다. 파이썬에서는 with as를 사용하면 파일을 사용한 뒤 자동으로 파일 객체를 닫아줍니다. 다음과 같이 with 다음에 open으로 파일을 열고 as 뒤에 파일 객체를 지정합니다.

```
with open(파일이름, 파일모드) as 파일객체:
    코드
```

그럼 앞에서 만든 hello.txt 파일을 읽어보겠습니다.

file_with_as_read_string.py

```
with open('hello.txt', 'r') as file:    # hello.txt 파일을 읽기 모드(r)로 열기
    s = file.read()                     # 파일에서 문자열 읽기
    print(s)                            # Hello, world!
```

실행 결과

```
Hello, world!
```

read로 파일을 읽고 나서 close를 사용하지 않았습니다. 이처럼 with as를 사용하면 파일 객체를 자동으로 닫아줍니다.

27.2 문자열 여러 줄을 파일에 쓰기, 읽기

이번에는 문자열 여러 줄을 파일에 쓰고 읽는 방법을 알아보겠습니다.

27.2.1 반복문으로 문자열 여러 줄을 파일에 쓰기

앞에서 문자열 한 줄을 파일에 썼는데 문자열 여러 줄은 어떻게 쓰면 될까요? 간단하게 반복문을 사용하면 됩니다.

```
file_for_write_string.py
with open('hello.txt', 'w') as file:    # hello.txt 파일을 쓰기 모드(w)로 열기
    for i in range(3):
        file.write('Hello, world! {0}\n'.format(i))
```

.py 파일이 있는 폴더의 hello.txt 파일을 열어보면 다음과 같은 내용이 저장되어 있습니다.

```
Hello, world! 0
Hello, world! 1
Hello, world! 2
```

파일에 문자열 여러 줄을 저장할 때 주의할 부분은 개행 문자 부분입니다. 'Hello, world! {0}\n'와 같이 문자열 끝에 개행 문자 \n를 지정해주어야 줄바꿈이 됩니다. 만약 \n을 붙이지 않으면 문자열이 모두 한 줄로 붙어서 저장되므로 주의해야 합니다.

27.2.2 리스트에 들어있는 문자열을 파일에 쓰기

이번에는 리스트에 들어있는 문자열을 파일에 써보겠습니다.

- **파일객체.writelines(문자열리스트)**

```
file_writelines.py
lines = ['안녕하세요.\n', '파이썬\n', '코딩 도장입니다.\n']

with open('hello.txt', 'w') as file:    # hello.txt 파일을 쓰기 모드(w)로 열기
    file.writelines(lines)
```

```
안녕하세요.
파이썬
코딩 도장입니다.
```

writelines는 리스트에 들어있는 문자열을 파일에 씁니다. 특히 writelines를 사용할 때는 반드시 리스트의 각 문자열 끝에 개행 문자 \n을 붙여주어야 합니다. 그렇지 않으면 문자열이 모두 한 줄로 붙어서 저장되므로 주의해야 합니다.

27.2.3 파일의 내용을 한 줄씩 리스트로 가져오기

그럼 앞에서 만든 hello.txt 파일의 내용을 한 줄씩 읽어보겠습니다. read는 파일의 내용을 읽어서 문자열로 가져오지만 readlines는 파일의 내용을 한 줄씩 리스트 형태로 가져옵니다.

- 변수 = 파일객체.readlines( )

file_readlines.py
```
with open('hello.txt', 'r') as file:      # hello.txt 파일을 읽기 모드(r)로 열기
    lines = file.readlines()
    print(lines)
```

실행 결과
```
['안녕하세요.\n', '파이썬\n', '코딩 도장입니다.\n']
```

파일의 내용을 한 줄씩 리스트 형태로 가져왔습니다.

27.2.4 파일의 내용을 한 줄씩 읽기

만약 파일의 내용을 한 줄씩 순차적으로 읽으려면 readline을 사용합니다.

- 변수 = 파일객체.readline( )

file_readlines_while.py
```
with open('hello.txt', 'r') as file:     # hello.txt 파일을 읽기 모드(r)로 열기
    line = None    # 변수 line을 None으로 초기화
    while line != '':
        line = file.readline()
        print(line.strip('\n'))     # 파일에서 읽어온 문자열에서 \n 삭제하여 출력
```

실행 결과
```
안녕하세요.
파이썬
코딩 도장입니다.
```

readline으로 파일을 읽을 때는 while 반복문을 활용해야 합니다. 왜냐하면 파일에 문자열이 몇 줄이나 있는지 모르기 때문입니다. while은 특정 조건이 만족할 때 계속 반복하므로 파일의 크기에 상관없이 문자열을 읽어올 수 있습니다.

readline은 더 이상 읽을 줄이 없을 때는 빈 문자열을 반환하는데, while에는 이런 특성을 이용하여 조건식을 만들어줍니다. 즉, line != ''와 같이 빈 문자열이 아닐 때 계속 반복하도록 만듭니다. 그리고 반복문 안에서는 line = file.readline()과 같이 문자열 한 줄을 읽어서 변수 line에 저장해주면 됩니다.

특히 변수 line은 while로 반복하기 전에 None으로 초기화해줍니다. 만약 변수 line을 만들지 않고 while을 실행하면 없는 변수와 빈 문자열 ''을 비교하게 되므로 에러가 발생합니다. 또는, line을 None이 아닌 ''으로 초기화하면 처음부터 line != ''은 거짓이 되므로 반복을 하지 않고 코드가 그냥 끝나버립니다. while을 사용할 때는 이 부분을 주의해주세요.

```
line = None      # 변수 line을 None으로 초기화
while line != '':
```

문자열을 출력할 때는 print(line.strip('\n')과 같이 strip 메서드로 \n을 삭제했습니다. 왜냐하면 파일에서 읽어온 문자열에는 '안녕하세요.\n'과 같이 \n이 이미 들어있기 때문입니다. 만약 strip('\n')을 생략하면 문자열 한 줄을 출력할 때마다 빈 줄이 계속 출력됩니다. 즉, 문자열 안에 든 \n과 print가 출력하는 \n 때문에 줄바꿈이 두 번 일어납니다.

27.2.5 for 반복문으로 파일의 내용을 줄 단위로 읽기

while 반복문에서 readline을 사용하니 동작 방식이 조금 헷갈리죠? 파이썬에서는 for 반복문으로 좀 더 간단하게 파일의 내용을 읽을 수 있습니다. 다음은 for 반복문에 파일 객체를 지정하여 줄 단위로 파일의 내용을 읽습니다.

```
file_for.py
with open('hello.txt', 'r') as file:    # hello.txt 파일을 읽기 모드(r)로 열기
    for line in file:                   # for에 파일 객체를 지정하면
                                        # 파일의 내용을 한 줄씩 읽어서 변수에 저장함
        print(line.strip('\n'))         # 파일에서 읽어온 문자열에서 \n을 삭제하여 출력
```

실행 결과
```
안녕하세요.
파이썬
코딩 도장입니다.
```

for line in file:로 간단하게 파일의 내용을 한 줄씩 읽었습니다. 이렇게 for 반복문에 파일 객체를 지정하면 반복을 할 때마다 파일의 내용을 한 줄씩 읽어서 변수에 저장해줍니다.

참고   **파일 객체는 이터레이터**

파일 객체는 이터레이터입니다. 따라서 변수 여러 개에 저장하는 언패킹(unpacking)도 가능합니다(이터레이터는 'Unit 39 이터레이터 사용하기'(499쪽) 참조).

```
>>> file = open('hello.txt', 'r')
>>> a, b, c = file
>>> a, b, c
('안녕하세요.\n', '파이썬\n', '코딩 도장입니다.\n')
```

물론 a, b, c = file과 같이 사용하려면 hello.txt에는 문자열 3줄이 들어있어야 합니다. 즉, 할당할 변수의 개수와 파일에 저장된 문자열의 줄 수가 일치해야 합니다.

파일에서 문자열만 읽고 쓴다면 조금 불편하겠죠? 파이썬은 객체를 파일에 저장하는 pickle 모듈을 제공합니다.

다음과 같이 파이썬 객체를 파일에 저장하는 과정을 피클링(pickling)이라고 하고, 파일에서 객체를 읽어오는 과정을 언피클링(unpickling)이라고 합니다.

▼ 그림 27-3 피클링과 언피클링

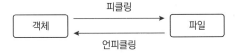

27.3.1 파이썬 객체를 파일에 저장하기

그럼 파이썬 객체를 파일에 저장하는 피클링을 해보겠습니다. 피클링은 pickle 모듈의 dump 메서드를 사용합니다.

```
pickle_dump.py

import pickle

name = 'james'
age = 17
address = '서울시 서초구 반포동'
scores = {'korean': 90, 'english': 95, 'mathematics': 85, 'science': 82}

with open('james.p', 'wb') as file:    # james.p 파일을 바이너리 쓰기 모드(wb)로 열기
    pickle.dump(name, file)
    pickle.dump(age, file)
    pickle.dump(address, file)
    pickle.dump(scores, file)
```

소스 코드를 실행하면 .py 파일이 있는 폴더에 james.p 파일이 생성됩니다. 여기서는 확장자를 pickle의 p를 사용했지만 다른 확장자를 사용해도 상관없습니다.

특히 pickle.dump로 객체(값)를 저장할 때는 open('james.p', 'wb')와 같이 파일 모드를 'wb'로 지정해야 합니다. b는 바이너리(binary)를 뜻하는데, 바이너리 파일은 컴퓨터가 처리하는 파일 형식입니다. 따라서 메모장 같은 텍스트 편집기로 열어도 사람이 알아보기 어렵습니다.

참고로 지금까지 사용한 .txt 파일은 사람이 알아보기 쉽도록 만든 파일 형식이며 텍스트(text) 파일이라고 부릅니다.

27.3.2 파일에서 파이썬 객체 읽기

이제 파일에서 파이썬 객체를 읽어오는 언피클링을 해보겠습니다. 언피클링은 pickle 모듈의 load를 사용합니다. 그리고 언피클링을 할 때는 반드시 파일 모드를 바이너리 읽기 모드 'rb'로 지정해야 합니다.

```
pickle_load.py
```

```python
import pickle

with open('james.p', 'rb') as file:    # james.p 파일을 바이너리 읽기 모드(rb)로 열기
    name = pickle.load(file)
    age = pickle.load(file)
    address = pickle.load(file)
    scores = pickle.load(file)
    print(name)
    print(age)
    print(address)
    print(scores)
```

실행 결과

```
james
17
서울시 서초구 반포동
{'korean': 90, 'english': 95, 'mathematics': 85, 'science': 82}
```

앞에서 james.p 파일을 저장할 때 pickle.dump를 네 번 사용했습니다. 마찬가지로 파일에서 객체(값)를 가져올 때도 pickle.load를 네 번 사용해야 합니다. 즉, name, age, address, scores 순으로 저장했으므로 가져올 때도 같은 순서로 가져오면 됩니다.

지금까지 파일을 읽고 쓰는 방법을 배웠습니다. 파일 처리는 프로그램을 만들 때 자주 사용되므로 사용 방법을 정확히 익히는 것이 좋습니다.

참고　　**다른 파일 모드는 없나요?**

사실 파일 모드는 조합에 따라 여러 종류가 있습니다. 읽기 'r', 쓰기 'w' 이외에 추가 'a', 배타적 생성 'x'도 있습니다. 추가 모드는 이미 있는 파일에서 끝에 새로운 내용을 추가할 때 사용하고, 배타적 생성 모드는 파일이 이미 있으면 에러(FileExistsError)를 발생시키고 없으면 파일을 만듭니다. 'x'는 배타적 생성(exclusive creation)의 x입니다.

또한, 파일의 형식도 함께 지정할 수 있는데 텍스트 모드 't'와 바이너리 모드 'b'가 있습니다. 이 파일 형식과 읽기, 쓰기 모드를 조합한 텍스트 모드 'rt', 'wt'는 파일을 텍스트 모드로 엽니다. 특히 텍스트 모드는 생략할 수 있어서 그냥 'r', 'w'도 텍스트 모드입니다. 그리고 바이너리 모드 'rb', 'wb' 등은 피클링을 사용하거나 바이너리 데이터를 직접 저장할 때 사용합니다.

그다음에 '+'가 있는데 파일을 읽기/쓰기 모드로 엽니다. 이 모드는 'r+t', 'w+t', 'r+', 'w+', 'r+b', 'w+b' 등으로 조합할 수 있으며 읽기/쓰기 모드인 것은 같지만 파일 처리 방법이 조금씩 다릅니다.

지금까지 나온 파일 모드 조합을 그림으로 정리하면 오른쪽과 같은 구조가 됩니다.

▼ 그림 27-4 파일 모드 조합

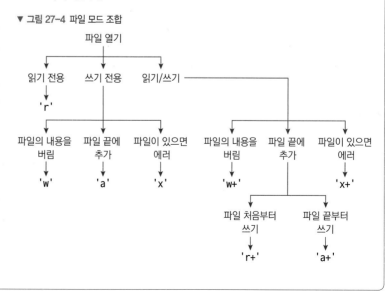

1. 다음 중 파일에 문자열을 쓸 때 파일 열기 방법으로 올바른 것을 고르세요.

   a. `file = open('hello.txt', 'r')`

   b. `file = open('hello.txt', 'b')`

   c. `file = open('hello.txt', 'rb')`

   d. `file = open('hello.txt', 'w')`

   e. `file = open('hello.txt', 'wb')`

2. 다음 중 파일에서 문자열을 한 줄씩 읽어서 리스트 형태로 가져오는 메서드로 올바른 것을 고르세요.

   a. `read`

   b. `readline`

   c. `readlines`

   d. `writelines`

   e. `write`

3. 다음 중 `pickle` 모듈로 파일에 저장된 파이썬의 객체를 읽어올 때 파일 열기 방법으로 올바른 것을 고르세요.

   a. `file = open('maria.p', 'r')`

   b. `file = open('maria.p', 'rb')`

   c. `file = open('maria.p', 'w')`

   d. `file = open('maria.p', 'wb')`

   e. `file = open('maria.p', 'rt')`

▶ 정답은 361쪽에 있습니다

27.5 연습문제: 파일에서 10자 이하인 단어 개수 세기

단어가 줄 단위로 저장된 words.txt 파일이 주어집니다. 다음 소스 코드를 완성하여 10자 이하인 단어의 개수가 출력되게 만드세요.

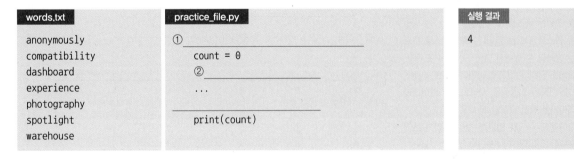

words.txt	practice_file.py	실행 결과
anonymously compatibility dashboard experience photography spotlight warehouse	①_____ count = 0 ②_____ ... _____ print(count)	4

정답

```
① with open('words.txt', 'r') as file:
②
words = file.readlines()
for word in words:
    if len(word.strip('\n')) <= 10:
        count += 1
```

해설

words.txt 파일이 주어진다고 했으므로 with open('words.txt', 'r') as file:과 같이 파일을 읽기 모드 'r'로 엽니다. 그리고 단어가 줄 단위로 저장되어 있다고 했으므로 readlines로 파일의 내용을 읽어서 리스트 형태로 가져옵니다.

단어가 10자 이하인지 판단할 때는 for 반복문으로 단어 리스트를 반복하면서 len으로 단어 길이를 구합니다. 단, readlines로 파일을 읽었을 때는 문자열에 \n이 들어있으므로 strip('\n')으로 \n을 삭제해야 합니다. 그다음에 단어 길이가 10 이하이면 count에 1을 더해서 저장해주면 됩니다.

27.6 심사문제: 특정 문자가 들어있는 단어 찾기

문자열이 저장된 words.txt 파일이 주어집니다(문자열은 한 줄로 저장되어 있습니다). words.txt 파일에서 문자 c가 포함된 단어를 각 줄에 출력하는 프로그램을 만드세요. 단어를 출력할 때는 등장한 순서대로 출력해야 하며 ,(콤마)와 .(점)은 출력하지 않아야 합니다.

테스트 케이스 예제

words.txt

Fortunately, however, for the reputation of Asteroid B-612, a Turkish dictator made a law that his subjects, under pain of death, should change to European costume. So in 1920 the astronomer gave his demonstration all over again, dressed with impressive style and elegance. And this time everybody accepted his report.

표준 출력

```
dictator
subjects
change
costume
elegance
accepted
```

judge_file.py

27.4 퀴즈 정답

1 d 파일에 문자열을 쓸 때는 쓰기 모드 'w'를 사용합니다. 이때 텍스트 모드 't'는 생략할 수 있습니다.

2 c 파일에서 문자열을 한 줄씩 읽어서 리스트 형태로 가져오는 메서드는 readlines입니다.

3 b pickle 모듈로 파일에 저장된 파이썬 객체를 읽어올 때는 바이너리 읽기 모드 'rb'를 사용합니다.

UNIT 28

THE PYTHON PROGRAMMING LANGUAGE

회문 판별과 N-gram 만들기

이번에는 문자열을 응용해서 회문을 판별하는 방법과 N-gram을 만드는 방법을 알아보겠습니다.

회문은 유전자 염기서열 분석에서 많이 쓰고, N-gram은 빅 데이터 분석, 검색 엔진에서 많이 쓰입니다. 특히 구글은 책들을 스캔해서 N-gram viewer를 만들었는데 사람들의 언어 패턴을 시대별로 분석하기도 했습니다.

28.1 회문 판별하기

회문(palindrome)은 순서를 거꾸로 읽어도 제대로 읽은 것과 같은 단어와 문장을 말합니다. 예를 들면 "level", "SOS", "rotator", "nurses run"과 같은 단어와 문장이 있지요.

그럼 문자열이 회문인지 판별하려면 어떻게 해야 할까요? 먼저 회문을 잘 살펴보면 첫 번째 글자와 마지막 글자가 같습니다. 그리고 안쪽으로 한 글자씩 좁혔을 때 글자가 서로 같으면 회문입니다.

▼ 그림 28-1 회문

즉, 가운데 문자 v를 기준으로 왼쪽과 오른쪽의 문자가 같습니다.

예제 코드를 보기 전에 스스로 고민해보고 코드를 작성해보세요. 고민하는 만큼 실력이 늡니다.

28.1.1 반복문으로 문자 검사하기

이제 반복문으로 문자열의 각 문자를 검사해보겠습니다.

```
palindrome.py

word = input('단어를 입력하세요: ')

is_palindrome = True                  # 회문 판별값을 저장할 변수, 초깃값은 True
for i in range(len(word) // 2):       # 0부터 문자열 길이의 절반만큼 반복
    if word[i] != word[-1 - i]:       # 왼쪽 문자와 오른쪽 문자를 비교하여 문자가 다르면
        is_palindrome = False         # 회문이 아님
        break

print(is_palindrome)                  # 회문 판별값 출력
```

소스 코드를 실행한 뒤 level을 입력하고 엔터 키를 누르세요.

단어를 입력하세요: **level (입력)**
True

문자열 'level'은 회문이므로 True가 출력됩니다. 만약 'hello'처럼 회문이 아닌 단어들을 입력하면 False 가 출력됩니다.

단어를 입력하세요: **hello (입력)**
False

회문 판별에서 가장 중요한 부분은 문자열(단어)의 길이입니다. 왜냐하면 회문 판별은 문자열의 길이를 기준으로 하기 때문입니다. 즉, 문자열을 절반으로 나누어서 왼쪽 문자와 오른쪽 문자가 같은지 검사해야 합니다.

다음과 같이 반복을 할 때 문자열 길이의 절반만큼만 반복하도록 만듭니다. 예를 들어 문자열의 길이가 5라면 5 // 2 = 2(버림 나눗셈)이므로 가운데 글자 바로 앞까지만 검사하게 됩니다.

```
for i in range(len(word) // 2):        # 0부터 문자열 길이의 절반만큼 반복
```

반복문 안에서는 왼쪽 문자 word[i]와 오른쪽 문자 word[-1 - i]를 비교하여 문자가 다르면 회문이 아니므로 is_palindrome에 False를 넣어주고 break로 반복문을 끝냅니다. 어차피 회문이 아니므로 더 검사할 필요가 없습니다.

```
if word[i] != word[-1 - i]:    # 왼쪽 문자와 오른쪽 문자를 비교하여 문자가 다르면
    is_palindrome = False      # 회문이 아님
    break
```

for 반복문의 i가 0부터 1씩 증가하므로 word[i]는 왼쪽에서 오른쪽으로 진행하고, word[-1 - i]는 오른쪽에서 왼쪽으로 진행합니다. 즉, 문자열의 마지막 문자는 word[-1]이므로 여기서 인덱스를 i만큼 계속 빼주면 오른쪽에서 왼쪽으로 진행합니다. 이 부분은 파이썬에서 음수 인덱스를 지정하면 뒤에서부터 요소에 접근할 수 있다는 점을 이용한 것입니다. 음수 -1에서 숫자를 빼면 -2, -3, -4처럼 되므로 i가 커질수록 더 왼쪽으로 옵니다.

참고로 word[-1 - i]는 word[-(1 + i)]와 같이 숫자를 i만큼 증가시킨 뒤 음수로 바꾸는 방식으로도 표현할 수 있습니다.

▼ 그림 28-2 회문 판별 과정

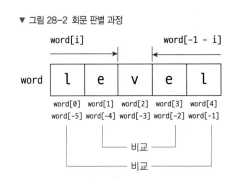

28.1.2 시퀀스 뒤집기로 문자 검사하기

반복문으로 문자열의 각 문자를 일일이 비교하려니 다소 번거롭습니다. 그럼 좀 더 간단한 방법은 없을까요? 회문은 시퀀스 객체의 슬라이스를 활용하면 간단하게 판별할 수 있습니다.

palindrome_slice.py	실행 결과

``python
word = input('단어를 입력하세요: ')
 	
print(word == word[::-1])   # 원래 문자열과 반대로 뒤집은 문자열을 비교
``
	단어를 입력하세요: **level** (입력)
	True
	단어를 입력하세요: **hello** (입력)
	False

word == word[::-1] 한 줄로 간단하게 끝났습니다. 너무 쉽죠? word[::-1]은 문자열 전체에서 인덱스를 1씩 감소시키면서 요소를 가져오므로 문자열을 반대로 뒤집습니다. 회문은 순서를 거꾸로 읽어도 제대로 읽은 것과 같은 문자열이므로 원래 문자열 word와 뒤집은 문자열 word[::-1]이 같으면 회문입니다.

28.1.3 리스트와 reversed 사용하기

사실 파이썬에서는 이 방법 이외에도 다양한 방법으로 회문을 판별할 수 있습니다. 다음과 같이 반복 가능한 객체의 요소 순서를 반대로 뒤집는 reversed를 사용해도 됩니다.

```python
>>> word = 'level'
>>> list(word) == list(reversed(word))
True
```

list에 문자열을 넣으면 문자 하나하나가 리스트의 요소로 들어갑니다. 여기서 reversed로 문자열을 반대로 뒤집어서 list에 넣으면 문자 순서가 반대로 된 리스트를 구할 수 있죠?

```python
>>> list(word)
['l', 'e', 'v', 'e', 'l']
>>> list(reversed(word))
['l', 'e', 'v', 'e', 'l']
```

이 두 리스트를 ==로 비교하면 문자열이 회문인지 판별할 수 있습니다.

28.1.4 문자열의 join 메서드와 reversed 사용하기

리스트와 reversed를 사용하는 방법 말고도 문자열의 join 메서드를 사용해서 회문을 판별할 수도 있습니다.

```python
>>> word = 'level'
>>> word == ''.join(reversed(word))
True
```

join은 구분자 문자열과 문자열 리스트의 요소를 연결합니다. 여기서는 빈 문자열 ''에 reversed(word)의 요소를 연결했으므로 문자 순서가 반대로 된 문자열을 얻을 수 있습니다. 즉, join은 요소 사이에 구분자를 넣지만 빈 문자열 ''을 활용하여 각 문자를 그대로 연결하는 방식입니다.

```
>>> word
'level'
>>> ''.join(reversed(word))
'level'
```

이 두 문자열을 ==로 비교하면 문자열이 회문인지 판별할 수 있습니다.

28.2 N-gram 만들기

N-gram은 문자열에서 N개의 연속된 요소를 추출하는 방법입니다. 만약 'Hello'라는 문자열을 문자(글자) 단위 2-gram으로 추출하면 다음과 같이 됩니다.

```
He
el
ll
lo
```

즉, 문자열의 처음부터 문자열 끝까지 한 글자씩 이동하면서 2글자를 추출합니다. 3-gram은 3글자, 4-gram은 4글자를 추출하겠죠?

28.2.1 반복문으로 N-gram 출력하기

이제 반복문으로 문자 단위 2-gram을 출력해보겠습니다.

```
2_gram_character.py
text = 'Hello'

# 2-gram이므로 문자열의 끝에서 한 글자 앞까지만 반복함
for i in range(len(text) - 1):
    print(text[i], text[i + 1], sep='')    # 현재 문자와 그다음 문자 출력
```

실행 결과
```
He
el
ll
lo
```

생각보다 간단하죠? 2-gram이므로 문자열의 끝에서 한 글자 앞까지만 반복하면서 현재 문자와 그다음 문자 두 글자씩 출력합니다.

▼ 그림 28-3 2-gram

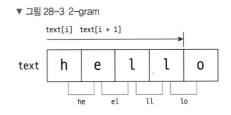

만약 3-gram이라면 반복 횟수는 range(len(text) - 2))와 같이 되고, 문자열 끝에서 두 글자 앞까지 반복하면 됩니다. 문자열을 출력할 때는 print(text[i], text[i + 1], text[i + 2], sep='')이 되겠죠? 여기서 문자열의 끝까지 반복하면 text[i + 1], text[i + 2]는 문자열의 범위를 벗어난 접근을 하게 되므로 주의해야 합니다.

글자 단위 N-gram이 있다면 단어 단위 N-gram도 있겠죠? 다음은 문자열을 공백으로 구분하여 단어 단위 2-gram을 출력합니다. 예를 들어 'this is python script'는 'this is', 'is python', 'python script'가 됩니다.

2_gram_word.py

```
text = 'this is python script'
words = text.split()                 # 공백을 기준으로 문자열을 분리하여 리스트로 만듦

# 2-gram이므로 리스트의 마지막에서 요소 한 개 앞까지만 반복함
for i in range(len(words) - 1):
    print(words[i], words[i + 1])     # 현재 문자열과 그다음 문자열 출력
```

실행 결과

```
this is
is python
python script
```

단어 단위 2-gram도 간단합니다. split을 사용하여 공백을 기준으로 문자열을 분리하여 리스트로 만듭니다. 그리고 2-gram이므로 words 리스트의 마지막에서 요소 한 개 앞까지만 반복하면서 현재 문자열과 그다음 문자열을 출력하면 됩니다.

28.2.2 zip으로 2-gram 만들기

이번에는 zip 함수로 2-gram을 만드는 방법을 알아보겠습니다.

2_gram_character_zip.py

```
text = 'hello'

two_gram = zip(text, text[1:])
for i in two_gram:
    print(i[0], i[1], sep='')
```

실행 결과

```
He
el
ll
lo
```

지금까지 zip 함수는 리스트 두 개를 딕셔너리로 만들 때 사용했는데, zip 함수는 반복 가능한 객체의 각 요소를 튜플로 묶어줍니다.

zip(text, text[1:])은 문자열 text와 text[1:]의 각 요소를 묶어서 튜플로 만듭니다. text[1:]은 인덱스 1(두 번째 문자)부터 마지막 문자까지 가져오죠? 따라서 text와 text[1:]을 zip으로 묶으면 문자 하나가 밀린 상태로 각 문자를 묶게 됩니다.

```
>>> text = 'hello'
>>> list(zip(text, text[1:]))
[('h', 'e'), ('e', 'l'), ('l', 'l'), ('l', 'o')]
```

2-gram 리스트가 만들어졌죠? 이 리스트를 출력할 때는 for i in two_gram:과 같이 for로 반복하면서 print(i[0], i[1], sep='')로 튜플의 요소를 출력해주면 됩니다.

단어 단위 2-gram도 같은 방법으로 만들면 됩니다. 문자열을 공백으로 분리하여 리스트로 만드는 것 말고는 앞과 같습니다.

```
>>> text = 'this is python script'
>>> words = text.split()
>>> list(zip(words, words[1:]))
[('this', 'is'), ('is', 'python'), ('python', 'script')]
```

만약 3-gram을 만들고 싶다면 zip(words, words[1:], words[2:])와 같이 word, word[1:], word[2:] 3개의 리스트를 넣으면 되겠죠?

28.2.3 zip과 리스트 표현식으로 N-gram 만들기

N-gram을 만들 때 zip에 일일이 [1:], [2:]같은 슬라이스를 넣자니 상당히 번거롭습니다. 만약 N-gram의 숫자가 늘어나면 그만큼 슬라이스도 여러 개 입력해줘야 합니다. 그러면 이 과정을 코드로 만들 수는 없을까요? 다음과 같이 리스트 표현식을 사용하면 됩니다.

```
>>> text = 'hello'
>>> [text[i:] for i in range(3)]
['hello', 'ello', 'llo']
```

[text[i:] for i in range(3)]처럼 for로 3번 반복하면서 text[i:]로 리스트를 생성했습니다. 여기서 for i in range(3)는 0, 1, 2까지 반복하므로 text[i:]는 text[0:], text[1:], text[2:]가 되죠? 즉, 3-gram에 필요한 슬라이스입니다. text[0:]은 text와 같으므로 지금까지 zip에 넣었던 모양입니다.

이제 리스트 ['hello', 'ello', 'llo']를 zip에 넣어보겠습니다.

```
>>> list(zip(['hello', 'ello', 'llo']))
[('hello',), ('ello',), ('llo',)]
```

결과를 보면 원하는 3-gram이 아닙니다. 왜 그럴까요? zip은 반복 가능한 객체 여러 개를 콤마로 구분해서 넣어줘야 합니다. 하지만 ['hello', 'ello', 'llo']은 요소가 3개 들어있는 리스트 1개이기 때문입니다.

zip에 리스트의 각 요소를 콤마로 구분해서 넣어주려면 리스트 앞에 *를 붙여야 합니다.

```
>>> list(zip(*['hello', 'ello', 'llo']))
[('h', 'e', 'l'), ('e', 'l', 'l'), ('l', 'l', 'o')]
```

이제 3-gram 리스트가 만들어졌습니다. 물론 리스트 표현식을 바로 zip에 넣어주려면 리스트 표현식 앞에 *를 붙이면 됩니다.

```
>>> list(zip(*[text[i:] for i in range(3)]))
[('h', 'e', 'l'), ('e', 'l', 'l'), ('l', 'l', 'o')]
```

리스트에 *를 붙이는 방법은 리스트 언패킹(list unpacking)이라고 하는데 이 부분은 '30.1 위치 인수와 리스트 언패킹 사용하기'(386쪽)에서 자세히 설명하겠습니다.

지금까지 회문 판별과 N-gram을 만들어보았습니다. 여기서는 인덱스로 문자열을 다루는 방법과 reversed, zip을 활용하는 방법을 눈여겨보는 것이 좋습니다. 그리고 reversed, zip으로 문제를 쉽게 해결할 수 있다고 해도 인덱스를 사용하는 방법은 꼭 익혀두기 바랍니다. 문제가 조금 변형되거나 예외가 생길 때는 인덱스를 활용해야 하는 경우도 있기 때문입니다.

참고 **N-gram의 활용**

4-gram을 쓰면 picked, picks, picking에서 pick만 추출하여 단어의 빈도를 세는 데 이용됩니다. 이런 특성 때문에 검색엔진, 빅데이터, 법언어학 분야에서 주로 활용됩니다.

해리포터의 작가 조앤 롤링은 가명으로 〈더 쿠쿠스 콜링〉이라는 소설을 출간한 적이 있었습니다. 재미있는 점은 〈더 쿠쿠스 콜링〉의 작가가 조앤 롤링이라는 것을 밝혀내는데 N-gram을 비롯하여 다양한 기법이 동원되었습니다. 즉, 사람마다 사용하는 문장에 패턴이 있지요. 그래서 같은 의미라 하더라도 사람마다 단어 선택이 다르다는 것을 통계적으로 분석해낸 사례입니다.

- 조앤 롤링을 고백하게 만든 기술, 법언어학

  http://yoonjiman.net/2013/07/23/how-forensic-linguistics-outed-j-k-rowling/

28.3 연습문제: 단어 단위 N-gram 만들기

표준 입력으로 정수와 문자열이 각 줄에 입력됩니다. 다음 소스 코드를 완성하여 입력된 숫자에 해당하는 단어 단위 N-gram을 튜플로 출력하세요(리스트 표현식 사용). 만약 입력된 문자열의 단어 개수가 입력된 정수 미만이라면 'wrong'을 출력하세요.

practice_n_gram_word.py
```
n = int(input())
text = input()
words = ①_____

if (②_____):
    print('wrong')
else:
    n_gram = ③_____
    for i in n_gram:
        print(i)
```

실행 결과

7 (입력)
Python is a programming language that lets you work quickly (입력)
('Python', 'is', 'a', 'programming', 'language', 'that', 'lets')
('is', 'a', 'programming', 'language', 'that', 'lets', 'you')
('a', 'programming', 'language', 'that', 'lets', 'you', 'work')
('programming', 'language', 'that', 'lets', 'you', 'work', 'quickly')

실행 결과

7 (입력)
Python is a programming language (입력)
wrong

정답

① text.split()
② len(words) < n
③ zip(*[words[i:] for i in range(n)])

해설

먼저 input으로 입력된 값은 한 줄로 된 문자열이므로 split을 사용하여 공백을 기준으로 분리한 뒤 words에 저장해줍니다.

여기서는 N-gram의 N이 변수 n에 저장되므로 n을 활용하여 조건식을 작성합니다. 먼저 단어 개수가 입력된 숫자 미만이면 'wrong'을 출력하라고 했으므로 if 조건문에는 len(words) < n을 넣어줍니다.

N-gram은 리스트 표현식을 사용하고, 결과는 튜플로 출력하라고 했으므로 리스트 표현식으로 문자열 리스트를 만든 뒤 zip에 넣어주어야 합니다.

먼저 입력된 숫자에 해당하는 N-gram 문자열 리스트는 [words[i:] for i in range(n)]와 같이 for로 n만큼 반복하면서 words[i:]로 리스트를 만들어줍니다. 그리고 zip에 리스트의 각 요소를 콤마로 구분해서 넣을 수 있도록 리스트 앞에 *를 붙여서 리스트 언패킹을 해줍니다.

28.4 심사문제: 파일에서 회문인 단어 출력하기

단어가 줄 단위로 저장된 words.txt 파일이 주어집니다. words.txt 파일에서 회문인 단어를 각 줄에 출력하는 프로그램을 만드세요. 단어를 출력할 때는 등장한 순서대로 출력해야 합니다. 그리고 파일에서 읽은 단어는 \n이 붙어있으므로 \n을 제외한 뒤 회문인지 판단해야 하며 단어를 출력할 때도 \n이 출력되면 안 됩니다(단어 사이에 줄바꿈이 두 번 일어나면 안 됨).

테스트 케이스 예제

파일 열기, 닫기

파일 읽기/쓰기를 하기 전에는 open 함수로 파일을 열어서 파일 객체를 얻어야 합니다. 그다음에 파일 읽기/쓰기 작업이 끝났다면 반드시 close로 파일 객체를 닫아줍니다.

```
파일객체 = open(파일이름, 파일모드)       # 파일 열기
파일객체.close()                          # 파일 객체 닫기

with open(파일이름, 파일모드) as 파일객체:   # 파일을 사용한 뒤 자동으로 파일 객체를 닫아줌
    코드
```

파일 모드

파일을 열 때는 용도에 따라 다양한 파일 모드를 지정해야 합니다.

▼ 표 28-1 파일 모드

파일 모드	기능	설명
'r'	읽기 전용	파일을 읽기 전용으로 열기. 단, 파일이 반드시 있어야 하며 파일이 없으면 에러 발생
'w'	쓰기 전용	쓰기 전용으로 새 파일을 생성. 만약 파일이 있으면 내용을 덮어씀
'a'	추가	파일을 열어 파일 끝에 값을 이어 씀. 만약 파일이 없으면 파일을 생성
'x'	배타적 생성(쓰기)	파일을 쓰기 모드로 생성. 파일이 이미 있으면 에러 발생
'r+'	읽기/쓰기	파일을 읽기/쓰기용으로 열기. 단, 파일이 반드시 있어야 하며 파일이 없으면 에러 발생
'w+'	읽기/쓰기	파일을 읽기/쓰기용으로 열기. 파일이 없으면 파일을 생성하고, 파일이 있으면 내용을 덮어씀
'a+'	추가(읽기/쓰기)	파일을 열어 파일 끝에 값을 이어 씀. 만약 파일이 없으면 파일을 생성. 읽기는 파일의 모든 구간에서 가능하지만, 쓰기는 파일의 끝에서만 가능함
'x+'	배타적 생성(읽기/쓰기)	파일을 읽기/쓰기 모드로 생성. 파일이 이미 있으면 에러 발생
t	텍스트 모드	파일을 읽거나 쓸 때 개행 문자 \n과 \r\n을 서로 변환 t를 생략하면 텍스트 모드
b	바이너리 모드	파일의 내용을 그대로 읽고, 값을 그대로 씀

파일 메서드

▼ 표 28-2 파일 메서드

메서드	설명
read()	파일에서 문자열을 읽음
write('문자열')	파일에 문자열을 씀
readline()	파일의 내용을 한 줄 읽음
readlines()	파일의 내용을 한 줄씩 리스트 형태로 가져옴
writelines(문자열리스트)	파일에 리스트의 문자열을 씀. 리스트의 각 문자열에는 \n을 붙여주어야 함
pickle.load(파일객체)	파일에서 파이썬 객체를 읽음
pickle.dump(객체, 파일객체)	파이썬 객체를 파일에 저장

Q & A 자 주 묻 는 질 문

파일을 연 뒤에는 왜 파일을 닫아야 하나요?

파이썬에는 사용이 끝난 메모리를 정리해주는 가비지 컬렉터가 있어서 파일을 닫지 않아도 가비지 컬렉터가 파일을 닫아줍니다. 하지만 프로그래머가 파일을 직접 닫아야 하는 이유는 다음과 같습니다.

- 너무 많은 파일을 열어 두면 그만큼 메모리 공간을 차지하므로 성능에 영향을 줄 수 있습니다.
- 파일을 닫지 않으면 데이터가 쓰기가 완료되지 않을 수도 있습니다. 운영체제는 파일을 처리할 때 성능을 위해서 데이터를 버퍼(임시 공간)에 저장한 뒤 파일에 씁니다. 때에 따라서는 파일이 닫히는 시점에 버퍼의 내용이 파일에 저장됩니다.
- 이론적으로 운영체제에서 열 수 있는 파일의 개수는 한계가 있습니다.
- 운영체제에 따라 파일을 열었을 때 파일을 잠금 상태로 처리하는 경우가 있습니다. 실질적으로 파일 처리가 끝났더라도 파일을 닫지 않으면 다른 프로그램에서 파일을 사용할 수 없는 상태가 됩니다.

보통은 파일을 닫지 않아도 큰 문제가 없습니다. 하지만 실무에서는 사소한 실수로도 큰 문제가 발생하는 경우가 있으므로 파일을 정확히 닫는 습관을 기르는 것이 좋습니다. 파이썬에서는 주로 with as를 사용하여 파일을 자동으로 닫는 방식을 사용합니다.

함수 사용하기

프로그래밍을 하다 보면 들어가는 값만 바뀔 뿐 같은 코드가 계속 반복되는 경우가 많습니다. 특히 같은 코드를 반복해서 작성하면 코드도 길어지고 중간에 실수할 가능성이 높아집니다.

파이썬은 함수(function)라는 기능을 제공하는데 특정 용도의 코드를 한곳에 모아 놓은 것을 뜻합니다. 그래서 함수는 처음 한 번만 작성해 놓으면 나중에 필요할 때 계속 불러 쓸 수 있습니다. 예를 들어 지금까지 사용했던 print, input 등도 모두 파이썬에서 미리 만들어 둔 함수입니다.

즉, 함수를 사용하면 이런 점이 좋습니다.

- 코드의 용도를 구분할 수 있다.
- 코드를 재사용할 수 있다.
- 실수를 줄일 수 있다.

함수는 다양한 사용 방법이 있으므로 이제부터 각 유닛에서 함수의 사용법을 자세히 알아보겠습니다.

29.1 Hello, world! 출력 함수 만들기

함수는 def에 함수 이름을 지정하고 ( )(괄호)와 :(콜론)을 붙인 뒤 다음 줄에 원하는 코드를 작성합니다(함수의 이름을 짓는 방법은 변수와 같습니다). 이때 코드는 반드시 들여쓰기를 해야 합니다(들여쓰기 규칙은 if, for, while과 같습니다).

```
def 함수이름():
    코드
    들여쓰기 4칸
```

여기서 def는 정의하다(**def**ine)에서 따온 키워드입니다.

29.1.1 함수 만들기

그럼 'Hello, world!'를 출력하는 함수를 만들어보겠습니다.

```
           들여쓰기 4칸
>>> def hello():
...     print('Hello, world!')
...         빈 줄에서 인터 키를 누름
```

함수 이름은 hello로 지정하고, 그다음 줄에서 print로 'Hello, world!' 문자열을 출력하도록 만들었습니다.

29.1.2 함수 호출하기

함수를 만들었으니 사용을 해봐야겠죠? 함수를 만든 부분 아래에서 hello()와 같이 함수 이름과 ()를 적어주면 함수를 사용할 수 있습니다.

- **함수()**

```
>>> hello()
Hello, world!
```

이렇게 함수를 사용하는 방법을 "함수를 호출(call)한다"라고 부릅니다.

29.1.3 소스 파일에서 함수를 만들고 호출하기

이번에는 소스 파일에서 함수를 만들고 호출해보겠습니다. 다음 내용을 IDLE의 소스 코드 편집 창에 입력한 뒤 실행해보세요.

function.py

```
def hello():
    print('Hello, world!')

hello()
```

실행 결과

```
Hello, world!
```

 잠깐만요

- SyntaxError: invalid syntax: 함수의 형식이 맞지 않아서 발생하는 구문 에러입니다. ()(괄호)의 짝이 맞는지, :(콜론)을 빠뜨리지 않았는지 확인해주세요.
- 함수 호출이 되지 않음: 함수를 호출할 때 ()(괄호)를 빠뜨리지 않았는지 확인해주세요. 그냥 hello처럼 괄호를 붙이지 않으면 함수가 호출되지 않습니다.

실행을 하면 hello 함수가 만들어진 뒤 호출되어서 'Hello, world!' 문자열이 출력됩니다.

29.1.4 함수의 실행 순서

이제 파이썬 스크립트에서 함수의 실행 순서를 알아보겠습니다. hello 함수는 다음과 같은 순서로 실행됩니다.

❶ 파이썬 스크립트 최초 실행
❷ hello 함수 호출
❸ hello 함수 실행

❹ print 함수 실행 및 'Hello, world!' 출력
❺ hello 함수 종료
❻ 파이썬 스크립트 종료

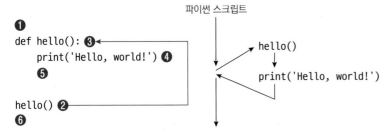

29.1.5 함수 작성과 함수 호출 순서

함수를 만들고 호출할 때 주의할 점이 있는데, 바로 함수를 만들기 전에 함수를 먼저 호출하면 안 된다는 점입니다. 즉, 다음과 같이 함수를 먼저 호출한 뒤 함수를 만들 수는 없습니다.

```
hello()          # hello 함수를 만들기 전에 함수를 먼저 호출

def hello():     # hello 함수를 만듦
    print('Hello, world!')
```

실행 결과

```
Traceback (most recent call last):
  File "C:\project\function.py", line 1, in <module>
    hello()    # hello 함수를 만들기 전에 함수를 먼저 호출
NameError: name 'hello' is not defined ···················· 이름 'hello'는 정의되지 않음
```

함수를 먼저 호출하면 함수가 정의(define)되지 않았다는 에러가 발생합니다. 왜냐하면 파이썬 코드는 위에서 아래로 순차적으로 실행되기 때문입니다. 반드시 함수를 먼저 만든 뒤에 함수를 호출해야 합니다.

> 참고 빈 함수 만들기
>
> 내용이 없는 빈 함수를 만들 때는 코드 부분에 pass를 넣어줍니다.
>
> ```
> def hello():
>     pass
> ```
>
> 나중에 다른 사람이 만든 파이썬 소스 코드를 보다 보면 pass를 자주 접할 수 있습니다. pass는 아무 일을 하지 않아도 함수의 틀을 유지할 필요가 있을 때 사용합니다.

29.2 덧셈 함수 만들기

지금까지 만들어본 hello 함수는 동작이 고정되어 있습니다. 즉, 같은 문자열만 출력하죠. 이러면 함수를 사용하는 의미가 없습니다. 이번에는 함수에 값을 넣어서 동작을 바꿔보겠습니다.

함수에서 값을 받으려면 ( )(괄호) 안에 변수 이름을 지정해주면 됩니다. 특히 이 변수를 매개변수(parameter)라고 부릅니다.

```
def 함수이름(매개변수1, 매개변수2):
    코드
```

이제 두 수를 더하는 함수를 만들어보겠습니다. 다음과 같이 함수의 괄호 안에 매개변수 a와 b를 지정하고, 그 다음 줄에서 print로 a와 b의 합을 출력합니다.

```
>>> def add(a, b):
...     print(a + b)
...
```

add 함수가 만들어졌습니다. 그럼 add 함수에 10과 20을 넣어서 호출해봅니다.

```
>>> add(10, 20)
30
```

10과 20을 더한 값인 30이 출력되었습니다. 여기서 함수를 호출할 때 넣는 값을 인수(argument)라고 부릅니다. 즉, add(10, 20)에서 10과 20이 인수입니다.

add 함수의 호출 과정을 그림으로 표현하면 다음과 같은 모양이 됩니다.

▼ 그림 29-2 함수에 매개변수 사용

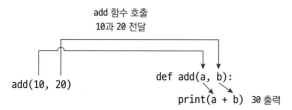

참고 **함수 독스트링 사용하기**

파이썬에서는 함수의 :(콜론) 바로 다음 줄에 """ """(큰따옴표 세 개)로 문자열을 입력하면 함수에 대한 설명을 넣을 수 있습니다. 이런 방식의 문자열을 독스트링(문서화 문자열, documentation strings, docstrings)이라고 합니다. 단, 독스트링의 윗줄에 다른 코드가 오면 안 됩니다.

```
def 함수이름(매개변수):
    """독스트링"""
    코드

def 함수이름(매개변수):
    """
    여러 줄로 된
    독스트링
    """
    코드
```

독스트링은 ' '(작은따옴표), " "(큰따옴표), ''' '''(작은따옴표 세 개)로 만들어도 되지만, 파이썬 코딩 스타일 가이드(PEP 8)에서는 """ """(큰따옴표 세 개)를 권장합니다.

앞에서 만든 add 함수에 독스트링으로 설명을 추가해보겠습니다.

function_documentation_strings.py	실행 결과
```def add(a, b): """이 함수는 a와 b를 더한 뒤 결과를 반환하는 함수입니다.""" return a + b x = add(10, 20) # 함수를 호출해도 독스트링은 출력되지 않음 print(x) print(add.__doc__) # 함수의 __doc__으로 독스트링 출력```	30

이 함수는 a와 b를 더한 뒤 결과를 반환하는 함수입니다.

독스트링은 함수의 사용 방법만 기록할 뿐 add(10, 20)으로 함수를 호출해도 출력되지 않습니다. 독스트링을 출력하려면 print(add.__doc__)와 같이 함수의 __doc__을 출력하면 됩니다.

다음과 같이 help에 함수를 넣으면 함수의 이름, 매개변수, 독스트링을 도움말 형태로 출력해줍니다.

- help(객체)

```
>>> help(add)
Help on function add in module __main__:

add(a, b)
    이 함수는 a와 b를 더한 뒤 결과를 반환하는 함수입니다.
```

독스트링을 적절히 작성해두면 나중에 본인이 만든 코드를 다른 사람이 사용할 때 좀 더 편리하게 사용할 수 있습니다.

29.3 함수의 결과를 반환하기

앞에서 만든 add 함수는 두 수를 더해서 바로 출력했습니다. 그러면 함수에서 값을 꺼내 올 수는 없을까요?

다음과 같이 함수 안에서 return을 사용하면 값을 함수 바깥으로 반환합니다(return에 값을 지정하지 않으면 None을 반환).

```
def 함수이름(매개변수):
    return 반환값
```

그럼 두 수를 더해서 반환하는 add 함수를 만들어보겠습니다. 함수 add의 매개변수에 a와 b를 지정하고 그다음 줄에서 return으로 a와 b를 더한 값을 반환하도록 만듭니다.

```
>>> def add(a, b):
...     return a + b
...
```

이제 add 함수에 10과 20을 넣고 결과를 x에 저장합니다. 그리고 x의 값을 출력해봅니다.

```
>>> x = add(10, 20)
>>> x
30
```

x의 값을 출력해보면 10과 20을 더한 값인 30이 나옵니다. 이처럼 return을 사용하면 값을 함수 바깥으로 반환할 수 있고, 함수에서 나온 값을 변수에 저장할 수 있습니다.

즉, return으로 반환하는 값은 반환값이라고 하며 함수를 호출해준 바깥에 결과를 알려주기 위해 사용합니다.

add 함수의 호출 과정을 그림으로 표현하면 다음과 같은 모양이 됩니다.

▼ 그림 29-3 함수의 반환값을 변수에 저장

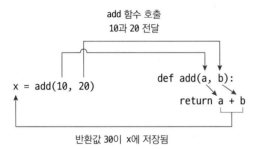

반환값은 변수에 저장하지 않고 바로 다른 함수에 넣을 수도 있습니다. 다음은 print에서 바로 add를 호출하여 결과를 출력합니다.

```
>>> print(add(10, 20))
30
```

참고 **매개변수는 없고 반환값만 있는 함수**

함수를 만들 때 매개변수는 없지만 값만 반환하는 함수를 만들 수도 있습니다. 다음은 매개변수 없이 1만 반환합니다.

```
>>> def one():
...     return 1
...
>>> x = one()
>>> x
1
```

참고 **return으로 함수 중간에서 빠져나오기**

return은 값을 반환하는 기능뿐만 아니라 함수 중간에서 바로 빠져나오는 기능도 있습니다. 다음은 매개변수 a가 10이면 함수를 그냥 빠져나옵니다.

```
>>> def not_ten(a):
...     if a == 10:
...         return
...     print(a, '입니다.', sep='')
...
>>> not_ten(5)
5입니다.
>>> not_ten(10)
>>>
```

not_ten 함수에 5를 넣으면 print로 '5입니다.'를 출력하지만, 10을 넣으면 return으로 함수 중간에서 바로 빠져나오므로 그 아래에 있는 print는 실행하지 않습니다. 따라서 아무것도 출력되지 않습니다.

이처럼 return은 함수 중간에서 빠져나올 때 자주 사용합니다. 보통은 if와 조합해서 특정 조건일 때 함수 중간에서 빠져나옵니다.

지금까지 함수의 결과를 변수에 저장할 때 값을 한 개만 저장했습니다. 이번에는 함수에서 값을 여러 개 반환하는 방법을 알아보겠습니다.

함수에서 값을 여러 개 반환할 때는 다음과 같이 return에 값이나 변수를 ,(콤마)로 구분해서 지정하면 됩니다.

```
def 함수이름(매개변수):
    return 반환값1, 반환값2
```

그럼 두 수를 더한 값과 뺀 값을 반환하는 함수를 만들어보겠습니다. 다음과 같이 return으로 a와 b를 더한 값과 a에서 b를 뺀 값을 반환하도록 만듭니다.

```
>>> def add_sub(a, b):
...     return a + b, a - b
...
```

이제 add_sub 함수에 10과 20을 넣고 결과를 x와 y에 저장합니다. 그리고 x와 y의 값을 출력해봅니다.

```
>>> x, y = add_sub(10, 20)
>>> x
30
>>> y
-10
```

x의 값을 출력해보면 10과 20을 더한 값인 30이 나오고, y의 값을 출력해보면 10에서 20을 뺀 값인 -10이 나옵니다. 이처럼 return은 값을 여러 개 반환할 수 있습니다.

add_sub 함수의 호출 과정을 그림으로 표현하면 다음과 같은 모양이 됩니다.

▼ 그림 29-4 반환값 여러 개를 변수 여러 개에 저장

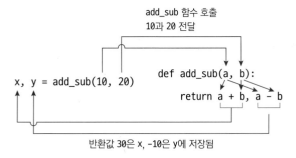

이렇게 return으로 값을 여러 개 반환하면 실제로는 튜플이 반환됩니다. 다음과 같이 add_sub의 결과를 변수 한 개에 저장해서 출력해보면 튜플이 반환되는 것을 볼 수 있습니다.

```
>>> x = add_sub(10, 20)
>>> x
(30, -10)
```

즉, 튜플이 변수 여러 개에 할당되는 특성을 이용한 것입니다(언패킹).

```
>>> x, y = (30, -10)
>>> x
30
>>> y
-10
```

참고 **값 여러 개를 직접 반환하기**

함수에서 값 여러 개를 직접 반환할 때는 다음과 같이 return에 튜플을 지정해주면 됩니다.

```
def one_two():
    return (1, 2)
```

사실 파이썬에서는 괄호 없이 값을 콤마로 구분하면 튜플이 되죠? 즉, 튜플 1, 2는 튜플 (1, 2)와 같습니다.

```
>>> 1, 2
(1, 2)
```

따라서 return 1, 2는 return (1, 2)와 의미가 같습니다.

```
def one_two():
    return 1, 2    # return (1, 2)와 같음
```

물론 return에서 리스트를 직접 반환해도 됩니다. 이때도 반환값을 변수 여러 개에 저장할 수 있습니다.

```
>>> def one_two():
...     return [1, 2]
...
>>> x, y = one_two()
>>> print(x, y)
1 2
```

29.5 함수의 호출 과정 알아보기

지금까지 함수를 만드는 방법을 알아보았습니다. 이번에는 함수 여러 개를 만든 뒤에 각 함수의 호출 과정을 스택 다이어그램(stack diagram)으로 알아보겠습니다. 스택은 접시 쌓기와 같은데 접시를 차곡차곡 쌓고 꺼낼 때는 위쪽부터 차례대로 꺼내는 방식입니다(단, 중간에 있는 접시는 뺄 수 없습니다). 파이썬에서는 접시 쌓기와 방향이 반대인데, 함수가 아래쪽 방향으로 추가되고 함수가 끝나면 위쪽 방향으로 사라집니다.

다음은 덧셈 함수 add와 곱셈 함수 mul이 있고, add 함수 안에서 mul 함수를 호출하는 방식으로 만들어져 있습니다.

function_call.py	실행 결과

```
1   def mul(a, b):
2       c = a * b
3       return c
4
5   def add(a, b):
6       c = a + b
7       print(c)
8       d = mul(a, b)
9       print(d)
10
11  x = 10
12  y = 20
13  add(x, y)
```

실행 결과:
```
30
200
```

소스 코드를 알아보기 쉽도록 줄 번호를 붙였습니다. 먼저 파이썬 스크립트를 실행하면 줄 1부터 실행합니다. 여기서 줄 12 y = 20까지 실행하면 전역 프레임(global frame)에는 함수 mul, add 변수 x, y가 들어갑니다(함수 mul, add는 생성만 되었을 뿐 호출이 되지 않은 상태입니다).

▼ 그림 29-5 전역 프레임

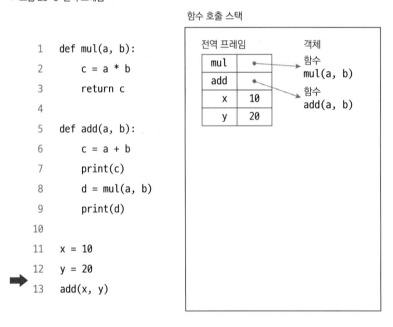

프레임이란 메모리에서 함수와 함수에 속한 변수가 저장되는 독립적인 공간입니다. 특히 전역 프레임은 파이썬 스크립트 전체에서 접근할 수 있어서 전역 프레임이라 부릅니다.

이제 함수 add를 호출한 뒤 안으로 들어가서 줄 7 print(c)까지 실행하면 다음과 같은 모양이 됩니다. 즉, 함수 add의 스택 프레임이 만들어지고 매개변수 a와 b 그리고 변수 c가 들어갑니다.

▼ 그림 29-6 함수 add의 스택 프레임

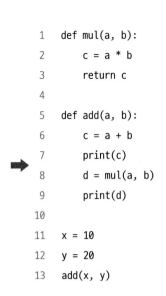

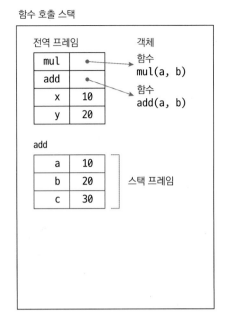

```
1   def mul(a, b):
2       c = a * b
3       return c
4
5   def add(a, b):
6       c = a + b
➡ 7       print(c)
8       d = mul(a, b)
9       print(d)
10
11  x = 10
12  y = 20
13  add(x, y)
```

여기서 함수 mul을 호출한 뒤 안으로 들어가서 줄 3 return c까지 실행하면 함수 mul의 스택 프레임이 만들어지고 매개변수 a와 b 그리고 변수 c가 들어갑니다.

▼ 그림 29-7 mul 함수의 스택 프레임

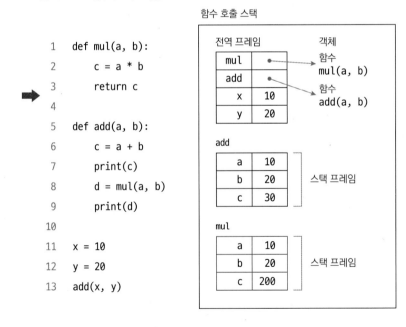

이제 줄 9 print(d)까지 실행해서 함수 mul을 끝내고 함수 add로 되돌아 갑니다. 이렇게 하면 mul에서 반환한 반환값 200이 변수 d에 저장되며 add의 스택 프레임에 들어갑니다. 물론 mul은 끝났으므로 스택 프레임도 사라집니다.

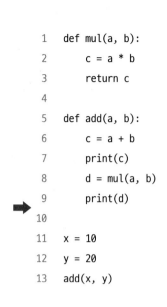
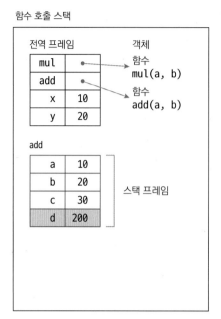

그다음에 줄 13 add(x, y)까지 실행해서 함수 add를 끝냅니다. 이렇게 하면 add의 스택 프레임도 사라집니다.

▼ 그림 29-9 add 함수가 끝남

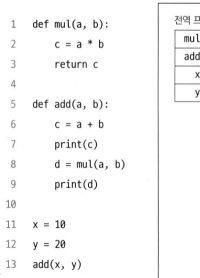
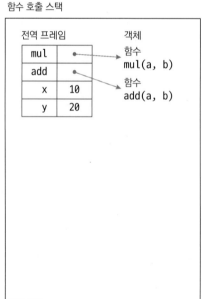

지금까지 설명한 과정처럼 함수는 스택(stack) 방식으로 호출됩니다. 즉, 함수를 호출하면 스택의 아래쪽 방향으로 함수가 추가되고 함수가 끝나면 위쪽 방향으로 사라집니다. 특히 프레임은 스택 안에 있어서 각 프레임을 스택 프레임이라고 부릅니다.

참고로 전역 프레임은 스크립트 파일의 실행이 끝나면 사라집니다.

지금까지 함수를 만드는 방법과 호출하는 방법을 배웠습니다. 앞으로 파이썬 프로그래밍을 하면 함수를 만들고 호출할 일이 많이 생깁니다. 함수는 중요한 부분이므로 함수를 만드는 방법, 반환값을 사용하는 방법, 함수를 호출하는 방법은 꼭 익혀 두기 바랍니다.

29.6 퀴즈

1. 다음 중 매개변수가 없는 `hello` 함수를 호출하는 방법으로 올바른 것을 고르세요.

    a. `def hello`

    b. `hello`

    c. `hello()`

    d. `hello[]`

    e. `def hello:`

2. 두 수를 받은 뒤 곱한 결과를 반환하는 함수를 만들려고 합니다. 올바른 코드를 고르세요.

    a.
```
def mul():
    a * b
```
    b.
```
def mul(a, b):
    a * b
```
    c.
```
mul(a, b):
    return a * b
```
    d.
```
def mul(a, b):
    return a * b
```
    e.
```
mul(a, b):
    return a * b
```

3. 다음 중 값을 세 개 반환하는 함수를 만들려고 합니다. 올바른 코드를 모두 고르세요.

    a.
```
def three():
    return 1, 2, 3
```
    b.
```
def three():
    return 1
    return 2
    return 3
```
    c.
```
def three():
    return (1, 2, 3)
```
    d.
```
def three():
    return [1, 2, 3]
```
    e.
```
def three():
    return 1, return 2, return 3
```

▶ 정답은 385쪽에 있습니다

29.7 연습문제: 몫과 나머지를 구하는 함수 만들기

다음 소스 코드를 완성하여 x를 y로 나누었을 때의 몫과 나머지가 출력되게 만드세요.

practice_function.py

```
x = 10
y = 3

_____

_____

quotient, remainder = get_quotient_remainder(x, y)
print('몫: {0}, 나머지: {1}'.format(quotient, remainder))
```

실행 결과

```
몫: 3, 나머지: 1
```

정답

```
def get_quotient_remainder(a, b):
    return a // b, a % b
```

해설

get_quotient_remainder 함수에 x와 y를 넣어서 몫과 나머지를 구하고 있습니다. 먼저 get_quotient_remainder 함수는 값을 두 개 받으므로 def get_quotient_remainder(a, b):와 같이 만들어줍니다. 그리고 함수 안에서 return으로 a를 b로 나누었을 때 몫과 나머지를 반환해주면 됩니다.

여기서 몫은 정수로 나와야 하므로 버림 나눗셈 연산자 //를 사용하고, 나머지는 나머지 연산자 %를 사용해야 합니다. 또는, int(a / b)와 같이 나눗셈 연산자 /를 사용한 뒤에 int로 변환해도 됩니다. 특히 return으로 값을 두 개 반환해야 하므로 각 반환값은 콤마로 구분해줍니다.

29.8 심사문제: 사칙 연산 함수 만들기

표준 입력으로 숫자 두 개가 입력됩니다. 다음 소스 코드를 완성하여 두 숫자의 덧셈, 뺄셈, 곱셈, 나눗셈의 결과가 출력되게 만드세요. 이때 나눗셈의 결과는 실수라야 합니다.

테스트 케이스 예제

표준 입력	표준 출력
10 20	덧셈: 30, 뺄셈: -10, 곱셈: 200, 나눗셈: 0.5

테스트 케이스 예제

표준 입력	표준 출력
40 8	덧셈: 48, 뺄셈: 32, 곱셈: 320, 나눗셈: 5.0

```
judge_function.py
x, y = map(int, input().split())



a, s, m, d = calc(x, y)
print('덧셈: {0}, 뺄셈: {1}, 곱셈: {2}, 나눗셈: {3}'.format(a, s, m, d))
```

1 c   함수는 **함수()** 형식으로 호출합니다. 여기서는 매개변수가 없다고 했으므로 ( )(괄호)만 붙이면 됩니다.

2 d   두 수를 곱하는 함수를 만들 때는 def 뒤에 함수 이름을 지정하고 ( )(괄호) 안에 매개변수 두 개를 넣습니다. 그다음 줄에는 return으로 매개
변수 두 개를 곱한 값을 반환해주면 됩니다.

3 a, c, d   함수에서 값을 여러 개 반환할 때는 return 뒤에 값 여러 개를 콤마로 구분해서 지정해줍니다. 또는, 리스트나 튜플을 직접 반환해도 됩니다.

UNIT 30 함수에서 위치 인수와 키워드 인수 사용하기

지금까지 간단하게 'Hello, world!'를 출력하는 함수와 두 수를 더하는 함수를 만들어보았습니다. 파이썬에서는 함수를 좀 더 편리하게 사용할 수 있도록 다양한 기능을 제공합니다. 이번에는 함수에서 위치 인수, 키워드 인수를 사용하는 방법과 리스트, 딕셔너리 언패킹(unpacking)을 활용하는 방법을 알아보겠습니다.

30.1 위치 인수와 리스트 언패킹 사용하기

다음과 같이 함수에 인수를 순서대로 넣는 방식을 위치 인수(positional argument)라고 합니다. 즉, 인수의 위치가 정해져 있습니다.

```
>>> print(10, 20, 30)
10 20 30
```

print에 10, 20, 30 순으로 넣었으므로 출력될 때도 10 20 30으로 출력됩니다. 우리가 지금까지 흔히 사용한 방식이죠.

30.1.1 위치 인수를 사용하는 함수를 만들고 호출하기

그럼 간단하게 숫자 세 개를 각 줄에 출력하는 함수를 만들어보겠습니다.

```
>>> def print_numbers(a, b, c):
...     print(a)
...     print(b)
...     print(c)
...
```

print_numbers에 숫자 세 개를 넣으면 각 줄에 숫자가 출력됩니다.

```
>>> print_numbers(10, 20, 30)
10
20
30
```

30.1.2 언패킹 사용하기

이렇게 인수를 순서대로 넣을 때는 리스트나 튜플을 사용할 수도 있습니다. 다음과 같이 리스트 또는 튜플 앞에 *(애스터리스크)를 붙여서 함수에 넣어주면 됩니다.

- **함수(*리스트)**
- **함수(*튜플)**

```
>>> x = [10, 20, 30]
>>> print_numbers(*x)
10
20
30
```

print_numbers에 10, 20, 30이 들어있는 리스트 x를 넣고 *만 붙였는데도 숫자가 각 줄에 출력되었습니다. 즉, 리스트(튜플) 앞에 *를 붙이면 언패킹(unpacking)이 되어서 print_numbers(10, 20, 30)과 똑같은 동작이 됩니다. 말 그대로 리스트의 포장을 푼다는 뜻입니다.

▼ 그림 30-1 리스트 언패킹

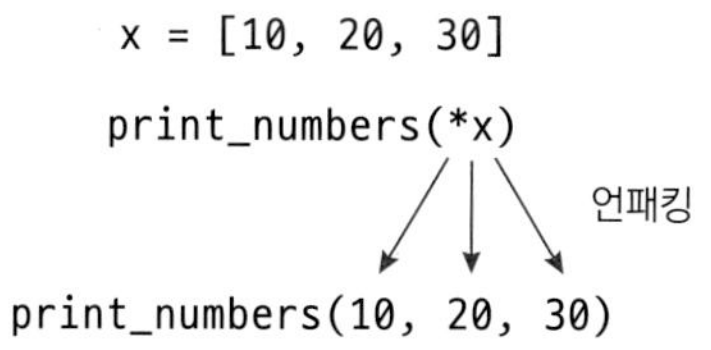

```
    x = [10, 20, 30]

    print_numbers(*x)
                         언패킹

print_numbers(10, 20, 30)
```

리스트 변수 대신 리스트 앞에 바로 *를 붙여도 동작은 같습니다.

```
>>> print_numbers(*[10, 20, 30])
10
20
30
```

단, 이때 함수의 매개변수 개수와 리스트의 요소 개수는 같아야 합니다. 만약 개수가 다르면 함수를 호출할 수 없습니다. 여기서는 함수를 def print_numbers(a, b, c):로 만들었으므로 리스트에는 요소를 3개 넣어야 합니다. 다음과 같이 요소가 두 개인 리스트를 넣으면 에러가 발생합니다.

```
>>> print_numbers(*[10, 20])
Traceback (most recent call last):
  File "<pyshell#16>", line 1, in <module>
    print_numbers(*[10, 20])
TypeError: print_numbers() missing 1 required positional argument: 'c'
```

30.1.3 가변 인수 함수 만들기

그럼 위치 인수와 리스트 언패킹은 어디에 사용할까요? 이 기능들은 인수의 개수가 정해지지 않은 가변 인수 (variable argument)에 사용합니다. 즉, 같은 함수에 인수 한 개를 넣을 수도 있고, 열 개를 넣을 수도 있습니다. 또는, 인수를 넣지 않을 수도 있습니다.

다음과 같이 가변 인수 함수는 매개변수 앞에 *를 붙여서 만듭니다.

```
def 함수이름(*매개변수):
    코드
```

이제 숫자 여러 개를 받고, 숫자를 각 줄에 출력하는 함수를 만들어보겠습니다. 다음과 같이 함수를 만들 때 괄호 안에 *args와 같이 매개변수 앞에 *를 붙입니다. 그리고 함수 안에서는 for로 args를 반복하면서 print로 값을 출력합니다.

```
>>> def print_numbers(*args):
...     for arg in args:
...         print(arg)
...
```

매개변수 이름은 원하는 대로 지어도 되지만 관례로 **arg**uments를 줄여서 args로 사용합니다. 특히 이 args 는 튜플이라서 for로 반복할 수 있습니다.

그럼 print_numbers 함수에 숫자를 넣어서 호출해봅니다. 숫자를 한 개 넣으면 한 개 출력되고, 네 개 넣으면 네 개가 출력됩니다. 즉, 넣은 숫자 개수만큼 출력됩니다.

```
>>> print_numbers(10)
10
>>> print_numbers(10, 20, 30, 40)
10
20
30
40
```

이렇게 함수에 인수 여러 개를 직접 넣어도 되고, 리스트(튜플) 언패킹을 사용해도 됩니다. 다음과 같이 숫자가 들어있는 리스트를 만들고 앞에 *를 붙여서 넣어봅니다.

```
>>> x = [10]
>>> print_numbers(*x)
10
>>> y = [10, 20, 30, 40]
>>> print_numbers(*y)
10
20
30
40
```

리스트에 들어있는 값이 그대로 출력되었습니다. 즉, 리스트 x는 [10]이므로 print_numbers(*x)로 호출하면 print_numbers(10)과 같고 리스트 y는 [10, 20, 30, 40]이므로 print_numbers(10, 20, 30, 40)과 같습니다.

이처럼 함수를 만들 때 def print_numbers(*args):와 같이 매개변수에 *를 붙여주면 가변 인수 함수를 만들 수 있습니다. 그리고 이런 함수를 호출할 때는 인수를 각각 넣거나, 리스트(튜플) 언패킹을 사용하면 됩니다.

참고 **고정 인수와 가변 인수를 함께 사용하기**

고정 인수와 가변 인수를 함께 사용할 때는 다음과 같이 고정 매개변수를 먼저 지정하고, 그다음 매개변수에 *를 붙여주면 됩니다.

```
>>> def print_numbers(a, *args):
...     print(a)
...     print(args)
...
>>> print_numbers(1)
1
()
>>> print_numbers(1, 10, 20)
1
(10, 20)
>>> print_numbers(*[10, 20, 30])
10
(20, 30)
```

단, 이때 def print_numbers(*args, a):처럼 *args가 고정 매개변수보다 앞쪽에 오면 안 됩니다. 매개변수 순서에서 *args는 반드시 가장 뒤쪽에 와야 합니다.

30.2 키워드 인수 사용하기

지금까지 함수에 인수를 넣을 때 값이나 변수를 그대로 넣었습니다. 그러다 보니 각각의 인수가 무슨 용도인지 알기가 어려웠습니다. 보통은 함수의 사용 방법을 익힐 때 인수의 순서와 용도를 함께 외웁니다.

예를 들어 개인 정보를 출력하는 함수를 만들어보겠습니다.

```
>>> def personal_info(name, age, address):
...     print('이름: ', name)
...     print('나이: ', age)
...     print('주소: ', address)
...
```

이 함수를 사용할 때는 첫 번째 인수에 이름(name), 두 번째 인수에 나이(age), 세 번째 인수에 주소(address)를 넣어야 합니다. 만약 인수의 순서가 달라지면 잘못된 결과가 출력되겠죠?

```
>>> personal_info('홍길동', 30, '서울시 용산구 이촌동')
이름:  홍길동
나이:  30
주소:  서울시 용산구 이촌동
```

이처럼 인수의 순서와 용도를 모두 기억해야 해서 불편합니다. 그래서 파이썬에서는 인수의 순서와 용도를 매번 기억하지 않도록 키워드 인수(keyword argument)라는 기능을 제공합니다. 키워드 인수는 말 그대로 인수에 이름(키워드)을 붙이는 기능인데 **키워드=값** 형식으로 사용합니다.

- **함수(키워드=값)**

그럼 personal_info 함수를 키워드 인수 방식으로 호출해보겠습니다.

```
>>> personal_info(name='홍길동', age=30, address='서울시 용산구 이촌동')
이름:  홍길동
나이:  30
주소:  서울시 용산구 이촌동
```

키워드 인수를 사용하니 함수를 호출할 때 인수의 용도가 명확하게 보입니다. 특히 키워드 인수를 사용하면 인수의 순서를 맞추지 않아도 키워드에 해당하는 값이 들어갑니다.

```
>>> personal_info(age=30, address='서울시 용산구 이촌동', name='홍길동')
이름:  홍길동
나이:  30
주소:  서울시 용산구 이촌동
```

personal_info 함수는 이름, 나이, 주소순으로 인수를 넣어야 하지만, 키워드 인수를 사용해서 순서를 지키지 않고 값을 넣었습니다.

참고로 print 함수에서 사용했던 sep, end도 키워드 인수입니다.

```
print(10, 20, 30, sep=':', end='')
```

30.3 키워드 인수와 딕셔너리 언패킹 사용하기

지금까지 함수를 호출할 때 키워드 인수로 직접 값을 넣었습니다. 이번에는 딕셔너리를 사용해서 키워드 인수로 값을 넣는 딕셔너리 언패킹을 사용해보겠습니다. 다음과 같이 딕셔너리 앞에 **(애스터리스크 두 개)를 붙여서 함수에 넣어줍니다.

- **함수(**딕셔너리)**

먼저 personal_info 함수를 만듭니다.

```
>>> def personal_info(name, age, address):
...     print('이름: ', name)
...     print('나이: ', age)
...     print('주소: ', address)
...
```

이제 딕셔너리에 **'키워드': 값** 형식으로 인수를 저장하고, 앞에 **를 붙여서 함수에 넣어줍니다. 이때 딕셔너리의 키워드(키)는 반드시 문자열 형태라야 합니다.

```
>>> x = {'name': '홍길동', 'age': 30, 'address': '서울시 용산구 이촌동'}
>>> personal_info(**x)
이름:  홍길동
나이:  30
주소:  서울시 용산구 이촌동
```

딕셔너리에 저장된 값들이 잘 출력되었습니다. **x처럼 딕셔너리를 언패킹하면 딕셔너리의 값들이 함수의 인수로 들어갑니다. 즉, personal_info(name='홍길동', age=30, address='서울시 용산구 이촌동') 또는 personal_info('홍길동', 30, '서울시 용산구 이촌동')과 똑같은 동작이 됩니다.

▼ 그림 30-2 딕셔너리 언패킹

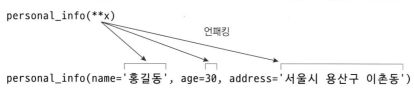

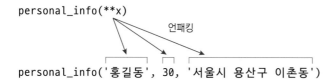

딕셔너리 변수 대신 딕셔너리 앞에 바로 **를 붙여도 동작은 같습니다.

```
>>> personal_info(**{'name': '홍길동', 'age': 30, 'address': '서울시 용산구 이촌동'})
이름:  홍길동
나이:  30
주소:  서울시 용산구 이촌동
```

딕셔너리 언패킹을 사용할 때는 함수의 매개변수 이름과 딕셔너리의 키 이름이 같아야 합니다. 또한, 매개변수 개수와 딕셔너리 키의 개수도 같아야 합니다.

만약 이름과 개수가 다르면 함수를 호출할 수 없습니다. 여기서는 함수를 def personal_info(name, age, address):로 만들었으므로 딕셔너리도 똑같이 맞춰주어야 합니다. 다음과 같이 매개변수 이름, 개수가 다른 딕셔너리를 넣으면 에러가 발생합니다.

```
>>> personal_info(**{'name': '홍길동', 'old': 30, 'address':'서울시 용산구 이촌동'})
Traceback (most recent call last):
  File "<stdin>", line 1, in <module>
TypeError: personal_info() got an unexpected keyword argument 'old'
>>> personal_info(**{'name': '홍길동', 'age': 30})
Traceback (most recent call last):
  File "<stdin>", line 1, in <module>
TypeError: personal_info() missing 1 required positional argument: 'address'
```

30.3.1 **를 두 번 사용하는 이유

그런데 딕셔너리는 **처럼 *를 두 번 사용할까요? 왜냐하면 딕셔너리는 키-값 쌍 형태로 값이 저장되어 있기 때문입니다. 먼저 *를 한 번만 사용해서 함수를 호출해봅니다.

```
>>> x = {'name': '홍길동', 'age': 30, 'address': '서울시 용산구 이촌동'}
>>> personal_info(*x)
이름:  name
나이:  age
주소:  address
```

personal_info에 *x를 넣으면 x의 키가 출력됩니다. 즉, 딕셔너리를 한 번 언패킹하면 키를 사용한다는 뜻이 됩니다. 따라서 **처럼 딕셔너리를 두 번 언패킹하여 값을 사용하도록 만들어야 합니다.

```
>>> x = {'name': '홍길동', 'age': 30, 'address': '서울시 용산구 이촌동'}
>>> personal_info(**x)
이름:  홍길동
나이:  30
주소:  서울시 용산구 이촌동
```

30.3.2 키워드 인수를 사용하는 가변 인수 함수 만들기

이번에는 키워드 인수를 사용하는 가변 인수 함수를 만들어보겠습니다. 다음과 같이 키워드 인수를 사용하는 가변 인수 함수는 매개변수 앞에 **를 붙여서 만듭니다.

```
def 함수이름(**매개변수):
    코드
```

이제 값 여러 개를 받아서 매개변수 이름과 값을 각 줄에 출력하는 함수를 만들어보겠습니다. 함수를 만들 때 괄호 안에 **kwargs와 같이 매개변수 앞에 **를 붙입니다. 함수 안에서는 for로 kwargs.items()를 반복하면서 print로 값을 출력합니다.

```
>>> def personal_info(**kwargs):
...     for kw, arg in kwargs.items():
...         print(kw, ': ', arg, sep='')
...
```

매개변수 이름은 원하는 대로 지어도 되지만 관례로 **keyword arguments**를 줄여서 kwargs로 사용합니다. 특히 이 kwargs는 딕셔너리라서 for로 반복할 수 있습니다.

그럼 personal_info 함수에 키워드와 값을 넣어서 실행해봅니다. 값을 한 개 넣어도 되고, 세 개 넣어도 됩니다.

```
>>> personal_info(name='홍길동')
name: 홍길동
>>> personal_info(name='홍길동', age=30, address='서울시 용산구 이촌동')
name: 홍길동
age: 30
address: 서울시 용산구 이촌동
```

이렇게 인수를 직접 넣어도 되고, 딕셔너리 언패킹을 사용해도 됩니다. 다음과 같이 딕셔너리를 만들고 앞에 **를 붙여서 넣어봅니다.

```
>>> x = {'name': '홍길동'}
>>> personal_info(**x)
name: 홍길동
>>> y = {'name': '홍길동', 'age': 30, 'address': '서울시 용산구 이촌동'}
>>> personal_info(**y)
name: 홍길동
age: 30
address: 서울시 용산구 이촌동
```

딕셔너리에 들어있는 값이 그대로 출력되었습니다. 즉, 딕셔너리 x는 {'name': '홍길동'}이므로 personal_info(**x)로 호출하면 personal_info(name='홍길동')과 같고, 딕셔너리 y는 {'name': '홍길동', 'age': 30, 'address': '서울시 용산구 이촌동'}이므로 personal_info(name='홍길동', age=30, address='서울시 용산구 이촌동')과 같습니다.

이처럼 함수를 만들 때 def personal_info(**kwargs):와 같이 매개변수에 **를 붙여주면 키워드 인수를 사용하는 가변 인수 함수를 만들 수 있습니다. 그리고 이런 함수를 호출할 때는 키워드와 인수를 각각 넣거나 딕셔너리 언패킹을 사용하면 됩니다.

보통 **kwargs를 사용한 가변 인수 함수는 다음과 같이 함수 안에서 특정 키가 있는지 확인한 뒤 해당 기능을 만듭니다.

```
def personal_info(**kwargs):
    if 'name' in kwargs:       # in으로 딕셔너리 안에 특정 키가 있는지 확인
        print('이름: ', kwargs['name'])
    if 'age' in kwargs:
        print('나이: ', kwargs['age'])
    if 'address' in kwargs:
        print('주소: ', kwargs['address'])
```

참고 **고정 인수와 가변 인수(키워드 인수)를 함께 사용하기**

고정 인수와 가변 인수(키워드 인수)를 함께 사용할 때는 다음과 같이 고정 매개변수를 먼저 지정하고, 그다음 매개변수에 **를 붙여주면 됩니다.

```
>>> def personal_info(name, **kwargs):
...     print(name)
...     print(kwargs)
...
>>> personal_info('홍길동')
홍길동
{}
>>> personal_info('홍길동', age=30, address='서울시 용산구 이촌동')
홍길동
{'age': 30, 'address': '서울시 용산구 이촌동'}
>>> personal_info(**{'name': '홍길동', 'age': 30, 'address': '서울시 용산구 이촌동'})
홍길동
{'age': 30, 'address': '서울시 용산구 이촌동'}
```

단, 이때 def personal_info(**kwargs, name):처럼 **kwargs가 고정 매개변수보다 앞쪽에 오면 안 됩니다. 매개변수 순서에서 **kwargs는 반드시 가장 뒤쪽에 와야 합니다.

참고 **위치 인수와 키워드 인수를 함께 사용하기**

함수에서 위치 인수를 받는 *args와 키워드 인수를 받는 **kwargs를 함께 사용할 수도 있습니다. 대표적인 함수가 print인데 print는 출력할 값을 위치 인수로 넣고 sep, end 등을 키워드 인수로 넣습니다. 다음과 같이 함수의 매개변수를 *args, **kwargs로 지정하면 위치 인수와 키워드 인수를 함께 사용합니다.

```
>>> def custom_print(*args, **kwargs):
...     print(*args, **kwargs)
...
>>> custom_print(1, 2, 3, sep=':', end='')
1:2:3
```

단, 이때 def custom_print(**kwargs, *args):처럼 **kwargs가 *args보다 앞쪽에 오면 안 됩니다. 매개변수 순서에서 **kwargs는 반드시 가장 뒤쪽에 와야 합니다.

특히 고정 매개변수와 *args, **kwargs를 함께 사용한다면 def custom_print(a, b, *args, **kwargs):처럼 매개변수는 고정 매개변수, *args, **kwargs 순으로 지정해야 합니다.

지금까지 함수를 호출할 때 항상 인수를 넣어서 값을 전달했습니다. 그러면 인수를 생략할 수는 없을까요? 이 때는 함수의 매개변수에 초깃값을 지정하면 됩니다. 초깃값은 다음과 같이 함수를 만들 때 **매개변수=값** 형식으로 지정합니다.

```
def 함수이름(매개변수=값):
    코드
```

매개변수의 초깃값은 주로 사용하는 값이 있으면서 가끔 다른 값을 사용해야 할 때 활용합니다. 대표적인 예가 print 함수인데, print 함수의 sep는 초깃값이 ' '(공백)으로 지정되어 있어서 대부분 그대로 사용하고 가끔 sep에 다른 값을 넣어서 사용합니다.

이제 personal_info 함수에서 매개변수 address의 초깃값을 '비공개'로 지정해보겠습니다.

```
>>> def personal_info(name, age, address='비공개'):
...     print('이름: ', name)
...     print('나이: ', age)
...     print('주소: ', address)
...
```

address는 초깃값이 있으므로 personal_info는 다음과 같이 address 부분을 비워 두고 호출할 수 있습니다.

```
>>> personal_info('홍길동', 30)
이름:  홍길동
나이:  30
주소:  비공개
```

매개변수에 초깃값이 지정되어 있더라도 값을 넣으면 해당 값이 전달됩니다.

```
>>> personal_info('홍길동', 30, '서울시 용산구 이촌동')
이름:  홍길동
나이:  30
주소:  서울시 용산구 이촌동
```

30.4.1 초깃값이 지정된 매개변수의 위치

매개변수의 초깃값을 지정할 때 한 가지 주의할 점이 있습니다. 초깃값이 지정된 매개변수 다음에는 초깃값이 없는 매개변수가 올 수 없습니다. personal_info 함수에서 address가 가장 마지막 매개변수였는데 이번에는 address를 두 번째 매개변수로 만들고, 그다음에 초깃값을 지정하지 않은 age가 오도록 만들어보겠습니다.

```
>>> def personal_info(name, address='비공개', age):
...     print('이름: ', name)
...     print('나이: ', age)
...     print('주소: ', address)
...
  File "<stdin>", line 1
SyntaxError: non-default argument follows default argument
```

함수를 만들어보면 문법 에러가 발생합니다. 왜냐하면 함수를 이렇게 만들어버리면 personal_info('홍길동', 30)으로 함수를 호출했을 때 30이 어디로 들어가야 할지 알 수가 없기 때문입니다. address에 들어가려니 age 부분이 비어 버리죠. 잘못된 문법이므로 이렇게 만들면 안 됩니다.

즉, 다음과 같이 초깃값이 지정된 매개변수는 뒤쪽에 몰아주면 됩니다.

```
def personal_info(name, age, address='비공개'):
def personal_info(name, age=0, address='비공개'):
def personal_info(name='비공개', age=0, address='비공개'):
```

참고로 def personal_info(name='비공개', age=0, address='비공개'):와 같이 모든 매개변수에 초깃값을 지정하면 personal_info()처럼 인수를 넣지 않고 호출할 수 있습니다.

지금까지 위치 인수, 키워드 인수, 매개변수의 초깃값 사용 방법을 알아보았습니다. 함수에서 *와 **를 붙이는 문법이 조금 생소할 수도 있습니다. 여기서는 *를 리스트에 사용하고, **를 딕셔너리에 사용한다는 점만 기억하면 됩니다.

30.5 퀴즈

1. 함수를 def print_numbers(a, b, c):처럼 만들었을 때 이 함수를 호출하는 방법으로 잘못된 것을 고르세요.

    a. print_numbers(1, 3, 5)

    b. print_numbers(a=1, b=2, c=3)

    c. a = [5, 0, 2]

       print_numbers(*a)

    d. a = [3, 7, 9]

       print_numbers(**a)

    e. print_numbers(*[9, 1, 2])

2. 다음 중 print_numbers(*[10, 20, 30])으로 호출할 수 있는 함수로 올바른 것을 모두 고르세요.

    a. def print_numbers(args):

    b. def print_numbers(a, b, c):

    c. def print_numbers(*args):

d. def print_numbers(**kwargs):

e. def print_numbers():

3. 다음 중 personal_info(**{'name': '홍길동', 'age': 30})으로 호출할 수 있는 함수로 올바른 것을 모두 고르세요.

a. def personal_info(**kwargs):

b. def personal_info(*args):

c. def personal_info(name='미공개', age=0):

d. def personal_info(name, address):

e. def personal_info(kwargs):

▶ 정답은 398쪽에 있습니다

30.6 연습문제: 가장 높은 점수를 구하는 함수 만들기

다음 소스 코드를 완성하여 가장 높은 점수가 출력되게 만드세요.

practice_function_argument.py

```
korean, english, mathematics, science = 100, 86, 81, 91

_____

...

_____

max_score = get_max_score(korean, english, mathematics, science)
print('높은 점수:', max_score)

max_score = get_max_score(english, science)
print('높은 점수:', max_score)
```

실행 결과

```
높은 점수: 100
높은 점수: 91
```

정답

```
def get_max_score(*args):
    return max(args)
```

해설

get_max_score 함수는 호출할 때마다 인수의 개수가 달라지고 있으므로 가변 인수 함수로 만들어야 합니다. 특히 get_max_score(korean, english, mathematics, science)처럼 인수를 위치 인수로 넣고 있으므로 def get_max_score(*args):와 같이 만들어줍니다. 함수 안에서는 max를 사용해서 args에서 가장 큰 수를 구한 뒤 return으로 반환하면 됩니다.

표준 입력으로 국어, 영어, 수학, 과학 점수가 입력됩니다. 다음 소스 코드를 완성하여 가장 높은 점수, 가장 낮은 점수, 평균 점수가 출력되게 만드세요. 평균 점수는 실수로 출력되어야 합니다.

테스트 케이스 예제

표준 입력	표준 출력
76 82 89 84	낮은 점수: 76.00, 높은 점수: 89.00, 평균 점수: 82.75 낮은 점수: 82.00, 높은 점수: 84.00, 평균 점수: 83.00

테스트 케이스 예제

표준 입력	표준 출력
89 92 73 83	낮은 점수: 73.00, 높은 점수: 92.00, 평균 점수: 84.25 낮은 점수: 83.00, 높은 점수: 92.00, 평균 점수: 87.50

judge_function_argument.py

```python
korean, english, mathematics, science = map(int, input().split())




min_score, max_score = get_min_max_score(korean, english, mathematics, science)
average_score = get_average(korean=korean, english=english,
                            mathematics=mathematics, science=science)
print('낮은 점수: {0:.2f}, 높은 점수: {1:.2f}, 평균 점수: {2:.2f}'
      .format(min_score, max_score, average_score))

min_score, max_score = get_min_max_score(english, science)
average_score = get_average(english=english, science=science)
print('낮은 점수: {0:.2f}, 높은 점수: {1:.2f}, 평균 점수: {2:.2f}'
      .format(min_score, max_score, average_score))
```

30.5 퀴즈 정답

1 d a는 리스트인데 **a는 딕셔너리를 언패킹하는 방법이므로 잘못된 방법입니다.

2 b, c *[10, 20, 30]과 같이 요소가 3개인 리스트를 언패킹해서 함수에 넣으므로 함수는 매개변수가 3개이거나 *args와 같이 위치 인수를 사용하는 가변 인수 함수라야 합니다.

3 a, c **{'name': '홍길동', 'age': 30}과 같이 키가 'name', 'age'인 딕셔너리를 언패킹해서 함수에 넣으므로 함수는 매개변수가 name, age이거나 **kwargs와 같이 키워드 인수를 사용하는 가변 인수 함수라야 합니다.

UNIT 31 함수에서 재귀호출 사용하기

함수 안에서 함수 자기 자신을 호출하는 방식을 재귀호출(recursive call)이라고 합니다. 재귀호출은 일반적인 상황에서는 잘 사용하지 않지만 알고리즘을 구현할 때 매우 유용합니다(구현은 만들다와 같은 뜻입니다). 보통 알고리즘에 따라서 반복문으로 구현한 코드보다 재귀호출로 구현한 코드가 좀 더 직관적이고 이해하기 쉬운 경우가 많습니다.

이번에는 재귀호출을 사용하는 방법과 주의점을 알아보겠습니다. 참고로 재귀호출은 코드가 간단한 편이지만 머릿속으로 생각을 많이 해야 됩니다. 그래서 초보자들은 한 번에 이해가 되지 않을 수도 있습니다.

31.1 재귀호출 사용하기

먼저 간단한 재귀호출 함수를 만들어보겠습니다. 다음 내용을 IDLE의 소스 코드 편집 창에 입력한 뒤 실행해 보세요.

recursive_function_error.py

```python
def hello():
    print('Hello, world!')
    hello()

hello()
```

실행 결과

```
Hello, world!
Hello, world!
Hello, world!
...(생략)
Traceback (most recent call last):
  File "C:\project\recursive_function_error.py", line 5, in <module>
    hello()
  File "C:\project\recursive_function_error.py", line 3, in hello
    hello()
  File "C:\project\recursive_function_error.py", line 3, in hello
    hello()
  File "C:\project\recursive_function_error.py", line 3, in hello
    hello()
  [Previous line repeated 974 more times]
  File "C:\project\recursive_function_error.py", line 2, in hello
    print('Hello, world!')
RecursionError: maximum recursion depth exceeded while pickling an object
```

재귀호출이 종료되지 않으면 최대 재귀 깊이를 초과하여 에러 발생

hello 함수 안에서 다시 hello 함수를 호출하고 있습니다.

소스 코드를 실행해보면 'Hello, world!' 문자열이 계속 출력되다가 에러가 발생합니다. 왜냐하면 파이썬에서는 최대 재귀 깊이(maximum recursion depth)가 1,000으로 정해져 있어서 그렇습니다. 즉, hello 함수가 자기 자신을 계속 호출하다가 최대 재귀 깊이를 초과하면 RecursionError가 발생합니다.

재귀호출을 그림으로 나타내면 다음과 같은 모양이 됩니다.

▼ 그림 31-1 재귀호출과 스택 넘침 현상

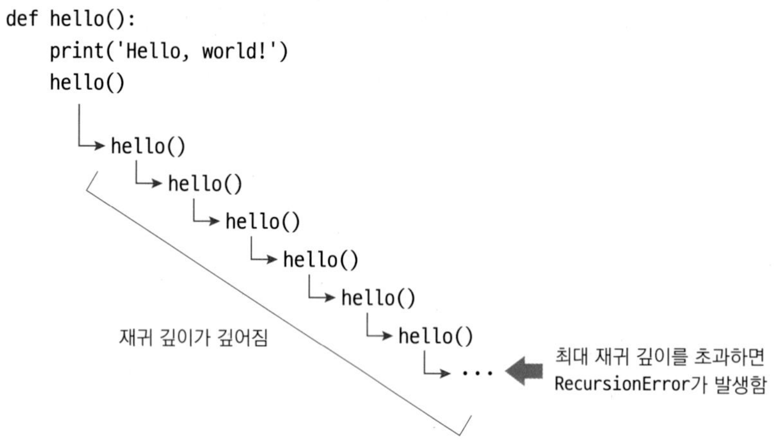

```
def hello():
    print('Hello, world!')
    hello()
        └→ hello()
            └→ hello()
                └→ hello()
                    └→ hello()
                        └→ hello()
                            └→ hello()
                                └→ ...
```

재귀 깊이가 깊어짐

최대 재귀 깊이를 초과하면
RecursionError가 발생함

31.1.1 재귀호출에 종료 조건 만들기

재귀호출을 사용하려면 반드시 다음과 같이 종료 조건을 만들어주어야 합니다.

recursive_function_exit_condition.py

```
def hello(count):
    if count == 0:      # 종료 조건을 만듦. count가 0이면 다시 hello 함수를 호출하지 않고 끝냄
        return

    print('Hello, world!', count)

    count -= 1          # count를 1 감소시킨 뒤
    hello(count)        # 다시 hello에 넣음

hello(5)     # hello 함수 호출
```

실행 결과

```
Hello, world! 5
Hello, world! 4
Hello, world! 3
Hello, world! 2
Hello, world! 1
```

먼저 hello 함수의 반복 횟수를 계산하기 위해 매개변수 count를 지정합니다. 그리고 count가 0이면 hello 함수를 호출하지 않고 끝냅니다. 만약 0이 아니면 'Hello, world!'를 출력하고, count의 값을 1씩 감소시킨 뒤 hello 함수를 호출할 때 넣어줍니다.

```
                5
                ↓
def hello(count):
    if count == 0:
        return

    print('Hello, world!', count)

    count -= 1
    hello(count)
        └→ hello(4)
                └→ hello(3)
                        └→ hello(2)
                                └→ hello(1)
                                        └→ hello(0)  종료 조건을 만족하므로 재귀호출을 끝냄
```

31.2 재귀호출로 팩토리얼 구하기

이번에는 재귀호출을 사용하여 팩토리얼을 구현해보겠습니다. 팩토리얼은 1부터 n까지 양의 정수를 차례대로 곱한 값이며 !(느낌표) 기호로 표기합니다. 예를 들어 5!은 5 * 4 * 3 * 2 * 1이며 결과는 120입니다.

다음 내용을 IDLE의 소스 코드 편집 창에 입력한 뒤 실행해보세요.

factorial.py	실행 결과

```
def factorial(n):
    if n == 1:      # n이 1일 때
        return 1    # 1을 반환하고 재귀호출을 끝냄
    return n * factorial(n - 1)    # n과 factorial 함수에 n - 1을 넣어서 반환된 값을 곱함

print(factorial(5))
```

실행 결과: 120

먼저 factorial 함수를 만들 때 매개변수 n을 지정해줍니다. 팩토리얼은 1부터 n까지의 곱을 구하는 문제인데 여기서는 n부터 역순으로 1씩 감소하면서 재귀호출을 하고 n이 1이 되었을 때 재귀호출을 중단합니다.

```
def factorial(n):
    if n == 1:      # n이 1일 때
        return 1    # 1을 반환하고 재귀호출을 끝냄
```

factorial 함수의 핵심은 반환값 부분입니다. 계산 결과가 즉시 구해지는 것이 아니라 재귀호출로 n - 1을 계속 전달하다가 n이 1일 때 비로소 1을 반환하면서 n과 곱하고 다시 결괏값을 반환합니다. 그 뒤 n과 반환된 결괏값을 곱하여 다시 반환하는 과정을 반복합니다.

```
    return n * factorial(n - 1)    # n과 factorial 함수에 n - 1을 넣어서 반환된 값을 곱함
```

factorial(5)를 호출해서 n이 1이 될 때까지 재귀호출하면 다음과 같은 모양이 됩니다.

▼ 그림 31-3 factorial 함수의 호출

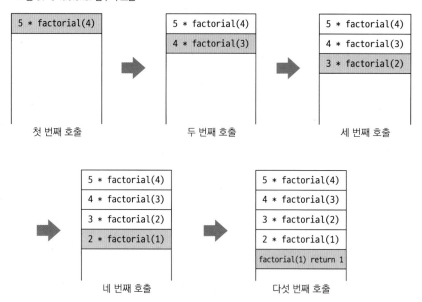

이제 if n == 1:을 만나서 factorial 함수가 1을 반환합니다. 그 뒤 1과 2를 곱해서 2를 반환하고, 3과 2를 곱해서 6을 반환하고, 4와 6을 곱해서 24를 반환하고, 5와 24를 곱해서 120을 반환하게 됩니다.

▼ 그림 31-4 factorial 함수의 반환

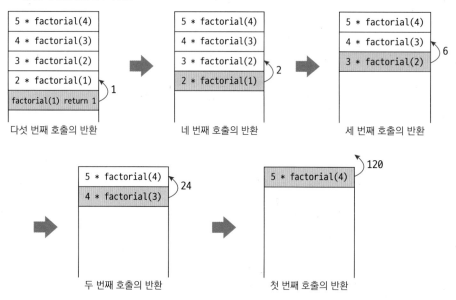

factorial 함수의 계산 과정을 그림 하나로 표현하면 다음과 같은 모양이 됩니다.

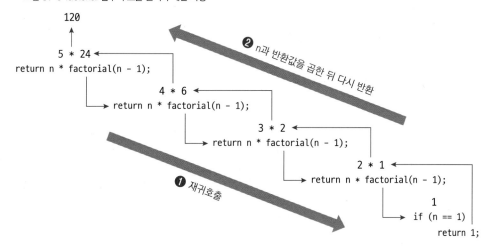

지금까지 함수의 재귀호출에 대해 배웠습니다. 재귀호출로 'Hello, world!'를 출력하는 부분은 크게 어렵지 않았지만 팩토리얼을 구할 때는 반환값과 매개변수로 계산하는 부분이 좀 어려웠습니다. 초보자들은 재귀호출 함수를 읽을 수 있을 정도만 되어도 제대로 공부한 것입니다. 알고리즘을 재귀호출로 만드는 일은 많은 공부와 연습이 필요합니다. 따라서 하루아침에 습득할 수 있는 내용이 아니므로 당장 이해가 되지 않는다고 해서 걱정할 필요는 없습니다.

31.3 퀴즈

1. 다음 중 재귀호출에 대한 설명으로 잘못된 것을 고르세요.

    a. 재귀호출은 함수에서 다른 함수를 호출하는 방식이다.

    b. 재귀호출은 반복되는 호출을 중단할 수 있는 종료 조건이 필요하다.

    c. 재귀호출은 반환값을 사용할 수 없다.

    d. 재귀호출을 중단하지 않고 계속 호출했을 때 발생하는 에러는 RecursionError이다.

    e. 재귀호출은 매개변수를 사용할 수 있다.

2. 다음 중 팩토리얼을 표기하는 방법으로 올바른 것을 고르세요.

    a. 2!

    b. 7?

    c. 3¦

    d. 4^

    e. 8*

3. 4 팩토리얼의 결괏값을 구하시오.

▶ 정답은 405쪽에 있습니다

다음 소스 코드를 완성하여 문자열이 회문인지 판별하고 결과를 True, False로 출력되게 만드세요. 여기서는 재귀호출을 사용해야 합니다.

practice_recursive_function_palindrome.py	실행 결과	정답
``def is_palindrome(word):
_____
        ...
_____

print(is_palindrome('hello'))
print(is_palindrome('level'))``` | ```False
True``` | ```if len(word) < 2:
    return True
if word[0] != word[-1]:
    return False
return is_palindrome(word[1:-1])``` |

해설

재귀호출에서 문자열이 회문인지 판단할 때는 종료 조건이 두 가지입니다. 먼저 if word[0] != word[-1]: 와 같이 첫 번째 문자와 마지막 문자가 다를 때는 False를 반환합니다. 그다음에 다시 is_palindrome 함수를 호출하고 결과를 반환합니다. 이때 is_palindrome 함수에는 word[1:-1]처럼 현재 문자열의 두 번째 문자부터 뒤에서 두 번째 문자까지만 잘라서 다시 넣어줍니다. 이런 방식으로 첫 번째 문자와 마지막 문자를 제외하면서 회문을 판별합니다.

그리고 재귀호출을 계속하다가 문자가 하나(문자 두 개 미만)가 되면 True를 반환하도록 만듭니다. 즉, 이전 재귀호출에서 if word[0] != word[-1]:에 걸려들지 않았다면 마지막에 if len(word) < 2:로 글자가 하나일 때 재귀호출을 끝내고 True를 반환해서 최종적으로 회문이 맞다고 판단합니다.

특히 if len(word) < 2:는 if word[0] != word[-1]:보다 먼저 와야 합니다. 그렇지 않으면 글자가 하나도 없는데도 word[0]과 word[-1]에 접근하여 에러가 발생하게 됩니다.

31.5 심사문제: 재귀호출로 피보나치 수 구하기

표준 입력으로 정수 한 개가 입력됩니다(입력 값의 범위는 10~30). 다음 소스 코드를 완성하여 입력된 정수에 해당하는 피보나치 수가 출력되게 만드세요.

피보나치 수는 0과 1로 시작하며, 다음번 피보나치 수는 바로 앞의 두 피보나치 수의 합입니다.

n
0, 1, 2, 3, 4, 5, 6, 7, 8, 9, 10, 11, 12, 13, 14, 15, 16, 17, 18, 19, 20, 21...

실행 결과
0, 1, 1, 2, 3, 5, 8, 13, 21, 34, 55, 89, 144, 233, 377, 610, 987, 1597, 2584, 4181, 6765, 10946...

테스트 케이스 예제

표준 입력	표준 출력
10	55

테스트 케이스 예제

표준 입력	표준 출력
20	6765

judge_fibonacci_number.py

```




```

```
n = int(input())
print(fib(n))
```

31.3 퀴즈 정답

1 a, c 재귀호출은 함수에서 자기 자신을 다시 호출하는 방식이며 반환값을 사용할 수 있습니다.

2 a 팩토리얼은 숫자 뒤에 !를 붙여서 표기합니다.

3 24 팩토리얼은 1부터 n까지의 숫자를 차례대로 곱한 값이므로 4 * 3 * 2 * 1을 계산하면 됩니다.

함수

함수는 자주 사용하는 코드를 한곳에 모아 놓은 것을 뜻합니다.

```
def 함수이름():    # 함수 만들기
    코드


함수()    # 함수 호출
```

함수를 호출할 때 함수 안에 넣는 값을 인수라고 하며 인수는 매개변수를 통해서 사용할 수 있습니다. 그리고 함수가 호출된 뒤 함수 안에서 나오는 값을 반환값이라고 하며 반환값은 함수 안에서 return으로 반환합니다.

```
def 함수이름(매개변수1, 매개변수2):    # 매개변수 지정
    return 반환값                    # 함수에서 값 반환

변수 = 함수(인수1, 인수2)    # 함수에 인수를 넣어서 호출한 뒤 함수의 반환값을 변수에 저장
```

매개변수와 인수

함수 바깥에서 전달받은 값이 저장되는 변수를 매개변수라고 부릅니다.

```
def add(a, b):    # a와 b가 매개변수
    return a + b
```

함수를 호출할 때 전달하는 값이나 변수를 인수라고 부릅니다.

```
add(10, 20)    # 10과 20이 인수
```

함수에서 값을 여러 개 반환하기

함수에서 값을 여러 개 반환할 때는 return에 값이나 변수를 ,(콤마)로 구분해서 지정합니다. 이렇게 하면 반환값을 변수 여러 개에 저장할 수 있습니다.

```
def 함수이름(매개변수):
    return 반환값1, 반환값2    # 값을 여러 개 반환

변수1, 변수2 = 함수(인수)    # 반환값을 변수 여러 개에 저장
```

위치 인수

함수에 인수를 순서대로 넣는 방식을 위치 인수라고 합니다. 위치 인수를 사용하는 함수는 리스트(튜플) 앞에 *(애스터리스크)를 붙여서 리스트 언패킹으로 넣을 수 있습니다.

```
def 함수이름(매개변수1, 매개변수2):    # 위치 인수를 사용하는 함수
    코드


함수(*리스트)    # 리스트 언패킹
함수(*튜플)      # 튜플 언패킹
```

위치 인수를 사용하는 가변 인수 함수는 매개변수 앞에 *를 붙여서 만듭니다.

```
def 함수이름(*매개변수):    # 위치 인수를 사용하는 가변 인수 함수
    코드


함수(인수1, 인수2)    # 인수 여러 개를 직접 넣기
함수(*리스트)        # 리스트 언패킹
함수(*튜플)          # 튜플 언패킹
```

키워드 인수

함수에 넣는 인수에 이름(키워드)를 붙이는 방식을 키워드 인수라고 합니다. 키워드 인수는 딕셔너리 앞에 **(애스터리스크 두 개)를 붙여서 딕셔너리 언패킹으로 넣을 수 있습니다.

```
함수(키워드1=값1, 키워드2=값2)      # 함수를 키워드 인수 방식으로 호출


함수(**딕셔너리)      # 딕셔너리 언패킹
```

키워드 인수를 사용하는 가변 인수 함수는 매개변수 앞에 **를 붙여서 만듭니다.

```
def 함수이름(**매개변수):      # 키워드 인수를 사용하는 가변 인수 함수
    코드


함수(키워드1=값1, 키워드2=값2)      # 키워드 인수를 직접 넣기
함수(**딕셔너리)                    # 딕셔너리 언패킹
```

매개변수의 초깃값

함수를 만들 때 매개변수에 초깃값을 지정하면 함수를 호출할 때 해당 인수를 비워두고 호출할 수 있습니다.

```
def 함수이름(매개변수=값):      # 매개변수에 초깃값 지정
    코드


함수()      # 매개변수에 초깃값이 있으므로 인수를 비워두고 호출
```

함수의 재귀호출

함수 안에서 함수 자기 자신을 호출하는 방식을 재귀호출이라 합니다.

```
def factorial(n):  # 재귀호출로 팩토리얼을 구하는 함수
    if n == 1:      # n이 1일 때
        return 1    # 1을 반환하고 재귀호출을 끝냄
    return n * factorial(n - 1)      # n과 factorial 함수에 n - 1을 넣어서 반환된 값을 곱함
```

재귀호출은 반드시 종료 조건을 만들어주어야 합니다. 종료 조건이 없으면 함수가 계속 호출되다가 RecursionError 에러가 발생합니다.

Q & A 자 주 묻 는 질 문

매개변수는 최대 몇 개까지 지정할 수 있나요?

함수에 매개변수를 직접 지정하는 방식은 매개변수를 255개까지 지정할 수 있습니다. 하지만 *arg와 **kwargs 가변 인수 방식은 리스트(튜플), 딕셔너리의 최대 요소 개수를 따릅니다.

파이썬은 재귀호출을 최대 몇 번까지 할 수 있나요?

파이썬 인터프리터 소스 코드(C 언어)에는 최대 재귀 깊이가 1,000으로 정의되어 있으며 최대 재귀 깊이는 sys 모듈의 getrecursionlimit 함수로 확인할 수 있습니다.

```
>>> import sys
>>> sys.getrecursionlimit()
1000
```

만약 최대 재귀 깊이를 늘리려면 sys 모듈의 setrecursionlimit 함수를 사용하면 됩니다.

```
>>> sys.setrecursionlimit(2000)    # 최대 재귀호출 횟수를 2000으로 늘림
```

단, RecursionError가 발생한다고 해서 최대 재귀 깊이를 늘리더라도 문제의 해결책이 되지 못합니다. RecursionError가 발생한다면 종료 조건이 있는지? 있다면 종료 조건에 도달하는지 확인하는 것이 우선입니다.

함수를 한 줄로 만들 수 있나요?

함수는 :(콜론) 바로 뒤에 코드를 입력하면 한 줄로 만들 수 있습니다. 물론 공백 없이 붙여도 되지만 보통 가독성을 위해 한 칸 띄웁니다.

```
def hello(): print('Hello, world!')
```

함수를 변수 또는 리스트에 넣어서 호출할 수 있나요?

함수는 변수에 할당하거나 리스트에 넣어서 호출할 수 있습니다. 단, ( )(괄호)를 붙이지 않고 함수를 그대로 넣어야 합니다. 만약, ( )를 붙이면 반환 값이 들어갑니다.

```
def hello():
    print('Hello, world!')

x = hello    # 함수를 변수에 할당
x()          # Hello, world!: 변수에 들어있는 함수 호출

y = [hello, hello]    # 함수를 리스트에 넣음
y[0]()                # Hello, world!: 리스트에 들어있는 함수 호출
y[1]()                # Hello, world!: 리스트에 들어있는 함수 호출
```

핵심정리

순수 함수와 비순수 함수는 무엇인가요?

순수 함수(pure function)는 함수의 실행이 외부 상태에 영향을 끼치지 않는 함수를 뜻합니다. 따라서 순수 함수는 부수 효과(side effect)가 없어야 하고 입력 값이 같으면 언제나 같은 출력 값을 반환합니다.

```python
def add(a, b):        # 함수 실행이 외부 상태에 영향을 끼치지 않음
    return a + b

print(add(1, 2))
```

반대로 비순수 함수(impure function)는 수정자 함수(modifier function)라고도 하는데 함수의 실행이 외부 상태에 영향을 끼치는 함수입니다.

```python
number_list = [1, 2, 3]

def append_number(n):       # 함수 실행이 외부 상태에 영향을 끼침
    number_list.append(n)   # 함수 외부에 있는 number_list의 상태가 바뀜

append_number(4)
```

UNIT 32 람다 표현식 사용하기

지금까지 def로 함수를 정의해서 사용했습니다. 이번에는 람다 표현식으로 익명 함수를 만드는 방법을 알아보 겠습니다.

람다 표현식은 식 형태로 되어 있다고 해서 람다 표현식(lambda expression)이라고 부릅니다. 특히 람다 표현 식은 함수를 간편하게 작성할 수 있어서 다른 함수의 인수로 넣을 때 주로 사용합니다.

32.1 람다 표현식으로 함수 만들기

람다 표현식을 사용하기 전에 먼저 숫자를 받은 뒤 10을 더해서 반환하는 함수 plus_ten을 만들어보겠습니다.

```
>>> def plus_ten(x):
...     return x + 10
...
>>> plus_ten(1)
11
```

return x + 10으로 매개변수 x에 10을 더한 값을 반환하는 간단한 함수입니다.

그럼 이 plus_ten 함수를 람다 표현식으로 작성해보겠습니다. 람다 표현식은 다음과 같이 lambda에 매개변 수를 지정하고 :(콜론) 뒤에 반환값으로 사용할 식을 지정합니다.

- **lambda 매개변수들: 식**

```
>>> lambda x: x + 10
<function <lambda> at 0x02C27270>
```

실행을 해보면 함수 객체가 나오는데, 이 상태로는 함수를 호출할 수 없습니다. 왜냐하면 람다 표현식은 이름이 없는 함수를 만들기 때문입니다. 그래서 람다 표현식을 익명 함수(anonymous function)로 부르기도 합니다.

lambda로 만든 익명 함수를 호출하려면 다음과 같이 람다 표현식을 변수에 할당해주면 됩니다.

```
>>> plus_ten = lambda x: x + 10
>>> plus_ten(1)
11
```

이제 람다 표현식을 살펴보면 lambda x: x + 10은 매개변수 x 하나를 받고, x에 10을 더해서 반환한다는 뜻입니다. 즉, 매개변수, 연산자, 값 등을 조합한 식으로 반환값을 만드는 방식입니다. 다음 그림과 같이 def로 만든 함수와 비교해보면 쉽게 알 수 있습니다.

▼ 그림 32-1 def로 만든 함수와 람다 표현식

```
def plus_ten(x):
    return x + 10                    lambda x: x + 10
```

32.1.1 람다 표현식 자체를 호출하기

람다 표현식은 변수에 할당하지 않고 람다 표현식 자체를 바로 호출할 수 있습니다. 다음과 같이 람다 표현식을 ( )(괄호)로 묶은 뒤에 다시 ( )를 붙이고 인수를 넣어서 호출하면 됩니다.

- **(lambda 매개변수들: 식)(인수들)**

```
>>> (lambda x: x + 10)(1)
11
```

32.1.2 람다 표현식 안에서는 변수를 만들 수 없다

람다 표현식에서 주의할 점은 람다 표현식 안에서는 새 변수를 만들 수 없다는 점입니다. 따라서 반환값 부분은 변수 없이 식 한 줄로 표현할 수 있어야 합니다. 변수가 필요한 코드일 경우에는 def로 함수를 작성하는 것이 좋습니다.

```
>>> (lambda x: y = 10; x + y)(1)
SyntaxError: invalid syntax
```

단, 람다 표현식 바깥에 있는 변수는 사용할 수 있습니다. 다음은 매개변수 x와 람다 표현식 바깥에 있는 변수 y를 더해서 반환합니다.

```
>>> y = 10
>>> (lambda x: x + y)(1)
11
```

32.1.3 람다 표현식을 인수로 사용하기

람다 표현식을 사용하는 이유는 함수의 인수 부분에서 간단하게 함수를 만들기 위해서입니다. 이런 방식으로 사용하는 대표적인 예가 map입니다.

람다 표현식을 사용하기 전에 먼저 def로 함수를 만들어서 map을 사용해보겠습니다. 다음과 같이 숫자를 받은 뒤 10을 더해서 반환하는 함수 plus_ten을 작성합니다. 그리고 map에 plus_ten 함수와 리스트 [1, 2, 3]을 넣습니다. 물론 map의 결과는 map 객체이므로 눈으로 확인할 수 있도록 list를 사용해서 리스트로 변환해 줍니다.

```
>>> def plus_ten(x):
...     return x + 10
...
>>> list(map(plus_ten, [1, 2, 3]))
[11, 12, 13]
```

plus_ten 함수는 매개변수 x에 10을 더해서 반환하므로 리스트 [1, 2, 3]이 [11, 12, 13]으로 바뀌었습니다. 지금까지 map을 사용할 때 map(str, [1, 2, 3])와 같이 자료형 int, float, str 등을 넣었죠? 사실 plus_ten처럼 함수를 직접 만들어서 넣어도 됩니다.

이제 람다 표현식으로 함수를 만들어서 map에 넣어보겠습니다.

```
>>> list(map(lambda x: x + 10, [1, 2, 3]))
[11, 12, 13]
```

plus_ten 함수 대신 람다 표현식 lambda x: x + 10을 넣었습니다. 전체적으로 보면 코드가 세 줄에서 한 줄로 줄었죠? 이처럼 람다 표현식은 함수를 다른 함수의 인수로 넣을 때 매우 편리합니다.

참고 **람다 표현식으로 매개변수가 없는 함수 만들기**

람다 표현식으로 매개변수가 없는 함수를 만들 때는 lambda 뒤에 아무것도 지정하지 않고 :(콜론)을 붙입니다. 단, 콜론 뒤에는 반드시 반환할 값이 있어야 합니다. 왜냐하면 표현식(expression)은 반드시 값으로 평가되어야 하기 때문입니다.

```
>>> (lambda : 1)()
1
>>> x = 10
>>> (lambda : x)()
10
```

32.2 람다 표현식과 map, filter, reduce 함수 활용하기

람다 표현식 작성 방법을 알아보았으니 이번에는 람다 표현식과 map, filter, reduce 함수를 함께 사용해보 겠습니다.

32.2.1 람다 표현식에 조건부 표현식 사용하기

먼저 람다 표현식에서 조건부 표현식을 사용하는 방법을 알아보겠습니다.

- lambda 매개변수들: 식1 if 조건식 else 식2

다음은 map을 사용하여 리스트 a에서 3의 배수를 문자열로 변환합니다.

```
>>> a = [1, 2, 3, 4, 5, 6, 7, 8, 9, 10]
>>> list(map(lambda x: str(x) if x % 3 == 0 else x, a))
[1, 2, '3', 4, 5, '6', 7, 8, '9', 10]
```

map은 리스트의 요소를 각각 처리하므로 lambda의 반환값도 요소라야 합니다. 여기서는 요소가 3의 배수일 때는 str(x)로 요소를 문자열로 만들어서 반환했고, 3의 배수가 아닐 때는 x로 요소를 그대로 반환했습니다.

▼ 그림 32-2 map에 람다 표현식 사용하기

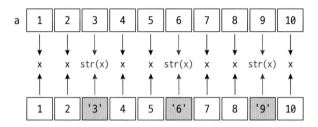

람다 표현식 안에서 조건부 표현식 if, else를 사용할 때는 :(콜론)을 붙이지 않습니다. 일반적인 if, else와 문법이 다르므로 주의해야 합니다. 조건부 표현식은 **식1 if 조건식 else 식2** 형식으로 사용하며 **식1**은 조건식이 참일 때, **식2**는 조건식이 거짓일 때 사용할 식입니다.

특히 람다 표현식에서 if를 사용했다면 반드시 else를 사용해야 합니다. 다음과 같이 if만 사용하면 문법 에러가 발생하므로 주의해야 합니다.

```
>>> list(map(lambda x: str(x) if x % 3 == 0, a))
SyntaxError: invalid syntax
```

그리고 람다 표현식 안에서는 elif를 사용할 수 없습니다. 따라서 조건부 표현식은 **식1 if 조건식1 else 식2 if 조건식2 else 식3** 형식처럼 if를 연속으로 사용해야 합니다. 예를 들어 리스트에서 1은 문자열로 변환하고, 2는 실수로 변환, 3 이상은 10을 더하는 식은 다음과 같이 만듭니다.

- lambda 매개변수들: 식1 if 조건식1 else 식2 if 조건식2 else 식3

```
>>> a = [1, 2, 3, 4, 5, 6, 7, 8, 9, 10]
>>> list(map(lambda x: str(x) if x == 1 else float(x) if x == 2 else x + 10, a))
['1', 2.0, 13, 14, 15, 16, 17, 18, 19, 20]
```

별로 복잡하지 않은 조건인데도 알아보기가 힘듭니다. 이런 경우에는 억지로 람다 표현식을 사용하기보다는 그냥 def로 함수를 만들고 if, elif, else를 사용하는 것을 권장합니다.

```
>>> def f(x):
...     if x == 1:
...         return str(x)
...     elif x == 2:
...         return float(x)
...     else:
...         return x + 10
...
>>> a = [1, 2, 3, 4, 5, 6, 7, 8, 9, 10]
>>> list(map(f, a))
['1', 2.0, 13, 14, 15, 16, 17, 18, 19, 20]
```

복잡하고 어렵게 코드를 작성하면 나중에 시간이 지나서 자기가 만든 코드인데도 못 알아보는 경우가 생깁니다. 코드는 길이가 조금 길어지더라도 알아보기 쉽게 작성하는 것이 좋습니다.

32.2.2 map에 객체를 여러 개 넣기

map은 리스트 등의 반복 가능한 객체를 여러 개 넣을 수도 있습니다. 다음은 두 리스트의 요소를 곱해서 새 리스트를 만듭니다.

```
>>> a = [1, 2, 3, 4, 5]
>>> b = [2, 4, 6, 8, 10]
>>> list(map(lambda x, y: x * y, a, b))
[2, 8, 18, 32, 50]
```

이렇게 리스트 두 개를 처리할 때는 람다 표현식에서 lambda x, y: x * y처럼 매개변수를 두 개로 지정하면 됩니다. 그리고 map에 람다 표현식을 넣고 그다음에 리스트 두 개를 콤마로 구분해서 넣어줍니다. 즉, 람다 표현식의 매개변수 개수에 맞게 반복 가능한 객체도 콤마로 구분해서 넣어주면 됩니다.

32.2.3 filter 사용하기

이번에는 filter를 사용해보겠습니다. filter는 반복 가능한 객체에서 특정 조건에 맞는 요소만 가져오는데 filter에 지정한 함수의 반환값이 True일 때만 해당 요소를 가져옵니다.

- filter(함수, 반복가능한객체)

먼저 def로 함수를 만들어서 filter를 사용해보겠습니다. 다음은 리스트에서 5보다 크면서 10보다 작은 숫자를 가져옵니다.

```
>>> def f(x):
...     return x > 5 and x < 10
...
>>> a = [8, 3, 2, 10, 15, 7, 1, 9, 0, 11]
>>> list(filter(f, a))
[8, 7, 9]
```

리스트 a에서 8, 7, 9를 가져왔습니다. 즉, filter는 x > 5 and x < 10의 결과가 참인 요소만 가져오고 거짓인 요소는 버립니다.

▼ 그림 32-3 filter 함수

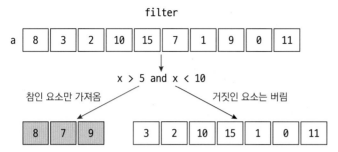

그럼 함수 f를 람다 표현식으로 만들어서 filter에 넣어보겠습니다.

```
>>> a = [8, 3, 2, 10, 15, 7, 1, 9, 0, 11]
>>> list(filter(lambda x: x > 5 and x < 10, a))
[8, 7, 9]
```

람다 표현식 lambda x: x > 5 and x < 10을 filter에 넣어서 5보다 크면서 10보다 작은 수를 가져오도록 만들었습니다.

32.2.4 reduce 사용하기

마지막으로 reduce를 사용해보겠습니다. reduce는 반복 가능한 객체의 각 요소를 지정된 함수로 처리한 뒤 이전 결과와 누적해서 반환하는 함수입니다(reduce는 파이썬 3부터 내장 함수가 아닙니다. 따라서 functools 모듈에서 reduce 함수를 가져와야 합니다).

- **from functools import reduce**
- **reduce(함수, 반복가능한객체)**

다음은 리스트에 저장된 요소를 순서대로 더한 뒤 누적된 결과를 반환합니다.

```
>>> def f(x, y):
...     return x + y
...
>>> a = [1, 2, 3, 4, 5]
>>> from functools import reduce
>>> reduce(f, a)
15
```

reduce의 반환값이 15가 나왔습니다. 함수 f에서 x + y를 반환하도록 만들었으므로 reduce는 그림과 같이 요소 두 개를 계속 더하면서 결과를 누적합니다.

▼ 그림 32-4 reduce 함수

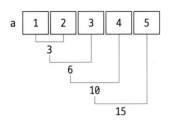

이제 함수 f를 람다 표현식으로 만들어서 reduce에 넣어보겠습니다.

```
>>> a = [1, 2, 3, 4, 5]
>>> from functools import reduce
>>> reduce(lambda x, y: x + y, a)
15
```

lambda x, y: x + y와 같이 매개변수 x, y를 지정한 뒤 x와 y를 더한 결과를 반환하도록 만들었습니다.

지금까지 람다 표현식으로 익명 함수를 만들고, map, filter, reduce와 응용하는 방법을 알아보았습니다. 람다 표현식은 간단하게 함수를 만들 때 자주 사용합니다. 그러므로 람다 표현식은 꼭 익혀 두는 것이 좋습니다.

참고 **map, filter, reduce와 리스트 표현식**

리스트(딕셔너리, 세트) 표현식으로 처리할 수 있는 경우에는 map, filter와 람다 표현식 대신 리스트 표현식을 사용하는 것이 좋습니다. list(filter(lambda x: x > 5 and x < 10, a))는 다음과 같이 리스트 표현식으로도 만들 수 있습니다.

```
>>> a = [8, 3, 2, 10, 15, 7, 1, 9, 0, 11]
>>> [i for i in a if i > 5 and i < 10]
[8, 7, 9]
```

리스트 표현식이 좀 더 알아보기 쉽고 속도도 더 빠릅니다.

또한, for, while 반복문으로 처리할 수 있는 경우에도 reduce 대신 for, while을 사용하는 것이 좋습니다. 왜냐하면 reduce는 코드가 조금만 복잡해져도 의미하는 바를 한눈에 알아보기가 힘들기 때문입니다. 이러한 이유로 파이썬 3부터는 reduce가 내장 함수에서 제외되었습니다.

reduce(lambda x, y: x + y, a)는 다음과 같이 for 반복문으로 표현할 수 있습니다.

```
>>> a = [1, 2, 3, 4, 5]
>>> x = a[0]
>>> for i in range(len(a) - 1):
...     x = x + a[i + 1]
...
>>> x
15
```

1. 다음 중 값 세 개를 매개변수로 받은 뒤 매개변수를 모두 곱해서 반환하는 람다 표현식으로 올바른 것을 고르세요.

   a. `lambda a, b: a * b`

   b. `lambda a, b, c: return a * b * c`

   c. `lambda a, b, c -> a * b * c`

   d. `lambda a, b, c: a * b * c`

   e. `lambda(a, b, c): a * b * c`

2. 다음 중 람다 표현식 자체를 호출하는 방법으로 올바른 것을 고르세요.

   a. `lambda a: a + 1(10)`

   b. `(lambda a: a + 1)(10)`

   c. `lambda a: a + 1: 10`

   d. `lambda a: a + 1, 10`

   e. `lambda a: a + 1 <- 10`

3. 다음 중 리스트 a의 요소 중 7로 끝나는 숫자만 다시 리스트로 만드는 방법으로 올바른 것을 고르세요.

   a. `list(lambda x: x % 10 == 7, a)`

   b. `list(map(lambda x: x % 10 == 7, a))`

   c. `list(filter(lambda x: x % 10 == 7, a))`

   d. `list(reduce(lambda x: x % 10 == 7, a))`

   e. `list(filter(lambda x: x % 7 == 0, a))`

▶ 정답은 418쪽에 있습니다

32.4 연습문제: 이미지 파일만 가져오기

다음 소스 코드를 완성하여 확장자가 .jpg, .png인 이미지 파일만 출력되게 만드세요. 여기서는 람다 표현식을 사용해야 하며 출력 결과는 리스트 형태라야 합니다. 람다 표현식에서 확장자를 검사할 때는 문자열 메서드를 활용하세요.

practice_lambda.py

```
files = ['font', '1.png', '10.jpg', '11.gif', '2.jpg', '3.png', 'table.xslx', 'spec.docx']

print(_____)
```

실행 결과

```
['1.png', '10.jpg', '2.jpg', '3.png']
```

정답

```
list(filter(lambda x: x.find('.jpg') != -1 or x.find('.png') != -1, files))
```

리스트 files에는 여러 종류의 파일 이름이 들어있는데 .jpg, .png 파일만 가져오려면 filter를 사용해야 합니다. 그리고 filter는 lambda 또는 함수의 반환값이 True일 때 해당 요소를 가져옵니다. 따라서 람다 표현식을 작성할 때 매개변수가 '.jpg', '.png'이면 True를 반환하도록 만듭니다.

먼저 문자열에서 find 메서드를 사용하면 찾을 문자열이 있을 때 인덱스를 반환하고 없을 때는 -1을 반환합니다. 그래서 조건식은 x.find('.jpg') != -1 or x.find('.png') != -1과 같이 만들고 .jpg, .png 둘 중 하나라도 참이면 되므로 find를 or 연산자로 연결해주면 됩니다.

32.5 심사문제: 파일 이름을 한꺼번에 바꾸기

표준 입력으로 숫자.확장자 형식으로 된 파일 이름 여러 개가 입력됩니다. 다음 소스 코드를 완성하여 파일 이름이 숫자 3개이면서 앞에 0이 들어가는 형식으로 출력되게 만드세요. 예를 들어 1.png는 001.png, 99.docx는 099.docx, 100.xlsx는 100.xlsx처럼 출력되어야 합니다. 그리고 람다 표현식을 사용해야 하며 출력 결과는 리스트 형태라야 합니다. 람다 표현식에서 파일명을 처리할 때는 문자열 포매팅과 문자열 메서드를 활용하세요.

테스트 케이스 예제

표준 입력

```
1.jpg 10.png 11.png 2.jpg 3.png
```

표준 출력

```
['001.jpg', '010.png', '011.png', '002.jpg', '003.png']
```

테스트 케이스 예제

표준 입력

```
97.xlsx 98.docx 99.docx 100.xlsx 101.docx 102.docx
```

표준 출력

```
['097.xlsx', '098.docx', '099.docx', '100.xlsx', '101.docx', '102.docx']
```

judge_lambda.py

```
files = input().split()

print(                                                    )
```

32.3 퀴즈 정답

1 d 람다 표현식은 lambda 매개변수들: 식 형식으로 만듭니다. 여기서는 값 세 개를 매개변수로 받은 뒤 모두 곱해야 하므로 lambda a, b, c: a * b * c와 같이 만들어야 합니다.

2 b 람다 표현식 자체를 호출할 때는 (lambda 매개변수들: 식)(인수들) 형식으로 호출합니다.

3 c 리스트의 요소 중 조건에 맞는 요소를 가져올 때는 filter를 사용해야 합니다. 이때 7로 끝나는 숫자만 가져오려면 lambda x: x % 10 == 7처럼 변수를 10으로 나누었을 때 나머지가 7이면 True가 나오도록 들어야 합니다.

UNIT 33 클로저 사용하기

이번에는 변수의 사용 범위와 함수를 클로저 형태로 만드는 방법을 알아보겠습니다.

참고로 클로저는 개념이 다소 어려울 수 있으므로 변수의 사용 범위부터 알아본 뒤에 설명하겠습니다.

33.1 변수의 사용 범위 알아보기

파이썬 스크립트에서 변수를 만들면 다음과 같이 함수 안에서도 사용할 수 있습니다.

global_variable.py	실행 결과

<pre>x = 10   # 전역 변수
def foo():
    print(x)   # 전역 변수 출력
 	
foo()
print(x)   # 전역 변수 출력</pre>
	<pre>10
	10</pre>

foo 함수에서 함수 바깥에 있는 변수 x의 값을 출력했습니다. 물론 함수 바깥에서도 x의 값을 출력할 수 있습니다. 이처럼 함수를 포함하여 스크립트 전체에서 접근할 수 있는 변수를 전역 변수(global variable)라고 부릅니다. 특히 전역 변수에 접근할 수 있는 범위를 전역 범위(global scope)라고 합니다.

▼ 그림 33-1 전역 변수와 전역 범위

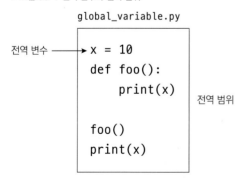

그럼 변수 x를 함수 foo 안에서 만들면 어떻게 될까요?

```
local_variable.py
```
```
def foo():
    x = 10      # foo의 지역 변수
    print(x)    # foo의 지역 변수 출력

foo()
print(x)        # 에러. foo의 지역 변수는 출력할 수 없음
```

실행 결과
```
10
Traceback (most recent call last):
  File "C:\project\local_variable.py", line 6, in <module>
    print(x)            # 에러. foo의 지역 변수는 출력할 수 없음
NameError: name 'x' is not defined
```

실행을 해보면 x가 정의되지 않았다는 에러가 발생합니다. 왜냐하면 변수 x는 함수 foo 안에서 만들었기 때문에 foo의 지역 변수(local variable)입니다. 따라서 지역 변수는 변수를 만든 함수 안에서만 접근할 수 있고, 함수 바깥에서는 접근할 수 없습니다. 특히 지역 변수에 접근할 수 있는 범위를 지역 범위(local scope)라고 합니다.

▼ 그림 33-2 지역 변수와 지역 범위

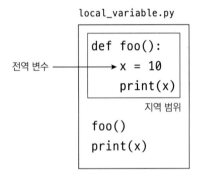

이렇게 전역 변수와 지역 변수를 사용해보았습니다.

33.1.1 함수 안에서 전역 변수 변경하기

만약 함수 안에서 전역 변수의 값을 변경하면 어떻게 될까요?

global_local_variable.py
```
x = 10          # 전역 변수
def foo():
    x = 20      # x는 foo의 지역 변수
    print(x)    # foo의 지역 변수 출력

foo()
print(x)        # 전역 변수 출력
```

실행 결과
```
20
10
```

분명 함수 foo 안에서 x = 20처럼 x의 값을 20으로 변경했습니다. 하지만 함수 바깥에서 print로 x의 값을 출력해보면 10이 나옵니다. 겉으로 보기에는 foo 안의 x는 전역 변수인 것 같지만 실제로는 foo의 지역 변수입니다. 즉, 전역 변수 x가 있고, foo에서 지역 변수 x를 새로 만들게 됩니다. 이 둘은 이름만 같을 뿐 서로 다른 변수입니다.

함수 안에서 전역 변수의 값을 변경하려면 global 키워드를 사용해야 합니다. 다음과 같이 함수 안에서 global에 전역 변수의 이름을 지정해줍니다.

• **global 전역변수**

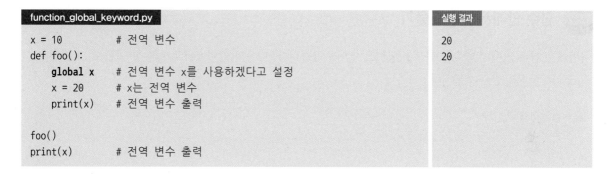

function_global_keyword.py	실행 결과
| ```
x = 10          # 전역 변수
def foo():
    global x    # 전역 변수 x를 사용하겠다고 설정
    x = 20      # x는 전역 변수
    print(x)    # 전역 변수 출력

foo()
print(x)        # 전역 변수 출력
``` | 20<br>20 |

이제 함수 안에서 x를 20으로 변경하면 함수 바깥에서 x를 출력했을 때 20이 나옵니다. 이렇게 함수 안에서 변수를 global로 지정하면 전역 변수를 사용하게 됩니다.

만약 전역 변수가 없을 때 함수 안에서 global을 사용하면 해당 변수는 전역 변수가 됩니다.

```
# 전역 변수 x가 없는 상태
def foo():
    global x    # x를 전역 변수로 만듦
    x = 20      # x는 전역 변수
    print(x)    # 전역 변수 출력

foo()
print(x)        # 전역 변수 출력
```

> **참고** **네임스페이스**
>
> 파이썬에서 변수는 네임스페이스(namespace, 이름공간)에 저장됩니다. 다음과 같이 locals 함수를 사용하면 현재 네임스페이스를 딕셔너리 형태로 출력할 수 있습니다.
>
> ```
> >>> x = 10
> >>> locals()
> {'__name__': '__main__', '__doc__': None, '__package__': None, '__loader__': <class '_frozen_importlib.
> BuiltinImporter'>, '__spec__': None, '__annotations__': {}, '__builtins__': <module 'builtins' (built-in)>, 'x': 10}
> ```
>
> 출력된 네임스페이스를 보면 'x': 10처럼 변수 x와 값 10이 저장되어 있습니다. 여기서는 전역 범위에서 네임스페이스를 출력했으므로 전역 네임스페이스를 가져옵니다.
> 마찬가지로 함수 안에서 locals를 사용할 수도 있습니다.
```

```
>>> def foo():
...     x = 10
...     print(locals())
...
>>> foo()
{'x': 10}
```

네임스페이스를 보면 'x': 10만 저장되어 있습니다. 이때는 지역 범위에서 네임스페이스를 출력했으므로 지역 네임스페이스를 가져옵니다.

33.2 함수 안에서 함수 만들기

이번에는 함수 안에서 함수를 만드는 방법을 알아보겠습니다. 다음과 같이 def로 함수를 만들고 그 안에서 다시 def로 함수를 만들면 됩니다.

```
def 함수이름1():
    코드
    def 함수이름2():
        코드
```

간단하게 함수 안에서 문자열을 출력하는 함수를 만들고 호출해봅니다.

function_in_function.py

```
def print_hello():
    hello = 'Hello, world!'
    def print_message():
        print(hello)
    print_message()


print_hello()
```

실행 결과

```
Hello, world!
```

함수 print_hello 안에서 다시 def로 함수 print_message를 만들었습니다. 그리고 print_hello 안에서 print_message()처럼 함수를 호출했습니다. 하지만 아직 함수를 정의만 한 상태이므로 아무것도 출력되지 않습니다.

두 함수가 실제로 동작하려면 바깥쪽에 있는 print_hello를 호출해주어야 합니다. 즉, print_hello 〉 print_message 순으로 실행됩니다.

33.2.1 지역 변수의 범위

그럼 print_hello 함수와 print_message 함수에서 지역 변수의 범위를 살펴보겠습니다. 안쪽 함수 print_message에서는 바깥쪽 함수 print_hello의 지역 변수 hello를 사용할 수 있습니다.

```
def print_hello():
    hello = 'Hello, world!'
    def print_message():
        print(hello)    # 바깥쪽 함수의 지역 변수를 사용
```

즉, 바깥쪽 함수의 지역 변수는 그 안에 속한 모든 함수에서 접근할 수 있습니다.

이 지역 변수의 접근 범위를 그림으로 나타내면 다음과 같은 모양이 됩니다.

▼ 그림 33-3 함수의 지역 변수에 접근할 수 있는 범위

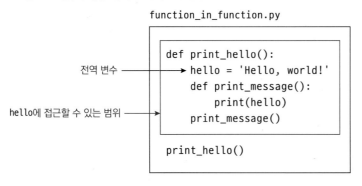

33.2.2 지역 변수 변경하기

지금까지 바깥쪽 함수의 지역 변수를 안쪽 함수에서 사용해봤습니다. 그럼 바깥쪽 함수의 지역 변수를 안쪽 함수에서 변경하면 어떻게 될까요?

다음과 같이 안쪽 함수 B에서 바깥쪽 함수 A의 지역 변수 x를 변경해봅니다.

function_local_error.py	실행 결과
| ```
def A():
    x = 10        # A의 지역 변수 x
    def B():
        x = 20    # x에 20 할당

    B()
    print(x)      # A의 지역 변수 x 출력

A()
``` | 10 |

실행을 해보면 20이 나와야 할 것 같은데 10이 나왔습니다. 왜냐하면 겉으로 보기에는 바깥쪽 함수 A의 지역 변수 x를 변경하는 것 같지만, 실제로는 안쪽 함수 B에서 이름이 같은 지역 변수 x를 새로 만들게 됩니다. 즉, 파이썬에서는 함수에서 변수를 만들면 항상 현재 함수의 지역 변수가 됩니다.
```

```
def A():
    x = 10        # A의 지역 변수 x
    def B():
        x = 20        # B의 지역 변수 x를 새로 만듦
```

현재 함수의 바깥쪽에 있는 지역 변수의 값을 변경하려면 nonlocal 키워드를 사용해야 합니다. 다음과 같이 함수 안에서 nonlocal에 지역 변수의 이름을 지정해줍니다.

- **nonlocal 지역변수**

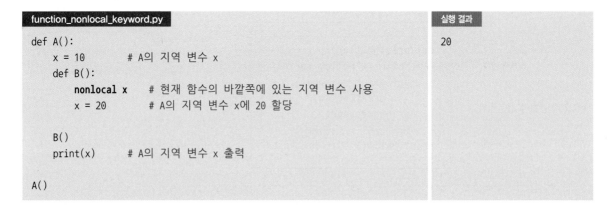

function_nonlocal_keyword.py	실행 결과
| ```
def A():
    x = 10        # A의 지역 변수 x
    def B():
        nonlocal x    # 현재 함수의 바깥쪽에 있는 지역 변수 사용
        x = 20            # A의 지역 변수 x에 20 할당

    B()
    print(x)      # A의 지역 변수 x 출력

A()
``` | 20 |

이제 함수 B에서 함수 A의 지역 변수 x를 변경할 수 있습니다. 즉, nonlocal은 현재 함수의 지역 변수가 아니라는 뜻이며 바깥쪽 함수의 지역 변수를 사용합니다.

33.2.3 nonlocal이 변수를 찾는 순서

nonlocal은 현재 함수의 바깥쪽에 있는 지역 변수를 찾을 때 가장 가까운 함수부터 먼저 찾습니다. 이번에는 함수의 단계를 A, B, C로 만들었습니다.

function_in_function_nonlocal_keyword.py	실행 결과
| ```
def A():
    x = 10
    y = 100
    def B():
        x = 20
        def C():
            nonlocal x
            nonlocal y
            x = x + 30
            y = y + 300
            print(x)
            print(y)
        C()
    B()

A()
``` | 50<br>400 |

함수 C에서 nonlocal x를 사용하면 바깥쪽에 있는 함수 B의 지역 변수 x = 20을 사용하게 됩니다. 따라서 x = x + 30은 50이 나옵니다. 그리고 함수 C에서 nonlocal y를 사용하면 바깥쪽에 있는 함수의 지역 변수 y를 사용해야 하는데 함수 B에는 y가 없습니다. 이때는 한 단계 더 바깥으로 나가서 함수 A의 지역 변수 y를 사용하게 됩니다. 즉, 가까운 함수부터 지역 변수를 찾고, 지역 변수가 없으면 계속 바깥쪽으로 나가서 찾습니다.

실무에서는 이렇게 여러 단계로 함수를 만들 일은 거의 없습니다. 그리고 함수마다 이름이 같은 변수를 사용하기보다는 변수 이름을 다르게 짓는 것이 좋습니다.

33.2.4 global로 전역 변수 사용하기

특히, 함수가 몇 단계든 상관없이 global 키워드를 사용하면 무조건 전역 변수를 사용하게 됩니다.

function_in_function_global_keyword.py	실행 결과
| ```python
x = 1
def A():
    x = 10
    def B():
        x = 20
        def C():
            global x
            x = x + 30
            print(x)
        C()
    B()

A()
``` | 31 |

함수 C에서 global x를 사용하면 전역 변수 x = 1을 사용하게 됩니다. 따라서 x = x + 30은 31이 나옵니다.

파이썬에서 global을 제공하지만 함수에서 값을 주고받을 때는 매개변수와 반환값을 사용하는 것이 좋습니다. 특히 전역 변수는 코드가 복잡해졌을 때 변수의 값을 어디서 바꾸는지 알기가 힘듭니다. 따라서 전역 변수는 가급적이면 사용하지 않는 것을 권장합니다.

33.3 클로저 사용하기

이제 함수를 클로저 형태로 만드는 방법을 알아보겠습니다. 다음은 함수 바깥쪽에 있는 지역 변수 a, b를 사용하여 a * x + b를 계산하는 함수 mul_add를 만든 뒤에 함수 mul_add 자체를 반환합니다.
```

```
def calc():
    a = 3
    b = 5
    def mul_add(x):
        return a * x + b     # 함수 바깥쪽에 있는 지역 변수 a, b를 사용하여 계산
    return mul_add           # mul_add 함수를 반환

c = calc()
print(c(1), c(2), c(3), c(4), c(5))
```

```
8 11 14 17 20
```

먼저 calc에 지역 변수 a와 b를 만들고 3과 5를 저장했습니다. 그다음에 함수 mul_add에서 a와 b를 사용하여 a * x + b를 계산한 뒤 반환합니다.

```
def calc():
    a = 3
    b = 5
    def mul_add(x):
        return a * x + b     # 함수 바깥쪽에 있는 지역 변수 a, b를 사용하여 계산
```

함수 mul_add를 만든 뒤에는 이 함수를 바로 호출하지 않고 return으로 함수 자체를 반환합니다(함수를 반환할 때는 함수 이름만 반환해야 하며 ( )(괄호)를 붙이면 안 됩니다).

```
    return mul_add           # mul_add 함수를 반환
```

이제 클로저를 사용해보겠습니다. 다음과 같이 함수 calc를 호출한 뒤 반환값을 c에 저장합니다. calc에서 mul_add를 반환했으므로 c에는 함수 mul_add가 들어갑니다. 그리고 c에 숫자를 넣어서 호출해보면 a * x + b 계산식에 따라 값이 출력됩니다.

```
c = calc()
print(c(1), c(2), c(3), c(4), c(5))    # 8 11 14 17 20
```

잘 보면 함수 calc가 끝났는데도 c는 calc의 지역 변수 a, b를 사용해서 계산을 하고 있습니다. 이렇게 함수를 둘러싼 환경(지역 변수, 코드 등)을 계속 유지하다가, 함수를 호출할 때 다시 꺼내서 사용하는 함수를 클로저(closure)라고 합니다. 여기서는 c에 저장된 함수가 클로저입니다.

▼ 그림 33-4 클로저의 개념

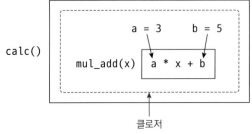

이처럼 클로저를 사용하면 프로그램의 흐름을 변수에 저장할 수 있습니다. 즉, 클로저는 지역 변수와 코드를 묶어서 사용하고 싶을 때 활용합니다. 또한, 클로저에 속한 지역 변수는 바깥에서 직접 접근할 수 없으므로 데이터를 숨기고 싶을 때 활용합니다.

33.3.1 lambda로 클로저 만들기

클로저는 다음과 같이 lambda로도 만들 수 있습니다.

```python
# closure_lambda.py
def calc():
    a = 3
    b = 5
    return lambda x: a * x + b     # 람다 표현식을 반환

c = calc()
print(c(1), c(2), c(3), c(4), c(5))
```

실행 결과

```
8 11 14 17 20
```

return lambda x: a * x + b처럼 람다 표현식을 만든 뒤 람다 표현식 자체를 반환했습니다. 이렇게 람다를 사용하면 클로저를 좀 더 간단하게 만들 수 있습니다.

보통 클로저는 람다 표현식과 함께 사용하는 경우가 많아 둘을 혼동하기 쉽습니다. 람다는 이름이 없는 익명 함수를 뜻하고, 클로저는 함수를 둘러싼 환경을 유지했다가 나중에 다시 사용하는 함수를 뜻합니다.

33.3.2 클로저의 지역 변수 변경하기

지금까지 클로저의 지역 변수를 가져오기만 했는데, 클로저의 지역 변수를 변경하고 싶다면 nonlocal을 사용하면 됩니다. 다음은 a * x + b의 결과를 함수 calc의 지역 변수 total에 누적합니다.

```python
# closure_nonlocal.py
def calc():
    a = 3
    b = 5
    total = 0
    def mul_add(x):
        nonlocal total
        total = total + a * x + b
        print(total)
    return mul_add

c = calc()
c(1)
c(2)
c(3)
```

실행 결과

```
8
19
33
```

지금까지 전역 변수, 지역 변수, 변수의 범위, 클로저에 대해 알아보았습니다. 클로저는 다소 어려운 개념이므로 지금 당장 완벽하게 이해하지 않아도 상관없습니다. 나중에 파이썬에 익숙해지면 자연스럽게 익히게 됩니다.

1. 다음 중 전역 변수의 특징으로 잘못된 것을 모두 고르세요.

    a. 전역 변수는 스크립트 파일 안의 모든 함수에서 사용할 수 있다.

    b. 함수 안에서 전역 변수의 값을 바꿀 때는 nonlocal을 사용해야 한다.

    c. 함수 안에서 전역 변수의 값을 바꿀 때는 global을 사용해야 한다.

    d. 함수 안에 함수가 여러 단계 있으면 전역 변수를 사용할 수 없다.

    e. 전역 변수가 없을 때 함수 안에서 global을 사용하면 해당 변수는 전역변수가 된다.

2. 다음 중 지역 변수와 **nonlocal**에 대한 설명으로 잘못된 것을 모두 고르세요.

    a. nonlocal은 현재 함수 바깥쪽의 지역 변수를 변경할 때 사용한다.

    b. nonlocal은 함수 바깥쪽의 지역 변수를 찾을 때 가장 가까운 함수부터 찾아서 사용한다.

    c. 지역 변수는 함수 바깥쪽에서 사용할 수 있다.

    d. nonlocal은 두 단계 이상 바깥쪽에 있는 지역 변수는 사용할 수 없다.

    e. 지역 변수에 접근할 수 있는 범위를 지역 범위(local scope)라고 한다.

3. 다음 중 클로저에 대한 설명으로 잘못된 것을 모두 고르세요.

    a. 클로저는 함수를 둘러싼 환경을 유지하다가 함수를 호출할 때 다시 꺼내 쓰는 함수이다.

    b. 클로저는 프로그램의 흐름을 변수에 저장할 수 있다.

    c. 클로저는 다른 말로 람다라고 부른다.

    d. 클로저는 람다 표현식으로 만들 수 없다.

    e. 클로저의 지역 변수와 코드를 묶어준다.

▶ 정답은 429쪽에 있습니다

33.5 연습문제: 호출 횟수를 세는 함수 만들기

다음 소스 코드를 완성하여 함수 c를 호출할 때마다 호출 횟수가 출력되게 만드세요. 여기서는 함수를 클로저로 만들어야 합니다.

practice_closure.py

```python
def counter():
    i = 0
    def count():
        _____
        ...
        _____

c = counter()
for i in range(10):
    print(c(), end=' ')
```

실행 결과

```
1 2 3 4 5 6 7 8 9 10
```

정답

```python
        nonlocal i
        i += 1
        return i
    return count
```

해설

함수 counter를 호출해서 반환값을 c에 저장한 뒤에 c를 호출하고 있습니다. 그리고 c를 호출할 때마다 값이 계속 유지되게 하려면 함수를 클로저로 만들어야 합니다.

함수 counter에서는 지역 변수 i에 0이 할당되어 있고, 함수 count가 만들어져 있습니다. 따라서 count에서 i에 1을 더한 값을 저장한 뒤 i를 반환합니다. 이때 nonlocal을 사용하여 함수 바깥쪽의 지역 변수 i를 변경할 수 있도록 만들어야 합니다.

마지막으로 함수 counter에서 함수 count를 반환하면 됩니다(함수를 반환할 때는 함수 이름만 반환해야 하며 ( )(괄호)를 붙이면 안 됩니다).

33.6 심사문제: 카운트다운 함수 만들기

표준 입력으로 정수가 입력됩니다. 다음 소스 코드를 완성하여 함수 c를 호출할 때마다 숫자가 1씩 줄어들게 만드세요. 여기서는 함수를 클로저로 만들어야 합니다. 정답에 코드를 작성할 때는 def countdown(n):에 맞춰서 들여쓰기를 해주세요.

테스트 케이스 예제

표준 입력	표준 출력
10	10 9 8 7 6 5 4 3 2 1

테스트 케이스 예제

표준 입력	표준 출력
20	20 19 18 17 16 15 14 13 12 11 10 9 8 7 6 5 4 3 2 1

judge_closure.py

```
def countdown(n):




n = int(input())

c = countdown(n)
for i in range(n):
    print(c(), end=' ')
```

33.4 퀴즈 정답

1 b, d 함수 안에서 전역 변수의 값을 바꿀 때는 global을 사용합니다. 그리고 함수 안에서 함수가 여러 단계 있어도 전역 변수를 사용할 수 있습니다.

2 c, d 지역 변수는 함수 바깥쪽에서 사용할 수 없습니다. 그리고 nonlocal은 두 단계 이상 바깥쪽에 있는 지역 변수도 사용할 수 있습니다.

3 c, d 람다는 이름이 없는 익명 함수이며 클로저와는 다른 개념입니다. 그리고 클로저는 람다 표현식으로도 만들 수 있습니다.

람다 표현식

람다 표현식은 간단한 식으로 함수를 만들 때 사용합니다. 특히 람다 표현식으로 만든 함수는 이름이 없어서 익명 함수라고 부르기도 합니다. 람다 표현식 자체를 호출하려면 람다 표현식을 ( )(괄호)로 묶은 뒤 다시 ( )를 붙이고 인수를 넣어서 호출합니다.

```
lambda 매개변수1, 매개변수2: 반환값                    # 람다 표현식으로 함수를 만듦
(lambda 매개변수1, 매개변수2: 반환값)(인수1, 인수2)     # 람다 표현식 자체를 호출

lambda 매개변수1, 매개변수2: 식1 if 조건식 else 식2     # 람다 표현식에서 조건부 표현식 사용
lambda x: str(x) if x % 3 == 0 else x

lambda 매개변수1, 매개변수2: 식1 if 조건식1 else 식2 if 조건식2 else 식3  # if를 여러 개 사용
lambda x: str(x) if x == 1 else float(x) if x == 2 else x + 10
```

변수의 사용 범위

전역 변수는 스크립트 전체에서 접근할 수 있으며 지역 변수는 해당 함수 안에서만 접근할 수 있습니다. 만약 함수 안에서 전역 변수를 사용하려면 global에 변수 이름을 지정해줍니다.

```
x = 10   # 전역 변수

def foo():
    global x   # 전역 변수 x를 사용하겠다고 설정
    y = 10     # foo의 지역 변수
```

만약 전역 변수가 없을 때 함수 안에서 global을 사용하면 해당 변수는 전역 변수가 됩니다.

함수 안에서 함수 사용하기

파이썬에서는 def로 함수를 만들고 다시 def로 함수를 만들 수 있습니다.

```
def 함수이름1():
    코드
    def 함수이름2():
        코드
```

함수 안에 함수를 만들었을 때 안쪽 함수에서 바깥쪽 함수의 지역 변수를 변경하려면 nonlocal에 변수 이름을 지정해줍니다.

```
def A():
    x = 10        # A의 지역 변수 x
    def B():
        nonlocal x    # 현재 함수에서 바깥쪽에 있는 지역 변수를 사용
        x = 20        # A의 지역 변수 x에 20 할당
```

클로저

클로저는 함수를 둘러싼 환경(지역 변수, 코드 등)을 계속 유지하다가 함수를 호출할 때 다시 꺼내서 사용하는 함수를 뜻합니다. 따라서 클로저는 지역 변수와 코드를 묶어서 사용하고 싶을 때 활용합니다. 또한, 클로저에 속한 지역 변수는 바깥에서 직접 접근할 수 없으므로 데이터를 숨기고 싶을 때 활용합니다.

```
def calc():      # calc 함수 안에 mul_add 함수를 만듦
    a = 3
    b = 5
    def mul_add(x):
        return a * x + b      # 함수 바깥쪽에 있는 지역 변수 a, b를 사용하여 계산
    return mul_add            # mul_add 함수를 반환

c = calc()     # c에 저장된 함수가 클로저
print(c(1), c(2), c(3), c(4), c(5))     # 8 11 14 17 20
```

클로저는 람다 표현식으로도 만들 수 있습니다.

```
def calc():
    a = 3
    b = 5
    return lambda x: a * x + b     # 람다 표현식을 반환
```

람다와 클로저

보통 클로저는 람다와 함께 사용하는 경우가 많아 둘을 혼동하기 쉽습니다. 람다는 이름이 없는 익명 함수를 뜻하고, 클로저는 함수를 둘러싼 환경을 유지했다가 나중에 다시 사용하는 함수를 뜻합니다.

Q & A 자 주 묻 는 질 문

일급 객체란 무엇인가요?

일급 객체(first-class object)란 다음 조건을 만족하는 객체를 뜻합니다.

- 변수나 데이터 구조에 넣을 수 있어야 한다.
- 매개변수에 전달할 수 있어야 한다.
- 반환값으로 사용할 수 있어야 한다.

특히 일급 함수(first-class function)는 일급 객체의 조건을 만족하면서 실행 중(run-time)에 함수를 생성할 수 있어야 합니다. 파이썬에서는 def 안에서 def로 함수를 만들거나, lambda를 사용하여 실행 중에 함수를 생성할 수 있으므로 파이썬의 함수는 일급 함수입니다.

다른 언어에 있는 switch 문법은 사용할 수 없나요?

파이썬은 switch 문법이 없습니다. 하지만 딕셔너리와 람다 표현식을 사용하면 switch처럼 사용할 수는 있습니다.

```
switch = {
    '+': lambda x, y: x + y,     # 람다 표현식으로 실행할 코드를 작성
    '*': lambda x, y: x * y
    }

x = '+'
try:
    print(switch[x](10, 20))     # 딕셔너리에 키를 지정하는 방식
except KeyError:
    print('default')             # 딕셔너리에 키가 없을 때는 기본값
```

UNIT 34 클래스 사용하기

클래스는 객체를 표현하기 위한 문법입니다. 예를 들어 게임을 만든다고 하면 기사, 마법사, 궁수, 사제 등 직업별로 클래스를 만들어서 표현할 수 있습니다.

▼ 그림 34-1 게임 캐릭터

물론 집, 자동차, 나무 등도 클래스로 표현할 수 있습니다. 특히 프로그래밍에서는 현실 세계에 있는 개념들뿐만 아니라 컴퓨터 안에서만 쓰이는 개념들도 클래스로 만들어서 표현합니다. 웹 브라우저에서 내용이 길어지면 보이는 스크롤 바, 프로그램에서 주로 볼 수 있는 버튼, 체크 박스 등이 대표적입니다.

▼ 그림 34-2 컴퓨터 안에서만 쓰이는 스크롤 바, 버튼, 체크박스

스크롤 바   버튼   체크 박스

지금까지 나온 기사, 마법사, 궁수, 사제, 집, 자동차, 나무, 스크롤 바, 버튼, 체크 박스처럼 특정한 개념이나 모양으로 존재하는 것을 객체(object)라고 부릅니다. 그리고 프로그래밍으로 객체를 만들 때 사용하는 것이 클래스입니다.

그럼 게임의 기사 캐릭터를 클래스로 표현하려면 무엇이 필요할까요? 간단합니다. 일단 게임 캐릭터는 체력, 마나, 물리 공격력, 주문력 등이 필요합니다. 그리고 기사 캐릭터는 칼로 베기, 찌르기 등의 스킬이 있어야 합니다.

여기서 체력, 마나, 물리 공격력, 주문력 등의 데이터를 클래스의 속성(attribute)이라 부르고, 베기, 찌르기 등의 기능을 메서드(method)라고 부릅니다.

▼ 그림 34-3 클래스의 속성과 메서드

이렇게 프로그래밍 방법을 객체지향(object oriented) 프로그래밍이라고 합니다. 객체지향 프로그래밍은 복잡한 문제를 잘게 나누어 객체로 만들고, 객체를 조합해서 문제를 해결합니다. 따라서 현실 세계의 복잡한 문제를 처리하는 데 유용하며 기능을 개선하고 발전시킬 때도 해당 클래스만 수정하면 되므로 유지 보수에도 효율적입니다.

지금까지 숫자 1, 2, 3 문자 'a', 'b', 'c', 리스트, 딕셔너리 등을 조합해서 프로그램을 만들었는데 사실 파이썬에서는 이 모든 것이 객체입니다. 이번에는 클래스를 사용해서 객체를 표현하고 만드는 방법을 알아보겠습니다.

34.1 클래스와 메서드 만들기

클래스는 class에 클래스 이름을 지정하고 :(콜론)을 붙인 뒤 다음 줄부터 def로 메서드를 작성하면 됩니다. 여기서 메서드는 클래스 안에 들어있는 함수를 뜻합니다.

클래스 이름을 짓는 방법은 변수와 같습니다. 보통 파이썬에서는 클래스의 이름은 대문자로 시작합니다. 그리고 메서드 작성 방법은 함수와 같으며 코드는 반드시 들여쓰기를 해야 합니다(들여쓰기 규칙은 if, for, while과 같습니다). 특히 메서드의 첫 번째 매개변수는 반드시 self를 지정해야 합니다.

```
class 클래스이름:
    def 메서드(self):
        코드
```

이제 간단한 사람 클래스를 작성해보겠습니다.

```
>>> class Person:
...     def greeting(self):
...         print('Hello')
...
```

잠깐만요

- SyntaxError: invalid syntax: 클래스와 메서드의 형식이 맞지 않아서 발생하는 구문 에러입니다. 메서드에서 ( )(괄호)의 짝이 맞는지, :(콜론)을 빠뜨리지 않았는지 확인해주세요.
- TypeError: ... takes 0 positional arguments but 1 was given: 메서드의 첫 번째 매개변수를 self로 지정하지 않아서 발생하는 에러입니다. 메서드의 첫 번째 매개변수가 self인지 확인해주세요.

그럼 이 클래스를 사용해봐야겠죠? 다음과 같이 클래스에 ( )(괄호)를 붙인 뒤 변수에 할당합니다.

- **인스턴스 = 클래스( )**

```
>>> james = Person()
```

Person으로 변수 james를 만들었는데 이 james가 Person의 인스턴스(instance)입니다. 클래스는 특정 개념을 표현만 할뿐 사용을 하려면 인스턴스를 생성해야 합니다.

34.1.1 메서드 호출하기

이제 메서드를 호출해보겠습니다. 메서드는 클래스가 아니라 인스턴스를 통해 호출합니다. 다음과 같이 인스턴스 뒤에 .(점)을 붙이고 메서드를 호출하면 됩니다.

- **인스턴스.메서드( )**

```
>>> james.greeting()
Hello
```

james.greeting을 호출하니 'Hello'가 출력되었습니다. 이렇게 인스턴스를 통해 호출하는 메서드를 **인스턴스 메서드**라고 부릅니다.

이렇게 사람 클래스를 만들고 인사하는 기능을 넣어보았습니다.

34.1.2 파이썬에서 흔히 볼 수 있는 클래스

지금까지 사용한 int, list, dict 등도 사실 클래스입니다. 우리는 이 클래스로 인스턴스를 만들고 메서드를 사용했습니다.

```
>>> a = int(10)
>>> a
10
>>> b = list(range(10))
>>> b
[0, 1, 2, 3, 4, 5, 6, 7, 8, 9]
>>> c = dict(x=10, y=20)
>>> c
{'x': 10, 'y': 20}
```

int 클래스에 10을 넣어서 인스턴스 a를 만들었습니다. 마찬가지로 list 클래스에 range(10)을 넣어서 인스턴스 b를 만들고, dict 클래스에 x=10, y=20을 넣어서 인스턴스 c를 만들었습니다. 잘 보면 Person으로 인스턴스를 만드는 방법과 똑같습니다.

물론 정수는 매우 자주 사용하므로 int를 생략하고 10을 바로 넣습니다. 그리고 리스트와 딕셔너리도 자주 사용하므로 축약된 문법인 [ ]과 { }를 제공하지만 클래스인 것은 같습니다.

다음과 같이 리스트를 조작할 때 메서드를 사용했었죠? 인스턴스 b에서 메서드 append를 호출해서 값을 추가합니다. 이 부분도 지금까지 메서드를 만들고 사용한 것과 같은 방식입니다.

```
>>> b = list(range(10))
>>> b.append(20)
>>> b
[0, 1, 2, 3, 4, 5, 6, 7, 8, 9, 20]
```

즉, 파이썬에서는 자료형도 클래스입니다. 다음과 같이 type을 사용하면 객체(인스턴스)가 어떤 클래스인지 확인할 수 있습니다.

- type(객체)

```
>>> a = 10
>>> type(a)
<class 'int'>
>>> b = [0, 1, 2]
>>> type(b)
<class 'list'>
>>> c = {'x':10, 'y':20}
>>> type(c)
<class 'dict'>
>>> maria = Person()
>>> type(maria)
<class '__main__.Person'>
```

34.1.3 인스턴스와 객체의 차이점?

클래스는 객체를 표현하는 문법이라고 했는데, 클래스로 인스턴스를 만든다고 하니 좀 헷갈리죠? 사실 인스턴스와 객체는 같은 것을 뜻합니다. 보통 객체만 지칭할 때는 그냥 객체(object)라고 부릅니다. 하지만 클래스와 연관 지어서 말할 때는 인스턴스(instance)라고 부릅니다. 그래서 다음과 같이 리스트 변수 a, b가 있으면 a, b는 객체입니다. 그리고 a와 b는 list 클래스의 인스턴스입니다.

```
>>> a = list(range(10))
>>> b = list(range(20))
```

참고   빈 클래스 만들기

내용이 없는 빈 클래스를 만들 때는 코드 부분에 pass를 넣어줍니다.

```
class Person:
    pass
```

참고   메서드 안에서 메서드 호출하기

메서드 안에서 메서드를 호출할 때는 다음과 같이 **self.메서드()** 형식으로 호출해야 합니다. self 없이 메서드 이름만 사용하면 클래스 바깥쪽에 있는 함수를 호출한다는 뜻이 되므로 주의해야 합니다.

```
class Person:
    def greeting(self):
        print('Hello')

    def hello(self):
        self.greeting()    # self.메서드() 형식으로 클래스 안의 메서드를 호출

james = Person()
james.hello()    # Hello
```

참고   특정 클래스의 인스턴스인지 확인하기

현재 인스턴스가 특정 클래스의 인스턴스인지 확인할 때는 isinstance 함수를 사용합니다. 특정 클래스의 인스턴스가 맞으면 True, 아니면 False를 반환합니다.

· isinstance(인스턴스, 클래스)

```
>>> class Person:
...     pass
...
>>> james = Person()
>>> isinstance(james, Person)
True
```

isinstance는 주로 객체의 자료형을 판단할 때 사용합니다. 예를 들어 팩토리얼 함수는 1부터 n까지 양의 정수를 차례대로 곱해야 하는데, 실수와 음의 정수는 계산할 수 없습니다. 이런 경우에 isinstance를 사용하여 숫자(객체)가 정수일 때만 계산하도록 만들 수 있습니다.

```
def factorial(n):
    if not isinstance(n, int) or n < 0:    # n이 정수가 아니거나 음수이면 함수를 끝냄
        return None
    if n == 1:
        return 1
    return n * factorial(n - 1)
```

34.2 속성 사용하기

지금까지 클래스에서 메서드를 만들고 호출해보았습니다. 이번에는 클래스에서 속성을 만들고 사용해보겠습니다. 속성(attribute)을 만들 때는 __init__ 메서드 안에서 **self.속성**에 값을 할당합니다.

```
class 클래스이름:
    def __init__(self):
        self.속성 = 값
```

이제부터 소스가 길어지니 스크립트 파일로 만들겠습니다. 다음 내용을 IDLE의 소스 코드 편집 창에 입력한 뒤 실행해보세요.

class_attribute.py

```
class Person:
    def __init__(self):
        self.hello = '안녕하세요.'

    def greeting(self):
        print(self.hello)

james = Person()
james.greeting()    # 안녕하세요.
```

실행 결과

```
안녕하세요.
```

Person 클래스의 __init__ 메서드에서 self.hello에 '안녕하세요.' 인사말을 넣었습니다.

```
class Person:
    def __init__(self):
        self.hello = '안녕하세요.'
```

__init__ 메서드는 james = Person()처럼 클래스에 ()(괄호)를 붙여서 **인스턴스를 만들 때 호출되는 특별한 메서드**입니다. 즉, __init__(initialize)이라는 이름 그대로 인스턴스(객체)를 초기화합니다.

특히 이렇게 앞뒤로 __(밑줄 두 개)가 붙은 메서드는 파이썬이 자동으로 호출해주는 메서드인데 스페셜 메서드(special method) 또는 매직 메서드(magic method)라고 부릅니다. 앞으로 파이썬의 여러 가지 기능을 사용할 때 이 스페셜 메서드를 채우는 식으로 사용하게 됩니다.

이제 greeting 메서드를 살펴보겠습니다. greeting 메서드에서는 print로 self.hello를 출력하도록 만들었습니다.

```
def greeting(self):
    print(self.hello)
```

그다음에 Person 클래스로 인스턴스를 만들고, greeting 메서드를 호출해보면 self.hello에 저장된 '안녕하세요.'가 출력됩니다.

```
james = Person()
james.greeting()      # 안녕하세요.
```

지금까지 __init__ 메서드에서 속성을 만들고 greeting 메서드에서 속성을 사용해봤습니다. 속성은 __init__ 메서드에서 만든다는 점과 self에 .(점)을 붙인 뒤 값을 할당한다는 점이 중요합니다. 클래스 안에서 속성을 사용할 때도 self.hello처럼 self에 점을 붙여서 사용하면 됩니다.

34.2.1 self의 의미

그런데 도대체 self는 뭘까요? self는 인스턴스 자기 자신을 의미합니다. 우리는 인스턴스가 생성될 때 self.hello = '안녕하세요.'처럼 자기 자신에 속성을 추가했습니다. 여기서 __init__의 매개변수 self에 들어가는 값은 Person()이라 할 수 있습니다. 그리고 self가 완성된 뒤 james에 할당됩니다. 이후 메서드를 호출하면 현재 인스턴스가 자동으로 매개변수 self에 들어옵니다. 그래서 greeting 메서드에서 print(self.hello)처럼 속성을 출력할 수 있었던 것입니다.

인스턴스와 self의 관계를 그림으로 나타내면 다음과 같은 모양이 됩니다.

▼ 그림 34-4 인스턴스와 self

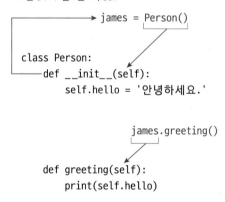

지금까지 만든 클래스는 인사만 할 줄 아는 단순한 클래스였습니다. 클래스로 인스턴스를 만들어봐야 다 똑같이 '안녕하세요.'만 출력할 뿐입니다.

34.2.2 인스턴스를 만들 때 값 받기

이번에는 클래스로 인스턴스를 만들 때 값을 받는 방법을 알아보겠습니다. 다음과 같이 __init__ 메서드에서 self 다음에 값을 받을 매개변수를 지정합니다. 그리고 매개변수를 **self.속성**에 넣어줍니다.

```
class 클래스이름:
    def __init__(self, 매개변수1, 매개변수2):
        self.속성1 = 매개변수1
        self.속성2 = 매개변수2
```

그럼 Person 클래스로 인스턴스를 만들 때 이름, 나이, 주소를 받아보겠습니다.

class_init_attribute.py

```
class Person:
    def __init__(self, name, age, address):
        self.hello = '안녕하세요.'
        self.name = name
        self.age = age
        self.address = address

    def greeting(self):
        print('{0} 저는 {1}입니다.'.format(self.hello, self.name))

maria = Person('마리아', 20, '서울시 서초구 반포동')
maria.greeting()        # 안녕하세요. 저는 마리아입니다.

print('이름:', maria.name)        # 마리아
print('나이:', maria.age)         # 20
print('주소:', maria.address)     # 서울시 서초구 반포동
```

실행 결과

```
안녕하세요. 저는 마리아입니다.
이름: 마리아
나이: 20
주소: 서울시 서초구 반포동
```

__init__ 메서드를 보면 self 다음에 name, age, address를 지정했습니다. 그리고 메서드 안에서는 self.name = name처럼 매개변수를 그대로 self에 넣어서 속성으로 만들었습니다.

```
    def __init__(self, name, age, address):
        self.hello = '안녕하세요.'
        self.name = name
        self.age = age
        self.address = address
```

greeting 메서드는 인사를 하고 이름을 출력하도록 수정했습니다. 물론 name 속성에 접근할 때는 self.name처럼 사용해야 합니다.

```
    def greeting(self):
        print('{0} 저는 {1}입니다.'.format(self.hello, self.name))
```

이제 Person의 ( )(괄호) 안에 이름, 나이, 주소를 콤마로 구분해서 넣은 뒤에 변수에 할당합니다. 이렇게 하면 이름은 '마리아', 나이는 20, 주소는 '서울시 서초구 반포동'인 maria 인스턴스가 만들어집니다.

```
maria = Person('마리아', 20, '서울시 서초구 반포동')
```

즉, 다음과 같이 Person의 괄호 안에 넣은 값은 __init__ 메서드에서 self 뒤에 있는 매개변수에 차례대로 들어갑니다.

▼ 그림 34-5 클래스로 인스턴스를 만들 때 값 받기

```
         maria = Person('마리아', 20, '서울시 서초구 반포동')



class Person:
    def __init__(self, name, age, address):
        self.hello = '안녕하세요.'
        self.name = name
        self.age = age
        self.address = address
```

maria 인스턴스의 greeting 메서드를 호출해보면 '안녕하세요. 저는 마리아입니다.'처럼 인사말과 함께 이름도 출력됩니다.

```
maria.greeting()     # 안녕하세요. 저는 마리아입니다.
```

클래스 안에서 속성에 접근할 때는 **self.속성** 형식이었죠? 클래스 바깥에서 속성에 접근할 때는 **인스턴스.속성** 형식으로 접근합니다. 다음과 같이 maria.name, maria.age, maria.address의 값을 출력해보면 Person으로 인스턴스를 만들 때 넣었던 값이 출력됩니다.

```
print('이름:', maria.name)       # 마리아
print('나이:', maria.age)        # 20
print('주소:', maria.address)    # 서울시 서초구 반포동
```

이렇게 인스턴스를 통해 접근하는 속성을 **인스턴스 속성**이라 부릅니다.

참고 **클래스의 위치 인수, 키워드 인수**

클래스로 인스턴스를 만들 때 위치 인수와 키워드 인수를 사용할 수 있습니다. 규칙은 함수와 같습니다. 위치 인수와 리스트 언패킹을 사용하려면 다음과 같이 *args를 사용하면 됩니다. 이때 매개변수에서 값을 가져오려면 args[0]처럼 사용해야 합니다.

```
class Person:
    def __init__(self, *args):
        self.name = args[0]
        self.age = args[1]
        self.address = args[2]

maria = Person(*['마리아', 20, '서울시 서초구 반포동'])
```

키워드 인수와 딕셔너리 언패킹을 사용하려면 다음과 같이 **kwargs를 사용하면 됩니다. 이때 매개변수에서 값을 가져오려면 kwargs['name']처럼 사용해야 합니다.

```
class Person:
    def __init__(self, **kwargs):    # 키워드 인수
        self.name = kwargs['name']
        self.age = kwargs['age']
        self.address = kwargs['address']

maria1 = Person(name='마리아', age=20, address='서울시 서초구 반포동')
maria2 = Person(**{'name': '마리아', 'age': 20, 'address': '서울시 서초구 반포동'})
```

참고 **인스턴스를 생성한 뒤에 속성 추가하기, 특정 속성만 허용하기**

지금까지 클래스의 인스턴스 속성은 __init__ 메서드에서 추가한 뒤 사용했습니다. 하지만 클래스로 인스턴스를 만든 뒤에도 **인스턴스.속성 = 값** 형식으로 속성을 계속 추가할 수 있습니다. 다음 Person 클래스는 빈 클래스이지만 인스턴스를 만든 뒤 name 속성을 추가합니다.

```
>>> class Person:
...     pass
...
>>> maria = Person()         # 인스턴스 생성
>>> maria.name = '마리아'      # 인스턴스를 만든 뒤 속성 추가
>>> maria.name
'마리아'
```

이렇게 추가한 속성은 해당 인스턴스에만 생성됩니다. 따라서 클래스로 다른 인스턴스를 만들었을 때는 추가한 속성이 생성되지 않습니다.

```
>>> james = Person()    # james 인스턴스 생성
>>> james.name      # maria 인스턴스에만 name 속성을 추가했으므로 james 인스턴스에는 name 속성이 없음
Traceback (most recent call last):
  File "<pyshell#11>", line 1, in <module>
    james.name
AttributeError: 'Person' object has no attribute 'name'
```

인스턴스는 생성한 뒤에 속성을 추가할 수 있으므로 __init__ 메서드가 아닌 다른 메서드에서도 속성을 추가할 수 있습니다. 단, 이때는 메서드를 호출해야 속성이 생성됩니다.

```
>>> class Person:
...     def greeting(self):
...         self.hello = '안녕하세요'     # greeting 메서드에서 hello 속성 추가
...
>>> maria = Person()
>>> maria.hello    # 아직 hello 속성이 없음
Traceback (most recent call last):
  File "<pyshell#22>", line 1, in <module>
    maria.hello
AttributeError: 'Person' object has no attribute 'hello'
>>> maria.greeting()    # greeting 메서드를 호출해야
>>> maria.hello         # hello 속성이 생성됨
'안녕하세요'
```

인스턴스는 자유롭게 속성을 추가할 수 있지만 특정 속성만 허용하고 다른 속성은 제한하고 싶을 수도 있습니다. 이때는 클래스에서 __slots__에 허용할 속성 이름을 리스트로 넣어주면 됩니다. 특히 속성 이름은 반드시 문자열로 지정해줍니다.

• __slots__ = ['속성이름1', '속성이름2']

```
>>> class Person:
...     __slots__ = ['name', 'age']     # name, age만 허용(다른 속성은 생성 제한)
...
>>> maria = Person()
>>> maria.name = '마리아'                        # 허용된 속성
>>> maria.age = 20                               # 허용된 속성
>>> maria.address = '서울시 서초구 반포동'        # 허용되지 않은 속성은 추가할 때 에러가 발생함
Traceback (most recent call last):
  File "<pyshell#32>", line 1, in <module>
    maria.address = '서울시 서초구 반포동'
AttributeError: 'Person' object has no attribute 'address'
```

34.3 비공개 속성 사용하기

앞에서 만든 Person 클래스에는 hello, name, age, address 속성이 있었습니다.

```
class Person:
    def __init__(self, name, age, address):
        self.hello = '안녕하세요.'
        self.name = name
        self.age = age
        self.address = address
```

이 속성들은 메서드에서 self로 접근할 수 있고, **인스턴스.속성** 형식으로 클래스 바깥에서도 접근할 수 있습니다.

```
>>> maria = Person('마리아', 20, '서울시 서초구 반포동')
>>> maria.name
'마리아'
```

이번에는 클래스 바깥에서는 접근할 수 없고 클래스 안에서만 사용할 수 있는 비공개 속성(private attribute)을 사용해보겠습니다.

비공개 속성은 **__속성**과 같이 이름이 __(밑줄 두 개)로 시작해야 합니다. 단, **__속성__**처럼 밑줄 두 개가 양옆에 왔을 때는 비공개 속성이 아니므로 주의해야 합니다.

```
class 클래스이름:
    def __init__(self, 매개변수)
        self.__속성 = 값
```

그럼 Person 클래스에 지갑 속성 __wallet을 넣어보겠습니다. 다음 내용을 IDLE의 소스 코드 편집 창에 입력한 뒤 실행해보세요.

```
class_private_attribute_error.py
```

```python
class Person:
    def __init__(self, name, age, address, wallet):
        self.name = name
        self.age = age
        self.address = address
        self.__wallet = wallet    # 변수 앞에 __를 붙여서 비공개 속성으로 만듦

maria = Person('마리아', 20, '서울시 서초구 반포동', 10000)
maria.__wallet -= 10000    # 클래스 바깥에서 비공개 속성에 접근하면 에러가 발생함
```

실행 결과

```
Traceback (most recent call last):
  File "C:\project\class_private_attribute_error.py", line 9, in <module>
    maria.__wallet -= 10000    # 클래스 바깥에서 비공개 속성에 접근하면 에러가 발생함
AttributeError: 'Person' object has no attribute '__wallet'
```

⌐⌐⌐⌐⌐► 'Person' 객체는 '__wallet' 속성을 가지고 있지 않음

실행을 해보면 에러가 발생합니다. self.__wallet처럼 앞에 밑줄 두 개를 붙여서 비공개 속성으로 만들었으므로 클래스 바깥에서 maria.__wallet으로는 접근할 수 없습니다. 사람이 가지고 있는 지갑은 본인만 사용할 수 있는데 maria.__wallet -= 10000처럼 바깥에서 마음대로 돈을 뺄 수는 없겠죠?

비공개 속성은 클래스 안의 메서드에서만 접근할 수 있습니다. 다음과 같이 돈을 내는 pay 메서드를 만들어봅니다.

```
class_private_attribute.py
```

```python
class Person:
    def __init__(self, name, age, address, wallet):
        self.name = name
        self.age = age
        self.address = address
        self.__wallet = wallet    # 변수 앞에 __를 붙여서 비공개 속성으로 만듦

    def pay(self, amount):
        self.__wallet -= amount    # 비공개 속성은 클래스 안의 메서드에서만 접근할 수 있음
        print('이제 {0}원 남았네요.'.format(self.__wallet))

maria = Person('마리아', 20, '서울시 서초구 반포동', 10000)
maria.pay(3000)
```

실행 결과

```
이제 7000원 남았네요.
```

pay는 돈을 내면 해당 금액을 지갑에서 빼도록 만들었습니다. 이제 지갑에 있는 돈을 쓸 수 있게 되었습니다.

물론 지갑에 든 돈은 굳이 밝힐 필요가 없으므로 print로 출력하지 않아도 됩니다. 보통은 다음과 같이 지갑에 든 돈이 얼마인지 확인하고 돈이 모자라면 쓰지 못하는 식으로 만듭니다.

```
def pay(self, amount):
    if amount > self.__wallet:    # 사용하려고 하는 금액보다 지갑에 든 돈이 적을 때
        print('돈이 모자라네...')
        return
    self.__wallet -= amount
```

이처럼 비공개 속성은 클래스 바깥으로 드러내고 싶지 않은 값에 사용합니다. 즉, 중요한 값인데 바깥에서 함부로 바꾸면 안 될 때 비공개 속성을 주로 사용합니다. 비공개 속성을 바꾸는 경우는 클래스의 메서드로 한정합니다.

지금까지 클래스 사용 방법에 대해 알아보았습니다. 클래스는 특정 개념을 표현(정의)만 할 뿐 사용을 하려면 인스턴스로 만들어야 한다는 점이 중요합니다. 그리고 속성, 메서드를 사용할 때는 self와 인스턴스를 통해 사용해야 한다는 점도 기억해두세요.

> **참고** **공개 속성과 비공개 속성**
>
> 클래스 바깥에서 접근할 수 있는 속성을 공개 속성(public attribute)이라 부르고, 클래스 안에서만 접근할 수 있는 속성을 비공개 속성(private attribute)이라 부릅니다.

> **참고** **비공개 메서드 사용하기**
>
> 속성뿐만 아니라 메서드도 이름이 __(밑줄 두 개)로 시작하면 클래스 안에서만 호출할 수 있는 비공개 메서드가 됩니다.
>
> ```
> class Person:
>     def __greeting(self):
>         print('Hello')
>
>     def hello(self):
>         self.__greeting()    # 클래스 안에서는 비공개 메서드를 호출할 수 있음
>
> james = Person()
> james.__greeting()    # 에러: 클래스 바깥에서는 비공개 메서드를 호출할 수 없음
> ```
>
> 비공개 메서드도 메서드를 클래스 바깥으로 드러내고 싶지 않을 때 사용합니다. 보통 내부에서만 호출되어야 하는 메서드를 비공개 메서드로 만듭니다. 예를 들어 게임 캐릭터가 마나를 소비해서 스킬을 쓴다고 치면 마나 소비량을 계산해서 차감하는 메서드는 비공개 메서드로 만들고, 스킬을 쓰는 메서드는 공개 메서드로 만듭니다. 만약 마나를 차감하는 메서드가 공개되어 있다면 마음대로 마나를 차감시킬 수 있으므로 잘못된 클래스 설계가 됩니다.

1. 다음 클래스의 **greeting** 메서드를 호출하기 위한 방법으로 올바른 것을 고르세요.

```
class Person:
    def greeting(self):
        print('Hello')
```

a. Person.greeting()

b. greeting()

c. maria = Person

maria.greeting()

d. maria = Person()

maria.greeting()

e. Person(greeting)

2. 클래스로 인스턴스를 만들 때 호출되는 메서드는 무엇인가요? (메서드 뒤의 괄호는 생략하고 메서드 이름만 입력)

3. 다음과 같이 **Person** 클래스가 있습니다. 클래스에서 다른 메서드를 만들었을 때 인스턴스 속성 **name**에 접근하기 위한 방법으로 올바른 것을 고르세요.

```
class Person:
    def __init__(self, name):
        self.name = name
```

a. name

b. self

c. Person.name

d. self[name]

e. self.name

4. 클래스의 메서드 **def __init__(self):**에서 속성을 만들려고 합니다. 다음 중 비공개 속성을 고르세요.

a. self.name

b. self._name

c. self.__name

d. self.__name__

e. self.name__

▶ 정답은 447쪽에 있습니다

연습문제: 게임 캐릭터 클래스 만들기

다음 소스 코드에서 클래스를 작성하여 게임 캐릭터의 능력치와 '베기'가 출력되게 만드세요.

practice_class.py

```
_____
...
_____

x = Knight(health=542.4, mana=210.3, armor=38)
print(x.health, x.mana, x.armor)
x.slash()
```

실행 결과

```
542.4 210.3 38
베기
```

정답

```python
class Knight:
    def __init__(self, health, mana, armor):
        self.health = health
        self.mana = mana
        self.armor = armor

    def slash(self):
        print('베기')
```

해설

x = Knight(health=542.4, mana=210.3, armor=38)와 같이 클래스에 값을 넣어서 인스턴스를 생성하고, print(x.health, x.mana, x.armor)와 같이 인스턴스 속성을 출력하고 있습니다. 따라서 class로 Knight 클래스를 만들고 __init__ 메서드에 매개변수로 self, health, mana, armor를 지정합니다. 이때 반드시 첫 번째 매개변수는 self라야 합니다. 함수 안에서는 self.health = health처럼 모든 매개변수를 그대로 속성으로 만들어줍니다.

그다음에 x.slash()와 같이 인스턴스로 메서드를 호출하고 있으므로 Knight 클래스 안에 slash 메서드를 만들고 print로 '베기'를 출력하도록 만들면 됩니다.

심사문제: 게임 캐릭터 클래스 만들기

표준 입력으로 게임 캐릭터 능력치(체력, 마나, AP)가 입력됩니다. 다음 소스 코드에서 애니(Annie) 클래스를 작성하여 티버(tibbers) 스킬의 피해량이 출력되게 만드세요. 티버의 피해량은 AP * 0.65 + 400이며 AP(Ability Power, 주문력)는 마법 능력치를 뜻합니다.

테스트 케이스 예제

표준 입력

```
511.68 334.0 298
```

표준 출력

```
티버: 피해량 593.7
```

테스트 케이스 예제

1803.68 1184.0 645

티버: 피해량 819.25

judge_class.py

```
                                                              
health, mana, ability_power = map(float, input().split())

x = Annie(health=health, mana=mana, ability_power=ability_power)
x.tibbers()
```

34.4 퀴즈 정답

1 d   먼저 **인스턴스 = 클래스()** 형식으로 인스턴스를 만든 뒤에 **인스턴스.메서드()** 형식으로 메서드를 호출합니다.

2 __init__   클래스에서 인스턴스를 만들 때 호출되는 메서드는 __init__ 입니다.

3 e   메서드에서 인스턴스 속성에 접근할 때는 **self.변수** 형식으로 접근합니다.

4 c   비공개 속성은 self.__name처럼 __(밑줄 두 개)로 시작해야 합니다.

UNIT 35 클래스 속성과 정적, 클래스 메서드 사용하기

지금까지 간단하게 클래스를 만들고 속성과 메서드를 사용해봤습니다. 이번에는 클래스에 속해 있는 클래스 속성에 대해 알아보겠습니다. 그리고 인스턴스를 만들지 않고 클래스로 호출하는 정적 메서드와 클래스 메서드도 사용해보겠습니다.

35.1 클래스 속성과 인스턴스 속성 알아보기

'34.2 속성 사용하기'(437쪽)에서 클래스의 속성을 사용해봤는데, 사실 속성에는 클래스 속성과 인스턴스 속성 두 가지 종류가 있습니다. __init__ 메서드에서 만들었던 속성은 인스턴스 속성입니다.

35.1.1 클래스 속성 사용하기

그럼 이번에는 클래스 속성을 사용해보겠습니다. 클래스 속성은 다음과 같이 클래스에 바로 속성을 만듭니다.

```
class 클래스이름:
    속성 = 값
```

이제 간단하게 사람 클래스에 클래스 속성으로 가방 속성을 넣고 사용해보겠습니다. 다음과 같이 Person 클래스에 바로 bag 속성을 넣고, put_bag 메서드를 만듭니다. 그리고 인스턴스 두 개를 만든 뒤 각각 put_bag 메서드를 사용합니다.

class_class_attribute.py

```python
class Person:
    bag = []

    def put_bag(self, stuff):
        self.bag.append(stuff)

james = Person()
james.put_bag('책')

maria = Person()
maria.put_bag('열쇠')

print(james.bag)
print(maria.bag)
```

실행 결과

```
['책', '열쇠']
['책', '열쇠']
```

가방에 물건을 넣는 간단한 동작을 만들었습니다. 그런데 결과가 좀 이상하죠? james와 maria 인스턴스를 만들고 각자 put_bag 메서드로 물건을 넣었는데, james.bag과 maria.bag을 출력해보면 넣었던 물건이 합쳐져서 나옵니다. 즉, 클래스 속성은 클래스에 속해 있으며 모든 인스턴스에서 공유합니다.

▼ 그림 35-1 클래스 속성

```
class Person:                       ──────── james.put_bag('책')
    bag = []
                                    ──────── maria.put_bag('열쇠')
    def put_bag(self, stuff):
        self.bag.append(stuff)
```

put_bag 메서드에서 클래스 속성 bag에 접근할 때 self를 사용했습니다. 사실 self는 현재 인스턴스를 뜻하므로 클래스 속성을 지칭하기에는 조금 모호합니다.

```
class Person:
    bag = []

    def put_bag(self, stuff):
        self.bag.append(stuff)
```

그래서 클래스 속성에 접근할 때는 다음과 같이 클래스 이름으로 접근하면 좀 더 코드가 명확해집니다.

- **클래스.속성**

```
class Person:
    bag = []

    def put_bag(self, stuff):
        Person.bag.append(stuff)     # 클래스 이름으로 클래스 속성에 접근
```

Person.bag이라고 하니 클래스 Person에 속한 bag 속성이라는 것을 바로 알 수 있습니다. 마찬가지로 클래스 바깥에서도 다음과 같이 클래스 이름으로 클래스 속성에 접근하면 됩니다.

```
print(Person.bag)
```

> **참고** **속성, 메서드 이름을 찾는 순서**
>
> 파이썬에서는 속성, 메서드 이름을 찾을 때 인스턴스, 클래스 순으로 찾습니다. 그래서 인스턴스 속성이 없으면 클래스 속성을 찾게 되므로 james.bag, maria.bag도 문제없이 동작합니다. 겉보기에는 인스턴스 속성을 사용하는 것 같지만 실제로는 클래스 속성입니다.
> 인스턴스와 클래스에서 __dict__ 속성을 출력해보면 현재 인스턴스와 클래스의 속성을 딕셔너리로 확인할 수 있습니다.
>
> - **인스턴스.__dict__**
> - **클래스.__dict__**

```
>>> james.__dict__
{}
>>> Person.__dict__
mappingproxy({'__module__': '__main__', 'bag': ['책', '열쇠'], 'put_bag': <function Person.put_bag at
0x028A32B8>, '__dict__': <attribute '__dict__' of 'Person' objects>, '__weakref__': <attribute '__weakref__'
of 'Person' objects>, '__doc__': None})
```

james.bag을 사용했을 때 클래스 속성을 찾는 과정은 다음과 같습니다.

▼ 그림 35-2 클래스 속성을 찾는 과정

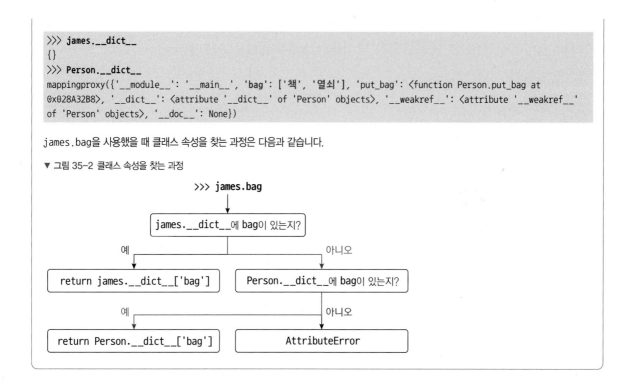

35.1.2 인스턴스 속성 사용하기

그럼 가방을 여러 사람이 공유하지 않으려면 어떻게 해야 할까요? 그냥 bag을 인스턴스 속성으로 만들면 됩니다.

```
class_instance_attribute.py

class Person:
    def __init__(self):
        self.bag = []

    def put_bag(self, stuff):
        self.bag.append(stuff)

james = Person()
james.put_bag('책')

maria = Person()
maria.put_bag('열쇠')

print(james.bag)
print(maria.bag)
```

```
실행 결과
['책']
['열쇠']
```

james.bag과 maria.bag을 출력해보면 각자 넣은 물건만 출력됩니다. 즉, 인스턴스 속성은 인스턴스별로 독립되어 있으며 서로 영향을 주지 않습니다.

이제 클래스 속성과 인스턴스 속성의 차이점을 정리해보겠습니다.

- **클래스 속성:** 모든 인스턴스가 공유. 인스턴스 전체가 사용해야 하는 값을 저장할 때 사용
- **인스턴스 속성:** 인스턴스별로 독립되어 있음. 각 인스턴스가 값을 따로 저장해야 할 때 사용

35.1.3 비공개 클래스 속성 사용하기

클래스 속성도 비공개 속성을 만들 수 있습니다. 클래스 속성을 만들 때 **__속성**과 같이 __(밑줄 두 개)로 시작하면 비공개 속성이 됩니다. 따라서 클래스 안에서만 접근할 수 있고, 클래스 바깥에서는 접근할 수 없습니다.

```
class 클래스이름:
    __속성 = 값     # 비공개 클래스 속성
```

즉, 클래스에서 공개하고 싶지 않은 속성이 있다면 비공개 클래스를 사용해야 합니다. 예를 들어 기사 게임 캐릭터는 아이템을 최대 10개까지만 보유할 수 있다고 하죠.

class_private_class_attribute_error.py

```
class Knight:
    __item_limit = 10    # 비공개 클래스 속성

    def print_item_limit(self):
        print(Knight.__item_limit)    # 클래스 안에서만 접근할 수 있음

x = Knight()
x.print_item_limit()    # 10

print(Knight.__item_limit)    # 클래스 바깥에서는 접근할 수 없음
```

실행 결과

```
10
Traceback (most recent call last):
  File "C:\project\class_private_class_attribute_error.py ", line 11, in <module>
    print(Knight.__item_limit)    # 클래스 바깥에서는 접근할 수 없음
AttributeError: type object 'Knight' has no attribute '__item_limit'
```

⌐⌐⌐⌐ 타입 객체 'Knight'는 '__item_limit' 속성을 가지고 있지 않음

실행을 해보면 클래스 Knight의 비공개 클래스 속성 __item_limit는 클래스 안의 print_item_limit 메서드에서만 접근할 수 있고 클래스 바깥에서 접근하면 에러가 발생합니다. 아이템의 보유 제한이 10개인데 이 클래스를 사용하는 사람이 마음대로 __item_limit = 1000으로 수정하면 곤란하겠죠?

이처럼 비공개 클래스 속성은 클래스 바깥으로 드러내고 싶지 않은 값에 사용합니다.

35.2 정적 메서드 사용하기

지금까지 클래스의 메서드를 사용할 때 인스턴스를 통해서 호출했습니다. 이번에는 인스턴스를 통하지 않고 클래스에서 바로 호출할 수 있는 정적 메서드와 클래스 메서드에 대해 알아보겠습니다.

먼저 정적 메서드입니다. 정적 메서드는 다음과 같이 메서드 위에 @staticmethod를 붙입니다. 이때 정적 메서드는 매개변수에 self를 지정하지 않습니다.

```
class 클래스이름:
    @staticmethod
    def 메서드(매개변수1, 매개변수2):
        코드
```

@staticmethod처럼 앞에 @이 붙은 것을 데코레이터라고 하며 메서드(함수)에 추가 기능을 구현할 때 사용합니다. 데코레이터는 'Unit 42 데코레이터 사용하기'(543쪽)에서 자세히 설명하겠습니다.

그럼 간단하게 덧셈과 곱셈을 하는 클래스를 만들어보겠습니다.

class_static_method.py	실행 결과

<pre>class Calc:
    @staticmethod
    def add(a, b):
        print(a + b)
 	
    @staticmethod
    def mul(a, b):
        print(a * b)
 	
Calc.add(10, 20)   # 클래스에서 바로 메서드 호출
Calc.mul(10, 20)   # 클래스에서 바로 메서드 호출</pre>
	30
	200

Calc 클래스에서 @staticmethod를 붙여서 add 메서드와 mul 메서드를 만들었습니다. 정적 메서드를 호출할 때는 다음과 같이 클래스에서 바로 메서드를 호출하면 됩니다.

· **클래스.메서드()**

```
Calc.add(10, 20)    # 클래스에서 바로 메서드 호출
Calc.mul(10, 20)    # 클래스에서 바로 메서드 호출
```

정적 메서드는 self를 받지 않으므로 인스턴스 속성에는 접근할 수 없습니다. 그래서 보통 정적 메서드는 인스턴스 속성, 인스턴스 메서드가 필요 없을 때 사용합니다.

여기서 만든 Calc 클래스에 들어있는 add, mul 메서드는 숫자 두개를 받아서 더하거나 곱할 뿐 인스턴스의 속성은 필요하지 않습니다.

그럼 무엇을 정적 메서드로 만들어야 할까요? 정적 메서드는 메서드의 실행이 외부 상태에 영향을 끼치지 않는 순수 함수(pure function)를 만들 때 사용합니다. 순수 함수는 부수 효과(side effect)가 없고 입력 값이 같으면 언제나 같은 출력 값을 반환합니다. 즉, 정적 메서드는 인스턴스의 상태를 변화시키지 않는 메서드를 만들 때 사용합니다.

> **참고** **파이썬 자료형의 인스턴스 메서드와 정적 메서드**
>
> 파이썬의 자료형도 인스턴스 메서드와 정적, 클래스 메서드로 나뉘어져 있습니다. 예를 들어 세트에 요소를 더할 때는 인스턴스 메서드를 사용하고 합집합을 구할 때는 정적 메서드를 사용하도록 만들어져 있습니다.
>
> ```
> >>> a = {1, 2, 3, 4}
> >>> a.update({5})     # 인스턴스 메서드
> >>> a
> {1, 2, 3, 4, 5}
> >>> set.union({1, 2, 3, 4}, {5})     # 정적(클래스) 메서드
> {1, 2, 3, 4, 5}
> ```
>
> 이처럼 인스턴스의 내용을 변경해야 할 때는 update와 같이 인스턴스 메서드로 작성하고 인스턴스 내용과는 상관없이 결과만 구할 때는 set.union과 같이 정적 메서드로 작성하면 됩니다.

35.3 클래스 메서드 사용하기

이번에는 정적 메서드와 비슷하지만 약간의 차이점이 있는 클래스 메서드를 사용해보겠습니다.

클래스 메서드는 다음과 같이 메서드 위에 @classmethod를 붙입니다. 이때 클래스 메서드는 첫 번째 매개변수에 cls를 지정해야 합니다(cls는 **class**에서 따왔습니다).

```
class 클래스이름:
    @classmethod
    def 메서드(cls, 매개변수1, 매개변수2):
        코드
```

그럼 사람 클래스 Person을 만들고 인스턴스가 몇 개 만들어졌는지 출력하는 메서드를 만들어보겠습니다.

```python
class Person:
    count = 0    # 클래스 속성

    def __init__(self):
        Person.count += 1    # 인스턴스가 만들어질 때
                             # 클래스 속성 count에 1을 더함

    @classmethod
    def print_count(cls):
        print('{0}명 생성되었습니다.'.format(cls.count))    # cls로 클래스 속성에 접근

james = Person()
maria = Person()

Person.print_count()    # 2명 생성되었습니다.
```

실행 결과

```
2명 생성되었습니다.
```

먼저 인스턴스가 만들어질 때마다 숫자를 세야 하므로 __init__ 메서드에서 클래스 속성 count에 1을 더해줍니다. 물론 클래스 속성에 접근한다는 것을 명확하게 하기 위해 Person.count와 같이 만들어줍니다.

```python
class Person:
    count = 0    # 클래스 속성

    def __init__(self):
        Person.count += 1    # 인스턴스가 만들어질 때
                             # 클래스 속성 count에 1을 더함
```

이제 @classmethod를 붙여서 클래스 메서드를 만듭니다. 클래스 메서드는 첫 번째 매개변수가 cls인데 여기에는 현재 클래스가 들어옵니다. 따라서 cls.count처럼 cls로 클래스 속성 count에 접근할 수 있습니다.

```python
    @classmethod
    def print_count(cls):
        print('{0}명 생성되었습니다.'.format(cls.count))    # cls로 클래스 속성에 접근
```

Person으로 인스턴스를 두 개 만들었으므로 print_count를 호출해보면 '2명 생성되었습니다.'가 출력됩니다. 물론 print_count는 클래스 메서드이므로 Person.print_count()처럼 클래스로 호출해줍니다.

```python
james = Person()
maria = Person()

Person.print_count()    # 2명 생성되었습니다.
```

클래스 메서드는 정적 메서드처럼 인스턴스 없이 호출할 수 있다는 점은 같습니다. 하지만 클래스 메서드는 메서드 안에서 클래스 속성, 클래스 메서드에 접근해야 할 때 사용합니다.

특히 cls를 사용하면 메서드 안에서 현재 클래스의 인스턴스를 만들 수도 있습니다. 즉, cls는 클래스이므로 cls( )는 Person( )과 같습니다.

```
@classmethod
def create(cls):
    p = cls()    # cls()로 인스턴스 생성
    return p
```

35.4 퀴즈

1. 다음 중 클래스 바깥에서 클래스 속성 x에 접근하는 방법으로 올바른 것을 고르세요.

```
class Person:
    x = {}
```

a. Person.x

b. Person(x)

c. x

d. self.x

e. Person['x']

2. 다음 중 정적 메서드로 올바른 것을 고르세요.

a. def print_count(self):
    print(self.count)

b. @staticmethod
def sub(self, a, b):
    print(a - b)

c. @staticmethod
def div(a, b):
    print(a / b)

d. @staticmethod
def add(cls, a, b):
    print(a + b)

e. def print_count(cls):
    print(cls.count)

3. 다음 중 클래스 메서드에 대한 설명으로 잘못된 것을 고르세요.

    a. 클래스 메서드는 클래스.메서드() 형식으로 호출한다.

    b. 클래스 메서드는 위에 @classmethod를 붙여서 만든다.

    c. 클래스 메서드의 첫 번째 매개변수는 self이며 현재 인스턴스가 들어온다.

    d. 클래스 메서드는 인스턴스 없이 호출할 수 있다.

    e. 클래스 메서드는 위에 @staticmethod를 붙여서 만든다.

▶ 정답은 457쪽에 있습니다

35.5 연습문제: 날짜 클래스 만들기

다음 소스 코드에서 Date 클래스를 완성하세요. `is_date_valid`는 문자열이 올바른 날짜인지 검사하는 메서드입니다. 날짜에서 월은 12월까지 일은 31일까지 있어야 합니다.

practice_class_static_class_method.py

```
class Date:
    _____
    ...
    _____

if Date.is_date_valid('2000-10-31'):
    print('올바른 날짜 형식입니다.')
else:
    print('잘못된 날짜 형식입니다.')
```

실행 결과

```
올바른 날짜 형식입니다.
```

정답

```
    @staticmethod
    def is_date_valid(date_string):
        year, month, day = map(int, date_string.split('-'))
        return month <= 12 and day <= 31
```

해설

is_date_valid 메서드는 Date.is_date_valid처럼 호출하고 있지만, 문자열이 올바른 날짜인지 검사만 하면 되고, 클래스에 접근할 필요는 없습니다. 그러므로 정적 메서드로 만듭니다. 먼저 메서드 위에 @staticmethod를 붙여준 뒤 첫 번째 매개변수로 날짜 문자열 date_string을 지정합니다. 메서드 안에서는 year, month, day = map(int, date_string.split('-'))와 같이 '-'로 문자열을 분리한 뒤 int로 변환해서 각 변수에 넣어줍니다. 그다음에는 return month <= 12 and day <= 31과 같이 월이 12 이하이면서 일이 31일 이하인지 검사하고 결과를 반환하도록 만들면 됩니다. 즉, 월, 일 모두 만족하면 True가 반환되고 하나라도 만족하지 않으면 False가 반환됩니다.

표준 입력으로 시:분:초 형식의 시간이 입력됩니다. 다음 소스 코드에서 Time 클래스를 완성하여 시, 분, 초가 출력되게 만드세요. from_string은 문자열로 인스턴스를 만드는 메서드이며 is_time_valid는 문자열이 올바른 시간인지 검사하는 메서드입니다. 시간은 24시까지, 분은 59분까지, 초는 60초까지 있어야 합니다. 정답에 코드를 작성할 때는 class Time:에 맞춰서 들여쓰기를 해주세요.

테스트 케이스 예제

표준 입력	표준 출력
23:35:59	23 35 59

테스트 케이스 예제

표준 입력	표준 출력
12:62:43	잘못된 시간 형식입니다.

judge_class_static_class_method.py

```python
class Time:
    def __init__(self, hour, minute, second):
        self.hour = hour
        self.minute = minute
        self.second = second




time_string = input()

if Time.is_time_valid(time_string):
    t = Time.from_string(time_string)
    print(t.hour, t.minute, t.second)
else:
    print('잘못된 시간 형식입니다.')
```

36 클래스 상속 사용하기

지금까지 클래스의 기본 사용 방법을 알아보았습니다. 이번에는 클래스 상속(inheritance)을 사용해보겠습니다.

▼ 그림 36-1 클래스 상속

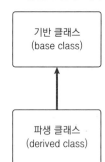

상속은 무언가를 물려받는다는 뜻입니다. 그래서 클래스 상속은 물려받은 기능을 유지한 채로 다른 기능을 추가할 때 사용하는 기능입니다. 여기서 기능을 물려주는 클래스를 기반 클래스(base class), 상속을 받아 새롭게 만드는 클래스를 파생 클래스(derived class)라고 합니다.

보통 기반 클래스는 부모 클래스(parent class), 슈퍼 클래스(superclass)라고 부르고, 파생 클래스는 자식 클래스(child class), 서브 클래스(subclass)라고도 부릅니다.

클래스 상속은 생물 분류를 떠올리면 이해하기 쉽습니다. 예를 들어 조류, 어류는 공통된 조상인 척추동물로부터 물려받은 특성을 공유하면서 각자 고유한 특성을 가집니다. 척추를 가졌다는 특성은 변함이 없지만 날개를 가졌으면 조류, 물속에 살면 어류인 식입니다. 즉, 같은 계통으로 특성을 공유하며 전혀 상관없이 어류가 꽃식물의 특성을 가지지는 않습니다.

▼ 그림 36-2 생물 분류

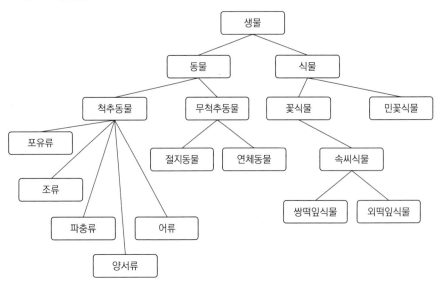

마찬가지로 클래스 상속도 기반 클래스의 능력을 그대로 활용하면서 새로운 클래스를 만들 때 사용합니다. 동물을 예로 들면 척추동물에서 포유류, 조류, 파충류 등을 만드는 식이죠.

그런데 그냥 새로운 클래스를 만들면 되지 왜 이런 상속 개념을 만들었을까요? 만약 새로운 기능이 필요할 때마다 계속 클래스를 만든다면 중복되는 부분을 반복해서 만들어야 합니다. 이럴 때 상속을 사용하면 중복되는 기능을 만들지 않아도 됩니다. 따라서 상속은 기존 기능을 재사용할 수 있어서 효율적입니다.

36.1 사람 클래스로 학생 클래스 만들기

클래스 상속은 다음과 같이 클래스를 만들 때 ( )(괄호)를 붙이고 안에 기반 클래스 이름을 넣습니다.

```
class 기반클래스이름:
    코드


class 파생클래스이름(기반클래스이름):
    코드
```

그럼 간단하게 사람 클래스를 만들고 사람 클래스를 상속받아 학생 클래스를 만들어보겠습니다.

class_inheritance.py

```
class Person:
    def greeting(self):
        print('안녕하세요.')

class Student(Person):
    def study(self):
        print('공부하기')

james = Student()
james.greeting()     # 안녕하세요.: 기반 클래스 Person의 메서드 호출
james.study()        # 공부하기: 파생 클래스 Student에 추가한 study 메서드
```

실행 결과

```
안녕하세요.
공부하기
```

Student 클래스를 만들 때 class Student(Person):과 같이 ( )(괄호) 안에 기반 클래스인 Person 클래스를 넣었습니다. 이렇게 하면 Person 클래스의 기능을 물려받은 Student 클래스가 됩니다.

Student 클래스에는 greeting 메서드가 없지만 Person 클래스를 상속받았으므로 greeting 메서드를 호출할 수 있습니다.

```
james = Student()
james.greeting()     # 안녕하세요.: 기반 클래스 Person의 메서드 호출
```

그리고 Student 클래스에 추가한 새로운 메서드인 study를 호출했습니다.

```
james.study()          # 공부하기: 파생 클래스 Student에 추가한 study 메서드
```

Person 클래스와 Student 클래스의 관계를 그림으로 나타내면 다음과 같은 모양이 됩니다.

▼ 그림 36-3 클래스 상속과 메서드 추가

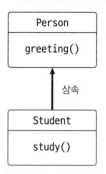

이처럼 클래스 상속은 기반 클래스의 기능을 유지하면서 새로운 기능을 추가할 수 있습니다. 특히 클래스 상속은 연관되면서 동등한 기능일 때 사용합니다. 즉, 학생은 사람이므로 연관된 개념이고, 학생은 사람에서 역할만 확장되었을 뿐 동등한 개념입니다.

참고 **상속 관계 확인하기**

클래스의 상속 관계를 확인하고 싶을 때는 issubclass 함수를 사용합니다. 즉, 클래스가 기반 클래스의 파생 클래스인지 확인합니다. 기반 클래스의 파생 클래스가 맞으면 True, 아니면 False를 반환합니다.

· issubclass(파생클래스, 기반클래스)

```
>>> class Person:
...     pass
...
>>> class Student(Person):
...     pass
...
>>> issubclass(Student, Person)
True
```

Student가 Person의 파생 클래스이므로 issubclass는 True가 나옵니다.

36.2 상속 관계와 포함 관계 알아보기

지금까지 기반 클래스를 상속하여 새로운 클래스를 만들어 보았습니다. 그런데 클래스 상속은 정확히 어디에 사용해야 할까요?

36.2.1 상속 관계

앞에서 만든 Student 클래스는 Person 클래스를 상속받아서 만들었습니다.

```
class_is_a.py
class Person:
    def greeting(self):
        print('안녕하세요.')

class Student(Person):
    def study(self):
        print('공부하기')
```

여기서 학생 Student는 사람 Person이므로 같은 종류입니다. 이처럼 상속은 명확하게 같은 종류이며 동등한
관계일 때 사용합니다. 즉, "학생은 사람이다."라고 했을 때 말이 되면 동등한 관계입니다. 그래서 상속 관계를
영어로 is-a 관계라고 부릅니다(Student is a Person).

36.2.2 포함 관계

하지만 학생 클래스가 아니라 사람 목록을 관리하는 클래스를 만든다면 어떻게 해야 할까요? 다음과 같이 리
스트 속성에 Person 인스턴스를 넣어서 관리하면 됩니다.

```
class_has_a.py
class Person:
    def greeting(self):
        print('안녕하세요.')

class PersonList:
    def __init__(self):
        self.person_list = []     # 리스트 속성에 Person 인스턴스를 넣어서 관리

    def append_person(self, person):     # 리스트 속성에 Person 인스턴스를 추가하는 함수
        self.person_list.append(person)
```

여기서는 상속을 사용하지 않고 속성에 인스턴스를 넣어서 관리하므로 PersonList가 Person을 포함하고
있습니다. 이러면 사람 목록 PersonList와 사람 Person은 동등한 관계가 아니라 포함 관계입니다. 즉, "사
람 목록은 사람을 가지고 있다."라고 말할 수 있습니다. 그래서 포함 관계를 영어로 has-a 관계라고 부릅니다
(PersonList has a Person).

정리하자면 같은 종류에 동등한 관계일 때는 상속을 사용하고 그 이외에는 속성에 인스턴스를 넣는 포함 방식
을 사용하면 됩니다.

기반 클래스의 속성 사용하기

이번에는 기반 클래스에 들어있는 인스턴스 속성을 사용해보겠습니다. 다음과 같이 Person 클래스에 hello 속성이 있고 Person 클래스를 상속받아 Student 클래스를 만듭니다. 그다음에 Student로 인스턴스를 만들고 hello 속성에 접근해봅니다.

```
class_inheritance_attribute_error.py
class Person:
    def __init__(self):
        print('Person __init__')
        self.hello = '안녕하세요.'

class Student(Person):
    def __init__(self):
        print('Student __init__')
        self.school = '파이썬 코딩 도장'

james = Student()
print(james.school)
print(james.hello)    # 기반 클래스의 속성을 출력하려고 하면 에러가 발생함
```

```
실행 결과
Student __init__
파이썬 코딩 도장
Traceback (most recent call last):
  File "C:\project\class_inheritance_attribute_error.py", line 14, in <module>
    print(james.hello)
AttributeError: 'Student' object has no attribute 'hello'
```
········• 'Student' 객체는 'hello' 속성을 가지고 있지 않음

실행을 해보면 에러가 발생합니다. 왜냐하면 기반 클래스 Person의 __init__ 메서드가 호출되지 않았기 때문입니다. 실행 결과를 잘 보면 'Student __init__'만 출력되었습니다.

즉, Person의 __init__ 메서드가 호출되지 않으면 self.hello = '안녕하세요.'도 실행되지 않아서 속성이 만들어지지 않습니다.

36.3.1 super()로 기반 클래스 초기화하기

이때는 super()를 사용해서 기반 클래스의 __init__ 메서드를 호출해줍니다. 다음과 같이 super() 뒤에 .(점)을 붙여서 메서드를 호출하는 방식입니다.

· super().메서드()

```
class_inheritance_attribute.py

class Person:
    def __init__(self):
        print('Person __init__')
        self.hello = '안녕하세요.'

class Student(Person):
    def __init__(self):
        print('Student __init__')
        super().__init__()                 # super()로 기반 클래스의 __init__ 메서드 호출
        self.school = '파이썬 코딩 도장'

james = Student()
print(james.school)
print(james.hello)
```

실행 결과

```
Student __init__
Person __init__
파이썬 코딩 도장
안녕하세요.
```

실행을 해보면 기반 클래스 Person의 속성인 hello가 잘 출력됩니다. super().__init__()과 같이 기반 클래스 Person의 __init__ 메서드를 호출해주면 기반 클래스가 초기화되어서 속성이 만들어집니다. 실행 결과를 보면 'Student __init__'과 'Person __init__'이 모두 출력되었습니다.

기반 클래스 Person의 속성 hello를 찾는 과정을 그림으로 나타내면 다음과 같은 모양이 됩니다.

▼ 그림 36-4 기반 클래스의 속성을 찾는 과정

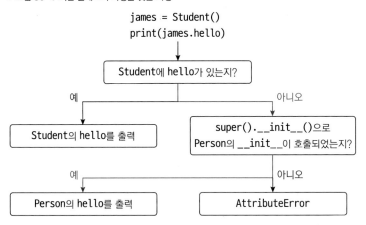

36.3.2 기반 클래스를 초기화하지 않아도 되는 경우

만약 파생 클래스에서 __init__ 메서드를 생략한다면 기반 클래스의 __init__이 자동으로 호출되므로 super()는 사용하지 않아도 됩니다.

```
class_inheritance_no_init.py
```

```python
class Person:
    def __init__(self):
        print('Person __init__')
        self.hello = '안녕하세요.'

class Student(Person):
    pass

james = Student()
print(james.hello)
```

```
Person __init__
안녕하세요.
```

이처럼 파생 클래스에 __init__ 메서드가 없다면 기반 클래스의 __init__이 자동으로 호출되므로 기반 클래스의 속성을 사용할 수 있습니다.

참고   **좀 더 명확하게 super 사용하기**

super는 다음과 같이 파생 클래스와 self를 넣어서 현재 클래스가 어떤 클래스인지 명확하게 표시하는 방법도 있습니다. 물론 super()와 기능은 같습니다.

· **super(파생클래스, self).메서드**

```python
class Student(Person):
    def __init__(self):
        print('Student __init__')
        super(Student, self).__init__()    # super(파생클래스, self)로 기반 클래스의 메서드 호출
        self.school = '파이썬 코딩 도장'
```

36.4 메서드 오버라이딩 사용하기

이번에는 파생 클래스에서 기반 클래스의 메서드를 새로 정의하는 메서드 오버라이딩에 대해 알아보겠습니다. 다음과 같이 Person의 greeting 메서드가 있는 상태에서 Student에도 greeting 메서드를 만듭니다.

```
class_method_overriding.py
```

```python
class Person:
    def greeting(self):
        print('안녕하세요.')

class Student(Person):
    def greeting(self):
        print('안녕하세요. 저는 파이썬 코딩 도장 학생입니다.')

james = Student()
james.greeting()
```

```
안녕하세요. 저는 파이썬 코딩 도장 학생입니다.
```

james.greeting()처럼 Student의 greeting 메서드를 호출하니 '안녕하세요. 저는 파이썬 코딩 도장 학생입니다.'가 출력되었습니다.

오버라이딩(overriding)은 무시하다, 우선하다라는 뜻이 있는데 말 그대로 기반 클래스의 메서드를 무시하고 새로운 메서드를 만든다는 뜻입니다. 여기서는 Person 클래스의 greeting 메서드를 무시하고 Student 클래스에서 새로운 greeting 메서드를 만들었습니다.

그럼 메서드 오버라이딩은 왜 사용할까요? 보통 프로그램에서 어떤 기능이 같은 메서드 이름으로 계속 사용되어야 할 때 메서드 오버라이딩을 활용합니다. 만약 Student 클래스에서 인사하는 메서드를 greeting2로 만들어야 한다면 모든 소스 코드에서 메서드 호출 부분을 greeting2로 수정해야겠죠?

다시 Person 클래스의 greeting 메서드와 Student 클래스의 greeting 메서드를 보면 '안녕하세요.'라는 문구가 중복됩니다.

```
def greeting(self):
    print('안녕하세요.')
```

```
def greeting(self):
    print('안녕하세요. 저는 파이썬 코딩 도장 학생입니다.')
```

이럴 때는 기반 클래스의 메서드를 재활용하면 중복을 줄일 수 있습니다. 다음과 같이 오버라이딩된 메서드에서 super()로 기반 클래스의 메서드를 호출해봅니다.

```
class_method_overring_super.py
class Person:
    def greeting(self):
        print('안녕하세요.')

class Student(Person):
    def greeting(self):
        super().greeting()    # 기반 클래스의 메서드 호출하여 중복을 줄임
        print('저는 파이썬 코딩 도장 학생입니다.')

james = Student()
james.greeting()
```

실행 결과
```
안녕하세요.
저는 파이썬 코딩 도장 학생입니다.
```

Student의 greeting에서 super().greeting()으로 Person의 greeting을 호출했습니다. 즉, 중복되는 기능은 파생 클래스에서 다시 만들지 않고 기반 클래스의 기능을 사용하면 됩니다.

이처럼 메서드 오버라이딩은 원래 기능을 유지하면서 새로운 기능을 덧붙일 때 사용합니다.

다중 상속은 여러 기반 클래스로부터 상속을 받아서 파생 클래스를 만드는 방법입니다. 다음과 같이 클래스를 만들 때 ( )(괄호) 안에 클래스 이름을 ,(콤마)로 구분해서 넣습니다.

```
class 기반클래스이름1:
    코드

class 기반클래스이름2:
    코드

class 파생클래스이름(기반클래스이름1, 기반클래스이름2):
```

그럼 사람 클래스와 대학교 클래스를 만든 뒤 다중 상속으로 대학생 클래스를 만들어보겠습니다.

class_multiple_inheritance.py

```
class Person:
    def greeting(self):
        print('안녕하세요.')

class University:
    def manage_credit(self):
        print('학점 관리')

class Undergraduate(Person, University):
    def study(self):
        print('공부하기')

james = Undergraduate()
james.greeting()          # 안녕하세요.: 기반 클래스 Person의 메서드 호출
james.manage_credit()     # 학점 관리: 기반 클래스 University의 메서드 호출
james.study()             # 공부하기: 파생 클래스 Undergraduate에 추가한 study 메서드
```

실행 결과
```
안녕하세요.
학점 관리
공부하기
```

먼저 기반 클래스 Person과 University를 만들었습니다. 그다음에 파생 클래스 Undergraduate를 만들 때 class Undergraduate(Person, University):와 같이 괄호 안에 Person과 University를 콤마로 구분해서 넣었습니다. 이렇게 하면 두 기반 클래스의 기능을 모두 상속받습니다.

즉, 다음과 같이 Undergraduate 클래스의 인스턴스로 Person의 greeting과 University의 manage_credit을 호출할 수 있습니다.

```
james = Undergraduate()
james.greeting()          # 안녕하세요.: 기반 클래스 Person의 메서드 호출
james.manage_credit()     # 학점 관리: 기반 클래스 University의 메서드 호출
james.study()             # 공부하기: 파생 클래스 Undergraduate에 추가한 study 메서드
```

Person, University, Undergraduate 클래스의 관계를 그림으로 나타내면 다음과 같은 모양이 됩니다.

▼ 그림 36-5 다중 상속

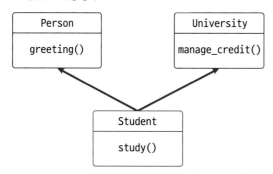

36.5.1 다이아몬드 상속

그럼 조금 복잡한 클래스 상속을 해보겠습니다. 여기서는 편의상 클래스 이름을 A, B, C, D로 만들겠습니다.

class_diamond_inheritance.py	실행 결과
| ```python
class A:
    def greeting(self):
        print('안녕하세요. A입니다.')

class B(A):
    def greeting(self):
        print('안녕하세요. B입니다.')

class C(A):
    def greeting(self):
        print('안녕하세요. C입니다.')

class D(B, C):
    pass

x = D()
x.greeting()    # 안녕하세요. B입니다.
``` | 안녕하세요. B입니다. |

기반 클래스 A가 있고, B, C는 A를 상속받습니다. 그리고 다시 D는 B, C를 상속받습니다. 이 관계를 그림으로 나타내면 다음과 같은 모양이 됩니다.

▼ 그림 36-6 다이아몬드 상속

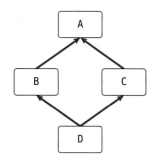
```

클래스 간의 관계가 다이아몬드 같이 생겼죠? 그래서 객체지향 프로그래밍에서는 이런 상속 관계를 다이아몬드 상속이라 부릅니다.

여기서는 클래스 A를 상속받아서 B, C를 만들고, 클래스 B와 C를 상속받아서 D를 만들었습니다. 그리고 A, B, C 모두 greeting이라는 같은 메서드를 가지고 있다면 D는 어떤 클래스의 메서드를 호출해야 할까요? 조금 애매합니다.

프로그래밍에서는 이렇게 명확하지 않고 애매한 상태를 좋아하지 않습니다. 프로그램이 어떨 때는 A의 메서드를 호출하고, 또 어떨 때는 B 또는 C의 메서드를 호출한다면 큰 문제가 생깁니다. 만약 이런 프로그램이 우주선 발사에 쓰인다면 정말 끔찍합니다. 그래서 다이아몬드 상속은 문제가 많다고 해서 죽음의 다이아몬드라고도 부릅니다.

36.5.2 메서드 탐색 순서 확인하기

많은 프로그래밍 언어들이 다이아몬드 상속에 대한 해결책을 제시하고 있는데 파이썬에서는 메서드 탐색 순서(Method Resolution Order, MRO)를 따릅니다.

다음과 같이 클래스 D에 메서드 mro를 사용해보면 메서드 탐색 순서가 나옵니다(**클래스.__mro__** 형식도 같은 내용).

- **클래스.mro()**

```
>>> D.mro()
[<class '__main__.D'>, <class '__main__.B'>, <class '__main__.C'>, <class '__main__.A'>, <class 'object'>]
```

MRO에 따르면 D의 메서드 호출 순서는 자기 자신 D, 그다음이 B입니다. 따라서 D로 인스턴스를 만들고 greeting을 호출하면 B의 greeting이 호출됩니다(D는 greeting 메서드가 없으므로).

```
x = D()
x.greeting()    # 안녕하세요. B입니다.
```

파이썬은 다중 상속을 한다면 class D(B, C):의 클래스 목록 중 왼쪽에서 오른쪽 순서로 메서드를 찾습니다. 그러므로 같은 메서드가 있다면 B가 우선합니다. 만약 상속 관계가 복잡하게 얽혀 있다면 MRO를 살펴보는 것이 편리합니다.

36.6 추상 클래스 사용하기

파이썬은 추상 클래스(abstract class)라는 기능을 제공합니다. 추상 클래스는 메서드의 목록만 가진 클래스이며 상속받는 클래스에서 메서드 구현을 강제하기 위해 사용합니다.

먼저 추상 클래스를 만들려면 import로 abc 모듈을 가져와야 합니다(abc는 **a**bstract **b**ase **c**lass의 약자입니다). 그리고 클래스의 ( )(괄호) 안에 metaclass=ABCMeta를 지정하고, 메서드를 만들 때 위에 @abstractmethod를 붙여서 추상 메서드로 지정합니다.

```
from abc import *

class 추상클래스이름(metaclass=ABCMeta):
    @abstractmethod
    def 메서드이름(self):
        코드
```

여기서는 from abc import *로 abc 모듈의 모든 클래스와 메서드를 가져왔습니다. 만약 import abc로 모듈을 가져왔다면 abc.ABCMeta, @abc.abstractmethod로 사용해야 합니다(import 사용 방법은 '44.1 import로 모듈 가져오기'(573쪽) 참조).

그럼 학생 추상 클래스 StudentBase를 만들고 이 추상 클래스를 상속받아 학생 클래스 Student를 만들어보겠습니다.

```python
from abc import *

class StudentBase(metaclass=ABCMeta):
    @abstractmethod
    def study(self):
        pass

    @abstractmethod
    def go_to_school(self):
        pass

class Student(StudentBase):
    def study(self):
        print('공부하기')

james = Student()
james.study()
```

실행 결과

```
Traceback (most recent call last):
  File "C:\project\class_abc_error.py", line 16, in <module>
    james = Student()
TypeError: Can't instantiate abstract class Student with abstract methods go_to_school
```

> ·······→ 추상 메서드 go_to_school을 구현하지 않아 Student 인스턴스를 만들 수 없음

실행을 해보면 에러가 발생합니다. 왜냐하면 추상 클래스 StudentBase에서는 추상 메서드로 study와 go_to_school을 정의했습니다. 하지만 StudentBase를 상속받은 Student에서는 study 메서드만 구현하고, go_to_school 메서드는 구현하지 않았으므로 에러가 발생합니다.

따라서 추상 클래스를 상속받았다면 @abstractmethod가 붙은 추상 메서드를 모두 구현해야 합니다. 다음과 같이 Student에서 go_to_school 메서드도 구현해줍니다.

class_abc.py

```python
from abc import *

class StudentBase(metaclass=ABCMeta):
    @abstractmethod
    def study(self):
        pass

    @abstractmethod
    def go_to_school(self):
        pass

class Student(StudentBase):
    def study(self):
        print('공부하기')
```

실행 결과

```
공부하기
학교가기
```

```
    def go_to_school(self):
        print('학교가기')

james = Student()
james.study()
james.go_to_school()
```

모든 추상 메서드를 구현하니 실행이 잘 됩니다.

StudentBase는 학생이 반드시 해야 하는 일들을 추상 메서드로 만들었습니다. 그리고 Student에는 추상 클래스 StudentBase의 모든 추상 메서드를 구현하여 학생 클래스를 작성했습니다. 이처럼 추상 클래스는 파생 클래스가 반드시 구현해야 하는 메서드를 정해줄 수 있습니다.

참고로 추상 클래스의 추상 메서드를 모두 구현했는지 확인하는 시점은 파생 클래스가 인스턴스를 만들 때입니다. 따라서 james = Student()에서 확인합니다(구현하지 않았다면 TypeError 발생).

36.6.1 추상 메서드를 빈 메서드로 만드는 이유

그리고 또 한 가지 중요한 점이 있는데 추상 클래스는 인스턴스로 만들 수가 없다는 점입니다. 다음과 같이 추상 클래스 StudentBase로 인스턴스를 만들면 에러가 발생합니다.

```
>>> james = StudentBase()
Traceback (most recent call last):
  File "<pyshell#3>", line 1, in <module>
    james = StudentBase()
TypeError: Can't instantiate abstract class StudentBase with abstract methods go_to_school, study
```

그래서 지금까지 추상 메서드를 만들 때 pass만 넣어서 빈 메서드로 만든 것입니다. 왜냐하면 추상 클래스는 인스턴스를 만들 수 없으니 추상 메서드도 호출할 일이 없기 때문이죠.

```
    @abstractmethod
    def study(self):
        pass      # 추상 메서드는 호출할 일이 없으므로 빈 메서드로 만듦

    @abstractmethod
    def go_to_school(self):
        pass      # 추상 메서드는 호출할 일이 없으므로 빈 메서드로 만듦
```

정리하자면 추상 클래스는 인스턴스로 만들 때는 사용하지 않으며 오로지 상속에만 사용합니다. 그리고 파생 클래스에서 반드시 구현해야 할 메서드를 정해 줄 때 사용합니다.

지금까지 상속에 대해 알아보았는데 내용이 다소 어려웠습니다. 여기서는 클래스를 상속받는 방법과 메서드 오버라이딩 방법 정도만 기억하면 됩니다. 그리고 상속은 같은 종류이면서 동등한 기능일 때 사용한다는 점이 중요합니다. 다중 상속과 추상 클래스는 나중에 필요할 때 다시 돌아와서 찾아보세요.

1. **Person** 클래스를 상속받아서 **Student** 클래스를 만드는 방법으로 올바른 것을 고르세요.

   a. `class Student:Person`

   b. `class Student(Person)`

   c. `class Student(Person):`

   d. `class Person(Student):`

   e. `class Student=Person:`

2. 다음 중 기반 클래스의 **__init__** 메서드를 호출하는 방법으로 올바른 것을 고르세요.

   a. `__init__()`

   b. `super.__init__()`

   c. `super()`

   d. `super().__init__()`

   e. `super().__init__`

3. 다음 중 메서드 오버라이딩에 대한 설명으로 잘못된 것을 모두 고르세요.

   a. 메서드 오버라이딩은 함수 이름을 다르게 만들어도 된다.

   b. 메서드 오버라이딩은 기반 클래스의 메서드는 무시하고 새로운 메서드를 만든다는 뜻이다.

   c. 메서드 오버라이딩은 어떤 기능이 같은 이름으로 사용되어야 할 때 활용한다.

   d. 오버라이딩 된 메서드에서는 기반 클래스의 메서드를 호출할 수 없다.

   e. 메서드 오버라이딩은 원래 기능을 유지하면서 새로운 기능을 덧붙일 때 사용한다.

4. 다음 중 추상 클래스를 만드는 방법으로 올바른 것을 모두 고르세요.

   a. `class PersonBase(metaclass=ABCMeta):`

   b. `from abc import *`

   `class PersonBase(metaclass=ABCMeta):`

   c. `from abc import *`

   `class PersonBase(ABCMeta):`

   d. `import abc`

   `class PersonBase(abc.ABCMeta):`

   e. `import abc`

   `class PersonBase(metaclass=abc.ABCMeta):`

▶ 정답은 474쪽에 있습니다

36.8 연습문제: 리스트에 기능 추가하기

다음 소스 코드에서 리스트(list)에 replace 메서드를 추가한 AdvancedList 클래스를 작성하세요. AdvancedList는 list를 상속받아서 만들고, replace 메서드는 리스트에서 특정 값으로 된 요소를 찾아서 다른 값으로 바꾸도록 만드세요.

practice_class_inheritance.py

```
_____

...

_____

x = AdvancedList([1, 2, 3, 1, 2, 3, 1, 2, 3])
x.replace(1, 100)
print(x)
```

실행 결과

```
[100, 2, 3, 100, 2, 3, 100, 2, 3]
```

정답

```
class AdvancedList(list):
    def replace(self, old, new):
        while old in self:
            self[self.index(old)] = new
```

해설

list를 상속받아서 AdvancedList를 만들라고 했으므로 클래스는 class AdvancedList(list):와 같이 만듭니다.

replace 메서드는 리스트에서 특정 값으로 된 요소를 찾아서 다른 값으로 바꾼다고 했습니다. 먼저 클래스의 메서드 안에서 현재 객체를 조작하려면 self를 이용해야 합니다. 여기서는 AdvancedList가 list를 상속받았으므로 self로 리스트의 모든 메서드를 사용할 수 있습니다.

특정 값을 찾을 때는 리스트의 index 메서드를 사용하고, index로 찾은 인덱스를 self에 지정해준 뒤 새 값을 할당하면 값을 바꿀 수 있습니다. 이때 리스트에서 같은 값이 여러 개 들어있을 수도 있으므로 모든 값을 바꿔주어야 합니다.

즉, while로 반복하면서 self에 특정 요소가 있을 때 계속 반복하도록 만든 뒤 요소를 바꿔주면 됩니다. 물론 리스트에서 특정 요소가 있는지 확인할 때는 in 연산자를 사용합니다. 이 방식을 사용하면 리스트에서 요소를 계속 바꾸다가 바꿀 값이 없으면 반복을 끝냅니다.

while self.count(찾을값) != 0:처럼 count 메서드를 사용해서 요소 개수가 0이 아닐 때 계속 반복하는 방식도 가능합니다.

심사문제: 다중 상속 사용하기

다음 소스 코드에서 동물 클래스 **Animal**과 날개 클래스 **Wing**을 상속받아 새 클래스 **Bird**를 작성하여 **'먹다'**, **'파닥거리다'**, **'날다'**, **True**, **True**가 각 줄에 출력되게 만드세요.

테스트 케이스 예제

표준 출력	judge_class_inheritance.py

먹다
파닥거리다
날다
True
True
	``python
	class Animal:
	    def eat(self):
	        print('먹다')
	
	class Wing:
	    def flap(self):
	        print('파닥거리다')
	
	b = Bird()
	b.eat()
	b.flap()
	b.fly()
	print(issubclass(Bird, Animal))
	print(issubclass(Bird, Wing))```

36.7 퀴즈 정답

1 c   클래스를 상속할 때는 **class 파생클래스이름(기반클래스이름):** 형식으로 사용합니다.

2 d   기반 클래스의 메서드를 호출할 때는 **super().메서드()** 형식으로 사용합니다.

3 a, d   메서드 오버라이딩은 함수 이름을 똑같이 만들어야 합니다. 그리고 오버라이딩 된 메서드에서는 super()로 기반 클래스의 메서드를 호출할 수 있습니다.

4 b, e   추상 클래스는 from abc import *로 abc 모듈을 가져온 뒤 **class 추상클래스이름(metaclass=ABCMeta):** 형식으로 사용합니다. 만약 import abc로 모듈을 가져왔다면 abc.ABCMeta로 사용해야 합니다.

UNIT 37 두 점 사이의 거리 구하기

클래스 문법을 알아보았으니 이번에는 클래스를 활용하여 2차원 평면에서 위치를 표현한 뒤 두 점 사이의 거리를 구해보겠습니다.

37.1 두 점 사이의 거리 구하기

두 점 사이의 거리를 구하기 전에 먼저 클래스로 점을 구현해보겠습니다.

37.1.1 클래스로 점 구현하기

2차원 평면에서 위치를 표현하려면 x와 y값이 필요하겠죠? 다음과 같이 Point2D 클래스를 구현하고 x와 y를 속성으로 넣습니다.

```
class Point2D:
    def __init__(self, x, y):
        self.x = x
        self.y = y
```

이제 Point2D 클래스로 점 두 개를 만듭니다.

two_point.py

```
class Point2D:
    def __init__(self, x, y):
        self.x = x
        self.y = y

p1 = Point2D(x=30, y=20)     # 점1
p2 = Point2D(x=60, y=50)     # 점2

print('p1: {} {}'.format(p1.x, p1.y))     # 30 20
print('p2: {} {}'.format(p2.x, p2.y))     # 60 50
```

실행 결과

```
p1: 30 20
p2: 60 50
```

2차원 평면에서 두 점을 표시해보면 다음과 같은 모양이 됩니다.

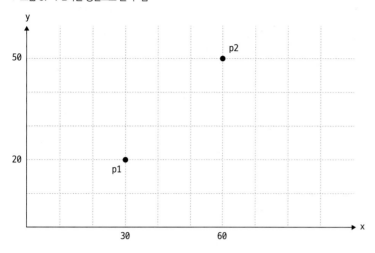

▼ 그림 37-1 2차원 평면으로 본 두 점

37.1.2 피타고라스의 정리로 두 점의 거리 구하기

여기서 두 점의 거리를 구하려면 어떻게 해야 할까요? 학교에서 배운 피타고라스의 정리를 이용하면 됩니다.

- 임의의 직각삼각형에서 빗변을 한 변으로 하는 정사각형의 넓이는 다른 두 변을 각각 한 변으로 하는 정사각형의 넓이의 합과 같다.
- $a^2 + b^2 = c^2$

그럼 점 p1과 p2로 직각삼각형을 그려봅니다.

▼ 그림 37-2 두 점을 이용한 직각삼각형

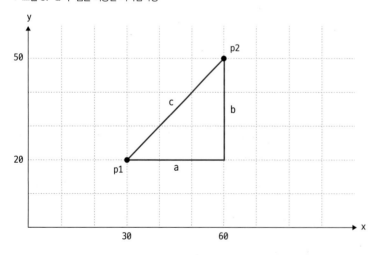

피타고라스의 정리에 대입하려면 먼저 선 a와 b의 길이를 구해야 합니다. 우리는 Point2D 클래스의 인스턴스에 두 점의 좌표 정보가 들어있으므로 인스턴스(변수)를 활용하면 됩니다.

```
a = p2.x - p1.x    # 선 a의 길이
b = p2.y - p1.y    # 선 b의 길이
```

a는 p2의 x에서 p1의 x를 빼면 되고, b는 p2의 y에서 p1의 y를 빼면 됩니다.

그다음에 피타고라스의 정리에서 c의 길이를 계산하려면 제곱근을 구해야 합니다.

$$c = \sqrt{a^2 + b^2}$$

그럼 $\sqrt{\ }$(루트)는 어떻게 구현해야 할까요? 이때는 math 모듈의 sqrt 함수를 사용하면 편리합니다. sqrt는 제곱근을 뜻하는 **square root**에서 따왔습니다.

- **math.sqrt(값)**
  제곱근을 반환, 값이 음수이면 에러 발생

이제 sqrt 함수까지 사용해서 p1과 p2의 거리를 구해보겠습니다.

two_point_distance.py

```python
import math

class Point2D:
    def __init__(self, x, y):
        self.x = x
        self.y = y

p1 = Point2D(x=30, y=20)    # 점1
p2 = Point2D(x=60, y=50)    # 점2

a = p2.x - p1.x    # 선 a의 길이
b = p2.y - p1.y    # 선 b의 길이

c = math.sqrt((a * a) + (b * b))    # (a * a) + (b * b)의 제곱근을 구함
print(c)    # 42.42640687119285
```

실행 결과
```
42.42640687119285
```

이처럼 sqrt 함수에 값을 넣으면 해당 값의 제곱근을 구해줍니다. 여기서는 a의 제곱과 b의 제곱의 합을 (a * a) + (b * b)처럼 표현했는데 거듭제곱(**pow**er)을 구하는 pow 함수를 사용해도 됩니다(math 모듈).

- **math.pow(값, 지수)**
  값을 지수만큼 거듭제곱한 값을 반환

즉, a^2을 구하고 싶다면 pow(a, 2)처럼 사용합니다. 앞에서 작성한 코드를 pow 함수로 다시 작성하면 다음과 같은 모양이 되겠죠?

```python
c = math.sqrt(math.pow(a, 2) + math.pow(b, 2))
```

물론 파이썬의 거듭제곱 연산자 **를 사용해도 됩니다.

```python
c = math.sqrt((a ** 2) + (b ** 2))
```

만약 선의 위치를 구할 때 p2에서 p1을 빼는 것이 아닌 p1에서 p2를 빼면 어떻게 될까요?

```
a = p1.x - p2.x    # 선 a의 길이
b = p1.y - p2.y    # 선 b의 길이
```

30 - 60은 -30이고 20 - 50도 -30입니다. 하지만 걱정하지 않아도 됩니다. $a^2 + b^2 = c^2$ 식에서 a와 b는 같은 값을 두 번 곱하는데 음수(-)끼리 곱하면 항상 양수(+)가 되므로 부호는 상관하지 않아도 됩니다. 즉, 양수(+) * 양수(+) 또는 음수(-) * 음수(-) 상황밖에 없기 때문이죠.

지금까지 클래스를 사용하여 점을 표현하고 두 점 사이의 거리를 구하는 방법을 배웠는데 피타고라스의 정리를 수학 함수로 푸는 부분이 약간 어려웠습니다. 당장 이해가 되지 않는다면 일단 넘어가도 상관없습니다. 나중에 두 점 사이의 거리를 구해야 할 때 다시 돌아와서 찾아보세요.

참고 **절댓값 함수**

내장 함수 abs 또는 math 모듈의 fabs 함수를 사용하면 양수 또는 음수를 절댓값(**abs**olute value)으로 만들 수 있습니다.

- **abs(값)**: 정수는 절댓값을 정수로 반환, 실수는 절댓값을 실수로 반환
- **math.fabs(값)**: 절댓값을 실수로 반환

참고 **namedtuple 사용하기**

파이썬에서는 각 요소에 이름을 지정해 줄 수 있는 튜플인 namedtuple을 제공합니다(collections 모듈). namedtuple은 자료형 이름과 요소의 이름을 지정하면 클래스를 생성해줍니다. 여기서 자료형 이름은 문자열, 요소의 이름은 문자열 리스트로 넣어줍니다.

- **클래스 = collections.namedtuple('자료형이름', ['요소이름1', '요소이름2'])**

namedtuple로 생성한 클래스는 값을 넣어서 인스턴스를 만들 수 있으며 인스턴스.요소이름 또는 인스턴스[인덱스] 형식으로 요소에 접근할 수 있습니다.

- **인스턴스 = 클래스(값1, 값2)**
- **인스턴스 = 클래스(요소이름1=값1, 요소이름2=값2)**
- **인스턴스.요소이름1**
- **인스턴스[인덱스]**

다음은 namedtuple을 사용하여 점을 표현한 뒤 두 점의 거리를 구합니다.

two_point_namedtuple.py
```python
import math
import collections

Point2D = collections.namedtuple('Point2D', ['x', 'y'])    # namedtuple로 점 표현

p1 = Point2D(x=30, y=20)    # 점1
p2 = Point2D(x=60, y=50)    # 점2

a = p1.x - p2.x    # 선 a의 길이
b = p1.y - p2.y    # 선 b의 길이

c = math.sqrt((a * a) + (b * b))
print(c)    # 42.42640687119285
```

다음 소스 코드를 완성하여 사각형의 넓이가 출력되게 만드세요.

practice_area_of_rectangle.py	실행 결과

```
class Rectangle:
    def __init__(self, x1, y1, x2, y2):
        self.x1 = x1
        self.y1 = y1
        self.x2 = x2
        self.y2 = y2

rect = Rectangle(x1=20, y1=20, x2=40, y2=30)

①_____
②_____
③_____
print(area)
```

실행 결과:
```
200
```

정답

```
① width = abs(rect.x2 - rect.x1)
② height = abs(rect.y2 - rect.y1)
③ area = width * height
```

해설

클래스 Rectangle을 보면 속성이 x1, y1, x2, y2이므로 점 두 개로 구성된 사각형입니다.

▼ 그림 37-3 두 점을 이용한 사각형

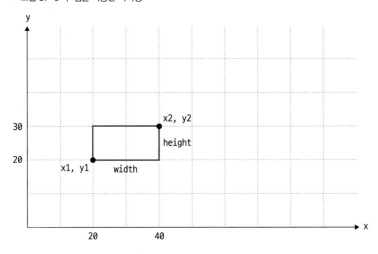

너비 width를 구하려면 rect.x2에서 rect.x1을 빼면 되고, 높이 height를 구하려면 rect.y2에서 rect.y1을 빼면 됩니다. 단, 음수가 나올 수도 있으므로 abs 함수를 사용하여 절댓값으로 만들어줍니다. 직사각형의 넓이는 너비 곱하기 높이이므로 width에 height를 곱해주면 됩니다.

표준 입력으로 x, y 좌표 4개가 입력되어 Point2D 클래스의 인스턴스 리스트에 저장됩니다. 여기서 점 4개는 첫 번째 점부터 마지막 점까지 순서대로 이어져 있습니다. 다음 소스 코드를 완성하여 첫 번째 점부터 마지막 점까지 연결된 선의 길이가 출력되게 만드세요.

테스트 케이스 예제

표준 입력	표준 출력
10 10 20 20 30 30 40 40	42.42640687119285

테스트 케이스 예제

표준 입력	표준 출력
100 100 200 200 300 300 400 400	424.26406871192853

judge_line_length.py

```python
import math

class Point2D:
    def __init__(self, x=0, y=0):
        self.x = x
        self.y = y

length = 0.0
p = [Point2D(), Point2D(), Point2D(), Point2D()]
p[0].x, p[0].y, p[1].x, p[1].y, p[2].x, p[2].y, p[3].x, p[3].y = map(int, input().split())




print(length)
```

클래스

클래스는 객체를 표현하기 위한 문법입니다. 클래스는 class에 클래스 이름을 지정하고 :(콜론)을 붙인 뒤 다음 줄부터 def로 메서드를 작성합니다. 메서드는 클래스 안에 들어있는 함수를 뜻합니다.

```
class 클래스이름:        # 클래스 만들기
    def 메서드(self):   # 메서드 만들기
        코드
```

클래스는 ( )(괄호)를 붙인 뒤 변수에 할당하여 인스턴스(객체)를 만듭니다. 그리고 인스턴스 뒤에 .(점)을 붙여서 메서드를 호출합니다.

```
인스턴스 = 클래스()      # 인스턴스(객체) 만들기
인스턴스.메서드()         # 인스턴스로 메서드 호출
```

클래스의 속성

클래스에 인스턴스 속성을 만들 때는 __init__ 메서드 안에서 **self.속성**에 값을 할당해줍니다. 그리고 인스턴스 속성에 접근할 때는 메서드 안에서 self 뒤에 .(점)을 붙여서 접근하거나, 인스턴스 뒤에 .을 붙여서 접근합니다.

```
class 클래스이름:
    def __init__(self):
        self.속성 = 값      # 인스턴스 속성 만들기

    def 메서드(self):
        self.속성           # self 뒤에 .을 붙여서 인스턴스 속성에 접근

인스턴스 = 클래스()          # 인스턴스(객체) 만들기
인스턴스.속성                # 인스턴스 속성에 접근
```

클래스에 바로 속성을 만들면 클래스 속성이 되며 해당 클래스로 만든 모든 인스턴스가 값을 공유합니다. 클래스 속성은 self 또는 클래스 뒤에 .(점)을 붙여서 접근합니다.

```
class 클래스이름:
    속성 = 값    # 클래스 속성 만들기

    def 메서드(self):
        self.속성           # self 뒤에 .을 붙여서 클래스 속성에 접근
        클래스.속성          # 클래스 뒤에 .을 붙여서 클래스 속성에 접근

클래스.속성     # 클래스 속성에 접근
```

속성을 만들 때 **__속성**과 같이 __(밑줄 두 개)로 시작하면 비공개 속성이 됩니다. 비공개 속성은 클래스 안에서만 접근할 수 있고, 클래스 바깥에서는 접근할 수 없습니다(비공개 메서드도 같은 방식).

```
class 클래스이름:
    __속성 = 값      # 비공개 클래스 속성

    def __init__(self):
        self.__속성 = 값      # 비공개 인스턴스 속성
```

정적 메서드와 클래스 메서드

정적 메서드와 클래스 메서드는 인스턴스를 통하지 않고 클래스에서 바로 호출할 수 있는 메서드입니다. 정적 메서드는 메서드 위에 @staticmethod를 붙이며 매개변수에 self를 지정하지 않습니다.

```
class 클래스이름:
    @staticmethod      # 정적 메서드 만들기
    def 메서드(매개변수1, 매개변수2):
        코드
```

정적 메서드는 self를 받지 않으므로 인스턴스 속성에 접근할 수 없습니다. 따라서 정적 메서드는 인스턴스 속성, 인스턴스 메서드가 필요 없을 때 사용합니다.

클래스 메서드는 메서드 위에 @classmethod를 붙이며 매개변수에 cls를 지정합니다.

```
class 클래스이름:
    @classmethod      # 클래스 메서드 만들기
    def 메서드(cls, 매개변수1, 매개변수2):
        코드
```

클래스 메서드는 메서드 안에서 클래스 속성, 클래스 메서드에 접근해야 할 때 사용합니다.

클래스 상속

클래스 상속은 물려받은 기능을 유지한 채로 다른 기능을 추가할 때 사용합니다. 기능을 물려주는 클래스를 기반 클래스, 상속을 받아 새롭게 만드는 클래스를 파생 클래스라고 합니다.

상속은 클래스를 만들 때 ( )(괄호)를 붙이고 괄호 안에 기반 클래스 이름을 넣어줍니다.

```
class 기반클래스이름:
    코드

class 파생클래스이름(기반클래스이름):      # 기반 클래스를 상속받음
    코드
```

기반 클래스의 속성에 접근하거나 메서드를 호출할 때는 super( ) 뒤에 .을 붙여서 사용합니다. 또는, **super(파생클래스, self)** 형식으로 사용할 수도 있습니다.

```
class 기반클래스이름:
    def __init__(self):
        self.속성 = 값

class 파생클래스이름(기반클래스이름):
    def __init__(self):
        super().__init__()          # super()로 기반 클래스의 메서드 호출
        super().속성               # super()로 기반 클래스의 속성에 접근
        super(파생클래스, self).속성    # super에 파생 클래스와 self를 넣는 형식
```

핵심정리

상속 관계와 포함 관계

상속은 학생과 사람처럼 명확하게 같은 종류이며 동등한 관계일 때 사용하며 is-a 관계라고 부릅니다. 포함은 사람과 사람 목록처럼 동등한 관계가 아니라 포함 관계일 때 사용하며 has-a 관계라고 부릅니다.

메서드 오버라이딩

파생 클래스에서 기반 클래스의 메서드를 새로 정의하는 것을 메서드 오버라이딩이라고 합니다. 메서드 오버라이딩은 파생 클래스에서 메서드를 정의할 때 기반 클래스의 메서드 이름과 똑같이 만들어줍니다.

```
class Person:
    def greeting(self):
        pass

class Student(Person):
    def greeting(self):          # 메서드 오버라이딩
        super().greeting()       # super()로 기반 클래스의 메서드 호출

james = Student()
james.greeting()        # Student의 greeting 메서드가 호출 됨
```

메서드 오버라이딩은 원래 기능을 유지하면서 새로운 기능을 덧붙일 때, 프로그램에서 어떤 기능이 같은 메서드 이름으로 계속 사용되어야 할 때 활용합니다.

다중 상속

다중 상속은 여러 기반 클래스로부터 상속을 받아서 파생 클래스를 만드는 방법입니다. 클래스를 만들 때 ( )(괄호) 안에 클래스 이름을 ,(콤마)로 구분해서 넣어줍니다.

```
class 기반클래스이름1:
    코드

class 기반클래스이름2:
    코드

class 파생클래스이름(기반클래스이름1, 기반클래스이름2):     # 다중 상속 사용하기
    코드
```

추상 클래스

추상 클래스는 메서드 목록만 가진 클래스이며 상속받는 클래스에서 메서드 구현을 강제하기 위해 사용합니다. 추상 클래스를 사용하려면 import로 abc 모듈을 가져온 뒤 클래스의 ( )(괄호) 안에 metaclass=ABCMeta를 지정하고, 메서드 위에 @abstractmethod를 붙여줍니다.

```
from abc import *

class 추상클래스이름(metaclass=ABCMeta):     # 추상 클래스 만들기
    @abstractmethod
    def 메서드이름(self):
        코드
```

Q & A 자 주 묻 는 질 문

덕 타이핑이란 무엇인가요?

덕 타이핑은 실제 타입(클래스)은 상관하지 않고, 구현된 메서드로만 판단하는 방식입니다. 덕 타이핑은 "만약 어떤 새가 오리처럼 걷고, 헤엄치고, 꽥꽥거리는 소리를 낸다면 나는 그 새를 오리라 부르겠다."라는 덕 테스트(오리 테스트)에서 유래한 말입니다.

다음과 같이 in_the_forest 함수는 객체에 quack 메서드와 feathers 메서드만 있으면 함수를 호출할 수 있습니다. 즉, 객체에 quack 메서드와 feathers 메서드가 있으면 오리 타입으로 간주하는 방식입니다.

```python
class Duck:                       # 오리 클래스를 만들고 quack과 feathers 메서드 정의
    def quack(self): print('꽥~!')
    def feathers(self): print('오리는 흰색과 회색 털을 가지고 있습니다.')

class Person:                     # 사람 클래스를 만들고 quack과 feathers 메서드 정의
    def quack(self): print('사람은 오리를 흉내냅니다. 꽥~!')
    def feathers(self): print('사람은 땅에서 깃털을 주워서 보여줍니다.')

def in_the_forest(duck):          # 덕 타이핑을 사용하는 함수. 클래스의 종류는 상관하지 않음
    duck.quack()                  # quack 메서드와
    duck.feathers()               # feathers 메서드만 있으면 함수를 호출할 수 있음

donald = Duck()                   # 오리 클래스로 donald 인스턴스를 만듦
james = Person()                  # 사람 클래스로 james 인스턴스를 만듦
in_the_forest(donald)             # in_the_forest에 오리 클래스의 인스턴스 donald를 넣음
in_the_forest(james)              # in_the_forest에 사람 클래스의 인스턴스 james를 넣음
```

실행 결과

```
꽥~!
오리는 흰색과 회색 털을 가지고 있습니다.
사람은 오리를 흉내냅니다. 꽥~!
사람은 땅에서 깃털을 주워서 보여줍니다.
```

믹스인이란 무엇인가요?

믹스인(mix-in)은 다른 클래스에서 사용할 수 있도록 공통적인 메서드를 모아 놓은 클래스를 말합니다. 파이썬에서 믹스인은 자체 인스턴스 속성을 가지고 있지 않으며 __init__ 메서드를 구현하지 않습니다. 예를 들어 인사하는 메서드 greeting은 사람 종류의 클래스에서 공통적으로 사용하는 메서드이며 HelloMixIn에 넣었습니다. Student는 HelloMixIn과 Person을 상속받고, Teacher도 HelloMixIn과 Person을 상속받았습니다. 따라서 Student와 Teacher는 모두 공통 메서드인 greeting을 사용할 수 있습니다.

```
class HelloMixIn:
    def greeting(self):          # 인사하는 메서드는 공통적인 메서드
        print('안녕하세요.')

class Person():
    def __init__(self, name):
        self.name = name

class Student(HelloMixIn, Person):   # HelloMixIn과 Person을 상속받아 학생 클래스를 만듦
    def study(self):
        print('공부하기')

class Teacher(HelloMixIn, Person):   # HelloMixIn과 Person을 상속받아 선생님 클래스를 만듦
    def teach(self):
        print('가르치기')
```

믹스인의 실제 사용 예는 파이썬 내장 모듈 socketserver를 참조하기 바랍니다.

Lib/socketserver.py

```
class ForkingUDPServer(ForkingMixIn, UDPServer): pass
class ForkingTCPServer(ForkingMixIn, TCPServer): pass
class ThreadingUDPServer(ThreadingMixIn, UDPServer): pass
class ThreadingTCPServer(ThreadingMixIn, TCPServer): pass
```

간단하게 설명하자면 ForkingMixIn은 포크(리눅스/유닉스에서 자식 프로세스를 생성) 방식을 구현한 믹스인이고, ThreadingMixIn은 스
레드 방식을 구현한 믹스인입니다. 즉, 이 믹스인과 UDP 프로토콜 서버인 UDPServer, TCP 프로토콜 서버인 TCPServer를 상속받아
ForkingUDPServer, ForkingTCPServer, ThreadingUDPServer, ThreadingTCPServer 네 종류의 클래스를 만든다는 뜻입니다.

UNIT 38 예외 처리 사용하기

예외(exception)란 코드를 실행하는 중에 발생한 에러를 뜻합니다. 다음과 같이 10을 어떤 값으로 나누는 함수 ten_div가 있을 때 인수에 따라 정상으로 동작하기도 하고 에러가 나기도 합니다.

```
>>> def ten_div(x):
...     return 10 / x
...
```

이 함수에 2를 넣으면 5.0이 나옵니다.

```
>>> ten_div(2)
5.0
```

하지만 0을 넣으면 실행하는 중에 에러가 발생합니다. 이런 상황을 예외라고 하는데 여기서는 어떤 숫자를 0으로 나누어서 ZeroDivisionError 예외가 발생했습니다.

```
>>> ten_div(0)
Traceback (most recent call last):
  File "<pyshell#121>", line 1, in <module>
    ten_div(0)
  File "<pyshell#119>", line 2, in ten_div
    return 10 / x
ZeroDivisionError: division by zero ┈┈┈┈• 0으로 나누어서 예외가 발생함
```

ZeroDivisionError뿐만 아니라 지금까지 만난 AttributeError, NameError, TypeError 등 다양한 에러들도 모두 예외입니다.

이번에는 예외가 발생했을 때도 스크립트 실행을 중단하지 않고 계속 실행하게 해주는 예외 처리 방법에 대해 알아보겠습니다.

38.1 try except로 사용하기

예외 처리를 하려면 다음과 같이 try에 실행할 코드를 넣고 except에 예외가 발생했을 때 처리하는 코드를 넣습니다.

```
try:
    실행할 코드
except:
    예외가 발생했을 때 처리하는 코드
```

이제 숫자를 0으로 나누었을 때 발생하는 예외를 처리해보겠습니다.

try_except.py

```
try:
    x = int(input('나눌 숫자를 입력하세요: '))
    y = 10 / x
    print(y)
except:    # 예외가 발생했을 때 실행됨
    print('예외가 발생했습니다.')
```

소스 코드를 실행한 뒤 0을 입력하고 엔터 키를 누르세요.

실행 결과

```
나눌 숫자를 입력하세요: 0 (입력)
예외가 발생했습니다.
```

숫자를 0으로 나누면 ZeroDivisionError 예외가 발생합니다. 여기서는 except에서 예외 처리를 하도록 만들었으므로 '예외가 발생했습니다.'가 출력됩니다.

특히 예외가 발생하면 해당 줄에서 코드 실행을 중단하고 바로 except로 가서 코드를 실행합니다. 즉, try의 y = 10 / x를 비롯하여 다음 줄에 있는 print(y)도 실행되지 않습니다.

▼ 그림 38-1 예외 발생과 except

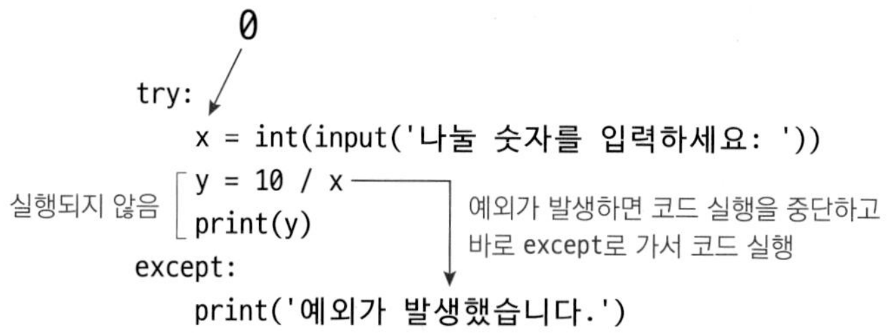

```
              0
              
    try:
        x = int(input('나눌 숫자를 입력하세요: '))
실행되지 않음 ┌ y = 10 / x
           └ print(y)              예외가 발생하면 코드 실행을 중단하고
    except:                        바로 except로 가서 코드 실행
        print('예외가 발생했습니다.')
```

다시 소스 코드를 실행한 뒤 2를 입력하고 엔터 키를 누르세요.

```
나눌 숫자를 입력하세요: 2 (입력)
5.0
```

2를 입력하니 예외가 발생하지 않고 계산 결과가 잘 출력됩니다. 이처럼 try의 코드가 에러 없이 잘 실행되면 except의 코드는 실행되지 않고 그냥 넘어갑니다. 즉, try의 코드에서 에러가 발생했을 때만 except의 코드가 실행됩니다.

38.1.1 특정 예외만 처리하기

이번에는 except에 예외 이름을 지정해서 특정 예외가 발생했을 때만 처리 코드를 실행하도록 만들어보겠습니다.

```
try:
    실행할 코드
except 예외이름:
    예외가 발생했을 때 처리하는 코드
```

다음과 같이 정수 두 개를 입력받아서 하나는 리스트의 인덱스로 사용하고, 하나는 나누는 값으로 사용합니다. 그리고 except를 두 개 사용하고 각각 ZeroDivisionError와 IndexError를 지정합니다.

```
try_except_exception.py

y = [10, 20, 30]

try:
    index, x = map(int, input('인덱스와 나눌 숫자를 입력하세요: ').split())
    print(y[index] / x)
except ZeroDivisionError:    # 숫자를 0으로 나눠서 에러가 발생했을 때 실행됨
    print('숫자를 0으로 나눌 수 없습니다.')
except IndexError:           # 범위를 벗어난 인덱스에 접근하여 에러가 발생했을 때 실행됨
    print('잘못된 인덱스입니다.')
```

소스 코드를 실행한 뒤 2 0을 입력하고 엔터 키를 누르세요.

```
인덱스와 나눌 숫자를 입력하세요: 2 0 (입력)
숫자를 0으로 나눌 수 없습니다.
```

2 0을 입력하면 30 / 0이 되므로 숫자를 0으로 나누게 됩니다. 이때는 except ZeroDivisionError:의 처리 코드가 실행됩니다.

다시 소스 코드를 실행한 뒤 3 5를 입력하고 엔터 키를 누릅니다.

```
인덱스와 나눌 숫자를 입력하세요: 3 5 (입력)
잘못된 인덱스입니다.
```

y = [10, 20, 30]은 요소가 3개 들어있는 리스트입니다. 따라서 인덱스에 3을 지정하면 범위를 벗어나게 됩니다. 이때는 except IndexError:의 처리 코드가 실행됩니다.

38.1.2 예외의 에러 메시지 받아오기

특히 except에서 as 뒤에 변수를 지정하면 발생한 예외의 에러 메시지를 받아올 수 있습니다.

```
try:
    실행할 코드
except 예외 as 변수:
    예외가 발생했을 때 처리하는 코드
```

앞에서 만든 코드의 except에 as e를 넣습니다. 보통 예외(exception)의 e를 따서 변수 이름을 e로 짓습니다.

try_except_as.py

```python
y = [10, 20, 30]

try:
    index, x = map(int, input('인덱스와 나눌 숫자를 입력하세요: ').split())
    print(y[index] / x)
except ZeroDivisionError as e:              # as 뒤에 변수를 지정하면 에러를 받아옴
    print('숫자를 0으로 나눌 수 없습니다.', e)    # e에 저장된 에러 메시지 출력
except IndexError as e:
    print('잘못된 인덱스입니다.', e)
```

실행 결과

```
인덱스와 나눌 숫자를 입력하세요: 2 0 (입력)
숫자를 0으로 나눌 수 없습니다. division by zero
```

실행 결과

```
인덱스와 나눌 숫자를 입력하세요: 3 5 (입력)
잘못된 인덱스입니다. list index out of range
```

2 0, 3 5처럼 예외가 발생하는 숫자를 넣어보면 해당 예외에 해당하는 에러 메시지가 출력됩니다. 단, 예외가 여러 개 발생하더라도 먼저 발생한 예외의 처리 코드만 실행됩니다(또는, 예외 중에서 높은 계층의 예외부터 처리됩니다. 기반 클래스 > 파생 클래스 순).

참고로 모든 예외의 에러 메시지를 출력하고 싶다면 다음과 같이 except에 Exception을 지정하고 as 뒤에 변수를 넣으면 됩니다.

```python
except Exception as e:      # 모든 예외의 에러 메시지를 출력할 때는 Exception을 사용
    print('예외가 발생했습니다.', e)
```

이처럼 예외 처리는 에러가 발생하더라도 스크립트의 실행을 중단시키지 않고 계속 실행하고자 할 때 사용합니다.

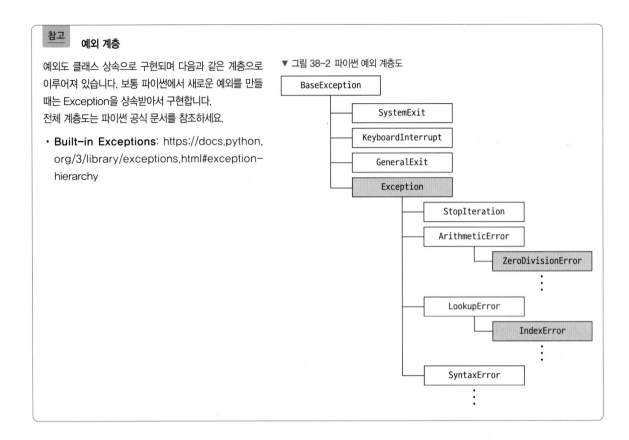

참고 **예외 계층**

예외도 클래스 상속으로 구현되며 다음과 같은 계층으로 이루어져 있습니다. 보통 파이썬에서 새로운 예외를 만들 때는 Exception을 상속받아서 구현합니다.
전체 계층도는 파이썬 공식 문서를 참조하세요.

- **Built-in Exceptions**: https://docs.python. org/3/library/exceptions.html#exception- hierarchy

▼ 그림 38-2 파이썬 예외 계층도

```
BaseException
    ├ SystemExit
    ├ KeyboardInterrupt
    ├ GeneralExit
    └ Exception
          ├ StopIteration
          ├ ArithmeticError
          │     └ ZeroDivisionError
          │            ⋮
          ├ LookupError
          │     └ IndexError
          │            ⋮
          └ SyntaxError
                 ⋮
```

38.2 else와 finally 사용하기

이번에는 예외가 발생하지 않았을 때 코드를 실행하는 else를 사용해보겠습니다. 다음과 같이 else는 except 바로 다음에 와야 하며 except를 생략할 수 없습니다.

```
try:
    실행할 코드
except:
    예외가 발생했을 때 처리하는 코드
else:
    예외가 발생하지 않았을 때 실행할 코드
```

그럼 10을 입력된 숫자로 나누고 예외가 발생하지 않으면 계산 결과를 출력해보겠습니다.

try_except_else.py

```
try:
    x = int(input('나눌 숫자를 입력하세요: '))
    y = 10 / x
except ZeroDivisionError:    # 숫자를 0으로 나눠서 에러가 발생했을 때 실행됨
    print('숫자를 0으로 나눌 수 없습니다.')
else:                        # try의 코드에서 예외가 발생하지 않았을 때 실행됨
    print(y)
```

소스 코드를 실행한 뒤 2를 입력하고 엔터 키를 누르세요.

```
나눌 숫자를 입력하세요: 2 (입력)
5.0
```

2를 입력했으므로 y = 10 / x에서 예외가 발생하지 않았습니다. 따라서 else의 코드가 실행되고 계산 결과가 출력됩니다.

물론 0을 입력해서 예외가 발생하면 except의 코드만 실행되고 else의 코드는 실행되지 않습니다.

```
나눌 숫자를 입력하세요: 0 (입력)
숫자를 0으로 나눌 수 없습니다.
```

38.2.1 예외와는 상관없이 항상 코드 실행하기

이번에는 예외 발생 여부와 상관없이 항상 코드를 실행하는 finally를 사용해보겠습니다. 특히 finally는 except와 else를 생략할 수 있습니다.

```
try:
    실행할 코드
except:
    예외가 발생했을 때 처리하는 코드
else:
    예외가 발생하지 않았을 때 실행할 코드
finally:
    예외 발생 여부와 상관없이 항상 실행할 코드
```

다음은 try의 코드가 끝나면 항상 '코드 실행이 끝났습니다.'를 출력합니다.

try_except_else_finally.py
```
try:
    x = int(input('나눌 숫자를 입력하세요: '))
    y = 10 / x
except ZeroDivisionError:      # 숫자를 0으로 나눠서 에러가 발생했을 때 실행됨
    print('숫자를 0으로 나눌 수 없습니다.')
else:                          # try의 코드에서 예외가 발생하지 않았을 때 실행됨
    print(y)
finally:                       # 예외 발생 여부와 상관없이 항상 실행됨
    print('코드 실행이 끝났습니다.')
```

소스 코드를 실행한 뒤 2를 입력하고 엔터 키를 누르세요.

```
나눌 숫자를 입력하세요: 2 (입력)
5.0
코드 실행이 끝났습니다.
```

2를 입력하여 예외가 발생하지 않았으므로 계산 결과가 출력되고, '코드 실행이 끝났습니다.'도 출력됩니다. 다시 소스 코드를 실행한 뒤 0을 입력하고 엔터 키를 누릅니다.

```
나눌 숫자를 입력하세요: 0 (입력)
숫자를 0으로 나눌 수 없습니다.
코드 실행이 끝났습니다.
```

숫자를 0으로 나눠서 예외가 발생했지만 finally는 항상 실행되므로 '코드 실행이 끝났습니다.'가 출력됩니다.

try, except, else, finally의 실행 과정을 그림으로 나타내면 다음과 같은 모양이 됩니다.

▼ 그림 38-3 try, except, else, finally의 실행 과정

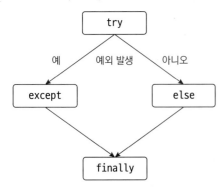

> 참고 **try 안에서 만든 변수는 try 바깥에서 사용할 수 있나요?**
>
> try는 함수가 아니므로 스택 프레임을 만들지 않습니다. 따라서 try 안에서 변수를 만들더라도 try 바깥에서 사용할 수 있습니다. 물론 except, else, finally에서도 사용할 수 있습니다.

38.3 예외 발생시키기

지금까지 숫자를 0으로 나눴을 때 에러, 리스트의 범위를 벗어난 인덱스에 접근했을 때 에러 등 파이썬에서 정해진 예외만 처리했습니다. 이번에는 우리가 직접 예외를 발생시켜 보겠습니다.

예외를 발생시킬 때는 raise에 예외를 지정하고 에러 메시지를 넣습니다(에러 메시지는 생략할 수 있음).

- raise 예외('에러메시지')

그럼 3의 배수를 입력받은 뒤 숫자가 3의 배수가 아니면 예외를 발생시켜보겠습니다.

try_except_raise.py
```
try:
    x = int(input('3의 배수를 입력하세요: '))
    if x % 3 != 0:                          # x가 3의 배수가 아니면
        raise Exception('3의 배수가 아닙니다.')   # 예외를 발생시킴
    print(x)
except Exception as e:                      # 예외가 발생했을 때 실행됨
    print('예외가 발생했습니다.', e)
```

소스 코드를 실행한 뒤 5를 입력하고 엔터 키를 누르세요.

3의 배수를 입력하세요: **5 (입력)**
예외가 발생했습니다. 3의 배수가 아닙니다.

5는 3의 배수가 아니므로 raise Exception('3의 배수가 아닙니다.')로 예외를 발생시켰습니다. 이때 Exception에 넣은 에러 메시지는 except Exception as e:의 e에 들어갑니다.

그리고 raise로 예외를 발생시키면 raise 아래에 있는 코드는 실행되지 않고 바로 except로 넘어갑니다. 따라서 try의 print(x)는 실행되지 않습니다.

참고로 이 예제에서는 예외로 Exception을 사용했는데 RuntimeError, NotImplementedError 등 다른 예외를 사용해도 상관없습니다.

38.3.1 raise의 처리 과정

이번에는 raise의 처리 과정을 알아보겠습니다. 다음은 함수 안에서 raise를 사용하지만 함수 안에는 try except가 없는 상태입니다.

```
try_except_function_raise.py
def three_multiple():
    x = int(input('3의 배수를 입력하세요: '))
    if x % 3 != 0:                          # x가 3의 배수가 아니면
        raise Exception('3의 배수가 아닙니다.')   # 예외를 발생시킴
    print(x)                                # 현재 함수 안에는 except가 없으므로
                                            # 예외를 상위 코드 블록으로 넘김


try:
    three_multiple()
except Exception as e:                      # 하위 코드 블록에서 예외가 발생해도 실행됨
    print('예외가 발생했습니다.', e)
```

소스 코드를 실행한 뒤 **5**를 입력하고 엔터 키를 누르세요.

3의 배수를 입력하세요: **5 (입력)**
예외가 발생했습니다. 3의 배수가 아닙니다.

three_multiple 함수는 안에 try except가 없는 상태에서 raise로 예외를 발생시켰습니다. 이렇게 되면 함수 바깥에 있는 except에서 예외가 처리됩니다. 즉, 예외가 발생하더라도 현재 코드 블록에서 처리해줄 except가 없다면 except가 나올 때까지 계속 상위 코드 블록으로 올라갑니다.

만약 함수 바깥에도 처리해줄 except가 없다면 코드 실행은 중지되고 에러가 표시됩니다. 다음은 파이썬 셸에서 직접 three_multiple 함수를 호출했으므로 except가 없는 상태입니다.

```
>>> three_multiple()
3의 배수를 입력하세요: 5 (입력)
Traceback (most recent call last):
  File "<pyshell#5>", line 1, in <module>
    three_multiple()
  File "C:\project\try_except_function_raise.py", line 4, in three_multiple
    raise Exception('3의 배수가 아닙니다.')    # 예외를 발생시킴
Exception: 3의 배수가 아닙니다.
```

38.3.2 현재 예외를 다시 발생시키기

이번에는 try except에서 처리한 예외를 다시 발생시키는 방법입니다. except 안에서 raise를 사용하면 현재 예외를 다시 발생시킵니다(re-raise).

- raise

다음은 three_multiple 코드 블록의 예외를 다시 발생시킨 뒤 상위 코드 블록에서 예외를 처리합니다.

try_except_raise_in_except.py

```
def three_multiple():
    try:
        x = int(input('3의 배수를 입력하세요: '))
        if x % 3 != 0:                                 # x가 3의 배수가 아니면
            raise Exception('3의 배수가 아닙니다.')    # 예외를 발생시킴
        print(x)
    except Exception as e:                             # 함수 안에서 예외를 처리함
        print('three_multiple 함수에서 예외가 발생했습니다.', e)
        raise    # raise로 현재 예외를 다시 발생시켜서 상위 코드 블록으로 넘김

try:
    three_multiple()
except Exception as e:                 # 하위 코드 블록에서 예외가 발생해도 실행됨
    print('스크립트 파일에서 예외가 발생했습니다.', e)
```

소스 코드를 실행한 뒤 5를 입력하고 엔터 키를 누르세요.

실행 결과

```
3의 배수를 입력하세요: 5 (입력)
three_multiple 함수에서 예외가 발생했습니다. 3의 배수가 아닙니다.
스크립트 파일에서 예외가 발생했습니다. 3의 배수가 아닙니다.
```

three_multiple 함수 안에서 발생한 예외를 함수 안의 except에서 한 번 처리하고 raise로 예외를 다시 발생시켜서 상위 코드 블록으로 넘겼습니다. 그다음에 함수 바깥의 except에서 예외를 처리했습니다. 이런 방식으로 같은 예외를 계속 처리해줄 수 있습니다.

참고로 raise만 사용하면 같은 예외를 상위 코드 블록으로 넘기지만 raise에 다른 예외를 지정하고 에러 메시지를 넣을 수도 있습니다.

- raise 예외('에러메시지')

```
        if x % 3 != 0:
            raise Exception('3의 배수가 아닙니다.')
        print(x)
    except Exception as e:
        print('three_multiple 함수에서 예외가 발생했습니다.', e)
        raise RuntimeError('three_multiple 함수에서 예외가 발생했습니다.')
```

참고 **assert로 예외 발생시키기**

예외를 발생시키는 방법 중에는 assert를 사용하는 방법도 있습니다. assert는 지정된 조건식이 거짓일 때 AssertionError 예외를 발생시키며 조건식이 참이면 그냥 넘어갑니다. 보통 assert는 나와서는 안 되는 조건을 검사할 때 사용합니다.
다음은 3의 배수가 아니면 예외 발생, 3의 배수이면 그냥 넘어갑니다.

- **assert 조건식**   - **assert 조건식, 에러메시지**

assertion.py
```
x = int(input('3의 배수를 입력하세요: '))
assert x % 3 == 0, '3의 배수가 아닙니다.'    # 3의 배수가 아니면 예외 발생
print(x)                                    # 3의 배수이면 그냥 넘어감
```

실행 결과
```
3의 배수를 입력하세요: 5 (입력)
Traceback (most recent call last):
  File "C:\project\assertion.py", line 2, in <module>
    assert x % 3 == 0, '3의 배수가 아닙니다.'
AssertionError: 3의 배수가 아닙니다.
```

assert는 디버깅 모드에서만 실행됩니다. 특히 파이썬은 기본적으로 디버깅 모드이며(__debug__의 값이 True) assert가 실행되지 않게 하려면 python에 -O 옵션을 붙여서 실행합니다(영문 대문자 O).

```
python -O 스크립트파일.py
```

38.4 예외 만들기

지금까지 파이썬에 내장된 예외를 처리했는데, 이번에는 예외를 직접 만들어서 발생시켜보겠습니다. 프로그래머가 직접 만든 예외를 사용자 정의 예외라고 합니다.

▼ 그림 38-4 내장된 예외와 사용자 처리 예외

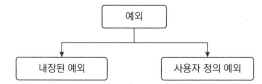

예외를 만드는 방법은 간단합니다. 그냥 Exception을 상속받아서 새로운 클래스를 만들면 됩니다. 그리고 __init__ 메서드에서 기반 클래스의 __init__ 메서드를 호출하면서 에러 메시지를 넣어주면 됩니다.

```python
class 예외이름(Exception):
    def __init__(self):
        super().__init__('에러메시지')
```

그럼 입력된 숫자가 3의 배수가 아닐 때 발생시킬 예외를 만들어보겠습니다.

```python
# exception_class.py
class NotThreeMultipleError(Exception):      # Exception을 상속받아서 새로운 예외를 만듦
    def __init__(self):
        super().__init__('3의 배수가 아닙니다.')

def three_multiple():
    try:
        x = int(input('3의 배수를 입력하세요: '))
        if x % 3 != 0:                       # x가 3의 배수가 아니면
            raise NotThreeMultipleError      # NotThreeMultipleError 예외를 발생시킴
        print(x)
    except Exception as e:
        print('예외가 발생했습니다.', e)

three_multiple()
```

5를 입력하면 3의 배수가 아니므로 NotThreeMultipleError 예외가 발생합니다.

```
실행 결과
3의 배수를 입력하세요: 5 (입력)
예외가 발생했습니다. 3의 배수가 아닙니다.
```

먼저 Exception을 상속받아서 NotThreeMultipleError 예외를 만들었습니다. 그리고 __init__ 메서드 안에서 기반 클래스의 __init__ 메서드를 호출하면서 에러 메시지를 넣었습니다.

```python
class NotThreeMultipleError(Exception):      # Exception을 상속받아서 새로운 예외를 만듦
    def __init__(self):
        super().__init__('3의 배수가 아닙니다.')
```

예외를 발생시킬 때는 raise NotThreeMultipleError와 같이 raise에 새로 만든 예외를 지정해주면 됩니다. 참고로 다음과 같이 Exception만 상속받고 pass를 넣어서 아무것도 구현하지 않아도 됩니다.

```python
class NotThreeMultipleError(Exception):      # Exception만 상속받고
    pass                                     # 아무것도 구현하지 않음
```

이때는 예외를 발생시킬 때 에러 메시지를 넣어주면 됩니다.

```
raise NotThreeMultipleError('3의 배수가 아닙니다.')    # 예외를 발생시킬 때
                                                      # 에러 메시지를 넣음
```

지금까지 예외 처리에 대해 배웠습니다. 예외 처리는 에러가 발생하더라도 스크립트의 실행을 중단하지 않고 계속 실행하고자 할 때 사용한다는 점 꼭 기억해두세요.

 ## 38.5 퀴즈

1. 다음 중 예외 처리에 대한 설명으로 잘못된 것을 모두 고르세요.

    a. try의 코드에서 예외가 발생하면 except가 실행된다.

    b. 예외는 현재 함수의 코드 블록에서만 처리할 수 있다.

    c. try의 코드에서 예외가 발생하더라도 except가 실행되면 스크립트는 중단되지 않는다.

    d. try, except, else에서 예외가 발생하지 않으면 else가 실행된다.

    e. finally는 예외가 발생하면 실행되지 않는다.

2. 다음 중 예외를 발생시키는 방법으로 올바른 것을 모두 고르세요.

    a. Exception

    b. Exception('예외가 발생하였습니다.')

    c. raise Exception('예외가 발생하였습니다.')

    d. assert 1 != 1

    e. except

3. 다음과 같이 예외를 만들었을 때 **NotEvenNumberError** 예외를 발생시키는 방법으로 올바른 것을 고르세요.

```
class NotEvenNumberError(Exception):
    super().__init__('짝수가 아닙니다.')
```

    a. raise Exception

    b. raise

    c. raise NotEvenNumberError

    d. except NotEvenNumberError as e:

    e. except

▶ 정답은 498쪽에 있습니다

38.6 연습문제: 파일 예외 처리하기

다음 소스 코드를 완성하여 `maria.txt` 파일이 있으면 파일의 내용을 읽어서 출력하고, 파일이 없으면 '파일이 없습니다.'를 출력하도록 만드세요. 파일이 없을 때 발생하는 예외는 `FileNotFoundError`입니다.

```
practice_try_except_else.py
①_____
    file = open('maria.txt', 'r')
②_____
    print('파일이 없습니다.')
③_____
    s = file.read()
    file.close()
```

정답

① try:
② except FileNotFoundError:
③ else:

해설

먼저 실행할 코드는 try로 시작합니다. 따라서 open 위에는 try:를 넣습니다. 그리고 파일이 없을 때 발생하는 예외는 FileNotFoundError이고, 예외가 발생했을 때 '파일이 없습니다.'를 출력하라고 했으므로 print 함수 위에 except FileNotFoundError:를 넣습니다. 그리고 예외가 발생하지 않았을 때는 파일의 내용을 읽어서 출력해야 하므로 s = file.read() 위에는 else:를 넣어주면 됩니다.

38.7 심사문제: 회문이 아니면 예외 발생시키기

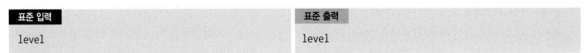

표준 입력으로 문자열이 입력됩니다. 다음 소스 코드를 완성하여 입력된 문자열이 회문이면 문자열을 그대로 출력하고, 회문이 아니면 '회문이 아닙니다.'를 출력하도록 만드세요. palindrome 함수와 NotPalindromeError 예외를 작성해야 합니다.

테스트 케이스 예제

표준 입력	표준 출력
level	level

테스트 케이스 예제

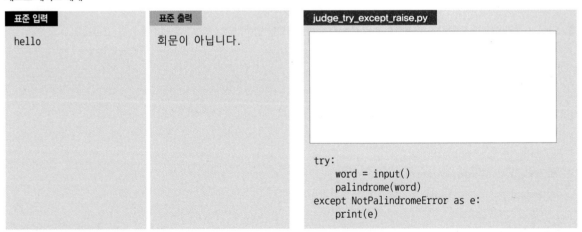

표준 입력	표준 출력	judge_try_except_raise.py
hello	회문이 아닙니다.	

```
try:
    word = input()
    palindrome(word)
except NotPalindromeError as e:
    print(e)
```

38.5 퀴즈 정답

1 b, e 예외는 상위 코드 블록에서도 처리할 수 있습니다. 그리고 finally는 예외 발생 여부와는 상관없이 항상 실행됩니다.

2 c, d 예외를 발생시킬 때는 raise Exception와 같이 raise에 예외를 지정하면 됩니다. 또는, assert에 거짓인 조건식을 지정해서 예외를 발생시킬 수도 있습니다.

3 c 예외를 발생시킬 때는 raise에 예외 NotEvenNumberError를 지정해주면 됩니다.

UNIT 39 이터레이터 사용하기

이터레이터(iterator)는 값을 차례대로 꺼낼 수 있는 객체(object)입니다.

지금까지 for 반복문을 사용할 때 range를 사용했습니다. 만약 100번을 반복한다면 for i in range(100): 처럼 만들었습니다. 이 for 반복문을 설명할 때 for i in range(100):는 0부터 99까지 연속된 숫자를 만들어낸다고 했는데, 사실은 숫자를 모두 만들어 내는 것이 아니라 0부터 99까지 값을 차례대로 꺼낼 수 있는 이터레이터를 하나만 만들어냅니다. 이후 반복할 때마다 이터레이터에서 숫자를 하나씩 꺼내서 반복합니다.

만약 연속된 숫자를 미리 만들면 숫자가 적을 때는 상관없지만 숫자가 아주 많을 때는 메모리를 많이 사용하게 되므로 성능에도 불리합니다. 그래서 파이썬에서는 이터레이터만 생성하고 값이 필요한 시점이 되었을 때 값을 만드는 방식을 사용합니다. 즉, 데이터 생성을 뒤로 미루는 것인데 이런 방식을 지연 평가(lazy evaluation)라고 합니다.

참고로 이터레이터는 반복자라고 부르기도 합니다. 이 책에서는 이터레이터를 사용하겠습니다.

39.1 반복 가능한 객체 알아보기

이터레이터를 만들기 전에 먼저 반복 가능한 객체(iterable)에 대해 알아보겠습니다. 반복 가능한 객체는 말 그대로 반복할 수 있는 객체인데 우리가 흔히 사용하는 문자열, 리스트, 딕셔너리, 세트가 반복 가능한 객체입니다. 즉, 요소가 여러 개 들어있고, 한 번에 하나씩 꺼낼 수 있는 객체입니다.

객체가 반복 가능한 객체인지 알아보는 방법은 객체에 __iter__ 메서드가 들어있는지 확인해보면 됩니다. 다음과 같이 dir 함수를 사용하면 객체의 메서드를 확인할 수 있습니다.

- dir(객체)

```
>>> dir([1, 2, 3])
['__add__', '__class__', '__contains__', '__delattr__', '__delitem__', '__dir__', '__doc__', '__eq__', '__format__', '__ge__', '__getattribute__', '__getitem__', '__gt__', '__hash__', '__iadd__', '__imul__', '__init__', '__init_subclass__', '__iter__', '__le__', '__len__', '__lt__', '__mul__', '__ne__', '__new__', '__reduce__', '__reduce_ex__', '__repr__', '__reversed__', '__rmul__', '__setattr__', '__setitem__', '__sizeof__', '__str__', '__subclasshook__', 'append', 'clear', 'copy', 'count', 'extend', 'index', 'insert', 'pop', 'remove', 'reverse', 'sort']
```

리스트 [1, 2, 3]을 dir로 살펴보면 __iter__ 메서드가 들어있습니다. 이 리스트에서 __iter__를 호출해보면 이터레이터가 나옵니다.

```
>>> [1, 2, 3].__iter__()
<list_iterator object at 0x03616630>
```

리스트의 이터레이터를 변수에 저장한 뒤 __next__ 메서드를 호출해보면 요소를 차례대로 꺼낼 수 있습니다.

```
>>> it = [1, 2, 3].__iter__()
>>> it.__next__()
1
>>> it.__next__()
2
>>> it.__next__()
3
>>> it.__next__()
Traceback (most recent call last):
  File "<pyshell#48>", line 1, in <module>
    it.__next__()
StopIteration
```

it에서 __next__를 호출할 때마다 리스트에 들어있는 1, 2, 3이 나옵니다. 그리고 3 다음에 __next__를 호출하면 StopIteration 예외가 발생합니다. 즉, [1, 2, 3]이므로 1, 2, 3 세 번 반복합니다.

이처럼 이터레이터는 __next__로 요소를 계속 꺼내다가 꺼낼 요소가 없으면 StopIteration 예외를 발생시켜서 반복을 끝냅니다.

물론, 리스트뿐만 아니라 문자열, 딕셔너리, 세트도 __iter__를 호출하면 이터레이터가 나옵니다. 그리고 이터레이터에서 __next__를 호출하면 차례대로 값을 꺼냅니다(__next__ 호출은 생략하겠습니다. 여러분들이 직접 호출해보세요).

```
>>> 'Hello, world!'.__iter__()
<str_iterator object at 0x03616770>
>>> {'a': 1, 'b': 2}.__iter__()
<dict_keyiterator object at 0x03870B10>
>>> {1, 2, 3}.__iter__()
<set_iterator object at 0x03878418>
```

리스트, 문자열, 딕셔너리, 세트는 요소가 눈에 보이는 반복 가능한 객체입니다. 이번에는 요소가 눈에 보이지 않는 range를 살펴보겠습니다. 다음과 같이 range(3)에서 __iter__로 이터레이터를 얻어낸 뒤 __next__ 메서드를 호출해봅니다.

```
>>> it = range(3).__iter__()
>>> it.__next__()
0
>>> it.__next__()
1
>>> it.__next__()
2
>>> it.__next__()
Traceback (most recent call last):
  File "<pyshell#5>", line 1, in <module>
    it.__next__()
StopIteration
```

it에서 __next__를 호출할 때마다 0부터 숫자가 증가해서 2까지 나왔습니다. 그리고 2 다음에 __next__를 호출했을 때 StopIteration 예외가 발생했습니다. 즉, range(3)이므로 0, 1, 2 세 번 반복하며 요소가 눈에 보이지 않지만 지정된 만큼 숫자를 꺼내서 반복할 수 있습니다.

39.1.1 for와 반복 가능한 객체

이제 for에 반복 가능한 객체를 사용했을 때 동작 과정을 알아보겠습니다. 다음과 같이 for에 range(3)를 사용했다면 먼저 range에서 __iter__로 이터레이터를 얻습니다. 그리고 한 번 반복할 때마다 이터레이터에서 __next__로 숫자를 꺼내서 i에 저장하고, 지정된 숫자 3이 되면 StopIteration을 발생시켜서 반복을 끝냅니다.

▼ 그림 39-1 for에서 range의 동작 과정

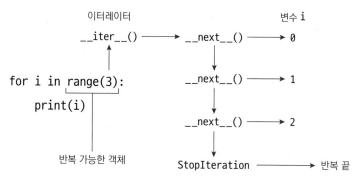

이처럼 반복 가능한 객체는 __iter__ 메서드로 이터레이터를 얻고, 이터레이터의 __next__ 메서드로 반복합니다. 여기서는 반복 가능한 객체와 이터레이터가 분리되어 있지만 클래스에 __iter__와 __next__ 메서드를 모두 구현하면 이터레이터를 만들 수 있습니다. 특히 __iter__, __next__를 가진 객체를 이터레이터 프로토콜(iterator protocol)을 지원한다고 말합니다.

정리하자면 반복 가능한 객체는 요소를 한 번에 하나씩 가져올 수 있는 객체이고, 이터레이터는 __next__ 메서드를 사용해서 차례대로 값을 꺼낼 수 있는 객체입니다. 반복 가능한 객체(iterable)와 이터레이터(iterator)는 별개의 객체이므로 둘은 구분해야 합니다. 즉, 반복 가능한 객체에서 __iter__ 메서드로 이터레이터를 얻습니다.

참고   시퀀스 객체와 반복 가능한 객체의 차이

'Unit 11 시퀀스 자료형 활용하기'(111쪽)에서 리스트, 튜플, range, 문자열은 시퀀스 객체라고 했는데, 이 유닛에서는 반복 가능한 객체라고 했습니다. 시퀀스 객체와 반복 가능한 객체의 차이점은 무엇일까요?

그림 39-2와 같이 반복 가능한 객체는 시퀀스 객체를 포함합니다.

리스트, 튜플, range, 문자열은 반복 가능한 객체이면서 시퀀스 객체입니다. 하지만, 딕셔너리와 세트는 반복 가능한 객체이지만 시퀀스 객체는 아닙니다. 왜냐하면 시퀀스 객체는 요소의 순서가 정해져 있고 연속적(sequence)으로 이어져 있어야 하는데, 딕셔너리와 세트는 요소(키)의 순서가 정해져 있지 않기 때문입니다. 따라서 시퀀스 객체가 반복 가능한 객체보다 좁은 개념입니다.

즉, 요소의 순서가 정해져 있고 연속적으로 이어져 있으면 시퀀스 객체, 요소의 순서와는 상관없이 요소를 한 번에 하나씩 꺼낼 수 있으면 반복 가능한 객체입니다.

▼ 그림 39-2 반복 가능한 객체는 시퀀스 객체를 포함

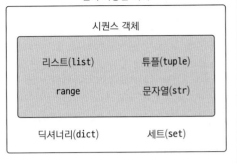

39.2 이터레이터 만들기

이제 __iter__, __next__ 메서드를 구현해서 직접 이터레이터를 만들어보겠습니다. 간단하게 range(횟수)처럼 동작하는 이터레이터입니다.

```
class 이터레이터이름:
    def __iter__(self):
        코드

    def __next__(self):
        코드
```

iterator.py

```
class Counter:
    def __init__(self, stop):
        self.current = 0     # 현재 숫자 유지, 0부터 지정된 숫자 직전까지 반복
        self.stop = stop     # 반복을 끝낼 숫자

    def __iter__(self):
        return self          # 현재 인스턴스를 반환

    def __next__(self):
        if self.current < self.stop:     # 현재 숫자가 반복을 끝낼 숫자보다 작을 때
            r = self.current             # 반환할 숫자를 변수에 저장
            self.current += 1            # 현재 숫자를 1 증가시킴
            return r                     # 숫자를 반환
        else:                            # 현재 숫자가 반복을 끝낼 숫자보다 크거나 같을 때
            raise StopIteration          # 예외 발생

for i in Counter(3):
    print(i, end=' ')
```

실행 결과

```
0 1 2
```

실행을 해보면 0 1 2가 나옵니다. 이렇게 0부터 지정된 숫자 직전까지 반복하는 이터레이터 Counter를 정의했습니다.

먼저 클래스로 이터레이터를 작성하려면 __init__ 메서드를 만듭니다. 여기서는 Counter(3)처럼 반복을 끝낼 숫자를 받았으므로 self.stop에 stop을 넣어줍니다. 그리고 반복할 때마다 현재 숫자를 유지해야 하므로 속성 self.current에 0을 넣어줍니다(0부터 지정된 숫자 직전까지 반복하므로 0을 넣습니다).

```
def __init__(self, stop):
    self.current = 0    # 현재 숫자 유지, 0부터 지정된 숫자 직전까지 반복
    self.stop = stop    # 반복을 끝낼 숫자
```

그리고 __iter__ 메서드를 만드는데 여기서는 self만 반환하면 끝입니다. 이 객체는 리스트, 문자열, 딕셔너리, 세트, range처럼 __iter__를 호출해줄 반복 가능한 객체(iterable)가 없으므로 현재 인스턴스를 반환하면 됩니다. 즉, 이 객체는 반복 가능한 객체이면서 이터레이터입니다.

```
def __iter__(self):
    return self         # 현재 인스턴스를 반환
```

그다음에 __next__ 메서드를 만듭니다. __next__에서는 조건에 따라 숫자를 만들어내거나 StopIteration 예외를 발생시킵니다. 현재 숫자 self.current가 반복을 끝낼 숫자 self.stop보다 작을 때는 self.current를 1 증가시키고 현재 숫자를 반환합니다. 이때 1 증가한 숫자를 반환하지 않도록 숫자를 증가시키기 전에 r = self.current처럼 반환할 숫자를 변수에 저장해 놓습니다. 그다음에 self.current가 self.stop보다 크거나 같아질 때는 raise StopIteration으로 예외를 발생시킵니다.

```
def __next__(self):
    if self.current < self.stop:    # 현재 숫자가 반복을 끝낼 숫자보다 작을 때
        r = self.current            # 반환할 숫자를 변수에 저장
        self.current += 1           # 현재 숫자를 1 증가시킴
        return r                    # 숫자를 반환
    else:                           # 현재 숫자가 반복을 끝낼 숫자보다 크거나 같을 때
        raise StopIteration         # 예외 발생
```

for 반복문에 Counter(3)을 지정해서 실행해보면 3번 반복하면서 0, 1, 2가 출력됩니다.

```
for i in Counter(3):
    print(i)
```

지금까지 간단한 이터레이터를 만들어보았습니다. 이터레이터를 만들 때는 __init__ 메서드에서 초깃값, __next__ 메서드에서 조건식과 현재값 부분을 주의해야 합니다. 이 부분이 잘못되면 미묘한 버그가 생길 수 있습니다. 예를 들어서 0, 1, 2와 1, 2, 3처럼 3번 반복하는 것은 같지만 숫자가 1씩 밀려서 나오거나 0, 1, 2, 3처럼 반복 횟수가 달라질 수 있으므로 코드를 작성할 때 꼼꼼히 살펴봐야 합니다.

39.2.1 이터레이터 언패킹

참고로 이터레이터는 언패킹(unpacking)이 가능합니다. 즉, 다음과 같이 Counter()의 결과를 변수 여러 개에 할당할 수 있습니다. 물론 이터레이터가 반복하는 횟수와 변수의 개수는 같아야 합니다.

```
>>> a, b, c = Counter(3)
>>> print(a, b, c)
0 1 2
>>> a, b, c, d, e = Counter(5)
>>> print(a, b, c, d, e)
0 1 2 3 4
```

사실 우리가 자주 사용하는 map도 이터레이터입니다. 그래서 a, b, c = map(int, input().split())처럼 언패킹으로 변수 여러 개에 값을 할당할 수 있습니다.

> **참고** **반환값을 _에 저장하는 이유**
>
> 함수를 호출한 뒤 반환값을 저장할 때 _(밑줄 문자)를 사용하는 경우가 있습니다.
>
> ```
> >>> _, b = range(2)
> >>> b
> 1
> ```
>
> 사실 이 코드는 a, b = range(2)와 같습니다. 반환값을 언패킹했을 때 _에 할당하는 것은 특정 순서의 반환값 사용하지 않고 무시하겠다는 관례적 표현입니다. 예를 들어 다음과 같은 코드는 언패킹했을 때 두 번째 변수는 사용하지 않겠다는 뜻입니다.
>
> ```
> >>> a, _, c, d = range(4)
> >>> a, c, d
> (0, 2, 3)
> ```

39.3 인덱스로 접근할 수 있는 이터레이터 만들기

지금까지 __iter__와 __next__ 메서드를 구현하는 방식으로 이터레이터를 만들었습니다. 이번에는 __getitem__ 메서드를 구현하여 인덱스로 접근할 수 있는 이터레이터를 만들어보겠습니다.

앞에서 만든 Counter 이터레이터를 인덱스로 접근할 수 있도록 다시 만들어보겠습니다.

```
class 이터레이터이름:
    def __getitem__(self, 인덱스):
        코드
```

```
iterator_getitem.py                                      실행 결과
class Counter:                                           0 1 2
    def __init__(self, stop):                            0 1 2
        self.stop = stop

    def __getitem__(self, index):
        if index < self.stop:
            return index
        else:
            raise IndexError

print(Counter(3)[0], Counter(3)[1], Counter(3)[2])

for i in Counter(3):
    print(i, end=' ')
```

Counter(3)[0]을 출력했을 때 0이 나왔습니다. 마찬가지로 Counter(3)[1]은 1, Counter(3)[2]는 2가 나왔습니다. 그리고 for 반복문에 Counter를 사용했을 때도 1, 2, 3이 나왔습니다.

소스 코드를 잘 보면 __init__ 메서드와 __getitem__ 메서드만 있는데도 동작이 잘 됩니다. 클래스에서 __getitem__만 구현해도 이터레이터가 되며 __iter__, __next__는 생략해도 됩니다(초깃값이 없다면 __init__도 생략 가능).

그럼 __init__ 메서드부터 살펴보겠습니다. 여기서는 Counter(3)처럼 반복을 끝낼 숫자를 받았으므로 self.stop에 stop을 넣어줍니다.

```
class Counter:
    def __init__(self, stop):
        self.stop = stop               # 반복을 끝낼 숫자
```

이제 클래스에서 __getitem__ 메서드를 구현하면 인덱스로 접근할 수 있는 이터레이터가 됩니다. 먼저 __getitem__은 매개변수로 인덱스 index를 받습니다. 그리고 지정된 index가 반복을 끝낼 숫자 self.stop보다 작을 때 index를 반환합니다. index가 self.stop보다 크거나 같으면 IndexError를 발생시킵니다. 즉, Counter(3)과 같이 반복을 끝낼 숫자가 3이면 인덱스는 2까지 지정할 수 있습니다.

```
    def __getitem__(self, index):      # 인덱스를 받음
        if index < self.stop:          # 인덱스가 반복을 끝낼 숫자보다 작을 때
            return index               # 인덱스를 반환
        else:                          # 인덱스가 반복을 끝낼 숫자보다 크거나 같을 때
            raise IndexError           # 예외 발생
```

이렇게 하면 Counter(3)[0]처럼 이터레이터를 인덱스로 접근할 수 있습니다.

참고로 여기서는 반복할 숫자와 인덱스가 같아서 index를 그대로 반환했지만, index와 식을 조합해서 다른 숫자를 만드는 방식으로 활용할 수 있습니다. 예를 들어 index * 10을 반환하면 0, 10, 20처럼 10 단위로 숫자가 나옵니다. 각자 __getitem__ 메서드를 수정해서 다양한 숫자를 만들어보세요.

이번에는 파이썬 내장 함수 iter, next에 대해 알아보겠습니다. iter는 객체의 __iter__ 메서드를 호출해주고, next는 객체의 __next__ 메서드를 호출해줍니다. 그럼 range(3)에 iter와 next를 사용해보겠습니다.

```
>>> it = iter(range(3))
>>> next(it)
0
>>> next(it)
1
>>> next(it)
2
>>> next(it)
Traceback (most recent call last):
  File "<pyshell#6>", line 1, in <module>
    next(it)
StopIteration
```

반복 가능한 객체에서 __iter__를 호출하고 이터레이터에서 __next__ 메서드를 호출한 것과 똑같습니다. 즉, iter는 반복 가능한 객체에서 이터레이터를 반환하고 next는 이터레이터에서 값을 차례대로 꺼냅니다. iter와 next는 이런 기능 이외에도 다양한 방식으로 사용할 수 있습니다.

39.4.1 iter

iter는 반복을 끝낼 값을 지정하면 특정 값이 나올 때 반복을 끝냅니다. 이 경우에는 반복 가능한 객체 대신 호출 가능한 객체(callable)를 넣어줍니다. 참고로 반복을 끝낼 값은 sentinel이라고 부르는데 감시병이라는 뜻입니다. 즉, 반복을 감시하다가 특정 값이 나오면 반복을 끝낸다고 해서 sentinel입니다.

- **iter(호출가능한객체, 반복을끝낼값)**

예를 들어 random.randint(0, 5)와 같이 0부터 5까지 무작위로 숫자를 생성할 때 2가 나오면 반복을 끝내도록 만들 수 있습니다. 이때 호출 가능한 객체를 넣어야 하므로 매개변수가 없는 함수 또는 람다 표현식으로 만들어줍니다.

```
>>> import random
>>> it = iter(lambda : random.randint(0, 5), 2)
>>> next(it)
0
>>> next(it)
3
>>> next(it)
1
>>> next(it)
Traceback (most recent call last):
  File "<pyshell#37>", line 1, in <module>
    next(it)
StopIteration
```

next(it)로 숫자를 계속 만들다가 2가 나오면 StopIteration이 발생합니다. 물론 숫자가 무작위로 생성되므로 next(it)를 호출하는 횟수도 매번 달라집니다. 물론 다음과 같이 for 반복문에 넣어서 사용할 수도 있습니다.

```
>>> import random
>>> for i in iter(lambda : random.randint(0, 5), 2):
...     print(i, end=' ')
...
3 1 4 0 5 3 3 5 0 4 1
```

이렇게 iter 함수를 활용하면 if 조건문으로 매번 숫자가 2인지 검사하지 않아도 되므로 코드가 좀 더 간단해집니다. 즉, 다음 코드와 동작이 같습니다.

```
import random

while True:
    i = random.randint(0, 5)
    if i == 2:
        break
    print(i, end=' ')
```

39.4.2 next

next는 기본값을 지정할 수 있습니다. 기본값을 지정하면 반복이 끝나더라도 StopIteration이 발생하지 않고 기본값을 출력합니다. 즉, 반복할 수 있을 때는 해당 값을 출력하고, 반복이 끝났을 때는 기본값을 출력합니다. 다음은 range(3)으로 0, 1, 2 세 번 반복하는데 next에 기본값으로 10을 지정했습니다.

· **next(반복가능한객체, 기본값)**

```
>>> it = iter(range(3))
>>> next(it, 10)
0
>>> next(it, 10)
1
>>> next(it, 10)
2
>>> next(it, 10)
10
>>> next(it, 10)
10
```

0, 1, 2까지 나온 뒤에도 next(it, 10)을 호출하면 예외가 발생하지 않고 계속 10이 나옵니다.

지금까지 반복 가능한 객체의 개념과 이터레이터를 만드는 방법을 배웠습니다. 여기서는 이터레이터를 만들 때 __iter__, __next__ 메서드 또는 __getitem__ 메서드를 구현해야 한다는 점만 기억하면 됩니다.

1. 다음 중 이터레이터를 만들 때 필요한 메서드를 모두 고르세요.

    a. __iter__

    b. __prev__

    c. __next__

    d. __call__

    e. __doc__

2. 인덱스로 접근할 수 있는 이터레이터를 만들 때 필요한 메서드는 무엇인가요? (메서드 뒤의 괄호는 생략하고 메서드 이름만 입력)

3. 다음 중 설명이 잘못된 것을 모두 고르세요.

    a. 이터레이터는 __next__ 메서드를 호출하다가 반복을 끝낼 때 IndexError 예외를 발생시킨다.

    b. iter 함수는 객체의 __iter__ 메서드를 호출한다.

    c. next 함수는 객체의 __next__ 메서드를 호출한다.

    d. 이터레이터는 언패킹을 사용할 수 있다.

    e. 리스트 [1, 2, 3]은 이터레이터이다.

▶ 정답은 510쪽에 있습니다

39.6 연습문제: 배수 이터레이터 만들기

다음 소스 코드에서 특정 수의 배수를 만드는 이터레이터를 작성하세요. 배수는 0부터 지정된 숫자보다 작을 때까지 만들어야 합니다.

practice_iterator.py

```
class MultipleIterator:
    def __init__(self, stop, multiple):
        ①_____
        ...

        _____

    def __iter__(self):
        return self

    def __next__(self):
        ②_____
        ...

        _____

for i in MultipleIterator(20, 3):
    print(i, end=' ')

print()
for i in MultipleIterator(30, 5):
    print(i, end=' ')
```

실행 결과

```
3 6 9 12 15 18
5 10 15 20 25
```

```
① self.stop = stop
   self.multiple = multiple
   self.current = 0
② self.current += 1
   if self.current * self.multiple < self.stop:
       return self.current * self.multiple
   else:
       raise StopIteration
```

해설

이터레이터 MultipleIterator에는 MultipleIterator(20, 3)과 같이 반복을 끝낼 숫자 stop과 배수를 구할 숫자 multiple을 넣었습니다. 먼저 __init__ 메서드에서 self.stop에 stop을 저장하고, self.multiple에 multiple을 저장합니다. 그리고 몇 번 반복했는지를 저장해야 하므로 self.current를 만들고 0을 저장합니다.

이제 __next__ 메서드에서 배수를 구합니다. 배수는 self.current와 self.multiple의 곱을 구하면 됩니다. 단, self.current가 0부터 시작했으므로 0에 self.multiple을 곱하면 0입니다. 따라서 self.current를 1 증가시켜서 1부터 곱하도록 만듭니다. 그리고 반복을 끝낼 조건을 만들어야 하는데, 배수가 반복을 끝낼 숫자 self.stop보다 작은지 판단하면 됩니다. 따라서 if self.current * self.multiple < self.stop:과 같이 조건문을 만들어주고 참이면 배수를 반환하고 거짓이면 StopIteration 예외를 발생시키면 됩니다.

39.7 심사문제: 시간 이터레이터 만들기

표준 입력으로 정수 세 개가 입력됩니다(첫 번째 정수는 시작하는 초, 두 번째 정수는 반복을 끝낼 초, 세 번째 정수는 인덱스이며 입력되는 초의 범위는 0~100000, 입력되는 인덱스의 범위는 0~10입니다). 다음 소스 코드에서 시간 값을 생성하는 이터레이터를 만드세요.

- 시간 값은 문자열이고 시:분:초 형식입니다. 만약 숫자가 한 자리일 경우 앞에 0을 붙입니다(예: 12:01:08).
- 1초는 00:00:01입니다. 23:59:59를 넘길 경우 00:00:00부터 다시 시작해야 합니다.
- 시간은 반복을 끝낼 초 직전까지만 출력해야 합니다(반복을 끝낼 초는 포함되지 않음).

테스트 케이스 예제

표준 입력	표준 출력
0 3 2	00:00:00
	00:00:01
	00:00:02
	00:00:02

테스트 케이스 예제

표준 입력	표준 출력
88234 88237 1	00:30:34
	00:30:35
	00:30:36
	00:30:35

judge_iterator.py

```




```

```python
start, stop, index = map(int, input().split())

for i in TimeIterator(start, stop):
    print(i)

print('\n', TimeIterator(start, stop)[index], sep='')
```

39.5 퀴즈 정답

1	a, c	이터레이터 클래스를 만들 때 필요한 메서드는 __iter__와 __next__입니다.
2	__getitem__	인덱스로 접근할 수 있는 이터레이터를 만들 때는 __getitem__ 메서드를 구현해야 합니다.
3	a, e	이터레이터는 반복을 끝낼 때 StopIteration 예외가 발생합니다. 그리고 리스트 [1, 2, 3]은 반복 가능한 객체이며 이터레이터가 아닙니다

UNIT 40 제너레이터 사용하기

제너레이터는 이터레이터를 생성해주는 함수입니다. 이터레이터는 클래스에 __iter__, __next__ 또는 __getitem__ 메서드를 구현해야 하지만 제너레이터는 함수 안에서 yield라는 키워드만 사용하면 끝입니다. 그래서 제너레이터는 이터레이터보다 훨씬 간단하게 작성할 수 있습니다.

참고로 제너레이터는 발생자라고 부르기도 합니다. 이 책에서는 제너레이터를 사용하겠습니다.

40.1 제너레이터와 yield 알아보기

함수 안에서 yield를 사용하면 함수는 제너레이터가 되며 yield에는 값(변수)을 지정합니다.

- **yield 값**

이제 yield를 사용해서 제너레이터를 만들고 for 반복문에서 0, 1, 2 숫자 세 개를 출력해보겠습니다.

yield.py	실행 결과

``python
def number_generator():
    yield 0
    yield 1
    yield 2
 	
for i in number_generator():
    print(i)
``
	0
	1
	2

for 반복문에 number_generator( )를 지정해서 값을 출력해보면 yield에 지정했던 0, 1, 2가 나옵니다. 이터레이터와 사용 방법이 똑같죠?

40.1.1 제너레이터 객체가 이터레이터인지 확인하기

그럼 number_generator 함수로 만든 객체가 정말 이터레이터인지 살펴보겠습니다. 다음과 같이 dir 함수로 메서드 목록을 확인해봅니다.

```
>>> g = number_generator()
>>> g
<generator object number_generator at 0x03A190F0>
>>> dir(g)
['__class__', '__del__', '__delattr__', '__dir__', '__doc__', '__eq__', '__format__', '__ge__', '__
getattribute__', '__gt__', '__hash__', '__init__', '__init_subclass__', '__iter__', '__le__', '__
lt__', '__name__', '__ne__', '__new__', '__next__', '__qualname__', '__reduce__', '__reduce_ex__',
'__repr__', '__setattr__', '__sizeof__', '__str__', '__subclasshook__', 'close', 'gi_code', 'gi_
frame', 'gi_running', 'gi_yieldfrom', 'send', 'throw']
```

number_generator 함수를 호출하면 제너레이터 객체(generator object)가 반환됩니다. 이 객체를 dir 함수로 살펴보면 이터레이터에서 볼 수 있는 __iter__, __next__ 메서드가 들어있습니다.

실제로 제너레이터 객체의 __next__를 호출해보면 숫자 0, 1, 2가 나오다가 StopIteration 예외가 발생합니다.

```
>>> g.__next__()
0
>>> g.__next__()
1
>>> g.__next__()
2
>>> g.__next__()
Traceback (most recent call last):
  File "<pyshell#29>", line 1, in <module>
    g.__next__()
StopIteration
```

이터레이터와 동작이 똑같습니다.

이처럼 함수에 yield만 사용해서 간단하게 이터레이터를 구현할 수 있습니다. 단, 이터레이터는 __next__ 메서드 안에서 직접 return으로 값을 반환했지만 제너레이터는 yield에 지정한 값이 __next__ 메서드 (next 함수)의 반환값으로 나옵니다. 또한, 이터레이터는 raise로 StopIteration 예외를 직접 발생시켰지만 제너레이터는 함수의 끝까지 도달하면 StopIteration 예외가 자동으로 발생합니다.

제너레이터는 제너레이터 객체에서 __next__ 메서드를 호출할 때마다 함수 안의 yield까지 코드를 실행하며 yield에서 값을 발생시킵니다(generate). 그래서 이름이 제너레이터(generator)입니다.

40.1.2 for와 제너레이터

그럼 for 반복문과 제너레이터를 살펴보겠습니다. 다음과 같이 for 반복문은 반복할 때마다 __next__를 호출하므로 yield에서 발생시킨 값을 가져옵니다. 그리고 StopIteration 예외가 발생하면 반복을 끝냅니다.

▼ 그림 40-1 for 반복문과 제너레이터

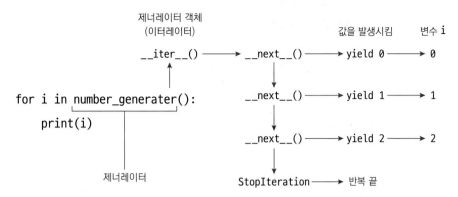

참고로 제너레이터 객체에서 __iter__를 호출하면 self를 반환하므로 같은 객체가 나옵니다(제너레이터 함수 호출 〉 제너레이터 객체 〉 __iter__는 self 반환 〉 제너레이터 객체).

그런데 generate라는 키워드를 사용하면 되지 왜 yield라고 이름을 지었을까요? yield는 생산하다라는 뜻과 함께 양보하다라는 뜻도 가지고 있습니다. 즉, yield를 사용하면 값을 함수 바깥으로 전달하면서 코드 실행을 함수 바깥에 양보합니다. 따라서 yield는 현재 함수를 잠시 중단하고 함수 바깥의 코드가 실행되도록 만듭니다.

40.1.3 yield의 동작 과정 알아보기

그럼 yield의 동작 과정을 알아보기 위해 for 반복문 대신 next 함수로 __next__ 메서드를 직접 호출해보겠습니다.

· 변수 = next(제너레이터객체)

yield_next.py	실행 결과

```python
def number_generator():
    yield 0      # 0을 함수 바깥으로 전달하면서 코드 실행을 함수 바깥에 양보
    yield 1      # 1을 함수 바깥으로 전달하면서 코드 실행을 함수 바깥에 양보
    yield 2      # 2를 함수 바깥으로 전달하면서 코드 실행을 함수 바깥에 양보

g = number_generator()

a = next(g)      # yield를 사용하여 함수 바깥으로 전달한 값은 next의 반환값으로 나옴
print(a)         # 0

b = next(g)
print(b)         # 1

c = next(g)
print(c)         # 2
```

실행 결과
```
0
1
2
```

yield를 사용하여 바깥으로 전달한 값은 next 함수(__next__ 메서드)의 반환값으로 나온다고 했습니다. 따라서 next(g)의 반환값을 출력해보면 yield에 지정한 값 0, 1, 2가 차례대로 나옵니다. 즉, 제너레이터 함수가 실행되는 중간에 next로 값을 가져옵니다.

next와 yield의 동작 과정을 그림으로 살펴보겠습니다.

먼저 g = number_generator()와 같이 제너레이터 객체를 만듭니다. 그다음에 next(g)를 호출하면 제너레이터 안의 yield 0이 실행되어 숫자 0을 전달한 뒤 바깥의 코드가 실행되도록 양보합니다. 함수 바깥에서는 print(a)로 next(g)에서 반환된 값을 출력합니다.

▼ 그림 40-2 yield 0의 실행 양보

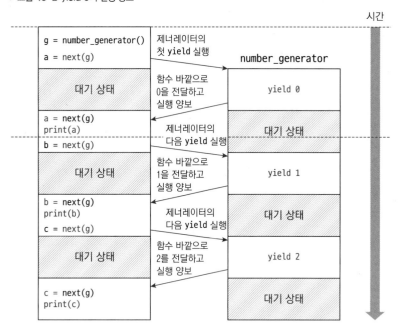

값을 출력했으면 next(g)로 다시 제너레이터 안의 코드를 실행합니다. 이때는 yield 1이 실행되고 숫자 1을 발생시켜서 바깥으로 전달합니다. 그리고 함수 바깥에서는 print(b)로 next(g)에서 반환된 값을 출력합니다.

▼ 그림 40-3 yield 1의 실행 양보

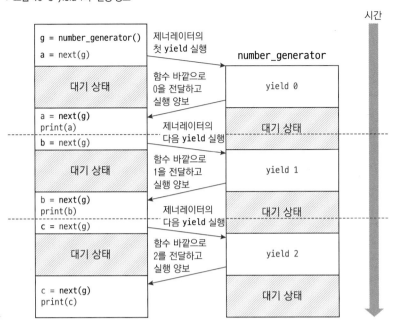

마찬가지로 과정으로 yield 2도 숫자를 발생시키고 print(c)로 제너레이터에서 나온 값을 출력합니다.

▼ 그림 40-4 yield 2의 실행 양보

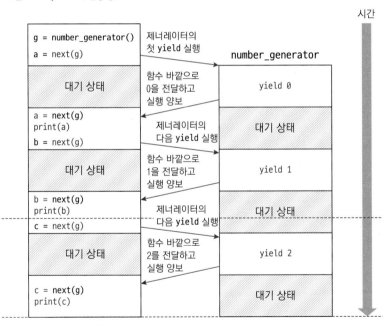

이렇게 제너레이터는 함수를 끝내지 않은 상태에서 yield를 사용하여 값을 바깥으로 전달할 수 있습니다. 즉,
return은 반환 즉시 함수가 끝나지만 yield는 잠시 함수 바깥의 코드가 실행되도록 양보하여 값을 가져가게
한 뒤 다시 제너레이터 안의 코드를 계속 실행하는 방식입니다.

참고   제너레이터와 return

제너레이터는 함수 끝까지 도달하면 StopIteration 예외가 발생합니다. 마찬가지로 return도 함수를 끝내므로 return을 사용해서 함수 중간에 빠져나오면 StopIteration 예외가 발생합니다.

특히 제너레이터 안에서 return에 반환값을 지정하면 StopIteration 예외의 에러 메시지로 들어갑니다.

generator_return.py

```
def one_generator():
    yield 1
    return 'return에 지정한 값'

try:
    g = one_generator()
    next(g)
    next(g)
except StopIteration as e:
    print(e)    # return에 지정한 값
```

실행 결과

```
return에 지정한 값
```

40.2 제너레이터 만들기

제너레이터와 yield에 대해 알아보았으니 이번에는 range(횟수)처럼 동작을 하는 제너레이터를 만들어보겠습니다.

generator.py

```
def number_generator(stop):
    n = 0                    # 숫자는 0부터 시작
    while n < stop:          # 현재 숫자가 반복을 끝낼 숫자보다 작을 때 반복
        yield n              # 현재 숫자를 바깥으로 전달
        n += 1               # 현재 숫자를 증가시킴

for i in number_generator(3):
    print(i)
```

실행 결과

```
0
1
2
```

코드는 간단합니다. 제너레이터 안에서 변수 n을 만들고 0을 저장합니다. 그리고 while n < stop:과 같이 반복을 끝낼 숫자보다 작을 때 반복하도록 만듭니다. 반복문 안에서는 yield n으로 숫자를 바깥으로 전달한 뒤 n을 1 증가시키면 됩니다. 여기서는 yield가 3번 나오므로 for 반복문도 3번 반복합니다.

물론 next 함수(__next__ 메서드)도 3번 사용할 수 있습니다.

```
>>> g = number_generator(3)
>>> next(g)
0
>>> next(g)
1
>>> next(g)
2
>>> next(g)
```

```
Traceback (most recent call last):
  File "<pyshell#100>", line 1, in <module>
    next(g)
StopIteration
```

40.2.1 yield에서 함수 호출하기

그럼 yield에서 함수(메서드)를 호출하면 어떻게 될까요? 다음은 리스트에 들어있는 문자열을 대문자로 변환하여 함수 바깥으로 전달합니다.

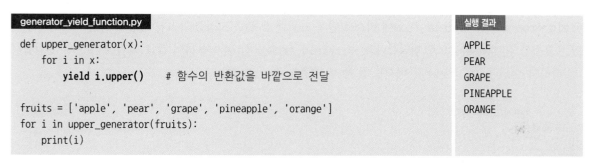

generator_yield_function.py

```python
def upper_generator(x):
    for i in x:
        yield i.upper()      # 함수의 반환값을 바깥으로 전달

fruits = ['apple', 'pear', 'grape', 'pineapple', 'orange']
for i in upper_generator(fruits):
    print(i)
```

실행 결과

```
APPLE
PEAR
GRAPE
PINEAPPLE
ORANGE
```

리스트 fruits에 들어있는 문자열이 모두 대문자로 출력되었습니다. yield i.upper()와 같이 yield에서 함수(메서드)를 호출하면 해당 함수의 반환값을 바깥으로 전달합니다. upper는 호출했을 때 대문자로 된 문자열을 반환하므로 yield는 이 문자열을 바깥으로 전달합니다. 즉, yield에 무엇을 지정하든 결과만 바깥으로 전달합니다(함수의 반환값, 식의 결과).

이처럼 yield의 동작 방식만 이해하면 이터레이터보다 훨씬 간단하게 만들 수 있습니다.

40.3 yield from으로 값을 여러 번 바깥으로 전달하기

지금까지 yield로 값을 한 번씩 바깥으로 전달했습니다. 그래서 값을 여러 번 바깥으로 전달할 때는 for 또는 while 반복문으로 반복하면서 yield를 사용했습니다. 다음은 리스트의 1, 2, 3을 바깥으로 전달합니다.

generate_for_yield.py

```python
def number_generator():
    x = [1, 2, 3]
    for i in x:
        yield i

for i in number_generator():
    print(i)
```

실행 결과

```
1
2
3
```

이런 경우에는 매번 반복문을 사용하지 않고, yield from을 사용하면 됩니다. yield from에는 반복 가능한 객체, 이터레이터, 제너레이터 객체를 지정합니다(yield from은 파이썬 3.3 이상부터 사용 가능).

```
```

그럼 yield from에 리스트를 지정해서 숫자 1, 2, 3을 바깥으로 전달해보겠습니다.

```
generator_yield_from_iterable.py
def number_generator():
    x = [1, 2, 3]
    yield from x     # 리스트에 들어있는 요소를 한 개씩 바깥으로 전달

for i in number_generator():
    print(i)
```

실행 결과
```
1
2
3
```

yield from x와 같이 yield from에 리스트(반복 가능한 객체)를 지정했습니다. 이렇게 하면 리스트에 들어 있는 요소를 한 개씩 바깥으로 전달합니다. 즉, yield from을 한 번 사용하여 값을 세 번 바깥으로 전달합니다. 따라서 next 함수(__next__ 메서드)를 세 번 호출할 수 있습니다.

```
>>> g = number_generator()
>>> next(g)
1
>>> next(g)
2
>>> next(g)
3
>>> next(g)
Traceback (most recent call last):
  File "<pyshell#105>", line 1, in <module>
    next(g)
StopIteration
```

40.3.1 yield from에 제너레이터 객체 지정하기

이번에는 yield from에 제너레이터 객체를 지정해보겠습니다(이터레이터는 제너레이터와 동작이 같으므로 생략하겠습니다).

```
generator_yield_from_generator.py
def number_generator(stop):
    n = 0
    while n < stop:
        yield n
        n += 1

def three_generator():
    yield from number_generator(3)     # 숫자를 세 번 바깥으로 전달

for i in three_generator():
    print(i)
```

실행 결과
```
0
1
2
```

먼저 제너레이터 number_generator는 매개변수로 받은 숫자 직전까지 숫자를 만들어냅니다. 그리고 three_generator에서는 yield from number_generator(3)과 같이 yield from에 제너레이터 객체를 지정했습니다.

number_generator(3)은 숫자를 세 개를 만들어내므로 yield from number_generator(3)은 숫자를 세 번 바깥으로 전달합니다. 따라서 for 반복문에 three_generator( )를 사용하면 숫자를 세 번 출력합니다(next 함수 또는 __next__ 메서드도 세 번 호출 가능).

이번 유닛에서는 제너레이터와 yield 사용 방법을 알아보았습니다. 이 부분은 파이썬에서도 고급 기능에 해당하는 부분이라 초보자들은 이해하기가 쉽지 않습니다. 그래서 지금 당장 yield가 이해되지 않는다고 해서 걱정할 필요가 없습니다. 나중에 프로그래밍에 익숙해지면 자연스럽게 익히게 됩니다.

> **참고** **제너레이터 표현식**
>
> 리스트 표현식을 사용할 때 [ ](대괄호)를 사용했습니다. 같은 리스트 표현식을 ( )(괄호)로 묶으면 제너레이터 표현식이 됩니다. 리스트 표현식은 처음부터 리스트의 요소를 만들어내지만 제너레이터 표현식은 필요할 때 요소를 만들어내므로 메모리를 절약할 수 있습니다.
>
> · (식 for 변수 in 반복가능한객체)
>
> ```
> >>> [i for i in range(50) if i % 2 == 0]
> [0, 2, 4, 6, 8, 10, 12, 14, 16, 18, 20, 22, 24, 26, 28, 30, 32, 34, 36, 38, 40, 42, 44, 46, 48]
> >>> (i for i in range(50) if i % 2 == 0)
> <generator object <genexpr> at 0x024F02A0>
> ```

 퀴즈

1. 다음 중 제너레이터에 대한 설명으로 잘못된 것을 고르세요.

   a. 제너레이터는 이터레이터를 생성해주는 함수이다.

   b. 함수 안에서 yield를 사용하면 제너레이터가 된다.

   c. 제너레이터 함수를 호출하면 제너레이터 객체가 반환된다.

   d. 제너레이터는 __iter__, __next__ 메서드를 직접 구현해야 한다.

   e. 제너레이터 객체에는 __iter__, __next__ 메서드가 들어있다.

2. 다음 중 yield에 대한 설명으로 잘못된 것을 고르세요.

   a. yield from은 값을 여러 번 바깥으로 전달한다.

   b. yield는 현재 함수의 실행을 끝낸다.

   c. yield가 실행되면 값을 함수 바깥으로 전달하면서 코드 실행을 함수 바깥에 양보한다.

   d. 제너레이터 안에서 return을 사용하면 StopIteration 예외가 발생한다.

   e. yield에 지정한 값은 __next__ 메서드의 반환값으로 나온다.

3. 다음 제너레이터에서 next 함수를 호출할 수 있는 횟수는 몇 번인가요? (숫자만 입력)

```
def gen_odd():
    yield from [i for i in range(10) if i % 2 != 0]
```

▶ 정답은 521쪽에 있습니다

40.5 연습문제: 파일 읽기 제너레이터 만들기

다음 소스 코드에서 words.txt 파일을 한 줄씩 읽은 뒤 내용을 함수 바깥에 전달하는 제너레이터를 작성하세요. 파일의 내용을 출력할 때 파일에서 읽은 \n은 출력되지 않아야 합니다(단어 사이에 줄바꿈이 두 번 일어나면 안 됨).

words.txt
```
compatibility
experience
photography
spotlight
```

practice_generator.py
```
def file_read():
    with open('words.txt') as file:
        _____
        ...
        _____


for i in file_read():
    print(i)
```

실행 결과
```
compatibility
experience
photography
spotlight
```

정답
```
    while True:
        line = file.
readline()
        if line == '':
            break
        yield line.
strip('\n')
```

해설

file_read는 함수이고 for i in file_read():와 같이 for 반복문에 사용하고 있습니다. 따라서 yield로 값을 바깥에 전달하는 제너레이터로 만듭니다.

먼저 file_read 함수 안에서 with open('words.txt') as file:와 같이 words.txt 파일을 열었으므로 파일 객체 file을 이용합니다. 그리고 파일을 한 줄씩 읽으라고 했으므로 readline을 사용합니다. 이때 파일에 저장된 줄 수에 상관없이 읽으려면 while True:와 같이 무한 루프로 만듭니다.

그리고 반복문 안에서는 readline으로 파일에서 한 줄을 읽은 뒤 내용이 빈 문자열 ''이면 break로 반복을 끝내고, 내용이 들어 있으면 yield로 문자열을 함수 바깥에 전달합니다. 단, 파일에서 읽은 \n은 출력하지 않아야 하므로 strip('\n')으로 \n을 삭제한 뒤 yield로 함수 바깥에 전달하면 됩니다.

이 예제에서는 파일의 용량이 작아서 별문제가 없지만, 용량이 매우 큰 파일은 메모리에 한꺼번에 읽어서 처리하기가 힘듭니다. 따라서 대용량 데이터를 부분부분 처리해야 할 때 이렇게 제너레이터를 활용합니다.

심사문제: 소수 제너레이터 만들기

표준 입력으로 정수 두 개가 입력됩니다(첫 번째 입력 값의 범위는 10~1000, 두 번째 입력 값의 범위는 100~1000이며 첫 번째 입력 값은 두 번째 입력 값보다 항상 작습니다). 다음 소스 코드에서 첫 번째 정수부터 두 번째 정수 사이의 소수(prime number)를 생성하는 제너레이터를 만드세요. 소수는 1과 자기 자신만으로 나누어떨어지는 1보다 큰 양의 정수입니다.

테스트 케이스 예제

표준 입력	표준 출력
50 100	`<class 'generator'>` 53 59 61 67 71 73 79 83 89 97

테스트 케이스 예제

표준 입력	표준 출력
950 1000	`<class 'generator'>` 953 967 971 977 983 991 997

judge_generator.py

```
                                        



start, stop = map(int, input().split())

g = prime_number_generator(start, stop)
print(type(g))
for i in g:
    print(i, end=' ')
```

40.4 퀴즈 정답

1 d 제너레이터는 __iter__, __next__ 메서드를 구현하지 않아도 됩니다.

2 b yield는 현재 함수의 실행을 끝내지 않습니다.

3 5 [i for i in range(10) if i % 2 != 0]은 숫자 10개를 만든 뒤 if % 2 != 0과 같이 홀수만 리스트에 넣고 있습니다. 0부터 10까지 홀수는 5개이고 yield from은 5번 숫자를 바깥으로 전달하므로 next는 5번 호출할 수 있습니다.

UNIT 41 코루틴 사용하기

지금까지 함수를 호출한 뒤 함수가 끝나면 현재 코드로 다시 돌아왔습니다. 예를 들어서 다음과 같이 calc 함수 안에서 add 함수를 호출했을 때 add 함수가 끝나면 다시 calc 함수로 돌아옵니다. 특히 add 함수가 끝나면 이 함수에 들어있던 변수와 계산식은 모두 사라집니다.

```
def add(a, b):
    c = a + b    # add 함수가 끝나면 변수와 계산식은 사라짐
    print(c)
    print('add 함수')

def calc():
    add(1, 2)    # add 함수가 끝나면 다시 calc 함수로 돌아옴
    print('calc 함수')

calc()
```

이 소스 코드에서 calc 함수와 add 함수의 관계를 살펴보겠습니다. calc가 메인 루틴(main routine)이면 add 는 calc의 서브 루틴(sub routine)입니다. 이 메인 루틴과 서브 루틴의 동작 과정을 그림으로 나타내면 다음과 같은 모양이 됩니다.

▼ 그림 41-1 메인 루틴과 서브 루틴의 동작 과정

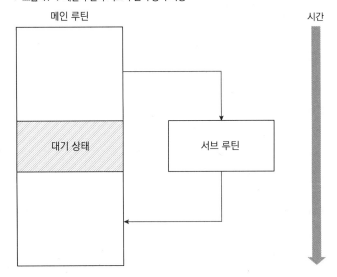

메인 루틴에서 서브 루틴을 호출하면 서브 루틴의 코드를 실행한 뒤 다시 메인 루틴으로 돌아옵니다. 특히 서브 루틴이 끝나면 서브 루틴의 내용은 모두 사라집니다. 즉, 서브 루틴은 메인 루틴에 종속된 관계입니다.

하지만 코루틴은 방식이 조금 다릅니다. 코루틴(coroutine)은 cooperative routine를 의미하는데 서로 협력하는 루틴이라는 뜻입니다. 즉, 메인 루틴과 서브 루틴처럼 종속된 관계가 아니라 서로 대등한 관계이며 특정 시점에 상대방의 코드를 실행합니다.

▼ 그림 41-2 코루틴의 동작 과정

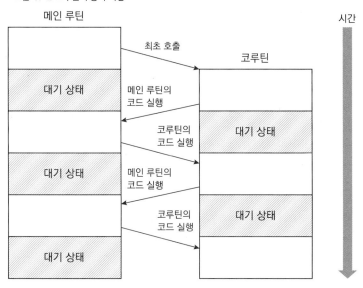

이처럼 코루틴은 함수가 종료되지 않은 상태에서 메인 루틴의 코드를 실행한 뒤 다시 돌아와서 코루틴의 코드를 실행합니다. 따라서 코루틴이 종료되지 않았으므로 코루틴의 내용도 계속 유지됩니다.

일반 함수를 호출하면 코드를 한 번만 실행할 수 있지만, 코루틴은 코드를 여러 번 실행할 수 있습니다. 참고로 함수의 코드를 실행하는 지점을 진입점(entry point)이라고 하는데, 코루틴은 진입점이 여러 개인 함수입니다.

이번 유닛에서 설명할 코루틴은 초보자가 이해하기 어려운 내용입니다. 코루틴을 모르더라도 파이썬으로 프로그래밍하는 데는 큰 지장이 없습니다. 이 부분이 어렵게 느껴진다면 그냥 건너뛰어도 됩니다. 나중에 프로그래밍에 익숙해졌을 때 다시 학습하는 것을 권장합니다.

41.1 코루틴에 값 보내기

코루틴은 제너레이터의 특별한 형태입니다. 제너레이터는 yield로 값을 발생시켰지만 코루틴은 yield로 값을 받아올 수 있습니다. 다음과 같이 코루틴에 값을 보내면서 코드를 실행할 때는 send 메서드를 사용합니다. 그리고 send 메서드가 보낸 값을 받아오려면 (yield) 형식으로 yield를 괄호로 묶어준 뒤 변수에 저장합니다.

- **코루틴객체.send(값)**
- **변수 = (yield)**

그럼 코루틴에 숫자 1, 2, 3을 보내서 출력해보겠습니다.

coroutine_consumer.py	실행 결과

```
def number_coroutine():
    while True:          # 코루틴을 계속 유지하기 위해 무한 루프 사용
        x = (yield)      # 코루틴 바깥에서 값을 받아옴, yield를 괄호로 묶어야 함
        print(x)

co = number_coroutine()
next(co)        # 코루틴 안의 yield까지 코드 실행(최초 실행)

co.send(1)      # 코루틴에 숫자 1을 보냄
co.send(2)      # 코루틴에 숫자 2를 보냄
co.send(3)      # 코루틴에 숫자 3을 보냄
```

실행 결과
```
1
2
3
```

먼저 코루틴 number_coroutine은 while True:로 무한히 반복하도록 만듭니다. 왜냐하면 코루틴을 종료하지 않고 계속 유지시키기 위해 무한 루프를 사용합니다(코루틴을 종료하는 방법은 뒤에서 설명하겠습니다). 그리고 x = (yield)와 같이 코루틴 바깥에서 보낸 값을 받아서 x에 저장하고, print로 x의 값을 출력합니다.

```
def number_coroutine():
    while True:          # 코루틴을 계속 유지하기 위해 무한 루프 사용
        x = (yield)      # 코루틴 바깥에서 값을 받아옴, yield를 괄호로 묶어야 함
        print(x)
```

코루틴 바깥에서는 co = number_coroutine()과 같이 코루틴 객체를 생성한 뒤 next(co)로 코루틴 안의 코드를 최초로 실행하여 yield까지 코드를 실행합니다(co.__next__()를 호출해도 상관없습니다).

- next(코루틴객체)

```
co = number_coroutine()
next(co)        # 코루틴 안의 yield까지 코드 실행(최초 실행)
```

그다음에 co.send로 숫자 1, 2, 3을 보내면 코루틴 안에서 숫자를 받은 뒤 print로 출력합니다.

```
co.send(1)      # 코루틴에 숫자 1을 보냄
co.send(2)      # 코루틴에 숫자 2를 보냄
co.send(3)      # 코루틴에 숫자 3을 보냄
```

이 코루틴의 동작 과정을 그림으로 살펴보겠습니다.

먼저 next(co)로 코루틴의 코드를 최초로 실행하면 x = (yield)의 yield에서 대기하고 다시 메인 루틴으로 돌아옵니다.

▼ 그림 41-3 코루틴의 코드를 최초로 실행한 뒤 메인 루틴으로 돌아옴

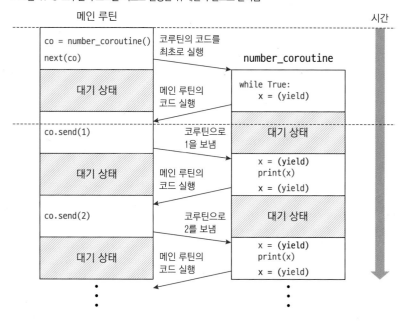

그다음에 메인 루틴에서 co.send(1)로 1을 보내면 코루틴은 대기 상태에서 풀리고 x = (yield)의 x = 부분이 실행된 뒤 print(x)로 숫자를 출력합니다. 이 코루틴은 while True:로 반복하는 구조이므로 다시 x = (yield)의 yield에서 대기합니다. 그리고 나서 메인 루틴으로 돌아옵니다. 이런 과정으로 send가 보낸 값을 (yield)가 받게 됩니다.

▼ 그림 41-4 send로 값을 보내면 코루틴에서 값을 받아서 출력

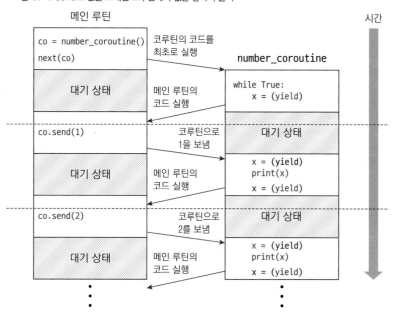

계속 같은 과정으로 send를 사용하여 값을 보내면 코루틴에서 값을 받아서 출력합니다.

정리하자면 next 함수(__next__ 메서드)로 코루틴의 코드를 최초로 실행하고, send 메서드로 코루틴에 값을 보내면서 대기하고 있던 코루틴의 코드를 다시 실행합니다.

내용이 조금 어렵죠? 코루틴은 yield에서 함수 중간에 대기한 다음에 메인 루틴을 실행하다가 다시 코루틴을 실행한다는 점만 기억하면 됩니다.

> **참고** **send로 코루틴의 코드를 최초로 실행하기**
>
> 지금까지 코루틴의 코드를 최초로 실행할 때 next 함수(__next__ 메서드)를 사용했지만, **코루틴객체.send(None)**과 같이 send 메서드에 None을 지정해도 코루틴의 코드를 최초로 실행할 수 있습니다.

41.2 코루틴 바깥으로 값 전달하기

지금까지 코루틴 안에 값을 보내기만 했는데 이번에는 코루틴에서 바깥으로 값을 전달해보겠습니다. 다음과 같이 (yield 변수) 형식으로 yield에 변수를 지정한 뒤 괄호로 묶어주면 값을 받아오면서 바깥으로 값을 전달합니다. 그리고 yield를 사용하여 바깥으로 전달한 값은 next 함수(__next__ 메서드)와 send 메서드의 반환값으로 나옵니다.

- **변수 = (yield 변수)**
- **변수 = next(코루틴객체)**
- **변수 = 코루틴객체.send(값)**

그럼 코루틴에 숫자를 보내고, 코루틴은 받은 숫자를 누적해서 바깥에 전달해보겠습니다.

```
coroutine_producer_consumer.py
def sum_coroutine():
    total = 0
    while True:
        x = (yield total)     # 코루틴 바깥에서 값을 받아오면서 바깥으로 값을 전달
        total += x

co = sum_coroutine()
print(next(co))        # 0: 코루틴 안의 yield까지 코드를 실행하고 코루틴에서 나온 값 출력

print(co.send(1))      # 1: 코루틴에 숫자 1을 보내고 코루틴에서 나온 값 출력
print(co.send(2))      # 3: 코루틴에 숫자 2를 보내고 코루틴에서 나온 값 출력
print(co.send(3))      # 6: 코루틴에 숫자 3을 보내고 코루틴에서 나온 값 출력
```

실행 결과
```
0
1
3
6
```

코루틴에서 값을 누적할 변수 total를 만들고 0을 할당합니다. 그리고 x = (yield total)과 같이 값을 받아오면서 바깥으로 값을 전달하도록 만듭니다. 즉, 바깥에서 send가 보낸 값은 x에 저장되고, 코루틴 바깥으로 보낼 값은 total입니다. 그다음에 total += x와 같이 받은 값을 누적해줍니다.

```
def sum_coroutine():
    total = 0
    while True:                ┌─•send가 보낸 값이 저장됨
        x = (yield total)      # 코루틴 바깥에서 값을 받아오면서 바깥으로 값을 전달
        total += x ┄┄┄┄┄•코루틴 바깥으로 보낼 값
```

코루틴 바깥에서는 co = sum_coroutine()과 같이 코루틴 객체를 생성한 뒤 next(co)로 코루틴 안의 코드를 최초로 실행하여 yield까지 코드를 실행하고, print로 next(co)에서 반환된 값을 출력합니다. 그다음에 co.send로 숫자 1, 2, 3을 보내고, print로 co.send에서 반환된 값을 출력합니다.

```
co = sum_coroutine()
print(next(co))          # 0: 코루틴 안의 yield까지 코드를 실행하고 코루틴에서 나온 값 출력

print(co.send(1))        # 1: 코루틴에 숫자 1을 보내고 코루틴에서 나온 값 출력
print(co.send(2))        # 3: 코루틴에 숫자 2를 보내고 코루틴에서 나온 값 출력
print(co.send(3))        # 6: 코루틴에 숫자 3을 보내고 코루틴에서 나온 값 출력
```

참고로 next와 send의 차이를 살펴보면 next는 코루틴의 코드를 실행하지만 값을 보내지 않을 때 사용하고, send는 값을 보내면서 코루틴의 코드를 실행할 때 사용합니다.

이 코루틴의 동작 과정을 그림으로 살펴보겠습니다.

먼저 next(co)로 코루틴의 코드를 최초로 실행하면 x = (yield total)의 yield에서 total을 메인 루틴으로 전달하고 대기합니다. 그다음에 메인 루틴에서 print(next(co))와 같이 코루틴에서 나온 값을 출력합니다. 여기서는 total에 0이 들어있으므로 0을 받아와서 출력합니다.

▼ 그림 41-5 코루틴의 코드를 최초로 실행한 뒤 yield의 값을 받아와서 출력

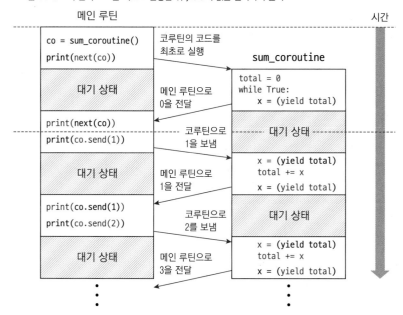

그리고 co.send(1)로 1을 보내면 코루틴은 대기 상태에서 풀리고 x = (yield total)의 x = 부분이 실행된 뒤 total += x로 숫자를 누적합니다. 이 코루틴은 while True:로 반복하는 구조이므로 다시 x = (yield total)의 yield에서 total을 메인 루틴으로 전달하고 대기합니다. 그다음에 메인 루틴에서 print(co.send(1))과 같이 코루틴에서 나온 값을 출력합니다. 여기서는 total에 1이 들어있으므로 1을 받아와서 출력합니다.

▼ 그림 41-6 코루틴에 값을 보낸 뒤 결과를 받아서 출력

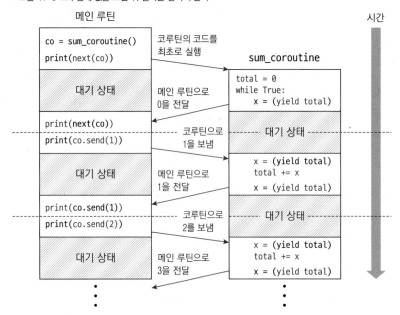

이런 과정으로 (yield total)이 바깥으로 전달한 값을 next와 send의 반환값으로 받고, send가 보낸 값을 x = (yield total)의 x가 받게 됩니다.

여기서는 yield를 사용하여 코루틴 바깥으로 값을 전달하면 next와 send의 반환값으로 받는다는 점만 기억하면 됩니다.

마지막으로 제너레이터와 코루틴의 차이점을 정리해보겠습니다.

- **제너레이터**는 next 함수(__next__ 메서드)를 반복 호출하여 값을 얻어내는 방식
- **코루틴**은 next 함수(__next__ 메서드)를 한 번만 호출한 뒤 send로 값을 주고받는 방식

코루틴은 초보자가 처음부터 작성하기가 힘듭니다. 따라서 다른 사람이 만든 소스 코드(GitHub에 공개된 소스 코드 등)를 참고하여 학습하고, 조금씩 수정하면서 원하는 결과를 얻어내면 됩니다.

> **참고** **값을 보내지 않고 코루틴의 코드 실행하기**
>
> 값을 보내지 않으면서 코루틴의 코드를 실행할 때는 next 함수(__next__ 메서드)만 사용하면 됩니다. 잘 생각해보면 이 방식이 일반적인 제너레이터입니다.

41.3 코루틴을 종료하고 예외 처리하기

보통 코루틴은 실행 상태를 유지하기 위해 while True:를 사용해서 끝나지 않는 무한 루프로 동작합니다. 만약 코루틴을 강제로 종료하고 싶다면 close 메서드를 사용합니다.

- **코루틴객체.close()**

다음은 코루틴에 숫자를 20개 보낸 뒤 코루틴을 종료합니다.

coroutine_close.py

```python
def number_coroutine():
    while True:
        x = (yield)
        print(x, end=' ')

co = number_coroutine()
next(co)

for i in range(20):
    co.send(i)

co.close()    # 코루틴 종료
```

실행 결과

```
0 1 2 3 4 5 6 7 8 9 10 11 12 13 14 15 16 17 18 19
```

코루틴 객체에서 close 메서드를 사용하면 코루틴이 종료됩니다. 사실 파이썬 스크립트가 끝나면 코루틴도 끝나기 때문에 close를 사용하지 않은 것과 별 차이가 없습니다. 하지만 close는 코루틴의 종료 시점을 알아야 할 때 사용하면 편리합니다.

41.3.1 GeneratorExit 예외 처리하기

코루틴 객체에서 close 메서드를 호출하면 코루틴이 종료될 때 GeneratorExit 예외가 발생합니다. 따라서 이 예외를 처리하면 코루틴의 종료 시점을 알 수 있습니다.

coroutine_generator_exit.py

```python
def number_coroutine():
    try:
        while True:
            x = (yield)
            print(x, end=' ')
    except GeneratorExit:    # 코루틴이 종료될 때 GeneratorExit 예외 발생
        print()
        print('코루틴 종료')

co = number_coroutine()
next(co)

for i in range(20):
    co.send(i)

co.close()
```

```
0 1 2 3 4 5 6 7 8 9 10 11 12 13 14 15 16 17 18 19

코루틴 종료
```

코루틴 안에서 try except로 GeneratorExit 예외가 발생하면 '코루틴 종료'가 출력되도록 만들었습니다. 이렇게 하면 close 메서드로 코루틴을 종료할 때 원하는 코드를 실행할 수 있습니다.

```
except GeneratorExit:    # 코루틴이 종료될 때 GeneratorExit 예외 발생
    print()
    print('코루틴 종료')
```

41.3.2 코루틴 안에 예외 발생시키기

그럼 코루틴 안에 특정 예외를 발생시킬 수는 없을까요? 이번에는 코루틴 안에 예외를 발생시켜서 코루틴을 종료해보겠습니다.

코루틴 안에 예외를 발생시킬 때는 throw 메서드를 사용합니다. throw는 말 그대로 던지다라는 뜻으로 예외를 코루틴 안으로 던집니다. 이때 throw 메서드에 지정한 에러 메시지는 except as의 변수에 들어갑니다.

- **코루틴객체.throw(예외이름, 에러메시지)**

다음은 코루틴에 숫자를 보내서 누적하다가 RuntimeError 예외가 발생하면 에러 메시지를 출력하고 누적된 값을 코루틴 바깥으로 전달합니다.

```
coroutine_throw.py
def sum_coroutine():
    try:
        total = 0
        while True:
            x = (yield)
            total += x
    except RuntimeError as e:
        print(e)
        yield total    # 코루틴 바깥으로 값 전달

co = sum_coroutine()
next(co)

for i in range(20):
    co.send(i)

print(co.throw(RuntimeError, '예외로 코루틴 끝내기')) # 190
                           # 코루틴의 except에서 yield로 전달받은 값
```

예외로 코루틴 끝내기
190

코루틴 안에서 try except로 RuntimeError 예외가 발생하면 print로 에러 메시지를 출력하고 yield를 사용하여 total을 바깥으로 전달하도록 만들었습니다.

```
except RuntimeError as e:
    print(e)
    yield total    # 코루틴 바깥으로 값 전달
```

코루틴 바깥에서는 co.throw(RuntimeError, '예외로 코루틴 끝내기')와 같이 throw 메서드에 RuntimeError 예외와 에러 메시지를 지정하면 코루틴 안에서 예외가 발생합니다. 그리고 코루틴 안의 except에서 yield를 사용하여 바깥으로 전달한 값은 throw 메서드의 반환값으로 나옵니다.

여기서는 코루틴 안에서 예외 처리를 했으므로 '예외로 코루틴 끝내기'가 출력되고, 코루틴 바깥에서는 누적된 값 190이 출력됩니다.

41.4 하위 코루틴의 반환값 가져오기

제너레이터에서 yield from을 사용하면 값을 바깥으로 여러 번 전달한다고 했습니다('40.3 yield from으로 값을 여러 번 바깥으로 전달하기'(517쪽) 참조). 하지만 코루틴에서는 조금 다르게 사용합니다. yield from에 코루틴을 지정하면 해당 코루틴에서 return으로 반환한 값을 가져옵니다(yield from은 파이썬 3.3 이상부터 사용 가능).

- **변수 = yield from 코루틴( )**

다음은 코루틴에서 숫자를 누적한 뒤 합계를 yield from으로 가져옵니다.

coroutine_yield_from.py	실행 결과

<pre>def accumulate():
    total = 0
    while True:
        x = (yield)   # 코루틴 바깥에서 값을 받아옴
        if x is None: # 받아온 값이 None이면
            return total   # 합계 total을 반환
        total += x
 	
def sum_coroutine():
    while True:
        total = yield from accumulate()   # accumulate의 반환값을 가져옴
        print(total)</pre>
	55
	5050

```
co = sum_coroutine()
next(co)

for i in range(1, 11):      # 1부터 10까지 반복
    co.send(i)              # 코루틴 accumulate에 숫자를 보냄
co.send(None)               # 코루틴 accumulate에 None을 보내서 숫자 누적을 끝냄

for i in range(1, 101):     # 1부터 100까지 반복
    co.send(i)              # 코루틴 accumulate에 숫자를 보냄
co.send(None)               # 코루틴 accumulate에 None을 보내서 숫자 누적을 끝냄
```

코루틴에 1부터 10까지 보내서 합계 55를 구하고, 다시 1부터 100까지 보내서 합계 5050을 구했습니다.

먼저 숫자를 받아서 누적할 코루틴을 만듭니다. x = (yield)와 같이 코루틴 바깥에서 값을 받아온 뒤 total
에 계속 더합니다. 특히 이 코루틴은 while True:로 무한히 반복하지만 코루틴을 끝낼 방법이 필요합니다.
여기서는 코루틴 바깥에서 받아온 값이 None이면 return으로 total을 반환하고 코루틴을 끝냅니다.

```
def accumulate():
    total = 0
    while True:
        x = (yield)            # 코루틴 바깥에서 값을 받아옴
        if x is None:          # 받아온 값이 None이면
            return total       # 합계 total을 반환, 코루틴을 끝냄
        total += x
```

이제 합계를 출력할 코루틴을 만듭니다. 먼저 while True:로 무한히 반복합니다. 그리고 total = yield
from accumulate()와 같이 yield from을 사용하여 코루틴 accumulate의 반환값을 가져옵니다.

```
def sum_coroutine():
    while True:
        total = yield from accumulate()    # accumulate의 반환값을 가져옴
        print(total)
```

코루틴에서 yield from을 사용하면 코루틴 바깥에서 send로 하위 코루틴까지 값을 보낼 수 있습니다. 따라
서 co = sum_coroutine()으로 코루틴 객체를 만든 뒤 co.send로 값을 보내면 accumulate에서 값을 받습
니다.

```
co = sum_coroutine()
next(co)

for i in range(1, 11):      # 1부터 10까지 반복
    co.send(i)              # 코루틴 accumulate에 숫자를 보냄
```

co.send로 숫자를 계속 보내다가 누적을 끝내고 싶으면 None을 보내면 됩니다.

```
co.send(None)                    # 코루틴 accumulate에 None을 보내서 숫자 누적을 끝냄
```

이때 accumulate는 None을 받으면 코루틴이 완전히 끝나지만 sum_coroutine에서 무한 루프로 반복하고 있으므로 print로 total을 출력한 뒤 다시 yield from accumulate()로 accumulate를 실행하게 됩니다.

```
def sum_coroutine():
    while True:
        total = yield from accumulate()    # accumulate가 끝나면 yield from으로 다시 실행
        print(total)
```

41.4.1 StopIteration 예외 발생시키기

코루틴도 제너레이터이므로 return을 사용하면 StopIteration이 발생합니다. 그래서 코루틴에서 return **값**은 raise StopIteration(**값**)처럼 사용할 수도 있습니다(파이썬 3.6 이하). 이렇게 raise로 StopIteration 예외를 직접 발생시키고 값을 지정하면 yield from으로 값을 가져올 수 있습니다(단, 파이썬 3.7부터는 제너레이터 안에서 raise로 StopIteration 예외를 직접 발생시키면 RuntimeError로 바뀌므로 이 방법은 사용할 수 없습니다. 파이썬 3.7부터는 그냥 **return 값**을 사용해주세요).

• raise StopIteration(**값**)

coroutine_stopiteration.py

```
def accumulate():
    total = 0
    while True:
        x = (yield)                        # 코루틴 바깥에서 값을 받아옴
        if x is None:                      # 받아온 값이 None이면
            raise StopIteration(total)     # StopIteration에 반환할 값을 지정(파이썬 3.6 이하)
        total += x

def sum_coroutine():
    while True:
        total = yield from accumulate()    # accumulate의 반환값을 가져옴
        print(total)

co = sum_coroutine()
next(co)

for i in range(1, 11):       # 1부터 10까지 반복
    co.send(i)               # 코루틴 accumulate에 숫자를 보냄
co.send(None)                # 코루틴 accumulate에 None을 보내서 숫자 누적을 끝냄

for i in range(1, 101):      # 1부터 100까지 반복
    co.send(i)               # 코루틴 accumulate에 숫자를 보냄
co.send(None)                # 코루틴 accumulate에 None을 보내서 숫자 누적을 끝냄
```

```
55
5050
```

accumulate에서 return total 대신 raise StopIteration(total)을 사용했습니다. 이때도 yield from 은 accumulate의 total을 가져옵니다.

지금까지 코루틴에 대해 배웠습니다. 코루틴은 함수가 종료되지 않은 상태에서 값을 주고받을 수 있는 함수이 며 이 과정에서 현재 코드의 실행을 대기하고 상대방의 코드를 실행한다는 점이 중요합니다. 보통 코루틴은 시 간이 오래 걸리는 작업을 분할하여 처리할 때 사용하는데 주로 파일 처리, 네트워크 처리 등에 활용합니다.

코루틴이 당장 이해가 되지 않는다고 해서 걱정할 필요가 없습니다. 현직 프로그래머들도 다소 어려워하는 부 분입니다. 나중에 코루틴이 필요할 때 다시 돌아와서 학습하세요.

참고 **코루틴의 yield from으로 값을 발생시키기**

이번 예제에서는 x = (yield)와 같이 코루틴 바깥에서 보낸 값만 받아왔습니다. 하지만 코루틴에서 yield에 값을 지정해서 바깥으로 전달 했다면 yield from은 해당 값을 다시 바깥으로 전달합니다.

coroutine_yield_yield_from.py

```python
def number_coroutine():
    x = None
    while True:
        x = (yield x)    # 코루틴 바깥에서 값을 받아오면서 바깥으로 값을 전달
        if x == 3:
            return x

def print_coroutine():
    while True:
        x = yield from number_coroutine()    # 하위 코루틴의 yield에 지정된 값을 다시 바깥으로 전달
        print('print_coroutine:', x)

co = print_coroutine()
next(co)

x = co.send(1)    # number_coroutine으로 1을 보냄
print(x)          # 1: number_coroutine의 yield에서 바깥으로 전달한 값
x = co.send(2)    # number_coroutine으로 2를 보냄
print(x)          # 2: number_coroutine의 yield에서 바깥으로 전달한 값
co.send(3)        # 3을 보내서 반환값을 출력하도록 만듦
```

실행 결과

```
1
2
print_coroutine: 3
```

---

1. 다음 중 코루틴 바깥에서 값을 받아오는 방법으로 올바른 것을 고르세요.

    a. yield 변수

    b. yield

    c. 변수 = (yield)

    d. send(값)

    e. 변수 = (return)

2. 다음 중 코루틴 바깥에서 값을 받아오면서 코루틴 바깥으로 값을 전달하는 방법으로 올바른 것을 고르세요.

    a. return 변수

    b. yield 변수

    c. 변수 = (yield)

    d. 변수 = (yield 변수)

    e. next(변수)

3. 다음 중 코루틴에 대한 설명으로 올바른 것을 모두 고르세요.

    a. 코루틴의 코드를 실행할 때는 next 함수에 코루틴 객체를 넣거나 코루틴 객체에서 __next__ 메서드를 사용한다.

    b. 코루틴에 값을 보내면서 코드를 실행할 때는 코루틴 객체에서 throw 메서드를 사용한다.

    c. 코루틴 객체에서 close 메서드를 사용하면 코루틴 안에서는 RuntimeError 예외가 발생한다.

    d. 코루틴에서 yield를 사용하여 바깥으로 전달한 값은 next 함수(__next__ 메서드)와 send 메서드의 반환값으로 나온다.

    e. 코루틴 객체에서 throw 메서드를 사용하면 코루틴 안에 예외를 발생시킨다.

4. 다음 중 다른 코루틴에서 **return**으로 반환한 값을 가져올 때 사용하는 방법으로 올바른 것을 고르세요.

    a. 변수 = yield 코루틴()

    b. 변수 = yield from 코루틴()

    c. 변수 = 코루틴()

    d. 변수 = (yield 코루틴)

    e. yield from 변수

▶ 정답은 537쪽에 있습니다

41.6 연습문제: 문자열 검색 코루틴 만들기

다음 소스 코드를 완성하여 문자열에서 특정 단어가 있으면 **True**, 없으면 **False**가 출력되게 만드세요. find 함수는 코루틴으로 작성해야 합니다.

practice_coroutine.py	실행 결과	정답

`...`
 	
`f = find('Python')`
`next(f)`
 	
`print(f.send('Hello, Python!'))`
`print(f.send('Hello, world!'))`
`print(f.send('Python Script'))`
 	
`f.close()`
	True
	False
	True
		`def find(word):`
		`    result = False`
		`    while True:`
		`        line = (yield result)`
		`        result = word in line`

해설

코루틴 find는 f = find('Python')와 같이 사용하고 있으므로 검색할 단어를 매개변수로 받습니다. 따라서 def find(word):와 같이 만들어줍니다. 그리고 send 메서드로 문자열을 보낸 뒤 반환값을 출력하고 있으므로 yield를 사용하여 값을 받아오면서 바깥으로 값을 전달하는 방식을 사용합니다. 특히 find 함수를 종료하지 않고 계속 유지시키기 위해 무한 루프를 사용합니다.

함수 안에서는 먼저 문자열 검색 결과를 저장할 변수 result를 만들고 False를 저장합니다. 그다음에 while True:로 무한 루프를 만든 뒤 line = (yield result)와 같이 바깥에서 send가 보낸 문자열은 line에 저장하고, result를 바깥으로 전달합니다. 그리고 result = word in line과 같이 in 연산자로 받아온 문자열에 특정 단어가 있는지 확인하여 결과를 할당합니다. 이 반복이 한 번 끝나면 (yield result)를 사용하여 검색 결과를 바깥으로 전달합니다.

41.7 심사문제: 사칙연산 코루틴 만들기

표준 입력으로 사칙연산 계산식이 여러 개 입력됩니다. 다음 소스 코드에서 각 계산식의 결과를 구하는 코루틴을 만드세요. 계산식은 문자열 형태이며 값과 연산자는 공백으로 구분됩니다. 그리고 값은 정수로 변환하여 사용하고, 나눗셈은 / 연산자를 사용하세요.

테스트 케이스 예제

표준 입력	표준 출력
`1 + 2, 4 - 9`	3 -5

테스트 케이스 예제

표준 입력	표준 출력
`3 * 4, 10 / 5, 20 + 39`	12 2.0 59

judge_coroutine.py

```
expressions = input().split(', ')

c = calc()
next(c)

for e in expressions:
    print(c.send(e))

c.close()
```

41.5 퀴즈 정답

1	**c**	코루틴 바깥에서 값을 받아올 때는 **변수 = (yield)** 형식으로 사용합니다.
2	**d**	코루틴 바깥에서 값을 받아오면서 코루틴 바깥으로 값을 전달할 때는 **변수 = (yield 변수)** 형식으로 사용합니다.
3	**a, d, e**	코루틴에 값을 보내면서 코드를 실행할 때는 코루틴 객체에서 send 메서드를 사용합니다. 그리고 코루틴 객체에서 close 메서드를 사용하면 코루틴 안에서 GeneratorExit 예외가 발생합니다.
4	**b**	다른 코루틴에서 return으로 반환한 값을 가져올 때는 **변수 = yield from 코루틴()** 형식으로 사용합니다.

예외 처리

예외란 코드 실행 중에 발생한 에러를 뜻합니다. 예외 처리를 하려면 try에 실행할 코드를 넣고 except에 예외가 발생했을 때 처리할 코드를 넣어 줍니다. 그리고 else는 예외가 발생하지 않았을 때 코드를 실행하며 finally는 예외 발생 여부와 상관없이 항상 코드를 실행합니다.

```
try:
    실행할 코드
except:
    예외가 발생했을 때 처리하는 코드
else:
    예외가 발생하지 않았을 때 실행할 코드
finally:
    예외 발생 여부와 상관없이 항상 실행할 코드
```

try의 코드가 에러 없이 잘 실행되면 except의 코드는 실행되지 않으며 try의 코드에서 에러가 발생했을 때만 except의 코드가 실행됩니다.

except에 예외 이름을 지정하면 특정 예외가 발생했을 때만 처리 코드를 실행할 수 있습니다. 그리고 except에서 as 뒤에 변수를 지정하면 발생한 예외의 에러 메시지를 받아옵니다.

```
try:
    실행할 코드
except 예외이름:              # 특정 예외가 발생했을 때만 처리 코드를 실행
    예외가 발생했을 때 처리하는 코드


try:
    실행할 코드
except 예외이름 as 변수:     # 발생한 예외의 에러 메시지가 변수에 들어감
    예외가 발생했을 때 처리하는 코드
```

예외 발생시키기

예외를 발생시킬 때는 raise에 Exception을 지정하고 에러 메시지를 넣습니다.

```
try:
    raise Exception(에러메시지)     # 예외를 발생시킴
except Exception as e:              # 예외가 발생했을 때 실행됨
    print(e)                        # Exception에 지정한 에러 메시지가 e에 들어감
```

except 안에서 raise만 사용하면 현재 예외를 다시 상위 코드 블록으로 넘깁니다.

```
def 함수A():
    try:
        raise Exception(에러메시지)     # 예외를 발생시킴
    except Exception as e:              # 함수 안에서 예외를 처리함
        raise                           # raise만 사용하면 현재 예외를 다시 상위 코드 블록으로 넘김


try:
    함수A()
except Exception as e:                  # 하위 코드 블록에서 예외가 발생해도 실행됨
    print(e)
```

핵심정리

예외 만들기

예외를 만들 때는 Exception을 상속받아서 새로운 클래스를 만들고, __init__ 메서드에서 기반 클래스의 __init__ 메서드를 호출하면서 에러 메시지를 넣어줍니다. 예외를 발생시킬 때는 raise에 새로 만든 예외를 지정해줍니다.

```
class 예외이름(Exception):        # 예외 만들기
    def __init__(self):
        super().__init__('에러메시지')

raise 예외                        # 예외 발생시키기
```

반복 가능한 객체와 이터레이터

반복 가능한 객체는 문자열, 리스트, 튜플, range, 딕셔너리, 세트 등이 있습니다. 반복 가능한 객체에서 __iter__ 메서드 또는 iter 함수를 호출하면 이터레이터가 나옵니다. 이터레이터에서 __next__ 메서드 또는 next 함수를 호출하면 반복 가능한 객체의 요소를 차례대로 꺼낼 수 있습니다.

```
이터레이터 = 반복가능한객체.__iter__()   # 반복 가능한 객체에서 이터레이터를 얻음
이터레이터.__next__()                    # 반복 가능한 객체의 요소를 차례대로 꺼냄

이터레이터 = iter(반복가능한객체)         # iter 함수 사용
next(이터레이터)                         # next 함수 사용
```

반복 가능한 객체는 요소를 한 번에 하나씩 꺼낼 수 있는 객체이고, 이터레이터는 __next__ 메서드를 사용해서 차례대로 값을 꺼낼 수 있는 객체입니다.

이터레이터 만들기

클래스에서 __iter__, __next__ 메서드를 구현하면 이터레이터가 됩니다. 또한, 이렇게 만든 이터레이터는 반복 가능한 객체이면서 이터레이터입니다.

```
class 이터레이터이름:
    def __iter__(self):
        return self

    def __next__(self):
        값 생성 코드, 반복을 끝내려면 StopIteration 예외를 발생시킴

이터레이터객체 = 이터레이터()      # 이터레이터 객체 생성
이터레이터.__next__()             # 이터레이터에서 값을 차례대로 꺼냄
next(이터레이터)                  # next 함수 사용

for i in 이터레이터():            # 이터레이터를 반복문에 사용
    pass
```

클래스에 __getitem__ 메서드를 구현하면 인덱스로 접근할 수 있는 이터레이터가 됩니다. 이때는 __iter__와 __next__ 메서드는 생략해도 됩니다.

```
class 이터레이터이름:
    def __getitem__(self, index):
        인덱스에 해당하는 값을 반환하는 코드, 지정된 범위를 벗어났다면 IndexError 예외를 발생시킴

이터레이터객체 = 이터레이터()        # 이터레이터 객체 생성
이터레이터객체[인덱스]               # 인덱스로 접근
```

이터레이터는 값을 미리 만들어 놓지 않고, 값이 필요한 시점이 되었을 때 값을 만드는 방식입니다.

이터레이터와 언패킹

이터레이터(제너레이터)는 변수 여러 개에 값을 저장하는 언패킹이 가능합니다.

```
변수1, 변수2, 변수3 = 이터레이터()
```

제너레이터

제너레이터는 이터레이터를 생성해주는 함수이며 함수 안에서 yield 키워드만 사용하면 됩니다. 제너레이터 함수를 호출하면 제너레이터 객체가 반환되고, 제너레이터 객체에서 __next__ 메서드 또는 next 함수를 호출하면 yield까지 실행한 뒤 yield에 지정한 값이 반환값으로 나옵니다.

```
def 제너레이터이름():          # 제너레이터 함수를 만듦
    yield 값                  # yield로 값을 발생시킴

제너레이터객체 = 제너레이터()    # 제너레이터 객체 생성
제너레이터객체.__next__()       # __next__ 메서드를 호출하면 yield에 지정한 값이 반환값으로 나옴
next(제너레이터)               # next 함수 사용

for i in 제너레이터():         # 제너레이터를 반복문에 사용
    pass
```

yield는 값을 함수 바깥으로 전달하면서 코드 실행을 함수 바깥에 양보합니다.

yield from을 사용하면 값을 여러 번 바깥으로 전달합니다.

```
yield from 반복가능한객체
yield from 이터레이터
yield from 제너레이터객체
```

제너레이터 표현식

리스트 표현식을 [ ](대괄호) 대신 ( )(괄호)로 묶으면 제너레이터 표현식이 됩니다.

```
(식 for 변수 in 반복가능한객체)
(i for i in range(100))
```

코루틴

코루틴은 두 루틴이 대등한 관계인 상태에서 특정 시점에 상대방의 코드를 실행하는 방식입니다. 또한, 코루틴은 제너레이터의 특별한 형태이며 yield로 값을 받아올 수 있습니다.

코루틴에 값을 보내면서 코드를 실행할 때는 send 메서드를 사용하고, send 메서드가 보낸 값을 받아오려면 (yield)와 같이 yield를 괄호로 묶어준 뒤 변수에 저장해줍니다.

```
def 코루틴이름():
    while True:
        변수 = (yield)    # 코루틴 바깥에서 값을 받아옴

코루틴객체 = 코루틴()
next(코루틴객체)         # 코루틴 안의 yield까지 코드 실행(최초 실행), __next__ 메서드도 같음
코루틴객체.send(값)      # 코루틴에 값을 보냄
```

코루틴 바깥으로 값을 전달할 때는 yield 뒤에 값(변수)을 지정한 뒤 괄호로 묶어줍니다. yield를 사용하여 바깥으로 전달한 값은 next 함수(__next__ 메서드)와 send 메서드의 반환값으로 나옵니다.

```
def 코루틴이름():
    while True:
        변수 = (yield 변수)    # 코루틴 바깥에서 값을 받아오면서 바깥으로 값을 전달

코루틴객체 = 코루틴()
변수 = next(코루틴객체)          # 코루틴 안의 yield까지 코드를 실행하고 코루틴에서 나온 값 반환
변수 = 코루틴객체.send(값)       # 코루틴에 값을 보내고 코루틴에서 나온 값 반환
```

코루틴 종료와 예외 처리

코루틴을 강제로 종료할 때는 코루틴 객체에서 close 메서드를 사용합니다. 그리고 close 메서드를 사용하면 코루틴이 종료될 때 GeneratorExit 예외가 발생합니다.

```
def 코루틴이름():
    try:
        실행할 코드
    except GeneratorExit:    # 코루틴이 종료될 때 GeneratorExit 예외 발생
        예외가 발생했을 때 처리하는 코드

코루틴객체 = 코루틴()
next(코루틴객체)
코루틴객체.close()    # 코루틴 종료
```

만약 코루틴 안에 예외를 발생시킬 때는 throw 메서드를 사용합니다. 코루틴 안의 except에서 yield를 사용하여 바깥으로 전달한 값은 throw 메서드의 반환값으로 나옵니다.

```
def 코루틴이름():
    try:
        실행할 코드
    except 예외이름 as e:    # e에는 throw 메서드에 지정한 에러 메시지가 들어감
        yield 값             # except에서 yield에 지정한 값은 throw 메서드의 반환값으로 나옴

코루틴객체 = 코루틴()
next(코루틴객체)
코루틴객체.throw(예외이름, 에러메시지)    # 코루틴 안에 예외를 발생시킴
```

하위 코루틴의 반환값 가져오기

yield from에 코루틴을 지정하면 해당 코루틴에서 return으로 반환한 값을 가져옵니다. 코루틴 안에서 return 값은 raise StopIteration(값)
과 동작이 같습니다.

```
def 코루틴A():
    변수 = (yield)        # 코루틴 바깥에서 값을 받아옴
    return 값             # return으로 값을 반환, raise StopIteration(값)과 동작이 같음

def 코루틴B():
    변수 = yield from 코루틴A()     # 코루틴A의 반환값을 가져옴
```

Q & A 자 주 묻 는 질 문

코루틴 초기화를 자동화할 수 없나요?

코루틴 객체를 생성한 뒤 next를 호출하는 모양이 마음에 들지 않는다면 다음과 같이 코루틴 초기화 데코레이터를 만들어서 사용하면 됩니다. 즉,
데코레이터 안에서 코루틴 객체를 만들고 next를 호출한 뒤 객체를 반환합니다(데코레이터는 'Unit 42 데코레이터 사용하기'(543쪽) 참조).

coroutine_decorator.py	실행 결과

```
def coroutine(func):      # 코루틴 초기화 데코레이터
    def init(*args, **kwargs):
        co = func(*args, **kwargs)    # 코루틴 객체 생성
        next(co)                      # next 호출
        return co                     # 코루틴 객체 반환
    return init

@coroutine     # 코루틴 초기화 데코레이터 지정
def sum_coroutine():
    total = 0
    while True:
        x = (yield total)
        total += x

co = sum_coroutine()     # 코루틴 객체를 생성한 뒤 바로 사용

print(co.send(1))
print(co.send(2))
print(co.send(3))
```

```
1
3
6
```

이터레이터와 제너레이터의 차이는 무엇인가요?

제너레이터는 이터레이터를 반환하는 함수입니다. 따라서 모든 제너레이터 객체는 이터레이터입니다. 그러나, 이터레이터가 항상 제너레이터 객체인
것은 아닙니다.

코루틴의 이점은 무엇인가요?

보통 두 루틴이 동시에 실행되는 멀티태스킹은 하나의 변수에 값을 동시에 쓰면(write) 동기화 문제가 발생합니다. 따라서 크리티컬 섹션, 세마포어,
뮤텍스 등 동기화를 위한 락(lock)이 필요합니다. 하지만, 코루틴은 시분할 방식 멀티태스킹이라 동기화를 위한 락이 필요하지 않습니다.

42 데코레이터 사용하기

파이썬은 데코레이터(decorator)라는 기능을 제공합니다. 데코레이터는 장식하다, 꾸미다라는 뜻의 decorate에 er(or)을 붙인 말인데 장식하는 도구 정도로 설명할 수 있습니다.

지금까지 클래스에서 메서드를 만들 때 @staticmethod, @classmethod, @abstractmethod 등을 붙였는데, 이렇게 @로 시작하는 것들이 데코레이터입니다. 즉, 함수(메서드)를 장식한다고 해서 이런 이름이 붙었습니다.

```python
class Calc:
    @staticmethod    # 데코레이터
    def add(a, b):
        print(a + b)
```

이번 유닛에서는 데코레이터를 만들고 사용하는 방법을 알아보겠습니다.

참고로 데코레이터는 장식자라고 부르기도 합니다. 이 책에서는 데코레이터를 사용하겠습니다.

42.1 데코레이터 만들기

데코레이터는 함수를 장식한다고 했는데 도대체 어디에 사용하는 것일까요? 데코레이터는 함수를 수정하지 않은 상태에서 추가 기능을 구현할 때 사용합니다. 예를 들어서 함수의 시작과 끝을 출력하고 싶다면 다음과 같이 함수 시작, 끝부분에 print를 넣어주어야 합니다.

function_begin_end.py
```python
def hello():
    print('hello 함수 시작')
    print('hello')
    print('hello 함수 끝')

def world():
    print('world 함수 시작')
    print('world')
    print('world 함수 끝')

hello()
world()
```

실행 결과
```
hello 함수 시작
hello
hello 함수 끝
world 함수 시작
world
world 함수 끝
```

만약 다른 함수도 시작과 끝을 출력하고 싶다면 함수를 만들 때마다 print를 넣어야 합니다. 따라서 함수가 많아지면 매우 번거로워집니다.

이런 경우에는 데코레이터를 활용하면 편리합니다. 다음은 함수의 시작과 끝을 출력하는 데코레이터입니다.

```
decorator_closure.py

def trace(func):                          # 호출할 함수를 매개변수로 받음
    def wrapper():                        # 호출할 함수를 감싸는 함수
        print(func.__name__, '함수 시작')  # __name__으로 함수 이름 출력
        func()                            # 매개변수로 받은 함수를 호출
        print(func.__name__, '함수 끝')
    return wrapper                        # wrapper 함수 반환

def hello():
    print('hello')

def world():
    print('world')

trace_hello = trace(hello)    # 데코레이터에 호출할 함수를 넣음
trace_hello()                 # 반환된 함수를 호출
trace_world = trace(world)    # 데코레이터에 호출할 함수를 넣음
trace_world()                 # 반환된 함수를 호출
```

```
실행 결과
hello 함수 시작
hello
hello 함수 끝
world 함수 시작
world
world 함수 끝
```

hello와 world 함수의 시작과 끝이 출력되었습니다. 먼저 데코레이터 trace는 호출할 함수를 매개변수로 받습니다(trace는 추적하다라는 뜻으로 프로그래밍에서 함수의 실행 상황을 추적할 때 trace라는 말을 사용합니다).

```
def trace(func):                          # 호출할 함수를 매개변수로 받음
```

trace 함수 안에서는 호출할 함수를 감싸는 함수 wrapper를 만듭니다(wrapper는 물건을 싸는 포장지라는 뜻으로 여기서는 함수를 감싼다고 해서 이런 이름을 붙였습니다. 다른 이름을 사용해도 상관없습니다).

```
    def wrapper():                        # 호출할 함수를 감싸는 함수
```

이제 wrapper 함수에서는 함수의 시작을 알리는 문자열을 출력하고, trace에서 매개변수로 받은 func를 호출합니다. 그다음에 함수의 끝을 알리는 문자열을 출력합니다. 여기서 매개변수로 받은 함수의 원래 이름을 출력할 때는 __name__ 속성을 활용합니다. 마지막으로 wrapper 함수를 다 만들었으면 return을 사용하여 wrapper 함수 자체를 반환합니다.

```
def trace(func):                          # 호출할 함수를 매개변수로 받음
    def wrapper():                        # 호출할 함수를 감싸는 함수
        print(func.__name__, '함수 시작')  # __name__으로 함수 이름 출력
        func()                            # 매개변수로 받은 함수를 호출
        print(func.__name__, '함수 끝')
    return wrapper                        # wrapper 함수 반환
```

즉, 함수 안에서 함수를 만들고 반환하는 클로저입니다.

데코레이터를 사용할 때는 trace에 호출할 함수 hello 또는 world를 넣습니다. 그다음에 데코레이터에서 반환된 함수를 호출합니다. 이렇게 하면 데코레이터에 인수로 넣은 함수를 호출하고 시작과 끝을 출력합니다.

```python
trace_hello = trace(hello)    # 데코레이터에 호출할 함수를 넣음
trace_hello()                 # 반환된 함수를 호출
trace_world = trace(world)    # 데코레이터에 호출할 함수를 넣음
trace_world()                 # 반환된 함수를 호출
```

물론 trace에 다른 함수를 넣은 뒤 반환된 함수를 호출하면 해당 함수의 시작과 끝을 출력할 수 있습니다.

42.1.1 @으로 데코레이터 사용하기

이제 @을 사용하여 좀 더 간편하게 데코레이터를 사용해보겠습니다. 다음과 같이 호출할 함수 위에 **@데코레이터** 형식으로 지정합니다.

```python
@데코레이터
def 함수이름():
    코드
```

decorator_closure_at_sign.py

```python
def trace(func):                             # 호출할 함수를 매개변수로 받음
    def wrapper():
        print(func.__name__, '함수 시작')     # __name__으로 함수 이름 출력
        func()                               # 매개변수로 받은 함수를 호출
        print(func.__name__, '함수 끝')
    return wrapper                           # wrapper 함수 반환

@trace       # @데코레이터
def hello():
    print('hello')

@trace       # @데코레이터
def world():
    print('world')

hello()    # 함수를 그대로 호출
world()    # 함수를 그대로 호출
```

실행 결과

```
hello 함수 시작
hello
hello 함수 끝
world 함수 시작
world
world 함수 끝
```

hello와 world 함수 위에 @trace를 붙인 뒤에 hello와 world 함수를 그대로 호출하면 끝입니다.

```
@trace          # @데코레이터
def hello():
    print('hello')

@trace          # @데코레이터
def world():
    print('world')

hello()     # 함수를 그대로 호출
world()     # 함수를 그대로 호출
```

물론 다른 함수 위에 @trace를 붙인 뒤 함수를 호출하면 해당 함수의 시작과 끝을 출력할 수 있습니다.

이 데코레이터를 그림으로 표현하면 다음과 같은 모양이 됩니다.

▼ 그림 42-1 데코레이터

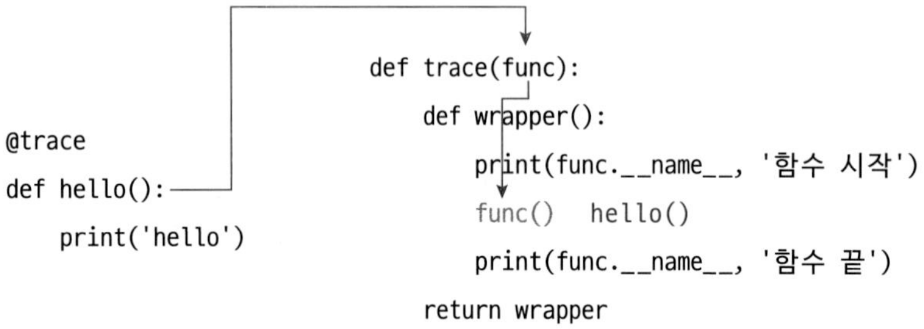

```
                              def trace(func):
                                  def wrapper():
                                      print(func.__name__, '함수 시작')
@trace                                func()   hello()
def hello():                          print(func.__name__, '함수 끝')
    print('hello')                return wrapper
```

이렇게 데코레이터는 함수를 감싸는 형태로 구성되어 있습니다. 따라서 데코레이터는 기존 함수를 수정하지 않으면서 추가 기능을 구현할 때 사용합니다.

참고 **데코레이터를 여러 개 지정하기**

함수에는 데코레이터를 여러 개 지정할 수 있습니다. 다음과 같이 함수 위에 데코레이터를 여러 줄로 지정해줍니다. 이때 데코레이터가 실행되는 순서는 위에서 아래 순입니다.

```
@데코레이터1
@데코레이터2
def 함수이름():
    코드
```

multiple_decorators.py

```
def decorator1(func):
    def wrapper():
        print('decorator1')
        func()
    return wrapper

def decorator2(func):
    def wrapper():
        print('decorator2')
        func()
```

```
    return wrapper

# 데코레이터를 여러 개 지정
@decorator1
@decorator2
def hello():
    print('hello')

hello()
```

실행 결과
```
decorator1
decorator2
hello
```

@을 사용하지 않았을 때는 다음 코드와 동작이 같습니다.

```
decorated_hello = decorator1(decorator2(hello))
decorated_hello()
```

42.2 매개변수와 반환값을 처리하는 데코레이터 만들기

지금까지 매개변수와 반환값이 없는 함수의 데코레이터를 만들었습니다. 이번에는 매개변수와 반환값을 처리하는 데코레이터는 어떻게 만드는지 알아보겠습니다. 다음은 함수의 매개변수와 반환값을 출력하는 데코레이터입니다.

decorator_param_return.py
```
def trace(func):          # 호출할 함수를 매개변수로 받음
    def wrapper(a, b):    # 호출할 함수 add(a, b)의 매개변수와 똑같이 지정
        r = func(a, b)    # func에 매개변수 a, b를 넣어서 호출하고 반환값을 변수에 저장
        print('{0}(a={1}, b={2}) -> {3}'.format(func.__name__, a, b, r))
                          # 매개변수와 반환값 출력
        return r          # func의 반환값을 반환
    return wrapper        # wrapper 함수 반환

@trace                    # @데코레이터
def add(a, b):            # 매개변수는 두 개
    return a + b          # 매개변수 두 개를 더해서 반환

print(add(10, 20))
```

실행 결과
```
add(a=10, b=20) -> 30
30
```

add 함수를 호출했을 때 데코레이터를 통해서 매개변수와 반환값이 출력되었습니다. 매개변수와 반환값을 처리하는 데코레이터를 만들 때는 먼저 안쪽 wrapper 함수의 매개변수를 호출할 함수 add(a, b)의 매개변수와 똑같이 만들어줍니다.

```
def trace(func):          # 호출할 함수를 매개변수로 받음
    def wrapper(a, b):    # 호출할 함수 add(a, b)의 매개변수와 똑같이 지정
```

wrapper 함수 안에서는 func를 호출하고 반환값을 변수에 저장합니다. 그다음에 print로 매개변수와 반환값을 출력합니다. 이때 func에는 매개변수 a와 b를 그대로 넣어줍니다. 또한, add 함수는 두 수를 더해서 반환해야 하므로 func의 반환값을 return으로 반환해줍니다.

```
def trace(func):          # 호출할 함수를 매개변수로 받음
    def wrapper(a, b):    # 호출할 함수 add(a, b)의 매개변수와 똑같이 지정
        r = func(a, b)    # func에 매개변수 a, b를 넣어서 호출하고 반환값을 변수에 저장
        print('{0}(a={1}, b={2}) -> {3}'.format(func.__name__, a, b, r))
                          # 매개변수와 반환값 출력
        return r          # func의 반환값을 반환
    return wrapper        # wrapper 함수 반환
```

만약 wrapper 함수에서 func의 반환값을 반환하지 않으면 add 함수를 호출해도 반환값이 나오지 않으므로 주의해야 합니다. 참고로 wrapper 함수에서 func의 반환값을 출력할 필요가 없으면 return func(a, b)처럼 func를 호출하면서 바로 반환해도 됩니다.

데코레이터를 사용할 때는 @으로 함수 위에 지정해주면 됩니다. 또한, @으로 데코레이터를 사용했으므로 add 함수는 그대로 호출해줍니다.

```
@trace                # @데코레이터
def add(a, b):        # 매개변수는 두 개
    return a + b      # 매개변수 두 개를 더해서 반환
```

42.2.1 가변 인수 함수 데코레이터

def add(a, b):는 매개변수의 개수가 고정된 함수입니다. 그러면 매개변수(인수)가 고정되지 않은 함수는 어떻게 처리할까요? 이때는 wrapper 함수를 가변 인수 함수로 만들면 됩니다.

```
decorator_variable_argument.py

def trace(func):                       # 호출할 함수를 매개변수로 받음
    def wrapper(*args, **kwargs):      # 가변 인수 함수로 만듦
        r = func(*args, **kwargs)      # func에 args, kwargs를 언패킹하여 넣어줌
        print('{0}(args={1}, kwargs={2}) -> {3}'.format(func.__name__, args, kwargs, r))
                                       # 매개변수와 반환값 출력
        return r                       # func의 반환값을 반환
    return wrapper                     # wrapper 함수 반환
```

```
@trace                    # @데코레이터
def get_max(*args):       # 위치 인수를 사용하는 가변 인수 함수
    return max(args)


@trace                    # @데코레이터
def get_min(**kwargs):    # 키워드 인수를 사용하는 가변 인수 함수
    return min(kwargs.values())


print(get_max(10, 20))
print(get_min(x=10, y=20, z=30))
```

```
get_max(args=(10, 20), kwargs={}) -> 20
20
get_min(args=(), kwargs={'x': 10, 'y': 20, 'z': 30}) -> 10
10
```

get_max 함수와 get_min 함수는 가변 인수 함수입니다. 따라서 데코레이터도 가변 인수 함수로 만들어줍니다. 이때 위치 인수와 키워드 인수를 모두 받을 수 있도록 *args와 **kwargs를 지정해줍니다.

```
def trace(func):                  # 호출할 함수를 매개변수로 받음
    def wrapper(*args, **kwargs):  # 가변 인수 함수로 만듦
```

wrapper 함수 안에서는 func를 호출해주는데 args는 튜플이고, kwargs는 딕셔너리이므로 func에 넣을 때는 언패킹하여 넣어줍니다. 그리고 print로 매개변수와 반환값을 출력합니다.

```
def trace(func):                  # 호출할 함수를 매개변수로 받음
    def wrapper(*args, **kwargs):  # 가변 인수 함수로 만듦
        r = func(*args, **kwargs)  # func에 args, kwargs를 언패킹하여 넣어줌
        print('{0}(args={1}, kwargs={2}) -> {3}'.format(func.__name__, args, kwargs, r))
                                   # 매개변수와 반환값 출력
        return r                   # func의 반환값을 반환
    return wrapper                 # wrapper 함수 반환
```

이렇게 만든 데코레이터 trace는 위치 인수와 키워드 인수를 모두 처리할 수 있습니다. 따라서 가변 인수 함수뿐만 아니라 일반적인 함수에도 사용할 수 있습니다.

```
>>> @trace
... def add(a, b):
...     return a + b
...
>>> add(10, 20)
add(args=(10, 20), kwargs={}) -> 30
30
```

메서드에 데코레이터 사용하기

클래스를 만들면서 메서드에 데코레이터를 사용할 때는 self를 주의해야 합니다. 인스턴스 메서드는 항상 self를 받으므로 데코레이터를 만들 때도 wrapper 함수의 첫 번째 매개변수는 self로 지정해야 합니다(클래스 메서드는 cls). 마찬가지로 func를 호출할 때도 self와 매개변수를 그대로 넣어야 합니다.

decorator_method.py

```python
def trace(func):
    def wrapper(self, a, b):    # 호출할 함수가 인스턴스 메서드이므로
                                # 첫 번째 매개변수는 self로 지정
        r = func(self, a, b)    # self와 매개변수를 그대로 넣어줌
        print('{0}(a={1}, b={2}) -> {3}'.format(func.__name__, a, b, r))
                                # 매개변수와 반환값 출력
        return r                # func의 반환값을 반환
    return wrapper


class Calc:
    @trace
    def add(self, a, b):        # add는 인스턴스 메서드
        return a + b


c = Calc()
print(c.add(10, 20))
```

실행 결과

```
add(a=10, b=20) -> 30
30
```

42.3 매개변수가 있는 데코레이터 만들기

이번에는 매개변수가 있는 데코레이터를 만들어보겠습니다. 이런 방식의 데코레이터는 값을 지정해서 동작을 바꿀 수 있습니다. 다음은 함수의 반환값이 특정 수의 배수인지 확인하는 데코레이터입니다.

decorator_parameter.py

```python
def is_multiple(x):             # 데코레이터가 사용할 매개변수를 지정
    def real_decorator(func):   # 호출할 함수를 매개변수로 받음
        def wrapper(a, b):      # 호출할 함수의 매개변수와 똑같이 지정
            r = func(a, b)      # func를 호출하고 반환값을 변수에 저장
            if r % x == 0:      # func의 반환값이 x의 배수인지 확인
                print('{0}의 반환값은 {1}의 배수입니다.'.format(func.__name__, x))
            else:
                print('{0}의 반환값은 {1}의 배수가 아닙니다.'.format(func.__name__, x))
            return r            # func의 반환값을 반환
        return wrapper          # wrapper 함수 반환
    return real_decorator       # real_decorator 함수 반환


@is_multiple(3)     # @데코레이터(인수)
def add(a, b):
    return a + b


print(add(10, 20))
print(add(2, 5))
```

```
add의 반환값은 3의 배수입니다.
30
add의 반환값은 3의 배수가 아닙니다.
7
```

실행을 해보면 add 함수의 반환값이 3의 배수인지 아닌지 알려줍니다.

지금까지 데코레이터를 만들 때 함수 안에 함수를 하나만 만들었습니다. 하지만 매개변수가 있는 데코레이터를 만들 때는 함수를 하나 더 만들어야 합니다.

먼저 is_multiple 함수를 만들고 데코레이터가 사용할 매개변수 x를 지정합니다. 그리고 is_multiple 함수 안에서 실제 데코레이터 역할을 하는 real_decorator를 만듭니다. 즉, 이 함수에서 호출할 함수를 매개변수로 받습니다. 그다음에 real_decorator 함수 안에서 wrapper 함수를 만들어주면 됩니다.

```python
def is_multiple(x):             # 데코레이터가 사용할 매개변수를 지정
    def real_decorator(func):   # 호출할 함수를 매개변수로 받음
        def wrapper(a, b):      # 호출할 함수의 매개변수와 똑같이 지정
```

wrapper 함수 안에서는 먼저 func의 결과가 데코레이터 매개변수 x의 배수인지 확인합니다. 그다음에 func의 반환값을 반환합니다.

```python
def is_multiple(x):             # 데코레이터가 사용할 매개변수를 지정
    def real_decorator(func):   # 호출할 함수를 매개변수로 받음
        def wrapper(a, b):      # 호출할 함수의 매개변수와 똑같이 지정
            r = func(a, b)      # func를 호출하고 반환값을 변수에 저장
            if r % x == 0:      # func의 반환값이 x의 배수인지 확인
                print('{0}의 반환값은 {1}의 배수입니다.'.format(func.__name__, x))
            else:
                print('{0}의 반환값은 {1}의 배수가 아닙니다.'.format(func.__name__, x))
            return r            # func의 반환값을 반환
```

여기서는 real_decorator, wrapper 함수를 두 개 만들었으므로 함수를 만든 뒤에 return으로 두 함수를 반환해줍니다.

```python
        return wrapper          # wrapper 함수 반환
    return real_decorator       # real_decorator 함수 반환
```

데코레이터를 사용할 때는 데코레이터에 ( )(괄호)를 붙인 뒤 인수를 넣어주면 됩니다.

```python
@데코레이터(인수)
def 함수이름():
    코드
```

```
@is_multiple(3)        # @데코레이터(인수)
def add(a, b):
    return a + b
```

여기서는 is_multiple에 3을 지정해서 add 함수의 반환값이 3의 배수인지 확인했습니다. 물론 is_multiple에 다른 숫자를 넣으면 함수의 반환값이 해당 숫자의 배수인지 확인해줍니다.

참고 **매개변수가 있는 데코레이터를 여러 개 지정하기**

매개변수가 있는 데코레이터를 여러 개 지정할 때는 다음과 같이 인수를 넣은 데코레이터를 여러 줄로 지정해줍니다.

```
@데코레이터1(인수)
@데코레이터2(인수)
def 함수이름():
    코드
```

```
@is_multiple(3)
@is_multiple(7)
def add(a, b):
    return a + b

add(10, 20)
```

실행 결과
```
add의 반환값은 7의 배수가 아닙니다.
wrapper의 반환값은 3의 배수입니다.
```

@을 사용하지 않았을 때는 다음 코드와 동작이 같습니다.

```
decorated_add = is_multiple(3)(is_multiple(7)(add))
decorated_add(10, 20)
```

참고 **원래 함수 이름이 안나온다면?**

데코레이터를 여러 개 사용하면 데코레이터에서 반환된 wrapper 함수가 다른 데코레이터로 들어갑니다. 따라서 함수의 __name__을 출력해보면 wrapper가 나옵니다.

```
add의 반환값은 7의 배수가 아닙니다.
wrapper의 반환값은 3의 배수입니다.
```

함수의 원래 이름을 출력하고 싶다면 functools 모듈의 wraps 데코레이터를 사용해야 합니다. 다음과 같이 @functools.wraps에 func를 넣은 뒤 wrapper 함수 위에 지정해줍니다(from functools import wraps로 데코레이터를 가져왔다면 @wraps(func)를 지정).

decorator_functools_wraps.py
```
import functools

def is_multiple(x):
    def real_decorator(func):
        @functools.wraps(func)    # @functools.wraps에 func를 넣은 뒤 wrapper 함수 위에 지정
        def wrapper(a, b):
            r = func(a, b)
            if r % x == 0:
```

```
                print('{0}의 반환값은 {1}의 배수입니다.'.format(func.__name__, x))
            else:
                print('{0}의 반환값은 {1}의 배수가 아닙니다.'.format(func.__name__, x))
            return r
        return wrapper
    return real_decorator

@is_multiple(3)
@is_multiple(7)
def add(a, b):
    return a + b

add(10, 20)
```

> **실행 결과**
> ```
> add의 반환값은 7의 배수가 아닙니다.
> add의 반환값은 3의 배수입니다.
> ```

@functools.wraps는 원래 함수의 정보를 유지시켜줍니다. 따라서 디버깅을 할 때 유용하므로 데코레이터를 만들 때는 @functools. wraps를 사용하는 것이 좋습니다.

42.4 클래스로 데코레이터 만들기

이번에는 클래스로 데코레이터를 만드는 방법을 알아보겠습니다. 특히 클래스를 활용할 때는 인스턴스를 함수 처럼 호출하게 해주는 __call__ 메서드를 구현해야 합니다.

다음은 함수의 시작과 끝을 출력하는 데코레이터입니다.

decorator_class.py
```
class Trace:
    def __init__(self, func):     # 호출할 함수를 인스턴스의 초깃값으로 받음
        self.func = func          # 호출할 함수를 속성 func에 저장

    def __call__(self):
        print(self.func.__name__, '함수 시작')     # __name__으로 함수 이름 출력
        self.func()                                # 속성 func에 저장된 함수를 호출
        print(self.func.__name__, '함수 끝')

@Trace     # @데코레이터
def hello():
    print('hello')

hello()     # 함수를 그대로 호출
```

> **실행 결과**
> ```
> hello 함수 시작
> hello
> hello 함수 끝
> ```

클래스로 데코레이터를 만들 때는 먼저 __init__ 메서드를 만들고 호출할 함수를 초깃값으로 받습니다. 그 리고 매개변수로 받은 함수를 속성으로 저장합니다.

```
class Trace:
    def __init__(self, func):        # 호출할 함수를 인스턴스의 초깃값으로 받음
        self.func = func             # 호출할 함수를 속성 func에 저장
```

이제 인스턴스를 호출할 수 있도록 __call__ 메서드를 만듭니다. __call__ 메서드에서는 함수의 시작을 알리는 문자열을 출력하고, 속성 func에 저장된 함수를 호출합니다. 그다음에 함수의 끝을 알리는 문자열을 출력합니다.

```
    def __call__(self):
        print(self.func.__name__, '함수 시작')    # __name__으로 함수 이름 출력
        self.func()                               # 속성 func에 저장된 함수를 호출
        print(self.func.__name__, '함수 끝')
```

데코레이터를 사용하는 방법은 클로저 형태의 데코레이터와 같습니다. 호출할 함수 위에 @을 붙이고 데코레이터를 지정하면 됩니다.

```
@데코레이터
def 함수이름():
    코드
```

```
@Trace      # @데코레이터
def hello():
    print('hello')
```

@으로 데코레이터를 지정했으므로 함수는 그대로 호출해줍니다.

```
hello()     # 함수를 그대로 호출
```

참고로 클래스로 만든 데코레이터는 @을 지정하지 않고, 데코레이터의 반환값을 호출하는 방식으로도 사용할 수 있습니다. 다음과 같이 데코레이터에 호출할 함수를 넣어서 인스턴스를 생성한 뒤 인스턴스를 호출해주면 됩니다. 즉, 클래스에 __call__ 메서드를 정의했으므로 함수처럼 ( )(괄호)를 붙여서 호출할 수 있습니다.

```
def hello():        # @데코레이터를 지정하지 않음
    print('hello')

trace_hello = Trace(hello)    # 데코레이터에 호출할 함수를 넣어서 인스턴스 생성
trace_hello()                 # 인스턴스를 호출. __call__ 메서드가 호출됨
```

42.5 클래스로 매개변수와 반환값을 처리하는 데코레이터 만들기

지금까지 클래스로 데코레이터를 만들어보았습니다. 클래스로 만든 데코레이터도 매개변수와 반환값을 처리할 수 있습니다. 다음은 함수의 매개변수를 출력하는 데코레이터입니다(여기서는 위치 인수와 키워드 인수를 모두 처리하는 가변 인수로 만들었습니다).

```
decorator_class_param_return.py

class Trace:
    def __init__(self, func):      # 호출할 함수를 인스턴스의 초깃값으로 받음
        self.func = func           # 호출할 함수를 속성 func에 저장

    def __call__(self, *args, **kwargs):     # 호출할 함수의 매개변수를 처리
        r = self.func(*args, **kwargs) # self.func에 매개변수를 넣어서 호출하고
                                       # 반환값을 변수에 저장
        print('{0}(args={1}, kwargs={2}) -> {3}'.format(self.func.__name__, args, kwargs, r))
                                       # 매개변수와 반환값 출력
        return r                       # self.func의 반환값을 반환

@Trace      # @데코레이터
def add(a, b):
    return a + b

print(add(10, 20))
print(add(a=10, b=20))
```

```
실행 결과

add(args=(10, 20), kwargs={}) -> 30
30
add(args=(), kwargs={'a': 10, 'b': 20}) -> 30
30
```

클래스로 매개변수와 반환값을 처리하는 데코레이터를 만들 때는 __call__ 메서드에 매개변수를 지정하고, self.func에 매개변수를 넣어서 호출한 뒤에 반환값을 반환해주면 됩니다. 여기서는 매개변수를 *args, **kwargs로 지정했으므로 self.func에 넣을 때는 언패킹하여 넣어줍니다.

```
    def __call__(self, *args, **kwargs):     # 호출할 함수의 매개변수를 처리
        r = self.func(*args, **kwargs) # self.func에 매개변수를 넣어서 호출하고
                                       # 반환값을 변수에 저장
        print('{0}(args={1}, kwargs={2}) -> {3}'.format(self.func.__name__, args, kwargs, r))
                                       # 매개변수와 반환값 출력
        return r                       # self.func의 반환값을 반환
```

물론 가변 인수를 사용하지 않고, 고정된 매개변수를 사용할 때는 def __call__(self, a, b):처럼 만들어도 됩니다.

42.5.1 클래스로 매개변수가 있는 데코레이터 만들기

마지막으로 매개변수가 있는 데코레이터를 만들어보겠습니다. 다음은 함수의 반환값이 특정 수의 배수인지 확인하는 데코레이터입니다.

```
decorator_class_parameter.py

class IsMultiple:
    def __init__(self, x):          # 데코레이터가 사용할 매개변수를 초깃값으로 받음
        self.x = x                  # 매개변수를 속성 x에 저장

    def __call__(self, func):       # 호출할 함수를 매개변수로 받음
        def wrapper(a, b):          # 호출할 함수의 매개변수와 똑같이 지정
                                    # (가변 인수로 작성해도 됨)
            r = func(a, b)          # func를 호출하고 반환값을 변수에 저장
            if r % self.x == 0:     # func의 반환값이 self.x의 배수인지 확인
                print('{0}의 반환값은 {1}의 배수입니다.'.format(func.__name__, self.x))
            else:
                print('{0}의 반환값은 {1}의 배수가 아닙니다.'.format(
                    func.__name__, self.x))
            return r                # func의 반환값을 반환
        return wrapper              # wrapper 함수 반환

@IsMultiple(3)      # 데코레이터(인수)
def add(a, b):
    return a + b

print(add(10, 20))
print(add(2, 5))
```

```
실행 결과

add의 반환값은 3의 배수입니다.
30
add의 반환값은 3의 배수가 아닙니다.
7
```

먼저 __init__ 메서드에서 데코레이터가 사용할 매개변수를 초깃값으로 받습니다. 그리고 매개변수를 __call__ 메서드에서 사용할 수 있도록 속성에 저장합니다.

```
    def __init__(self, x):          # 데코레이터가 사용할 매개변수를 초깃값으로 받음
        self.x = x                  # 매개변수를 속성 x에 저장
```

지금까지 __init__에서 호출할 함수를 매개변수로 받았는데 여기서는 데코레이터가 사용할 매개변수를 받는다는 점 꼭 기억해두세요.

이제 __call__ 메서드에서는 호출할 함수를 매개변수로 받습니다. 그리고 __call__ 메서드 안에서 wrapper 함수를 만들어줍니다. 이때 wrapper 함수의 매개변수는 호출할 함수의 매개변수와 똑같이 지정해줍니다(가변 인수로 작성해도 됨).

```
    def __call__(self, func):        # 호출할 함수를 매개변수로 받음
        def wrapper(a, b):           # 호출할 함수의 매개변수와 똑같이 지정(가변 인수로 작성해도 됨)
```

wrapper 함수 안에서는 func의 반환값이 데코레이터 매개변수 x의 배수인지 확인합니다. 이때 데코레이터 매개변수 x는 속성에 저장되어 있으므로 self.x와 같이 사용해야 합니다. 그리고 배수 확인이 끝났으면 func 의 반환값을 반환합니다. 마지막으로 wrapper 함수를 다 만들었으면 return으로 wrapper 함수를 반환합니다.

```
    def __call__(self, func):        # 호출할 함수를 매개변수로 받음
        def wrapper(a, b):           # 호출할 함수의 매개변수와 똑같이 지정
                                     # (가변 인수로 작성해도 됨)
            r = func(a, b)           # func를 호출하고 반환값을 변수에 저장
            if r % self.x == 0:      # func의 반환값이 self.x의 배수인지 확인
                print('{0}의 반환값은 {1}의 배수입니다.'.format(func.__name__, self.x))
            else:
                print('{0}의 반환값은 {1}의 배수가 아닙니다.'.format(
                    func.__name__, self.x))
            return r                 # func의 반환값을 반환
        return wrapper               # wrapper 함수 반환
```

데코레이터를 사용할 때는 데코레이터에 ( )(괄호)를 붙인 뒤 인수를 넣어주면 됩니다.

```
@데코레이터(인수)
def 함수이름():
    코드
```

```
@IsMultiple(3)      # 데코레이터(인수)
def add(a, b):
    return a + b
```

지금까지 데코레이터를 사용하는 방법을 배웠는데 문법이 조금 복잡했습니다. 여기서는 데코레이터가 기존 함수를 수정하지 않으면서 추가 기능을 구현할 때 사용한다는 점만 기억하면 됩니다. 보통 데코레이터는 프로그램의 버그를 찾는 디버깅, 함수의 성능 측정, 함수 실행 전에 데이터 확인 등에 활용합니다(앞에서 만든 함수의 시작과 끝을 출력하는 데코레이터, 매개변수와 반환값을 출력하는 데코레이터는 디버깅에 활용할 수 있습니다. 그리고 함수 실행 전에 데이터를 확인하는 예제는 연습문제에서 소개하겠습니다).

42.6 퀴즈

1. 다음 중 함수 sub에 데코레이터 trace를 지정하는 방식으로 올바른 것을 고르세요.

   a. def sub(a, b): @trace
         return a - b

   b. def sub(a, b): trace
         return a - b

c. @sub

```
def trace(a, b):
    return a - b
```

d. @trace

```
def sub(a, b):
    return a - b
```

e. def sub(trace, a, b):

```
    return a - b
```

2. 클래스로 데코레이터를 만들 때 구현해야 하는 메서드는 무엇인가요? (메서드 뒤의 괄호는 생략하고 메서드 이름만 입력)

▶ 정답은 560쪽에 있습니다

42.7 연습문제: 데코레이터로 매개변수의 자료형 검사하기

다음 소스 코드에서 데코레이터 type_check를 작성하세요. type_check는 함수의 매개변수가 지정된 자료형(클래스)이면 함수를 정상적으로 호출하고, 지정된 자료형과 다르면 RuntimeError 예외를 발생시키면서 '자료형이 다릅니다.' 에러 메시지를 출력해야 합니다. 여기서 type_check에 지정된 첫 번째 int는 호출할 함수에서 첫 번째 매개변수의 자료형을 뜻하고 두 번째 int는 호출할 함수에서 두 번째 매개변수의 자료형을 뜻합니다.

practice_decorator.py

```
_____

...

_____

@type_check(int, int)
def add(a, b):
    return a + b

print(add(10, 20))
print(add('hello', 'world'))
```

실행 결과

```
30
Traceback (most recent call last):
  File "C:\project\practice_decorator.py", line 16, in <module>
    print(add('hello', 'world'))
  File "C:\project\practice_decorator.py", line 7, in wrapper
    raise RuntimeError('자료형이 올바르지 않습니다.')
RuntimeError: 자료형이 올바르지 않습니다.
```

```
def type_check(type_a, type_b):
    def real_decorator(func):
        def wrapper(a, b):
            if isinstance(a, type_a) and isinstance(b, type_b):
                return func(a, b)
            else:
                raise RuntimeError('자료형이 올바르지 않습니다.')
        return wrapper
    return real_decorator
```

해설

데코레이터 type_check를 보면 @type_check(int, int)와 같이 int 두 개를 넣고 있습니다. 따라서 매개변수가 있는 데코레이터입니다.

먼저 def type_check(type_a, type_b):와 같이 데코레이터가 사용할 매개변수를 지정합니다. 그리고 type_check 함수 안에서는 실제 데코레이터 역할을 하는 real_decorator를 만듭니다. 특히 이 함수에서 def real_decorator(func):와 같이 호출할 함수를 매개변수로 받습니다.

add 함수는 def add(a, b):와 같이 매개변수를 두 개 받으므로 wrapper 함수도 def wrapper(a, b):와 같이 매개변수를 두 개 지정해줍니다. 그다음에 isinstance를 사용하여 호출할 함수의 매개변수가 데코레이터에 지정한 자료형(클래스)의 인스턴스인지 확인합니다. 인스턴스가 맞으면 return func(a, b)와 같이 함수를 호출한 뒤 결과를 반환하고, 인스턴스가 아니면 raise RuntimeError('자료형이 올바르지 않습니다.')와 같이 예외를 발생시키면서 에러 메시지를 출력합니다.

마지막으로 wrapper 함수를 다 만들었으면 return으로 wrapper 함수를 반환하고, real_decorator 함수를 다 만들었으면 return으로 real_decorator 함수를 반환하면 됩니다.

42.8 심사문제: HTML 태그 데코레이터 만들기

표준 입력으로 HTML 태그 이름 두 개가 입력됩니다. 다음 소스 코드에서 함수의 반환값을 HTML 태그로 감싸는 데코레이터를 만드세요. HTML 태그는 웹 페이지에 사용하는 문법이며 〈span〉문자열〈/span〉, 〈p〉문자열〈/p〉처럼 〈태그이름〉으로 시작하며 〈/태그이름〉으로 끝납니다.

테스트 케이스 예제

표준 입력	표준 출력
p span	\<p>\Hello, world!\\</p>

테스트 케이스 예제

표준 입력	표준 출력
b i	\\<i>Hello, world!\</i>\

```
judge_decorator.py
```

```
a, b = input().split()

@html_tag(a)
@html_tag(b)
def hello():
    return 'Hello, world!'

print(hello())
```

UNIT 43 정규표현식 사용하기

정규표현식(regular expression)은 일정한 규칙(패턴)을 가진 문자열을 표현하는 방법입니다. 복잡한 문자열 속에서 특정한 규칙으로 된 문자열을 검색한 뒤 추출하거나 바꿀 때 사용합니다. 또는, 문자열이 정해진 규칙에 맞는지 판단할 때도 사용합니다.

정규표현식을 처음 접하면 외계어 같아서 어려워하는 사람들이 많습니다. 하지만 부분부분 쪼개서 학습하면 그렇게 어렵지 않습니다.

43.1 문자열 판단하기

간단하게 문자열에 특정 문자열이 포함되어 있는지 판단해보겠습니다. 정규표현식은 re 모듈을 가져와서 사용하며 match 함수에 정규표현식 패턴과 판단할 문자열을 넣습니다(re는 **r**egular **e**xpression의 약자).

- re.match('패턴', '문자열')

다음은 'Hello, world!' 문자열에 'Hello'와 'Python'이 있는지 판단합니다.

```
>>> import re
>>> re.match('Hello', 'Hello, world!')  # 문자열이 있으므로 정규표현식 매치 객체가 반환됨
<_sre.SRE_Match object; span=(0, 5), match='Hello'>
>>> re.match('Python', 'Hello, world!')     # 문자열이 없으므로 아무것도 반환되지 않음
```

문자열이 있으면 매치(SRE_Match) 객체가 반환되고 없으면 아무것도 반환되지 않습니다. 여기서는 'Hello'가 있으므로 match='Hello'와 같이 패턴에 매칭된 문자열이 표시됩니다.

사실 이런 판단은 'Hello, world!'.find('Hello')처럼 문자열 메서드로도 충분히 가능합니다. 이제부터 문자열 메서드로 할 수 없는 판단을 해보겠습니다.

43.1.1 문자열이 맨 앞에 오는지 맨 뒤에 오는지 판단하기

정규표현식은 특정 문자열이 맨 앞에 오는지 맨 뒤에 오는지 판단할 수 있습니다.

문자열 앞에 ^을 붙이면 문자열이 맨 앞에 오는지 판단하고 문자열 뒤에 $를 붙이면 문자열이 맨 뒤에 오는지 판단합니다(특정 문자열로 끝나는지).

- ^문자열   - 문자열$

단, 이때는 match 대신 search 함수를 사용해야 합니다. match 함수는 문자열 처음부터 매칭되는지 판단하지만, search는 문자열 일부분이 매칭되는지 판단합니다.

- re.search('패턴', '문자열')

'^Hello'는 'Hello, world!'가 'Hello'로 시작하는지 판단하고 'world!$'는 'Hello, world!'가 'world!'로 끝나는지 판단합니다.

```
>>> re.search('^Hello', 'Hello, world!')    # Hello로 시작하므로 패턴에 매칭됨
<_sre.SRE_Match object; span=(0, 5), match='Hello'>
>>> re.search('world!$', 'Hello, world!')    # world!로 끝나므로 패턴에 매칭됨
<_sre.SRE_Match object; span=(7, 13), match='world!'>
```

43.1.2 지정된 문자열이 하나라도 포함되는지 판단하기

|는 특정 문자열에서 지정된 문자열(문자)이 하나라도 포함되는지 판단합니다. 기본 개념은 OR 연산자와 같습니다.

- 문자열|문자열   - 문자열|문자열|문자열|문자열

'hello|world'는 문자열에서 'hello' 또는 'world'가 포함되는지 판단합니다.

```
>>> re.match('hello|world', 'hello')    # hello 또는 world가 있으므로 패턴에 매칭됨
<_sre.SRE_Match object; span=(0, 5), match='hello'>
```

43.2 범위 판단하기

이번에는 문자열이 숫자로 되어있는지 판단해보겠습니다. 다음과 같이 [ ](대괄호) 안에 숫자 범위를 넣으며 * 또는 +를 붙입니다. 숫자 범위는 0-9처럼 표현하며 *는 문자(숫자)가 0개 이상 있는지, +는 1개 이상 있는지 판단합니다.

- [0-9]*   - [0-9]+

```
>>> re.match('[0-9]*', '1234')    # 1234는 0부터 9까지 숫자가 0개 이상 있으므로
<_sre.SRE_Match object; span=(0, 4), match='1234'>    # 패턴에 매칭됨
>>> re.match('[0-9]+', '1234')    # 1234는 0부터 9까지 숫자가 1개 이상 있으므로
<_sre.SRE_Match object; span=(0, 4), match='1234'>    # 패턴에 매칭됨
>>> re.match('[0-9]+', 'abcd')    # abcd는 0부터 9까지 숫자가 1개 이상 없으므로
                                   # 패턴에 매칭되지 않음
```

그럼 *와 +는 어디에 활용할까요? 다음과 같이 a*b와 a+b를 확인해보면 쉽게 알 수 있습니다.

```
>>> re.match('a*b', 'b')        # b에는 a가 0개 이상 있으므로 패턴에 매칭됨
<_sre.SRE_Match object; span=(0, 1), match='b'>
>>> re.match('a+b', 'b')        # b에는 a가 1개 이상 없으므로 패턴에 매칭되지 않음
>>> re.match('a*b', 'aab')      # aab에는 a가 0개 이상 있으므로 패턴에 매칭됨
<_sre.SRE_Match object; span=(0, 3), match='aab'>
>>> re.match('a+b', 'aab')      # aab에는 a가 1개 이상 있으므로 패턴에 매칭됨
<_sre.SRE_Match object; span=(0, 3), match='aab'>
```

a*b, a+b에서 b는 무조건 있어야 하는 문자고, a*는 a가 0개 이상 있어야 하므로 b는 매칭이 됩니다. 하지만 a+는 a가 1개 이상 있어야 하므로 b는 매칭되지 않습니다. 그리고 'ab', 'aab', 'aaab'처럼 a가 0개 이상 또는 1개 이상 있을 때는 a*b와 a+b를 모두 만족합니다.

43.2.1 문자가 한 개만 있는지 판단하기

문자가 여러 개 있는지 판단할 때는 *과 +를 사용했지만, 문자가 한 개만 있는지 판단할 때는 어떻게 해야 할까요? 이때는 ?와 .을 사용합니다. ?는 ? 앞의 문자(범위)가 0개 또는 1개인지 판단하고, .은 . 이 있는 위치에 아무 문자(숫자)가 1개 있는지 판단합니다.

- **문자?**
- **[0-9]?**

```
>>> re.match('abc?d', 'abd')      # abd에서 c 위치에 c가 0개 있으므로 패턴에 매칭됨
<_sre.SRE_Match object; span=(0, 3), match='abd'>
>>> re.match('ab[0-9]?c', 'ab3c')   # [0-9] 위치에 숫자가 1개 있으므로 패턴에 매칭됨
<_sre.SRE_Match object; span=(0, 4), match='ab3c'>
>>> re.match('ab.d', 'abxd')      # . 이 있는 위치에 문자가 1개 있으므로 패턴에 매칭됨
<_sre.SRE_Match object; span=(0, 4), match='abxd'>
```

43.2.2 문자 개수 판단하기

그럼 문자(숫자)가 정확히 몇 개 있는지 판단하고 싶을 수도 있겠죠? 이때는 문자 뒤에 **{개수}** 형식을 지정합니다. 문자열의 경우에는 문자열을 괄호로 묶고 뒤에 **{개수}** 형식을 지정합니다.

- **문자{개수}**
- **(문자열){개수}**

h{3}은 h가 3개 있는지 판단하고, (hello){3}은 hello가 3개 있는지 판단합니다.

```
>>> re.match('h{3}', 'hhhello')
<_sre.SRE_Match object; span=(0, 3), match='hhh'>
>>> re.match('(hello){3}', 'hellohellohelloworld')
<_sre.SRE_Match object; span=(0, 15), match='hellohellohello'>
```

특정 범위의 문자(숫자)가 몇 개 있는지 판단할 수도 있습니다. 이때는 범위 [ ] 뒤에 **{개수}** 형식을 지정합니다.

- **[0-9]{개수}**

다음은 휴대전화의 번호 형식에 맞는지 판단합니다.

```
>>> re.match('[0-9]{3}-[0-9]{4}-[0-9]{4}', '010-1000-1000')     # 숫자 3개-4개-4개
<_sre.SRE_Match object; span=(0, 13), match='010-1000-1000'>   # 패턴에 매칭됨
>>> re.match('[0-9]{3}-[0-9]{4}-[0-9]{4}', '010-1000-100')      # 숫자 3개-4개-4개
                                                               # 패턴에 매칭되지 않음
```

이 기능은 문자(숫자)의 개수 범위도 지정할 수 있습니다. **{시작개수,끝개수}** 형식으로 시작 개수와 끝 개수를 지정해주면 특정 개수 사이에 들어가는지 판단합니다.

- **(문자){시작개수,끝개수}**　　　　　- **(문자열){시작개수,끝개수}**　　　　　- **[0-9]{시작개수,끝개수}**

다음은 일반전화의 번호 형식에 맞는지 판단합니다.

```
>>> re.match('[0-9]{2,3}-[0-9]{3,4}-[0-9]{4}', '02-100-1000')   # 2~3개-3~4개-4개
<_sre.SRE_Match object; span=(0, 11), match='02-100-1000'>     # 패턴에 매칭됨
>>> re.match('[0-9]{2,3}-[0-9]{3,4}-[0-9]{4}', '02-10-1000')    # 2~3개-3~4개-4개
                                                               # 패턴에 매칭되지 않음
```

43.2.3 숫자와 영문 문자를 조합해서 판단하기

지금까지 숫자 범위만 판단해보았으니 이제 숫자와 영문 문자를 조합해서 판단해보겠습니다. 영문 문자 범위는 a-z, A-Z와 같이 표현합니다.

- **a-z**　　　　　　　　　　　　　　　　　　　　- **A-Z**

```
>>> re.match('[a-zA-Z0-9]+', 'Hello1234')      # a부터 z, A부터 Z, 0부터 9까지 1개 이상
<_sre.SRE_Match object; span=(0, 9), match='Hello1234'>  # 있으므로 패턴에 매칭됨
>>> re.match('[A-Z0-9]+', 'hello')          # 대문자, 숫자는 없고 소문자만 있으므로
                                            # 패턴에 매칭되지 않음
```

이처럼 숫자, 영문 문자 범위는 a-zA-Z0-9 또는 A-Z0-9와 같이 붙여 쓰면 됩니다.

그럼 한글은 어떻게 사용할까요? 영문 문자와 방법이 같습니다. 가-힣처럼 나올 수 있는 한글 조합을 정해주면 됩니다.

- **가-힣**

```
>>> re.match('[가-힣]+', '홍길동')     # 가부터 힣까지 1개 이상 있으므로 패턴에 매칭됨
<_sre.SRE_Match object; span=(0, 3), match='홍길동'>
```

43.2.4 특정 문자 범위에 포함되지 않는지 판단하기

지금까지 정규표현식으로 특정 문자 범위에 포함되는지 살펴보았습니다. 그럼 특정 문자 범위에 포함되지 않는지 판단하려면 어떻게 해야 할까요? 다음과 같이 문자(숫자) 범위 앞에 ^을 붙이면 해당 범위를 제외합니다.

- · [^범위]*
- · [^범위]+

즉, '[^A-Z]+'는 대문자를 제외한 모든 문자(숫자)가 1개 이상 있는지 판단합니다.

```
>>> re.match('[^A-Z]+', 'Hello')     # 대문자를 제외
                                      # 대문자가 있으므로 패턴에 매칭되지 않음
>>> re.match('[^A-Z]+', 'hello')     # 대문자를 제외. 대문자가 없으므로 패턴에 매칭됨
<_sre.SRE_Match object; span=(0, 5), match='hello'>
```

앞에서 특정 문자열로 시작하는지 판단할 때도 ^을 사용했었는데 문법이 비슷해서 이 부분은 헷갈리기 쉽습니다. 범위를 제외할 때는 '[^A-Z]+'와 같이 [ ] 안에 넣어주고, 특정 문자 범위로 시작할 때는 '^[A-Z]+'와 같이 [ ] 앞에 붙여줍니다. 그래서 다음과 같이 '^[A-Z]+'는 영문 대문자로 시작하는지 판단합니다.

- · ^[범위]*
- · ^[범위]+

```
>>> re.search('^[A-Z]+', 'Hello')        # 대문자로 시작하므로 패턴에 매칭됨
<_sre.SRE_Match object; span=(0, 1), match='H'>
```

물론 특정 문자(숫자) 범위로 끝나는지 확인할 때는 정규표현식 뒤에 $를 붙이면 됩니다.

- · [범위]*$
- · [범위]+$

```
>>> re.search('[0-9]+$', 'Hello1234')    # 숫자로 끝나므로 패턴에 매칭됨
<_sre.SRE_Match object; span=(5, 9), match='1234'>
```

43.2.5 특수 문자 판단하기

문자열을 판단할 때 'Hello1234'처럼 평범한 문자열만 판단했습니다. 그런데 정규표현식에 사용하는 특수 문자 *, +, ?, ., ^, $, (,) [,], - 등을 판단하려면 어떻게 해야 할까요? 특수 문자를 판단할 때는 특수 문자 앞에 \를 붙이면 됩니다. 단, [ ] 안에서는 \를 붙이지 않아도 되지만 에러가 발생하는 경우에는 \를 붙입니다.

- · \특수문자

```
>>> re.search('\*+', '1 ** 2')                   # *가 들어있는지 판단
<_sre.SRE_Match object; span=(2, 4), match='**'>
>>> re.match('[$()a-zA-Z0-9]+', '$(document)')    # $, ( , )와 문자, 숫자가 들어있는지 판단
<_sre.SRE_Match object; span=(0, 11), match='$(document)'>
```

지금까지 범위를 지정하면서 a-zA-Z0-9처럼 대소문자와 숫자를 모두 나열했습니다. 이런 방식으로 범위를 정하면 정규표현식이 길어지고 복잡해집니다. 단순히 숫자인지 문자인지 판단할 때는 \d, \D, \w, \W를 사용하면 편리합니다.

- \d: [0-9]와 같음. 모든 숫자
- \D: [^0-9]와 같음. 숫자를 제외한 모든 문자
- \w: [a-zA-Z0-9_]와 같음. 영문 대소문자, 숫자, 밑줄 문자
- \W: [^a-zA-Z0-9_]와 같음. 영문 대소문자, 숫자, 밑줄 문자를 제외한 모든 문자

```
>>> re.match('\d+', '1234')              # 모든 숫자이므로 패턴에 매칭됨
<_sre.SRE_Match object; span=(0, 4), match='1234'>
>>> re.match('\D+', 'Hello')             # 숫자를 제외한 모든 문자이므로 패턴에 매칭됨
<_sre.SRE_Match object; span=(0, 5), match='Hello'>
>>> re.match('\w+', 'Hello_1234')        # 영문 대소문자, 숫자, 밑줄 문자이므로 패턴에 매칭됨
<_sre.SRE_Match object; span=(0, 10), match='Hello_1234'>
>>> re.match('\W+', '(:)')        # 영문 대소문자, 숫자, 밑줄 문자를 제외한 모든 문자이므로
<_sre.SRE_Match object; span=(0, 3), match='(:)'> # 패턴에 매칭됨
```

43.2.6 공백 처리하기

이번에는 공백을 처리해보겠습니다. 공백은 ' '처럼 공백 문자를 넣어도 되고, \s 또는 \S로 표현할 수도 있습니다.

- \s: [\t\n\r\f\v]와 같음. 공백(스페이스), \t(탭) \n(새 줄, 라인 피드), \r(캐리지 리턴), \f(폼피드), \v(수직 탭)을 포함
- \S: [^ \t\n\r\f\v]와 같음. 공백을 제외하고 \t, \n, \r, \f, \v만 포함

```
>>> re.match('[a-zA-Z0-9 ]+', 'Hello 1234')      # ' '로 공백 표현
<_sre.SRE_Match object; span=(0, 10), match='Hello 1234'>
>>> re.match('[a-zA-Z0-9\s]+', 'Hello 1234')     # \s로 공백 표현
<_sre.SRE_Match object; span=(0, 10), match='Hello 1234'>
```

> **참고** **같은 정규표현식 패턴을 자주 사용할 때**
>
> 매번 match나 search 함수에 정규표현식 패턴을 지정하는 방법은 비효율적입니다. 같은 패턴을 자주 사용할 때는 compile 함수를 사용하여 정규표현식 패턴을 객체로 만든 뒤 match 또는 search 메서드를 호출하면 됩니다.
>
> - 객체 = re.compile('패턴')
> - 객체.match('문자열')
> - 객체.search('문자열')
>
> ```
> >>> p = re.compile('[0-9]+')      # 정규표현식 패턴을 객체로 만듦
> >>> p.match('1234')              # 정규표현식 패턴 객체에서 match 메서드 사용
> <_sre.SRE_Match object; span=(0, 4), match='1234'>
> >>> p.search('hello')            # 정규표현식 패턴 객체에서 search 메서드 사용
> ```

43.3 그룹 사용하기

지금까지 정규표현식 하나로만 매칭 여부를 판단했습니다. 이번에는 정규표현식을 그룹으로 묶는 방법을 알아보겠습니다. 정규표현식 그룹은 해당 그룹과 일치하는 문자열을 얻어올 때 사용합니다.

패턴 안에서 정규표현식을 ( )(괄호)로 묶으면 그룹이 됩니다.

- **(정규표현식) (정규표현식)**

다음은 공백으로 구분된 숫자를 두 그룹으로 나누어서 찾은 뒤 각 그룹에 해당하는 문자열(숫자)을 가져옵니다.

- **매치객체.group(그룹숫자)**

```
>>> m = re.match('([0-9]+) ([0-9]+)', '10 295')
>>> m.group(1)      # 첫 번째 그룹(그룹 1)에 매칭된 문자열을 반환
'10'
>>> m.group(2)      # 두 번째 그룹(그룹 2)에 매칭된 문자열을 반환
'295'
>>> m.group()       # 매칭된 문자열을 한꺼번에 반환
'10 295'
>>> m.group(0)      # 매칭된 문자열을 한꺼번에 반환
'10 295'
```

매치 객체의 group 메서드에 숫자를 지정하면 해당 그룹에 매칭된 문자열을 반환합니다. 숫자를 지정하지 않거나 0을 지정하면 매칭된 문자열을 한꺼번에 반환합니다.

그리고 groups 메서드는 각 그룹에 해당하는 문자열을 튜플로 반환합니다.

- **매치객체.groups( )**

```
>>> m.groups()      # 각 그룹에 해당하는 문자열을 튜플 형태로 반환
('10', '295')
```

그룹 개수가 많아지면 숫자로 그룹을 구분하기가 힘들어집니다. 이때는 그룹에 이름을 지으면 편리합니다. 그룹의 이름은 ( )(괄호) 안에 **?P〈이름〉** 형식으로 지정합니다.

- **(?P〈이름〉정규표현식)**

다음은 함수를 호출하는 코드 print(1234)에서 함수의 이름 print와 인수 1234를 추출합니다.

- **매치객체.group('그룹이름')**

```
>>> m = re.match('(?P<func>[a-zA-Z_][a-zA-Z0-9_]+)\((?P<arg>\w+)\)', 'print(1234)')
>>> m.group('func')    # 그룹 이름으로 매칭된 문자열 출력
'print'
>>> m.group('arg')     # 그룹 이름으로 매칭된 문자열 출력
'1234'
```

(?P<func>)와 (?P<arg>)처럼 각 그룹에 이름을 짓고 m.group('func'), m.group('arg')로 매칭된 문자열을 출력했습니다. 참고로 함수 이름은 문자로만 시작해야 하므로 첫 글자는 [a-zA-Z_]로 판단해줍니다. 또한, print 뒤에 붙은 (,)는 정규표현식에 사용하는 특수 문자이므로 앞에 \를 붙여줍니다.

43.3.1 패턴에 매칭되는 모든 문자열 가져오기

지금까지 그룹에 해당하는 문자열을 가져왔습니다. 그러면 그룹 지정 없이 패턴에 매칭되는 모든 문자열을 가져오려면 어떻게 해야 할까요? 이때는 findall 함수를 사용하며 매칭된 문자열을 리스트로 반환합니다.

- re.findall('패턴', '문자열')

다음은 문자열에서 숫자만 가져옵니다.

```
>>> re.findall('[0-9]+', '1 2 Fizz 4 Buzz Fizz 7 8')
['1', '2', '4', '7', '8']
```

> **참고** *, +와 그룹 활용하기
>
> 정규표현식에서 +과 *을 조합하여 사용할 때는 그룹으로 묶어서 사용합니다. (.[a-z]+)*는 점과 영문 소문자가 1개 이상 있는지 판단하고, 이것 자체가 0개 이상인지 판단합니다. 즉, 규칙은 반드시 지켜야 하지만 있어도 되고 없어도 되는 상황에 사용합니다.
>
> ```
> >>> re.match('[a-z]+(.[a-z]+)*$', 'hello.world')    # .world는 문자열이므로 패턴에 매칭됨
> <_sre.SRE_Match object; span=(0, 11), match='hello.world'>
> >>> re.match('[a-z]+(.[a-z]+)*$', 'hello.1234')      # .1234는 숫자이므로 패턴에 매칭되지 않음
> >>> re.match('[a-z]+(.[a-z]+)*$', 'hello')           # .뒤에 문자열이 없어도 패턴에 매칭됨
> <_sre.SRE_Match object; span=(0, 5), match='hello'>
> ```

43.4 문자열 바꾸기

이번에는 정규표현식으로 특정 문자열을 찾은 뒤 다른 문자열로 바꾸는 방법을 알아보겠습니다. 문자열을 바꿀 때는 sub 함수를 사용하며 패턴, 바꿀 문자열, 문자열, 바꿀 횟수를 넣어줍니다. 여기서 바꿀 횟수를 넣으면 지정된 횟수만큼 바꾸며 바꿀 횟수를 생략하면 찾은 문자열을 모두 바꿉니다.

- re.sub('패턴', '바꿀문자열', '문자열', 바꿀횟수)

다음은 문자열에서 'apple' 또는 'orange'를 찾아서 'fruit'로 바꿉니다.

```
>>> re.sub('apple|orange', 'fruit', 'apple box orange tree')    # apple 또는 orange를
'fruit box fruit tree'                                          # fruit로 바꿈
```

또는, 문자열에서 숫자만 찾아서 다른 문자로 바꿀 수도 있겠죠? 다음은 숫자만 찾아서 'n'으로 바꿉니다.

```
>>> re.sub('[0-9]+', 'n', '1 2 Fizz 4 Buzz Fizz 7 8')    # 숫자만 찾아서 n으로 바꿈
'n n Fizz n Buzz Fizz n n'
```

sub 함수는 바꿀 문자열 대신 교체 함수를 지정할 수도 있습니다. 교체 함수는 매개변수로 매치 객체를 받으며 바꿀 결과를 문자열로 반환하면 됩니다. 다음은 문자열에서 숫자를 찾은 뒤 숫자를 10배로 만듭니다.

- **교체함수(매치객체)**
- **re.sub('패턴', 교체함수, '문자열', 바꿀횟수)**

```
>>> def multiple10(m):               # 매개변수로 매치 객체를 받음
...     n = int(m.group())           # 매칭된 문자열을 가져와서 정수로 변환
...     return str(n * 10)           # 숫자에 10을 곱한 뒤 문자열로 변환해서 반환
...
>>> re.sub('[0-9]+', multiple10, '1 2 Fizz 4 Buzz Fizz 7 8')
'10 20 Fizz 40 Buzz Fizz 70 80'
```

mutiple10 함수에서 group 메서드로 매칭된 문자열을 가져와서 정수로 바꿉니다. 그리고 숫자에 10을 곱한 뒤 문자열로 변환해서 반환했습니다.

교체 함수의 내용이 간단하다면 다음과 같이 람다 표현식을 만들어서 넣어도 됩니다.

```
>>> re.sub('[0-9]+', lambda m: str(int(m.group()) * 10), '1 2 Fizz 4 Buzz Fizz 7 8')
'10 20 Fizz 40 Buzz Fizz 70 80'
```

43.4.1 찾은 문자열을 결과에 다시 사용하기

이번에는 정규표현식으로 찾은 문자열을 가져와서 결과에 다시 사용해보겠습니다. 먼저 정규표현식을 그룹으로 묶습니다. 그러고 나면 바꿀 문자열에서 **\\숫자** 형식으로 매칭된 문자열을 가져와서 사용할 수 있습니다.

- **\\숫자**

다음은 'hello 1234'에서 hello는 그룹 1, 1234는 그룹 2로 찾은 뒤 그룹 2, 1, 2, 1 순으로 문자열의 순서를 바꿔서 출력합니다.

```
>>> re.sub('([a-z]+) ([0-9]+)', '\\2 \\1 \\2 \\1', 'hello 1234')    # 그룹 2, 1, 2, 1
'1234 hello 1234 hello'                                            # 순으로 바꿈
```

이번에는 조금 더 응용해보겠습니다. 다음은 '{ "name": "james" }'을 '<name>james</name>' 형식으로 바꿉니다.

```
>>> re.sub('({\s*)"(\w+)":\s*"(\w+)"(\s*})', '<\\2>\\3</\\2>', '{ "name": "james" }')
'<name>james</name>'
```

외계어처럼 보이지만 부분부분 나눠서 보면 어렵지 않습니다. 이 정규표현식에서 그룹은 4개입니다. 맨 처음 ({\s*)은 {와 공백을 찾으므로 '{ '을 찾습니다. 그리고 마지막 (\s*)은 공백과 }를 찾으므로 ' }'를 찾습니다. 중간에 있는 "(\w+)":\s*"(\w+)"은 :을 기준으로 양옆의 name과 james를 찾습니다. 바꿀 문자열은 '<\\2>'과 같이 그룹 2 name과 그룹 3 james만 사용하고 그룹 1 '{ ', 그룹 4 ' } '는 버립니다.

▼ 그림 43-1 정규 표현식으로 찾은 문자열을 사용

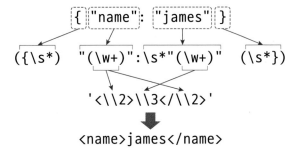

만약 그룹에 이름을 지었다면 \\g<이름> 형식으로 매칭된 문자열을 가져올 수 있습니다(\\g<숫자> 형식으로 숫자를 지정해도 됩니다).

- \\g<이름>
- \\g<숫자>

```
>>> re.sub('({\s*)"(?P<key>\w+)":\s*"(?P<value>\w+)"(\s*})', '<\\g<key>>\\g<value></\\g<key>>', '{ "name": "james" }')
'<name>james</name>'
```

지금까지 정규표현식에 대해 배웠습니다. 정규표현식은 특수 문자가 많이 쓰이고, 복잡해 보여서 많은 사람들이 어려워하는 분야입니다. 지금 당장은 모든 내용을 외울 필요는 없습니다. 나중에 정규표현식이 필요할 때 다시 돌아와서 찾아보면 됩니다. 여기서 소개한 정규표현식 패턴은 핵심 정리에 정리되어 있습니다.

> **참고** **raw 문자열 사용하기**
>
> 정규표현식의 특수 문자를 판단하려면 \를 붙여야 합니다. 여기서 문자열 앞에 r을 붙여주면 원시(raw) 문자열이 되어 \를 붙이지 않아도 특수 문자를 그대로 판단할 수 있습니다. 따라서 raw 문자열에서는 \\숫자, \\g<이름>, \\g<숫자>는 \숫자, \g<이름>, \g<숫자> 형식처럼 \를 하나만 붙여서 사용할 수 있습니다.
>
> - r'\숫자 \g<이름> \g<숫자>'
>
> ```
> >>> re.sub('({\s*)"(\w+)":\s*"(\w+)"(\s*})', r'<\2>\3</\2>', '{ "name": "james" }')
> '<name>james</name>'
> ```

연습문제: 이메일 주소 검사하기

다음 소스 코드를 완성하여 주어진 이메일 주소가 올바른지 판단하도록 만드세요. `emails` 리스트에서 앞의 다섯 개는 올바른 형식이며 마지막 세 개는 잘못된 형식입니다.

---

practice_regular_expression.py

```python
import re

p = re.compile(_____)
emails = ['python@mail.example.com', 'python+kr@example.com',      # 올바른 형식
          'python-dojang@example.co.kr', 'python_10@example.info',  # 올바른 형식
          'python.dojang@e-xample.com',                             # 올바른 형식
          '@example.com', 'python@example', 'python@example-com']   # 잘못된 형식

for email in emails:
    print(p.match(email) != None, end=' ')
```

실행 결과

```
True True True True True False False False
```

정답

```
'^[a-zA-Z0-9+-_.]+@[a-zA-Z0-9-]+\.[a-zA-Z0-9-.]+$'
```

해설

이메일은 계정@도메인.최상위도메인 형식이며 계정에 +, -, _, . 등의 문자를 붙이기도 합니다. 또한, 도메인에 - 문자를 사용할 수 있고, 최상위 도메인이 여러 단계일 수도 있습니다. 이러한 규칙에 맞추어서 정규표현식을 작성합니다.

`^[a-zA-Z0-9+-_.]+@`는 이메일에서 @을 기준으로 계정을 나타내며 앞에 ^이 붙었으므로 계정이 맨 앞에 오는지 판단합니다. 또한, `[a-zA-Z0-9+-_.]+`와 같이 영문 대소문자, 숫자, +, -, _, .으로 되어 있어야 하고 문자 1개 이상인지 판단합니다.

`[a-zA-Z0-9-]+\.[a-zA-Z0-9-.]+$`는 도메인과 최상위 도메인(TLD)를 나타냅니다. 먼저 `[a-zA-Z0-9-]+`와 같이 영문 대소문자, 숫자, -이면서 문자 1개 이상인지 판단합니다. 그리고 중간에 `\.`를 넣어서 도메인.최상위도메인 형식인지 판단합니다. 여기서 .은 정규표현식에 사용하는 특수 문자이므로 앞에 반드시 \를 붙여야 합니다. 특히 최상위 도메인은 여러 단계일 수도 있으므로 `[a-zA-Z0-9-.]+$`와 같이 범위에 .을 넣어줍니다. 또한, $를 붙여서 최상위 도메인이 마지막에 오는지 판단합니다.

심사문제: URL 검사하기

표준 입력으로 URL 문자열이 입력 입력됩니다. 입력된 URL이 올바르면 **True**, 잘못되었으면 **False**를 출력하는 프로그램을 만드세요. 이 심사문제에서 판단해야 할 URL의 규칙은 다음과 같습니다.

- http:// 또는 https://로 시작
- 도메인은 도메인 . 최상위도메인 형식이며 영문 대소문자, 숫자, -로 되어 있어야 함
- 도메인 이하 경로는 /로 구분하고, 영문 대소문자, 숫자, -, _, ., ?, =을 사용함

테스트 케이스 예제

표준 입력	표준 출력
http://www.example.com/hello/world.do?key=python	True

테스트 케이스 예제

표준 입력	표준 출력
https://example/hello/world.html	False

judge_regular_expression.py

```

```

UNIT 44 모듈과 패키지 사용하기

지금까지 파이썬 코드를 작성하면서 input, print 등의 내장 함수(built-in function)를 주로 사용했는데, 내장 함수만으로는 할 수 있는 게 별로 없습니다. 그래서 좀 더 복잡한 프로그램을 만들려면 파이썬의 모듈과 패키지를 사용해야 합니다. 우리가 책 중간중간에 사용했던 random, turtle, pickle 등이 바로 모듈과 패키지입니다.

모듈(module)은 각종 변수, 함수, 클래스를 담고 있는 파일이고, 패키지(package)는 여러 모듈을 묶은 것입니다. 파이썬을 설치할 때 다양한 모듈과 패키지가 기본으로 설치됩니다. 만약 기본 모듈과 패키지로 부족하다면 다른 사람이 만든 유명 모듈과 패키지를 설치해서 쓸 수도 있습니다.

참고 **모듈, 패키지, 라이브러리**

파이썬을 배우다 보면 모듈, 패키지, 파이썬 표준 라이브러리와 같은 용어를 접하게 되는데 서로 비슷한 개념이지만 약간의 차이가 있습니다.

- **모듈**: 특정 기능을 .py 파일 단위로 작성한 것입니다.
- **패키지**: 특정 기능과 관련된 여러 모듈을 묶은 것입니다. 패키지는 모듈에 네임스페이스(namespace, 이름공간)를 제공합니다.
- **파이썬 표준 라이브러리**: 파이썬에 기본으로 설치된 모듈과 패키지, 내장 함수를 묶어서 파이썬 표준 라이브러리(Python Standard Library, PSL)라 부릅니다.

44.1 import로 모듈 가져오기

모듈은 import 키워드로 가져올 수 있습니다(모듈을 여러 개 가져올 때는 모듈을 콤마로 구분).

- **import 모듈**
- **import 모듈1, 모듈2**
- **모듈.변수**
- **모듈.함수( )**
- **모듈.클래스( )**

그럼 간단하게 파이썬 표준 라이브러리의 수학 모듈 math를 가져와서 원주율을 출력해보겠습니다.

```
>>> import math
>>> math.pi
3.141592653589793
```

import에 모듈 이름을 지정하면 해당 모듈을 가져올 수 있으며 math.pi와 같이 **모듈.변수** 형식으로 모듈의 변수를 사용합니다.

이번에는 math 모듈의 제곱근 함수 sqrt를 사용해보겠습니다.

```
>>> import math
>>> math.sqrt(4.0)
2.0
>>> math.sqrt(2.0)
1.4142135623730951
```

모듈의 함수는 math.sqrt(4.0)와 같이 **모듈.함수()** 형식으로 사용합니다.

 잠깐만요

- ModuleNotFoundError: No module named ...: 모듈의 이름이 잘못되었을 때 발생하는 에러입니다. 모듈 이름이 맞는지 확인해주세요.
- AttributeError: module ... has no attribute ...: 모듈의 변수나 함수의 이름을 잘못되었을 때 발생하는 에러입니다. 변수, 함수의 이름이 맞는지 확인해주세요.

44.1.1 import as로 모듈 이름 지정하기

모듈의 함수를 사용할 때 math.sqrt처럼 일일이 math를 입력하기 귀찮은 사람도 있겠죠? 이때는 import as를 사용하여 모듈의 이름을 지정할 수 있습니다.

- **import 모듈 as 이름**

이제 math 모듈을 m으로 줄여보겠습니다.

```
>>> import math as m      # math 모듈을 가져오면서 이름을 m으로 지정
>>> m.sqrt(4.0)           # m으로 제곱근 함수 사용
2.0
>>> m.sqrt(2.0)           # m으로 제곱근 함수 사용
1.4142135623730951
```

import math as m과 같이 모듈을 가져오면서 as 뒤에 이름을 지정해줍니다. 이후 math 모듈을 사용할 때 m으로 줄여서 사용할 수 있습니다.

44.1.2 from import로 모듈의 일부만 가져오기

import as로 모듈의 이름을 지정하는 방법보다 좀 더 편한 방법이 있습니다. 이번에는 from import로 원하는 변수만 가져와 보겠습니다.

- **from 모듈 import 변수**

다음은 math 모듈에서 변수 pi만 가져옵니다.

```
>>> from math import pi      # math 모듈에서 변수 pi만 가져옴
>>> pi                       # pi를 바로 사용하여 원주율 출력
3.141592653589793
```

from math import pi와 같이 from 뒤에 모듈 이름을 지정하고 import 뒤에 가져올 변수를 입력합니다. 이후 가져온 변수를 사용할 때는 pi와 같이 모듈 이름을 붙이지 않고 바로 사용하면 됩니다.

모듈의 변수를 가져왔으니 이번에는 함수를 가져와 보겠습니다(물론 클래스도 가져올 수 있습니다).

- **from 모듈 import 함수**
- **from 모듈 import 클래스**

다음은 math 모듈에서 sqrt 함수만 가져옵니다.

```
>>> from math import sqrt    # math 모듈에서 sqrt 함수만 가져옴
>>> sqrt(4.0)                # sqrt 함수를 바로 사용
2.0
>>> sqrt(2.0)                # sqrt 함수를 바로 사용
1.4142135623730951
```

math 모듈에서 sqrt 함수만 가져왔으므로 sqrt(4.0)처럼 앞에 math를 붙이지 않고 함수를 바로 사용할 수 있습니다.

지금까지 변수나 함수를 하나만 가져왔습니다. 하지만 math 모듈에서 가져올 변수와 함수가 여러 개일 수도 있겠죠? 이때는 import 뒤에 가져올 변수, 함수, 클래스를 콤마로 구분하여 여러 개를 지정해주면 됩니다.

- **from 모듈 import 변수, 함수, 클래스**

다음은 math 모듈에서 pi, sqrt를 가져옵니다.

```
>>> from math import pi, sqrt    # math 모듈에서 pi, sqrt를 가져옴
>>> pi                           # pi로 원주율 출력
3.141592653589793
>>> sqrt(4.0)                    # sqrt 함수 사용
2.0
>>> sqrt(2.0)                    # sqrt 함수 사용
1.4142135623730951
```

from math import pi, sqrt와 같이 pi와 sqrt 두 개를 가져왔습니다. 하지만 변수, 함수, 클래스가 두세 개라면 괜찮지만 수십 개가 된다면 입력하기가 상당히 번거롭겠죠?

from import는 모듈의 모든 변수, 함수, 클래스를 가져오는 기능도 있습니다.

- **from 모듈 import ***

다음은 math 모듈의 모든 변수, 함수, 클래스를 가져옵니다.

```
>>> from math import *      # math 모듈의 모든 변수, 함수, 클래스를 가져옴
>>> pi                      # pi로 원주율 출력
3.141592653589793
>>> sqrt(4.0)               # sqrt 함수 사용
2.0
>>> sqrt(2.0)               # sqrt 함수 사용
1.4142135623730951
```

from math import *와 같이 지정하면 math 모듈의 모든 함수, 변수, 클래스를 가져옵니다(보통 컴퓨터에서 *(asterisk, 애스터리스크) 기호는 모든 것이라는 뜻으로 사용합니다).

44.1.3 from import로 모듈의 일부를 가져온 뒤 이름 지정하기

이번에는 from import로 변수, 함수, 클래스를 가져온 뒤 이름을 지정해보겠습니다.

- **from 모듈 import 변수 as 이름**
- **from 모듈 import 함수 as 이름**
- **from 모듈 import 클래스 as 이름**

다음은 math 모듈에서 sqrt 함수를 가져오면서 이름을 s로 지정합니다.

```
>>> from math import sqrt as s   # math 모듈에서 sqrt 함수를 가져오면서 이름을 s로 지정
>>> s(4.0)                       # s로 sqrt 함수 사용
2.0
>>> s(2.0)                       # s로 sqrt 함수 사용
1.4142135623730951
```

from import로 가져온 변수, 함수, 클래스 뒤에 as로 이름을 지정해주면 됩니다.

그럼 여러 개를 가져왔을 때 각각 이름을 지정할 수는 없을까요? 이때는 각 변수, 함수, 클래스 등을 콤마로 구분하여 as를 여러 개 지정하면 됩니다.

- **from 모듈 import 변수 as 이름1, 함수 as 이름2, 클래스 as 이름3**

다음은 math 모듈의 pi를 가져오면서 이름을 p로, sqrt를 가져오면서 이름을 s로 지정합니다.

```
>>> from math import pi as p, sqrt as s
>>> p           # p로 원주율 출력
3.141592653589793
>>> s(4.0)      # s로 sqrt 함수 사용
2.0
>>> s(2.0)      # s로 sqrt 함수 사용
1.4142135623730951
```

이처럼 as를 사용하면 모듈의 이름을 원하는 대로 지정해서 사용할 수 있습니다.

참고 **가져온 모듈 해제하기, 다시 가져오기**

import로 가져온 모듈(변수, 함수, 클래스)은 del로 해제할 수 있습니다.

```
>>> import math
>>> del math
```

모듈을 다시 가져오려면 importlib.reload를 사용합니다.

```
>>> import importlib
>>> import math
>>> importlib.reload(math)
```

44.2 import로 패키지 가져오기

패키지는 특정 기능과 관련된 여러 모듈을 묶은 것인데, 패키지에 들어있는 모듈도 import를 사용하여 가져옵니다.

- import 패키지.모듈
- import 패키지.모듈1, 패키지.모듈2
- 패키지.모듈.변수

- 패키지.모듈.함수( )
- 패키지.모듈.클래스( )

여기서는 파이썬 표준 라이브러리에서 urllib 패키지의 request 모듈을 가져와 보겠습니다(urllib은 URL 처리에 관련된 모듈을 모아 놓은 패키지입니다).

```
>>> import urllib.request
>>> response = urllib.request.urlopen('http://www.google.co.kr')
>>> response.status
200
```

패키지에 들어있는 모듈은 import urllib.request와 같이 **패키지.모듈** 형식으로 가져옵니다. 마찬가지로 모듈의 함수를 사용할 때도 urllib.request.urlopen( )과 같이 **패키지.모듈.함수( )** 형식으로 패키지 이름과 모듈 이름을 모두 입력해줍니다.

이 예제는 패키지 사용을 학습하기 위한 것이므로, urllib.request.urlopen 함수의 사용 방법은 이해하지 않고 그냥 넘어가도 됩니다.

참고 **urlopen 함수**

urllib.request.urlopen은 URL을 여는 함수인데 URL 열기에 성공하면 response.status의 값이 200이 나옵니다. 이 200은 HTTP 상태 코드이며 웹 서버가 요청을 제대로 처리했다는 뜻입니다.

44.2.1 import as로 패키지 모듈 이름 지정하기

패키지 안에 들어있는 모듈도 import as를 사용하여 이름을 지정할 수 있습니다.

- **import 패키지.모듈 as 이름**

다음은 urllib 패키지의 request 모듈을 가져오면서 이름을 r로 지정합니다.

```
>>> import urllib.request as r     # urllib 패키지의 request 모듈을 가져오면서
                                   # 이름을 r로 지정
>>> response = r.urlopen('http://www.google.co.kr')     # r로 urlopen 함수 사용
>>> response.status
200
```

패키지 이름에 모듈 이름까지 더하면 상당히 길어지는데 import as를 사용하니 코드가 좀 더 간단해졌죠?

44.2.2 from import로 패키지의 모듈에서 일부만 가져오기

패키지도 from import를 사용하여 모듈에서 변수, 함수, 클래스를 가져올 수 있습니다.

- **from 패키지.모듈 import 변수**
- **from 패키지.모듈 import 함수**
- **from 패키지.모듈 import 클래스**
- **from 패키지.모듈 import 변수, 함수, 클래스**

다시 urllib 패키지의 request 모듈에서 urlopen 함수와 Request 클래스를 가져와 보겠습니다.

```
>>> from urllib.request import Request, urlopen     # urlopen 함수, Request 클래스를 가져옴
>>> req = Request('http://www.google.co.kr')     # Request 클래스를 사용하여 req 생성
>>> response = urlopen(req)     # urlopen 함수 사용
>>> response.status
200
```

참고로 urlopen 함수에 URL을 바로 넣어도 되고, Request('http://www.google.co.kr')와 같이 Request 클래스에 URL을 넣은 뒤에 req를 생성해서 urlopen 함수에 넣어도 됩니다.

패키지의 모듈에서 모든 변수, 함수, 클래스를 가져오는 방법은 다음과 같습니다.

- **from 패키지.모듈 import ***

다음은 urllib의 request 모듈에서 모든 변수, 함수, 클래스를 가져옵니다.

```
>>> from urllib.request import *     # urllib의 request 모듈에서
                                     # 모든 변수, 함수, 클래스를 가져옴
>>> req = Request('http://www.google.co.kr')     # Request를 사용하여 req 생성
>>> response = urlopen(req)     # urlopen 함수 사용
>>> response.status
200
```

44.2.3 from import로 패키지의 모듈의 일부를 가져온 뒤 이름 지정하기

이번에는 from import로 패키지의 모듈에서 변수, 함수, 클래스를 가져온 뒤 이름을 지정해보겠습니다.

- **from 패키지.모듈 import 변수 as 이름**
- **from 패키지.모듈 import 변수 as 이름, 함수 as 이름, 클래스 as 이름**

다음은 urllib 패키지의 request 모듈에서 Request 클래스를 가져온 뒤 이름을 r로 지정하고, urlopen 함수를 가져온 뒤 이름을 u로 지정합니다.

```
>>> from urllib.request import Request as r, urlopen as u
>>> req = r('http://www.google.co.kr')      # r로 Request 클래스 사용
>>> response = u(req)                        # u로 urlopen 함수 사용
>>> response.status
200
```

44.3 파이썬 패키지 인덱스에서 패키지 설치하기

파이썬은 파이썬 표준 라이브러리(Python Standard Library, PSL) 이외에도 파이썬 패키지 인덱스(Python Package Index, PyPI)를 통해 다양한 패키지를 사용할 수 있습니다. 특히 명령만 입력하면 원하는 패키지를 인터넷에서 다운로드하여 설치해줄 뿐만 아니라 관련된 패키지(의존성)까지 자동으로 설치해주므로 매우 편리합니다.

44.3.1 pip 설치하기

pip는 파이썬 패키지 인덱스의 패키지 관리 명령어이며 Windows용 파이썬에는 기본으로 내장되어 있습니다. 리눅스와 macOS에서는 콘솔(터미널)에서 다음과 같은 방법으로 설치하면 됩니다.

리눅스, macOS
```
$ curl -O https://bootstrap.pypa.io/get-pip.py
$ sudo python3 get-pip.py
```

> **참고** curl 설치
>
> 만약 리눅스에 curl이 설치되어 있지 않다면 다음과 같은 방법으로 설치해줍니다.
>
> **우분투**
> ```
> $ sudo apt-get install curl
> ```
>
> **CentOS**
> ```
> $ sudo yum install curl
> ```

44.3.2 pip로 패키지 설치하기

이제 pip install 명령으로 패키지를 설치해보겠습니다.

　• pip install 패키지

Windows에서는 명령 프롬프트를 실행(⊞+Ⓡ을 누른 뒤 cmd를 입력)하고, 리눅스와 macOS에서는 콘솔(터미널)을 실행한 뒤 pip install requests 명령을 입력합니다(pip 명령은 파이썬 셸 >>>에 입력하면 안 됩니다. 반드시 명령 프롬프트, 콘솔, 터미널에 입력해주세요).

참고로 requests는 파이썬 표준 라이브러리의 urllib.request와 비슷한 역할을 하는 패키지인데 좀 더 기능이 많고 편리합니다.

Windows

```
C:\Users\dojang>pip install requests
```

리눅스, macOS에서는 앞에 sudo를 붙여서 관리자 권한으로 실행합니다.

리눅스, macOS

```
$ sudo pip install requests
```

또는, python에 -m 옵션을 지정해서 pip를 실행할 수도 있습니다. -m 옵션은 모듈을 실행하는 옵션이며 pip도 모듈입니다.

Windows

```
C:\Users\dojang>python -m pip install requests
```

리눅스, macOS에서는 python3로 실행하고, 앞에 sudo를 붙여서 관리자 권한으로 실행합니다.

리눅스, macOS

```
$ sudo python3 -m pip install requests
```

명령을 입력하면 패키지 다운로드 및 설치 상황이 표시되는데, 다음과 같이 출력되면 정상적으로 설치된 것입니다(패키지는 계속 업데이트되므로 버전은 책과 다를 수 있습니다).

```
Collecting requests
  Downloading requests-2.9.1-py2.py3-none-any.whl (501kB)
    100% |################################| 503kB 974kB/s
Installing collected packages: requests
Successfully installed requests-2.9.1
```

44.3.3 import로 패키지 가져오기

이제 파이썬 코드에서 패키지를 사용해보겠습니다.

• import 패키지

```
>>> import requests                            # pip로 설치한 requests 패키지를 가져옴
>>> r = requests.get('http://www.google.co.kr')  # requests.get 함수 사용
>>> r.status_code
200
```

보통 pip install 명령으로 설치한 패키지는 import 패키지 또는 import 패키지.모듈 형식으로 사용하면 됩니다. 단, 패키지마다 구성이 다를 수 있으므로 해당 패키지의 웹 사이트에서 사용 방법을 찾아보기 바랍니다.

지금까지 모듈을 가져오고 사용하는 방법을 배웠습니다. 특히 from import는 코드를 간단하게 줄일 수 있어서 파이썬 스크립트에서 자주 볼 수 있습니다. 따라서 from import 사용 방법을 꼭 익혀 두는 것이 좋습니다.

참고 **pip와 파이썬 버전**

보통 리눅스와 macOS에서는 파이썬 버전 2와 3과 함께 설치된 경우가 많습니다. 그래서 파이썬 실행 파일을 python, python3와 같이 구분하죠. 마찬가지로 pip도 파이썬 버전을 붙이고 있으며 파이썬 버전에 맞게 사용해야 합니다(다른 버전에 설치된 패키지는 가져와서 사용할 수 없습니다).

파이썬 2에서는 pip 또는 pip2 명령을 사용하여 패키지를 설치합니다.

파이썬 2
```
$ sudo python -m pip install 패키지
$ sudo pip install 패키지
```

파이썬 3에서는 pip 또는 pip3 명령을 사용하여 패키지를 설치합니다(파이썬 2 없이 파이썬 3가 기본 설치된 경우에는 pip가 파이썬 3용 명령).

파이썬 3
```
$ sudo python3 -m pip install 패키지
$ sudo pip3 install 패키지
```

파이썬 2와 3 모두 버전이 붙지 않은 pip 명령을 제공하지만 이름이 같으므로 구분하기가 힘듭니다. 가급적이면 파이썬은 한 개의 버전만 설치하는 것이 좋으며 여러 버전을 설치한 경우 pip2, pip3과 같이 버전을 붙여서 실행합니다.

참고 **패키지 검색, 버전 지정, 목록 출력, 삭제**

• **pip search 패키지**: 패키지 검색
• **pip install 패키지==버전**: 특정 버전의 패키지를 설치(예 pip install requests==2.9.0)
• **pip list 또는 pip freeze**: 패키지 목록 출력
• **pip uninstall 패키지**: 패키지 삭제

1. 다음 중 sys 모듈을 가져오는 방법으로 올바른 것을 고르세요.

   a. #import sys

   b. from sys

   c. from sys import sys

   d. import sys

   e. import * from sys

2. 다음 중 sys 모듈을 import sys as s로 가져왔을 때 sys 모듈의 version 변수를 사용하는 방법으로 올바른 것을 고르세요.

   a. sys.version

   b. s.version

   c. s[version]

   d. s::version

   e. version

3. 다음 중 http 패키지의 server 모듈에서 모든 변수, 함수, 클래스를 가져오는 방법으로 올바른 것을 고르세요.

   a. from http import server

   b. from http import *

   c. from http.server import *

   d. from * import http.server

   e. from http.server import http

4. 다음 중 pip를 사용하여 requests 패키지를 설치하는 방법으로 올바른 것을 모두 고르세요.

   a. python setup.py install

   b. python -m pip install requests

   c. pip install requests

   d. pip uninstall requests

   e. easy_install requests

▶ 정답은 583쪽에 있습니다

44.5 **연습문제: 소수점 이하 올림, 버림 구하기**

다음 소스 코드를 완성하여 소수점 이하를 올림, 버림한 숫자가 출력되게 만드세요. 올림 함수는 math 모듈의 ceil, 버림 함수는 math 모듈의 floor 함수입니다.

practice_import.py	실행 결과	정답
| ```
_____

x = 1.5

print(ceil(x), floor(x))
``` | 2 1 | `from math import ceil, floor` |

해설

올림 함수 ceil, 버림 함수 floor를 사용할 때 모듈 이름을 지정하지 않고 그대로 사용하고 있습니다. 따라서 from math import ceil, floor와 같이 from import로 두 함수를 가져오면 됩니다. 또는, from math import *와 같이 math의 모든 변수, 함수, 클래스를 가져와도 됩니다.

44.6 심사문제: 원의 넓이 구하기

표준 입력으로 원의 반지름(실수)이 입력됩니다. 입력된 반지름을 이용하여 원의 넓이를 출력하는 프로그램을 만드세요(input 에서 안내 문자열은 출력하지 않아야 합니다). 원의 넓이는 반지름 * 반지름 * 원주율로 구합니다.

테스트 케이스 예제

표준 입력	표준 출력
10.0	314.1592653589793

테스트 케이스 예제

표준 입력	표준 출력	judge_import.py
2.5	19.634954084936208	

44.4 퀴즈 정답

1 d 모듈은 **import 모듈** 형식으로 가져옵니다.

2 b 모듈의 변수는 **모듈.변수** 형식으로 사용합니다. 여기서는 모듈의 이름을 s로 지정했으므로 s.version처럼 사용해야 합니다.

3 c 패키지의 모듈에서 모든 변수, 함수, 클래스를 가져올 때는 **from 패키지.모듈 import *** 형식으로 사용합니다.

4 b, c pip로 패키지를 설치할 때는 **pip install 패키지** 형식 또는 **python –m pip install 패키지** 형식으로 실행합니다.
```

UNIT 45 모듈과 패키지 만들기

파이썬 스크립트를 작성할 때마다 매번 비슷한 클래스와 함수를 작성한다면 코드도 길어지고 중복되는 부분이 생깁니다. 이런 경우에는 공통되는 부분을 빼내서 모듈과 패키지로 만들면 됩니다. 이후에는 코드를 다시 만들지 않고 모듈과 패키지만 가져와서 사용하면 편리합니다.

모듈(module)은 변수, 함수, 클래스 등을 모아 놓은 스크립트 파일이고, 패키지(package)는 여러 모듈을 묶은 것입니다. 모듈은 간단한 기능을 담을 때 사용하며, 패키지는 코드가 많고 복잡할 때 사용합니다. 즉, 패키지는 기능들이 모듈 여러 개로 잘게 나누어져 있고, 관련된 모듈끼리 폴더에 모여 있는 형태입니다.

이번 유닛에서는 파이썬의 모듈과 패키지를 직접 만들어보겠습니다.

45.1 모듈 만들기

그럼 간단하게 2의 거듭제곱을 구하는 모듈을 만들어보겠습니다. 다음 내용을 프로젝트 폴더(C:\project) 안에 square2.py 파일로 저장합니다. IDLE에서 새 소스 파일을 만들고 저장하는 방법은 '3.2 IDLE에서 소스 파일 실행하기'(37쪽)를 참조하세요.

```
square2.py

base = 2          # 변수

def square(n):    # 함수
    return base ** n
```

이렇게 변수와 함수를 넣어서 square2.py 파일을 만들었습니다. 이렇게 모듈을 만들었을 때 모듈 이름은 square2입니다. 즉, 스크립트 파일에서 확장자 .py를 제외하면 모듈 이름이 됩니다.

45.1.1 모듈 사용하기

이제 square2 모듈을 사용해보겠습니다. 다음 내용을 프로젝트 폴더(C:\project) 안에 main.py 파일로 저장한 뒤 실행해보세요. 이때 square2.py 파일과 main.py 파일은 반드시 같은 폴더에 있어야 합니다.

- import 모듈
- 모듈.변수
- 모듈.함수()

```
main.py
import square2            # import로 square2 모듈을 가져옴

print(square2.base)       # 모듈.변수 형식으로 모듈의 변수 사용
print(square2.square(10)) # 모듈.함수() 형식으로 모듈의 함수 사용
```

```
실행 결과
2
1024
```

실행을 해보면 square2 모듈에 만들었던 변수 base의 값이 출력되고, square 함수도 호출됩니다. 이처럼 모듈을 사용할 때는 import로 모듈을 가져온 뒤 **모듈.변수, 모듈.함수()** 형식으로 사용합니다.

45.1.2 from import로 변수, 함수 가져오기

물론 모듈에서 from import로 변수와 함수를 가져온 뒤 모듈 이름을 붙이지 않고 사용할 수도 있습니다.

- **from 모듈 import 변수, 함수**

```
>>> from square2 import base, square
>>> print(base)
2
>>> square(10)
1024
```

45.1.3 모듈에 클래스 작성하기

그럼 이번에는 모듈에 클래스를 작성하고 사용해보겠습니다. 다음 내용을 프로젝트 폴더(C:\project) 안에 person.py 파일로 저장하세요.

```
person.py
class Person:    # 클래스
    def __init__(self, name, age, address):
        self.name = name
        self.age = age
        self.address = address

    def greeting(self):
        print('안녕하세요. 저는 {0}입니다.'.format(self.name))
```

이제 main.py 파일을 다음과 같이 고쳐서 실행해보세요.

- **import 모듈**
- **모듈.클래스()**

```
main.py
import person    # import로 person 모듈을 가져옴

# 모듈.클래스()로 person 모듈의 클래스 사용
maria = person.Person('마리아', 20, '서울시 서초구 반포동')
maria.greeting()
```

안녕하세요. 저는 마리아입니다.

모듈의 클래스를 사용하는 방법도 변수, 함수와 같습니다. 즉, **모듈.클래스()** 형식으로 모듈의 클래스를 사용하며, 클래스로 인스턴스를 만들 때는 person.Person('마리아', 20, '서울시 서초구 반포동')와 같이 사용하면 됩니다.

45.1.4 from import로 클래스 가져오기

물론 모듈에서 from import로 클래스를 가져온 뒤 모듈 이름을 붙이지 않고 사용할 수도 있습니다.

· **from 모듈 import 클래스**

```
>>> from person import Person
>>> maria = Person('마리아', 20, '서울시 서초구 반포동')
>>> maria.greeting()
안녕하세요. 저는 마리아입니다.
```

지금까지 만든 square2, person 모듈을 그림으로 나타내면 다음과 같은 모양이 됩니다.

▼ 그림 45-1 모듈 사용하기

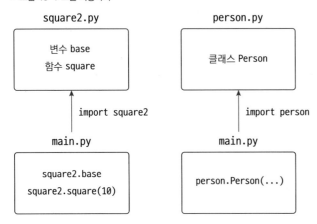

45.2 모듈과 시작점 알아보기

인터넷에 있는 파이썬 코드를 보다 보면 if __name__ == '__main__':으로 시작하는 부분을 자주 만나게 됩니다.

```
if __name__ == '__main__':
    코드
```

도대체 이 코드는 왜 사용하는 것일까요? 이 코드는 현재 스크립트 파일이 실행되는 상태를 파악하기 위해 사용합니다.

먼저 __name__부터 알아보겠습니다. 다음 내용을 프로젝트 폴더(C:\project) 안에 hello.py 파일로 저장하세요.

hello.py
```
print('hello 모듈 시작')
print('hello.py __name__:', __name__)    # __name__ 변수 출력
print('hello 모듈 끝')
```

그리고 다음 내용을 프로젝트 폴더(C:\project) 안에 main.py 파일로 저장한 뒤 실행해보세요.

main.py
```
import hello    # hello 모듈을 가져옴

print('main.py __name__:', __name__)    # __name__ 변수 출력
```

실행 결과
```
hello 모듈 시작
hello.py __name__: hello
hello 모듈 끝
main.py __name__: __main__
```

실행을 해보면 hello.py 파일과 main.py 파일의 __name__ 변숫값이 출력됩니다.

파이썬에서 import로 모듈을 가져오면 해당 스크립트 파일이 한 번 실행됩니다. 따라서 hello 모듈을 가져오면 hello.py 안의 코드가 실행됩니다. 따라서 hello.py의 __name__ 변수에는 'hello'가 들어가고, main.py의 __name__ 변수에는 '__main__'이 들어갑니다.

▼ 그림 45-2 hello.py를 모듈로 가져왔을 때

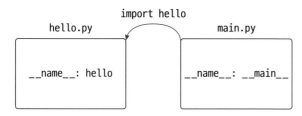

즉, __name__은 모듈의 이름이 저장되는 변수이며 import로 모듈을 가져왔을 때 모듈의 이름이 들어갑니다. 하지만 파이썬 인터프리터로 스크립트 파일을 직접 실행했을 때는 모듈의 이름이 아니라 '__main__'이 들어갑니다(참고로 __name__과 __main__을 헷갈리지 마세요. 같은 네 글자에 알파벳 모양이 비슷해서 헷갈리기 쉽습니다).

좀 더 정확하게 알아보기 위해 콘솔(터미널, 명령 프롬프트)에서 **python**으로 main.py 파일을 실행해봅니다(리눅스, macOS에서는 **python3** 사용).

```
C:\project>python main.py
hello 모듈 시작
hello.py __name__: hello
hello 모듈 끝
main.py __name__: __main__
```

python main.py와 같이 파이썬으로 스크립트 파일을 직접 실행했습니다. 여기서도 hello.py 파일의 __name__ 변수에는 'hello' 그리고 main.py 파일의 __name__ 변수에는 '__main__'이 들어갑니다.

▼ 그림 45-3 hello.py를 모듈로 가져왔을 때

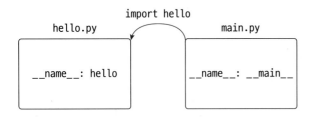

하지만 다음과 같이 python으로 hello.py 파일을 실행해보면 결과가 조금 달라집니다.

```
C:\project>python hello.py
hello 모듈 시작
hello.py __name__: __main__
hello 모듈 끝
```

hello.py 파일의 __name__ 변수에는 'hello'가 아니라 '__main__'이 들어갑니다. 즉, 어떤 스크립트 파일이든 파이썬 인터프리터가 최초로 실행한 스크립트 파일의 __name__에는 '__main__'이 들어갑니다. 이는 프로그램의 시작점(entry point)이라는 뜻입니다.

▼ 그림 45-4 hello.py를 단독으로 실행했을 때

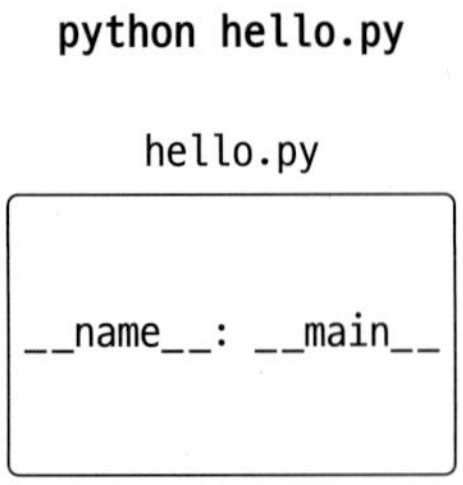

python hello.py

    hello.py
┌─────────────────────┐
│   │
│ __name__: __main__ │
│   │
└─────────────────────┘

파이썬은 최초로 시작하는 스크립트 파일과 모듈의 차이가 없습니다. 어떤 스크립트 파일이든 시작점도 될 수 있고, 모듈도 될 수 있습니다. 그래서 __name__ 변수를 통해 현재 스크립트 파일이 시작점인지 모듈인지 판단합니다.

if __name__ == '__main__':처럼 __name__ 변수의 값이 '__main__'인지 확인하는 코드는 현재 스크립트 파일이 프로그램의 시작점이 맞는지 판단하는 작업입니다. 즉, 스크립트 파일이 메인 프로그램으로 사용될 때와 모듈로 사용될 때를 구분하기 위한 용도입니다.

45.2.1 스크립트 파일로 실행하거나 모듈로 사용하는 코드 만들기

그럼 스크립트 파일을 그대로 실행할 수도 있고, 모듈로도 사용할 수 있는 코드를 만들어보겠습니다. 다음 내용을 프로젝트 폴더(C:\project) 안에 calc.py 파일로 저장한 뒤 실행해보세요.

calc.py	실행 결과

<pre>def add(a, b):
    return a + b
 	
def mul(a, b):
    return a * b
 	
if __name__ == '__main__':   # 프로그램의 시작점일 때만 아래 코드 실행
    print(add(10, 20))
    print(mul(10, 20))</pre>
	<pre>30
	200</pre>

```
C:\project>python calc.py
30
200
```

IDLE에서 실행하거나 **python calc.py**와 같이 파이썬 인터프리터로 실행하면 10, 20의 합과 곱이 출력됩니다. 즉, 프로그램의 시작점일 때는 if __name__ == '__main__': 아래의 코드가 실행됩니다.

그럼 calc.py를 모듈로 사용하면 어떻게 될까요? 다음과 같이 import로 calc를 가져와봅니다.

```
>>> import calc
>>>
```

모듈로 가져왔을 때는 아무것도 출력되지 않습니다. 왜냐하면 __name__ 변수의 값이 '__main__'일 때만 10, 20의 합과 곱을 출력하도록 만들었기 때문입니다. 즉, 스크립트 파일을 모듈로 사용할 때는 calc.add, calc.mul처럼 함수만 사용하는 것이 목적이므로 10, 20의 합과 곱을 출력하는 코드는 필요가 없습니다.

이때는 다음과 같이 calc.add와 calc.mul 함수에 원하는 값을 넣어서 사용하면 됩니다.

```
>>> calc.add(50, 60)
110
>>> calc.mul(50, 60)
3000
```

> **참고** **파이썬은 왜 프로그램의 시작점이 정해져 있지 않나요?**
>
> 파이썬이 처음에 개발될 당시에는 리눅스/유닉스에서 사용하는 스크립트 언어 기반이었기 때문에 프로그램의 시작점이 따로 정해져 있지 않았습니다. 보통 리눅스/유닉스의 스크립트 파일은 파일 한 개로 이루어진 경우가 많은데, 이 스크립트 파일 자체가 하나의 프로그램이다 보니 시작점이 따로 필요하지 않습니다. 하지만 C 언어나 자바 같은 언어는 처음 만들어질 때부터 소스 파일을 여러 개 사용했기 때문에 여러 소스 파일의 함수들 중에서도 시작 함수(main)를 따로 정해 놓았습니다.

45.3 패키지 만들기

이번에는 패키지를 만들어보겠습니다. 모듈은 스크립트 파일이 한 개지만 패키지는 폴더(디렉터리)로 구성되어 있습니다.

지금부터 만들 패키지의 폴더 구성은 다음과 같습니다.

▼ 그림 45-5 패키지 폴더 구성

```
C:₩project
   ├─→ main.py
   └─→ calcpkg
          ├─→ __init__.py
          ├─→ operation.py
          └─→ geometry.py
```

먼저 프로젝트 폴더(C:₩project) 안에 calcpkg 폴더를 만듭니다. 그리고 다음 내용을 calcpkg 폴더 안에 __init__.py 파일로 저장하세요.

calcpkg/__init__.py

```
# __init__.py 파일은 내용을 비워 둘 수 있음
```

폴더(디렉터리) 안에 __init__.py 파일이 있으면 해당 폴더는 패키지로 인식됩니다. 그리고 기본적으로 __init__.py 파일의 내용은 비워 둘 수 있습니다(파이썬 3.3 이상부터는 __init__.py 파일이 없어도 패키지로 인식됩니다. 하지만 하위 버전에도 호환되도록 __init__.py 파일을 작성하는 것을 권장합니다).

45.3.1 패키지에 모듈 만들기

이제 calcpkg 패키지에 모듈을 두 개를 만들겠습니다. 첫 번째 모듈은 덧셈, 곱셈 함수가 들어있는 operation 모듈이고, 두 번째 모듈은 삼각형, 사각형의 넓이 계산 함수가 들어있는 geometry 모듈입니다.

먼저 다음 내용을 calcpkg 폴더 안에 operation.py 파일로 저장하세요.

```
calcpkg/operation.py
```
```
def add(a, b):
    return a + b

def mul(a, b):
    return a * b
```

그리고 다음 내용을 calcpkg 폴더 안에 geometry.py 파일로 저장하세요.

```
calcpkg/geometry.py
```
```
def triangle_area(base, height):
    return base * height / 2

def rectangle_area(width, height):
    return width * height
```

45.3.2 패키지 사용하기

이제 스크립트 파일에서 패키지의 모듈을 사용해보겠습니다. 다음 내용을 프로젝트 폴더(C:\project) 안에 main.py 파일로 저장한 뒤 실행해보세요(main.py 파일을 calcpkg 패키지 폴더 안에 넣으면 안 됩니다).

- import 패키지.모듈
- 패키지.모듈.변수
- 패키지.모듈.함수()
- 패키지.모듈.클래스()

```
main.py                                                              실행 결과
import calcpkg.operation      # calcpkg 패키지의 operation 모듈을 가져옴      30
import calcpkg.geometry       # calcpkg 패키지의 geometry 모듈을 가져옴       200
                                                                     600.0
print(calcpkg.operation.add(10, 20))      # operation 모듈의 add 함수 사용   1200
print(calcpkg.operation.mul(10, 20))      # operation 모듈의 mul 함수 사용

print(calcpkg.geometry.triangle_area(30, 40))    # geometry 모듈의 triangle_area 함수 사용
print(calcpkg.geometry.rectangle_area(30, 40))   # geometry 모듈의 rectangle_area 함수 사용
```

calcpkg 패키지의 operation 모듈과 geometry 모듈을 가져와서 안에 들어있는 함수를 호출했습니다.

이처럼 패키지의 모듈을 가져올 때는 import 패키지.모듈 형식으로 가져옵니다. 그리고 패키지.모듈.함수() 형식으로 모듈의 함수를 사용합니다(변수와 클래스도 같은 형식).

45.3.3 from import로 패키지의 모듈에서 변수, 함수, 클래스 가져오기

물론 패키지의 모듈에서 from import로 함수(변수, 클래스)를 가져온 뒤 패키지와 모듈 이름을 붙이지 않고 사용할 수도 있습니다.

· from 패키지.모듈 import 변수   · from 패키지.모듈 import 함수   · from 패키지.모듈 import 클래스

```
>>> from calcpkg.operation import add, mul
>>> add(10, 20)
30
>>> mul(10, 20)
200
```

지금까지 만든 main.py 스크립트 파일과 calcpkg 패키지의 계층을 그림으로 나타내면 다음과 같은 모양이 됩니다. main.py 파일이 있는 폴더에 calcpkg 패키지가 있고, calcpkg 패키지의 폴더 안에 __init__.py, operation.py, geometry.py 파일이 들어있습니다.

▼ 그림 45-6 calcpkg 패키지의 계층

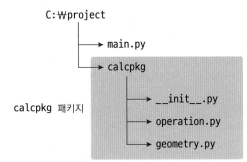

> **참고**   패키지의 모듈과 __name__
>
> 패키지의 모듈에서는 __name__ 변수에 **패키지.모듈** 형식으로 이름이 들어갑니다. 즉, calcpkg 패키지의 geometry.py에서 __name__의 값을 출력하도록 만들고, import로 가져오면 'calcpkg.geometry'가 나옵니다.

> **참고**   모듈과 패키지를 찾는 경로
>
> 지금까지 모듈과 패키지는 현재 폴더(디렉터리)에 만들었습니다. 파이썬에서는 현재 폴더에 모듈, 패키지가 없으면 다음 경로에서 모듈, 패키지를 찾습니다.
>
> ```
> >>> import sys
> >>> sys.path
> ['C:\\project',
>  'C:\\Users\\dojang\\AppData\\Local\\Programs\\Python\\Python36-32\\Lib\\idlelib',
>  'C:\\Users\\dojang\\AppData\\Local\\Programs\\Python\\Python36-32\\python36.zip',
>  'C:\\Users\\dojang\\AppData\\Local\\Programs\\Python\\Python36-32\\DLLs',
>  'C:\\Users\\dojang\\AppData\\Local\\Programs\\Python\\Python36-32\\lib',
>  'C:\\Users\\dojang\\AppData\\Local\\Programs\\Python\\Python36-32',
>  'C:\\Users\\dojang\\AppData\\Local\\Programs\\Python\\Python36-32\\lib\\site-packages']
> ```
>
> sys 모듈의 path 변수에는 모듈, 패키지를 찾는 경로가 들어있습니다. 여기서 site-packages 폴더에는 pip로 설치한 패키지가 들어갑니다. 그리고 자기가 만든 모듈, 패키지도 site-packages 폴더에 넣으면 스크립트 파일이 어디에 있든 모듈, 패키지를 사용할 수 있습니다.
> 만약 가상 환경(virtual environment)을 만들어서 모듈과 패키지를 관리한다면 가상 환경/Lib/site-packages 폴더에 모듈과 패키지가 들어갑니다. 자세한 내용은 '부록 47.11 가상 환경 사용하기'(656쪽)를 참조하세요.

패키지에서 from import 응용하기

지금까지 calcpkg 패키지의 모듈을 가져올 때 import calcpkg.operation처럼 import 패키지.모듈 형식으로 가져왔습니다. 그러면 import calcpkg처럼 import 패키지 형식으로 패키지만 가져와서 모듈을 사용할 수는 없을까요? 이때는 calcpkg 패키지의 __init__.py 파일을 다음과 같이 수정합니다.

· from . import 모듈

```
calcpkg/__init__.py
from . import operation     # 현재 패키지에서 operation 모듈을 가져옴
from . import geometry      # 현재 패키지에서 geometry 모듈을 가져옴
```

파이썬에서 __init__.py 파일은 폴더(디렉터리)가 패키지로 인식되도록 하는 역할도 하고, 이름 그대로 패키지를 초기화하는 역할도 합니다. 즉, import로 패키지를 가져오면 __init__.py 파일이 실행되므로 이 파일에서 **from . import 모듈** 형식으로 현재 패키지에서 모듈을 가져오게 만들어야 합니다. 참고로 .(점)은 현재 패키지라는 뜻입니다.

이제 main.py에서 import calcpkg와 같이 패키지만 가져오도록 수정한 뒤 실행해봅니다.

```
main.py                                                              실행 결과
import calcpkg     # calcpkg 패키지만 가져옴                           30
                                                                     200
print(calcpkg.operation.add(10, 20))       # operation 모듈의 add 함수 사용    600.0
print(calcpkg.operation.mul(10, 20))       # operation 모듈의 mul 함수 사용    1200

print(calcpkg.geometry.triangle_area(30, 40))     # geometry 모듈의 triangle_area 함수 사용
print(calcpkg.geometry.rectangle_area(30, 40))    # geometry 모듈의 rectangle_area 함수 사용
```

calcpkg의 __init__.py에서 하위 모듈을 함께 가져오게 만들었으므로 import calcpkg로 패키지만 가져와도 calcpkg.operation.add(10, 20)처럼 사용할 수 있습니다.

45.4.1 from import로 패키지에 속한 모든 변수, 함수, 클래스 가져오기

앞에서 from import 문법 중에 *(애스터리스크)를 지정하여 모든 변수, 함수, 클래스를 가져오는 방법이 있었습니다. 그럼 패키지에 속한 모든 변수, 함수, 클래스를 가져오려면 어떻게 해야 할까요? 먼저 main.py에서 import calcpkg를 from calcpkg import *와 같이 수정하고, 각 함수들도 앞에 붙은 calcpkg.operation, calcpkg.geometry를 삭제한 뒤 실행해봅니다.

· from 패키지 import *

```
main.py

from calcpkg import *    # calcpkg 패키지의 모든 변수, 함수, 클래스를 가져옴

print(add(10, 20))      # operation 모듈의 add 함수 사용
print(mul(10, 20))      # operation 모듈의 mul 함수 사용

print(triangle_area(30, 40))     # geometry 모듈의 triangle_area 함수 사용
print(rectangle_area(30, 40))    # geometry 모듈의 rectangle_area 함수 사용
```

실행 결과

```
Traceback (most recent call last):
  File "C:\project\main.py", line 3, in <module>
    print(add(10, 20))     # operation 모듈의 add 함수 사용
NameError: name 'add' is not defined ························· • 이름 'add'는 정의되지 않음
```

실행을 해보면 add가 정의되지 않았다면서 에러가 발생합니다. 왜냐하면 __init__.py에서 모듈만 가져왔을 뿐 모듈 안의 함수는 가져오지 않았기 때문입니다.

IDLE의 파이썬 프롬프트에서 dir 함수를 호출하여 현재 네임스페이스(namespace, 이름공간)를 확인해봅니다 (main.py 안에서 print(dir())을 호출하고 main.py를 실행해도 됨).

```
>>> dir()
['__annotations__', '__builtins__', '__doc__', '__file__', '__loader__', '__name__', '__package__',
'__spec__', 'geometry', 'operation']
```

현재 네임스페이스에는 operation, geometry만 들어있어서 add, mul처럼 함수 이름만으로는 호출할 수가 없습니다.

이때는 __init__.py에서 모듈 안의 함수를 가져오게 만들어야 합니다. 특히 현재 패키지(calcpkg)라는 것을 명확하게 나타내기 위해 모듈 앞에 .(점)을 붙입니다.

- from .모듈 import 변수, 함수, 클래스

calcpkg/__init__.py

```
# 현재 패키지의 operation, geometry 모듈에서 각 함수를 가져옴
from .operation import add, mul
from .geometry import triangle_area, rectangle_area
```

이제 main.py 파일을 실행해보면 결과도 잘 출력되고 add, mul, triangle_area, rectangle_area처럼 함수 이름 그대로 호출할 수 있습니다.

실행 결과

```
30
200
600.0
1200
```

물론 __init__.py 파일에서 특정 함수(변수, 클래스)를 지정하지 않고 *를 사용해서 모든 함수(변수, 클래스)를 가져와도 상관없습니다.

- **from .모듈 import ***

```
calcpkg/__init__.py

from .operation import *      # 현재 패키지의 operation 모듈에서
                             # 모든 변수, 함수, 클래스를 가져옴
from .geometry import *       # 현재 패키지의 geometry 모듈에서
                             # 모든 변수, 함수, 클래스를 가져옴
```

이렇게 패키지의 __init__.py에서 from .모듈 import 변수, 함수, 클래스 또는 from .모듈 import * 형식으로 작성했다면 패키지를 가져오는 스크립트에서는 **패키지.함수()** 형식으로 사용할 수 있습니다(변수, 클래스도 같은 형식). 이때는 import calcpkg와 같이 패키지만 가져오면 됩니다.

- **import 패키지**
- **패키지.변수**
- **패키지.함수()**
- **패키지.클래스()**

```
main.py                                                          실행 결과

import calcpkg      # calcpkg 패키지만 가져옴                       30
                                                                 200
print(calcpkg.add(10, 20))     # 패키지.함수 형식으로 operation 모듈의 add 함수 사용   600.0
print(calcpkg.mul(10, 20))     # 패키지.함수 형식으로 operation 모듈의 mul 함수 사용   1200

print(calcpkg.triangle_area(30, 40))  # 패키지.함수 형식으로 geometry
                                      # 모듈의 triangle_area 함수 사용
print(calcpkg.rectangle_area(30, 40)) # 패키지.함수 형식으로 geometry
                                      # 모듈의 rectangle_area 함수 사용
```

__init__.py에서 from .모듈 import 변수, 함수, 클래스 또는 from .모듈 import * 형식으로 모듈을 가져오면 calcpkg 패키지의 네임스페이스에는 add, mul, triangle_area, rectangle_area가 들어갑니다. 따라서 모듈을 거치지 않고 calcpkg.add처럼 패키지에서 함수를 바로 사용할 수 있습니다.

지금까지 모듈과 패키지를 만드는 방법을 배웠습니다. 여기서는 스크립트가 프로그램의 시작점일 때와 모듈일 때를 판단하고 활용하는 부분이 중요합니다. 지금 당장은 모듈과 패키지를 만들 일이 많지 않으므로 모듈과 패키지 작성 방법은 그냥 넘어가도 됩니다. 나중에 모듈과 패키지를 만들어야 할 때 다시 돌아와서 찾아보면 됩니다.

패키지의 __init__.py에서 from .모듈 import *로 모든 변수, 함수, 클래스를 가져오면 패키지 외부에 공개하고 싶지 않은 것까지 공개하게 됩니다. 이때는 __all__에 공개할 모듈, 변수, 함수, 클래스를 리스트 형태로 지정해주면 됩니다. __all__이라는 이름 그대로 모든 것(*)을 가져갈 때의 목록을 정합니다.

calcpkg/__init__.py

```
__all__ = ['add', 'triangle_area']    # calcpkg 패키지에서 add, triangle_area 함수만 공개

from .operation import *    # 현재 패키지의 operation 모듈에서 모든 변수, 함수, 클래스를 가져옴
from .geometry import *     # 현재 패키지의 geometry 모듈에서 모든 변수, 함수, 클래스를 가져옴
```

main.py

```
from calcpkg import *    # calcpkg 패키지의 모든 변수, 함수, 클래스를 가져옴

print(add(10, 20))    # add 함수는 공개되어 있으므로 사용할 수 있음
print(mul(10, 20))    # 에러: mul 함수는 공개되어 있지 않으므로 사용할 수 없음

print(triangle_area(30, 40))    # triangle_area 함수는 공개되어 있으므로 사용할 수 있음
print(rectangle_area(30, 40))   # 에러: rectangle_area 함수는 공개되어 있으므로 사용할 수 있음
```

main.py에서 from calcpkg import *로 패키지의 모든 변수, 함수, 클래스를 가져온다 하더라도 __all__에 지정된 add, triangle_area 함수만 사용할 수 있습니다.

실행 결과

```
30
Traceback (most recent call last):
  File "C:\project\main.py", line 4, in <module>
    print(mul(10, 20))    # 에러: mul 함수는 공개되어 있지 않으므로 사용할 수 없음
NameError: name 'mul' is not defined
```

파이썬의 패키지는 패키지 안에 하위 패키지를 만들 수 있습니다. 즉, 패키지 안에 폴더(디렉터리)를 만들고 __init__.py와 모듈을 넣으면 하위 패키지가 됩니다.
예를 들어서 다음과 같이 calcpkg 안에 operation과 geometry 하위 패키지가 있고, 그 아래에 모듈이 들어있습니다.

▼ 그림 45-7 패키지 안의 하위 패키지 계층

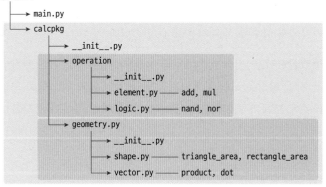

import로 하위 패키지의 모듈을 가져올 때는 계층 순서대로 .(점)을 붙여서 가져오면 됩니다.

• **import 패키지.하위패키지.모듈**

즉, import calcpkg.operation.element와 같은 식입니다. 함수를 사용할 때는 calcpkg.operation.element.add(10, 20)이 되겠죠?

만약, import calcpkg처럼 패키지만 가져와서 사용하고 싶다면 calcpkg/__init__.py에서 하위 패키지의 모듈에 들어있는 변수, 함수, 클래스를 모두 가져오게 만들면 됩니다.

calcpkg/__init__.py
```
from .operation.element import *
from .operation.logic import *
from .geometry.shape import *
from .geometry.vector import *
```

이렇게 하면 calcpkg.add(10, 20), calcpkg.triangle_area(30, 40) 또는, add(10, 20), triangle_area(30, 40)처럼 사용할 수 있습니다.

참고로 하위 패키지 안에서 옆에 있는 패키지의 요소를 가져와서 사용하려면 ..을 사용해야 합니다. ..은 상위 폴더(디렉터리)라는 뜻이며 **..패키지** 또는 **..모듈**은 상위 폴더에 있는 패키지, 모듈이라는 뜻입니다. 즉, 현재 패키지와 같은 계층의 패키지 또는 모듈입니다. 그리고 ...은 상위 폴더의 상위 폴더라는 뜻이며 위로 갈수록 .이 하나씩 늘어납니다.

- from **..패키지** import 모듈
- from **..패키지.모듈** import 클래스, 변수, 함수
- from **..패키지.모듈** import *

예를 들어 calcpkg/geometry/shape.py에서 옆에 있는 calcpkg/operation 패키지의 element 모듈을 사용한다면 다음과 같이 from ..operation import element로 지정해줍니다. 또는, from ..operation.element import mul과 같이 지정하면 mul을 함수 그대로 사용할 수 있습니다.

calcpkg/geometry/shape.py
```
from ..operation import element          # from ..operation.element import mul로도 가능

def triangle_area(base, height):
    return element.mul(base, height) / 2  # mul(base, height)로도 가능

def rectangle_area(width, height):
    return element.mul(width, height)     # mul(width, height)로도 가능
```

참고 **모듈과 패키지의 독스트링**

모듈의 독스트링은 모듈 파일의 첫 줄에 """ """(큰따옴표 세 개) 또는 ''' '''(작은따옴표 세 개)를 사용하여 문자열을 넣습니다.

모듈.py
```
'''모듈의 독스트링'''
```

패키지의 독스트링은 __init__.py 파일의 첫 줄에 """ """(큰따옴표 세 개) 또는 ''' '''(작은따옴표 세 개)를 사용하여 문자열을 넣습니다.

__init__.py
```
'''패키지의 독스트링'''
```

모듈과 패키지의 독스트링을 출력하려면 모듈 또는 패키지의 __doc__를 출력하면 됩니다.

```
모듈.__doc__
패키지.__doc__
```

1. 다음과 같이 events.py 모듈이 있을 때 이 모듈의 **get_event** 함수를 사용하는 방법으로 올바른 것을 모두 고르세요(모듈은 현재 스크립트 파일과 같은 폴더에 있습니다).

```
events.py

def get_event():
    pass
```

a. events.get_event()

b. import events.py

events.py.get_event()

c. from events import get_event

get_event()

d. import events

events.get_event()

e. import get_event

get_event()

2. 다음과 같이 base.py 모듈에서 __name__ 변수의 값을 출력하고 있습니다. __name__ 변수에 대한 설명으로 잘못된 것을 고르세요.

```
base.py

print(__name__)
```

a. 파이썬 인터프리터로 base.py를 실행했다면 __name__에는 '__main__'이 들어간다.

b. __name__은 모듈의 이름이 저장되는 변수이다.

c. import base로 모듈을 가져왔다면 __name__에는 'base'가 들어간다.

d. __name__으로는 현재 스크립트 파일이 프로그램의 시작점인지 모듈인지 판단할 수 없다.

e. __name__에 '__main__'이 들어있으면 현재 스크립트 파일은 프로그램의 시작점이다.

3. 다음 중 __init__.py 파일에 대한 설명으로 잘못된 것을 고르세요.

a. 폴더(디렉터리) 안에 __init__.py 파일이 있으면 해당 폴더는 패키지로 인식된다.

b. __init__.py 파일의 내용은 비워 둘 수 없다.

c. __init__.py 파일에서 from import를 사용할 수 있다.

d. __init__.py 파일에서 __all__을 사용하여 패키지에서 공개할 변수, 함수, 클래스를 지정할 수 있다.

e. 파이썬 3.3 이상부터는 __init__.py 파일이 없어도 패키지로 인식된다.

▶ 정답은 599쪽에 있습니다

다음 소스 코드를 완성하여 `from database import *` 형식으로 패키지를 사용할 수 있게 만드세요. 여기서는 `database` 패키지 안에 `sqlite` 패키지가 들어있습니다.

database/__init__.py	database/sqlite/__init__.py	database/sqlite/dbapi.py
_____	# 내용이 비어 있음	`def connect(database):` `    print(database)`

practice_package.py	실행 결과	정답

`from database import *`
 	
`connect(':memory:')`
	`:memmory:`	`from .sqlite.dbapi import *`

해설

`from database import *`로 패키지의 모든 변수, 함수, 클래스를 가져온 뒤 `connect (':memory:')`와 같이 패키지, 모듈 이름 없이 함수 그대로 사용하고 있습니다. 이렇게 동작하려면 패키지의 `__init__`.py 파일에서 `from import`로 함수를 가져와야 합니다.

여기서는 `database` 패키지 안에 `sqlite` 패키지가 들어있고, `sqlite` 패키지의 `dbapi` 모듈에 들어있는 `connect` 함수를 사용하고 있습니다. 따라서 database/__init__.py 파일에서는 `from .sqlite.dbapi import *`와 같이 현재 패키지(.)에서 하위 패키지 `sqlite`에 들어있는 `dbapi` 모듈의 모든 변수, 함수, 클래스를 가져오도록 만들면 됩니다.

표준 입력으로 정수가 입력됩니다. 주어진 `calcpkg` 패키지를 활용하여 입력된 정수의 제곱근과 입력된 정수를 반지름으로 하는 원의 넓이가 출력되게 만드세요. 제곱근은 `calcpkg` 패키지에서 `operation` 모듈의 `squareroot` 함수를 사용하고, 원의 넓이는 `calcpkg` 패키지에서 `geometry` 모듈의 `circle_area` 함수를 사용하세요(`calcpkg` 패키지를 사용하지 않고 계산하면 결과가 맞더라도 틀린 것으로 처리됩니다. 반드시 `calcpkg` 패키지를 사용하세요).

judge_package.py

45.5 퀴즈 정답

1 c, d 패키지의 모듈을 가져올 때는 **import 모듈** 형식으로 가져오고 **모듈.함수( )** 형식으로 사용합니다. 또는 **from 모듈 import 함수** 형식으로 가져왔다면 **함수( )** 형식으로 호출하면 됩니다.

2 d `__name__`에 '`__main__`'이 들어있으면 프로그램의 시작점이고, 모듈 이름이 들어있으면 모듈입니다. 따라서 프로그램의 시작점과 모듈을 판단할 수 있습니다.

3 b `__init__`.py 파일의 내용은 비워 둘 수 있습니다.

데코레이터

데코레이터는 함수를 수정하지 않은 상태에서 추가 기능을 구현할 때 사용합니다. 먼저 데코레이터는 호출할 함수를 매개변수로 받고, 호출할 함수를 감싸는 함수 wrapper를 만듭니다. 그리고 wrapper 함수 안에서는 매개변수로 받은 func를 호출하고, 함수 바깥에서는 return을 사용하여 wrapper 함수 자체를 반환합니다. 데코레이터를 사용할 때는 호출할 함수 위에 **@데코레이터**를 형식으로 지정해줍니다.

```
def 데코레이터이름(func):        # 데코레이터는 호출할 함수를 매개변수로 받음
    def wrapper():              # 호출할 함수를 감싸는 함수
        func()                 # 매개변수로 받은 함수를 호출
    return wrapper             # wrapper 함수 반환

@데코레이터                     # 데코레이터 지정
def 함수이름():
    코드
```

함수의 매개변수와 반환값을 처리하는 데코레이터

데코레이터에서 함수의 매개변수와 반환값을 처리할 때는 wrapper 함수의 매개변수를 호출할 함수의 매개변수와 똑같이 지정하고, func에 매개변수를 넣어서 호출하고 반환하면 됩니다.

```
def 데코레이터이름(func):                 # 데코레이터는 호출할 함수를 매개변수로 받음
    def wrapper(매개변수1, 매개변수2):    # 호출할 함수의 매개변수와 똑같이 지정
        return func(매개변수1, 매개변수2) # func에 매개변수를 넣어서 호출하고 반환값을 반환
    return wrapper                        # wrapper 함수 반환

@데코레이터                               # 데코레이터 지정
def 함수이름(매개변수1, 매개변수2):        # 매개변수는 두 개
    코드
```

매개변수가 있는 데코레이터

매개변수가 있는 데코레이터는 값을 지정해서 동작을 바꿀 수 있습니다. 이때는 데코레이터가 사용할 매개변수를 지정하고, 실제 데코레이터 역할을 하는 real_decorator 함수를 만듭니다. 그다음에 real_decorator 함수 안에서 wrapper 함수를 만들어줍니다.

```
def 데코레이터이름(매개변수):                     # 데코레이터가 사용할 매개변수를 지정
    def real_decorator(func):                     # 호출할 함수를 매개변수로 받음
        def wrapper(매개변수1, 매개변수2):        # 호출할 함수의 매개변수와 똑같이 지정
            return func(매개변수1, 매개변수2)     # func를 호출하고 반환값을 반환
        return wrapper                            # wrapper 함수 반환
    return real_decorator                         # real_decorator 함수 반환

@데코레이터(인수)                                 # 데코레이터를 지정하면서 인수를 넣음
def 함수이름(매개변수1, 매개변수2):
    코드
```

클래스로 데코레이터 만들기

클래스로 데코레이터를 만들 때는 인스턴스를 함수처럼 호출하게 해주는 __call__ 메서드를 구현하고, __call__ 메서드에서 호출할 함수의 매개변수를 처리해줍니다.

```
class 데코레이터이름:
    def __init__(self, func):          # 호출할 함수를 인스턴스의 초깃값으로 받음
        self.func = func               # 호출할 함수를 속성 func에 저장

    def __call__(self, 매개변수1, 매개변수2):    # __call__에서 호출할 함수의 매개변수 처리
        return self.func(매개변수1, 매개변수2)    # self.func에 매개변수를 넣어서 호출하고
                                                # 반환값을 반환
@데코레이터                          # 데코레이터 지정
def 함수이름(매개변수1, 매개변수2):
    코드
```

매개변수가 있는 데코레이터를 만들 때는 __init__ 메서드에서 데코레이터가 사용할 매개변수를 초깃값으로 받고, __call__ 메서드에서 호출할 함수를 매개변수를 받습니다. 그리고 __call__ 함수 안에서 wrapper 함수를 만들고 호출할 함수의 매개변수를 처리해주면 됩니다.

```
class 데코레이터이름:
    def __init__(self, 매개변수):       # 데코레이터가 사용할 매개변수를 초깃값으로 받음
        self.속성 = 매개변수            # 매개변수를 속성에 저장

    def __call__(self, func):                   # 호출할 함수를 매개변수로 받음
        def wrapper(매개변수1, 매개변수2):        # 호출할 함수의 매개변수 처리
            return func(매개변수1, 매개변수2)     # func를 호출하고 반환값을 반환
        return wrapper                          # wrapper 함수 반환

@데코레이터(인수)                    # 데코레이터를 지정하면서 인수를 넣음
def 함수이름(매개변수1, 매개변수2):
    코드
```

정규표현식

정규표현식은 일정한 규칙을 가진 문자열을 표현하는 방법입니다. 문자열 속에서 특정한 규칙으로 된 문자열을 검색한 뒤 추출하거나 바꿀 때, 문자열이 정해진 규칙에 맞는지 판단할 때 사용합니다.

▼ 표 45-1 정규표현식 메타 문자

메타 문자	설명
[ ]	문자, 숫자 범위를 표현하며 +, -, . 등의 기호를 포함할 수 있음
{개수}	특정 개수의 문자, 숫자를 표현
{시작개수, 끝개수}	특정 개수 범위의 문자, 숫자를 표현
+	1개 이상의 문자를 표현 예 a+b는 ab, aab, aaab는 되지만 b는 안 됨
*	0개 이상의 문자를 표현 예 a*b는 b, ab, aab, aaab
?	0개 또는 1개의 문자를 표현 예 a?b는 b, ab
.	문자 1개만 표현
^	[ ] 앞에 붙이면 특정 문자 범위로 시작하는지 판단 [ ] 안에 넣으면 특정 문자 범위를 제외
$	특정 문자 범위로 끝나는지 판단
¦	여러 문자열 중 하나라도 포함되는지 판단
( )	정규표현식을 그룹으로 묶음, 그룹에 이름을 지을 때는 ?P〈이름〉 형식 예 (?P〈func〉[a-zA-Z_][a-zA-Z0-9_]+)

▼ 표 45-2 정규표현식 특수 문자

특수 문자	설명
\	정규표현식에서 사용하는 문자를 그대로 표현하려면 앞에 \를 붙임 ⓔ \+, *
\d	[0-9]와 같음. 모든 숫자
\D	[^0-9]와 같음. 숫자를 제외한 모든 문자
\w	[a-zA-Z0-9_]와 같음. 영문 대소문자, 숫자, 밑줄 문자
\W	[^a-zA-Z0-9_]와 같음. 영문 대소문자, 숫자, 밑줄 문자를 제외한 모든 문자
\s	[\t\n\r\f\v]와 같음. 공백(스페이스), \t, \n, \r, \f, \v을 포함
\S	[^ \t\n\r\f\v]와 같음. 공백을 제외하고 \t, \n, \r, \f, \v만 포함

정규표현식은 re 모듈을 가져와서 사용하며 다음은 정규표현식 함수 및 메서드입니다.

▼ 표 45-3 정규표현식 함수 및 메서드

함수 및 메서드	설명
match('패턴', '문자열')	문자열의 시작부터 패턴에 매칭되는지 판단, 매칭되면 매치 객체 반환
search('패턴', '문자열')	문자열의 일부분이 패턴에 매칭되는지 판단, 매칭되면 매치 객체 반환
group(그룹)	그룹에 매칭된 문자열 반환
groups()	각 그룹에 해당하는 문자열을 튜플로 반환
findall('패턴', '문자열')	패턴에 매칭된 문자열을 리스트로 반환
sub('패턴', '바꿀문자열', '문자열', 바꿀횟수)	패턴으로 특정 문자열을 찾은 뒤 다른 문자열로 바꿈. 찾은 문자열을 사용하려면 바꿀 문자열에서 **\\숫자** 형식으로 사용. 그룹에 이름을 지었다면 **\\g<이름>** 형식으로 사용(\\g<숫자> 형식도 가능) ⓔ re.sub('(\w+) (?P<x>\d+)', '\\g<x> \\1', 'Hello 1234')
compile('패턴')	정규표현식 패턴을 객체로 만듦
match('문자열')	문자열의 시작부터 패턴에 매칭되는지 판단, 매칭되면 매치 객체 반환
search('문자열')	문자열의 일부분이 패턴에 매칭되는지 판단, 매칭되면 매치 객체 반환

모듈 사용하기

모듈은 **import 모듈** 형식으로 가져오며 **모듈.변수**, **모듈.함수()**, **모듈.클래스()** 형식으로 사용합니다.

```
>>> import math
>>> math.sqrt(2.0)
1.4142135623730951
```

또한, **import 패키지.모듈** 형식으로 패키지의 모듈도 가져올 수 있으며 **패키지.모듈.변수**, **패키지.모듈.함수()**, **패키지.모듈.클래스()** 형식으로 사용합니다.

```
>>> import urllib.request
>>> response = urllib.request.urlopen('http://www.google.co.kr')
```

import as를 사용하면 모듈의 이름을 지정할 수 있습니다.

```
>>> import math as m          # math 모듈을 가져오면서 이름을 m으로 지정
>>> m.sqrt(2.0)               # m으로 제곱근 함수 사용
1.4142135623730951
```

모듈의 일부만 가져오기

from import는 모듈의 일부만 가져옵니다. 이때는 모듈 이름을 붙이지 않고 변수, 함수, 클래스를 그대로 사용합니다.

```
>>> from math import sqrt     # math 모듈에서 sqrt 함수만 가져옴
>>> sqrt(2.0)                 # sqrt 함수를 바로 사용
1.4142135623730951
```

이때도 as를 사용하여 가져온 변수, 함수, 클래스의 이름을 지정할 수 있습니다.

```
>>> from math import sqrt as s     # math 모듈에서 sqrt 함수를 가져오면서 이름을 s로 지정
>>> s(2.0)                         # s로 sqrt 함수 사용
1.4142135623730951
```

from import에 *를 지정하면 해당 모듈의 모든 변수, 함수, 클래스를 가져옵니다.

```
>>> from math import *        # math 모듈의 모든 변수와 함수를 가져옴
>>> sqrt(2.0)                 # sqrt 함수 사용
1.4142135623730951
```

패키지 설치하기

파이썬 패키지 인덱스(PyPI)에서 패키지를 다운로드하여 설치할 때는 pip install 패키지 형식으로 사용합니다. 또는, python에 -m 옵션을 지정하여 pip를 실행할 수도 있습니다(리눅스, macOS에서는 python3를 사용하며 sudo를 붙여서 관리자 권한으로 실행).

```
pip install requests
python -m pip install requests
```

pip install로 설치한 패키지는 **import 패키지** 또는 **import 패키지.모듈** 형식으로 사용할 수 있습니다.

```
>>> import requests                              # pip로 설치한 requests 패키지를 가져옴
>>> r = requests.get('http://www.google.co.kr')  # requests.get 함수 사용
```

모듈 만들기

모듈은 .py 파일 안에 변수, 함수, 클래스를 넣어서 만들며 스크립트 파일에서 확장자 .py를 제외하면 모듈 이름이 됩니다.

```
모듈.py
변수 = 값

def 함수이름():
    코드

class 클래스이름:
    코드
```

```
import 모듈          # 모듈을 가져옴. 스크립트 파일에서 확장자 .py를 제외하면 모듈 이름이 됨
모듈.변수           # 모듈의 변수 사용
모듈.함수()         # 모듈의 함수 사용
모듈.클래스()       # 모듈의 클래스 사용
```

모듈과 시작점

파이썬은 최초로 시작하는 스크립트 파일과 모듈의 차이가 없으며 어떤 스크립트 파일이든 시작점도 될 수 있고, 모듈도 될 수 있습니다. 스크립트 파일을 파이썬 인터프리터로 직접 실행하면 __name__에는 '__main__'이 들어가고, 스크립트 파일을 import로 가져왔을 때는 모듈의 이름이 들어갑니다.

if __name__ == '__main__':처럼 __name__의 값이 '__main__'인지 확인하는 코드는 스크립트 파일이 메인 프로그램으로 사용될 때와 모듈로 사용될 때를 구분하기 위한 용도입니다.

패키지 만들기

패키지는 폴더(디렉터리)로 구성되어 있으며 여러 개의 모듈이 들어갑니다. 폴더 안에 __init__.py 파일이 있으면 해당 폴더는 패키지로 인식됩니다.

__init__.py
```
# __init__.py 파일은 내용을 비워 둘 수 있음
```

패키지/모듈.py
```
변수 = 값

def 함수이름():
    코드

class 클래스이름:
    코드
```

```
import 패키지.모듈       # 패키지의 모듈을 가져옴
패키지.모듈.변수         # 패키지 안에 있는 모듈의 변수 사용
패키지.모듈.함수()       # 패키지 안에 있는 모듈의 함수 사용
패키지.모듈.클래스()     # 패키지 안에 있는 모듈의 클래스 사용
```

from 패키지 import *로 패키지의 모든 변수, 함수, 클래스를 가져오려면 패키지의 __init__.py 파일에서 모듈 안의 변수, 함수, 클래스를 가져오도록 만들어야 합니다. 여기서 .모듈의 .(점)은 현재 패키지를 뜻합니다.

__init__.py
```
from .모듈 import 변수, 함수, 클래스   # 현재 패키지의 모듈에서 각 변수, 함수, 클래스를 가져옴
from .모듈 import *                    # 또는, 모듈의 모든 변수, 함수, 클래스를 가져옴
```

이렇게 만들면 **import 패키지**와 같이 패키지만 가져온 뒤 **패키지.변수**, **패키지.함수()**, **패키지.클래스()** 형식으로도 사용할 수 있습니다.

```
import 패키지         # 패키지만 가져옴
패키지.변수          # 패키지 안에 있는 모듈의 변수 사용
패키지.함수()        # 패키지 안에 있는 모듈의 함수 사용
패키지.클래스()      # 패키지 안에 있는 모듈의 클래스 사용
```

함수의 실행 시간은 어떻게 측정하나요?

함수의 실행 시간을 측정하려면 time 모듈의 time 함수를 활용합니다. time 함수는 현재 시간을 실수로 반환하는데 함수가 끝난 시간에서 시작된 시간을 빼면 실행 시간을 구할 수 있습니다. 다음은 함수의 실행 시간을 측정하는 데코레이터입니다.

```
from time import time
from functools import reduce

def profile(func):
    def wrapper(n):
        begin = time()     # 함수가 시작된 시간
        r = func(n)
        end = time()       # 함수가 끝난 시간
        print('실행 시간: {0:.3f}초'.format(end - begin))    # 끝난 시간에서 시작된 시간을 빼면
        return r                                            # 실행 시간
    return wrapper

@profile
def factorial(n):
    return reduce(lambda x, y: x * y, range(1, n + 1))

factorial(10000)      # 숫자가 매우 커서 반환값 출력은 생략
```

실행 결과

```
실행 시간: 0.047초
```

import는 항상 소스 코드 맨 처음에 사용해야 하나요?

import는 소스 코드 중간에 사용해도 됩니다.

```
print('Hello, world!')

import math     # import는 소스 코드 중간에 사용해도 됨
print(math.pi)
```

단, import로 모듈을 가져오기 전에 모듈의 변수, 함수, 클래스를 사용하면 에러가 발생합니다. 따라서 import로 모듈을 가져온 뒤에 변수, 함수, 클래스를 사용해야 합니다.

```
print('Hello, world!')

print(math.pi)     # NameError: name 'math' is not defined: 모듈을 가져오기 전에 사용하면 에러 발생
import math
```

UNIT 46 실전예제: 웹의 데이터로 그래프 그리기

앞의 유닛을 통해서 파이썬의 기본 문법과 사용 방법을 배웠습니다. 마지막으로 파이썬을 실무에서 어떻게 사용하는지 간단한 예제로 알아보겠습니다. 파이썬은 다양한 분야에서 사용하지만 요즘은 데이터 처리와 분석에 유용하게 사용하고 있습니다. 그래서 이번 유닛에서는 웹의 데이터를 가져온 뒤 그래프로 그리는 방법을 알아보겠습니다.

웹의 데이터를 그래프로 그릴 때는 다음과 같은 단계를 거칩니다. 먼저 웹 페이지에 접근하여 HTML을 가져옵니다. 그다음에 HTML의 내용 중에서 필요한 데이터만 가져와서 파일로 저장합니다. 마지막으로 파일의 데이터를 읽어서 그래프로 그릴 수 있도록 가공한 뒤 그래프로 그립니다.

즉, 웹 페이지를 가져오고 파일로 저장하는 크롤링(crawling) 과정, 데이터를 가공하는 전처리 과정, 데이터로 그래프를 그리는 시각화 과정으로 구분할 수 있습니다.

이번 유닛에서는 기상청(http://www.kma.go.kr)의 도시별 현재 날씨 페이지에서 기온과 습도를 가져와서 그래프로 그려보겠습니다.

▼ 그림 46-1 크롤링, 전처리, 시각화 과정

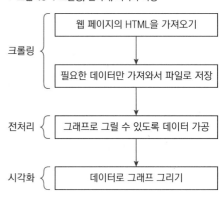

46.1 아나콘다 설치하기

지금까지 실습을 할 때 모든 기능을 직접 만들었습니다. 하지만 이번 유닛에서는 주요 기능이 구현된 파이썬 패키지를 사용하도록 하겠습니다. 특히 실무에서는 시간과 노력을 절약하기 위해 패키지를 주로 사용합니다.

운영체제 중에서 리눅스나 macOS에서는 pip로 패키지를 설치하는 데 큰 문제가 없습니다. 하지만 Windows 에서는 pip로 패키지를 설치하더라도 중간에 에러가 나는 경우가 많습니다. 그러다 보니 Windows에서는 주요 패키지가 포함된 파이썬 배포판을 사용합니다. 이런 파이썬 배포판은 데이터 처리 및 분석에 필요한 패키지가 모두 들어 있어서 데이터 과학 분야에서 널리 사용되고 있습니다.

46.1.1 아나콘다 설치 파일 받기

파이썬 배포판은 여러 가지 종류가 있지만 이번 유닛에서는 아나콘다(Anaconda)를 사용하겠습니다. 웹 브라우저를 실행하고 다음 주소로 이동합니다.

- **Download Ananconda Now!**

  https://www.anaconda.com/distribution

웹사이트가 표시되면 스크롤을 내린 뒤 Python 3.6 version의 **64-BIT INSTALLER** 버튼을 클릭하여 설치 파일을 받습니다(버전은 시간이 지나면 계속 바뀌는데 3.으로 시작하는 버전을 받으면 됩니다. 그리고 32비트 버전을 받아도 상관없습니다).

▼ 그림 46-2 아나콘다 다운로드

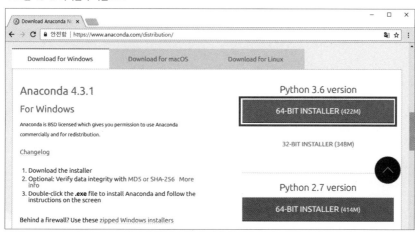

다운로드한 Anaconda3-4.3.1-Windows-x86_64.exe 파일을 실행하면 설치 화면이 표시됩니다. Next >를 클릭합니다.

▼ 그림 46-3 아나콘다 설치 시작

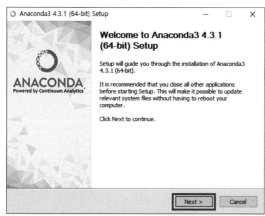

라이선스 동의 창이 나오면 **I Agree**를 클릭합니다.

▼ 그림 46-4 라이선스 동의

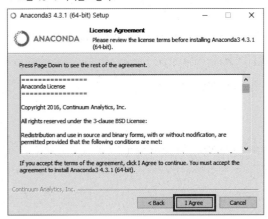

설치 방식 선택 화면입니다. 여기서는 기본값 그대로 Just Me (recommended)로 설치하겠습니다. Next >를 클릭합니다.

▼ 그림 46-5 설치 방식 선택

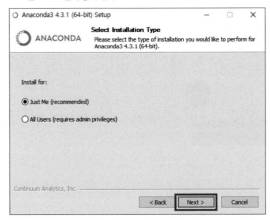

아나콘다가 설치될 위치를 설정합니다. 여기서도 기본값 그대로 C:₩Users₩〈사용자계정〉 ₩Anaconda3에 설치하겠습니다. Next >를 클릭합니다.

▼ 그림 46-6 설치 위치 설정

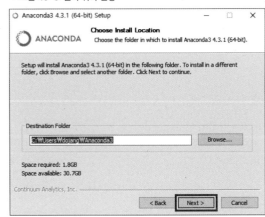

아나콘다의 경로를 환경 변수의 PATH에 추가할지 설정하는 화면입니다. **Add Anaconda to my PATH environment variable**의 체크를 **해제**한 뒤 **Install**을 클릭합니다. 왜냐하면 아나콘다에도 python.exe가 들어 있는데 'Unit 2 파이썬 설치하기'(29쪽)에서 설치한 파이썬과 중복되기 때문입니다. 기존 python.exe와 혼동되지 않도록 아나콘다의 경로는 PATH에 추가하지 않습니다(아나콘다의 python.exe는 PATH에 추가하지 않더라도 시작 메뉴의 Anaconda Prompt를 통해 사용할 수 있습니다).

▼ 그림 46-7 아나콘다의 경로를 환경 변수의 PATH에 추가하지 않음

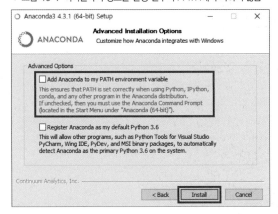

이제 아나콘다가 설치됩니다. 파일이 많으므로 시간이 조금 오래 걸릴 수도 있습니다.

▼ 그림 46-8 아나콘다 설치 중

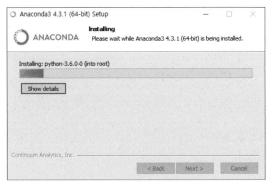

설치가 끝났습니다. **Next >**를 클릭합니다.

▼ 그림 46-9 아나콘다 설치 완료

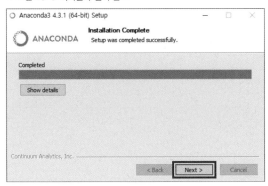

아나콘다 클라우드 설명은 읽지 않아도 됩니다. Learn more about Anaconda Cloud는 체크를 해제하고 Finish를 클릭합니다.

▼ 그림 46-10 아나콘다 설치 프로그램 종료

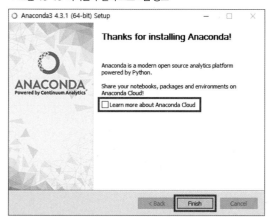

46.2 주피터 노트북 사용하기

지금까지 파이썬 IDLE에서 코드를 작성하고 실행해봤습니다. 이번에는 웹 브라우저에서 파이썬 코드를 작성하고 실행까지 해볼 수 있는 주피터 노트북(jupyter notebook)을 사용해보겠습니다. 사실 아나콘다를 설치한 이유도 주피터 노트북을 사용하기 위해서였습니다.

46.2.1 주피터 노트북 실행하기

시작 > Anaconda3 (64-bit) > Jupyter Notebook을 클릭합니다. 또는, 명령 프롬프트를 실행(⊞+Ⓡ을 누른 뒤 cmd를 입력)한 뒤 다음 명령을 입력합니다.

- C:₩Users₩〈사용자계정〉₩Anaconda3₩python.exe –m notebook

```
C:₩Users₩dojang>C:₩Users₩dojang₩Anaconda3₩python.exe –m notebook
```

> **참고** **아나콘다 경로를 환경 변수의 PATH에 추가했을 경우**
>
> 우리는 '46.1 아나콘다 설치하기'(606쪽)의 그림 46-7에서 기존에 설치한 파이썬의 python.exe와 아나콘다의 python.exe가 혼동되지 않도록 아나콘다의 경로는 환경 변수의 PATH에 추가하지 않았습니다. 만약 아나콘다 경로를 환경 변수의 PATH에 추가했다면 다음 명령으로 주피터 노트북을 실행할 수 있습니다.
>
> ```
> C:₩Users₩dojang>jupyter notebook
> ```

46.2.2 파이썬 노트북 만들기

명령을 실행하면 웹 브라우저에 주피터 노트북이 표시됩니다. 이 화면에서 파이썬 노트북을 만들어보겠습니다. 오른쪽 New 버튼을 클릭한 뒤 Python 3를 클릭합니다.

▼ 그림 46-11 주피터 노트북 초기 화면

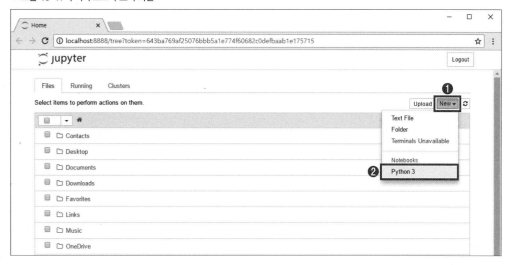

이제 새 노트북 화면이 나옵니다. 주피터 노트북은 노트북이라는 말 그대로 공책을 사용하듯이 코드를 작성하면서 설명도 함께 넣을 수 있습니다.

46.2.3 설명 추가하기

그럼 코드를 작성하기 전에 설명부터 넣어보겠습니다. 메뉴의 드롭다운 목록에서 Markdown을 선택하고 빈칸에 다음 내용을 입력합니다. #은 제목이라는 뜻이며 #이 하나씩 늘어날수록 하위 제목이 됩니다.

```
## Hello, world! 출력
print 함수로 Hello, world!를 출력합니다.
```

▼ 그림 46-12 노트북 생성 및 설명 추가

46.2.4 파이썬 코드 입력하기

이제 설명을 적용한 뒤 파이썬 코드를 입력해보겠습니다. 메뉴에서 ⏭ 버튼을 클릭하면 설명이 적용되고 아래에 셀(Cell)이 생깁니다. In [ ]: 오른쪽에 print('Hello, world!')를 입력합니다.

▼ 그림 46-13 노트북에 파이썬 코드 입력

파이썬 코드를 입력했으면 실행을 해보겠습니다. 메뉴에서 다시 ⏭ 버튼을 클릭하면 코드가 실행되고 결과가 출력됩니다. 이때 In [ ]:이 In [1]:로 바뀌는데 1은 첫 번째로 실행된 코드라는 뜻입니다. 노트북에서는 코드 입력 셀이 추가될수록 숫자가 증가합니다.

▼ 그림 46-14 노트북의 파이썬 코드 실행

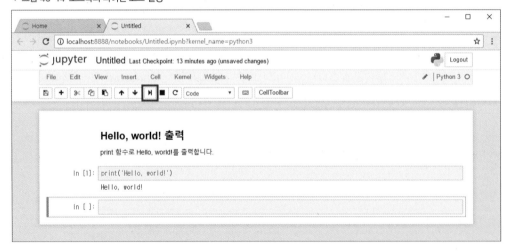

이런 방식으로 셀을 추가하면서 코드와 설명을 작성합니다. 주피터 노트북은 코드, 코드의 실행 결과, 코드에 대한 설명을 한 번에 작성할 수 있어서 체계적인 기록이 가능합니다.

특히 한 노트북 안에 들어있는 코드 셀은 모두 실행 상태가 연결됩니다. 즉, 코드 셀에서 변수를 만들면 다른 코드 셀에서 해당 변수를 사용할 수 있습니다. 이때 코드 셀의 실행 순서는 In [ ]:에 표시된 숫자 순서를 따르며 메뉴의 ↑↓ 버튼을 이용하여 코드 셀의 위치를 바꿀 수 있습니다(코드 셀의 위치를 바꾸더라도 실행 순서는 In [ ]:의 숫자를 따름).

46.2.5 노트북의 제목 바꾸기

노트북의 제목을 바꾸려면 맨 위 Jupyter 로고 옆의 Untitled를 클릭하면 됩니다. 그리고 메뉴의 **File > Save and Checkpoint**를 클릭하면 노트북이 파일로 저장됩니다. 이번 실습에서는 노트북의 제목을 바꾸지 않았으므로 C:₩Users₩<사용자계정> 폴더에 Untitled.ipynb 파일로 저장됩니다(노트북이름.ipynb 형식).

> **참고** **노트북 파일 저장 경로 바꾸기**
>
> 주피터 노트북은 기본적으로 C:₩Users₩<사용자계정> 폴더에 노트북 파일을 저장합니다. 노트북 파일 저장 경로를 바꾸려면 --notebook-dir 옵션에 폴더를 지정해주면 됩니다.
>
> ```
> C:₩Users₩dojang>C:₩Users₩dojang₩Anaconda3₩python.exe -m notebook --notebook-dir C:₩project
> ```
>
> **시작 > Anaconda3 (64-bit) > Jupyter Notebook**의 노트북 파일 저장 경로를 바꾸는 방법은 다음과 같습니다.
>
> 1. **Jupyter Notebook** 메뉴에서 마우스 오른쪽 버튼을 클릭하고 **자세히 > 파일 위치 열기**를 클릭
> 2. 탐색기 창에서 **Jupyter Notebook** 바로가기를 선택한 뒤 마우스 오른쪽 버튼을 클릭하고 **속성(R)** 클릭
> 3. 속성 창의 **대상(T)**에서 %USERPROFILE%을 지우고 C:₩project 입력

> **참고** **아나콘다를 설치하지 않고 주피터 노트북을 사용하려면?**
>
> 아나콘다를 설치하지 않고 주피터 노트북을 사용하려면 pip로 notebook 패키지를 설치한 뒤 jupyter notebook으로 실행하면 됩니다. 단, Windows에서는 패키지 설치 중에 에러가 나는 경우가 많습니다. 이때는 '부록 47.12 Windows에서 패키지 설치 에러 해결하기'(660쪽) 를 참조하세요.
>
> **Windows**
> ```
> C:₩Users₩dojang>pip install notebook
> C:₩Users₩dojang>jupyter notebook
> ```
>
> 리눅스나 macOS에서는 notebook 패키지를 설치한 뒤 jupyter notebook으로 실행합니다.
>
> **리눅스, macOS**
> ```
> $ sudo pip install notebook
> $ jupyter notebook
> ```
>
> 노트북 파일 저장 경로는 **jupyter notebook --notebook-dir 디렉터리** 형식으로 지정하면 됩니다.

> **참고** **IPython Notebook과 Jupyter Notebook**
>
> IPython은 Interactive Python이라는 파이썬 인터프리터인데 기존 파이썬 인터프리터에 각종 편의 기능을 추가한 버전입니다(In [1]:처럼 나오는 것이 IPython의 프롬프트). 여기에 노트북 기능을 붙여서 IPython Notebook이 나왔는데 이후 버전이 올라가고 파이썬 이외의 다른 프로그래밍 언어(Ruby, R, JavaScript 등)도 지원하면서 이름을 Jupyter Notebook으로 바꾸게 됩니다. 그래서 최신 버전은 Jupyter Notebook이며 IPython Notebook은 따로 찾아서 설치하지 않아도 됩니다.

46.3 웹 페이지의 HTML을 가져와서 파일로 저장하기

이제 기상청 웹 사이트에서 도시별 현재날씨 페이지의 HTML을 가져와 보겠습니다. 웹 브라우저를 실행하고 다음 주소로 이동합니다.

- **도시별 현재날씨 › 지상관측자료 › 관측자료 › 날씨 › 기상청**

  http://www.kma.go.kr/weather/observation/currentweather.jsp

▼ 그림 46-15 기상청 도시별 현재날씨

웹 페이지를 보면 도시별 기상 데이터가 나옵니다. 많은 데이터가 표시되지만 우리는 이 웹 페이지에서 지점, 기온(현재기온), 습도만 가져오겠습니다.

참고로 기상청 웹 사이트는 시간이 지나면 개편을 하므로 웹 페이지의 HTML 구조도 바뀌게 됩니다. 특히 파이썬 코딩 도장 책이 나온 뒤에 기상청 웹 사이트가 개편되었을 경우에는 책 내용대로 실습을 할 수 없게 됩니다. 따라서 이번 유닛에서는 원활한 실습을 위해 도시별 현재날씨 페이지를 복사해서 올려놓은 Bitbucket 주소를 사용하겠습니다.

46.3.1 가져올 HTML 확인하기

그럼 웹 브라우저에서 다음 주소로 이동하고 F12를 눌러서 개발자 도구를 표시합니다(여기서는 크롬을 사용하겠습니다). 그리고 왼쪽 아래 커서 버튼을 클릭(Ctrl+Shift+C)한 뒤 현재날씨 표에서 **지점**을 클릭합니다.

- **Bitbucket 도시별 현재날씨 페이지**

  https://pythondojang.bitbucket.io/weather/observation/currentweather.html

▼ 그림 46-16 개발자 도구에서 지점 선택

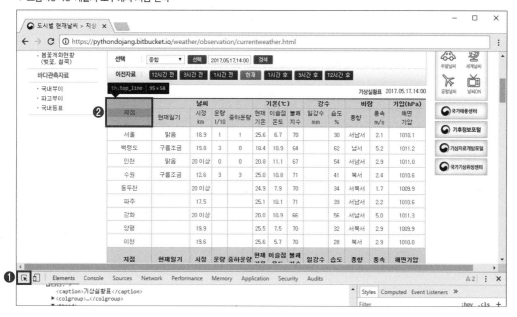

이제 **지점**에 해당하는 HTML 코드가 표시됩니다. 여기서 스크롤을 위쪽으로 조금 올린 뒤 〈table class= "table_develop3" 부분을 클릭합니다. 그러면 표 전체가 선택되는데 이 표가 우리가 가져올 부분입니다.

▼ 그림 46-17 개발자 도구에서 표 선택

46.3.2 주피터 노트북 만들기

가져올 HTML을 확인했으면 주피터 노트북에 프로젝트 폴더(C:₩project)를 지정해서 실행합니다(여기서는 반드시 아나콘다의 python.exe를 사용해야 합니다. 기존 파이썬 인터프리터를 사용하면 안 됩니다).

```
C:\Users\dojang>C:\Users\dojang\Anaconda3\python.exe -m notebook --notebook-dir C:\project
```

주피터 노트북에서 새 노트북을 만든 뒤 코드 셀에 다음 내용을 입력합니다.

weather.ipynb
```python
import requests                      # 웹 페이지의 HTML을 가져오는 모듈
from bs4 import BeautifulSoup        # HTML을 파싱하는 모듈

# 웹 페이지를 가져온 뒤 BeautifulSoup 객체로 만듦
response = requests.get('https://pythondojang.bitbucket.io/weather/observation/currentweather.html')
soup = BeautifulSoup(response.content, 'html.parser')

# <table class="table_develop3">을 찾음
table = soup.find('table', { 'class': 'table_develop3' })
data = []                           # 데이터를 저장할 리스트 생성
for tr in table.find_all('tr'):     # 모든 <tr> 태그를 찾아서 반복
                                    # (각 지점의 데이터를 가져옴)
    tds = list(tr.find_all('td'))   # 모든 <td> 태그를 찾아서 리스트로 만듦
                                    # (각 날씨 값을 리스트로 만듦)
    for td in tds:                  # <td> 태그 리스트 반복(각 날씨 값을 가져옴)
        if td.find('a'):            # <td> 안에 <a> 태그가 있으면(지점인지 확인)
            point = td.find('a').text       # <a> 태그 안에서 지점을 가져옴
            temperature = tds[5].text       # <td> 태그 리스트의 여섯 번째(인덱스 5)에서
                                            # 기온을 가져옴
            humidity = tds[9].text          # <td> 태그 리스트의 열 번째(인덱스 9)에서
                                            # 습도를 가져옴
            data.append([point, temperature, humidity])   # data 리스트에
                                                          # 지점, 기온, 습도를 추가

data     # data 표시. 주피터 노트북에서는 print를 사용하지 않아도 변수의 값이 표시됨
```

실행을 해보면 Out [1]: 부분에 data의 값이 표시됩니다. 여기서 Out [1]:은 In [1]:의 출력이라는 뜻입니다.

▼ 그림 46-18 웹 페이지에서 가져온 데이터 표시

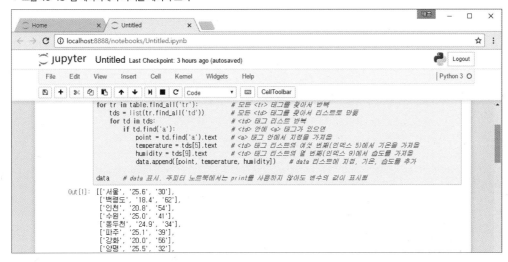

46.3.3 HTML의 데이터를 가져오는 방식 알아보기

그럼 지점, 기온(현재기온), 습도 값을 어떻게 가져오는지 알아보겠습니다. 웹 브라우저의 개발자 모드에서 왼쪽 아래 커서 버튼을 클릭(Ctrl+Shift+C)한 뒤 **서울**을 클릭합니다. 그러면 서울에 해당하는 태그들이 출력됩니다. 그다음에 서울의 현재기온 **25.6**과 습도 **30**을 클릭해봅니다. 이런 방식으로 HTML 코드와 웹 페이지 화면을 보면서 어떤 태그가 원하는 값인지 찾습니다.

▼ 그림 46-19 웹 페이지에서 원하는 값 찾기

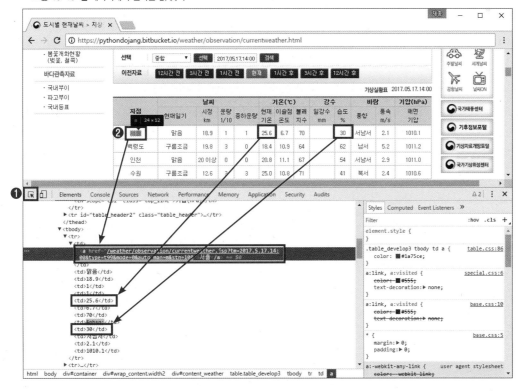

이제 HTML 코드를 살펴보겠습니다. ⟨table⟩에서 도시(지점)별 데이터는 ⟨tr⟩ 태그로 묶여 있고, 세부 값은 ⟨td⟩ 태그에 들어있습니다. 여기서는 ⟨td⟩ 태그 안에 ⟨a⟩ 태그가 있으면 지점이라 판단하고, 지점 값을 가져 옵니다. 그다음에 기온은 여섯 번째(인덱스 5) ⟨td⟩의 값을 가져오고, 습도는 열 번째(인덱스 9) ⟨td⟩의 값을 가져오면 됩니다.

```
<table class="table_develop3" summary="기상실황표로 지점, 날씨, 기온, 강수, 바람, 기압등을 안내한 표입
니다.">
...생략...
    <tr>                                          ·<a> 태그가 있으면 지점
        <td><a href="/weather/observation/currentweather.jsp?tm=2017.5.17.14:00&amp;type=t99&amp;mode=
0&amp;auto_man=m&amp;stn=108" >서울</a></td>
        <td>맑음</td>          ·두 번째 <td> 현재일기

        <td>18.9</td>         ·세 번째 <td> 시정
        <td>1</td>            ·네 번째 <td> 운량
        <td>1</td>            ·다섯 번째 <td> 중하운량
        <td>25.6</td>         ·여섯 번째 <td> 현재기온
        <td>6.7</td>          ·일곱 번째 <td> 이슬점온도
        <td>70</td>           ·여덟 번째 <td> 불쾌지수
        <td> </td>       ·아홉 번째 <td> 일강수

        <td>30</td>           ·열 번째 <td> 습도
        <td>서남서</td>        ·열 한 번째 <td> 풍향
        <td>2.1</td>          ·열 두 번째 <td> 풍속
        <td>1010.1</td>       ·열 세 번째 <td> 해면기압
    </tr>
...생략...
```

다시 파이썬에서 HTML을 가져오는 부분입니다. 여기서는 requests 모듈로 웹 페이지의 HTML을 가져오고, bs4 모듈로 HTML을 파싱합니다(HTML 파싱은 텍스트 형태의 HTML 코드를 분석해서 객체로 만든 뒤 검색하거나 편집할 수 있도록 만드는 작업입니다. 그리고 bs4는 BeautifulSoup 라이브러리이고 HTML 코드를 파싱하는데 사용합니다).

```python
import requests                          # 웹 페이지의 HTML을 가져오는 모듈
from bs4 import BeautifulSoup            # HTML을 파싱하는 모듈

# 웹 페이지를 가져온 뒤 BeautifulSoup 객체로 만듦
response = requests.get('https://pythondojang.bitbucket.io/weather/observation/currentweather.html')
soup = BeautifulSoup(response.content, 'html.parser')
```

request.get에 URL을 넣으면 응답(Response) 객체가 나옵니다. 그리고 BeautifulSoup 클래스에 응답 객체의 content 속성과 'html.parser'를 넣습니다. content 속성에는 텍스트 형태의 HTML이 들어있으며, 파이썬의 html.parser 모듈을 사용해서 파싱하도록 설정합니다.

이제 BeautifulSoup 클래스로 만든 soup 객체로 태그를 찾습니다. 먼저 soup.find('table', { 'class': 'table_develop3' })과 같이 HTML의 class 속성(attribute)이 table_develop3인 〈table〉 태그를 찾습니다(HTML의 class는 태그의 스타일을 지정할 때 사용하는 속성이며 파이썬의 클래스와는 다릅니다).

```
# <table class="table_develop3">을 찾음
table = soup.find('table', { 'class': 'table_develop3' })
```

그다음에는 데이터를 저장할 리스트 data를 만듭니다. 그리고 for tr in table.find_all('tr'):과 같이 table에서 모든 〈tr〉 태그를 찾아서 반복합니다. 즉, 이 〈tr〉 태그에 서울, 백령도, 인천 등 지점별 데이터가 들어있으므로 반복할 때마다 서울, 백령도, 인천 등 각 지점의 데이터를 가져옵니다.

```
data = []                          # 데이터를 저장할 리스트 생성
for tr in table.find_all('tr'):    # 모든 <tr> 태그를 찾아서 반복
                                   # (각 지점의 데이터를 가져옴)
```

각 지점의 데이터를 가져왔으면 list(tr.find_all('td'))와 같이 tr에서 모든 〈td〉 태그를 찾아서 리스트로 만듭니다. 이렇게 하면 지점, 현재일기, 시정, 운량, 중하운량, 현재기온, 이슬점온도, 불쾌지수, 일강수, 습도, 풍향, 풍속, 해면기압 〈td〉가 리스트에 들어갑니다.

```
tds = list(tr.find_all('td'))    # 모든 <td> 태그를 찾아서 리스트로 만듦
                                 # (각 날씨 값을 리스트로 만듦)
```

이제 〈td〉 태그 리스트 tds를 반복하면서 각 값을 가져옵니다. 먼저 if td.find('a'):와 같이 td에 〈a〉 태그가 있는지 확인합니다. 〈a〉 태그가 있으면 td.find('a').text와 같이 〈a〉 태그의 text속성에서 지점을 가져옵니다(text 속성은 〈태그〉텍스트〈/태그〉에서 태그 안에 들어있는 텍스트를 가져옵니다). 그리고 기온(현재기온)은 여섯 번째(인덱스 5), 습도는 열 번째(인덱스 9)에 있다는 것을 확인했으므로 tds[5].text에서 기온을 가져오고, tds[9].text에서 습도를 가져옵니다.

```
for td in tds:                        # <td> 태그 리스트 반복(각 날씨 값을 가져옴)
    if td.find('a'):                  # <td> 안에 <a> 태그가 있으면(지점인지 확인)
        point = td.find('a').text     # <a> 태그 안에서 지점을 가져옴
        temperature = tds[5].text     # <td> 태그 리스트의 여섯 번째(인덱스 5)에서
                                      # 기온을 가져옴
        humidity = tds[9].text        # <td> 태그 리스트의 열 번째(인덱스 9)에서
                                      # 습도를 가져옴
```

필요한 값을 가져왔으면 data 리스트 안에 [point, temperature, humidity]처럼 값을 리스트 형태로 추가해줍니다.

```
data.append([point, temperature, humidity])    # data 리스트에
                                               # 지점, 기온, 습도를 추가
```

> **참고** **웹 페이지 크롤링**
>
> 지금까지 작성한 웹 페이지 크롤링 코드는 특정 태그가 있는지, 몇 번째에 위치한 태그를 가져온다든지 해서 생각보다 체계적이지 못한 느낌이 듭니다. 왜냐하면 우리가 가져오는 웹 페이지는 데이터를 화면에 보여주는 게 목적일 뿐 데이터를 체계적으로 저장하는 데는 적합하지 않기 때문입니다. 그래서 주어진 HTML 구성에 맞춰서 만들다 보니 코드가 깔끔하지 않습니다. 즉, 크롤링은 웹 페이지마다 전부 코드가 다르게 나오며 같은 웹 페이지라도 개편이 되면 크롤링 코드를 다시 만들어야 합니다.

46.3.4 데이터를 csv 파일에 저장하기

데이터가 완성되었으니 이 데이터를 파일에 저장해보겠습니다. 방금 data의 값을 출력한 뒤에 코드 셀이 하나 더 생겼을 겁니다. 이 코드 셀에서 다음 코드를 실행합니다(셀이 생기지 않았다면 메뉴의 Insert > Insert Cell Below 실행).

weather.ipynb
```
with open('weather.csv', 'w') as file:    # weather.csv 파일을 쓰기 모드로 열기
    file.write('point,temperature,humidity\n')        # 컬럼 이름 추가
    for i in data:                                     # data를 반복하면서
        file.write('{0},{1},{2}\n'.format(i[0], i[1], i[2]))  # 지점,온도,습도를
                                                       # 줄 단위로 저장
```

코드를 실행하면 프로젝트 폴더(C:\project)에 weather.csv 파일이 생성됩니다. csv 파일은 **C**omma-**S**eparated **V**alues의 약자인데 각 컬럼을 ,(콤마)로 구분해서 표현한다고 해서 csv라고 부릅니다. 여기서는 file.write('point,temperature,humidity\n')처럼 맨 윗줄에 컬럼 이름을 추가하고 그다음 줄부터는 data를 반복하면서 file.write('{0},{1},{2}\n'.format(i[0], i[1], i[2]))와 같이 지점, 온도, 습도를 줄단위로 저장합니다. 이때 콤마와 값 사이에는 공백을 넣지 않고 반드시 붙여줍니다.

weather.csv 파일을 메모장이나 기타 텍스트 편집기로 열어보면 다음과 같은 모양으로 지점, 기온, 습도 값이 저장된 것을 볼 수 있습니다.

weather.csv
```
point,temperature,humidity
서울,25.6,30
백령도,18.4,62
인천,20.8,54
수원,25.0,41
...생략...
```

특히 csv 파일을 저장할 때 컬럼 이름은 영어로 지정해줍니다. 영어로 지정하면 나중에 각 컬럼에 접근할 때 df.temperature처럼 속성으로 깔끔하게 사용할 수 있습니다.

46.4 데이터로 그래프 그리기

csv 파일이 준비되었으니 이제 이 데이터로 그래프를 그려보겠습니다. 앞의 노트북에서 이어서 코드를 작성합니다. 주피터 노트북은 각 코드 셀의 실행 상태가 이어지므로 노트북을 새로 만들 필요 없이 코드 셀을 계속 추가하면서 작성하면 됩니다.

다음은 weather.csv 파일을 읽어서 pandas의 DataFrame 객체로 만듭니다(pandas는 데이터를 처리할 때 사용하는 패키지입니다).

weather.ipynb

```
# %matplotlib inline을 설정하면 matplotlib.pyplot의 show 함수를 호출하지 않아도
# 주피터 노트북 안에서 그래프가 표시됨
%matplotlib inline
import pandas as pd              # 데이터를 저장하고 처리하는 패키지
import matplotlib as mpl         # 그래프를 그리는 패키지
import matplotlib.pyplot as plt  # 그래프를 그리는 패키지

# csv 파일을 읽어서 DataFrame 객체로 만듦. 인덱스 컬럼은 point로 설정
df = pd.read_csv('weather.csv', index_col='point')
df    # df 표시
```

실행 결과

```
---------------------------------------------------------------
UnicodeDecodeError                     Traceback (most recent call last)
<ipython-input-4-81f61a36d931> in <module>()
     7
     8 # csv 파일을 읽어서 DataFrame 객체로 만듦. 인덱스 항목(컬럼)은 point로 설정
----> 9 df = pd.read_csv('weather.csv', index_col='point')
    10 df    # df 표시
```

실행을 해보면 pd.read_csv에서 에러가 발생합니다. 왜냐하면 우리가 가져온 도시별 현재날씨 페이지는 인코딩이 euc-kr로 만들어져 있기 때문입니다.

```
<meta http-equiv="Content-Type" content="text/html; charset=euc-kr" />
```

따라서 weather.csv 파일도 인코딩이 euc-kr로 저장됩니다.

이때는 pd.read_csv 함수에 EUC-KR 인코딩을 설정해서 파일을 읽어야 합니다. 다음과 같이 pd.read_csv 에 encoding='euc-kr'을 추가합니다.

```
# csv 파일을 읽어서 DataFrame 객체로 만듦. 인덱스 컬럼은 point로 설정, 인코딩은 euc-kr로 설정
df = pd.read_csv('weather.csv', index_col='point', encoding='euc-kr')
```

다시 코드 셀을 실행해보면 코드 셀 아래에 표 형태로 변수 df의 값이 표시됩니다. 이렇게 주피터 노트북은 pandas 패키지의 DataFrame을 표 형태로 보여주므로 매우 편리합니다.

▼ 그림 46-20 csv 파일을 읽은 뒤 DataFrame 표시

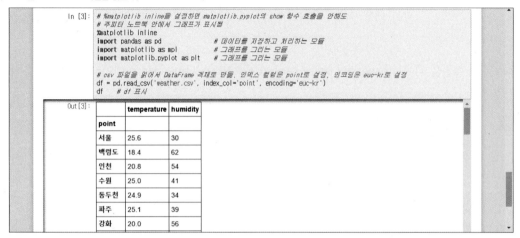

아나콘다를 사용하지 않는다면?

데이터를 처리할 때 사용하는 pandas와 그래프를 그리는 matplotlib은 기본적으로 파이썬에 포함되어 있지 않습니다. 따라서 pip install pandas, pip install matplotlib으로 패키지를 설치해줍니다.

DataFrame

pandas의 DataFrame은 엑셀 형태의 자료형인데 컬럼(열)과 로우(행)로 구성되어 있습니다. 특히 csv 파일의 내용을 별도의 처리 없이 그대로 DataFrame으로 가져올 수 있어서 매우 편리합니다. 단, csv 파일의 첫 줄에는 point, temperature, humidity처럼 컬럼 이름이 들어 있어야 합니다.

weather.csv
```
point,temperature,humidity
서울,25.6,30
백령도,18.4,62
...생략...
```

앞에서 pd.read_csv('weather.csv', index_col='point', encoding='euc-kr')와 같이 인덱스 컬럼 index_col에 'point'를 지정해서 각 지점(point)이 맨 왼쪽에 오도록 만들었습니다. 만약 index_col을 지정하지 않으면 맨 왼쪽 컬럼에는 0, 1, 2처럼 숫자 인덱스가 들어갑니다.

46.4.1 특별시 광역시만 모으기

df에 들어있는 지점은 개수가 너무 많아서 그래프로 그리기에는 적합하지 않습니다. 이번에는 df에서 특별시, 광역시만 모아서 따로 DataFrame 객체를 만들어보겠습니다. 코드 셀에서 다음 코드를 실행해보세요.

weather.ipynb

```
# 특별시, 광역시만 모아서 DataFrame 객체로 만듦
city_df = df.loc[['서울', '인천', '대전', '대구', '광주', '부산', '울산']]
city_df    # city_df 표시
```

이렇게 DataFrame의 loc 속성을 이용하면 특정 인덱스의 데이터만 가져올 수 있습니다(loc 속성은 label-location의 약자로 레이블을 지정해 특정 인덱스의 데이터만 가져오는 데 쓰입니다).

▼ 그림 46-21 특별시, 광역시만 뽑아서 DataFrame 객체로 만듦

```
In [4]: # 특별시, 광역시만 뽑아서 DataFrame 객체로 만듦
        city_df = df.loc[['서울', '인천', '대전', '대구', '광주', '부산', '울산']]
        city_df    # city_df 표시
```

Out [4]:

	temperature	humidity
point		
서울	25.6	30
인천	20.8	54
대전	25.1	37
대구	25.7	31
광주	24.0	35
부산	20.2	66
울산	19.7	70

예를 들어서 loc에 인덱스를 하나만 지정하면 해당 인덱스의 데이터만 가져오고, 인덱스 여러 개를 리스트 형태로 지정하면 DataFrame 형태로 가져옵니다. 이때 인덱스는 문자열로 지정해줍니다.

- **DataFrame객체.loc['인덱스']**
- **DataFrame객체.loc[['인덱스1', '인덱스2']]**

```
>>> df.loc['서울']
temperature    25.6
humidity       30.0
Name: 서울, dtype: float64
>>> df.loc[['서울', '부산']]
       temperature  humidity
point
서울          25.6        30
부산          20.2        66
```

46.4.2 특별시, 광역시만 그래프 그리기

그럼 특별시, 광역시만 들어있는 city_df를 이용해서 그래프를 그려보겠습니다. 코드 셀에서 다음 코드를 실행해보세요(셀이 생기지 않았다면 메뉴의 Insert > Insert Cell Below 실행).

```
weather.ipynb
```

```
# Windows 한글 폰트 설정
font_name = mpl.font_manager.FontProperties(fname='C:/Windows/Fonts/malgun.ttf').get_name()
mpl.rc('font', family=font_name)

# 차트 종류, 제목, 차트 크기, 범례, 폰트 크기 설정
ax = city_df.plot(kind='bar', title='날씨', figsize=(12, 4), legend=True, fontsize=12)
ax.set_xlabel('도시', fontsize=12)              # x축 정보 표시
ax.set_ylabel('기온/습도', fontsize=12)         # y축 정보 표시
ax.legend(['기온', '습도'], fontsize=12)         # 범례 지정
```

코드 셀을 실행하면 주피터 노트북에서 바로 그래프가 그려집니다. 각 특별시, 광역시의 기온과 습도를 막대그래프로 확인할 수 있습니다.

▼ 그림 46-22 DataFrame으로 그래프 그리기

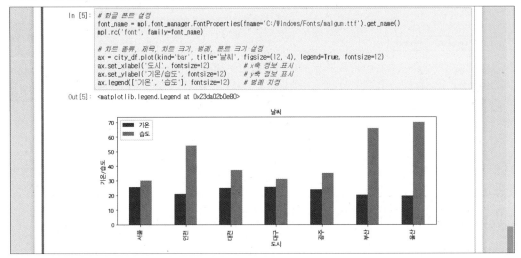

이렇게 matplotlib 패키지로 pandas의 DataFrame을 그래프로 그릴 수 있습니다.

46.4.3 소스 코드 살펴보기

이제 코드를 살펴보겠습니다. matplotlib은 기본적으로 그래프에서 한글 표시가 안 됩니다. 그래서 다음과 같이 mpl.font_manager.FontProperties에 C:/Windows/Fonts/malgun.ttf를 지정하여 맑은 굴림 폰트(malgun.ttf)의 정보를 가져온 뒤 get_name으로 폰트 이름을 얻습니다. 그다음에 mpl.rc('font', family=font_name)과 같이 폰트 설정을 해주면 됩니다.

```
# Windows 한글 폰트 설정
font_name = mpl.font_manager.FontProperties(fname='C:/Windows/Fonts/malgun.ttf').get_name()
mpl.rc('font', family=font_name)
```

46.4.4 plot 메서드로 그래프 그리기

DataFrame 객체로 그래프를 그릴 때는 plot 메서드를 사용합니다. 우리는 기온, 습도를 막대그래프(바 차트)로 그릴 것이므로 차트 종류 kind에 'bar'를 지정해줍니다. 그리고 차트 제목 title에는 '날씨', 차트 크기 figsize에는 (12, 4), 범례 legend에는 True, 폰트 크기 fontsize에는 12를 지정해줍니다.

```python
# 차트 종류, 제목, 차트 크기, 범례, 폰트 크기 설정
ax = city_df.plot(kind='bar', title='날씨', figsize=(12, 4), legend=True, fontsize=12)
```

city_df에서 plot 메서드를 사용하면 축 서브플롯(AxesSubplot) 객체가 나옵니다(plot은 그래프를 그리다라는 뜻). 이 객체에서 set_xlabel 메서드를 사용하여 x축 정보를 표시하고, set_ylabel 메서드를 사용하여 y축 정보를 표시합니다.

```python
ax.set_xlabel('도시', fontsize=12)        # x축 정보 표시
ax.set_ylabel('기온/습도', fontsize=12)    # y축 정보 표시
```

그리고 legend 메서드에 범례를 리스트 형태로 넣어줍니다(범례는 차트의 각 막대가 무슨 값인지 표시해줍니다). 여기서는 city_df의 컬럼이 temperature, humidity 순으로 되어있으므로 ['기온', '습도']와 같이 넣어줍니다.

```python
ax.legend(['기온', '습도'], fontsize=12)     # 범례 지정
```

지금까지 기상청의 도시별 현재날씨 페이지를 가져와서 그래프로 그려보았습니다. pandas와 matplotlib은 내용이 복잡하고 방대해서 초보자들은 다루기가 쉽지 않습니다. pandas와 matplotlib을 제대로 사용하려면 이 라이브러리를 다룬 전문 서적을 봐야 하지만 여기서는 필요한 것만 사용해서 실습해봤습니다. 일단은 파이썬에서 이런 것도 된다 정도만 알고 넘어가도 됩니다. 나중에 파이썬에 익숙해지면 복잡한 그래프도 그릴 수 있게 됩니다. 특히 주피터 노트북은 pandas, matplotlib을 학습할 때 매우 효과적이므로 적극 활용하기 바랍니다.

참고   show 메서드로 그래프를 표시하기

만약 %matplotlib inline를 지정하지 않았거나 IDLE, 파이썬 인터프리터에서 그래프를 표시하려면 matplotlib.pyplot의 show 함수 호출하면 됩니다.

```
plt.show()    # %matplotlib inline을 지정하지 않았거나 IDLE, 파이썬 인터프리터에서
              # 그래프를 표시하려면 matplotlib.pyplot의 show 함수 호출
```

참고   DataFrame 사용하기

pandas 및 DataFrame은 기능이 매우 많아서 모두 설명하려면 책 한 권으로도 부족합니다. 여기서는 DataFrame의 기본 기능만 설명하겠습니다. 다음과 같이 DataFrame 객체에 컬럼 이름만 지정하면 컬럼에 해당하는 값을 모두 가져올 수 있습니다. 컬럼 이름은 [ ](대괄호)에 인덱스를 지정해도 되고 속성으로 접근해도 됩니다.

• DataFrame객체['컬럼이름']   • DataFrame객체.컬럼이름

다음은 기온 temperature 컬럼에 해당하는 모든 값을 가져옵니다.

```
>>> city_df['temperature']
point
서울    25.6
인천    20.8
대전    25.1
대구    25.7
광주    24.0
부산    20.2
울산    19.7
Name: temperature, dtype: float64
>>> city_df.temperature
point
서울    25.6
인천    20.8
대전    25.1
대구    25.7
광주    24.0
부산    20.2
울산    19.7
Name: temperature, dtype: float64
```

그럼 기온이 가장 높은 도시와 낮은 도시를 가져와 보겠습니다. 다음과 같이 DataFrame 객체에서 temperature 컬럼의 값들을 가져온 뒤 idxmax 메서드를 사용하면 가장 높은 값의 인덱스가 나오며 idxmin 메서드를 사용하면 가장 낮은 값의 인덱스가 나옵니다.

```
>>> city_df.temperature.idxmax()
'대구'
>>> city_df.temperature.idxmin()
'울산'
```

조금 응용해서 idxmax와 idxmin의 결과를 DataFrame 객체의 loc에 지정하면 인덱스(지점, 도시)에 해당하는 행을 가져올 수 있습니다.

```
>>> city_df.loc[city_df.temperature.idxmax()]
temperature    25.7
humidity       31.0
Name: 대구, dtype: float64
>>> city_df.loc[city_df.temperature.idxmin()]
temperature    19.7
humidity       70.0
Name: 울산, dtype: float64
```

UNIT 47 부록

이제부터 부록입니다. 부록은 참고삼아 알아둘 내용, 자주 사용하지 않는 기능, 내용이 다소 어려운 부분, 파이썬을 어느 정도 알고 난 뒤에 봐야 할 내용 등을 담았습니다. 여기에 나오는 내용을 모두 익힐 필요는 없으며 필요할 때마다 찾아보면 됩니다.

47.1 비트 연산자 사용하기

컴퓨터는 2진수(0과 1)를 사용하므로 대부분의 프로그래밍 언어는 2진수를 다루는 연산자를 제공합니다. 그런데 2진수로 변환하는 방법을 잘 모른다면 어떻게 해야 할까요? 걱정하지 않아도 됩니다. 파이썬에서는 간단하게 2진수와 10진수를 서로 변환할 수 있습니다.

47.1.1 10진수와 2진수 변환하기

10진수를 2진수로 된 문자열로 변환할 때는 bin을 사용합니다. 반대로 2진수에서 10진수로는 입력 즉시 변환됩니다.

· **bin(정수)**

```
>>> bin(13)      # 10진수 13을 2진수로 변환
'0b1101'
>>> 0b1101       # 2진수 1101을 10진수로 변환
13
```

만약 2진수가 문자열 형태라면 int에 문자열과 2를 지정하여 10진수로 변환할 수 있습니다. 그리고 코드에서 2진수를 직접 입력할 때는 맨 앞에 0b를 붙입니다(binary의 b).

· **int('2진수문자열', 2)**

```
>>> int('1101', 2)    # 2진수로 된 문자열 1101을 10진수로 변환
13
```

47.1.2 2진수 표현 방법

10진수 13을 2진수로 표현하면 1101이 됩니다. 여기서 2진수의 자릿수는 일정한 값을 가지는데 낮은 자릿수부터 2의 거듭제곱 순서로 커집니다(2^0부터 시작). 따라서 1101은 8, 4, 2, 1에서 1이 위치한 자릿수가 8, 4, 1이므로 8 + 4 + 1 = 13입니다.

▼ 그림 47-1 13을 2진수로 표현

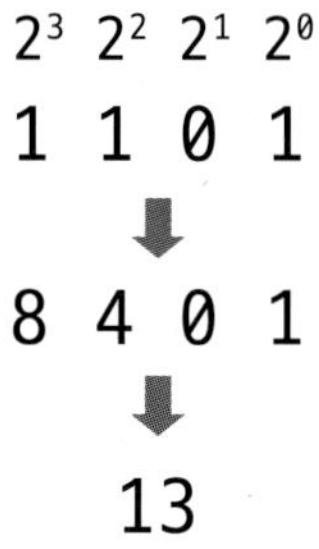

$$2^3 \quad 2^2 \quad 2^1 \quad 2^0$$

$$1 \quad 1 \quad 0 \quad 1$$

⬇

$$8 \quad 4 \quad 0 \quad 1$$

⬇

$$13$$

47.1.3 비트 논리 연산자 사용하기

이제 2진수의 각 자릿수를 AND, OR, XOR, NOT 연산을 하는 비트 논리 연산자를 사용해보겠습니다.

- a & b
- a | b
- a ^ b
- ~x

```
>>> bin(0b1101 & 0b1001)    # 비트 AND
'0b1001'
>>> 13 & 9                  # 비트 AND
9
>>> bin(0b1101 | 0b1001)    # 비트 OR
'0b1101'
>>> 13 | 9                  # 비트 OR
13
>>> bin(0b1101 ^ 0b1001)    # 비트 XOR
'0b100'
>>> 13 ^ 9                  # 비트 XOR
4
>>> bin(~0b1101)            # 비트 NOT
'-0b1110'
>>> ~13                     # 비트 NOT
-14
```

47.1.4 비트 연산자 진리표

&, |, ^, ~ 연산자로 각 비트를 연산했을 때의 결과(진리표)는 다음과 같습니다. 진리표의 내용이 많아 보여도 각 연산자의 특성만 이해하면 진리표 전체를 외우지 않아도 됩니다.

▼ 표 47-1 &, ¦, ^, ~의 연산 결과

연산자	비트1	비트2	결과
&	0	0	0
	0	1	0
	1	0	0
	1	1	1
¦	0	0	0
	0	1	1
	1	0	1
	1	1	1
^	0	0	0
	0	1	1
	1	0	1
	1	1	0
~	0		1
	1		0

예를 들어 & 연산자는 비트 AND이므로 두 값이 모두 1일 때 1입니다. 따라서 하나라도 0이면 0이 나옵니다. 즉, 0b1101과 0b1001을 비트 AND 연산했을 때 0 & 1은 0 그리고 1 & 1은 1이 나오므로 0b1001이 됩니다. 10진수로 표현하면 13 & 9는 9가 되겠죠?

```
>>> bin(0b1101 & 0b1001)
0b1001
>>> 13 & 9
9
```

다음과 같이 비트 논리 연산자는 각 자릿수를 연산하여 결과를 만듭니다. 이때 각 자릿수의 연산 결과는 다른 자릿수에 영향을 미치지 않습니다.

▼ 그림 47-2 비트 단위 연산

```
0 0 0 0  1 1 0 1 (13)
                      &
0 0 0 0  1 0 0 1 (9)

         ↓ ↓ ↓ ↓

0 0 0 0  1 0 0 1 (9)
```

47.1.5 시프트 연산자 사용하기

이번에는 비트의 위치를 이동시키는 시프트 연산자입니다. 시프트 연산자는 《《 또는 》》 다음에 비트를 이동시킬 횟수를 지정합니다. 《《는 비트를 왼쪽으로 이동시키고, 》》는 비트를 오른쪽으로 이동시킵니다.

- a 《《 b
- a 》》 b

```
>>> 0b0011 << 2    # 비트를 왼쪽으로 2번 이동
12
>>> bin(12)
'0b1100'
>>> 0b1100 >> 2    # 비트를 오른쪽으로 2번 이동
3
>>> bin(3)
'0b11'
```

참고로 비트를 오른쪽으로 이동시켰을 때 1이 들어갈 공간이 없다면 1은 사라집니다. 즉, 계속 비트를 오른쪽으로 이동시키면 1은 모두 사라지고 최종 결과는 0b0이 됩니다. 여러분들이 직접 실행해보세요.

47.1.6 비트 연산자 목록

다음은 파이썬의 비트 연산자입니다.

▼ 표 47-2 파이썬 비트 연산자

연산자	기능	문법	설명
&	비트 AND	a & b	a와 b의 비트를 AND 연산
¦	비트 OR	a ¦ b	a와 b의 비트를 OR 연산
^	비트 XOR	a ^ b	a와 b의 비트를 XOR 연산(배타적 OR, Exclusive OR)
~	비트 NOT	~x	x의 비트를 뒤집음
<<	비트 왼쪽 시프트	a << b	a의 비트를 b번 왼쪽으로 이동시킴
>>	비트 오른쪽 시프트	a >> b	a의 비트를 b번 오른쪽으로 이동시킴
&=	비트 AND 연산 후 할당	a &= b	a와 b의 비트를 AND 연산한 후 결과를 a에 할당
¦=	비트 OR 연산 후 할당	a ¦= b	a와 b의 비트를 OR 연산한 후 결과를 a에 할당
^=	비트 XOR 연산 후 할당	a ^= b	a와 b의 비트를 XOR 연산한 후 결과를 a에 할당
<<=	비트 왼쪽 시프트 후 할당	a <<= b	a의 비트를 b번 왼쪽으로 이동시킨 후 결과를 a에 할당
>>=	비트 오른쪽 시프트 후 할당	a >>= b	a의 비트를 b번 오른쪽으로 이동시킨 후 결과를 a에 할당

47.2 연산자 우선순위

다음은 파이썬의 연산자 우선순위입니다. 숫자가 작을수록 우선순위가 높습니다.

▼ 표 47-3 파이썬 연산자 우선순위

우선순위	연산자	설명
1	(값...), [값...], {키: 값...}, {값...}	튜플, 리스트, 딕셔너리, 세트 생성
2	x[인덱스], x[인덱스:인덱스], x(인수...), x.속성	리스트(튜플) 첨자, 슬라이싱, 함수 호출, 속성 참조
3	await x	await 표현식
4	**	거듭제곱
5	+x, -x, ~x	단항 덧셈(양의 부호), 단항 뺄셈(음의 부호), 비트 NOT
6	*, @, /, //, %	곱셈, 행렬 곱셈, 나눗셈, 버림 나눗셈, 나머지
7	+, -	덧셈, 뺄셈
8	<<, >>	비트 시프트
9	&	비트 AND
10	^	비트 XOR
11	¦	비트 OR
12	in, not in, is, is not, <, <=, >, >=, !=, ==	포함 연산자, 객체 비교 연산자, 비교 연산자
13	not x	논리 NOT
14	and	논리 AND
15	or	논리 OR
16	if else	조건부 표현식
17	lambda	람다 표현식
18	:=	할당 표현식

47.3 bytes, bytearray 사용하기

파이썬에서 바이너리 데이터를 처리할 때는 bytes와 bytearray를 사용합니다. 바이너리는 2진수를 의미하는데, 바이너리 데이터는 컴퓨터가 처리하는 데이터 형식을 뜻합니다.

47.3.1 bytes

bytes는 1바이트 단위의 값을 연속적으로 저장하는 시퀀스 자료형입니다(보통 1바이트는 8비트로 정의하며 0~255(0x00~0xFF)까지 정수를 사용합니다).

bytes로 바이트 객체를 만드는 방법은 3가지가 있습니다.

- **bytes(길이)**: 정해진 길이만큼 0으로 채워진 바이트 객체를 생성
- **bytes(반복가능한객체)**: 반복 가능한 객체로 바이트 객체를 생성
- **bytes(바이트객체)**: 바이트 객체로 바이트 객체를 생성

```
>>> bytes(10)    # 0이 10개 들어있는 바이트 객체 생성
b'\x00\x00\x00\x00\x00\x00\x00\x00\x00\x00'
>>> bytes([10, 20, 30, 40, 50])    # 리스트로 바이트 객체 생성
b'\n\x14\x1e(2'
>>> bytes(b'hello')    # 바이트 객체로 바이트 객체 생성
b'hello
```

파이썬에서 b'hello'처럼 ''(작은따옴표)나 ""(큰따옴표) 앞에 b를 붙이면 바이트(bytes) 객체가 됩니다. 간단하게 'hello'와 문자열 str의 관계라고 생각하면 됩니다.

47.3.2 bytearray

bytearray도 1바이트 단위의 값을 연속적으로 저장하는 시퀀스 자료형인데 bytes와 차이점은 요소를 변경할 수 있느냐의 차이입니다. bytes는 요소를 변경할 수 없고 bytearray는 요소를 변경할 수 있습니다.

- **bytearray( )**: 빈 바이트 배열 객체를 생성
- **bytearray(길이)**: 정해진 길이만큼 0으로 채워진 바이트 배열 객체를 생성
- **bytearray(반복가능한객체)**: 반복 가능한 객체로 바이트 배열 객체를 생성
- **bytearray(바이트객체)**: 바이트 객체로 바이트 배열 객체를 생성

다음은 바이트 배열 객체의 첫 번째 요소를 변경합니다.

```
>>> x = bytearray(b'hello')
>>> x[0] = ord('a')    # ord는 문자의 ASCII 코드를 반환
>>> x
bytearray(b'aello')
```

bytearray의 요소에 값을 할당할 때는 정수(int)를 할당해야 합니다. 문자를 넣고 싶으면 ord를 사용하여 문자의 ASCII 코드(정수)를 넣어주어야 합니다.

47.3.3 바이트 자료형과 인코딩

파이썬에서 문자열(str)의 기본 인코딩은 UTF-8인데, b'hello'와 같이 문자열을 바이트 객체로 만들면 각 문자를 ASCII 코드로 저장합니다. 보통 문자열을 UTF-8이 아닌 ASCII 코드로 처리하고 싶을 때 바이트 객체를 사용합니다.

문자열(str)을 바이트 객체로 바꾸려면 encode 메서드를 사용합니다.

- **문자열.encode()**

```
>>> 'hello'.encode()      # str을 bytes로 변환
b'hello'
```

이때 인코딩을 지정해주면 해당 인코딩으로 된 바이트 객체를 만듭니다. 다음은 한글 문자열 '안녕'을 EUC-KR 인코딩과 UTF-8 인코딩으로 된 바이트 객체로 만듭니다.

- **문자열.encode('인코딩')**

```
>>> '안녕'.encode('euc-kr')
b'\xbe\xc8\xb3\xe7'
>>> '안녕'.encode('utf-8')
b'\xec\x95\x88\xeb\x85\x95'
```

반대로 바이트 객체를 문자열(str)로 바꾸려면 decode 메서드를 사용하면 됩니다.

- **바이트객체.decode()**

```
>>> b'hello'.decode()     # bytes를 str로 변환
'hello'
```

물론 바이트 객체가 특정 인코딩으로 되어 있다면 decode에 인코딩을 지정해주면 됩니다.

- **바이트객체.decode('인코딩')**

```
>>> x = '안녕'.encode('euc-kr')
>>> x.decode('euc-kr')
'안녕'
>>> y = '안녕'.encode('utf-8')
>>> y.decode('utf-8')
'안녕'
```

bytes, bytearray는 인코딩을 지정하여 객체를 생성할 수 있습니다.

- **bytes(값, encoding='인코딩')**　　　　　　　　　　　　　・ **bytearray(값, encoding='인코딩')**

다음은 한글 문자열 '안녕'을 EUC-KR, CP949 인코딩으로 된 바이트 객체로 생성합니다.

```
>>> bytes('안녕', encoding='euc-kr')
b'\xbe\xc8\xb3\xe7'
>>> bytearray('안녕', encoding='cp949')
bytearray(b'\xbe\xc8\xb3\xe7')
```

EUC-KR은 한글 표준 인코딩입니다. 그리고 CP949는 마이크로소프트에서 만든 한글 인코딩의 한 종류이며 EUC-KR의 확장형입니다(Windows에서 사용).

47.4 날짜/시간 모듈 활용하기

파이썬으로 프로그래밍을 하다보면 날짜와 시간 처리를 해야 하는 경우가 자주 생깁니다. 여기서는 날짜와 시간을 표현하는 time과 datetime 모듈을 소개하겠습니다.

47.4.1 time 모듈로 현재 시간 구하기

먼저 시간을 표현하는 time 모듈입니다. 다음과 같이 time 모듈의 time 함수를 호출하면 1970년 1월 1일 0시 0분 0초 이후 경과한 시간을 초 단위로 반환합니다. 시간대는 UTC(Universal Time Coordinated, 협정 세계시)를 사용합니다.

```
>>> import time
>>> time.time()
1526694734.1275969
```

47.4.2 날짜와 시간 형태로 변환하기

time 모듈의 localtime 함수를 사용하면 time에서 반환한 값을 날짜와 시간 형태로 변환해줍니다. 특히 localtime이라는 이름 그대로 현재 지역의 시간대를 사용합니다. 우리나라에서 실행했다면 UTC에 9시간을 더한 KST(Korea Standard Time, 한국 표준시)를 사용합니다(UTC+09:00).

- time.localtime(초)

```
>>> time.localtime(time.time())
time.struct_time(tm_year=2018, tm_mon=5, tm_mday=19, tm_hour=10, tm_min=54, tm_sec=25, tm_wday=5, tm_yday=139, tm_isdst=0)
```

여기서 tm_wday는 요일(월요일~일요일, 0~6), tm_yday는 1월 1일부터 경과한 일수, tm_isdst는 서머타임 여부입니다.

47.4.3 날짜/시간 포맷에 맞춰서 출력하기

time.localtime으로 만든 객체는 time.strftime 함수를 사용하여 원하는 날짜/시간 포맷으로 출력할 수 있습니다.

- **time.strftime('포맷', 시간객체)**

```
>>> time.strftime('%Y-%m-%d', time.localtime(time.time()))
'2018-05-19'
>>> time.strftime('%c', time.localtime(time.time()))
'Sat May 19 11:14:27 2018'
```

%Y는 연, %m은 월, %d는 일인데, '%Y-%m-%d'는 '연-월-일' 포맷이라는 뜻입니다. 그리고 %c는 날짜와 시간을 함께 출력합니다.

다음은 날짜/시간 포맷 코드입니다.

▼ 표 47-4 날짜/시간 포맷 코드

코드	설명	예
%a	요일 줄임말	Sun, Mon, ... Sat
%A	요일	Sunday, Monday, ..., Saturday
%w	요일을 숫자로 표시, 월요일~일요일, 0~6	0, 1, ..., 6
%d	일	01, 02, ..., 31
%b	월 줄임말	Jan, Feb, ..., Dec
%B	월	January, February, …, December
%m	숫자 월	01, 02, ..., 12
%y	두 자릿수 연도	01, 02, ..., 99
%Y	네 자릿수 연도	0001, 0002, ..., 2017, 2018, 9999
%H	시간(24시간)	00, 01, ..., 23
%I	시간(12시간)	01, 02, ..., 12
%p	AM, PM	AM, PM
%M	분	00, 01, ..., 59
%S	초	00, 01, ..., 59
%Z	시간대	대한민국 표준시
%j	1월 1일부터 경과한 일수	001, 002, ..., 366
%U	1년중 주차, 월요일이 한 주의 시작으로	00, 01, ..., 53
%W	1년중 주차, 월요일이 한 주의 시작으로	00, 01, ..., 53

코드	설명	예
%c	날짜, 요일, 시간을 출력, 현재 시간대 기준	Sat May 19 11:14:27 2018
%x	날짜를 출력, 현재 시간대 기준	05/19/18
%X	시간을 출력, 현재 시간대 기준	'11:44:22'

47.4.4 datetime 모듈로 현재 날짜와 시간 구하기

이번에는 datetime 모듈의 datetime 클래스를 사용해보겠습니다. datetime.datetime으로 현재 날짜와 시간을 구할 때는 today 메서드를 사용합니다(현재 시간대 기준, KST).

- **datetime.datetime.today()**

```
>>> import datetime
>>> datetime.datetime.today()
datetime.datetime(2018, 5, 19, 13, 15, 15, 881617)
```

만약 datetime 모듈로 현재 시간을 구할 때 UTC를 기준으로 구하고 싶다면 now 메서드에 pytz 모듈로 시간대를 지정해주어야 합니다.

- **datetime.datetime.now(시간대객체)**

먼저 pip로 pytz 모듈을 설치합니다.

```
pip install pytz
```

그리고 pytz.timezone에 'UTC'를 지정하면 UTC를 기준으로 시간을 구할 수 있습니다(KST보다 9시간 이전의 시간이 나옴).

```
>>> datetime.datetime.now(pytz.timezone('UTC'))
datetime.datetime(2018, 5, 19, 4, 40, 12, 536110, tzinfo=<UTC>)
```

47.4.5 특정 날짜와 시간으로 객체 만들기

또는, datetime.datetime에 연, 월, 일, 시, 분, 초, 마이크로초를 넣어서 객체를 만들 수도 있습니다.

- **datetime.datetime(year, month, day, hour=0, minute=0, second=0, microsecond=0)**

```
>>> d = datetime.datetime(2018, 5, 19)
>>> d
datetime.datetime(2018, 5, 19, 0, 0)
```

47.4.6 문자열로 날짜/시간 객체 만들기

strptime 메서드를 사용하면 문자열 형태의 날짜를 datetime.datetime 객체로 만들 수 있습니다. 이때는 날짜/시간 포맷을 지정해줘야 합니다.

- **datetime.datetime.strptime('날짜문자열', '포맷')**

```
>>> d = datetime.datetime.strptime('2018-05-19', '%Y-%m-%d')
>>> d
datetime.datetime(2018, 5, 19, 0, 0)
```

47.4.7 날짜/시간 객체를 문자열로 만들기

반대로 datetime 객체를 문자열로 만들 수도 있습니다. 이때는 strftime 메서드를 사용합니다.

- **datetime객체.strftime('포맷')**

```
>>> d.strftime('%Y-%m-%d')
'2018-05-19'
>>> d.strftime('%c')
'Sat May 19 00:00:00 2018'
```

47.4.8 날짜와 시간 속성에 접근하기

datetime.datetime 객체는 연(year), 월(month), 일(day), 시(hour), 분(minute), 초(second), 마이크로초 (microsecond) 속성을 따로 가져올 수 있습니다.

```
>>> today = datetime.today()
>>> today.year, today.month, today.day, today.hour, today.minute, today.second, today.microsecond
(2018, 5, 19, 9, 54, 15, 868556)
```

47.4.9 날짜와 시간 차이 계산하기

datetime 모듈에서 유용한 기능이 바로 datetime.timedelta입니다. datetime.timedelta는 두 날짜와 시간 사이의 차이를 계산할 때 사용합니다.

- **datetime.timedelta(days=0, seconds=0, microseconds=0, milliseconds=0,**
  minutes=0, hours=0, weeks=0)

다음은 2018년 5월 13일에서 20일 전 날짜를 구합니다.

```
>>> d = datetime(2018, 5, 13)
>>> from datetime import timedelta
>>> d - timedelta(days=20)
datetime.datetime(2018, 4, 23, 0, 0)
```

즉, datetime.datetime 객체에서 datetime.timedelta를 빼면 이전 날짜와 시간을 구하고, 더하면 이후 날짜와 시간을 구합니다.

특히 datetime.datetime 객체에서 datetime.datetime 객체를 빼면 datetime.timedelta 객체가 나옵니다.

```
>>> datetime(2018, 5, 13) - datetime(2018, 4, 1)
datetime.timedelta(42)
```

47.5 내장 함수

파이썬의 내장 함수는 모듈이나 패키지를 가져오지 않고 바로 사용할 수 있는 함수입니다. 다음은 자주 사용하는 내장 함수입니다.

▼ 표 47-5 파이썬 내장 함수

함수	설명
abs(숫자)	숫자의 절댓값을 반환
all (반복가능한객체)	반복 가능한 객체의 요소가 모두 참이면 True, 하나라도 거짓이면 False 예 all([1, 2, 3])은 True, all([1, 0, 3])은 False
any (반복가능한객체)	반복 가능한 객체의 요소가 하나라도 참이면 True, 모두 거짓이면 False 예 any([1, 0, 0])은 True, any([0, 0, 0])은 False
bin(정수)	정수를 2진수로 된 문자열로 만들어서 반환
bool(값)	값을 True, False로 변환하여 반환. 0이 아닌 숫자, 내용이 있는 객체는 True를 반환하고 0, None, 비어있는 객체는 False를 반환
bytes(바이트)	바이트 객체를 반환(읽기 전용), bytes는 바이트 단위(8비트)로 값을 저장하는 자료형 예 bytes(b'hello')는 b'Hello'
bytearray(바이트)	요소를 변경할 수 있는 바이트 배열 객체를 반환 예 bytearray(b'hello')는 bytearray(b'hello')
chr(코드값)	ASCII 코드값에 해당하는 문자를 반환 예 chr(97)은 'a'
dict (반복가능한객체)	반복 가능한 객체로 딕셔너리를 생성하여 반환
dir(객체)	객체의 네임스페이스를 반환, 객체를 지정하지 않으면 현재 네임스페이스를 반환
divmod(a, b)	두 숫자의 몫과 나머지를 튜플로 반환

함수	설명
enumerate (반복가능한객체)	객체에 들어있는 요소의 순서(인덱스)와 요소를 튜플로 묶어서 enumerate 객체를 반환 예 list(enumerate(['a', 'b', 'c']))는 [(0, 'a'), (1, 'b'), (2, 'c')]
eval('문자열')	문자열 형태의 파이썬 코드를 실행하고 결과를 반환(문자열을 파이썬 인터프리터에서 실행) 예 eval('print(1, 2)')는 1 2 출력
filter(함수, 반복가능한객체)	반복 가능한 객체에서 특정 조건에 맞는 요소만 가져옴 예 list(filter(lambda x: x % 2 == 0, [1, 2, 3, 4]))는 [2, 4]
float(값)	숫자나 문자열을 실수로 변환하여 반환
format (값, 포맷스펙)	값을 지정된 포맷 스펙에 맞게 문자열로 만듦 예 format(10000, ',')은 '10,000'
help(객체)	객체의 이름, 매개변수, 독스트링(__doc__ 속성)을 도움말 형태로 출력
hex(정수)	정수를 16진수로 된 문자열로 만들어서 반환 예 hex(15)는 '0xf'
id(객체)	객체의 고유한 값을 반환(CPython에서는 메모리 주소)
input('문자열')	사용자의 입력을 받아서 문자열을 반환
int(값)	숫자나 문자열을 정수로 변환하여 반환, int('문자열', 진법)은 해당 진법으로 된 문자열을 10진수로 변환하여 반환
isinstance (객체, 클래스)	객체가 클래스의 인스턴스인지 확인, 클래스의 인스턴스가 맞으면 True, 아니면 False
issubclass(파생클래스, 기반클래스)	클래스가 특정 클래스의 파생 클래스인지 확인, 파생 클래스가 맞으면 True, 아니면 False
iter (반복가능한객체)	객체에서 이터레이터를 반환. 객체의 __iter__ 메서드를 호출해줌
len(객체)	객체의 길이(요소 개수)를 반환
list (반복가능한객체)	반복 가능한 객체로 리스트를 생성하여 반환
map(함수, 반복가능한객체)	반복 가능한 객체의 요소를 지정된 함수로 처리한 뒤 map 객체를 반환 예 list(map(lambda x: x + 10, [1, 2]))는 [11, 12]
min(반복가능한객체) max(반복가능한객체)	min은 반복 가능한 객체의 요소 중에서 가장 작은 요소를 반환, max는 반복 가능한 객체의 요소 중에서 가장 큰 요소를 반환
next(이터레이터)	이터레이터에서 요소를 차례대로 가져와서 반환, 이터레이터의 __iter__ 메서드를 호출해줌
oct(정수)	정수를 8진수로 된 문자열로 만들어서 반환 예 oct(8)은 '0o10'
open(파일이름, 파일모드)	지정된 파일을 열어서 파일 객체를 반환, encoding을 지정하면 파일을 해당 인코딩으로 처리(텍스트 모드에만 적용됨) 예 open('hello.txt', 'w', encoding='utf-8')은 파일의 인코딩을 UTF-8로 저장
ord(문자)	문자의 ASCII 코드를 반환 예 ord('a')는 97

함수	설명
pow(값, 지수)	값을 지수만큼 거듭제곱한 값을 반환
range(횟수)	지정된 횟수만큼 숫자를 생성하는 반복 가능한 객체를 반환, range(시작, 끝, 증가폭)처럼 숫자의 범위와 증가폭을 지정할 수 있음
repr(객체)	파이썬 인터프리터에서 실행할 수 있는 문자열을 반환. repr에서 반환된 문자열은 eval로 실행할 수 있음 📵 repr(datetime.datetime.now())는 'datetime.datetime(2018, 5, 24, 9, 0, 2, 507913)'
reversed (반복가능한객체)	반복 가능한 객체에서 요소의 순서를 뒤집어서 반환
set(반복가능한객체)	반복 가능한 객체로 세트를 생성하여 반환
sorted (반복가능한객체)	반복 가능한 객체의 요소를 오름차순 정렬하여 반환, reverse=True를 지정하면 내림차순 정렬 📵 sorted([8, 5, 2])는 [2, 5, 8]
str(값)	값을 문자열로 변환하여 반환
super()	현재 클래스의 기반 클래스 인스턴스(객체)를 반환
sum(반복가능한객체)	반복 가능한 객체에 들어있는 모든 요소의 합을 반환
tuple (반복가능한객체)	반복 가능한 객체로 튜플을 생성하여 반환
type(객체)	객체의 클래스(자료형) 객체를 반환. type('클래스이름', 기반클래스튜플, 속성메서드딕셔너리)는 클래스 객체를 생성하여 반환
zip (반복가능한객체, ...)	반복 가능한 객체 여러 개를 넣으면 요소 순서대로 튜플로 묶어서 zip 객체를 반환 📵 list(zip([1, 2, 3], [97, 98, 99]))는 [(1, 97), (2, 98), (3, 99)]

47.6 이스케이프 시퀀스

\(백슬래시) 뒤에 문자나 숫자가 오는 조합을 이스케이프 시퀀스(escape sequence)라고 합니다.

다음은 파이썬의 이스케이프 시퀀스입니다.

▼ 표 47-6 파이썬 이스케이프 시퀀스

이스케이프 시퀀스	설명
\\	백슬래시, \
\'	작은따옴표, Single quote, '
\"	큰따옴표, Double quote, "
\a	벨, ASCII Bell, BEL
\b	백스페이스, ASCII Backspace, BS
\f	폼피드, ASCII Formfeed, FF

이스케이프 시퀀스	설명
\n	새 줄, 개행 문자, ASCII Linefeed, LF
\r	캐리지 리턴, ASCII Carriage Return, CR
\t	탭 문자, ASCII Horizontal Tab, TAB
\v	수직 탭, ASCII Vertical Tab, VT
\ooo	\ 뒤에 8진수 숫자를 지정하여 ASCII 코드의 문자 표현 예 '\141'은 'a'를 표현
\xhh	\ 뒤에 16진수 숫자를 지정하여 ASCII 코드의 문자 표현 예 '\x61'은 'a'를 표현 ASCII 코드는 다음 URL 참조 • **Ascii Table** 　https://www.asciitable.com
\N{name}	{} 안에 문자 이름을 지정하여 유니코드의 문자 표현(파이썬 3.3이상) 예 '\N{LINE FEED}'는 '\n'을 표현 문자 이름은 다음 URL 참조 • **formal name aliases for Unicode characters** 　http://www.unicode.org/Public/8.0.0/ucd/NameAliases.txt
\uxxxx	\ 뒤에 16비트 16진수 숫자를 지정하여 유니코드의 문자 표현 예 '\u0061'은 'a'를 표현 유니코드는 다음 URL 참조 • **List of Unicode characters(유니코드 문자 목록)** 　https://en.wikipedia.org/wiki/List_of_Unicode_characters • **Hangul Syllables(한글 음절)** 　https://en.wikipedia.org/wiki/Hangul_Syllables
\Uxxxxxxxx	\ 뒤에 32비트 16진수 숫자를 지정하여 유니코드의 문자 표현 예 '\U00000061'은 'a'를 표현 유니코드는 위 URL과 동일

47.7 실숫값의 오차

파이썬에서 0.1 + 0.2의 값은 얼마일까요? 0.3이 나올 것 같지만 실제로는 0.30000000000000004가 나옵니다. 파이썬은 실수를 부동소수점 방식으로 표현하는데 부동소수점은 실수를 정확히 표현할 수 없는 문제가 있습니다. 그래서 정확히 0.3이 아닌 0.30000000000000004가 나옵니다.

```
>>> 0.1 + 0.2
0.30000000000000004
```

예를 들어 1부터 10까지 정수는 10개지만 실수는 무한히 많습니다. 컴퓨터에서는 숫자를 비트로 표현하는데 실수는 유한개의 비트로 정확하게 표현할 수가 없습니다. 따라서 실수는 유한개의 비트를 사용하여 근삿값으로 표현합니다. 즉, 0.30000000000000004는 0.3을 표현한 근삿값입니다.

47.7.1 두 실수가 같은지 판단하기

만약 두 실수가 같은지 판단할 때는 ==을 사용하면 안 됩니다. 다음과 같이 0.1 + 0.2와 0.3은 같지 않다고 나옵니다.

```
>>> 0.1 + 0.2 == 0.3
False
```

0.1 + 0.2는 0.30000000000000004이므로 0.3과는 다릅니다. 이렇게 실수를 근삿값으로 표현하면서 발생하는 문제를 부동소수점 반올림 오차(rounding error)라고 합니다. 따라서 실수를 비교할 때는 연산한 값과 비교할 값의 차이를 구한 뒤 sys.float_info.epsilon보다 작거나 같은지 판단해야 합니다.

```
>>> import math, sys
>>> x = 0.1 + 0.2
>>> math.fabs(x - 0.3) <= sys.float_info.epsilon
True
```

x의 값 0.30000000000000004에서 0.3을 뺀 값이 sys.float_info.epsilon보다 작거나 같으므로 두 값은 같은 값이라 할 수 있습니다. 특히 math.fabs를 사용하여 두 값의 차이를 절댓값으로 만들면 음수가 나오더라도 정상적으로 판단할 수 있습니다.

여기서 sys.float_info.epsilon에 저장된 값을 머신 엡실론(machine epsilon)이라고 부르는데, 어떤 실수를 가장 가까운 부동소수점 실수로 반올림했을 때 상대 오차는 항상 머신 엡실론 이하입니다. 즉, 머신 엡실론은 반올림 오차의 상한값이며 연산한 값과 비교할 값의 차이가 머신 엡실론보다 작거나 같다면 두 실수는 같은 값이라 할 수 있습니다.

파이썬 3.5 이상부터는 두 실수가 같은지 판단할 때 math.isclose 함수를 사용하면 됩니다.

```
>>> import math
>>> math.isclose(0.1 + 0.2, 0.3)
True
```

47.7.2 Decimal으로 정확한 자릿수 표현하기

반올림 오차가 없는 고정소수점을 사용하려면 decimal 모듈의 Decimal을 사용하면 됩니다. Decimal은 숫자를 10진수로 처리하여 정확한 소수점 자릿수를 표현합니다.

```
>>> from decimal import Decimal
>>> Decimal('0.1') + Decimal('0.2')
Decimal('0.3')
```

47.7.3 Fraction으로 분수 표현하기

순환소수는 고정소수점이라도 정확히 표현할 수 없습니다. 이때는 fractions 모듈의 Fraction을 사용하여 분수로 표현하면 됩니다.

```
>>> from fractions import Fraction
>>> Fraction('10/3')      # 10을 3으로 나누면 순환소수 3.33333...이지만
                          # 분수 3분의 10으로 표현
Fraction(10, 3)
```

47.8 with as에 사용할 수 있는 클래스 만들기

open으로 파일을 열 때 with as를 사용하여 파일 객체의 close를 자동으로 호출해주었습니다. 이런 방식으로 with as를 사용하려면 클래스에 __enter__와 __exit__ 메서드를 구현해주면 됩니다.

```
class 클래스이름:
    def __enter__(self):
        시작할 때 실행할 코드

    def __exit__(self, exc_type, exc_value, traceback):
        종료할 때 실행할 코드
```

with에 클래스의 인스턴스를 지정하고 as 뒤에 결과를 저장할 변수를 지정합니다.

```
with 클래스() as 변수:
    코드
```

다음은 open('hello.txt', 'w')처럼 동작하는 OpenHello 클래스입니다.

with_as.py

```
class OpenHello:
    def __enter__(self):
        self.file = open('hello.txt', 'w')    # 파일 객체를 속성에 저장
        return self.file      # __enter__에서 값을 반환하면 as에 지정한 변수에 들어감

    def __exit__(self, exc_type, exc_value, traceback):
        self.file.close()     # __exit__에서 파일 객체 닫기

with OpenHello() as hello:
    hello.write('Hello, world!')
```

__enter__ 메서드에서 값을 반환하면 as에 지정한 변수에 들어갑니다. 여기서는 open으로 파일 객체를 만들어서 반환했습니다. 이때 __exit__에서도 파일 객체를 사용할 수 있도록 속성에 저장해줍니다.

__exit__ 메서드는 with as를 완전히 벗어나면 호출됩니다. 따라서 여기서는 __exit__에서 파일 객체를 닫았습니다. 이런 방식으로 __enter__에서 객체를 생성하고 __exit__에서 정리 작업을 하면 됩니다.

47.9 메타클래스 사용하기

메타클래스(metaclass)는 클래스를 만드는 클래스로 이 메타클래스를 구현하는 방법은 두 가지가 있습니다.

- type을 사용하여 동적으로 클래스를 생성하는 방식
- type을 상속받아서 메타클래스를 구현하는 방식

type은 객체의 클래스(자료형) 종류를 알아낼 때도 사용할 수 있고, 클래스를 만들어낼 수도 있습니다.

47.9.1 type을 사용하여 동적으로 클래스 생성하기

먼저 클래스는 type 안에 클래스 이름(문자열), 기반 클래스 튜플, 속성과 메서드 딕셔너리를 지정해서 만듭니다.

- 클래스 = type('클래스이름', 기반클래스튜플, 속성메서드딕셔너리)

```
>>> Hello = type('Hello', (), {})    # type으로 클래스 Hello 생성
>>> Hello
<class '__main__.Hello'>
>>> h = Hello()                       # 클래스 Hello로 인스턴스 h 생성
>>> h
<__main__.Hello object at 0x029B4750>
```

type('Hello', (), {})는 클래스 이름이 Hello고 기반 클래스와 속성, 메서드가 없는 클래스를 만듭니다. 이렇게 만든 Hello 클래스는 인스턴스를 생성할 수 있습니다.

그럼 클래스에 속성과 메서드를 넣고 상속도 사용해보겠습니다. 다음은 list를 상속받고, 속성 desc와 메서드 replace가 들어있는 클래스를 만듭니다.

```
metaclass.py

def replace(self, old, new):    # 클래스에 들어갈 메서드 정의
    while old in self:
        self[self.index(old)] = new

# list를 상속받음, 속성 desc, 메서드 replace 추가
AdvancedList = type('AdvancedList', (list, ),
                    { 'desc': '향상된 리스트', 'replace': replace })

x = AdvancedList([1, 2, 3, 1, 2, 3, 1, 2, 3])
x.replace(1, 100)
print(x)          # [100, 2, 3, 100, 2, 3, 100, 2, 3]
print(x.desc)     # 향상된 리스트
```

이렇게 type의 기반 클래스 튜플에 기반 클래스를 지정하고, 속성과 메서드 딕셔너리에 속성과 메서드를 넣으면 됩니다. 이때 기반 클래스가 한 개이면 (list,)와 같이 튜플로 만들어줍니다. 그리고 속성과 메서드를 딕셔너리에 넣을 때 이름은 반드시 문자열 형태로 지정해줍니다. 그리고 메서드가 간단하다면 def로 함수를 작성하지 않고 람다 표현식을 사용해도 됩니다.

47.9.2 type을 상속받아서 메타클래스 구현하기

이번에는 메타클래스의 __new__ 메서드를 알아보겠습니다. 클래스가 type을 상속받으면 메타클래스가 됩니다. 이때 __new__ 메서드에서 새로 만들어질 클래스에 속성과 메서드를 추가해줄 수 있습니다.

```
class 메타클래스이름(type):
    def __new__(metacls, name, bases, namespace):
        코드
```

type_inheritance_metaclass.py

```
class MakeCalc(type):    # type을 상속받음
    def __new__(metacls, name, bases, namespace): # 새 클래스를 만들 때 호출되는 메서드
        namespace['desc'] = '계산 클래스'              # 새 클래스에 속성 추가
        namespace['add'] = lambda self, a, b: a + b  # 새 클래스에 메서드 추가
        return type.__new__(metacls, name, bases, namespace)    # type의 __new__ 호출

Calc = MakeCalc('Calc', (), {})    # 메타클래스 MakeCalc로 클래스 Calc 생성
c = Calc()                         # 클래스 Calc로 인스턴스 c 생성
print(c.desc)                      # '계산 클래스': 인스턴스 c의 속성 출력
print(c.add(1, 2))                 # 3: 인스턴스 c의 메서드 호출
```

__new__ 메서드는 Calc = MakeCalc('Calc', (), {})처럼 메타클래스로 새 클래스를 만들 때 호출됩니다. 따라서 이 메서드 안에서 새 클래스에 속성과 메서드를 추가해줄 수 있습니다. 여기서는 lambda self, a, b: a + b와 같이 간단하게 람다 표현식으로 메서드를 추가했습니다. 특히 메서드의 첫 번째 매개변수는 반드시 self라야 하므로 람다 표현식에서도 self를 지정해주어야 합니다.

47.9.3 메타클래스 활용하기

메타클래스는 주로 클래스의 동작을 제어할 때 사용합니다. 다음은 싱글톤(Singleton)이라는 방식인데 클래스의 인스턴스를 언제나 하나만 생성해냅니다.

singleton.py

```
class Singleton(type):     # type을 상속받음
    __instances = {}       # 클래스의 인스턴스를 저장할 속성
    def __call__(cls, *args, **kwargs):  # 클래스로 인스턴스를 만들 때 호출되는 메서드
        if cls not in cls.__instances:   # 클래스로 인스턴스를 생성하지 않았는지 확인
            cls.__instances[cls] = super().__call__(*args, **kwargs)
                            # 생성하지 않았으면 인스턴스를 생성하여 속성에 저장
```

```
            return cls.__instances[cls]       # 클래스로 인스턴스를 생성했으면 인스턴스 반환

class Hello(metaclass=Singleton):      # 메타클래스로 Singleton을 지정
    pass

a = Hello()      # 클래스 Hello로 인스턴스 a 생성
b = Hello()      # 클래스 Hello로 인스턴스 b 생성
print(a is b)    # True: 인스턴스 a와 b는 같음
```

먼저 type을 상속받은 메타클래스 Singleton을 만들고, 클래스 Hello를 만들 때 class Hello(metaclass=Singleton):와 같이 metaclass에 Singleton을 지정합니다. 이렇게 하면 메타클래스 Singleton이 클래스 Hello의 동작을 제어할 수 있습니다.

보통 __call__ 메서드는 인스턴스를 ( )(괄호)로 호출할 때 호출됩니다. 하지만 type을 상속받은 메타클래스에서 __call__ 메서드를 구현하면 메타클래스를 사용하는 클래스로 인스턴스를 만들 때 __call__ 메서드가 호출됩니다(클래스를 ( )로 호출할 때).

여기서는 Hello( )로 인스턴스를 만들 때 Singleton의 __call__ 메서드가 호출됩니다. 따라서 __call__ 안에서 이미 인스턴스가 생성되지 않았는지(중복되는지) 확인하고, 생성되지 않았으면 인스턴스를 생성하여 속성에 저장한 뒤 반환합니다. 만약 인스턴스가 생성되어 있다면(중복된다면) 인스턴스를 생성하지 않고 바로 반환합니다.

대표적인 메타클래스가 '36.6 추상 클래스 사용하기'(469쪽)에서 설명한 abc.ABCMeta입니다. abc.ABCMeta를 사용한 추상 클래스는 메서드 목록만 가지도록 만들고 파생 클래스에서 메서드 구현을 강제합니다. 즉, 메타클래스로 클래스의 동작을 제어합니다.

47.10 asyncio 사용하기

asyncio(Asynchronous I/O)는 비동기 프로그래밍을 위한 모듈이며 CPU 작업과 I/O를 병렬로 처리하게 해줍니다.

동기(synchronous) 처리는 특정 작업이 끝나면 다음 작업을 처리하는 순차처리 방식이고, 비동기(asynchronous) 처리는 여러 작업을 처리하도록 예약한 뒤 작업이 끝나면 결과를 받는 방식입니다.

▼ 그림 47-3 동기 처리와 비동기 처리

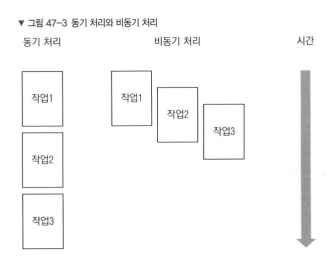

47.10.1 네이티브 코루틴 만들기

먼저 asyncio를 사용하려면 다음과 같이 async def로 네이티브 코루틴을 만듭니다(파이썬에서는 제너레이 Python 3.6
터 기반의 코루틴과 구분하기 위해 async def로 만든 코루틴은 네이티브 코루틴이라고 합니다).

```
async def 함수이름():
    코드
```

asyncio_async_def.py

```
import asyncio

async def hello():     # async def로 네이티브 코루틴을 만듦
    print('Hello, world!')

loop = asyncio.get_event_loop()     # 이벤트 루프를 얻음
loop.run_until_complete(hello())    # hello가 끝날 때까지 기다림
loop.close()                        # 이벤트 루프를 닫음
```

실행 결과

```
Hello, world!
```

실행을 해보면 'Hello, world!'가 출력됩니다.

먼저 async def로 hello를 만듭니다. 그다음에 asyncio.get_event_loop 함수로 이벤트 루프를 얻고 loop.run_until_complete(hello())와 같이 run_until_complete에 코루틴 객체를 넣습니다(네이티브 코루틴을 호출하면 코루틴 객체가 생성됩니다).

- **이벤트루프 = asyncio.get_event_loop( )**
- **이벤트루프.run_until_complete(코루틴객체 또는 퓨처객체)**

```
loop = asyncio.get_event_loop()     # 이벤트 루프를 얻음
loop.run_until_complete(hello())    # hello가 끝날 때까지 기다림
```

run_until_complete는 네이티브 코루틴이 이벤트 루프에서 실행되도록 예약하고 해당 네이티브 코루틴이 끝날 때까지 기다립니다. 이렇게 하면 이벤트 루프를 통해서 hello 코루틴이 실행됩니다. 할 일이 끝났으면 loop.close로 이벤트 루프를 닫아줍니다.

47.10.2 await로 네이티브 코루틴 실행하기

이번에는 await로 네이티브 코루틴을 실행하는 방법입니다. 다음과 같이 await 뒤에 코루틴 객체, 퓨처 객체, Python 3.5
태스크 객체를 지정하면 해당 객체가 끝날 때까지 기다린 뒤 결과를 반환합니다. await는 단어 뜻 그대로 특정 객체가 끝날 때까지 기다립니다.

- 변수 = await 코루틴객체
- 변수 = await 퓨처객체
- 변수 = await 태스크객체

여기서 주의할 점이 있는데 await는 네이티브 코루틴 안에서만 사용할 수 있습니다.

그럼 두 수를 더하는 네이티브 코루틴을 만들고 코루틴에서 1초 대기한 뒤 결과를 반환해보겠습니다.

```
asyncio_await.py
import asyncio

async def add(a, b):
    print('add: {0} + {1}'.format(a, b))
    await asyncio.sleep(1.0)     # 1초 대기. asyncio.sleep도 네이티브 코루틴
    return a + b     # 두 수를 더한 결과 반환

async def print_add(a, b):
    result = await add(a, b)     # await로 다른 네이티브 코루틴 실행하고
                                 # 반환값을 변수에 저장
    print('print_add: {0} + {1} = {2}'.format(a, b, result))

loop = asyncio.get_event_loop()              # 이벤트 루프를 얻음
loop.run_until_complete(print_add(1, 2))     # print_add가 끝날 때까지 이벤트 루프를 실행
loop.close()                                 # 이벤트 루프를 닫음
```

```
실행 결과
add: 1 + 2
print_add: 1 + 2 = 3
```

add: 1 + 2가 출력되고 1초 뒤에 print_add: 1 + 2 = 3이 출력됩니다.

먼저 print_add부터 보겠습니다. print_add에서는 await로 add를 실행하고 반환값을 변수에 저장했습니다. 이렇게 코루틴 안에서 다른 코루틴을 실행할 때는 await를 사용합니다.

```
async def print_add(a, b):
    result = await add(a, b)     # await로 다른 네이티브 코루틴 실행하고
                                 # 반환값을 변수에 저장
    print('print_add: {0} + {1} = {2}'.format(a, b, result))
```

add에서는 await asyncio.sleep(1.0)으로 1초 대기한 뒤 return a + b로 두 수를 더한 결과를 반환합니다. 사실 await asyncio.sleep(1.0)은 없어도 되지만 코루틴이 비동기로 실행되는 모습을 확인하기 위해 사용했습니다. 특히 asyncio.sleep도 네이티브 코루틴이라 await를 사용해야 합니다.

```
async def add(a, b):
    print('add: {0} + {1}'.format(a, b))
    await asyncio.sleep(1.0)     # 1초 대기. asyncio.sleep도 네이티브 코루틴
    return a + b     # 두 수를 더한 결과 반환
```

참고 퓨처와 태스크

퓨처(asyncio.Future)는 미래에 할 일을 표현하는 클래스인데 할 일을 취소하거나 상태 확인, 완료 및 결과 설정에 사용합니다.
태스크(asyncio.Task)는 asyncio.Future의 파생 클래스이며 asyncio.Future의 기능과 실행할 코루틴의 객체를 포함하고 있습니다.
태스크는 코루틴의 실행을 취소하거나 상태 확인, 완료 및 결과 설정에 사용합니다. 이 부분은 내용이 다소 복잡하므로 이 정도까지만 설명하겠습니다.

참고 파이썬 3.4 이하에서 asyncio 사용하기

async def와 await는 파이썬 3.5에서 추가되었습니다. 따라서 3.5 미만 버전에서는 사용할 수 없습니다. 파이썬 3.4에서는 다음과 같이 @asyncio.coroutine 데코레이터로 네이티브 코루틴을 만듭니다.

```
import asyncio

@asyncio.coroutine
def 함수이름():
    코드
```

파이썬 3.4에서는 await가 아닌 yield from을 사용합니다.

· **변수 = yield from 코루틴객체**　　· **변수 = yield from 퓨처객체**　　· **변수 = yield from 태스크객체**

파이썬 3.3에서 asyncio는 pip install asyncio로 asyncio를 설치한 뒤 @asyncio.coroutine 데코레이터와 yield from을 사용하면 됩니다. 단, 3.3 미만 버전에서는 asyncio를 지원하지 않습니다.

47.10.3 비동기로 웹 페이지 가져오기

이번에는 asyncio를 사용하여 비동기로 웹 페이지를 가져와보겠습니다.

먼저 다음과 같이 asyncio를 사용하지 않고 웹 페이지를 순차적으로 가져오겠습니다. urllib.request의 urlopen으로 웹 페이지를 가져온 뒤 웹 페이지의 길이를 출력해봅니다.

```
urlopen.py

from time import time
from urllib.request import Request, urlopen

urls = ['https://www.google.co.kr/search?q=' + i
        for i in ['apple', 'pear', 'grape', 'pineapple', 'orange', 'strawberry']]

begin = time()
result = []
for url in urls:
    request = Request(url, headers={'User-Agent': 'Mozilla/5.0'})    # UA가 없으면
                                                                      # 403 에러 발생

    response = urlopen(request)
    page = response.read()
    result.append(len(page))

print(result)
end = time()
print('실행 시간: {0:.3f}초'.format(end - begin))
```

```
[89590, 88723, 88802, 90142, 90628, 92663]
실행 시간: 8.422초
```

실행을 해보면 웹 페이지의 크기가 출력되고 실행 시간은 약 8초가 걸립니다(웹 페이지 크기는 매번 달라질 수 있고 실행 시간은 컴퓨터마다 달라질 수 있습니다).

여기서는 urls에 저장된 순서대로 주소에 접근해서 웹 페이지를 가져오도록 만들었습니다. 이렇게 하면 웹 페이지 하나를 완전히 가져온 뒤에 다음 웹 페이지를 가져와야 해서 비효율적입니다.

47.10.4 웹 페이지를 비동기로 가져오기

그럼 asyncio를 사용해서 비동기로 실행해보겠습니다.

asyncio_urlopen.py

```python
from time import time
from urllib.request import Request, urlopen
import asyncio

urls = ['https://www.google.co.kr/search?q=' + i
        for i in ['apple', 'pear', 'grape', 'pineapple', 'orange', 'strawberry']]

async def fetch(url):
    request = Request(url, headers={'User-Agent': 'Mozilla/5.0'})    # UA가 없으면
                                                                     # 403 에러 발생
    response = await loop.run_in_executor(None, urlopen, request)    # run_in_executor
                                                                     # 사용
    page = await loop.run_in_executor(None, response.read)           # run in executor
                                                                     # 사용
    return len(page)

async def main():
    futures = [asyncio.ensure_future(fetch(url)) for url in urls]
                                         # 태스크(퓨처) 객체를 리스트로 만듦
    result = await asyncio.gather(*futures)        # 결과를 한꺼번에 가져옴
    print(result)

begin = time()
loop = asyncio.get_event_loop()          # 이벤트 루프를 얻음
loop.run_until_complete(main())          # main이 끝날 때까지 기다림
loop.close()                             # 이벤트 루프를 닫음
end = time()
print('실행 시간: {0:.3f}초'.format(end - begin))
```

```
[89556, 88682, 89925, 90164, 90513, 93965]
실행 시간: 1.737초
```

asyncio를 사용하니 실행 시간이 8초대에서 1초대로 줄었습니다.

urlopen이나 response.read 같은 함수(메서드)는 결과가 나올 때까지 코드 실행이 중단(block)되는데 이런 함수들을 블로킹 I/O(blocking I/O) 함수라고 부릅니다. 특히 네이티브 코루틴 안에서 블로킹 I/O 함수를 실행하려면 이벤트 루프의 run_in_executor 함수를 사용하여 다른 스레드에서 병렬로 실행시켜야 합니다.

run_in_executor의 첫 번째 인수는 executor인데 함수를 실행시켜줄 스레드 풀 또는 프로세스 풀입니다. 여기서는 None을 넣어서 기본 스레드 풀을 사용합니다. 그리고 두 번째 인수에는 실행할 함수를 넣고 세 번째 인수부터는 실행할 함수에 들어갈 인수를 차례대로 넣어줍니다.

- **이벤트루프.run_in_executor(None, 함수, 인수1, 인수2, 인수3)**

run_in_executor도 네이티브 코루틴이므로 await로 실행한 뒤 결과를 가져옵니다.

```
async def fetch(url):
    request = Request(url, headers={'User-Agent': 'Mozilla/5.0'})   # UA가 없으면
                                                                     # 403 에러 발생
    response = await loop.run_in_executor(None, urlopen, request)    # run_in_executor
                                                                     # 사용
    page = await loop.run_in_executor(None, response.read)          # run in executor
                                                                     # 사용
    return len(page)
```

main에서는 네이티브 코루틴 여러 개를 동시에 실행하는데, 이때는 먼저 asyncio.ensure_future 함수를 사용하여 태스크(asyncio.Task) 객체를 생성하고 리스트로 만들어줍니다.

- **태스크객체 = asyncio.ensure_future(코루틴객체 또는 퓨처객체)**

그다음에 태스크 리스트를 asyncio.gather 함수에 넣어줍니다. asyncio.gather는 모든 코루틴 객체(퓨처, 태스크 객체)가 끝날 때까지 기다린 뒤 결과(반환값)를 리스트로 반환합니다.

- **변수 = await asyncio.gather(코루틴객체1, 코루틴객체2)**

asyncio.gather는 리스트가 아닌 위치 인수로 객체를 받으므로 태스크 객체를 리스트로 만들었다면 asyncio.gather(*futures)와 같이 리스트를 언패킹해서 넣어줍니다. 또한, asyncio.gather도 코루틴이므로 await로 실행한 뒤 결과를 가져옵니다.

```
async def main():
    futures = [asyncio.ensure_future(fetch(url)) for url in urls]
                                         # 태스크(퓨처) 객체를 리스트로 만듦
    result = await asyncio.gather(*futures)    # 결과를 한꺼번에 가져옴
    print(result)
```

참고로 asyncio.gather에 퓨처 객체를 넣은 순서와 결과 리스트에서 요소의 순서는 일치하지 않을 수도 있습니다.

웹 페이지를 순서대로 가져올 때와 asyncio를 사용하여 비동기로 가져올 때를 비교해보면 다음과 같은 모양이 됩니다(비동기 부분은 간략화한 개념도이며 실제 실행 과정은 상당히 복잡합니다).

▼ 그림 47-4 웹 페이지를 순서대로 가져올 때와 비동기로 가져올 때

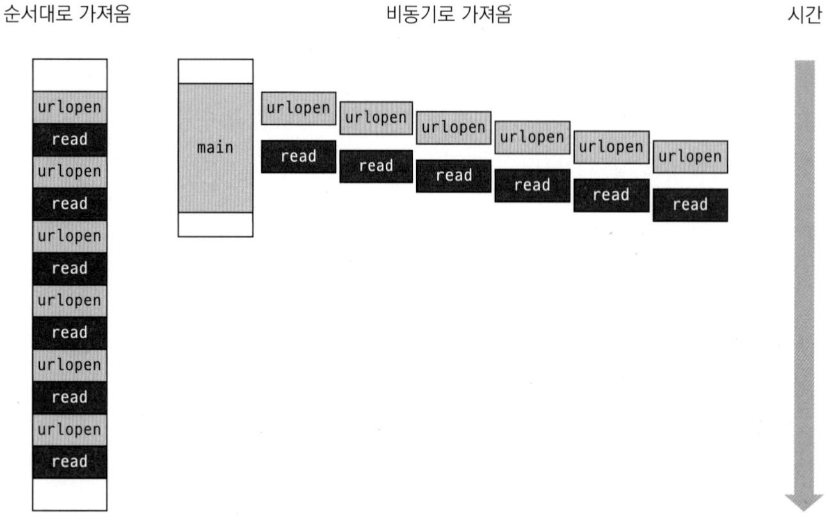

참고 **run_in_executor에 키워드 인수를 사용하는 함수 넣기**

run_in_executor 같은 함수는 위치 인수만 넣을 수 있는데 파이썬에서는 키워드 인수를 많이 사용합니다. run_in_executor에 키워드 인수를 사용하는 함수를 넣을 때는 functools.partial을 사용해야 합니다. functools.partial은 이름 그대로 부분 함수를 만들어주는 기능입니다.

· functools.partial(함수, 위치인수, 키워드인수)

```
import functools

async def hello(executor):
    await loop.run_in_executor(None, functools.partial(print, 'Hello', 'Python', end=' '))
```

functools.partial은 인수가 포함된 부분 함수를 반환하는데, 반환된 함수에 다시 인수를 지정해서 호출할 수 있습니다.

```
>>> import functools
>>> hello = functools.partial(print, 'Hello', 'Python', end=' ')    # 'Hello', 'Python' end=' '가
>>> hello()                                                          # 포함된 함수 생성
Hello Python
>>> hello('Script', sep='-')     # 부분 함수에 다시 'Script'와 sep='-'를 넣어서 호출
Hello-Python-Script
```

47.10.5 async with과 async for 사용하기

이번에는 async with과 async for 문법을 사용하는 방법입니다. 먼저 async with은 클래스나 함수를 비동기로 처리한 뒤 결과를 반환하는 문법입니다. 그리고 async for는 비동기로 반복하는 문법입니다.

47.10.6 async with

async with는 with 다음에 클래스의 인스턴스를 지정하고 as 뒤에 결과를 저장할 변수를 지정합니다. Python 3.5

```
async with 클래스() as 변수:
    코드
```

async with으로 동작하는 클래스를 만들려면 __aenter__와 __aexit__ 메서드를 구현해야 합니다 (asynchronous enter, asynchronous exit라는 뜻). 그리고 메서드를 만들 때는 반드시 async def를 사용합니다.

```
class 클래스이름:
    async def __aenter__(self):
        코드

    async def __aexit__(self, exc_type, exc_value, traceback):
        코드
```

그럼 1초 뒤에 덧셈 결과를 반환하는 클래스를 만들어보겠습니다.

asyncio_async_with.py	실행 결과
<pre>import asyncio

class AsyncAdd:
    def __init__(self, a, b):
        self.a = a
        self.b = b

    async def __aenter__(self):
        await asyncio.sleep(1.0)
        return self.a + self.b   # __aenter__에서 값을 반환하면 as에 지정한 변수에 들어감

    async def __aexit__(self, exc_type, exc_value, traceback):
        pass

async def main():
    async with AsyncAdd(1, 2) as result: # async with에 클래스의 인스턴스 지정
        print(result)   # 3

loop = asyncio.get_event_loop()
loop.run_until_complete(main())
loop.close()</pre> | 3 |

__aenter__ 메서드에서 1초 대기한 뒤 self.a와 self.b를 더한 결과를 반환하도록 만듭니다. 이렇게 __aenter__에서 값을 반환하면 as에 지정한 변수에 들어갑니다. __aexit__ 메서드는 async with as를 완전히 벗어나면 호출되는데 여기서는 특별히 만들 부분이 없으므로 pass를 넣습니다(메서드 자체가 없으면 에러가 발생합니다).

47.10.7 async for

Python 3.5 이번에는 async for입니다. async for로 동작하는 클래스를 만들려면 __aiter__와 __anext__ 메서드를 구현해야 합니다(asynchronous iter, asynchronous next라는 뜻). 그리고 메서드를 만들 때는 반드시 async def를 사용합니다.

다음은 1초마다 숫자를 생성하는 비동기 이터레이터입니다.

async_for.py

```
import asyncio

class AsyncCounter:
    def __init__(self, stop):
        self.current = 0
        self.stop = stop

    def __aiter__(self):
        return self

    async def __anext__(self):
        if self.current < self.stop:
            await asyncio.sleep(1.0)
            r = self.current
            self.current += 1
            return r
        else:
            raise StopAsyncIteration

async def main():
    async for i in AsyncCounter(3):      # for 앞에 async를 붙임
        print(i, end=' ')

loop = asyncio.get_event_loop()
loop.run_until_complete(main())
loop.close()
```

실행 결과

```
0 1 2
```

메서드가 __anext__, __aiter__라는 점만 다를 뿐 일반적인 이터레이터와 만드는 방법과 같습니다. 반복을 끝낼 때는 StopAsyncIteration 예외를 발생시키면 됩니다. 물론 네이티브 코루틴을 사용할 때는 앞에 await를 붙입니다. 비동기 이터레이터를 다 만들었다면 네이티브 코루틴 안에서 async for i in AsyncCounter(3):과 같이 async for에 사용하면 됩니다.

참고 **제너레이터 방식으로 비동기 이터레이터 만들기**

yield를 사용하여 제너레이터 방식으로 비동기 이터레이터를 만들 수도 있습니다. 다음과 같이 async def로 네이티브 코루틴을 만들고 yield를 사용하여 값을 바깥으로 전달하면 됩니다.

async_for_yield.py

```python
import asyncio

async def async_counter(stop):      # 제너레이터 방식으로 만들기
    n = 0
    while n < stop:
        yield n
        n += 1
        await asyncio.sleep(1.0)

async def main():
    async for i in async_counter(3):      # for 앞에 async를 붙임
        print(i, end=' ')

loop = asyncio.get_event_loop()
loop.run_until_complete(main())
loop.close()
```

실행 결과
```
0 1 2
```

실행을 해보면 1초 간격으로 0, 1, 2가 출력됩니다.

참고 **비동기 표현식**

async와 await를 사용하면 리스트, 딕셔너리, 세트, 제너레이터 표현식을 비동기 표현식으로 만들 수 있습니다.

- 리스트: [변수 async for 변수 in 비동기이터레이터()]
- 딕셔너리: {키: 값 async for 키, 값 in 비동기이터레이터()}
- 세트: {변수 async for 변수 in 비동기이터레이터()}
- 제너레이터: (변수 async for 변수 in 비동기이터레이터())

```python
async def main():
    a = [i async for i in AsyncCounter(3)]
    print(a)    # [0, 1, 2]
```

다음과 같이 표현식 안에서 await로 코루틴을 실행할 수도 있습니다. 여기서는 리스트 표현식을 예로 들었지만 딕셔너리, 세트, 제너레이터 표현식 안에서도 await를 사용할 수 있습니다.

- [await 코루틴함수() for 코루틴함수 in 코루틴함수리스트]

```python
async def async_one():
    return 1

async def main():
    coroutines = [async_one, async_one, async_one]
    a = [await co() for co in coroutines]
    print(a)    # [1, 1, 1]
```

---

asyncio는 내용이 방대하여 책 한 권으로도 부족합니다. 여기서는 asyncio의 기본 사용 방법만 소개했습니다. 좀 더 깊이 학습하려면 파이썬 공식 문서와 관련 서적을 참고하기 바랍니다.

- 18.5. asyncio — Asynchronous I/O, event loop, coroutines and tasks

    https://docs.python.org/3/library/asyncio.html

파이썬을 사용하다 보면 pip로 패키지를 설치하게 되는데 이 패키지들은 파이썬 설치 폴더(디렉터리)의 Lib/site-packages 안에 저장됩니다. 그래서 pip로 설치한 패키지는 모든 파이썬 스크립트에서 사용할 수 있게 됩니다. 평소에는 이런 방식이 큰 문제가 없지만 프로젝트를 여러 개 개발할 때는 패키지의 버전 문제가 발생합니다.

예를 들어 프로젝트 A에서는 패키지X 1.5를 사용해야 하고, 프로젝트 B에서는 패키지X 2.0을 사용해야 하는 경우가 생깁니다. 이 패키지X 1.5와 2.0은 호환이 되지 않는다면 개발하기가 상당히 불편해집니다.

▼ 그림 47-5 글로벌 파이썬 환경에서 패키지가 호환되지 않는 경우

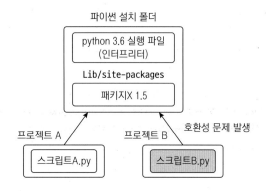

이런 문제를 해결하기 위해 파이썬에서는 가상 환경(virtual environment)을 제공합니다. 가상 환경은 독립된 공간을 만들어주는 기능입니다. 가상 환경에서 pip로 패키지를 설치하면 가상 환경 폴더(디렉터리)의 Lib/site-packages 안에 패키지를 저장해줍니다. 즉, 프로젝트 A와 B 각각 가상 환경을 만들어서 프로젝트 A에는 패키지X 1.5를 설치하고, 프로젝트 B에는 패키지X 2.0을 설치할 수 있습니다. 이렇게 하면 파이썬 스크립트를 실행할 때도 현재 가상 환경에 설치된 패키지를 사용하므로 버전 문제가 발생하지 않습니다.

▼ 그림 47-6 파이썬 가상 환경으로 독립된 공간을 구성

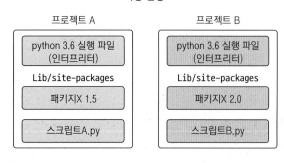

특히 가상 환경에는 파이썬 실행 파일(인터프리터) 자체도 포함되므로 각 가상 환경별로 다른 버전의 파이썬 인터프리터가 들어갈 수 있습니다. 따라서 스크립트를 실행할 때는 원래 설치된 파이썬 인터프리터가 아닌 가상 환경 안의 파이썬 인터프리터를 사용합니다.

47.11.1 Windows에서 가상 환경 만들기

그럼 먼저 Windows에서 가상 환경을 만드는 방법을 알아보겠습니다. 가상 환경은 venv 모듈에 가상 환경 이름 Python 3.3
을 지정해서 만듭니다.

• **python -m venv 가상 환경이름**

여기서는 C:\project 폴더 아래에 가상 환경을 만들겠습니다. 다음과 같이 명령 프롬프트에서 example 가
상 환경을 만들고 example 폴더 안으로 이동합니다. 그다음에 Scripts 폴더 안의 activate.bat 파일을 실
행하면 가상 환경이 활성화됩니다.

Windows 명령 프롬프트

```
C:\project>python -m venv example
C:\project>cd example
C:\project\example>Scripts\activate.bat
(example) C:\project\example>
```

Windows PowerShell에서는 Activate.ps1 파일을 실행합니다(ps1 스크립트를 실행할 수 없을 때는
Windows PowerShell을 관리자로 실행한 뒤 Set-ExecutionPolicy RemoteSigned를 입력하고 Y를 입력).

Windows PowerShell

```
PS C:\project> python -m venv example
PS C:\project> cd example
PS C:\project\example> .\Scripts\Activate.ps1
(example) PS C:\project\example>
```

프롬프트 앞을 보면 (example)과 같이 가상 환경의 이름이 표시됩니다.

이 상태에서 pip로 패키지를 설치하면 C:\project\example\Lib\site-packages 안에 패키지가 저장
됩니다(dir로 파일과 폴더 확인해보기, /B는 최소 포맷 옵션).

```
(example) C:\project\example>pip install numpy
(example) C:\project\example>dir /B Lib\site-packages
easy_install.py
numpy
numpy-1.12.1.dist-info
pip
pip-9.0.1.dist-info
pkg_resources
setuptools
setuptools-28.8.0.dist-info
__pycache__
```

이 상태에서 스크립트 파일을 실행하면 현재 가상 환경 안에 있는 파이썬 인터프리터와 패키지를 사용하게 됩
니다.

47.11.2 패키지 목록 관리하기

특히 가상 환경에 설치된 패키지는 목록을 저장해 두었다가 나중에 다시 설치할 수 있습니다. 다음과 같이 pip freeze로 패키지 목록과 버전 정보를 requirements.txt 파일에 저장합니다(git 등으로 버전 관리를 할 때 저장소에 설치된 패키지를 모두 추가하지 않고 requirements.txt 파일만 관리하면 됩니다).

```
(example) C:\project\example>pip freeze > requirements.txt
```

requirements.txt 파일의 내용대로 패키지를 설치하려면 pip install에서 -r 또는 --requirement 옵션을 사용합니다.

```
(example) C:\project\example>pip install -r requirements.txt
```

requirement.txt 파일의 내용대로 패키지를 삭제하려면 pip uninstall에서 -r 또는 --requirement 옵션을 사용합니다.

```
(example) C:\project\example>pip uninstall -r requirements.txt
```

47.11.3 가상 환경별로 파이썬 버전 구분하기

만약 가상 환경별로 파이썬 인터프리터 버전을 다르게 만들고 싶다면 해당 버전의 파이썬 인터프리터로 venv 모듈을 실행하면 됩니다. 다음은 파이썬 3.4를 사용하는 가상 환경을 만듭니다(파이썬 3.4를 설치했다고 가정).

```
C:\project>C:\Python34\python.exe -m venv example3
```

이렇게 하면 venv 모듈을 실행한 파이썬 실행 파일(인터프리터)이 가상 환경 안에 들어갑니다.

47.11.4 리눅스와 macOS에서 가상 환경 만들기

이번에는 리눅스와 macOS에서 가상 환경을 만드는 방법입니다. 다음과 같이 python3로 venv 모듈을 실행하여 가상 환경을 만들고, source로 bin 디렉터리 안의 activate 파일을 적용하여 가상 환경을 활성화합니다.

```
리눅스, macOS
~$ python3 -m venv example
~$ cd example
~/example$ source bin/activate
(example) ~/example$
```

리눅스와 macOS에서도 pip 사용 방법은 앞에서 설명한 것과 같습니다.

47.11.5 가상 환경 폴더를 다른 곳으로 이동시켰다면?

가상 환경을 사용할 때 주의할 점이 있는데, 가상 환경을 만들고 나서 폴더(디렉터리)를 다른 곳으로 이동시키면 활성화가 안 됩니다. 왜냐하면 가상 환경을 활성화하는 activate.bat, Activate.ps1, activate 파일 안에 현재 가상 환경 폴더의 경로가 내장되어 있기 때문입니다. 만약 가상 환경 폴더를 다른 곳으로 이동시켰다면 activate.bat, Activate.ps1, activate 파일 안의 VIRTUAL_ENV 부분을 이동시킨 폴더 경로로 수정해줍니다.

47.11.6 아나콘다 가상 환경 만들기

아나콘다에서 venv를 사용해도 되지만 아나콘다는 전용 가상 환경을 제공하므로 이 환경을 사용하는 것을 권장합니다.

아나콘다에서는 conda를 사용하여 가상 환경을 만듭니다. conda는 아나콘다 설치 폴더의 Scripts 안에 들어 있습니다.

- **conda create --name 가상 환경이름**

```
C:\project>C:\Users\dojang\Anaconda3\Scripts\conda.exe create --name example
```

만약 가상 환경에 특정 파이썬 버전을 설치하고 싶다면 python=3.5처럼 버전을 지정해줍니다. 이때는 64비트 파이썬이 설치됩니다.

```
C:\project>C:\Users\dojang\Anaconda3\Scripts\conda.exe create --name example python=3.5
```

32비트 파이썬을 설치하려면 CONDA_FORCE_32BIT에 1을 지정한 뒤 conda로 가상 환경을 만들면 됩니다(반드시 명령 프롬프트에서 실행).

```
C:\project>set CONDA_FORCE_32BIT=1
C:\project>C:\Users\dojang\Anaconda3\Scripts\conda.exe create --name example python=3.5
```

conda는 venv와는 달리 가상 환경을 현재 폴더에 생성하지 않고 아나콘다 설치 폴더의 envs 안에 생성합니다.

- 예 C:\Users\dojang\Anaconda3\envs\example

가상 환경을 활성화할 때는 아나콘다 설치 폴더의 Scripts\activate에 가상 환경 이름을 지정하여 실행해야 합니다(반드시 명령 프롬프트 cmd에서 실행).

- **activate 가상 환경이름**

```
C:\project>C:\Users\dojang\Anaconda3\Scripts\activate example
(example) C:\project>
```

아나콘다 가상 환경에 패키지를 설치할 때는 pip 대신 conda를 사용해야 합니다. 만약 pip를 사용하면 아나콘다 설치 폴더의 Lib/site-packages 안에 패키지가 저장되므로 주의해야 합니다.

• conda install 패키지

```
(example) C:\project>conda install numpy
```

다음은 conda의 주요 명령입니다.

• **conda info**: 현재 환경 정보 출력
• **conda search 패키지**: 패키지 검색
• **conda install 패키지=버전**: 특정 버전의 패키지를 설치(예 conda install numpy=1.11.3)
• **conda install 패키지=버전=파이썬버전**: 파이썬 버전을 지정하여 특정 버전의 패키지를 설치(예 conda install numpy=1.11.3=py36_0)
• **conda update 패키지**: 패키지 업데이트
• **conda list**: 패키지 목록 출력
• **conda remove 패키지**: 패키지 삭제
• **conda list --export > package-list.txt**: 패키지 목록 및 버전 정보 저장
• **conda install --file package-list.txt**: 패키지 목록으로 설치

47.11.7 가상 환경을 사용하는 IDLE 실행하기

venv, conda 가상 환경을 사용하는 IDLE을 실행하려면 가상 환경을 활성화 시킨 뒤 idlelib 모듈을 실행하면 됩니다. 이렇게 하면 IDLE에서도 현재 가상 환경의 패키지를 사용할 수 있습니다.

Windows
```
(example) C:\project\example>pythonw.exe -m idlelib
```

macOS, 리눅스
```
(example) ~/example$ python3 -m idlelib
```

47.12 Windows에서 패키지 설치 에러 해결하기

Windows에서 pip로 패키지를 설치할 때 에러가 발생하는 경우가 많습니다. 예를 들어 다음은 notebook 패키지를 설치할 때 의존 패키지 중 MarkupSafe에서 에러가 난 상황입니다. 에러 메시지를 잘 보면 "Running setup.py install for MarkupSafe ..." 부분이 error로 표시됩니다.

```
C:\Users\dojang>pip install notebook
...생략...
  Running setup.py install for simplegeneric ... done
  Running setup.py install for pandocfilters ... done
  Running setup.py install for MarkupSafe ... error
Exception:
Traceback (most recent call last):
...생략...
UnicodeDecodeError: 'utf-8' codec can't decode byte 0xb6 in position 68: invalid start byte
```

이 문제를 해결하려면 MarkupSafe 패키지를 Windows 전용으로 만든 whl 파일을 설치해야 합니다(whl은 파이썬의 패키지 포맷이며 wheel의 약자인 whl을 확장자로 사용). 먼저 웹 브라우저를 실행하고 다음 주소로 이동합니다.

- **Python Extension Packages for Windows**

   http://www.lfd.uci.edu/~gohlke/pythonlibs/

웹 사이트가 열리면 Ctrl + F 를 눌러서 방금 에러가 발생했던 패키지인 MarkupSafe를 검색합니다. 그다음에 MarkupSafe가 나오면 링크를 클릭합니다.

▼ 그림 47-7 Unofficial Windows Binaries for Python Extension Packages에서 패키지 검색

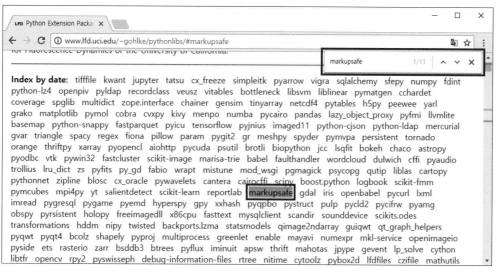

링크를 클릭하면 MarkupSafe 패키지 항목으로 이동합니다. 여기에 MarkupSafe 패키지의 whl 파일들이 있는데 자신의 파이썬 버전과 플랫폼에 맞는 whl 파일을 다운로드합니다.

▼ 그림 47-8 Unofficial Windows Binaries for Python Extension Packages에서 whl 파일 받기

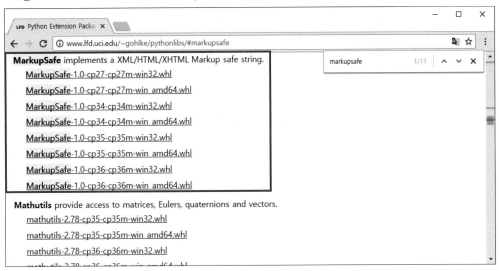

whl 파일은 **패키지이름-패키지버전-파이썬버전-ABI태그-플랫폼태그.whl** 형식으로 되어 있습니다. 예를 들어 cp36 과 cp36m은 파이썬 3.6이라는 뜻이고, win32는 32비트 Windows, win_amd64는 64비트 Windows라는 뜻입 니다(이후 새 파이썬 버전이 나오면 해당 버전에 맞춰서 새 whl 파일이 올라옵니다).

현재 설치된 파이썬의 버전을 확인하려면 명령 프롬프트(PowerShell)에서 python -V를 입력합니다.

```
C:\Users\dojang>python -V
Python 3.6.0
```

그리고 파이썬 플랫폼을 확인하려면 파이썬 셸에서 다음과 같이 실행합니다.

파이썬이 32비트일 경우	파이썬이 64비트일 경우

>>> import platform
>>> platform.architecture()
('32bit', 'WindowsPE')
	>>> import platform
	>>> platform.architecture()
	('64bit', 'WindowsPE')

여기서는 파이썬 버전 3.6에 32비트라고 가정하고 MarkupSafe-1.0-cp36-cp36m-win32.whl을 받아서 설 치하겠습니다(MarkupSafe의 버전은 시간이 지나면 달라질 수 있습니다). 받은 whl 파일을 설치하기 전에 앞에 서 설치할 때 에러가 발생한 MarkupSafe 패키지를 삭제합니다.

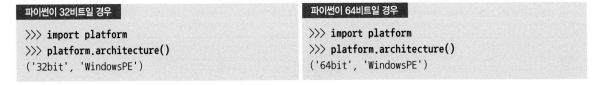

```
C:\Users\dojang>pip uninstall -y MarkupSafe
Uninstalling MarkupSafe-1.0:
  Successfully uninstalled MarkupSafe-1.0
```

이제 pip로 whl 파일을 설치 해줍니다(파일을 다운로드한 경로는 C:\Users\dojang\Downloads라고 가정).

```
C:\Users\dojang>pip install C:\Users\dojang\Downloads\MarkupSafe-1.0-cp36-cp36m-win32.whl
Processing c:\users\dojang\downloads\markupsafe-1.0-cp36-cp36m-win32.whl
Installing collected packages: MarkupSafe
Successfully installed MarkupSafe-1.0
```

여기서 끝이 아닙니다. 처음에 notebook 패키지를 설치하던 중간에 에러가 발생했으므로 notebook 패키지가 완전히 설치되지 않았습니다. 따라서 다음과 같이 notebook 패키지를 다시 설치해줍니다.

```
C:\Users\dojang>pip install notebook
Collecting notebook
...생략...
Installing collected packages: jinja2, mistune, nbconvert, notebook
Successfully installed jinja2-2.9.6 mistune-0.7.4 nbconvert-5.1.1 notebook-5.0.0
```

whl 파일로 MarkupSafe 패키지를 설치해 놓았으므로 notebook 패키지를 설치할 때 에러가 발생하지 않습니다. 이런 방식으로 Windows에서 pip로 패키지를 설치할 때 에러가 발생하는 문제를 해결할 수 있습니다.

47.13 프로퍼티 사용하기

다음과 같이 클래스에서 메서드를 통하여 속성의 값을 가져오거나 저장하는 경우가 있습니다. 이때 값을 가져오는 메서드를 getter, 값을 저장하는 메서드를 setter라고 부릅니다.

getter_setter.py

```python
class Person:
    def __init__(self):
        self.__age = 0

    def get_age(self):          # getter
        return self.__age

    def set_age(self, value):   # setter
        self.__age = value

james = Person()
james.set_age(20)
print(james.get_age())
```

실행 결과

```
20
```

파이썬에서는 @property를 사용하면 getter, setter를 간단하게 구현할 수 있습니다.

- @property
- @메서드이름.setter

```
property.py                                          실행 결과
class Person:                                        20
    def __init__(self):
        self.__age = 0

    @property
    def age(self):              # getter
        return self.__age

    @age.setter
    def age(self, value):       # setter
        self.__age = value

james = Person()
james.age = 20          # 인스턴스.속성 형식으로 접근하여 값 저장
print(james.age)        # 인스턴스.속성 형식으로 값을 가져옴
```

getter, setter 메서드의 이름을 잘 보면 둘다 age입니다. 그리고 getter에는 @property가 붙어있고, setter에는 @age.setter가 붙어있습니다. 즉, 값을 가져오는 메서드에는 @property 데코레이터를 붙이고, 값을 저장하는 메서드에는 @메서드이름.setter 데코레이터를 붙이는 방식입니다.

특히 @property와 @age.setter를 붙이면 james.age처럼 메서드를 속성처럼 사용할 수 있습니다. 값을 저장할 때는 james.age = 20처럼 메서드에 바로 값을 할당하면 되고, 값을 가져올 때도 james.age처럼 메서드에 바로 접근하면 됩니다.

```
james.age = 20          # 인스턴스.속성 형식으로 접근하여 값 저장
print(james.age)        # 인스턴스.속성 형식으로 값을 가져옴
```

47.14 PyCharm 사용하기

파이썬의 IDLE은 아무래도 기능이 적고 불편합니다. 많은 파이썬 개발 도구가 있지만 그중에서도 PyCharm이 매우 편리합니다. 설치 파일은 다음 주소에서 받을 수 있습니다.

• **PyCharm : Download Latest Version of PyCharm**
  https://www.jetbrains.com/pycharm/download

Professional은 유료 버전이고 Community는 무료 버전입니다. 각자 상황에 맞는 버전을 사용하면 됩니다. 설치 과정은 특별한 것이 없으므로 생략하겠습니다.

▼ 그림 47-9 PyCharm 실행 화면

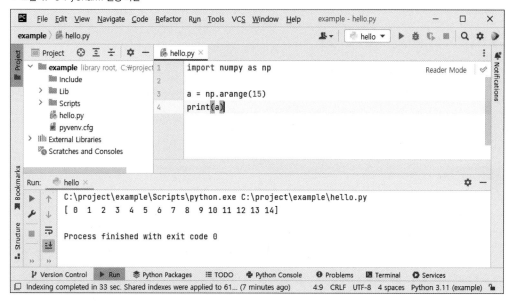

PyCharm에서 가상 환경을 사용하려면 File > Settings... > Project > Python Interpreter에서 오른쪽의 **Add Interpreter**를 클릭합니다. 여기서 **Add Local Interpreter...**를 클릭하여 venv(Virtualenv) 가상 환경을 추가할 수 있습니다. 물론 시스템의 인터프리터를 그대로 사용하거나 새 아나콘다 가상 환경을 만들 수도 있습니다.

▼ 그림 47-10 가상 환경의 파이썬 인터프리터 추가

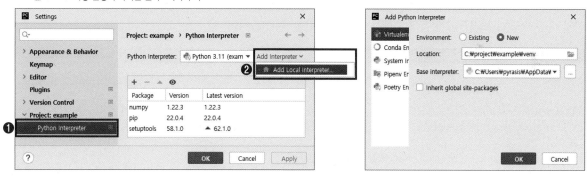

47.15 할당 표현식 사용하기

할당 표현식(assignment expression)은 표현식 안에서 변수에 값을 할당하는 방법입니다. :=와 같이 사용하며 [Python 3.8] 바다 코끼리 연산자(walrus operator)라고도 부릅니다. :=에서 :은 눈, =은 엄니를 닮았다고 해서 붙여진 이름입니다.

```
변수 := 값
```

다음과 같이 hello의 길이를 구한 뒤 10 이상이면 length의 값과 "10 이상"이라는 문자열을 출력합니다.

```
hello = 'Hello, world!'

length = len(hello)
if length >= 10:
    print(f'length는 {length}, 10 이상')
```

```
length는 13, 10 이상
```

이 코드의 if 조건식 부분을 할당 표현식으로 바꾸면 다음과 같이 작성할 수 있습니다.

if_assignment_expression.py

```
hello = 'Hello, world!'

if (length := len(hello)) >= 10:
    print(f'length는 {length}, 10 이상')
```

```
length는 13, 10 이상
```

if (length := len(hello)) >= 10:과 같이 if 조건문 안에서 length := len(hello)로 len의 결과 값을 변수 length에 할당하면서 >= 10으로 length의 값이 10 이상인지 판단할 수 있습니다. 이때 if (length := len(hello)) >= 10:과 같이 할당 표현식 부분을 괄호로 묶어주어야 하며 if length := len(hello) >= 10:처럼 괄호를 생략하면 조건식 len(hello) >= 10이 먼저 계산되어 length에는 조건식의 결과 값인 True가 할당되므로 주의해야 합니다. 이렇게 할당 표현식은 변수 length 할당과 >= 10 조건 판단을 동시에 할 수 있어서 코드를 간결하게 작성할 수 있습니다.

만약 다음과 같이 조건식이 없을 경우에는 괄호를 생략할 수 있습니다.

if_assignment_expression_without_parentheses.py

```
hello = []

if length := len(hello):
    print(f'length는 {length}, 리스트에 요소가 있음')
else:
    print(f'length는 {length}, 리스트에 요소가 없음')
```

```
length는 0, 리스트에 요소가 없음
```

이번에는 while 반복문에 할당 표현식을 사용해보겠습니다. 다음은 i = random.randint(1, 6)으로 1과 6 사이의 난수를 생성하면서 i 값이 3이 아닐 때 계속 반복합니다(3이면 반복 중지).

```
import random

i = 0
while i != 3:    # 3이 아닐 때 계속 반복
    i = random.randint(1, 6)    # randint를 사용하여 1과 6 사이의 난수를 생성
    print(i)
```

이 코드의 while 반복문 부분을 할당 표현식으로 바꾸면 다음과 같이 작성할 수 있습니다.

```
while_assignment_expression.py
```
```python
import random

while (i := random.randint(1, 6)) != 3:    # 1과 6 사이의 난수 생성 후 3이 아닐 때 반복
    print(i)
```

while (i := random.randint(1, 6)) != 3:과 같이 while 반복문 안에서 random.randint(1, 6)의
결과 값을 i에 저장하면서 i의 값이 3이 아닐 때 반복하도록 하였습니다(3이면 반복 중지). 마찬가지로 조건문
을 사용할 때는 (i := random.randint(1, 6))처럼 할당 표현식 부분을 괄호로 묶어주어야 합니다.

할당 표현식은 리스트 안에서도 사용할 수 있습니다.

```python
def ten():
    return 10

a = ten()
b = [a, a + 1, a + 2]
print(b)
```

실행 결과
```
[10, 11, 12]
```

함수 ten은 10을 반환하여 변수 a에 할당하고, [a, a + 1, a + 2]와 같이 두 번째 요소부터 숫자를 더해서
리스트를 만들었습니다.

이제 리스트 안에서 할당 표현식을 사용해보겠습니다.

```
list_assignment_expression.py
```
```python
def ten():
    return 10

b = [a := ten(), a + 1, a + 2]
print(b)
```

실행 결과
```
[10, 11, 12]
```

리스트의 첫 번째 요소에서 할당 표현식 a := ten()으로 변수 a를 할당하면 두 번째 요소부터는 a를 그대로
사용하여 리스트를 만들 수 있습니다. 물론 b = (a := ten(), a + 1, a + 2)와 같이 튜플 안에서도 할당
표현식을 사용할 수 있습니다.

47.16 구조적 패턴 매칭 사용하기

구조적 패턴 매칭(Structural Pattern Matching)은 C, C++의 switch, case와 유사한 문법이며 좀더 강력한 [Python 3.10]
기능을 제공합니다.

```
match 식:
    case 패턴:
```

지금까지 파이썬에서는 여러 조건을 검사하기 위해 if, elif, else를 사용해야 했습니다. 먼저 if, elif, else로 음료수 자판기를 만들어보겠습니다.

```python
button = int(input())

if button == 1:
    print('콜라')
elif button == 2:
    print('사이다')
elif button == 3:
    print('환타')
else:
    print('제공하지 않는 메뉴')
```

실행 결과

1 (입력)
콜라

button의 값이 1, 2, 3인지 매번 if, elif로 조건식을 작성해야 했습니다. 이제 match, case를 활용하여 좀 더 간단하게 여러 조건을 판단할 수 있습니다.

match_case_literal.py
```python
button = int(input())

match button:
    case 1:
        print('콜라')
    case 2:
        print('사이다')
    case 3:
        print('환타')
    case _:
        print('제공하지 않는 메뉴')
```

실행 결과

1 (입력)
콜라

match에 검사하려는 변수를 지정하고, case에는 1, 2, 3과 같이 값을 지정해주면 됩니다(리터럴 패턴). 여기서 1, 2, 3에 해당하지 않는 값을 처리하고 싶을 때는 case _:과 같이 _를 사용하면 됩니다(와일드카드 패턴).

이렇게 case에 지정하는 식을 패턴이라고 부르는데, 단순한 값(리터럴 패턴)뿐만 아니라 시퀀스(리스트, 튜플), 클래스, 딕셔너리, 조건 등도 지정할 수 있습니다.

다음은 case에서 시퀀스 패턴, OR 패턴, 캡쳐 패턴을 사용하는 방법입니다.

match_case_sequence_or_capture.py
```python
values = [
    ['hello'],
    ['Python', '3.x'],
    ['a'],
    ['x', 'y'],
    ['z', 100, 200, 300]
]
```

```
for value in values:
    match value:
        case ['hello']:              # 'hello' 매칭, 시퀀스 패턴
            print(value)
        case ['Python', '3.x']:      # 'Python'과 '3.x' 모두 매칭, 시퀀스 패턴
            print(value)
        case ['a'] | ['b']:          # 'a' 또는 'b' 매칭, OR 패턴
            print('a or b')
        case ['x', obj]:             # 'x'가 매칭되었을 때 두 번째 값을 obj에 캡쳐, 캡쳐 패턴
            print(f'x, {obj}')
        case ['z', *rest]:           # 매칭되지 않은 나머지 요소를 rest에 저장, 시퀀스 패턴
            print(f'z, {rest}')
```

실행 결과

```
['hello']
['Python', '3.x']
a or b
x, y
z, [100, 200, 300]
```

case에는 case ['hello']:처럼 문자열 한 개가 들어있는 리스트를 지정할 수도 있고, case ['Python', '3.x']:처럼 문자열 두 개가 들어있는 리스트를 지정할 수도 있습니다(시퀀스 패턴). 이때 case ['Python', '3.x']:은 두 문자열이 모두 매칭되었을 때 실행되며, 둘 중 하나라도 매칭되었을 때 실행하고 싶으면 case ['a'] | ['b']:처럼 |를 넣어서 OR 패턴을 사용할 수도 있습니다. 그리고 case ['x', obj]:는 'x'가 매칭되었을 때 두 번째 값을 캡쳐하여 obj에 저장합니다(캡쳐 패턴). 특히 case ['z', *rest]:처럼 리스트 안에서 *를 붙여주면 매칭되지 않은 나머지 요소를 변수 rest에 저장해줍니다(시퀀스 패턴).

다음은 case에 딕셔너리를 지정하는 방법입니다(매핑 패턴).

match_case_mapping.py

```
values = [
    {'hello': 'world'},
    {'a': 1, 'b': 2, 'c': 3},
    {'x': 10, 'y': 20, 'z': 30}
]

for value in values:
    match value:
        case {'hello': 'world'}:
            print('hello, world')
        case {'a': 1, 'b': 2} as ab:  # 매칭된 값을 ab에 저장, AS 패턴
            print(ab)
        case {'y': 20, **rest}:       # 매칭되지 않은 나머지 키를 rest에 저장, 매핑 패턴
            print(rest)
```

```
hello, world
{'a': 1, 'b': 2, 'c': 3}
{'x': 10, 'z': 30}
```

다른 방법과 마찬가지로 case {'hello': 'world'}처럼 case에 매칭하고자 하는 딕셔너리를 지정해주면됩니다. case {'a': 1, 'b': 2} as ab:은 매칭된 값을 변수 ab에 저장하는 방법입니다(AS 패턴). 그리고case {'y': 20, **rest}:와 같이 딕셔너리 안에서 **를 붙여주면 매칭되지 않은 나머지 키를 변수 rest에 저장해줍니다(매핑 패턴).

이번에는 클래스 패턴을 사용하는 방법입니다.

match_case_class.py

```python
class Point2D:
    __match_args__ = ('data', 'position')   # 위치 인수 사용, 매칭 순서 설정
    def __init__(self, position, data):
        self.position = position
        self.data = data


points = [
    Point2D((10, 20), 'hello'),
    Point2D((300, 400), 'world'),
    Point2D((70, 80), 'Python')
]

for point in points:
    match point:
        case Point2D('Python', (70, 80)):      # __match_args__의 순서대로 속성 지정
            print(point.position, point.data)
        case Point2D('world', value):          # 매칭된 값의 속성 position을 value에 저장
            print(value, point.data)
        case Point2D(position=(10, 20)):       # __match_args__의 순서에 따라 매칭되지 않음
            print(point.position, point.data)
        case Point2D(data='hello'):            # __match_args__의 순서에 따라 먼저 매칭됨
            print(point.position, point.data)
```

```
(10, 20) hello
(300, 400) world
(70, 80) Python
```

먼저 클래스 패턴은 다음과 같이 클래스를 정의하여 match, case에 사용할 수 있습니다.

```python
class Point2D:
    __match_args__ = ('data', 'position')   # 위치 인수 사용, 매칭 순서 설정
    def __init__(self, position, data):
        self.position = position
        self.data = data
```

Point2D 클래스의 인스턴스를 생성하면서 속성 position과 data를 저장하도록 만들었습니다. 특히, __match_args__는 match, case를 위한 문법이며 위치 인수(positional argument)를 사용할 수 있게 해주고, 매칭 순서를 설정합니다.

case에서는 case Point2D('Python', (70, 80)):과 같이 __match_args__의 순서대로 매칭할 속성을 지정해줍니다. 만약, __match_args__를 설정하지 않았다면 case Point2D(data='Python', position=(70, 80)):과 같이 키워드 인수(keyword argument)만 사용할 수 있습니다. case Point2D('world', value):은 __match_args__의 순서에 따라 속성 data가 'world'인 값을 매칭하고, 매칭된 값의 속성 position을 value에 저장하는 방법입니다.

특히 match에 일치하는 조건의 case가 여러 개 있을 경우 __match_args__의 순서에 따라 매칭이 됩니다. 즉, __match_args__ = ('data', 'position')로 설정이 되어 있으므로, case Point2D(position=(10, 20)):과 Point2D(data='hello'): 중에서 Point2D(data='hello'):이 먼저 매칭됩니다.

마지막으로 case에 조건을 지정하는 방법입니다.

match_case_condition.py	실행 결과
| ```python
class Point2D:
    def __init__(self, x, y):
        self.x = x
        self.y = y

points = [
    Point2D(10, 10),
    Point2D(10, 20)
]

for point in points:
    match point:
        case Point2D(x=x, y=y) if x == y:  # 캡쳐된 x와 y가 같을 때
            print(f'{x}, {y}')
``` | `10, 10` |

클래스 Point2D는 속성 x와 y를 저장하도록 정의했습니다. 그리고 case Point2D(x=x, y=y) if x == y:과 같이 case에 조건을 지정할 수 있습니다. 먼저 Point2D(x=x, y=y)에서 속성 x는 변수 x에, 속성 y는 변수 y에 캡쳐하여 저장합니다. 그리고 if x == y와 같이 변수 x와 y가 같을 때만 매칭되도록 작성할 수 있습니다. 이때 if를 가드(guard)라고 부릅니다.

47.17 with as에서 괄호 사용하기

지금까지 with as를 사용하면서 클래스(컨텍스트 매니저)를 여러 줄로 표현할 때 불편함이 많았습니다. 예를 들어 다음과 같이 한 줄로 표현된 코드를 여러 줄로 표현하려면 \(역슬래시)를 활용해야 했습니다.
```

```
with open("a.txt", 'w') as a, open("b.txt", 'w') as b, open("c.txt", 'w') as c:
    pass
```

즉, 다음과 같이 ,(콤마) 뒤에 \(역슬래시)를 붙여서 줄 바꿈을 해주는 방식입니다.

```
with open("a.txt", 'w') as a, \
    open("b.txt", 'w') as b, \
    open("c.txt", 'w') as c:
    pass
```

Python 3.10 | 파이썬 3.10부터 with as의 컨텍스트 매니저에 괄호를 사용하는 것이 공식적으로 허용됩니다.

```
with (클래스1() as 변수1, 클래스2() as 변수2):
    코드
```

앞에서 설명한 한 줄 짜리 with as 코드는

```
with open("a.txt", 'w') as a, open("b.txt", 'w') as b, open("c.txt", 'w') as c:
    pass
```

다음과 같이 컨텍스트 매니저 부분을 괄호로 묶을 수 있습니다.

```
with (open("a.txt", 'w') as a, open("b.txt", 'w') as b, open("c.txt", 'w') as c):
    pass
```

이제 이렇게 괄호로 묶어준 코드는 \(역슬래시) 없이 여러 줄로 표현할 수 있습니다.

```
with (open("a.txt", 'w') as a,
    open("b.txt", 'w') as b,
    open("c.txt", 'w') as c):
    pass
```